非洲历史人物传记译丛

伟大的非洲探险者
从布鲁斯、蒙戈·帕克到利文斯顿、斯坦利

Great African Travellers
From Bruce and Mungo Park to Livingstone and Stanley

[英]威廉·H. G. 金斯顿（William H. G. Kingston）
[英]查尔斯·拉思伯恩·洛（Charles Rathbone Low）著

龚雅静 译

上海社会科学院出版社
SHANGHAI ACADEMY OF SOCIAL SCIENCES PRESS

中文版出版说明

  本书主要讲述自18世纪末期开始的欧美对非探险的历程，涉及蒙戈·帕克、利文斯顿、斯皮克、斯坦利等多位探险者。这些人探险所及的范围几乎涵盖整个非洲内陆地区，从尼日尔河流域到尼罗河源头，从撒哈拉沙漠到赤道雨林、南部非洲。在这些探险者的努力下，非洲的整体面貌终于在19世纪末20世纪初呈现出来。然而，应该指出的是，这些探险者的活动本身伴随着对非洲的殖民侵略，而他们所获得的探险成果更是直接推动和帮助了对非殖民统治的建立。

  本书成书于19世纪末，且其内容多采自探险者本人的记录。由于当时为对非殖民扩张的高潮时期，殖民主义和种族主义话语甚嚣尘上，相关欧美人士对在非洲遭遇的非欧人士多有不了解情况和交流不畅导致的误解和偏见，还有一些侮辱性的贬斥之语。为了保持原文面貌，我们并未作更改，但并不同意相关说法，也相信读者能批判对待。

序　言

　　为了解救埃明帕夏（Emin Pasha[①]），斯坦利率队进行了一次远征探险行动。正是这一场行动，让人们对于探险这一令人着迷的行动产生了越来越大的兴趣。

　　英国民众所具备的地理常识可以说是比较贫乏的。有一次，斯坦利先生从非洲回国之后，在纽卡斯尔发表了一场演讲。在那次讲话中，他就举了几个例子来证明这一无知的表现。他说："在伦敦，当我被介绍给一位英国大主教时，我的身份被说成'在刚果做了很多好事的一位绅士'。于是，那位英国大主教就转过身来，随后开口说道：'哦，是的，确实如此；不过，请告诉我，刚果到底在哪里呢？'除此之外，我还记得有一个代表团，他们从曼彻斯特出发，前去拜访英国内阁部长。他们此行旨在处理一些涉及尼日尔河的事务。英国部长真诚友好地接待了他们一行人，不过紧接着他就被这一名字给弄得不知所措了。于是，这位绅士就戴上了他的眼镜，接着说道：'让我看看，这是一张非洲地图。请告诉我那个——你们叫它什么来着？——尼日尔河究竟在哪里。'事实上，在那一刻之前，他从来就没有听说过这条河的名字。此外，大约一个月以前，一位如今在英格兰举足轻重的人给我的一个朋友写了一封信，后来，我的朋友就把这封信给我看了。你很熟悉这个名字。我就没必要再向你提及了。他说：'我真的不知道斯坦利先生最近究竟在忙些什么事情，不过一旦我见到你，我应该会很乐于去了解他的。'"

---

　　① Pasha：来源可追溯至土耳其语，意指"首长""部落领袖"；一说源自波斯语。后也常用于指奥斯曼帝国派驻一方的长官。——译注

1

任何一位寄宿制学校的四年级男生都应该能够告诉大主教和内务部部长刚果以及尼日尔河的位置；不过一些声名显赫的公立学校的五年级男生能否说得出来，这就要打上一个问号了。但正如斯坦利先生在之前提到的场合所指出的问题那样："你怎么能够期待英国的中产阶级了解更多的东西呢？"

这位伟大的探险家为了让各个阶层的民众都能够对地理这一科学产生兴趣，付出了大量的努力，几乎超过了全英国学校的地理教师总工作量的一半了。还有什么比充分了解我们每个人身处的这个世界的物质形态更重要呢？而且可以肯定的是，没有什么比有关探险的作品更有意思了，当然，前提是你是以一种轻松欢快的口吻来叙述的。不仅仅是一些生活在久远年代之前的探险家——还有一些现代的探险家——让我们对此深信不疑，但是我们还是可以割舍一些想象力过于充分的细节，即使这样做有可能会让他们的作品读起来枯燥乏味。

我们谁能够忘记自己年少时沉醉于追随布鲁斯和蒙戈·帕克的旅程呢？在接下来的篇章中，我们对这些伟大探险家的冒险经历和发现进行了简要的叙述，还包括那些我们相信是记录每一位非洲探险家的描述，时间跨度从他们所身处的时代一直到现在。对我们而言，这是一个非常令人着迷的主题，而且我们一些伟大的探险家们由于在地理探险这一并不发生流血事件的领域所作出的杰出表现而被授予了殊荣。正如弥尔顿曾经说过的：

> 和平也是一种胜利，
> 虽不及战争显赫。

许多英国的子民由于在非洲进行了探险，而享有了名垂千古的崇高声誉。的确，我们对于这片大陆的了解很大程度上都要归功于这些英国人的探险精神和极大的勇气。

如果我们越过那一批上世纪以及本世纪前半段的早期旅行家们，我们对于地理研究的动力就应该主要感谢利文斯顿了。正是那位伟大的男人，切切实实地把南部非洲赞比西河两岸的一切——从非洲大陆的一侧到另一侧——展现在了我们的眼前。至于伯顿和斯皮克，他们两个人则首度进入了更加中部的湖区进行探索,而且这一探索在斯坦利最后开展的一次旅程中达到了巅峰,本书的作者谨以这部对非洲旅行的并不完美的记录献给斯坦利。

1890年6月,英国和德国签署了一份协议。通过这份协议,两国大致划定了各自的势力范围,而我们从此就拥有了非洲土地上土壤最肥沃的一片区域。正是我们的同胞们凭借不懈的奋斗精神,才让我们的商人们在接下来的一个世纪里能够在这片受英国保护的广袤无垠的土地上创业,为各自的商品拓展了一个全新的市场。就像在过去澳大利亚和我们其他的殖民地对这一国家的年轻人和男子的意义一样,英国在非洲东部和南部的所有公司以及其他即将诞生的企业将会吸纳这些岛屿上的过剩人口。我们并不需要一位预言家的远见就能够预期到这样一个未来:在赞比西河上游流域的两岸地区无限延伸的广大土地上,在利文斯顿首度发现的尼亚萨湖(Lake Nyassa)的沿岸地区,还有我们三位同胞,即斯皮克、贝克和斯坦利发现的三个大湖的沿岸地区,成千上万的企业将竞相角逐,它们已经殖民了地球上最富饶丰硕的地区。英国的商人们垄断了整个非洲几乎一半的贸易,盎格鲁—撒克逊人在英国势力范围内的土地上、在那再也不应该被称为"黑色大陆"的大陆的南部和中部地区定居下来,并且开枝散叶——虽然未来还遥不可及,却一定会有到来的那一天。那些探险家们为了人类的进步和文明这一神圣的事业,付出了种种努力,并且经受了各类磨难,所有这些在本卷都有所涉及,他们的名字将被"伟大的英国"的子民们牢记在心,他们将被我们口口相传,直至家喻户晓。

查尔斯·拉思伯恩·洛
1890年6月20日

目　录
CONTENTS

第一章	导言	1
第二章	布鲁斯在阿比西尼亚的旅行	5
第三章	蒙戈·帕克的旅行	14
第四章	德纳姆和克拉伯顿的旅行	44
第五章	兰德尔兄弟的尼日尔河之旅	93
第六章	巴思在非洲中部的探险	106
第七章	伯顿和斯皮克在非洲中部的发现	140
第八章	斯皮克和格兰特的维多利亚湖—尼罗河之旅	152
第九章	斯皮克和格兰特的旅行(续)	175
第十章	利文斯顿的首次非洲探险之旅	203
第十一章	利文斯顿的第二次赞比西探险	239
第十二章	萨缪尔爵士及夫人的旅行	266
第十三章	利文斯顿前往赞比西的第三次旅行	309
第十四章	斯坦利为寻找利文斯顿而开展的远征	320
第十五章	卡梅伦穿越非洲之旅	343
第十六章	斯坦利在刚果的探险	351
第十七章	在非洲中部进行的各类旅行与探险	361
第十八章	斯坦利营救埃明帕夏	377
第十九章	斯坦利营救埃明帕夏(续)	399

第一章 导 言

最近,一些探险家赋予了非洲另一个名称,那就是"黑色大陆",应该说这个名字还是比较恰当的,不过它很快就不再适用于地球上这一片很有意思的土地了。主要原因在于英国探险家们所体现出的旺盛精力和不懈闯劲,他们追随着布鲁斯(James Bruce)、蒙戈·帕克(Mungo Park)和其他同胞们的脚步,在过去的四十年里前赴后继地深入非洲最人迹罕至的隐蔽腹地,直到最后,只有很少陌生的土地还没有被一探究竟。很快,我们未来的一些利文斯顿们和斯坦利们注定要像亚历山大那样,徒有叹息的份儿了,因为他们在这个世界上几乎已经找不到陌生的角落去征服了,而非洲,作为西方文明世界眼中的最后一块神秘的大陆,也即将在他们探索的目光下逐渐展露出它所有的秘密,非洲将不再是一片"未知的领域"了。

维多利亚时期可谓一个辉煌的时代,其间涌现出了无数位画家、战士和诗人,但是它更令人称道之处则在于一大批先后奔赴非洲的旅行家们都诞生于这一时期。半个世纪以前,尼罗河的源头尚未被人们所了解;赤道附近以及非洲东南部的大湖体系还蒙着一层神秘的面纱;"月亮山"(Mountains of the Moon),这座在托勒密的地图上被标注为尼罗河源头的地方,是人们心目中的神奇之地,不过在斯坦利最近的一些发现中,他已经发现了它们就是戈登班内特山(Mount Gordon Bennett,于1876年被发现),还有鲁文佐里山(Ruwenzori,"雪山",靠近或位于赤道),这些都是他在最后一次旅程中的发现成果。接下来,尼日尔河和刚果河的整条河道中的绝大部分都被一路探索了下来,而我们的同胞,即利文斯顿,让我们得以窥见南部非洲的主要河流赞比西河的真容。

非洲的第一个地理理论体系来自希罗多德,他被称为"历史之父"。他对于这些区域给出了非常详实的描述，而且更近代的一些发现都一致证实了他的报告是非常精准的。在希罗多德的体系中，尼罗河有着非常鲜明的特征。他对于非洲的西北部地区，以及一直远及海峡的流域都进行过精确无误的描述。他提到了"纳萨摩尼斯河"（River of the Nasamones），而且他认为这条河流最后是汇入尼罗河的，不过很有可能，这条河指的就是尼日尔河。

第二个地理理论体系来自埃拉托色尼（Eratosthenes），他是亚历山大利亚的图书馆员。他的理论体系被斯特拉波（Strabo）加以阐释并吸收，再由梅拉（Mela）、普林尼（Pliny）和拉丁古典作家群体进行解释和传承。这些作家认为非洲大陆在赤道之处就结束了。他们认为尼罗河的一端就位于它攀升至的、为人们所了解的最高点；也就是说，在麦罗埃（Meroe）之外大约三百至四百英里的地方。在科尔提（Korti）和喀土穆（Khartoum）之间的某个点，这条河流出现了一个巨大的转弯。喀土穆见证了一系列令人难忘的军事行动，比如沃尔斯利（Garnet Wolsoley）勋爵正是在那里尝试营救出戈登将军的。尼罗河起源于西部地区的观点依然占据统治地位，而且梅拉和普林尼都对这一说法进行了详尽的阐释。

除此之外，再一个地理理论体系就是托勒密的了，这一体系在基督时代的第二个世纪得到了蓬勃的发展。根据托勒密的理论，尼罗河的源头在月亮山里，位于赤道以南或者更遥远的地方，而且他在自己制作的地图上描绘出了一些湖泊，而尼罗河就穿行于这些湖泊之间。因此，他以一种令人惊叹的方式，让斯皮克、贝克和斯坦利的发现都显得相形见绌。与此同时，他还认为，阿兹雷克（Bahr-el-Azrek，即青尼罗河）与阿比亚德（Bahr-el-Abiad，即白尼罗河）的交汇处就位于麦罗埃，而且他把这一交汇点描绘为一座岛屿。再往西前进，他写道，广袤无垠的利比亚沙漠得到基尔河（Gir）和尼日尔河的灌溉，这两条河流被称为"规模最宏大的河流"，其中前者有可能指的就是冈比亚河或者塞内加尔河。

因此，托勒密被认为是第一位表示尼罗河和尼日尔河是两条独立河流的古代人。托勒密称，尼罗河的源头远在南部区域，而尼日尔河则形成尼戈瑞沙湖（Nigritia），位于纬度15度、经度18度的地方。也就是说，托勒密认为尼日尔河的源头是乍得湖。

根据希罗多德、梅拉和普林尼的理论体系，非洲中部的河流是由西向

第一章
导言

东流入尼罗河,穆斯林地理学家伊德里西(Edrisi)对于我们了解非洲内陆地区没有多大的帮助。阿拉伯人认为,尼罗河是从某一个共同的源头由东向西流动的,他们把所有这些河流都称为尼罗河,其中一条是埃及的尼罗河,其他则是黑人的尼罗河,而这所谓的黑人的尼罗河,指的就是尼日尔河。

数百年来,欧洲一直都深陷于黑暗时代的愚昧和无知之中无法自拔。后来,东方的学者、欧洲的制图者如奥特利乌斯(Ortelius)和桑松(Sanson)等人不断努力,用科学之光来照亮时代,他们所绘制的地图于1696年得以出版,从而让我们对非洲稍微增加了些许的了解。然而,就那片大陆的海岸区域而言,欧洲人就并不是两眼一抹黑了。在地理科学的这一领域,对于世界的认知要归功于在约翰和伊曼纽尔(Emanuel)具有先见之明的领导下的葡萄牙人所作出的贡献,而亨利王子——也被称为"航海家"——则尤其被人们津津乐道。1447年,兰斯洛特(Lancelot)沿着非洲的海岸线缓缓前行,后来进入了塞内加尔河和冈比亚河,而葡萄牙人则把它们和尼日尔河混淆在了一起。他们就像托勒密一样,认为它就来源于一个被称为"尼日尔"的湖。1848年,迭戈·卡姆(Diego Cam)发现了扎伊尔河——它也被称为刚果河。人们认为,这里的河水就像尼罗河的河水一样,是来自扎伊尔湖(Lake Zaire),它就位于靠近大陆中部的地区,在南纬10度的地方。人们纷纷称赞,认为是葡萄牙人在他们的地图上标注出了一个大湖的位置,这个大湖被称为扎夫兰(Zaflan),它的水域面积几乎与维多利亚湖相差无几。绕过好望角——那个被巴托洛缪·迪亚兹(Bartholomew Diaz)称为"风暴角"(Stormy Cape)的地方,葡萄牙人沿着东南海岸线竖起了一些柱子,在他们描绘内陆地区的地图上,充斥着那些根本不存在的地名和王国的名字。这些充满了想象力的种种尝试在最近被提了出来,人们认为这些就是体现了占领的证据。虽然在绘制这片广袤无垠的大陆的时候,他们由于心中的畏惧,还是留出了一大片真空的区域。不过,他们把阿比西尼亚的边界向南推进到了莫诺莫帕塔(Monomopata)王国的国境线附近,就位于尼亚萨湖的同一纬度上。另一方面,毫无疑问地,从17世纪的最后二十五年间所绘制出的真实地图来看,葡萄牙探险家们在探索赞比西河的河道时,一直推进到了宗博(Zumbo)和凯布拉哈撒(Kebrahasa)的险滩,还包括莫罗姆博纳(Moroumbona)的瀑布。这些被归功于利文斯顿的发现其实葡萄牙人早就知道了。夏尔河(Shire River)河道的问题是利文斯顿这位伟大的传教士兼旅行家的发现之一,但它在早期也由葡萄牙人进行了一番调查并且在地图上有所定义。而葡萄牙人对更南一点的马绍纳兰(Mashonaland)的探索,则要晚一些。

第二章 布鲁斯在阿比西尼亚的旅行

  英国人对阿比西尼亚尤其感兴趣,原因既在于它的主要探险者是他们的同胞,还在于1868年一场令人刻骨铭心的军事远征行动。在那场远征计划中,马格达拉(Magdala)的纳皮尔(Napier)勋爵向内陆地区推进了四百英里,并且以迅雷不及掩耳之势袭击了当时特奥多雷(Theodore)皇帝所处的山地。为了找到东方的神秘天主教君主"祭司王约翰"——人们最初认为他应该是在鞑靼人的地界,后来才认为他是在阿比西尼亚,同时也为了打通前往印度的道路,巴托洛缪·迪亚兹成了绕过好望角的第一位航海家。十二年之后,达伽马沿着非洲的东海岸一路上行,先后经过莫桑比克、蒙巴萨(Mombasa)和梅林迪(Melindi),花了二十三天的时间穿越了印度洋,随后在马拉巴尔(Malabar)海岸的卡利卡特(Calicut)抛锚停船。

  根据我们所掌握的记录,第一位深入阿比西尼亚进行探险的欧洲人是一位葡萄牙人,名字叫科维汉姆(Covilham)。当时,他是受葡萄牙国王派遣,经由陆路去见祭司王约翰。除此之外,他的另一个目标就是去调查从好望角出发是否有可能从海上前往印度,而好望角则是最近刚被迪亚兹发现的。1487年5月,科维汉姆从里斯本出发,第一站先去了印度,随后再前往阿比西尼亚。在那里,他被尼格斯(Negus)——也就是国王——给留住了,在那里担任了很高的职位。到了1525年,罗德里格兹·利马(Rodriguez de Lima)作为葡萄牙大使前往阿比西尼亚,而当时科维汉姆依然在世。利马的秘书,即阿尔瓦雷兹(Alvarez),对他在该国的六年生活进行了记录。这份叙述相当有意思,于是在珀切斯(Purchas)就出现了该书的英文译本。在这本著作中,阿尔瓦雷兹在提到阿比西尼亚的国王时,称呼他为普雷特·加尼(Prete Janni)——也就是祭司王约翰。

葡萄牙人通过他们的同胞,包括贝穆德兹(Bermudez)、巴内托(Barreto)、奥维耶多(Oviedo)、佩兹(Payz)和其他来自罗马教会的传教士们,对这个国家产生了巨大的影响。在这批人之中,佩兹尤其突出,因为正是他发现了青尼罗河的源头,这条河流也被称为 Bahr-el-Azrek,这一名字是为了把它与 Bahr-el-Abiad,即"白尼罗河"区分开来,后者是被安维尔(D'Anvelle)第一次指出的确真实存在的。接下来的一段文字是取自佩兹的日志,这部日志一直由基歇尔(Kircher)进行保管。这段文字读起来非常有意思,因为这是第一次描述所谓的尼罗河的源泉,也就是我们的同胞后来所造访的地方:

"尼罗河的源头位于一座山谷突起的尖角上,这座山谷就像一个地域宽广的大草原,四周都被连绵起伏的群山所环绕。当我住在这个王国,与皇帝及其军队朝夕相处的时候,曾经在1618年4月21日登上了这个地方,然后非常仔细地研究了这里的每一个角落。我看到两个圆形的涌泉,它们的直径都达到了大约五个手掌的宽度。我当时简直欣喜若狂,因为出现在我眼前的,正是波斯国王塞勒斯(Cyrus)、冈比西斯、亚历山大大帝和声名显赫的尤利乌斯·恺撒千方百计试图寻找的东西,可是他们都以失败而告终。这里的水清澈见底,颜色很浅,尝起来也很清甜;然而,这两个涌泉在大草原的山区更高区域并没有任何的泻出口,只有在山脚下才有。为了试一试它们的深度,我们首先把一根长矛插进水中,它一直往下探到了十一个手掌深度的位置。接下来,它似乎是刺到了周边一些树木的根,这些根须都彼此纠缠交错在一起。至于第二个涌泉,与第一个涌泉之间只有一石之遥。为了确定它的深度,我们也把一根长矛插了进去,最后探到了十二个手掌深度的时候,依然还没有到达它的底部;随后,我们就把两根长矛接在一起再插入水中,结果一直达到二十个手掌深度的时候,却还是没有探到底部。当地的居民声称整座山都充满了水,而且他们是这样来证明这一说法的:这个涌泉所在的草原都在不住地颤抖着,都在不停地冒着泡泡——这就毋庸置疑地证明了这里的地下充满了水;而且,出于同样的原因,水不会在源头的上面流动,而是在巨大力量的驱使下从源头的下面穿行而过。当地的居民以及皇帝本人都证实说尽管从今年来看,地面的震颤比较微弱,但那是由大面积的干旱所造成的。而在通常时节,地面的震颤和冒泡的程度是相当大的,以至于任何人试图靠近的话,都可能面临巨大

第二章

布鲁斯在阿比西尼亚的旅行

的危险。从源头往西大约一里格(约 4.8 千米)的距离处,有一个名叫古伊克斯(Guix,或者被称为 Geesh)的小村庄,里面住的都是些异教徒,他们把许多奶牛作为贡品进行献祭。每年在某个特定的日子里,他们会跟随一位祭司来到这个源头,随后这位祭司就在涌泉旁把一头奶牛献祭了;他们首先砍下它的头,然后就举行各种各样的仪式,所有环节结束之后,他们就把它扔进了这无底洞一般的深渊,这一举动就意味着他为这些人带去了至高无上的神圣。"

接着,佩兹又进一步描述了尼罗河的河道走向、它所接受的支流、与它相交的德姆必湖(Dembea)的情况,还有阿拉塔(Alata)那气势磅礴的瀑布,随后还提到了它在贝古恩德尔(Begunder)、绍阿(Shoa)、阿姆哈拉(Amhara)和达莫特(Damot)附近的河道呈现出的半圆形态。再接下来,它离源头就只剩下一天左右的行程了。它所主要浇灌的地区都是野蛮之地,而且几乎根本不为外界所知晓;因此,当一位阿比西尼亚王子率领着部队进入这片地区的时候,他们就把这片区域称为"新世界"。"它就在那里蜿蜒穿行,"他说道,"经过了无数的地区,翻越了险峻的峭壁,最后流入了埃及的境内。"

与此同时,也有一些来自同样充满了探索精神的国家的探险者们,比如费尔南德斯(Fernandez),还有洛博(Lobo),后者本身就是一位传教士,他声称自己已经造访了尼罗河,即青尼罗河的源头,它就位于阿比西尼亚的西南边境地区,而且他对于这次经历有过非常详细的描述。1655 年时,一位意大利绅士巴拉蒂(Barati)也来到阿比西尼亚进行游历,他由此成为第一个出现在这片国土上的意大利人。而自此以后,意大利人就认为这里就是他们的保护地。随后的一位旅行家是庞塞特(Poncet),他是一位来自开罗的杰出物理学家。当时,他是应国王的邀请前来首都冈达尔(Gondar),凭借自身的专业知识辅佐后者。

又一段相当漫长的时间逝去了。然后,在阿比西尼亚的土地上又出现了欧洲人的身影,而且第一位出现的就是我们最耳熟能详的同胞詹姆斯·布鲁斯。当时,他在阿尔及尔担任领事,而且之前已经在的黎波里、突尼斯、叙利亚和埃及都进行过探险了。布鲁斯的目标是深入尼罗河的源头地区。为了实现这一目标,他成功对该国的一大片领土进行了探索,在面对无穷无尽的艰难险阻之时,他能够体现出强大的决心和毅力,并且成功地克服了它们。1769年11月10日，布鲁斯从马萨瓦（Massowah）动身，朝着内陆地区进发。他在沿途经过位于提格雷（Tigre）的阿杜瓦（Adowa）之时，参观了弗里马（Fremma）的修道院，它一直以来都是耶稣会的主要建筑物。在描绘它的时候，布鲁斯提到它的一圈周长大约有一英里，四周的墙上都耸立着高塔。这是迄今为止他在阿比西尼亚所看到的最坚不可摧的地方了。与其说它从外表上看是一座修道院，还不如说它就是一座城堡。

接下来，布鲁斯参观了阿克苏姆（Axum）遗址。就在那个时候，发生了一段插曲，而它的影响十分深远。英国人觉得这简直令人难以置信，并且由此对这位伟大的探险家开始恶言相向，而这些侮辱性的言语根本就是站不住脚的。除此之外，英国人还对他所撰写的书中所叙述的内容的真实性表示出了怀疑的态度。在离开阿克苏姆之后，布鲁斯赶上了三个士兵，当时他们正赶着一头奶牛。可是突然之间，他们就把这头奶牛一把抓住，然后甩到了地上。布鲁斯先生当时心里想，他们大概是准备把这头牲畜杀死。可是，令他大跌眼镜的是，他们只是从这头牛身上割下了两块牛肉，然后再把一些黏土敷到了伤口处，最后又慢悠悠赶着牛上路了。当时，在他的眼里，这简直就是他有生以来所目睹的最充满武力性和血腥性的携带给养的方法了。

布鲁斯穿过了塔卡泽（Tacazye）之后就抵达了冈达尔，当时它是国王的宫殿所在地。在这里，他对提格雷总督拉斯·迈克尔（Ras Michael）的妻子大献殷勤。这位总督大人的妻子正是已故国王的女儿，而这位国王正是被这位女婿所刺杀的。迈克尔夺权之后，当时年仅十五岁的年轻国王就完全被他控制于股掌之间，而国家则陷入了内战的深渊。当布鲁斯抵达的时候，两位年轻的小王子正在遭受天花的折磨。布鲁斯由于对医学有一定的了解，所以就借机讨好他们的母亲。他不仅尽全力帮助他们，而且他平易近人的性格和言行举止也颇得这位母亲的欢心。于是，他就成了迈克尔的新宠。更值得一提的是，他的骑术和射击技能都远远超过了当朝其他的阿比西尼亚人。后来，布鲁斯被任命为迈克尔个人事务办公室的工作人员。但是，他生性放荡不羁，尤其嗜酒如命，而这一习惯让他的健康状况一路下滑，不过人们认为这一放纵是很自然的。最后，他不得不住到了一栋乡间的房子里进行休养。

这一事件发生之后不久，迈克尔就被从冈达尔驱逐了出去，而布鲁斯

第二章

布鲁斯在阿比西尼亚的旅行

当时已经受到了伟大的加拉(Galla)酋长法西尔(Fasil)的器重,从而得到了许可,能够前去探访青尼罗河的源头,而那正是佩兹声称自己已经发现的地方。于是,他首先去看了阿拉塔的大瀑布,尼罗河在经过了德姆必湖之后,就从那里倾泻而下。他把它描述为自己所见过的气势最磅礴的景象。整条河流以一片水帘的架势从大约四十英尺的高度倾泻而下,它所携带的巨大威力以及震耳欲聋的声响让我们这位旅行家感到头晕目眩。一层厚厚的水汽把整座瀑布盖得严严实实,并且从上方以及下方把河水的河道遮得什么都看不见了。

在邦巴(Bamba),布鲁斯与加拉族的酋长法西尔见了一面,后者与其他的合谋者一起占领了冈达尔,随后就自立为王了。一开始,法西尔对待布鲁斯的态度夹杂着些许蔑视,因为他是一位白人。但是,当布鲁斯向他展示了自己的骑术以及射击技能之后,法西尔就变得十分尊敬他了,随后他们一直相处得十分融洽。最后,他抵达了源头所在的地区,那是一片绿意盎然、土地肥沃的区域,正是在那里人们将发现那令人魂牵梦萦的涌泉。当他抵达那一条小溪流的时候,他的情绪一开始是很兴奋的。那条溪流是如此地狭窄,以至于你完全可以一脚就跨过去,而他正是成功地这样做的,而且重复了大约五六十次。然后,在强烈的热望驱使下,他在向导的带领下前往主要的涌泉所在地。现在,他就像佩兹一样,陷入了一阵狂喜之中,因为他终于实现了自己的一个目标。而在此之前,无论是古代还是当代,无数最有权势的统治者虽然都经过了不懈的努力,却都以失败而惨淡收场。可是,这阵阵狂喜突然之间就消失得无影无踪了,取而代之的则是脑海中涌起的想法,包括自己的处境,以及自己所面临的种种艰难险阻,他随即就变得心情低落起来。然而,他很快又让自己的心情变得好了一些,然后他在当地逗留了一些日子,仔细调查研究附近的地方。随后,他就离开了,前往法西尔的一位密友的房子所在地,而那位酋长的妻子就与法西尔住在那里。于是,他在那里受到了热情的款待。

当时,迈克尔已经在提格雷集结起了一支规模庞大的军队,随后全体就向冈达尔进发了。而当时的联盟军由于在他的攻势面前无法守住城市,于是就选择了撤退,由此把这座首都拱手让给了他。对于布鲁斯先生而言,这种改变是完全可以接受的,他一直与迈克尔保持着往来。布鲁斯后来回到了冈达尔,却震惊地发现迈克尔居然做出了各类暴行。当冈达尔再一次被易手之后，迈克尔很快就在一次战斗中遭到了重创，并沦为了囚犯。1771年12月26日，布鲁斯离开了阿比西尼亚的首都，经由森纳尔（Senaar）踏上了回家的路，而庞塞特在他的游记之中曾经对这座城市进行过描述。当布鲁斯一路行进至森纳尔的时候，他抵达了白尼罗河与青尼罗河的交汇之处，那里靠近喀土穆城所坐落的地方。当时，这座城市对英国人一定有着相当魔幻的吸引力。布鲁斯错误地认为阿比西尼亚的尼罗河——也就是他到访过源头的那条河——就是真正的尼罗河。不过，他的确留意到了白尼罗河中奔腾不息的水流，而且河水常常看上去非常充沛，而青尼罗河则仅仅在雨季才会水量猛增。当时赫赫有名的地理学家安维尔对这一理论表达了不同的意见，他以令人信服的口吻表示尼罗河的主要水流是那条穿越赤道附近的非洲地区的宽大河流，它的源头是大湖地区，也就是我们的同胞斯皮克和贝克所发现的那个地区。而长期以来，人们对此一直深信不疑。

以这些河流的汇合之处作为起点，布鲁斯动身向尚迪（Shendy）进发，随后又推进到了柏柏尔（Berber），很快他就离开了河道，因为河流在那里往西部方向出现了一个幅度相当大的转弯。布鲁斯和他的伙伴们后来又穿越了努比亚（Nubian）地域辽阔的沙漠地带，在整整五百英里的远征过程中，他们没有碰到过一个当地居民。在那一望无垠的沙漠里，目之所及只有光秃秃的岩石和灼热的沙漠，偶尔会有一些水源地打破这单调乏味的景致。在这一行程中，所有的旅行者们几乎都要崩溃了，尤其是在接近行程尾声的时候，就连骆驼都无法再前进一步了。然而，他却作出了最后一次尝试，而且他们终于在靠近赛伊尼（Syene）的地方看到了尼罗河，于是他们之前所经历的一切苦难终于在那里画上了句号。

1773年3月，布鲁斯抵达了亚历山大，随后他就从那里扬帆向马赛进发，接着又辗转去了巴黎，并在那里一直待到了7月。在巴黎逗留期间，他一直在治疗自己患上的几内亚虫病，正是这一疾病让他几乎连走路都变得相当困难，甚至还危及了他的生命。康复之后，他先后去了博洛尼亚和罗马。在那里，大主教克莱门特十四世无比热情地款待了他，并且授予了他一系列的金质奖章。1774年初，我们这位旅行家回到了巴黎；6月，他又抵达了已经阔别十二年的英国。在那里，布鲁斯被引见给乔治三世。当布鲁斯把自己异乎寻常的探险经历与乔治三世以及他的臣民们分享之后，他们都表现出了极大的兴趣。不过令人感到奇怪的一点是,又过去了许多年,布鲁斯才出版了一本著作,内容就是他的旅行的记录。1776年5月20日,他结婚了。不过九年之后,他的妻子就去世了,给他留下了两个儿子和一个女儿。这一不幸的变故让这位伟大的旅行家陷入了深深的忧郁之中。后来,他的一些朋友建议说也许把注意力转移到其他地方能够缓解他的抑郁,于是他就接受了他们的建议,并且全身心地投入了他的著作《旅行》(Travels)一书的筹备工作中去。这本书出版于1790年,并且引起了强烈的反响,受到了人民的热烈欢迎。当然与此同时,也不乏批评家们对他的说法表达完全不同的态度,并且坚持说他的著作根本就是无稽之谈。但是,尽管书中的确存在着一些夸张的地方,但是他所展现的事实中所包含的普遍的真理性却自此以后长时间地屹立不倒。著名的旅行家克拉克医生有一次从埃及写信给朋友的时候,就提到了《旅行》这本书:"我已经和阿比西尼亚的居民交流过了,他们证实了布鲁斯在他的著作《旅行》一书中所进行的叙述的确是真实的。因此,我们可以毫不怀疑他的著作在尊重真相这一层面不仅是一丝不苟的,而且很少有旅行家能够像他那样下笔时如此地忠于事实。的确是这样,你一定会惊讶于他居然能够如此精确无误地还原出事件的每一个细节。"后来,他又给另一个朋友写了一封信,他在信中说道:"你应该充分信任布鲁斯。与其他在这些类似的国家开展旅行的探险家相比,我们对他的审视更加严厉而残酷。贝尔德(Baird)将军把他的著作从印度带了过来。在随后的两天时间里,他把这本书先后展示给一位阿比西尼亚当地人以及几位英国人过目,请他们从各个角度对阿比西尼亚人进行研究。他了解所有的植物,甚至可以仅仅看一眼插图就能说出它们的名字。最后,他也证实了布鲁斯所写下的内容都是相当精准的。"

几年之后,也就是在1805年,索尔特(Salt)先生陪同瓦伦西亚(Valentia)勋爵一起从红海坐船航行。他们到访了阿比西尼亚,然后再一次地,在时隔四年之后,怀揣着目标向那片土地进发。索尔特先生是一位相当引人注目的男子,他具有极强的判断力,而且言行十分克制。因此,与他那位功成名就、善于天马行空发挥想象力的前辈相比,两者可谓一个天上,一个地下。至于那一段广为流传的插曲,也就是从一头活生生的奶牛身上割下一块牛肉的场景,索尔特在叙述的时候,否认了当时人们是从活生生的动物身上割下鲜肉的;可是在一段时间以后,他却坦白承认一位旅行中的同伴观察到类似的做法的确是存在的,而且有一个特别的名字来指称此种行为。但是索尔特先生依然不同意布鲁斯的观点,他认为当鲜肉被割下来的时候,那头动物不可能还活着。然而,正如他自己所承认的那样,当那惨无人道的行为发生的那一刻,当肉片被割下来的时候,当他们享用着依然留有体温的生肉的时候,肉质中的纤维甚至都还在颤动着,这两位旅行家之间的差别就已经缩小到几乎可以忽略不计了。布鲁斯倾向于对自己目睹的景象进行描绘,而且他能够观察到事物的机会比他的这位后继者都要更多。并且,这位后继者的确证实了布鲁斯所说的话基本上都是准确无误的。至于布鲁斯认为自己已经发现了伟大的尼罗河的源头——而非一条规模更小的河流的源头——则并不奇怪,毕竟在他所身处的时代,人们普遍对于这一方面知之甚少。但是,他花费了大量的篇幅引用证据,以此证明他所造访的源头与佩兹所看到的那些源头是不同的,这一说法则完全是错误的。毫无疑问,这些源头就是指的同样的源头,虽然他不遗余力地大费口舌,试图证明相反的情况是情有可原的,我们可以考虑到毕竟为了完成这一任务,他不仅花费了大量的时间,而且熬过了无数的艰难困苦。

至于那些批判他的叙述流露出明显的自尊自大的评论,《布莱尔的布道》(Blair's Sermons)一书的知名作者进行了反驳,这些反驳与作者更近期的一些游记著作常常被提到同样的水平:"由于你在撰写故事的过程中,把自己塑造成了一位如此英雄式的人物,因此所有卑鄙的批判家们都将会牢牢抓住这一点不放的。不过至于我的观点,我认为这根本就没有错。和他们相反,我自始至终就认为一位旅行家在一个陌生国家的个人探险经历不仅是非常引人入胜的,而且是整本著作中最能够给读者以启迪的部分了。所以,让我们把目光主要集中在那片土地上的风土人情和环境上,而不是一味地关注那些普通的观察就能够向我们展示出的信息吧。你已经遭受了很多的艰辛与险阻,而且在那些种种令人难以忍受的环境下遭遇了各种危险,所以比起现在任何在世的人,我都更加对你所写下的话语深信不疑。不管那些熟识你的人会怎么想,只要和我一样了解到你的身体和思想所拥有的那些不同寻常的力量,都必将发现你在记叙自己的任何行为时,所有的描述都是完全自然的,是百分百可信的。"

在布鲁斯一生的探险生涯中,虽然经历了各种各样的险境,但他始终未受大的损伤,然而他最后却意外死在了自己的家中,这说起来无论如何都有点令人匪夷所思。1794 年 4 月 26 日，他在金耐德（Kinnaird）款待一些朋友，那里位于斯特林（Stirling）的乡间，也就是他的出生地。到了晚上，当他下楼梯的时候，忽然一不留神脚下打滑，于是头朝下摔下了五六级台阶，最后躺在了地上。随后，他立刻就陷入了神志不清的状态之中，虽然身上并没有发现任何挫伤的痕迹，但他却在第二天早晨与世长辞了，享年六十四岁。这位伟大的旅行家的遗体被安葬在拉伯特（Larbert）教堂的院子里，与他的妻子埋在了同一座坟墓之中。

第三章　蒙戈·帕克的旅行

1618年，非洲公司（African Company）在英国成立，它的目标是探索冈比亚以及附近地区。于是，一个名叫理查德·汤普森（Richard Thompson）的人就登上了一艘一百二十吨位的船，随身还携带着一船物资，那是用来与当地人进行交易的货物。汤普森沿着河流一路逆流而上，一直到达了卡桑（Kassan）；但是，有一次当他离开的时候，一些葡萄牙人在嫉妒之心的驱使下屠杀了他大部分的船员。两年后，人们又派出两艘船继续推进这一任务，它们随后也沿着河道逆流而上不断向前推进。当时的司令官理查德·乔布森（Richard Jobson）于1620年11月进了冈比亚，随后他得知汤普森早已被自己的手下杀害了。然而，他还是决定继续前进，随后经过了巴拉康达（Barracoonda）瀑布，最后于1621年7月26日抵达了腾达（Tenda）。

非洲公司似乎没有继续推进他们的发现项目。直到1723年，当主席已经变成了钱多斯（Chandos）公爵的时候，公司才任命斯蒂布斯（Stibbs）上尉率队动身前往冈比亚，启动了另一次远征；但是他在经过了巴拉康达之后，只继续前进了五十九英里的距离。当英国人试图沿着冈比亚河一路上行，认为它就是尼日尔河的时候，法国人则航行在塞内加尔河上，希望能够抵达廷巴克图（Timbuctoo）以及可能发现金子的地区。大约在1626年，在这条河流的河口处，他们建造起了路易斯定居点，而他们的主管，即布吕（Brue）将军在1697年至1698年期间沿着塞内加尔河一路逆流而上，最后抵达了费卢（Felu），他还建起了一座被称为圣约瑟夫的要塞，它后来在很长一段时期内都是法国在塞内加尔河上游地区主要的贸易站。后期的一些总督都到访过邦布（Bambouk）。但是在尼日尔地区、赞比西以及赤道湖区所开展的非洲探险的辉煌成果，都被那些更富有探险精神的英国人收入

第三章

蒙戈·帕克的旅行

了囊中。

　　大部分所取得的成就都应该归功于非洲协会（African Association），它是由一个委员会组建起来的，组成人员包括罗顿（Rawdon）勋爵〔也就是后来的黑斯廷斯（Hastings）侯爵〕、著名的约瑟夫·班克斯（Joseph Banks）爵士，还有其他一些名头响亮的杰出人物。协会只为那些致力于非洲内陆地区探险的旅行家们提供资助，但是当时有许多有抱负的人希望能够获得这一殊荣。第一位人物就是莱迪亚德（Ledyard），他已经和库克（Cook）船长一起环绕地球旅行了一圈，而且和北美印第安人生活过许多年。然而，莱迪亚德在越过开罗之后，并没有走出多远，就于1788年去世了。接下来，协会所赞助的第二位旅行家是卢卡斯，他之前曾经在摩尔人（Moors）中间待了长达三年的时间，是他们桨帆船上的一个奴隶。可是，他从的黎波里出发之后，也只成功推进了很短的距离。第三次远征行动是由霍顿（Houghton）少校开展的，这次他选择了一个截然不同的地区作为出发点。这位旅行家决定经由冈比亚从陆路抵达尼日尔，而不像乔布森和斯蒂布斯那样选择坐船从水上挺进。1791年年初，他动身了，从冈比亚的梅地那（Medina）出发，抵达了法勒梅（Faleme）的费尔巴纳（Ferbanna）。从那里，他继续向前推进，希望能够抵达廷巴克图，却遭到了抢劫，身上所有的财物都被洗劫一空，于是他只能漫无目的地游荡在沙漠之中，最后无比凄惨地告别了人世。他的同胞——蒙戈·帕克——被带到了这位拥有勇敢之心的英国人咽下最后一口气的树下，他堪称一位执着于探索的高尚的烈士。

　　在相当长的一段时间内，蒙戈·帕克都被视为非洲探险者之中最重要的一位人物。他于1771年9月16日出生于法奥谢尔德（Fowlshields）。他的父亲在亚尔奥河（Yarrow）的岸边拥有一座农场，那里距离苏格兰的塞尔科克镇（Selkirk）并不太远。他和他的兄弟们是在家中接受一位私人家教的教育的。随后，他就被送去了位于塞尔科克的一所文法学校。当他长到十五岁的时候，他成为镇上一位外科医生托马斯·安德森（Thomas Anderson）手下的一名学徒。后来，他又从那里去了爱丁堡大学。随后，他又辗转去了伦敦，并在那里被引荐给了约瑟夫·班克斯，而后者对他的兴趣则让他成了东印度商船伍斯特号（Worcester）上的一名助理外科医生。当他从印度回来之后，他就主动向非洲协会提出申请，愿意为其效力。之前，莱迪亚德、卢卡斯和霍顿曾经先后率领过几场远征行动，不过它们最后都以失败而收场。但是,他并没有受到这些负面的影响,下定决心要继续把他们的努力推进下去。凭借不可估量的勇气和毅力,帕克完全能够胜任自己所承担的任务,而且表现令人注目。当他从非洲协会收到最终的指令之后,他就于1795年5月22日这一天登上了一艘非洲商船奋进号(Endeavour),然后扬帆从朴次茅斯启程,朝着冈比亚进发,并于次月的21日抵达了那里。

根据他所收到的指示,他应该经由邦布前往尼日尔,或者选择其他的路线,目的是确认那条河流的走向,此外再走访其周边地区的一些重要城镇,尤其是廷巴克图。随后,他再计划经由冈比亚,或者其他的他本人认为更可行的路线回到原地。帕克立即沿着冈比亚河逆流而上前往皮萨尼亚(Pisania)。居住在那里的白人屈指可数,只有莱德利(Laidley)医生以及名叫安斯利(Ainsley)的两名商人。在莱德利的帮助下,帕克就在这里着手开始学习曼丁戈(Madingo)的语言,同时再从黑人商人那里收集信息。在皮萨尼亚逗留期间,他患上了一场严重的热病,导致连续两个月身体状况一直不佳。不过在主人的悉心照料之下,他最终还是恢复了健康。正当有一支商队计划向非洲内陆地区进发之际,他经过交涉,顺利得到许可得以和商队一起同行。接着,帕克就雇佣了一个黑人约翰逊,他既会说英语,也会说曼丁戈语。此外,他还雇佣了一个黑人,名字叫登巴(Demba)。至于他本人的行李,只有数量很少的一批给养,还有珠子、琥珀和烟草,这些都是可以在沿途用来购买食物的东西。除此之外,他还带上了一些亚麻布匹,再就是一把伞、袖珍指南针、温度计、一支猎枪、两把手枪以及其他一些小物件。另外,还有四个穆斯林作为他的侍从陪伴在其左右。在最初的两天日子里,莱德利和安斯利一直陪着他同行,而且他们内心暗暗认为自己再也没有机会见到他了。他于12月5日抵达了梅地那,并受到了国王的接见,后者对霍顿少校态度相当友好。国王试图劝说他不要再继续走下去了,不过并未收到任何效果,于是就提供了一位向导给帕克。接着,帕克就动身上路了。

进入寇洛阿(Koloa)——一座规模相当大的城镇——之后,他留意到在树上挂着一件长袍,它是用树皮制作而成的。别人告诉他,那属于魔神(Mumbo Jumbo),是某种丛林恶魔,人们对他敬畏三分,当地的女性尤其如此。这种匪夷所思的迷信在所有的曼丁戈城镇内都十分普遍,而且很多

第三章

蒙戈·帕克的旅行

黑人都利用这一点把他们自己的女人管得服服帖帖。由于男人在娶多少妻子方面丝毫不受任何的限制,所以每个人都在自己所能掌控的能力范围之内,尽可能娶多位女子。正因为如此,经常发生的情况就是:这些女子们彼此争执不休,有时候,她们争吵得实在是太凶了,以至于就连她们丈夫的威严都不足以让家里保持太平。一旦出现这种状况,魔神就会隆重登场了,而且他总能起到决定性的作用。这个陌生的正义主持者——人们认为他既可以是丈夫,又可以是某个受他指示的人——会穿着刚才所提到过的服装,手持代表了大众权力的棍子,在靠近城镇的时候就会发出很响亮的声音,尖叫声听上去令人浑身难受。他以此来宣告自己马上就要来了。当夜幕渐渐降临的时候,他就开始作法。当天色一暗下来,他就会进入城镇,然后径直向公众集会的房子走去。随后,所有的居民很快就会聚集到这所房子里面。妇女对于这种展示并不是特别喜欢,因为她们完全不认识这位乔装打扮一番的人。所以,每一个已婚女性都会怀疑他的这次造访也许是针对她本人的;但是,一旦她们被召集起来的时候,她们却又不敢做出任何的违抗之举。

当仪式开始之后,最先上演的是唱歌和跳舞,而且一直持续到午夜时分。大约到了这个时候,魔神就会盯上肇事者了。于是,这位不幸的受害者就会一下子被他抓住,然后被脱个精光,绑在一根柱子上面。接着,魔神就会挥起手中的棍子,对她一阵猛抽。与此同时,所有的旁观者们则大声嘲笑并奚落她。在这些人群中,声音最响亮的就是这位可悲女子的姐妹们,她们大声欢呼喝彩。当晨光微露的时候,这一闹剧才画上句号。

他们很快就要走出沙漠地区了,而他们在这片区域无法找到一滴水。因此,帕克所在的队伍就全速向前推进。在穿越沙漠的途中,他们忽然发现有一棵树上挂着一些布片。人们之所以把它们挂上去,最初的原因很可能是提醒其他的旅行者,表示这个地点附近可以找到水;但是,随着岁月的流逝,这一习惯性的做法已经被人们普遍接受了,所以凡是路过此地的人都会无一例外地挂个东西在上面。于是,帕克也依葫芦画瓢,在一根大树枝上挂了一片漂亮的布。

到了12月21日,这位旅行者踏进了邦杜的首都法特康达(Fatteconda)。当地的总督曾经对霍顿少校进行过一番掠夺,因此帕克认为自己还是有必要提防这个人。这位未开化的首领无法理解为什么一个有理智的

17

人会选择踏上一条如此危险重重的旅程,而目的仅仅是去看一眼这片土地。因此,他很显然相信这位旅行者一定是一个商人。在两人会面期间,他表示非常喜欢帕克那件蓝色的外套,它的上面还有黄色的纽扣。于是,他恳求帕克是否愿意把它作为礼物送给自己。由于国王本来是可以强行用武力来抢夺这件外套的,不过眼下却采取了比较温柔的方法,所以,帕克就脱下了身上的外套——这是他所拥有的唯一一件品质较好的外套,然后把它放到了这位长得黝黑的国王陛下的脚边。国王留意到女人们都迫不及待地想要一睹这位旅行家的尊容,于是就请求他同意前去探望一下她们。当他一踏进屋子,她们就一拥而上把他团团围住。有些人恳求他送给自己一些药品,有些人则希望能够得到一些琥珀,而所有的人都强烈表示希望他能够为自己放血。当时,有十到十二位女子,她们大多数都很年轻,而且头上都戴着金饰和成串的琥珀。她们聚集在帕克的周围,仔细研究他那白色的皮肤和高高突起的鼻子,并且认为前者之所以形成,是因为当他还是一个婴儿的时候,他的母亲一定是把他浸在牛奶中了;至于后者的出现,则应该是他的母亲每天都捏他的鼻子,直到它长成了现在这种不美观的轮廓。至于他,则连声称赞她们那乌黑的皮肤是如此富有光泽,她们的鼻子是如此平坦。不过,她们回复说在邦杜,人们并不喜欢被旁人称赞。然而,为了感谢他对自己的赞美,她们还是送给了他一罐蜂蜜和一些鱼。最后,国王给了他一些金子来购买物资,然后在没有仔细检查他行李的情况下就放行让他继续赶路去了。他手下的随从人员认为有必要连夜赶路,直到他们能够到达这片土地上一处更加友好的地区。当时的场景令人印象十分深刻:空气似乎都静止了,野兽大声咆哮着,还有那无尽的孤独感。

队伍离开邦杜之后,就抵达了位于卡贾加(Kajaaga)的乔阿格(Joag)。可是,那里的国王却开口就要一大笔财物,于是帕克不得已把自己刚刚从邦杜国王那里收到的金子支付给了对方。除此之外,国王还命人打开了他的包裹,并且把里面所有值钱的东西都拿走了,他最终只保留下了藏起来的一部分东西。当他坐在地上的时候,他的侍从就坐在他的身边,此时有一个看上去贫困潦倒的妇女走上前来,她的头上顶着一个篮子。她张口问帕克是否吃过晚饭了。侍从回答说:"国王的手下已经把他所有的钱都抢走了。"一听到这句话,这位妇女就像"善良的撒玛利亚人"一样递给他几把磨碎的谷物,而且表示不需要帕克作出任何感谢的表示。接着,帕克就继

第三章

蒙戈·帕克的旅行

续动身上路了。后来,他抵达了库尼阿卡里(Kooniakary),并且受到了国王热情洋溢的款待。随后,他就启程朝着卡尔塔(Kaarta)的重要城镇科姆穆(Kemmoo)挺进。

到了2月12日这一天,他们抵达了当地的首都。当他刚一迈进这座都城的时候,就有一位国王派来的信使来到他的面前,对他表示欢迎。与此同时,他们还安排了一间十分宽敞的屋子让他住。然而,人们如潮水一般不断地蜂拥而入,直到最后每一寸土地上都站满了人;当第一批参观者离开之后,另一批人马上占据了他们的位置。就这样,茅屋内不断地重复着塞满又放空的状态,大约有十三次左右。帕克发现,在那位名叫戴希(Daisy)的国王身边,围了一圈侍从,战士们在他的右手边,而女人和孩子们则在他的左手边。在一个泥土堆起来的高台上面,铺着一张豹皮,这样一来,王位就显得有模有样了。在了解到他意图穿过班巴拉(Bambarra)前往廷巴克图之后,戴希说这完全是天方夜谭,因为他本人当时正和廷巴克图开战。所以,他信誓旦旦地告诉帕克,如果他企图进入卡尔塔,他一定会立刻送命的。

因此,这样一来,除了走卢达马尔(Ludamar)这条路之外,就没有其他的选择了。可是,那是一条危机四伏的路,而霍顿少校正是在那条路上送了性命的。然而,帕克希望可以沿着南部的边界地区一路推进,最后抵达班巴拉,这样一来就可以避免遇到居住在那片土地上的野蛮而顽固不化的摩尔人了。后来,他抵达了加拉(Jarra),那是一座大型的城镇,其中的居民主要都是黑人,不过他们完全受到了摩尔人的统治。于是,他派一位信使前往首都贝诺乌姆(Benowm)。这位信使随身携带了大量的礼物,希望能够与当地的首领阿里进行谈判,让他同意探险队从他的领土上穿过。他无比焦虑地等待了足足两周的时间,终于收到了一个前往古姆波(Goombo)的安全通行证,那里就位于班巴拉的边界地区。

首先,他前进到了迪纳(Deena),那座小镇也被摩尔人所占领了。摩尔人对待他的态度相当恶劣,不仅对他百般羞辱,而且还把他随身的财物都洗劫一空。到了3月3日凌晨两点的时候,他成功逃离了当地,这让他情不自禁地感到欢欣鼓舞。接下来,他就穿越了拉姆帕卡(Lampaka)和达利(Dalli)。在那里,他受到了当地热情好客的黑人居民一如既往的友好款待,那些人甚至还劝他在达利多待一天,而且当地的居民还向他保证会派人保障他的安全。但是,这次短暂的停留却差点让他搭上了性命。在萨米(Sami),3月7日那一天,一队摩尔人骑兵队伍突然从天而降,他们此行是来告诉他法缇玛(Fatima)——也就是阿里最宠爱的妻子——突发奇想希望看一看一个基督徒到底长什么样,因此他必须前去展示一下自己,但是他们向他保证,只要他能够让女王陛下心满意足,他就一定会受到优待,而且可以继续踏上自己的行程。

当时帕克被护送前往的贝诺乌姆,虽说是摩尔人的首都,充其量只不过是一个营地而已。它由一些脏乱不堪的帐篷组成,其中还混杂着成群的骆驼、马和牛。他被人群团团围住,这些人们纷纷伸出手抓走他的帽子,让他解开衣扣展示自己白色的皮肤,并且还数了数他的手指和脚趾,以此来看一看他是否和他们真的一模一样。他就这样在大太阳底下站了一会儿,然后被安排住进了一座茅屋内。这座茅屋由玉米秆建造而成,有一些柱子加以支撑,其中的一根柱子上还拴着一条野狗。很明显,这一举动是为了嘲笑和恐吓他,暗示他们很适合彼此,可以进行交合。成群结队的男男女女连续不断地蜂拥而入,希望能够看一眼这位白人男子,希望能够仔细研究一下他。当他们的好奇心得到满足之后,下一个娱乐活动就是折磨这位基督徒了。于是,他就沦为了这一最野蛮的种群的最邪恶的、最粗俗的成员的玩偶。摩尔骑兵们把他带出了屋子,在他周围策马狂奔,他就如一头野兽那般被他们百般折磨,这些人甚至还把剑伸到他的面孔前面快速地舞动,以此来炫耀他们精湛的骑术。他们不断地尝试强迫他干活,而且阿里还把这位旅行家所剩下的所有财物都据为己有。在仔细研究了所有的玩意儿之后,他对指南针惊叹不已,尤其是因为它总是指着大沙漠地区的方位。帕克认为任何从科学层面的解释都会是徒劳的,所以索性就说它总是指向他的母亲所居住的地方。对于阿里而言,他出于对迷信的敬畏之情,十分渴望它能够被拿走。

在遭受的种种侮辱之中,帕克最难以忍受的还是他们提供给他的食物严重不足。随着旱季的来临,水资源变得越来越稀缺与珍贵,而且异教徒只能够获得数量相当有限的水,因此他们都在忍受着口渴所带来的最折磨人的痛苦。有一次,一个摩尔人正在为他养的奶牛取水。帕克苦苦哀求他让自己喝上几口水桶里的水,而这位摩尔人被他打动了。可是突然之间,可能是由于这位摩尔人觉得自己的容器遭到了亵渎,他一把抢过水桶,然后把桶里的水全部倒入了水槽中,希望帕克能够和牲畜们一起享用这些水。最后,帕克压制住了慢慢涌起的傲气,把脑袋迅速探入水中,然后美美地喝了个饱。

4月30日,阿里由于需要搬迁他的住处,就来到了布巴卡(Bubaka),那里就是他的妻子法提玛所居住的地方。于是,帕克就被引荐给了那位备受宠爱的妃子。一开始,当她看到眼前站着的居然是一位基督徒时,忍不住惊恐万分地后退了几步。但是,在问了他许多形形色色的问题之后,她开始发现他和其他的人类也没有什么太大的不同。随后,她给了他一碗牛奶,之后对他也十分友善,她可以说是他在这段可怕的被囚禁期间所感受到的最好心好意的人了。阿里已经决定要派遣一支远征队伍前往加拉,这支队伍由两百名摩尔骑兵组成,他们的任务是攻击戴希,于是帕克就得到了阿里的首肯,同意他一同跟随他前往。在法提玛的影响下,他还收回了自己的那捆衣服以及马。

5月26日,在约翰逊和登巴的陪同下,他与一队摩尔人一起跨上了马背,动身上路。在半路上,阿里的奴隶头目走上前来,告诉登巴,将来阿里会成为他的主人。虽然帕克为这个男孩百般求情,但是没有任何的成效,这个奴隶仅仅回答说如果他不骑上马的话,就把他也一同送回去。于是,他和这个不幸的男孩握了握手,并且向他保证自己会尽全力去把他赎出来的。随后,帕克就眼睁睁地看着他被阿里的三个奴隶给领走了。如果可能的话,帕克十分渴望能够继续踏上行程,因为他非常不愿意在没有完成任务的情况下回到英国去。因此,他下定决心,要不惜一切代价瞅准时机逃离。这一时刻比他预期的要来得更早。6月26日,有消息传来,声称戴希第二天将会抵达加拉。人们一听到这则消息之后,就纷纷开始打包他们的财物,并且掰下玉米,为动身作好准备。到了第二天的一大早,有将近一半的人员已经出发了,女人和孩子们哭天抢地,男人们的脸上都显得十分阴沉和沮丧。帕克十分确信,如果戴希能够知晓自己的话,自己一定会受到善待的。然而,由于他担心自己在一片混乱之中可能会被误认为是一个摩尔人,因此他认为最明智的选择还是和镇子上剩下的人一起撤退。

于是在7月1日,正当帕克离开屋子去田地里照料他的马匹的时候,阿里的奴隶头目以及四个摩尔人抵达了格埃拉(Queira)。而约翰逊,出于怀疑他们此行的意图,派了两个小男孩去偷听他们之间的对话。后来,从这两个男孩口中,他得知这些摩尔人是来把帕克带回布巴卡的。这对于帕克来说是一个可怕的打击,因为他现在完全深信阿里企图永远让他沦为阶下囚。于是,他下定决心要不惜一切代价逃离出去。他把自己的计划透露给了约翰逊,虽然后者赞成他这样做,却表示并不愿意和他一起逃走。因此,帕克决定凭一己之力孤身上路。到了夜晚,他准备好一捆衣服,包括两件衬衫、两条长裤、一件外套和其他一些物件;但是他身边连一颗珠子也没有,所以无法为自己购买食物或马匹。当晨曦微露的时候,约翰逊来到他的面前,并且告诉他摩尔人还在熟睡之中。于是,他就带上自己的包裹,蹑手蹑脚地跨过那些仍然呼呼大睡的黑人,跨上自己的马,与约翰逊告了别。帕克十分希望他能够特别保护好那些自己交到他手上的文件,还说自己希望他能好好保重身体,随后就踏上了前往班巴拉的路。当他骑着马一路前进的时候,突然听到身后有人在叫他,他回头一看,发现竟然是三个摩尔人,他们正骑着马飞速地向他冲过来,同时手中还挥舞着武器。当时,想要逃走是徒劳的,于是,他就停了下来。一个摩尔人举着火枪,告诉他必须跟他们回到阿里那边去。随后,他就面无表情地跟在他们身后骑了回去。不过,就在他们走出没多远的时候,这些摩尔人突然停了下来,命令他把包裹打开。

他们仔细搜查了包裹里的所有物品,除了他的外套之外,没有发现任何值得据为己有的东西了。其中一个人把外套解开,裹在了自己的身上。对于帕克来说,正是这件外套让他在白天可以遮挡住雨水,在夜晚可以隔开露珠,所以是很有价值的一个物件。于是他苦苦哀求这些抢劫犯把它归还给他,但是他们根本就不理睬他的这一请求。当他试图尾随着他们去要回自己的外套时,一个强盗对着帕克的马的头部抽了一鞭,然后亮出了火枪,呵斥他不许再向前走一步。帕克发现这些摩尔人的唯一目的只不过是敛财,就调转马头,向东进发了,心中十分庆幸自己终于捡回一条命了。

一走出强盗们的视线之外,他就一头钻进了树林里,然后尽全力拼命赶路。他终于赢回了自己的自由,他觉得自己的四肢非常轻巧,甚至就连沙漠在他眼里都十分地令人愉快。然而,他忽然意识到自己并没有获取食物的任何手段,而且能否找到水也是个未知数。他借助一个指南针给自己指明方向,希望最终能够抵达班巴拉王国内的某座小镇或村子。由于骄阳似火,热量在沙子的反射下几乎猛增了一倍,他越来越感到口渴难忍。他

第三章

蒙戈·帕克的旅行

爬上了一棵树,希望能够看到某个人类居住的地方。可是,目之所及除了密密麻麻的丛林之外,就只剩下一座座白色的沙丘了。当夕阳慢慢西斜的时候,他又一次爬上了一棵树,但是看到的依然是同样的景象。于是,他下了树,把马鞍从马背上卸了下来。突然之间,他感到一阵头晕目眩,随后就摔倒在了地上。他心想,自己很快就要一命呜呼了。然而,当落日缓缓消失在树林后面的时候,他慢慢地缓过了神来。现在,他重新振奋起来,下定决心一定要为自己的生存再拼一把。于是,他又向前走了一段路。突然,他看到在东北方向出现了几道闪电。他为自己所目睹的闪电而欢欣鼓舞,因为这就意味着要下雨了。很快,他就听到灌木丛中传来咆哮怒吼的风声。接着,豆大的雨点劈头盖脸地砸了下来。他终于可以缓解自己的口渴了,于是他一边把雨水从自己的衣服上绞下来,一边从衣服上吸吮雨水。整个夜晚,他都马不停蹄地在赶路,当时四周一片漆黑,伸手不见五指,最后他看到前方隐约闪现出一丝灯光。他小心谨慎地慢慢向灯光靠拢,之后就听到了牛鸣声,同时传来的还有牧人的说话声。

他并不愿意冒险落入这些人的手中,于是就选择了撤退,但是由于他实在是太口渴了,所以就开始四处搜寻水井,而且他相信水井应该就在附近了。就在他专心寻找水井的时候,一个女人发现了他,然后大声尖叫起来。很快,就有两个人从旁边的帐篷里冲了出来,赶来帮她,随后就从他身旁很近的地方穿了过去。他满心欢喜地从他们中间逃开去,又一次进入了树林之中。在前进了一英里之后,他的耳中传来了阵阵蛙声,他觉得这简直就如音乐般悦耳动听。当天边渐渐泛起鱼肚白的时候,他终于抵达了一些浅浅的池塘边,里面密密麻麻塞满了硕大无比的青蛙。于是,他美美地喝了个饱,又让自己的马也灌饱了水。之后,他就爬上了一棵树,去观察一下选择哪条路线最好。突然,他看到大约十二英里之外的地方,升起了袅袅烟雾。于是,他就径直向那里走去,随后就来到了阿里管辖下的一个小村子,被称为富拉(Foulah)。由于当时他饥饿难耐,所以不得不硬着头皮进入这个小村子,可是当地人却拒绝他进入地方治安官的房子,所以他甚至就连一把玉米都弄不到。不过,他走到了一座破破烂烂的小屋前面,看到一位母亲模样的女子正在纺棉花,于是他做了个手势,表示自己实在是太饿了。见此情形,她立刻就放下了手中的卷线棒,并且用阿拉伯语示意他进屋子。随后,她就把一盘库斯库斯(kous-kous,一种小米饭)端到了他

23

的跟前。作为回报，他把自己的一条手帕送给了她。随后，他又向她讨一些玉米来喂马，她十分乐意地给了他一些玉米。

当他的马正在埋头吃玉米的时候，人们纷纷围拢了过来。从他们的对话中，他发现他们计划抓住他，然后把他交还给阿里。因此，他立刻动身离开了，再一次钻入了森林之中。后来，三个富拉族人把他叫醒了，他们把他误认为是摩尔人了，于是告诉他他的死期到了。

帕克一言不发，翻身上马，然后策马飞奔而逃。第二天，帕克就在一个富拉族牧羊人的帐篷里躲避着。虽然后者发现了他是一名基督徒，不过还是对他十分友善，给他煮玉米和椰枣吃。随后，他就用几颗黄铜纽扣换取了一些玉米，接着踏上了前往班巴拉的路。他连夜赶路，一刻也没有耽搁。突然，他听到有人越走越近，为了谨慎起见，他立刻躲进了密密的灌木丛中。他牵着马静静地蹲着，用手挡在马的鼻子上，以防它嘶鸣，同时也是为了躲过土著以及森林中潜伏着的野兽。当那些人走远以后，他就又继续马不停蹄地赶路了。当午夜过后，他听到了阵阵蛙声，于是就循着它们的叫声离开了主路，希望自己和马都能好好喝上几口水。

帕克看到眼前出现了一大片开阔的草原，草原的中央孤零零地耸立着一棵树，于是他就躺在地上，对付了一晚，不过整晚都被狼群的吼叫声搅得心神不宁。到了7月5日的早晨，他抵达了瓦乌拉（Wawra），那是一个很小的地方，四周都建起了高高的围墙，里面的居民既包括曼丁哥人（Mandingoes），也包括了富拉族的人，他们都主要从事玉米种植。他们同意他继续上路，而且没有骚扰他。到了6日，他抵达了一个名叫丁伊（Dingyee）的小镇。到了第二天的早晨，正当他准备动身离开的时候，一个男人上前来恳求他，希望帕克能够给他一小撮头发，因为根据他本人的了解，白人男子的头发带有一种魔力，只要拥有了这一撮头发，那么拥有者就能被赐予白人男子的所有知识。为此，帕克十分乐意地表示自己愿意这么做。可是这位男子对知识的渴望是如此强烈，以至于他几乎把帕克脑袋上一边的全部头发都给剪了下来，要不是帕克告诉他自己希望能够为了将来某个场合保留一部分如此珍贵的商品，他几乎准备把另一半的头发也都给剪下来了。上午八点刚过没多久，帕克就抵达了瓦斯布（Wassiboo），那些从摩尔的暴虐政府下逃离出来的卡尔塔逃难者也抵达了那里，他们正准备去班巴拉国王那里向他表露忠心。当这些逃难者邀请帕克和他们一同上路的时候，帕克欣然答应了。最终,他们沿途遇到的一群人给他们指出了一条前往塞古(Sego)的近道。于是,他们一行人快马加鞭地向塞古的市集赶去。到了7月21日,正当他和同伴们行走在沼泽地时,一个同伴突然大声叫嚷起来:"快看,有水!"他向前望去,他是这样描述的:

"我无比喜悦地看到自己此行的伟大目标终于展现在了眼前,那令无数人为之魂牵梦绕的伟大的尼日尔河,在早晨的阳光下,闪闪发着光芒。它就像威斯敏斯特的泰晤士河一样宽广,缓缓地向东方一路奔腾而去。于是,我迫不及待地奔到岸边,探下身子喝了一口水。然后,我就激动地向主宰一切的伟大统治者进行祈祷,感谢他在我进行了种种尝试之后终于让我尝到了胜利的喜悦。"

塞古是班巴拉的首都,现在,他终于抵达了那里。恰当地说,塞古是由四个完全独立的镇子构成的,两个镇子坐落在北部,还有两个镇子位于尼日尔河的南岸。尼日尔河上来往穿梭着密密麻麻的独木舟。塞古的四周都高高耸立着土墙,里面的房子都用泥土搭建而成,呈正方形,有着平坦的屋顶。有一些房子是两层的。大部分的房子都刷成了白色。在每一个地区,都可以发现摩尔清真寺。至于当地的街道,虽然十分狭窄,却足以应付当地的所有活动了,毕竟当时马车还是一个未知的事物。塞古当时的居民数量大约是三万人。

当他正在等候过河的时候,一个信使来到了他的跟前,并且告诉他国王是不可能接见他的,除非他清楚地知道帕克进入该国的目的是什么。同时,信使还强调,如果没有国王陛下的允许,他一定不要轻举妄动。随后,他就按照指令赶去一个偏远的小村子过夜。可是,当他抵达那里的时候,没有人愿意接纳他。当地人看到他的时候,都十分害怕,甚至可以说是惊恐万分。于是一整天,他就不得不饿着肚子在一棵树的树荫下坐着。而且他深信自己应该也在同一个地方过夜了。不过大概到了日落时分,就在他解开了马匹的缰绳之后,一位妇女上前来询问他的境况如何,也许她发现他疲惫不堪,显得十分沮丧的样子。她无比同情地看了他一眼,然后接过了他的马鞍,让他跟着她走。

她领着他进入了她的屋子,然后在地板上铺了一张垫子,并且示意他可以在那里对付一晚。她又发现他十分饥饿,于是就煮了一条鱼,让他享用了一顿晚餐。就在安顿好这个陌生人之后,她安慰他可以放心地睡觉,然后她召集了身边的女伴们，希望她们能够继续纺棉花。于是，几乎整个大半夜，她们都继续在忙着纺棉花。她们一边干着活，一边唱着歌来缓解疲劳，其中一些歌还与她们的白人访客有关系。第二天早晨，帕克在离开之前，送给这位心地善良的女主人两颗黄铜纽扣，之后他的背心里就只剩最后两颗了。

在度过了两天之后，有一位信使从曼宋（Mansong）那里过来，带着一个袋子。他告诉帕克，如果他能够即刻从塞古的居住区离开，那么陛下将会感到十分高兴。但是，国王也希望能够让这位白人摆脱目前的窘境，所以特意给他送来了五千个贝壳币。

帕克与向导交流了一下，随后确信曼宋应该是十分乐意召见他的，但是他十分担心自己无法保护他免受摩尔居民的盲目的、根深蒂固的怨恨。因此，他的所作所为立刻就变得小心谨慎了。当晚，他就被领到了再往东去大约七英里的一个村庄，并且在那里受到了热情的款待。他的向导告诉他，如果他此行的目的地真的是杰内（Jenne）的话，那么这次的征途将比他设想的要危险得多，因为那座镇子虽然从名义上来说是班巴拉国王统治下的一块地区，但实际上它却是属于摩尔人的，那里的大部分居民都是狂热的穆斯林。他还听说廷巴克图——也就是他此行调查的重要对象——完全就被那些野蛮的、无恶不作的种族所牢牢掌控着，而且他们根本就无法容忍有一个基督徒在那里生活。然而，由于他已经前进了很远的距离，不愿意带着这些不确定的信息折返回去，于是他就下定决心继续向前推进。

在24日的早晨，在一位向导的陪同下，帕克离开了村子，然后他们穿越了一片粮食丰沛的耕地区域，当地的景致看上去与英国的极其相似，这远远超出了他之前预期的自己将在非洲中部所发现的景色。在每一个角落，都能看到雇佣工人们忙着从非洲牛油果树上采摘果实，之后他们会从这种果实中提炼出植物黄油。到了夜晚，他抵达了桑桑丁（Sansanding），那里也是从地中海沿岸出发而来的大量摩尔商队的休息站。在他刚刚抵达地方执行长官的房子的时候，成百个人就上前来把他团团围住了，他们每个人的口中都说着不同的方言，其中有几个人还假装自己曾经见过他。有一个人是来自苏阿特（Suat）的穆罕默德的后裔，他声称如果帕克拒绝前往清真寺，那么他就会把帕克抬过去。于是，帕克非常确信要不是他的主人站在他这一边进行干预的话，那么摩尔人一定会由于认为他会带给他们

第三章

蒙戈·帕克的旅行

威胁而对自己动粗的。主人宣称,如果他们能够让他的客人单独过一夜的话,那么到了第二天早晨他就会继续上路的。听到这一席话,他们似乎有点儿满意了,不过就在他退回到自己的小屋子以后,这些人还是翻过木栅栏来打量他。到了午夜时分,当摩尔人最终退去之后,玛玛迪(Mamadi),也就是他的主人,来到了他的面前,同时热切地期盼他能够写一份魔咒,他声称:"如果一个摩尔人的魔咒是灵验的,那么一个白人的魔咒应该会更有效。"于是,帕克欣然给他写了一份魔咒,当然实际上只不过是主祷文,他权把一根芦苇秆当作笔,墨水则凑合着用木炭和胶水来代替,纸则是一块薄木板。

后来,当地人就放行让他和他的向导继续上路了。他们两个人穿行在一片开阔的大草原上,四处还散布着一些灌木丛。突然,他的向导开始策马打圈,同时大声向他吼道,附近有一头狮子。帕克的马无法驮着他走开,他们就非常缓慢地经过灌木丛。而他由于自己什么都没有看到,所以认为向导一定是搞错了。突然,这个富拉人抬起手放在嘴巴上,同时口中大叫道:"上帝保佑我们吧!"让他大感意外的是,他接下来就看到了一头体形相当庞大的红色狮子,它的头正埋在自己的前爪之间。帕克当时心里想,这头猛兽一定会立刻猛扑向他,于是他下意识地把双脚在马镫上一蹬,然后整个人就跃到了地上,这样一来,他的马就可以沦为受害者,而他就能幸免于难了。但是,这头狮子静静地让这位旅行者从他眼前经过了,虽然当时他们之间的距离可以说非常短。

到了第二天,他的马就彻底累垮了。不管他和他的向导怎么联手试图让这匹马再站起来,都失败了。于是,他索性一屁股坐了下来,在陪伴他度过了无数个探险的伙伴旁待了一阵子。可是,当他发现它依然无法再次起身之后,就卸下了马鞍,解开了缰绳,然后在它的身旁放了一些青草。当它躺在地上,大口喘着粗气的时候,他仔细检查了一下自己那可怜的坐骑。当时,他几乎无法抑制住内心的极度感伤之情,因为他觉得自己不久以后,也会由于饥寒交迫和极度疲劳而同样告别这个世界的。他就带着这样的预感离开了自己的坐骑,不情愿地跟着自己的向导步行沿着河岸继续前进,最后他终于抵达了基阿(Kea)的一个很小的村庄。在那里,他租了一艘小船,然后坐船沿着河道逆流而上前往大型的城镇锡拉(Silla)。在这里,当地的地方行政长官禁不住他的苦苦恳求,终于允许他进入自己的房子躲雨,但是那个地方十分潮湿,所以他立刻就发起了高烧。当时他受到病痛的百般折磨,饥饿感又一阵阵地向他袭来,他感到自己已经筋疲力尽了,而且他几乎衣不蔽体,因为他没有任何值钱的东西可以来换取补给、衣服或者住宿。在这种种不幸面前,他开始认真审视自己的处境,并且深信在经过了这些令人倍感痛楚的经历之后,他接下来的行程将会带给他无法逾越的障碍。于是他下定了决心,从那一刻起,自己就将往西部折返而归,最终他抵达了莫迪布(Modiboo)。在他与当地行政长官交流的过程中,他忽然听到从一座小屋子里传来了一阵马的嘶叫声。这位长官带着微笑询问他,知道是谁在对他说话吗,然后长官就走了出去,把这位旅行家那匹久经磨难的马牵了进来。此时的马经过了一阵子的休养生息,已经恢复了健康。

虽然他在自己所停留的一些村庄都受到了相当热情的款待,但是不管他怎么努力,都没能够雇到一个向导。眼下,雨季已经拉开了序幕,因此按照惯例,这片土地很快就会完全被水所淹没了。他听说有消息宣称他是以一个间谍的身份来到班巴拉的。而且,由于曼宋并没有事先召见过他,所以不同城镇的地方行政长官想怎么处置他都是可以的。到了8月11日,就在日落前夕没多久,他抵达了桑桑丁。就在这里,甚至就连之前对他非常友善的玛玛迪都没有给他好脸色看,每个人看上去都在竭力回避他。然而,玛玛迪还是趁着夜色私底下来找了他,并且告诉他曼宋已经派出了一艘独木舟,派人来把他带回去。所以,他建议帕克还是在日出之前立刻动身前往桑桑丁,同时叮嘱他千万不要在靠近塞古附近的任何一座城镇停留。

就这样,帕克再一次动身上路了。这一次,他并没有沿着主路走,而是选择了穿越田野和沼泽地。他试图游过尼日尔河,然后向黄金海岸(Gold Coast)推进,沿着河向西方进发就能够确认它的确切河道走向了。现在,他已经没有什么可以用来维持生计的东西了,只能靠别人的怜悯与施舍,而这也只不过意味着偶尔能获得一小把生的玉米而已。除此之外,要在沼泽地或者被水淹没的地上找到一条可以穿行的路,也可谓困难重重。有一次,他连人带马整个陷进了泥地里,一直沉到了脖子的地方。当他们最终挣扎着钻出来之后,整个人和马匹从头到脚都被搞得一塌糊涂,肮脏不堪,以至于当地人把他们两个比作两头脏兮兮的大象。还有一次,当他脱光了

第三章

蒙戈·帕克的旅行

衣服,牵着他的马过河的时候,河水几乎已经漫到了他的脖子。当时,出现了一位友善的非洲人,他大声向他们喊到,如果帕克继续往前走的话,一定会送命的。随后,这位非洲人就主动说自己愿意去搞一艘独木舟来。不过,当帕克最终走出水面的时候,当他那白色的皮肤终于清晰可见的时候,这个陌生人就举起一只手,放在他的嘴巴上,同时略带惊讶地大声尖叫道:"上帝保佑我吧!这究竟是什么啊?"然而,就当帕克被每户人家都拒之于门外的时候,这位非洲人依然表现得相当友好,当他目睹帕克不得不睡在一棵树下的时候,就给他送去了一些吃的当作晚饭。

在苏哈(Sooha)的一个村庄,他想尽了一切办法,希望能够从坐在大门口的地方行政长官那里获得一些玉米,可是最终都失败了。就当帕克在和这位老人家说话的时候,他下令让一个奴隶把他的桨带来。当他取来之后,这位长官就用手指着不远处的地面,命令他在那里挖一个洞。

这个奴隶埋头干活的时候,这位行政长官嘴里不停地嘟囔着"毫无用处!一场真正的灾难!"这些话语,再加上地上已经被挖出的凹陷处的形状看上去简直就像是一座坟墓,帕克禁不住觉得自己最好还是赶紧开溜。就当他刚刚骑上马背的时候,只见刚才进入村庄的那个奴隶回来了,他的手上还拖着一个男孩儿的一只手和一条腿。然后,他就把那个男孩儿甩进了坑里。这个奴隶看上去完全无动于衷,没有流露出一丝感情,接着他就开始用土把尸体掩盖起来。

在这么多天的日子里,他唯一享受到的一顿抚慰他心灵的餐食来自一位穆斯林。这位穆斯林十分渴望帕克能够给他写一份魔咒,他声称如果帕克愿意为他写一条魔咒,能够保护他免受邪恶之人的残害,那么他就愿意提供一份米饭作为晚餐。因此,帕克就把板子的两侧都写满了话。然后,这位房东为了希望自己能够拥有他全部的魔力,就把这些语句从板子上都洗了下来,把洗下来的水都倒进了一个葫芦里,葫芦里事先还装了一点儿水。接着,他对着这个葫芦念了一些祷文,随后举起葫芦一饮而尽。最后,为了不遗漏哪怕是一个单词,他又伸出舌头把木板舔了个干干净净,甚至把木板都给舔干了。随后,当地的行政长官也派人来索取一份魔咒——一份保障其财富的魔咒。最后,他对于自己所捞到的便宜相当满意,所以就给了这位旅行者一些食物和牛奶,而且许诺说到了第二天早晨会在帕克吃早餐的时候提供给他更多的牛奶。于是,帕克就享用了一顿米饭加盐的晚餐。吃完之后，他就躺在了一张小牛皮上沉沉地睡去了，一觉睡到第二天早晨时分。这是相当长一段时间以来，他第一次享用一顿美餐，睡一个好觉，他觉得自己终于恢复了元气。在离开这个地方之后，由于被指错了路，他来到了一条河水相当深的溪流旁。当时，他并没有选择转身回去，而是跟在自己的马后面，推着马缓缓步入了水中。随后，他用牙齿咬着缰绳，径直游到了河对岸。这是自他离开塞古之后，以这种方式穿越的第三条河流了。由于当时下着雨，再加上朝露，他的衣服瞬间就被淋湿了。而且，道路也非常地泥泞，每一脚都会陷得很深。无论如何，这样的清洗过程当时还显得颇令他高兴。

在班巴拉，一位黑人商人引他进入了自己的家中并款待他。当时，还有一批像他一样的富裕的商人居住在那个地方，他们主要从事的是盐的贸易。除此之外，许多的摩尔人也纷纷奉上了美味佳肴，他们都能够说一口极棒的曼丁哥语。相比帕克之前所遇到的摩尔同胞们，这些人对待他的态度则更加彬彬有礼。他们中间还有一个人曾经去过里奥格兰德（Rio Grande），因此对基督徒赞赏有加。正是这位男子给了帕克一些煮熟的大米和牛奶。除此之外，他还遇到了一个奴隶贩子，他之前曾经在冈比亚居住了好几年，所以这位商人就告诉了帕克当地的一些情况，因为那正是帕克准备往西挺进的目的地。商人告诉他，在每年的这一季节，这条路是无法通行的，而且，半路还必须穿越一条相当湍急的河流。然而，由于帕克身上没有一分钱来维持生计，他还是下定决心甘愿冒险去放手一搏，随后他就获得了一个吟游歌者的帮助，那人声称自己了解翻过山头的路，所以第二天他们就动身上路了。

可是后来，那个吟游歌者却找不到正确的道路了。因此，当他们穿梭在群山之间的时候，那位男子就纵身一跃，跳上了一块大岩石的顶部，看上去似乎在眺望远方，试图找到一条路。不过一眨眼的工夫，那个人就消失得无影无踪了。不过，帕克还是在日落即将来临之前，成功地摸到了库马赫（Koomah）的村庄，那里全部都是一位曼丁哥商人的财产，四周都有高高的围墙拦起来。虽然这位商人平日里很少遇到陌生人登门造访，但是只要一有筋疲力尽的旅行者来到他的宅邸，他都会十分热情地进行招待。很快，帕克身边就围上来很多村民，他们对他并没有造成任何的伤害，他们只是有太多的问题要问他。考虑到他提供给了他们很多的信息，他们为他拿

第三章
蒙戈·帕克的旅行

来了玉米和牛奶,还为他的马拿来了一些粮草,并且在他即将过夜的屋子里面生起了一堆火。

第二天,两个牧羊人陪同他一起从库马赫启程踏上了行程,他们将担任他的向导。这两位牧羊人在前面领路,他们彼此之间打打闹闹,不过却很少去招惹他。就在他骑着马前进的时候,他的这两个伙伴就在他前面大约四分之一英里的地方。突然,他听到了非常响亮的尖叫声,听上去好像是一个人正处于极度伤心之中。于是,他心里猜想有可能是一头狮子攻击了其中一个牧羊人,随后他就快马加鞭地追赶上前想一探究竟。此时,尖叫声已经消失了,很快他就发现其中一个人正躺在路边高高的草丛堆里。这时,他心里想,这个人一定是死了;不过当他凑到这个人跟前的时候,这个牧羊人有气无力地轻声让他停下不要再前进了,他说有一队武装分子已经抓走了他的同伴,同时对着他射了两箭。正当帕克思索着应该做些什么的时候,他看到在一定的距离之外,有一个男人正坐在一个树桩上面。此外,他还看到了六七个人的脑袋,也许人数还更多,他们正蹲在草丛里,手里都握着火枪。看来,要逃跑已经是不可能的了,他索性就骑着马径直向他们靠近,心里暗暗希望这些人只不过是捕杀大象的猎人。为了开场,他故意问他们是否已经射中了什么,他们中的一个人命令帕克立刻下马。然后,那个人就好像突然想到了什么,又挥了挥手,示意帕克可以继续前进了。当他骑出了一段距离之后,这些人又开始在他身后大声叫嚷,让他马上停下来,随后告诉他富拉国王是派他们来带他回富拉去的。于是,帕克毫不犹豫地转身,然后跟着他们上路了。就在他们走到森林的一片黑漆漆的地区时,其中一个人观察了一下,然后用曼丁哥语说:"这个地方挺合适的",突然之间,他一下子从帕克的脑袋上把帽子拽了下来。

帕克觉得自己当时进行任何的抵抗都将是徒劳的,所以就索性放任他们为所欲为,直到他们几乎把他扒了个精光。正当他们几个凑在一起分赃的时候,帕克恳求他们把他的袖珍型指南针还给他;不过,顺着帕克的手指的方向,一个强盗看到了掉在地上的指南针,然后把火枪扳上扳机,发誓说如果帕克胆敢再声称要取回它,就会开枪射死他。这一插曲过去之后,一些人带着他的马离开了,不过他们还给他两件最破烂不堪的衬衫和一条裤子;其中一个人还把帕克的帽子甩给了他,而帕克之前正是把自己的备忘录藏在帽子的顶部的。

就这样，帕克一个人孤零零地被晾在了一眼望不到头的旷野之中，当时正值雨季，而他又几乎是赤身裸体，四周还出没着残暴的野兽以及比野兽更加冷酷无情的人类。当时的他，与最近的欧洲人定居点之间还有五百英里的距离。于是，他开始渐渐变得心灰意冷了，不过经过一番深思熟虑，他认为即使一个人再如何做到谨小慎微，还是不可能躲过他目前所身处的磨难。而且，虽然在这片陌生的土地上，他的身份是一位陌生人，可是他依然受到上帝的保佑与眷顾，上帝已经屈尊称自己是这位陌生人的朋友了。正在这一时刻，果树里的一小簇菌类忽然映入了他的眼帘，它们看上去是那么美丽动人。虽然整株植物体形并不很大，充其量也就是帕克一根手指的指尖大小的样子，可是他却怀着无比感激之心尽情想象着它的根部、叶子和茎部中所含有的美味汁液。

"我们万能的上帝，"他心里思忖道，"那个让这株植物长得如此完美的人，在看到我，这个他照着自己的模样创造出来的生物，陷入目前的处境和磨难的时候还有可能保持无动于衷吗？当然不会！"

于是，他抖擞精神，重新上路了。他不顾自己有多么饥渴，不管自己有多么疲惫，一直奋力向前进发，心里始终坚信自己一定很快就会获得援救。不久之后，他就赶上了两个牧羊人，这两个人正是伴随他一起从库马赫出发的。当他们看到帕克的时候，显得一脸惊讶无比的样子，他们表示自己认为富拉族的人一定会把他灭口的。就这样，在他们两个人的陪同之下，他终于抵达了斯比都卢（Sibidooloo），当地的酋长十分友好地款待了他；后来，当帕克告诉他自己的马匹和衣物都被抢掠了之后，他愤愤不平地观察了一下，然后说道："坐下吧，你一定会取回原本属于你的东西——我发誓！"他二话不说，立刻下令让自己的族人帮着一起搜寻那些强盗。

随后，帕克就被领进了一间小屋子，享用了一些食物。随后，一群人就聚到了他的面前，他们所有人都对他所遭受的种种不幸表示出了深切的同情，也纷纷对富拉族人咬牙切齿地进行诅咒。由于当地的供给品也严重不足，所以帕克在待了两天之后，就动身上路了，这次他的目的地是万达（Wanda）。当地的首领是一个穆斯林，他不仅是作为一个地方行政长官，而且还是一位校长。因为帕克发起了高烧，所以就在那里逗留了一段日子。后来，有两个人从斯比都卢赶到了万达，把帕克的马匹和衣服都带给了他，但是令他十分苦恼的是，他的袖珍型指南针却已经被摔成了稀巴烂。

第三章

蒙戈·帕克的旅行

他观察到,每天都有几个妇女来到房子里,然后领回去一定数量的玉米。于是,他就问长官这究竟是何缘故。"看看那个男孩子,"他的主人回答道,同时用手指着一个大约五岁左右的小孩子,"他的母亲已经把他卖给了我,然后为自己以及其他家庭成员换回了五十天的粮食,我用同样的方式还买下了第二个男孩儿。"

虽然当时帕克依然病得很重,但是他内心觉得自己应该要告别这位热情慷慨的主人了。由于他自己身边只有自己的坐骑了,所以就把这匹马作为酬谢送给了主人,同时表示希望主人能够把马鞍和缰绳作为礼物转交给他在斯比都卢的朋友。正当他准备上路的时候,这位主人恳请他收下自己的长矛作为纪念物,还送了他一个皮袋用来装他的衣服。虽然当时,由于庄稼歉收,当地人自己都处于水深火热之中,但是总体上来说,帕克却享受到了特别的优待。

9月16日,他抵达了卡玛里亚(Kamalia)的镇子。随后,他就被领到了一个黑人卡法·塔乌拉(Kafa Taura)的房子里。当时,他正在到处搜罗奴隶,组成一支商队。只要雨季一结束,这支商队就会启程,前往远在冈比亚的欧洲人定居点。卡法当时正在阅读一本用阿拉伯语写的书,于是他就问这位贵客是否看得懂它。当帕克回答说自己不懂阿拉伯语的时候,他就派人去取来了一本稀奇古怪的小书,并说这本书是来自某个西方的国家。帕克发现,这就是一本英国国教的祈祷书。当卡法了解到自己的贵客能够读懂这本书的时候,就变得兴高采烈起来,同时欣然承诺说自己会尽一切能力帮助他。在这里,帕克由于高烧不退,整个人彻底被击垮了,最终卧床不起。在接下来的五周时间里,他几乎过着与世隔绝的生活,终日精神萎靡不振。除了他那乐善好施的房东来探望他之外,几乎就没有第二个人来看他了。房东每天都会来到他的眼前,仔细询问他的身体状况。这场高烧让他的身体变得如此虚弱,以至于他不得不使出全身的气力连人带垫子一起爬到不远处的一棵树下,那里正好有一片树荫,他就可以好好享受一下从玉米地里散发出的阵阵味道了,而那闻起来能够令他精神十分振奋。

随后,人人翘首以盼的商队出发之日终于来到了。于是,人们把奴隶们身上的铁链解除了,每个人都领到了自己的那份货物。当时,卡法有二十七个奴隶待售,不过后来又陆续有八个奴隶加入了队伍之中。那位校长,之前回了一趟自己的祖籍地,即沃拉都(Woradoo),他这次带上了手下

33

的八位学生。最终，这支商队的总人数达到了七十三人。后来，他们一行人到达了一座小山丘的顶端，他们从那里可以俯瞰到城镇的全景。在这里，校长命令他们所有人席地而坐，然后他对着众人庄严肃穆地念了一通祷文。随后，他们围成一圈，绕着商队走了三圈。他们一边走，一边用手中的长矛顶部在地上戳出印记，同时口中还低声念叨着某句咒语。这一仪式结束之后，所有人一跃而起，都顾不上和他们的朋友正式道别，就即刻动身出发了。

这段旅程中最可怕的部分就在于穿越贾龙卡（Jallonka）荒野。这片地区相当美丽，满眼都是缤纷多姿的鸟儿和鹿。但是，由于他们急于赶路，所以在那一天就推进了整整三十英里。其中一个可怜的女奴渐渐地开始掉队了，同时她拼命地抱怨自己的双腿痛得厉害，于是，人们就把她身上背着的包裹给卸了下来，交给了另一个人帮她扛着。可是，她依然拒绝再前进一步，于是她就遭到了一顿无情的鞭打。突然之间，她又振奋起精神开始上路了，然后连续步行了四五个小时；接着，她试着逃跑，可是由于身体虚弱，她最终还是倒在了地上。随后，虽然她仍旧无力起身，但是鞭子还是第二次落到了她的身上。然后，卡法下令让人把她放到一头驴身上，不过由于她根本无法直起身子，所以后来她就躺在一个担架上，由两个奴隶抬着前进。到了第二天，人们又把她放到了一头驴的身上，可是她还是没有力气坐着，不时地掉到地上去。因此到了最后，她就被撂在了半路上，很有可能她后来就被野兽给吞食了。而这就是一个例子，可以说明那些心情低落的奴隶受到的是一种残酷的对待。

然而，那位年迈的校长，由于对这一事件感触颇深，所以在接下来的一整天滴水未进。后来，这个商队收到消息，说前方有两百个贾龙卡人正潜伏着等待对他们进行掠夺。因此，他们就改变了路线，然后一直马不停蹄地赶路直至半夜。然后，他们就进入了科巴（Koba）城镇。他们抵达的下一站正是校长的出生地，当时他的弟兄们纷纷走出来迎接他。现在，他们终于来到了朋友遍地的地区了，并且在每一个进入的城镇都受到了热情友好的款待。然而，帕克目睹了奴隶贸易带来的大量负面效应的例子。有一个吟游歌手，他是其中一个奴隶的主人，这个奴隶已经极其艰难地跋涉了一段时间了。可是，这个吟游歌手发现自己的奴隶无法再继续前进，于是就建议用他去换取一个年轻的女奴，而这个女奴则属于镇上的某一个人。

第三章
蒙戈·帕克的旅行

第二天一早,所有的物品都被捆绑好,商队准备动身上路了。到了这一时刻,这个可怜的女孩儿才突然意识到等待自己的究竟是哪种命运。当时,她正和其他一些年轻妇女一起过来凑热闹,想看一看商队出发的样子。这时候,她的主人牵过她的手,然后把她交给了那位歌手。这张脸原先显得如此平静与安详,可是转瞬之间,她就显得愁云满面了。当人们把行李放到她的头顶上,当绳子套在她的脖子上,她看上去是如此惊恐万分。她无比忧伤地与自己原先的同伴们惜别,当时的一幕的确令人动容。

1797年6月10日,商队终于抵达了皮萨尼亚。帕克受到了热烈的欢迎,原因就在于他在朋友们的帮助下,从死神的手中顽强地存活了下来。他的朋友们之前听说摩尔人已经把帕克杀害了,就像他们谋杀了霍顿少校那样。当帕克了解到自己的两名下属,也就是约翰逊和登巴,不仅都没有回来而且音信全无的时候,显得十分伤心。

帕克支付给了卡法之前承诺的金额的双倍,然后又送给了那位善良的老校长一份礼物。当卡法看到房子里的家具如此琳琅满目的时候,显出十分震惊的样子。不过,当他看到安斯利先生的纵帆船停泊在河上的时候,则流露出了更为惊讶的神情。他无法想明白体积这么庞大的家伙怎么可能仅仅借着风力就移动位置,然后他就大叫了一声,又叹了口气,说道:"啊!黑人简直一无是处。"

帕克在皮萨尼亚逗留了一段时间。当他发现似乎没有船计划直接行驶去英国之后,他就索性登上了一艘运载奴隶的船,然后向南卡罗来纳进发了。然而,由于受到当时天气的影响,这艘船就在安提瓜(Antigua)泊了下来。于是,帕克从那里又转到了一艘英国的邮船上,并且在12月22日抵达了法尔茅斯(Falmouth)。在这一天到来之前,他已经离开英国的土地整整两年零七个月了。

在1799年的年初,帕克出版了关于自己旅程的著作。人们除了对他的探险经历十分感兴趣之外,还发现他在撰写这本著作中所体现出来的文风十分有吸引力。因此,这本书在很短的时间内就迅速风靡起来。就在帕克回到英国之后没多久,他迎娶了安德森先生的女儿。他之前曾经是安德森先生的学徒,学习如何成为一名外科医生。后来,他和自己的母亲以及一位兄弟一起住了几年的时光,他们就住在苏格兰法奥谢尔德他的父亲曾经居住过的农场里。

随后，他又去了皮布尔斯（Peebles），并在那里执业了一段时间。但是这样的生活并无法满足他内心不断涌现出的炽热冲动。于是，到了1801年的10月，当政府邀请他负责一次大规模的远征行动，再度深入非洲腹地的时候，他欣然接受了。不过，后来由于政府部门内部的变动，再加上当时英国正在与法国开战，所以一直拖到1804年，当时的殖民地大臣卡姆登（Camden）才授权他开始为此次远征做起筹备工作。

最后，各方一致决定此次远征队伍的人员组成包括帕克本人、他妻子的兄弟安德森先生、乔治·斯科特（George Scott）——他是一位画家，再加上另外四位工匠，这些人在他抵达塞古的时候，将负责打造两艘船。然后，帕克计划乘船沿着尼日尔河顺流而下直抵刚果河的河口——当时，他认为尼日尔河的河口与刚果河的河口应该是同一个。1805年1月30日，帕克乘坐新月号（Crescent）运输船从朴次茅斯扬帆启航了。随后，船在佛得角群岛稍作停留后继续出发，并于3月28日抵达了戈里（Goree）。在这里，他挑选了三十五名士兵，并请皇家炮兵部队的马丁中尉担任司令官。除此之外，他还从松鼠号（Squirrel）护卫舰上物色了两名水手。

当一行人抵达冈比亚的时候，人人内心充满希望，斗志高昂，随后就向皮萨尼亚继续推进。由于雨季即将到来，他们的行程经常被耽搁了下来。当时，这支远征队伍本应该更加谨慎一点，他们应该在这里暂时停下脚步，一直等到那片地区适合旅行了再继续上路。他们也可以安排在6月中旬雨季通常到来的时间之前就抵达尼日尔河，如果情况是那样的话，他们就可以在那条河上航行，也不用遭受太大的痛苦与折磨。然而，当时由于帕克先生急于赶路，他并没有听从朋友们的劝阻。到了5月4日，当一切就绪之后，队伍就从皮萨尼亚出发了，当时距离帕克前一次踏上深入内陆的探险之旅已经过去了将近十年的岁月。

此次远征做了很周全的安排。无论是牲畜还是它们身上所驮着的货物，都用红色油漆做好了标记，并且注上了号码。至于士兵，则被分成了六个小组，每一个小组负责某个特定数字所对应的牲畜及货物。斯科特先生和伊萨克（Isaaco）在队伍的前方负责带路，后者是向导，同时也是一个行商。马丁中尉行进在队伍的中间，而安德森则负责殿后。

然而无论事先考虑多么详细周到，都无法保护他们免遭当地气候的致命打击。一开始，驴子就给他们带来了不少麻烦，许多驴子由于身上驮的

第三章
蒙戈·帕克的旅行

货物过多，纷纷倒在了半路上，其他一些驴子则把它们身上捆着的货物给踢了下来。因此，整支队伍的行进速度可谓相当缓慢。

就在他们出发没多远之后，就有两名士兵死去了。又过了一段日子，第三名士兵也撒手人寰了。

当商队在一条小溪旁停下来的时候，他们把驴子身上的货物卸了下来，然后一些人离开了大部队前去搜寻蜂蜜。可是不幸的是，他们惊扰了一大群蜜蜂，它们纷纷飞了出来，对所有的人和牲畜都展开了攻击。由于当时驴子的缰绳已经被解开了，所以它们撒开蹄子奔走了。最后，人们大费周折才总算把它们都找了回来，而无论是牲畜还是人都已经被蜇得面目全非。

眼下，有一些士兵感到身体不适，于是他们就被马和一些不需要驮货物的驴子驮着前进。到了6月16日，就在队伍整装待发的时候，帕克的老朋友，也就是那位心地善良的老校长在跋涉了一整个晚上之后，终于来到了帕克的面前。此时，队伍中那三位身体抱恙的士兵由于病得太重，已经无法再继续前进了。于是，他们就被留在了一个村子里，由当地的行政长官负责照料。为此，帕克给了那位长官一些珠子，并叮嘱说如果他们活着，这些珠子就用来购买他们的生活必需品；如果他们死了，那么就用来作为他们的丧葬费。几天之后，他们队伍中的一个木匠也主动提出要留在后方，让大部队先行一步。还有一次，一头驴子走偏了路，一名士兵就去四处搜寻它的下落，结果自己也在森林中迷路了，不过他却意外发现了另外一位病人，那个人是之前自己主动躺在森林里的。就在被救出之后没过多久，这个病人就去世了。于是，帕克就用他自己的剑，手下的两名士兵用他们的刺刀，大家合力一起为他挖了一个墓，最后在上面用一些树枝盖了起来。就这样，帕克的同伴们一个接着一个，以惊人的速度相继被高烧击倒了。他们有的在半路上倒地不起，有的则被留在了大部队身后，很有可能他们最终也都死去了。6月30日，安德森先生和斯科特先生也开始发起了高烧。

一天晚上，商队遇到了一场猛烈的狂风袭击，就停了下来，就地安营扎寨。他们当时本应该把营火给熄灭的，可是他们却没有这么做。于是，一群狮子就试图去逮一头驴子，而这头驴子把其余的驴群都给惊扰了，它们纷纷甩脱了绳索，在各顶帐篷之间四处飞奔逃窜。由于两头狮子靠得过

37

近,所以哨兵就举起手中的剑把其中的一头狮子给刺死了,但是他却不敢开枪射击,担心会误杀驴子。

尽管安德森和斯科特的病情日益加重,但是帕克还是敦促他们继续赶路。一名船员由于身体过于虚弱,已经无法仅凭一己之力坐在马背上了,所以就恳求大部队把他留在森林里,他等到第二天早晨再接着上路。于是,帕克就给了他一把上膛的手枪和一些弹药,这样他就可以用来防身了。

第二天,也就是7月4日,当他们行进到万达河边的时候,发现河水已经上涨得相当厉害了。但是当时,他们只有一艘独木舟。于是,他们就把行李先放了上去。伊萨克竭尽全力让驴子们游过去,自己则游在它们身后帮着推一把。他们就这样忙着先后渡河,正当伊萨克游到河流中央的时候,突然一条鳄鱼蹿了出来,一口咬住了他的左腿,然后把他拖入了水中。当时伊萨克的头脑相当清醒,他立刻伸出手指,狠狠地戳向这头猛兽的眼睛,鳄鱼受到这么一击之后,就松开了口,伊萨克拼命地向远处的岸上游去,一边游口中一边大声叫喊着要一把刀。这时,这条鳄鱼又调转头回来了,接着一口咬住了他的另一条腿,再一次把他拖入了水中。这一次,他又用了相同的权宜之计,再一次用手指戳入了它的双眼。他的力气是如此之大,以至于鳄鱼又一次松开了口。后来,鳄鱼浮起了身子,四处挣扎了一阵子,最终潜入了河中。后来,伊萨克终于挣扎着游到了河对岸。当独木舟一回来,帕克就坐了进去,然后划船过了河。上岸之后,他用纱布处理了一下伊萨克的伤口,然后把他抬到了最近的一个村子里。

在这里,帕克也病倒了,而且病情相当严重,他几乎都无法直立起来。而其他所有的人也都病得很厉害,以至于他们费了九牛二虎之力才把所有的货物抬进帐篷里。不过,令他们大感意外的是,那个留在森林里的士兵居然也抵达了。当时,他的高烧已经消退了,不过他几乎是赤身裸体的。他说在晚上的时候,一些当地人把他身上的衣服都给扒下来抢走了。

在帕克的悉心照料之下,伊萨克很快就恢复了健康。7月10日,他们一行人终于又能够向前进发了。此时,一群喜欢偷窃的当地人正虎视眈眈,而帕克一队人马正好暴露在他们的视线之中。在偷盗者的队伍中,有几个就是酋长的儿子。他们一行人在12日就抵达了这个酋长所在的镇子。正当帕克在四处张望,想要找到一条比较合适的上坡路以翻越一些岩石密布的地区时,其中两个年轻的小偷慢慢靠近了他们。随后,一个小偷

第三章
蒙戈·帕克的旅行

猛地从他的手中抢过了火枪,然后攥着它逃走了。见此情形,帕克立刻从他的马鞍上一跃而下,手握长剑去追赶这个小偷。可是,这个小偷还是逃得无影无踪了。于是,帕克就折返了回来。不过,他却发现另外一个人已经把他的大衣给偷走了。这时候,一位担任向导的人告诉他,鉴于眼下所发生的事情,如果再有人试图要偷他们的货物,那么开枪击毙这个小偷是完全合法正当的。于是,帕克下令所有的士兵都把火枪上好膛,随时准备射击。没过多久,只见一个男人快速地冲向一头驴子,当时这头驴子与驴群之间隔了一段距离。这个男人伸手取下了驴子身上的货物,然后开始用手里的刀把包裹割开。这时候,士兵们就开枪了,但是他却逃走了,把货物落在了原地。还有一个男人一把抓住了一个士兵的背包,试图拿着它逃走,这个士兵用枪瞄准了他,但枪火只是闪了一下,然后这个小偷就借机逃走了。还有一个小偷试图从一头驴子那里抢走一件外套,那头驴子身上还驮着一个病人,不过这个小偷受了伤。

就这样,每一天他们都会受到袭击。而且,他们几乎可以确定之前落在大部队后面的一个病人一定已经被这些人洗劫并且杀害了。当他们走到一条很深的河边时,曼丁哥人造了一座桥。于是,他们就顺利过了河。就在这里,又一位士兵倒下了,随后也断了气。由于当时太阳火辣辣地炙烤着大地,所以他们根本没有办法停下来把他好好埋葬。正当帕克骑着马在路上前进的时候,他发现斯科特先生正躺在路边,已经虚弱得无法再走路了。没过多久,马丁中尉也在同一个地区倒下了。

当大部队一路行进到了马瑞纳(Mareena)之后,帕克派了一小队人折返去把那些生病的同伴们带回来。接着,他们又继续向邦加西(Bangassi)进发,那里距离马瑞纳有六英里。在那里,又一个人死去了,而且几个士兵以及另一个木匠坚持说要留下来。于是,帕克给了首领的儿子一些琥珀和其他的商品,并希望他可以照顾那些可怜的人。

现在,越来越多的麻烦事接踵而至,因为非洲当地的气候十分恶劣,整个大部队几乎都要被击垮了。斯科特先生骑着马前进,依然病得很厉害。至于士兵们,他们的身体如此虚弱,以至于当有货物从驴身上掉下来的时候,他们都无力去把它们再放上去。除此之外,还有狼群紧紧尾随着这支队伍。夜晚时,这些狼就会徘徊在他们的周围。一旦有人因为病重而落下,那么很明显等待他的将会是什么命运。而且补给也已经变得相当匮乏了,另外偷盗者也循着他们的足迹一路跟随着,寻找一切机会从他们这里抢走一些东西。

到了8月10日,帕克走到了一条河边,他之前一直行进在队伍的后翼。此时,他发现许多士兵都坐在地上,而安德森先生则躺在一处灌木丛下,很明显已经快要不行了。于是,他背上安德森,就这样背着他过了河,虽然当时河水都漫到了他的腰部。接着,他扛过了其他的货物,再安排牲畜们都渡了河。帕克就这样来来回回过了十六次河。最后,他把安德森放在自己的马上,并把他运到了下一个村子。可是,在那里,他能够获得的唯一食物只不过是一只鸡而已。

在最后的两次长征过程中,又有四个人下落不明。而且,虽然斯科特先生身体有所恢复,可是安德森先生的病情却不容乐观。然而,后者还是挣扎着又跟着大部队前进了一天,然后他表示自己实在无法再骑马继续往前走了。此时,帕克让所有的马和驴都先去进食,然后就坐在树荫底下,照看自己病重的朋友。到了傍晚,宜人的微风开始一阵阵地吹起,安德森先生同意再试着继续上路,希望能够在天黑之前抵达下一个镇子。当他们走到丛林中一个开阔地的时候,突然看到有三头体形庞大的狮子正掩映在高高的草丛之中,它们都是暗黑色的。只见它们齐头并进,径直向他们靠拢。帕克冲上前去,开枪射向中间的那头狮子。于是,这些狮子停下了脚步,随后奔走了。然而,这些狮子还是尾随着他们。安德森先生带了一个水手长哨,于是帕克就取过来放到嘴里吹响了它,他使出了全身的力气拼命地吹哨,那些狮子后来就没有再来骚扰他们了。

虽然安德森先生的身体每况愈下,但他还是坚持继续前进。他被放置在一张由斗篷改制成的吊床上,然后两个男人一前一后抬着他走。不过,斯科特先生一直在抱怨自己实在病得太严重了,所以很快就被留在了后方。

当一行人冒着倾盆大雨走进杜姆利亚(Doomblia)的时候,令帕克喜出望外的是,他竟然遇到了卡法·塔乌拉,这位富裕的黑人商人在帕克之前的旅程中曾经多次向他伸出援助之手。这次,他是特意千里迢迢赶来探望帕克的。

从这里,他又派人回去打听斯科特的情况,但是没有能够了解到任何关于他的信息。

第三章

蒙戈·帕克的旅行

到了8月19日,这支士气低落的远征队伍登上了群山之巅,那里把尼日尔河与遥远的塞内加尔河的支流隔离了开来。帕克先生继续快马加鞭地赶路,当他们抵达一座小山丘的山脊时,他再一次看到了这条气势磅礴的河流穿越大草原,浩浩荡荡地蜿蜒前进。接着,他们从山上下来,继续向班巴库(Bambakoo)进发,然后在靠近那座城镇的地方选了一棵树,在树下搭起了帐篷。

从冈比亚出发的时候,这支队伍有三十四名士兵和四名木匠。可是,只有六名士兵和一个木匠成功抵达了尼日尔河,另外三个木匠都在前些日子中先后死去了。此时,所有的人都饱受病痛的折磨,其中一些人已经挣扎在死亡的边缘了。

由于帕克能够弄到的独木舟在装满他们的货物之后仅仅只能够再容纳两个人,于是他和安德森就上了船,而让马丁和其余的人员通过陆路带着驴子顺流而下。

当时,他本人正在遭受着痢疾所带来的巨大痛楚。到了傍晚,他们在靠近河岸的一些平缓的岩石处登上了岸,开始烧火做饭。突然,大雨倾盆而下,而且一整夜都没有减弱的迹象。第二天,马丁和其余人员赶上了他们。

到了第二天,由于伊萨克已经圆满完成了交给他的任务,也就是指引他们抵达尼日尔河,所以他就领到了事先商定好的报酬。除此之外,帕克还额外送给了他几个物件。

在萨米(Samee),帕克派伊萨克去觐见曼宋,并且让他带上一部分礼物,希望可以寻求他的保护。但是后来,只有伊萨克自己一个人乘坐着一艘独木舟从塞古抵达了,而且把原先打算先给曼宋的所有物件悉数带了回来。曼宋下令说,他们应该带着这些礼物去萨米,而且他会派一个人来迎接他,并且让他从帕克的手中亲自接过这些礼物。

到了9月22日,曼宋的首席顾问带着四个身居要职的高官乘坐独木舟抵达了。随后,他们希望知道,帕克一行究竟是出于什么目的要进入他们的国家。于是,帕克就向他们作出解释,告诉他们自己的愿望是沿着乔利巴河(Joliba)——也就是尼日尔河——顺流而下,然后抵达它与咸水交汇的地方。如果他能够发现这条航线是可以通行的,那么只要曼宋愿意,白人就可以派出船只,奔赴塞古开展贸易活动。随后,这位使者回答说这次旅程的目标的确是好的，所以他们祈祷上帝能够保佑它得以实现，并且补充说："曼宋愿意保护你们。"接着，他们几个人就把原本准备献给国王的礼物瓜分了，而且看上去非常满意。

当天傍晚，队伍中又有两名士兵死去了。到了26日，这支远征队伍坐着独木舟离开了萨米。10月2日，帕克觉得自己的身体非常不舒服，而且当时天气异常炎热。随后，又有两个人死去了。由于屋子的门敞开着，所以一群狼进来叼走了其中一具尸体。

为了获得贝壳作为花销经费，帕克就开了个摊子，以便处理掉一些自己的物品。没想到，人们对于这些物品的需求十分强烈，以至于他不得不立刻雇了三个管账的人专门来帮他数现金。仅仅一天，他就挣了25 756枚贝壳币。但是，他也收到了一条令人伤心的消息，那就是斯科特先生已经去世了。接着，在10月28日，安德森先生也撒手人寰了。帕克说："在这段旅程中，还没有什么事情让我觉得心灰意冷过。可是现在，当我把安德森先生放到坟墓里去的时候，我感到非常伤心。我感到自己在非洲这片荒野之中再一次地变得孤零零了，身边连一个朋友都没有了。"

就在这一不幸发生的前几天，伊萨克回来了，而且还带回了一艘巨大的独木舟，只不过它已经被腐蚀得很严重了，而且有点破碎。因此，帕克在他幸存的一位士兵的帮助下，把里面所有腐烂的部分取了出来，随后把另一艘独木舟上的部件补了上去。经过他们十八天的辛勤努力，他们终于把这艘独木舟改造成了一艘纵帆船，它长四十英尺，宽六英尺，而且由于它的底部是平坦的，所以即使装满了货物，它的吃水深度也只有一英尺。到了11月17日，他和那些幸存下来的同伴们就登上了这艘船，而他的日志也在那一天画上了句号。他原本计划在第二天的早晨开启沿着尼日尔河顺流而下的冒险航行。除了帕克和马丁中尉之外，还有两个欧洲人也幸存了下来。他们购买了三个奴隶，让他们在船只航行的过程中帮忙，而且伊萨克已经指派其中一个人来接替他担任翻译员。

当他们一行人沿着河道顺流而下的时候，他们经过了锡拉和杰内，而且没有受到任何人的骚扰。可是，当他们继续向下游航行的时候，就在廷巴克图的附近，他们身后出现了一批武装独木舟。不过后来，他们成功击退了这些敌人，还杀死了几个当地土著。实际上，他们不得不在经过一些地方的时候，拼尽全力才行，有一次他们的船撞到了岩石上，然后一头河马

第三章
蒙戈·帕克的旅行

在离他们很近的地方突然从水中冒了出来,几乎把船掀翻。由于他们事先已经准备好了充足的物资配给,所以他们不需要上岸就可以持续前进,只有翻译员一个人上岸去获取一些新鲜的给养。在亚奥尔(Yaour),帕克通过一个酋长把一份礼物呈献给国王。不过,那位酋长询问他,是否有意向再回来。于是,帕克就回答说他并没有作此打算。这就导致那位酋长把礼物给扣了下来,并没有转交给国王。于是,国王觉得自己居然受到了如此对待,大为恼火,就把翻译扔进了大牢,然后抢走了他所有的财物,并且派出了一支军队去守候在一块岩石附近,岩石的下方就是河流,它在那里骤然变窄了。当帕克到达这个地方的时候,他竭尽全力想要闯过去。突然之间,人们开始向他投掷长矛和石头。他和他的同伴们坚持了相当长的一段时间,奋力保卫自己,最后两个在船尾的奴隶不幸遇害。

当帕克发现逃离的希望十分渺茫之时,他就抓着手下的一位白人径直跳入了水中。于是,马丁也跳入了水中,希望能够游到岸边去,不过所有人都在奋力挣扎的过程中淹死了。唯一还待在船上的奴隶看到土著们还在持续不断地投掷手中的武器,就苦苦哀求他们停下来。看到事情已经发展至此,他们就抢占了这艘独木舟,抓住了这个人,然后把船和人统统带到国王那里去了。此时,那位翻译在牢里已经待了整整三个月了。当他最终被释放出来的时候,就找到了那艘独木舟上最后被抓走的奴隶。从他的口中,翻译了解到帕克先生和他的同伴们究竟是如何死去的。独木舟上最后遗留下来的物件是一根剑带,后来发现保留在伊萨克那里。伊萨克当时迫不及待地想要了解这场悲剧的每一个具体细节。

帕克根本就不可能意识到他们沿着尼日尔河从上游地区顺流而下的途中竟然会遭遇到数量如此众多的激流和其他的艰难险阻。在他抵达自己告别这个世界的那个地方之前,他那艘弱不禁风的、千疮百孔的船在很多情况下都可能会变成一堆废物。如果他成功闯过了那一危险的流域,那么他也许有可能会沿着河流航行到它的河口处。

一开始,当帕克已经去世的消息传到英国的时候,人们并不相信这就是真的。不过随着后来调查的展开,人们渐渐意识到所有的描述都是千真万确的。那位英雄一般的旅行家,在人生最巅峰的时候,就这样告别了这个世界。而就在他去世的那个时刻,他非常相信自己马上就要揭开尼日尔河的河道之谜了。

第四章　德纳姆和克拉伯顿的旅行

在帕克开展的两次远征探险之间，有几位旅行家曾经尝试着去解决众多与非洲地理相关的问题中的一部分。

第一位被非洲协会派出的是一位年轻的德国人，名叫弗里克·霍内曼（Frederick Horneman），他当时的身份是一位商人。他从亚历山大港出发，前往开罗。在开罗，他被当地土著给关押了起来，因为他们听说波拿巴登陆了他们国家的消息。不过，他后来被法国人给解救了出来，并且于1798年9月5日启程，跟随着一支商队前往费赞（Fezzan）。他安全抵达了穆尔祖克（Mourzouk），然后试图在那里获取一些有关廷巴克图以南一些地区的信息。他在这里逗留了相当长的一段时间，然后就去了的黎波里。之后，他又回到了穆尔祖克，并于1800年从那里出发了。从那以后，就没有人直接从他那里收到过任何的消息。但是许多年之后，德纳姆（Denham）少校了解到他一直深入到了尼日尔河畔的尼费（Nyffe）地区，然后就被疾病夺去了生命。

1809年，协会又派出了另外一个德国人，他的名字叫伦琴（Roentgen）。后来，人们认为他是被自己的向导给杀害了。

还有两个美国人，一个是船员，名叫亚当斯；另一个是商船货物押运员，名叫詹姆斯，他们先后于不同的时期在西海岸地区航行期间遭遇了船只失事的不幸。后来，人们把亚当斯抬到了廷巴克图，并且在那里待了六个月。不久以前，这座城市被班巴拉国王攻占了，随后他就在那里组建起了一个黑人政府。就连城里规模最大的房子也只不过是小木屋而已。后来，在英国驻摩加多尔（Mogadore）领事的努力下，亚当斯最终重新获得了自由。

第四章
德纳姆和克拉伯顿的旅行

至于莱利（Riley），他所乘坐的船只于 1815 年被损毁。随后，他就在穿越那片土地的过程中沦为了一名奴隶。从买下他的那位商人西迪·哈米特（Sidi Hamet）的口中，他得以了解到有关这个国家的大量信息。从他所听到的种种描述来看，廷巴克图似乎比亚当斯之前所形容的要更加庞大，而且城市建设也更加先进。西迪·哈米特沿着尼日尔河顺流而下，前进了相当长的一段距离。这条尼日尔河，虽然一开始是向东方流淌的，不过后来却转往东南方向而行了。经过了六十天的颠簸，他终于抵达了瓦萨那（Wassanah）。在那里，他听说船只在装满了奴隶之后，会顺流而下往南方航行两个月的时间，然后就会抵达大海，他们就会在那里遇到白人了，而且乘坐船只的他们个个手握枪支。这是迄今为止，人们所掌握的有关尼日尔河道最精准的一段描述了。莱利也同样是被英国驻摩加多尔领事所解救出来的。

到了 1816 年，英国政府派出了一支远征队。他们在塔基（Tuckey）上尉的率领下，沿着刚果河逆流而上，不过后来他和他的手下都由于恶劣的气候条件而遇难了。在同一时期，另一支远征队也启程出发，这支队伍由佩迪（Peddie）少校和坎贝尔（Campbell）上尉率领，但是他们两个人，还有海军上尉斯托科（Stokoe），都在第二年就去世了。

1821 年，莱恩（Laing）少校从塞拉利昂（Sierra Leone）出发一路行进，希望能够找到尼日尔河的河道走向，不过后来却被迫折返。

多亏了英国驻的黎波里领事沃林顿（Warrington）先生的英明之举，英国人在当地宫廷内部享有极高的声誉。而帕夏，则受到散布在南部的各个部族的尊重。在这些部族人的眼里，这位帕夏堪称所有君主之中最权有势的一位了。这位帕夏拍着胸脯向他保证说，他的任何一位同胞都可以放心大胆地从他的领土前进至博尔努（Bornou），他保证他们一定会毫发无损。于是，英国政府鉴于当时的形势是如此地乐观，就组织了一场新的远征行动，负责人是克拉伯顿（Clapperton）上尉和海军军医奥德尼（Oudney）。后来，德纳姆少校也主动请缨希望加入这支远征队伍，英国政府也同意了，于是他就在的黎波里与大部队会合。他的身边还有一个同伴，就是希尔曼（Hillman）先生，他是一个造船师，他的职责将是在尼日尔河畔指导众人建造一艘船只。

当他们一行人抵达穆尔祖克的时候，他们发现苏丹无法给他们提供任何的帮助，于是感到大失所望，这位苏丹说自己不可能在第二年春天来临之前给他们弄到任何骆驼或者马匹来帮助他们继续上路。一旦了解到这些之后，德纳姆少校下定决心回到的黎波里，然后向帕夏提出必须赐予他承诺之外的其他东西。于是，他就离开了大部队，先行一步出发，并于6月12日抵达了帕夏的驻地。但是，帕夏看上去似乎还是不太情愿给予任何的帮助。见此情形，他立刻就启程前往英国，计划把事件的原委向英国政府一五一十进行汇报。不过，当他行进到马赛的时候，一位帕夏派来的使者追上了他。这位使者恳求他掉头回去，并且向他保证说他已经任命了一位拥有很高知名度的商队领袖，即布卡洛姆（Bookhaloum），再加上一支护卫队，他们会陪同他一起前往博尔努。

当他一回到非洲，德纳姆少校就发现布卡洛姆以及部分护卫人员早已经在进入沙漠的关口等候着他了。只见他的这位新朋友兼向导显得异乎寻常地兴高采烈，他的身上既流露出一种好战领袖的特征，又夹杂着一些商人的气质。他的手下在接受训练的时候，被灌输的思想并不是要捍卫他的财物，而是攻击城镇，而且把其中不幸的居民全部带走，让他们沦为奴隶。然而，布卡洛姆比他的同龄人要更加优秀，他的视野相当开阔，所思所想也更加有远见，对事物的包容度也更大。而且，他在人们的心目中是一位正直高尚的、富有仁爱之心的男人。由于他是如此地慷慨大方，所以他的子民对他可谓相当崇拜。

10月30日，这支商队进入了穆尔祖克。他们想方设法把当时的入城仪式搞得轰轰烈烈。由于布卡洛姆慷慨大方的美名早已远扬在外，所以他在老百姓之中广受爱戴，镇上的大部分居民纷纷走出家门，前来迎接他的到来。当德纳姆少校并没有在人群之中找到自己朋友的身影之时，他感到非常失望。而且，他发现奥德尼医生感到胸部有一阵阵的疼痛，而克拉伯顿则卧床不起。

直到11月29日，启程的准备工作才就绪。与此同时，远征队伍中的其他一些人或多或少身体也都恢复了一些。当时，德纳姆少校已经雇佣了一个当地土著，他的名字是圣文森特，他声称自己已经游遍了半个地球，所以称呼自己是"哥伦布"。他能够说流利的阿拉伯语和三种欧洲语言。德纳姆少校另外还雇佣了三个黑人，再加上一个叫雅各的直布罗陀犹太人，专门负责看管货物。这些人，再加上四个照料骆驼的人，希尔曼先生和他

第四章

德纳姆和克拉伯顿的旅行

们就共同组成了一个有十三个成员的大队伍。另外还有几个商人也加入了他们的行列,此外商队里还有一百一十个阿拉伯人。

效力于帕夏的这批阿拉伯人的任务是护送他们前往博尔努。在队伍穿行于可怕的沙漠之路上时,他们的表现相当令人敬佩,而且他们十分睿智,能够作出精确的判断,他们经常赋诗,有时候是随口编出来的,有时候则是念一些传统的诗词。所有这些举动,都让这枯燥乏味的行程充满了生机。

由于骆驼驮着帐篷比大部队领先一步,所以在之前提到的那个日子,队伍就在傍晚时分骑着马上路了。奥德尼当时咳嗽得很厉害,显得十分痛苦。至于克拉伯顿和希尔曼,他们之间的争论依然在继续进行。这场相当艰难的旅程就在这种不利的状况下拉开了序幕。

当队伍在沙漠之中穿行的时候,天气酷热难挡。不过一到晚上,气温就会变得十分宜人了,微风徐徐吹拂着,把燥热了一天的空气冷却了下来。大家只需要在热乎乎的、松散的土壤上稍微挖个几英寸深,就能够躺在这张凉爽而柔软的床上享受了。在那广袤无垠的野外,土地的表面都覆盖着一层盐,而且在一些洞穴的上边沿处,也就是在岩石的断裂处,美丽的水晶垂落下来,仿佛是精雕细琢的冰雕艺术作品。

很快,他们就发现了一些人的骸骨,这些都是之前企图穿越这片荒野的人留下的。一开始,只出现了一两具尸体。不过到了后来,队伍一天之中居然可以遇到五六十具尸体。在一个地方,他们发现有一百具尸体集中在一起,而且在靠近埃尔哈马尔(El Hammar)的井附近,尸体密密麻麻地堆得很高。有一天早晨,当德纳姆正骑在自己的马上一边前进一边打盹的时候,他突然被一阵奇怪的声音给惊醒了。这声音听上去就好像是这头牲畜的脚下踩碎了什么东西。于是,德纳姆就向下看去,发现他的坐骑正好踩在两具骸骨上面,而且马的一只脚一直把一个头颅踢在前面,就像玩球一样。在一些骨头上面,还可以看到粘连着一些肉和发丝,其他一些骨头的特征也清晰可辨。两个妇女的骸骨紧紧地躺在一起,很明显她们是彼此相拥着一起死去的。

由于阿拉伯人对这些场景已经是习以为常了,所以当他们看到英国人纷纷流露出同情的神色时,就禁不住嘲笑起他们来。毋庸置疑的是,当时这支商队之中包括了相当一部分的奴隶,他们都是被费赞的苏丹抓住的,当时这位苏丹刚刚进入苏丹地区完成了一场探险。他的部队在离开博尔努之后，由于给养不足，就把那些不情不愿的俘虏撂下不管，任他们自生自灭，而自己则带着剩下的、维持他们自己生命的食物逃之夭夭了。在一个无比美丽的月夜，德纳姆展示了自己所带的望远镜。一位年迈的伊斯兰教教徒在帮着他把镜片对准月亮之后，口中喃喃赞叹这简直就是一个奇迹，然后以最快的速度走开了，同时反复诵读着《古兰经》里的语句。队伍一路上也陷入过一些险境。有一次，整整一天，风刮得十分凶猛，流沙也十分危险，因此他们被迫都待在帐篷里面。

这些阿拉伯人，一开始被派遣出来时被赋予的使命是保护商队的安全，与可能出现的匪徒进行抗争。可是过了一阵子，由于整天无所事事，他们渐渐变得心生不满了。而且，很明显的是，他们开始盘算着要向沿途的居民发动侵袭。队伍看到前方有一些人搭建的帐篷，于是德纳姆就和布卡洛姆带着十二个骑兵动身向那里靠拢过去，每个人的身后还跟着一个脚夫。当他们抵达营地的时候，发现牧羊人已经离开了，因为这些人心里非常清楚自己一旦落在了白人——也就是他们口中的阿拉伯人——的手里后会遭到什么样的摧残。他们的谨慎于是就成了掠夺他们的借口。"什么！居然不待在这里，居然不把他们的羊卖给我们？这群无赖！"阿拉伯人纷纷大叫大嚷。

过了一阵子，他们看到了两百头牲畜，另外还有大约二十个人，有男人、女人，还有孩子，这些人带着牲畜一起在渐渐走开去。这些阿拉伯人从他们的首领身后绕到了前面，然后一边口中大声叫喊着，一边冲下山去，从侧翼向牲畜冲去，以免它们逃走。于是，这些可怜的人很快就被洗劫一空了。他们的骆驼被撂倒在地，他们的所有包裹都被从里到外匆匆翻了一遍。无辜的妇女和女孩子们则被迫高举双手，然后被脱了个精光。可是德纳姆觉得，自己当时除了挽救他们的生命之外，什么也做不了。

当布卡洛姆赶上来之后，他看上去对于自己的手下所抢到的微不足道的战利品感到十分害臊。于是，德纳姆就及时抓住了这一有利的时机，建议说阿拉伯人应该把战利品悉数归还，不过可以留下几头羊和一头牛做一顿盛宴。于是，他就下令手下归还所有的战利品，只扣下了十头羊和一头结实的小公牛。

一位年迈的伊斯兰教隐士向德纳姆保证说去抢夺那些离开帐篷而不

第四章

德纳姆和克拉伯顿的旅行

是为旅行者提供必需品的人是相当合情合理的行为。当地的土著在很多情况下不仅遭到掠夺,而且还被杀害,而罪魁祸首就是那些穿越沙漠的商队中的一些武装分子。所以可以想象到,当地的土著们有可能会伺机报复。一旦有牲畜在大部队后方掉队了,那么可以肯定的是,它肯定会被抢走的。德纳姆少校就是这样失去了自己最心爱的一条狗。

这些旅行者抵达了拉尔阿(Lara),它是一座规模比较小的城镇,镇子上有一些屋顶呈圆锥形的小屋子,它们搭建得非常潦草。令这一行人惊喜万分的是,他们看到眼前出现了一片逐渐突起的地面。在那里,一望无垠的乍得湖在金色阳光的照射下熠熠生辉。于是,他们迫不及待地下坡冲向这片辽阔的水域的岸边,只见湖滩上黑压压地遍布着数不胜数的各种禽鸟,有鸭子,有鹅,有鹈鹕,有身高达到四五英尺的鹤,有一大群雪白的琵鹭,还有长着黄色腿的鸻鸟,它们都安静地在各自埋头进食,与远征队伍之间的距离也在射程之内。于是,队伍很快就猎到了一大筐鸟儿,把食物柜囤得满满的了。

接着,商队就继续沿着湖边缓缓前进,然后抵达了伍迪(Woodie)。这座城镇规模相当可观,而且其中的居民都是黑人。在这里,他们商定好商队应该在原地等候,然后派出一位使者前去觐见博尔努的谢赫(Sheikh)①,请求他允许商队去到他的面前。

就在他们一行等待谢赫的答复期间,有一天一大早,德纳姆少校跨上马骑了出去,希望能搜寻到前一天看到的一群大象,它们的数量有一百五十头左右。他发现,它们离镇子只有大约六英里,它们所经过的地方每年都会在湖水涨潮时被淹没。当它们饥饿难耐的时候,它们往往会向城镇逼近。在它们推进的过程中,所经之路都蒙受了巨大的损失和破坏,所有的庄稼在一夜之间都被毁于一旦。他们还看到了一些羚羊,但是它们根本就不让这些人靠近,所以他们即使射击也没法命中一头羚羊。

当他们在下一个地方停下来安营扎寨的时候,一群鬣狗慢慢凑近他们的帐篷,然后合力杀死了一头骆驼。接着,一头狮子赶走了它们,然后在这具尸体旁享用了一顿大餐。当它吃了个饱离开之后,那群鬣狗又折返了回来,对着狮子吃剩下的残羹冷炙一顿风卷残云。

---

① 阿拉伯语的音译,指族长、酋长。——译注

他们已经听说了谢赫手下的士兵们都是一些衣衫褴褛的黑人,他们手中的武器就是一些长矛,而且他们就盘踞在掠夺盛行的"异教徒"(Kaffir)居住地区。令他们一行人大为震惊的是,当他们渐渐靠近这座镇子的时候,他们看到一支由数千个骑兵组成的队伍在他们的左右各站成一排,向远处延伸开去,几乎一眼望不到尽头。

当阿拉伯人逐渐靠近的时候,谢赫的一个手下大叫了一声,一下子打破了当时的气氛。接着,他们手中粗糙的乐器就发出了一记巨大的响声。然后,他们一行人就继续前进,去会布卡洛姆和他手下的阿拉伯人。有一些人不时地以极快的速度向冲过来,一直冲到双方的马脑袋之间只相距几英尺的地方,他们一直不理会自己的速度,直到某一刻才猛地停下来;接着,他们会以最快的速度一圈圈地打转,每一步都相当精准,手中的长矛在商队人马的头顶上挥舞着,同时口中大声叫嚷着:"祝福!祝福!"然而,他们很快就把商队整个包围了起来,以阻止它继续前进。这让布卡洛姆大为恼火,但是他却束手无策。因为不管他做何举动,唯一的答复就是欢迎的叫喊声,伴随着长矛在这些旅行者的头顶上方胡乱晃动着,令人感到不适。不久之后,巴萨·加纳(Barca Gana)出现了,这是谢赫的首席将军,一位尊贵的黑人,只见他身着一件华丽的丝绸袍子,骑在一匹马上。他登场之后,就把扑向商队的骑兵都叫退了,接着商队一行人就缓缓地向城市移去。

当一行人终于抵达了城门口的时候,只有布卡洛姆、英国人,还有大约十二个随从被准许进入城里。他们沿着一条宽阔的街道向前走着,左右两边都排列着手持长矛的士兵,这些步兵的前面则是骑兵。他们就在这样的阵势下,一直步行到了谢赫的官邸门前。在这里,骑兵们组成了三层屏障,于是一行人就停下了脚步。一开始,布卡洛姆接受了谢赫的召见,接着又有四个英国人被领了进去。在宫廷里,似乎一言一行都遵循着最严格的礼仪规则;但是少校和他的伙伴们仅仅愿意做到低低脑袋,或者把右手放到自己的胸口,而不愿意大费周章地做出更多表示崇敬的举动了。他们发现谢赫端坐在一张毯子上面,房间又小又暗。他穿得也很朴素,在他的两侧站着一些武装黑人,而且在墙上还挂着一些武器。就他个人的外表而言,应该说还是比较有魅力的,而且他的脸上表情相当丰富,始终挂着慈祥的笑容。

就在他收下了帕夏写给他的信件之后,他就开口询问德纳姆一行此行

第四章

德纳姆和克拉伯顿的旅行

的目的究竟是什么。于是,他们回答说他们此行旨在亲眼看一看这片土地,描述一下居民的情况、庄稼以及外部大致情况,因为他们的苏丹十分渴望能够了解这个地球上的每一个角落。于是,谢赫就回答道,他十分欢迎他们一行人的到来,而且他非常愿意尽一切所能来向他们展示方方面面的情况。

此时,木屋已经建造了起来,供他们休息,而且还提供给了他们大量的给养,不过造访他们的人源源不断,以至于他们并没有得到一点儿私人时间,而外面也实在是热得令人难以忍受。到了第二天,他们又在公共面前露了一次面,向谢赫转交他们准备的礼物。谢赫特别喜欢他们送他的火枪,而且当他们向他保证说英国的国王已经听说了博尔努以及国王本人之后,谢赫显得格外满意。他随后立刻转向手下的顾问们,并且说道:"这都是因为我们已经打败了贝加尔米人(Begharmis)。"谢赫对自己在这一场令人难忘的战役中的卓越表现尤其洋洋得意,他大声吼道:"他听说过我这个人吗?"于是,大家回答道:"当然!"这一举动的确奏效了。"啊,这样说的话,你们的国王一定是一位伟大的男子!"大家纷纷附和着。

每天早晨,他们都会收到各种各样的礼物,包括小公牛、骆驼驮着的一堆堆的小麦和大米、黄油、一罐罐的蜂蜜,还有其他一些食物。在很短的时间内,德纳姆还向谢赫展示了一批火箭、一个音乐盒,还有其他一些稀奇古怪的小玩意儿,于是看上去,他似乎已经彻底赢得了这位谢赫的信任。

在此期间,谢赫赋予了他们许可,让他们可以自由地走访自己所管辖的所有城镇,不过却不允许他们超出自己的地界范围。除此之外,他还问了他们很多的问题,主要是关于英国人是如何攻击一座四周筑有围墙的城镇的。当他听说了他们拥有的枪支可以装载重达三十二磅(约14.5公斤)的弹药,从而足以击破墙壁然后攻占城镇的时候,他那双黝黑的眼睛又一次放出了光芒,只听他大声惊呼道:"太神奇了!太神奇了!"

虽然在当时,谢赫可以说是这个国家真正的统治者,但是还有一位世袭的苏丹,他只不过是一个傀儡而已,就住在伯尼(Birnie)。布卡洛姆建议道他们应该去朝拜一下这位主权在握者;于是,他们就动身向那里进发了,那里大约住着一万名居民。一开始,他们被领到了苏丹所居住的大房子门口,那里已经拼凑起了一个天井来接待他们。人们支起了一顶大帐篷,用来招待客人,他们一行人觉得那里非常凉爽。到了傍晚,源源不断的佳肴端到了他们的面前,一共有七十道菜,而且每一道菜都足够十二个胃口中等的人享用了。之后,又来了一两个奴隶,他们扛来了活蹦乱跳的鸡,如果他们吃得惯这种活肉的话,就可以随时享用。

第二天清晨,当曙光划破天际之后没多久,苏丹就派人来召见他们。他在皇宫前面的一块露天场地会见了他们。在距离苏丹还有相当远的一段距离时,他们就被要求停下了脚步,而他自己的人民则可以靠近到离他只有大约一百码之处。一开始他们是骑着马经过的,然后在下马之后,他们就在他面前恭敬地趴到地上,然后在前面的地面上坐了下来,但是背对着这位皇族人员。只见他端坐在某种由藤条制成的笼子里,他身下的宝座看上去好像铺着丝绸或缎子。他的宫廷上所出现的人物可谓相当荒谬而奇特。谢赫为了让各方都欢迎他自己,所以允许苏丹保持古老的黑人君主所做出的愚行以及偏执的举动。大腹便便以及硕大的头饰被视为廷臣的恰当外表特征。如果有谁天生没有一个大肚子的话,那么就会为了弥补这一缺憾而在腹部缠上一些纤维填料。所以当他们坐在马背上的时候,他们的外表看上去就非常地奇特,因为他们的脑袋看上去被五颜六色的平纹细布或麻布的许多褶皱包了起来。至于他们的长头巾,则整个儿垂下来,上面还挂满了装饰品,围在小小的红色皮质袋子里面。他们的马匹也是按照类似的样子给打扮起来的。

当来访者和廷臣都一一就座之后,布卡洛姆献上了所带的礼物,这些礼物都被包在一块巨大的披肩里面。至于英国人,由于某种疏忽,并没有带来任何的礼物。在他们所在的位置往左一些,一位侍从大声喊出了他的主人的赞美之词,以及他的家谱。在靠近他的地方,站着另一位男子,他的手里握着一个长长的木制喇叭,他时不时地把它凑到嘴边吹一下。没有什么比这些人的模样看上去更滑稽可笑的了,他们就那样蹲坐在各自的位置上,在头顶戴着的硕大无比的头巾的重压以及大腹便便的状态下步履蹒跚,而下身的两条纤细的腿在身体其他部分的反衬下则显得非常不协调。

在仪式结束之后,这些旅行者们就马不停蹄地立刻离开,奔赴安戈尔努(Angornou),那是一座拥有至少三万居民的镇子。市集上人山人海,摩肩接踵,其中还夹杂着大量的乞丐。

德纳姆迫不及待地想要去看一眼位于库卡(Kouka)以南的一条水量颇为壮观的河流,它被称为沙里河(Shary),但是由于奥德尼医生的病情相

第四章
德纳姆和克拉伯顿的旅行

当严重,再加上布卡洛姆与阿拉伯人之间的事务尚未得到了断,所以这一计划就被耽搁了下来。实际上,当时一些阿拉伯人已经变得相当不服从命令,甚至企图发动叛变,以至于德纳姆最终不得不把其中的三十个人送回了费赞。希尔曼由于为谢赫制作了几个小箱子,所以深得他的欢心。而现在,谢赫则要求他再打造一顶轿子,就像谢赫听说过的费赞苏丹所使用的那种样子。

就在德纳姆的同伴们生病期间,他去乍得湖的岸边探险了一次,同行的还有马雷米,后者是一位相当聪明的黑人,他是被谢赫派来协助他们的。这两个人一路上看到了数不胜数的大象,还有一些美丽优雅的羚羊。马雷米瞄准一头体形庞大的大象,扔出了长矛,正好射中它的尾巴下方。只见这头大象把长鼻子甩向空中,同时发出了一声惊天动地的吼叫,这次的叫声音量如此惊人,以至于扬起的沙子让当时正在慢慢靠近的德纳姆几乎什么都看不清了。由于受到了骑兵的追击,这头大象随后就匆匆逃走了。少校在距离它五十码之处开了两次火,虽然子弹的确打中它了,不过大象还是成功逃脱了。

索阿人(Shooas)是当时这片土地上的原住民,都是技艺精湛的猎手。一个索阿人跨上一匹马,然后在靠近湖的沼泽地里搜到了一头水牛的踪迹。然后,他就把这头水牛赶到了一块干地面上,他一路骑着马紧紧尾随,直到靠到足够近的地方之后,才突然之间一跃而起,把长矛狠狠地刺进了它的心脏。

当时,谢赫非常不情愿自己的白人客人去穿越沙里河,因为他担心这位贵客会陷入险境之中。最终,德纳姆终于等到了一个机会,可以走出去四处看看这片土地,于是他下定决心,一定不能让这千载难逢的机遇从自己手中溜走。布卡洛姆由于受到自己手下那些阿拉伯人的蛊惑,所以计划发动一次远征行动,目标旨在袭击那些住在曼达拉(Mandara)山区一些村子里的异教徒们,然后把他们作为奴隶运到费赞去。虽然谢赫同意了这次的围剿行动,但是他并不愿意让德纳姆少校去冒险。不过,德纳姆还是执意要一同前往,所以谢赫还是点头同意了,于是指派马雷米去照料他,同时负责他的人身安全。

布卡洛姆和他的阿拉伯手下以及谢赫手下的将军巴卡·加纳所率领的一支力量已经提前出发行进了一段距离。在距离城市还有几英里的地方,德纳姆追赶上了他们,并且受到了巴卡·加纳相当热情的欢迎,当时巴卡手下大约有两千名士兵。

经过几天的行军,他们抵达了曼达拉的首都附近。曼达拉的苏丹派出了手下的几位主要高官来会见他们。在靠近德娄(Delow)的地方,苏丹本人出现了,他的周围站着大约五百名骑兵。这支队伍中的不同小队分别向巴卡·加纳军队的前沿冲过来,然后突然之间在原地打转,随即又一次疾驰而来。他们都身着五颜六色的苏丹式长袍或者衬衫,看上去做工相当精致——深蓝色的布料上染着黄色与红色相间的条纹,粗野的猩红色阿拉伯式斗篷配着硕大的白色或者深色的棉质头巾。

现在,他们之间开始进行一场谈判。这位苏丹是谢赫的一位盟友,但是即将受到攻击的人民是他自己的臣民,虽然那些人都是异教徒,但是那一点根本无关紧要。布卡洛姆一如既往地对胜利充满了希望。而且,他还声称自己会送给苏丹一批可观的礼物,同时还表示自己十分确信克尔第(Kerdie)这座人口众多的镇子一定会被拱手送到他的面前供他掠夺。

他的阿拉伯手下看到了克尔第的房子,它们现在就出现在群山的边沿之处了,他们的眼睛里个个都流露出渴望的神情,他们看着衣衫褴褛的自己,再对比一下曼达拉苏丹手下身上价值不菲的长袍。在布卡洛姆看来,他们所看到的景象让他们十分满意,他们可以不用再继续前进了,这就足够了。他们相信凭借手中的火枪,一定能够获得胜利,虽然许多武器仍只能算低级粗劣,而且他们的弹药也很低档。于是,他们大声宣布说箭根本就一无是处,一万根长矛也无济于事。

曼达拉的苏丹之前曾经协助过博尔努的谢赫一起驱逐过费拉塔人(Felatahs)。从那以后,在谢赫这一强大盟友的助力下,这位苏丹的势力日益壮大起来。在山谷里,面对巴卡·加纳的军队,克尔第人感到十分害怕。在山的边缘处,可以清晰看见熊熊燃烧的火焰,它们照亮了周边光秃秃的山峰和花岗岩组成的悬崖,当时的画面可谓相当动人。德纳姆举起手中的望远镜,看到那里的人们正在纷纷逃入山区之中,还有一些人正在下山,他们的身上扛着豹皮、蜂蜜,还带着一些奴隶,这些都是为了寻求和平而准备献上的贡品;再就是一些驴子和山羊,这些牲畜的数量如此众多,漫山遍野都是它们的身影。虽然要付出很多,但他们在这一情形下却免除了更大的磨难。

第四章

德纳姆和克拉伯顿的旅行

由于穆斯古（Musgu）的人事先已经收到消息称阿拉伯人计划要来抢掠他们的财物，所以他们就主动把两百个奴隶和其他的礼物进献给了苏丹。当他们步入宫殿，然后又离开宫殿的时候，他们全部趴到了地上，捧起地上的沙子，撒到自己的头上，同时发出可怜的痛苦声，听了不免让人动容。

在这整个过程之中，苏丹一直都没有告知布卡洛姆自己允许他去攻击哪一个地区，却注意到克尔第的子民们由于非常地温顺听话，所以在没有动用武力的情况下就成了伊斯兰教教徒。德纳姆少校与这位聪明却心胸狭窄的苏丹有过几次会面。

布卡洛姆在这段时间一直都在忍受病痛的折磨，他不仅仅是被疾病击倒了，而且还是在忧虑各种烦心事。到了最后，他与苏丹进行了又一次会谈。但是当他回来的时候，却显得异常地恼怒，并且在经过少校的身边时告诉他，他们应该趁着夜色即刻动身。当少校问他是否一切进展顺利的时候，他回答道："但愿主佑啊！"他并没有告诉阿拉伯人下一个目的地究竟是哪里，所以这些阿拉伯人都欢欣雀跃地款待他。他们并不怎么关心即将要与谁开战，只要有大捞一笔的希望就行，于是整个营地立刻开始忙碌地做起准备工作。正午之后又过了两个小时，队伍开始上路了，他们朝着群山的方向前进，连绵起伏的山脉在他们的两侧拔地而起，高低不平，蔚为壮观。

当4月28日的早晨到来的时候，曼达拉的苏丹跨上了一匹体态优美的奶油色骏马，他的身后还跟着一批穿着考究的人，这些人都行进在他的一侧。巴卡·加纳的人则跟在他的另一侧身后，他们在铁盔甲外面套上了红色的围巾或者斗篷。德纳姆少校则在将军的右手边行进着。当他们一行人以两列纵队的阵势走进一片茂密的森林之时，他们了解到一旦他们走到森林的那一边，就会遇上敌人了。当他们策马前进的时候，有几只猎豹从他们身旁迅捷地蹿了过去，长长的尾巴在空中扭动着。他们看到了一头体形较大的猎豹，于是马雷米朝着它扔出了长矛，接着长矛就刺穿了它的脖子。只见这头豹子就地打了一个滚，一下子折断了长矛，然后带着依然插在身体里的另外半根长矛逃走了。这个时候，另外一个人开始向它发起了进攻，这头猛兽发出了一声大吼，做出了扑向这位追捕者的动作。突然，一个阿拉伯人一枪打穿了它的脑袋。

当一行人从森林之中走出来的时候，他们就看到了费拉塔人的杜尔库拉(Durkulla)城镇。于是阿拉伯人就在队伍的前方集结起来，布卡洛姆作为他们的统帅。在他们的两侧，各有一大批骑兵。随着他们的一步步前进，他们发出了阿拉伯式的战争呐喊声。杜尔库拉很快就陷入了一片火海之中，它旁边的一座小镇子也没有幸免于难。在这些镇子里，他们发现了少量的居民，有的是年幼的婴儿，有的则是年迈的老人。他们由于无力逃走，就被抓住处死了，或者被扔进了熊熊火焰之中。他们后来经过了第三座城镇，它建造在一片突起的地面上，而且有能力防御住数量相当于十倍守城者的攻击势力。他们已经竖起了一排坚固的栅栏，每根栅栏的顶部都被削得很尖，然后用未经处理过的兽皮带紧紧地捆在一起。这排阻隔足足有六英尺之高，从一座山头一直延伸到另一座山头。与此同时，费拉塔人的弓箭手则在这排栅栏的后面以及突起的地面后方各就各位，而他们的马匹则全部躲在群山之间。然而，阿拉伯人还是勇敢地向前推进着，没有寻求任何来自博尔努或者曼达拉部队的支援。尽管无数支箭如雨点一般从栅栏的后面向他们劈头盖脸地射过来，布卡洛姆还是率领着手下顽强行进了大约半个小时，然后猛地发出攻击，把费拉塔人赶到了山的另一边去。放眼望去，到处都能看到妇女们的身影，她们正忙着给保卫自己的战士们送上更多的新箭。这些保卫家园的人一直到撤退之前，都依然在对着紧追不舍的人进行射击。除此之外，这些妇女们还把巨大的岩石接连不断地滚下山来，杀死了几个阿拉伯人。巴卡·加纳率领着手下的长矛手，最终冲了上来支援布卡洛姆。他一连刺死了大约五十个不幸的人，这些受害者由于负了伤，就被扔在了原地，在死亡线上苦苦挣扎。少校骑马行进在他的一侧，然后步入了这座镇子。在那里，一场孤注一掷的小规模战斗打响了。但是，巴卡·加纳以及他手下身强体壮的士兵扔出了八支长矛，一些扔到了三十码甚至更远的地方，而且个个命中目标。如果当时曼达拉或者谢赫的部队能够勇敢地冲上来，那么他们一定是可以攻占这座镇子以及它上面的高地的。可是，他们并没有这样做，而是躲在了箭的射程之外。那些费拉塔人看出了他们后退的举动，就拼死发出了一击，于是阿拉伯人让步了。费拉塔人的马匹在缓缓前进着。要不是巴卡·加纳和布卡洛姆，还有后者手下少数策马而行的阿拉伯人竭尽全力阻止的话，他们之中没有一个人能够活到第二天。当时的情形是这样的，巴卡·加纳先后骑了三匹马，它们

第四章

德纳姆和克拉伯顿的旅行

都被击中了,其中有两匹马几乎是即刻就毙命。至于布卡洛姆,他和所骑的马都受了伤。而且,少校所骑的马的脖子、肩膀和后腿处也都负了伤,还有一支箭击中了他的脸,但只不过是擦着他的脸飞过而已,所以只带出了一点血,而另外一支箭则刺穿了他的斗篷。阿拉伯人当时也损失惨重。于是,当曼达拉和博尔努的部队一看到自己被打败的事实,就无比困惑地逃之夭夭了。苏丹策马跑在队伍的最前方,他原先还期待着阿拉伯人战胜之后也许会随手分给他一些战利品,还能借此贪点便宜,不过现在他一心只想着赶紧离开战场,因为当天这个日子似乎是不利于他的。

整支队伍混乱不堪地一头扎进了之前刚刚离开的森林。德纳姆少校看到有超过一百个博尔努的士兵被费拉塔人给刺中了,他紧紧跟着曼达拉手下一位军官的脚步,但此时他所骑的马负了伤,只见它一个踉跄,倒在了地上。就在他正要站起来时,费拉塔人扑了上去。然而,他手里一直攥着缰绳没放,并且从手枪皮套里一下子抽出一把手枪,对准了两个正在用长矛刺向他的野蛮人。于是,他们立刻就逃走了。但是另一个人,显然胆子更大,渐渐逼向了他。就在他竭尽全力想要再次上马的时候,他的肩膀受到了一击。终于再度骑到马上之后,他开始再一次后撤,可是等到走出几百码后,他的马又一次猛地摔倒在了地上,将他甩向了一棵树,然后逃走了。这样一来,少校就一个人被撂下了,身边既没有马,也没有任何武器。

就在离他几码之遥的地方,曼达拉的军官和他的随从们都被无情地屠杀了,而且身上被剥了个精光。几乎就在一瞬间,他就被围了起来,而且一眨眼身上的衣服都被扒光了,追他的人还用他们手中的长矛戳了他几下,把他的双手伤得十分严重,不过他的身体则只受了轻伤。一开始,他们尽量避免把他弄死,因为他们担心会弄坏他那看上去比较值钱的衣服,这在他们眼里是一份相当有价值的战利品。眼下,他身上的衬衫已经从他的背上被撕扯了下来。当抢掠他的强盗们为了分赃而开始彼此争执不休的时候,逃跑的念头忽然从他的脑海中一闪而过。于是他就悄悄地从离他最近的一匹马的肚子下面爬了过去,撒开两条腿以最快的速度窜入了森林的最深处,两个费拉塔人在他身后紧紧跟随着。他朝着自己队伍中那些掉队的人的方向跑去。后来,在身后追他的人赶上了他,并百般阻挠他继续前进,他的身体划过那些长满了刺的丛林,弄得遍体鳞伤。就在那时,他忽然看到一条山间的小溪流在一座很深的峡谷底部穿行而过。他立刻伸出手,一把抓住一棵树的长长的树枝,这根树枝就在溪流的上方来回晃荡着。这个时候,他几乎已经使不出一丝力气了,于是就任自己跌入溪流之中。令他惊恐万分的是,他发现有一条盘成一团的体形巨大的蛇正抬起身体,看上去好像要发出攻击的样子。就在那时,他拽着的树枝从手中滑了出去,如此一来,他就跌跌撞撞地头朝下径直跌入了水中。不过,这一意外的惊险倒是让他恢复了神志。于是,他就游了起来,在划了三次水之后,他终于抵达了河对岸,然后极其费力地爬上了岸。虽然他摆脱了追杀自己的人,可以说暂时是安全了,但是他当时的处境可谓孤立无助,甚至可以说是衣不蔽体,他整个人几乎都要崩溃了。当他拼尽全力试图穿越这片森林的时候,他忽然看到在树丛之间出现了两个骑着马的人。再继续往前走了一段路之后,他认出了巴卡·加纳和布卡洛姆,还有大约六个阿拉伯人,他的内心立刻涌上了激动之情。虽然他们一行人的身后也紧紧尾随着一小队费拉塔人,但是阿拉伯人所持的手枪却让后者不敢上前。德纳姆开始大声地呼喊他们,可是当时四周一片嘈杂,被费拉塔人的长矛刺中的人在大声地呼救,同时阿拉伯人也高声吆喝着在重整队伍,所以德纳姆的呼喊声完全被淹没在其中了。

马雷米这位忠心耿耿的黑人骑着马上前来,他帮着德纳姆跨上了马,让他跟在自己的身后。当时,无数支箭从他们的头顶嗖嗖飞过。当时,这位黑人的坐骑也负了伤,不过一当它可以扛着主人继续上路,他们就开始以最快的速度策马飞奔,向后方赶去。就在他们跑了一两英里的距离之后,布卡洛姆骑着马追了上来,并且命令派人去给少校一件斗篷,让他可以裹一下身体,而这恰恰就是德纳姆这位不幸的朋友所做出的最后一个举动。就在这之后不久,只听见马雷米一声惊呼:"快看,布卡洛姆死了!"听到这句话,少校立刻调转头去,却看到这位商队的领袖人物从他的坐骑上摔了下去,落入了他最宠爱的一个阿拉伯人的臂弯里。原来,他的脚被一支毒箭给射中了,他为此而付出了生命的代价。不过阿拉伯人相信他只不过是昏过去了而已。但是当时,谁也找不到水能够让他恢复清醒;而且即使把水取来,他也早已过了能被刺激清醒的阶段了。与此同时,巴卡·加纳给少校提供了一匹马,但是马雷米大声叫道:"千万不要骑上去,它一定会死的!"因此,他就一直和黑人待在一起。然而,两个阿拉伯人却跨上了

第四章

德纳姆和克拉伯顿的旅行

这匹马。不到一小时的工夫,这匹马就垮了。而且,就在他们挣扎着想要站起身来之前,这两个阿拉伯人就被冲上来的费拉塔人残忍地杀害了。

最后,他们一行人终于来到了一条溪流边。他们所骑的马猛地冲进了水里,它们的鼻子里还汩汩地冒着鲜血。此时,少校也放低身体,膝盖着地跪在了岸边,他看上去就好像在从大口大口牛饮的泥泞的水里汲取新生命的力量一般。随后,他整个人就彻底失去了知觉。但是后来,马雷米告诉他,他跟跟跄跄地跨过了溪流,一直走到一棵树的树根处才倒在地上,然后变得人事不省的。他们在这里逗留了十五分钟,把布卡洛姆的尸体安放在一匹马的马背上,然后把掉队的人都找了回来。之后,德纳姆再一次跨上马,就像之前一样继续前进,只不过这一次他前进的速度稍微慢了一些。他们的马匹由于箭伤,身体状况都受到了影响,而且后果相当严重,就在它们大喝了一顿水之后,就一头栽倒在地,立刻断了气,只见鲜血从它们的嘴巴、鼻子和耳朵处汩汩地涌了出来。就在这个地方,有超过三十匹马由于毒性发作而死去了。

一行人骑了四十五英里之后,就过了午夜了,于是他们就在曼达拉苏丹的领土上停了下来,进行短暂的休整。此时,德纳姆少校已经彻底筋疲力尽了。

在这场不幸接踵而至的远征途中,除了他们的首领之外,还有四十五个阿拉伯人也失去了生命,剩下的几乎每一个人都或多或少负了伤。雪上加霜的是,他们携带的所有财物都被洗劫一空了。至于德纳姆少校,他自己的骡子和个人财物都被夺走了。许多人的伤势相当严重,还有几个人稍后不久就死去了,他们断气之后,尸体立刻就浮肿了起来,同时全身变得乌黑。

至于那些幸存下来的阿拉伯人,原先他们身上所流露出的傲慢与自负已经消失得无影无踪了。他们恳求巴卡·加纳给他们一些玉米,这样他们不至于忍饥挨饿,因为曼达拉苏丹拒绝给他们提供任何的食物。他们一行人整整跋涉了六天的时间,然后抵达了库卡。谢赫对于被击败这一事实感到非常地恼怒,不过他还是比较公正地把责任都怪罪在曼达拉的部队身上,这些人很明显对他们的盟友表现得太背信弃义了。

就在这一受挫的远征队伍回到曼达拉之后不久,谢赫又派出了另外一支远征队伍去抗击西方的一个族群。这些人被称为姆恩加(Munga),他们从来就没有承认过他拥有至高无上的领导地位，因此一直拒绝向他进贡。就像他本人解释的那样，他们还有一点不可饶恕的罪名就是："他们不进行祷告。"如果穆斯林意图对某个国家发起战争，那么往往就会给对方安上这一罪名，似乎这样一来，他们就被赋予了一定的权力，可以把异教徒变成奴隶了，因为，按照穆斯林的法律，一位信徒是不能奴役另外一位信徒的。

德纳姆少校和奥德尼医生十分迫切地希望能够早日参观博尔努的旧首都，即伯尼。于是，谢赫就留下了他的一个地位比较重要的奴隶担任他们的向导，他的名字叫奥马尔·加纳（Omar Gana）。就这样，他们计划前往卡布斯哈瑞（Kabshary），然后在那里等他抵达之后再一起启程。

他们带着五头骆驼和四个仆人动身上路了，每天行进两段路，分别是在早晨和傍晚，行进距离在十英里至十四英里之间。在库卡周围的土地相当平坦，到处都密密麻麻地布满了金合欢树。

后来，他们参观了古老的伯尼城的废墟，更让他们认识了它原先苏丹的权威。这座城市覆盖了五六平方英里的土地面积。在许多的地方，城墙依然矗立着，它们是由大块的红色砖石所砌起来的，厚度可达三四英尺，而高度可达六至八英尺。费拉塔人除了把这座都城破坏殆尽之外，还在沿途把三十座大型镇子都夷为了平地。凡是他们经过之处，每一寸土地都彻底沦为了一片荒芜之地。自从费拉塔人开始他们的侵袭之旅后，这些地区就变得杳无人烟了，只有数量可观的各种各样的野生动物成群结队地四处游荡着。

他们听说卡布斯哈瑞已经受到了姆恩加人的攻击，已经被大火付之一炬了。为了抵抗入侵者，他们所采取的一种方法就是在地上挖洞，而且是很深的洞，然后在洞的底部安装上头部很尖的树桩。然后，他们再用树枝和青草把深坑小心翼翼地遮盖起来。这样一来，就没有人能够发现它们的存在了。在非洲的许多地方，类似的深坑也用来作为陷阱抓捕长颈鹿以及其他野生动物。

少校的仆人"哥伦布"和他的骡子并没有出现。于是，他就到处搜寻他们的踪迹。后来，他发现这头牲畜已经掉入了这样的一个陷阱之中。至于那位黑人，拼着全身的力气，挽救了自己的生命。那头可怜的骡子被发现的时候，整个身子都被钉在了四根木桩上，由于它一直在奋力挣扎，所以膝盖已经受损非常严重了。不过最终，他们还是把它弄了出来，它还是活

第四章
德纳姆和克拉伯顿的旅行

着的。

在脱离了种种险境之后,他们在一条被称为杜马萨克(Dummasak)的河流的岸边与谢赫会合了,这片水域相当宽广。他们一听说有一支来自费赞的商队已经抵达库卡,就十分迫切地希望能够回到首都去。可是,当他们派人把这条消息传给谢赫的时候,谢赫却并没有收到这讯息。于是,在他们还来不及见上他一面的时候,他就已经率领着自己的部队离开了。不过,就在他们一路向库卡前进的途中,奥马尔·加纳赶上了他们,并且恳求他们跟着他回到谢赫身边去。因为他们不辞而别,谢赫感到十分恼怒,所以把他从马上打了下来,并且命令他火速把他们带回部队来。见此情形,他们别无选择,只能服从这一命令。

他们沿途所经过的许多地方的风景都相当美丽宜人。在好几个地方,他们都看到一群群赤身裸体的武士们在湖边的树下休息,他们的臂弯中还搂着自己的盾牌,而数百个武士则在水里,用长矛戳鱼,然后再交给他们在岸上的同伴烹制。在水里其他的空余地方,则密密麻麻地布满了马匹,有的在低头饮水,有的在吃食,还有一些人在洗澡。在河水的中央,河马不时地冒出它们那黑黝黝的鼻子,然后喷出一些水。

博尔努军队现在开始远征了,但是在靠近敌人之前,他们几乎都不怎么守纪律。谢赫带头行进在最前方的位置,紧随其后的是博尔努的苏丹,他在这些场合总是伴随在谢赫的左右,只不过他从来不参与战斗。在谢赫的前方,飘扬着五面旗帜,上面分别绘制着从《古兰经》里摘录的一些语句。谢赫的身旁行进着的是他手下大约一百个头目以及最钟爱的奴隶们。一个黑人男孩扛着他的盾牌、盔甲外套、铁头盔和武器,另一个奴隶十分夸张地戴着一顶稻草帽,上面还插着一些鸵鸟羽毛,他则搬着谢赫的鼓。在队伍的最后部分,跟着后宫人员,不过在这样的场合,谢赫只带上了三位妻子,她们各自骑在经过调教的马匹上,由一个奴隶男孩负责牵着走。她们的头和身体完全被包裹在棕色的丝绸斗篷里,两边各有一位仆人随时侍奉。至于苏丹的队伍,他按照惯例带了五倍数量的仆人,而他的后宫人员也达到了三倍之多。

当大部队抵达卡布斯哈瑞之后,谢赫就检阅了自己最钟爱的武装力量,即加涅姆的长矛手,他们的规模达到了九千人之众。他们的身上只挂了一块山羊或者绵羊皮,头发围着中心盘起来,发丝朝外,头上还缠着几条布片。除此之外，他们可以说是完全赤裸的。他们的武器就是长矛和盾牌，左臂上还绑着一把匕首，里外颠倒着放置。他们的盾牌是用一种十分特别而轻盈的木头制作而成，重量仅有几磅而已。他们的首领都骑在马上，这些人与其他普通长矛手的区别就在于他们身着深蓝色的衬衫，头巾也是相同的颜色。

谢赫的仆人们穿着都非常夸张而考究，但是他本人的服装却是非常简洁而朴素的，仅仅包括两件华丽的白色穆斯林衬衫，一件斗篷，还有一根山羊绒围巾用来缠在脑袋上当头巾，再就是悬挂着一把他所收到的英国的长剑。

当他的军队收到信号开始前进的时候，他们就口中大喊一声，然后就以每支分遣队八百至一千个组成人员的阵势开始移动起来。他们用长矛不断击打着手中的盾牌，就这样持续了几秒钟，当时所营造出来的气势堪称相当惊天动地。随后，他们就在两侧各排成一列纵队，队伍成形之后就在原地等候他们的同伴们，后者以同样的方式跟随在他们身后。

这些部队与谢赫之间似乎存在着很深的感情。他骑着马缓缓走进一些部队之中，他们也同时向他靠拢。然后谢赫就开口对他们说话，而这些战士们则团团围在他的身边，亲吻着他的双脚和马镫。他似乎在向他们诉说他眼下之所以能够拥有崇高的地位，完全是依靠他们的付出与努力。与此同时，他们则表现出了对他深厚的依赖和奉献自我的决心，同时表现出了极度的自信。

第二天，一大批俘虏——女人和孩子们——被带了过来。一个可怜的女人身边带着四个孩子，两个抱在她的怀里，两个则骑在马上，而这匹马正是原先属于他们父亲的。他为了保护自己心爱的家人，已经被刺死了。这些人都放声痛哭着，让听者不禁心生怜悯之情。谢赫看了他们一眼，认为这些人也许应该全部被释放，于是就开口说道："如果我把任何一位伊斯兰教教徒的妻子和孩子变成奴隶的话，真主一定是不会答应的！回去吧，告诉那些邪恶的、有权有势的酋长，是他们怂恿你们的丈夫参与反叛行动的，告诉他们我很快就会去到他们的身边，然后会惩罚他们，而不是加害于任何无辜的人！"

这一席话立刻就奏效了。第二天，就有成百个姆恩加人来到他的面前，俯身拜倒在地，捧起沙子撒在自己的脑袋上，表示愿意归顺于他。有几

第四章

德纳姆和克拉伯顿的旅行

个镇子也派出了他们的首领,以同样的做法表示自己的臣服之心,同时他们也带来了一些祈求和平的贡品,后来谢赫就庄严地宣誓自己不会进一步去骚扰他们。他们主要的头目由于害怕自己掉脑袋,不敢亲自前来,不过他主动提出愿意献出两千名奴隶、一千头小公牛、三百匹马,这些都是他用来换取和平的筹码。可是,谢赫却拒绝了这一请求。于是,在他自己人民施与的压力之下,他终于露脸了,只见他穿得十分寒酸,头上也没有戴任何的头巾或者帽子。随后,谢赫就接受了他的臣服。于是,就在他真的觉得接下去谢赫就会下令割破自己喉咙的时候,他却被一层又一层地足足套上了八件做工精良的衬衫或长袍,而且他的脑袋瞬间也变大了六倍,因为他们给他戴上了来自埃及的头巾。处理完这一事件之后,军队就回到了首都。

在此之后没过多久,德纳姆少校就造访了一支商队,当时这支商队是从苏丹出发的,正在前往费赞的路上。这些商人们拥有将近一百个奴隶,其中大部分是女奴,而且基本上都非常年轻。那些来自尼费的女奴肤色呈现出深黄铜色,而且身材极其匀称动人。其中的男奴也十分年轻,两两被铁环绕着小腿拴在了一起。然而即使这样,他们还是不停地嬉笑打闹,看上去身体情况还不错。据说,当时商人们的普遍做法是引诱一个奴隶去说服他的同伴们,声称只要一抵达黎波里,他们就会全部重获自由,然后穿上红色的衣服——这种颜色是黑人最钟爱的。正是受到了这些承诺的影响,他们就被唆使着一路不吵不闹地乖乖服从,直到他们已经离家太远,根本无法逃离。

就是在这里,发生了一件非常与众不同的事件,而谢赫的专制暴虐的权力就在这一事件中被展现得淋漓尽致。他的将军,即巴卡·加纳,是六个广大地区的总督。谢赫派人去叫这位将军前来,可是后者却冒犯了他。于是谢赫就下令让人当着自己的面把他全身剥了个精光,然后把一根皮质腰带束在他的腰部。在斥责了他一通类似于忘恩负义的话之后,谢赫下令说应该事不宜迟,即刻把他卖给提布(Tibboo)的商人,因为他毕竟还是一个奴隶的身份。然而,其他的首领,纷纷跪到地上,请求他宽恕这位他们心目中最敬仰的将军。就在那个时刻,这位肇事者看上去似乎准备离开了。一看到他这样,谢赫一下子就扑倒在自己的地毯上,哭得像个孩子一样。见此情形,巴卡·加纳不得不上前来搂着他的膝盖。接着,谢赫就大声说,他们都是他的儿子，并且原谅了自己这位悔罪的奴隶。

至于可怜的奥德尼医生，自他从姆恩加回来之后就一直卧床不起。而且，克拉伯顿和希尔曼两个人也都病得很重，后者已经为两支黄铜枪制作了一些弹药，然后派人从的黎波里送到了谢赫的手中。当少校这位唯一有能力使用它们的人最终握着这些枪连续射击之后，谢赫显得十分高兴。眼下，他认为自己完全有能力攻击任何对他怀有敌意的人了。

12月14日，克拉伯顿先生和奥德尼医生的身体状况都稍微有一些好转了，于是他们就动身跟着一支商队从苏丹向卡诺（Kano）进发了。然而，奥德尼当时的身体情况非常不适合旅行颠簸，因此几乎就要撑不下去了。就在他们离开几天之后，有一支商队从北方抵达，随行的有一位年轻的第八十军团海军少校图尔（Toole）先生。他此行是顶替提尔威特（Tyrwhit）先生的，因为后者由于病倒所以无法上路。德纳姆少校一看到他的仪表和举止，就感到非常满意，他的面庞真的让人禁不住想了解他。他用了三个月零十四天的时间，从的黎波里长途跋涉赶到了博尔努，而且一路上只损失了五头骆驼。看到眼前出现了这样一位令人感到愉快的朋友，德纳姆的精神为之一振。于是，他下定决心首先去探查一下沙里河。这位谢赫十分乐意地给了他们通行权，同时还任命一位长相英俊的黑人贝拉尔（Bellal）担任他们的向导兼管理人员。应该说他是一个地位比较高的人物，因为他的身边还有六个奴隶负责照顾他。这些人再加上他们自己以及私人随从，就组成了一支新的队伍。

一行人于1824年1月23日动身。他们沿着湖的边缘一路向东而行，一直抵达了安加拉（Angala）。在那里，他们就住在了米拉姆（Miram）的家里，那是一栋非常漂亮的大宅子，而米拉姆就是谢赫的前妻，她的手下人数超过了六十人。她长得非常漂亮动人，是一个身材相当棒的黑人，年龄大约三十五岁的样子，言谈举止十分温柔，谢赫曾对她宠爱有加。当她招待来宾的时候，她就端坐在一个泥土砌成的宝座上，宝座上面铺着一张土耳其地毯。她的周围大约有二十个最钟爱的奴隶，他们都身着同样款式的白色衬衫，长度一直垂到脚部，他们的脖子、耳朵和鼻子都装饰着层层的珊瑚。有一个黑人侏儒，看上去身高几乎连三英尺都不到，他负责看管她所有的钥匙，他的穿着十分华丽，而且就坐在她的前面。

这些旅行者一抵达沙里河，就被这条河流的庞大规模给镇住了，因为

第四章

德纳姆和克拉伯顿的旅行

它的宽度看上去足足有半英里,而且以每小时两至三英里的流速向乍得湖流去。他们在首伊(Showy)逗留了一些日子,这座镇子就邻河而建。随后,在总督的陪同下,他们又动身上路了。他们乘上了八艘独木舟,每艘独木舟上都装载了十个奴隶。在航行了将近八个小时之后,他们抵达了一个地方,那里距离首伊有三十五英里。那里的风景相当引人注目,优美的地域一个紧邻着另一个,河岸边密密麻麻地布满了各种各样的树,枝繁叶茂,蔓生植物悬挂在半空,上面缀满了五颜六色的花朵,散发出阵阵香气。他们还看到了一些鳄鱼,它们翻卷着身体潜入河中,在慢慢靠近时渐渐沉到水面下消失不见了。

在沿着河流继续前进了一段距离之后,他们就回到了首伊,然后沿着河道逆流而上又进行了一次探险。此时,德纳姆无比痛心地观察到自己的同伴身上出现了一些症状,说明他已经生病了,然而对方却几乎没怎么抱怨过。正当他被病痛折磨之时,他们抵达了一个地方,那里蚊虫到处肆虐,情况相当严重,以至于在白天的时候,当地的居民都无法走出家门半步。至于他们的房子,基本上就是一个小房间里套着另一个小房间,一共有五六间的样子,这样建造的目的就是防止各类昆虫的进入。有一次,他们的一个伙伴出去了一下,回来的时候,他的双眼和脑袋都已经被叮得相当严重了,以至于接下来他整整病了三天。

图尔先生的病情日益加重了,不过他们还是千方百计抵达了洛贡(Loggun),那里就坐落在沙里河的河畔。当他们渐渐靠近这座镇子的时候,有一个人——很明显是一个重要人物——径直向他们一行走来。只见这个人弯着腰,几乎脑袋都快碰到地面了。与此同时,他双手合十,身后还跟着自己的奴隶们,这些人比他本人腰弯得还要更低。这个人解释说自己是受苏丹之托,特意来此欢迎这些白人的。随后,他就走在这一行人的前面带路,把他们领到了事先为他们准备好的居所。那里由四栋独立的屋子构成,建造得相当考究,不仅有外墙,还有一个宽敞的门厅,可以供他们的仆人使用。

第二天早晨,就有人来请德纳姆去面见苏丹。他一连穿过了几个黑漆漆的房间之后,被领到了一个四四方方的院子里,当时已经有好几百个人聚集,他们全部都坐在地上。在中央的位置,是一块空地,于是他就被安排坐在了那里。两个穿着棉质长袍的奴隶各持一个藤条编制而成的格形扇在扇着风,他们指了指苏丹所处的僻静角落。这个荫凉之处被移动过后,在地毯上发现了有个活的东西,他被裹在一件丝绸的长袍里,整个脑袋都被围巾给包得严严实实的,只露出一对眼睛。在场的所有人员都立刻伏到地上,捧起沙子撒在自己的头上。与此同时,无数支号角同时被吹响,声音震耳欲聋,伴随着听起来非常刺耳的致敬吼声。

然而,这位伟大的人物,只不过是希望和他做一笔生意而已。因为他首先问少校是否希望购买一些女奴,然后他评说道:"如果你有此打算的话,那么就别再往前走了,我有好几百个呢,而且会很便宜地卖给你,要价不会比其他人更高的。"

洛贡这座都城所属的地区被称为贝加尔米(Begharmi)。从很多方面来看,那里的人与博尔努人有相似之处,而且他们之间经常开战。他们拥有一支强大的骑兵力量,他们都身着非常坚不可摧的夹棉盔甲,连头上戴的头盔也是用同样的材料制作而成。不过,这些装备都相当容易被子弹射穿,只是箭却无法穿透。至于他们所骑的马,装备也和主人一样。由于这些武士身着如此笨重的服装,因此行动十分不便,甚至在上马的时候都需要有人从旁协助才行。他们的武器是双叉长矛,有点像干草叉,而且叉子齿是扁平的。

洛贡人在追求和平生活的艺术方面,已经取得了相当令人瞩目的成就。他们所编织的衣物比起博尔努人的衣物要精致高档得多。这些织物的表面十分光滑,而且泛着美丽的光泽,还用蓼蓝精美地染上了颜色。除此之外,他们甚至还使用了一种铁币,它的形状有点儿像马蹄,而当时还没有哪一个邻国能够拥有这样的事物。他们的国家到处种植着庄稼,牛羊成群,四处分布着金合欢树和其他各类美丽的树木。

当他们一行人继续向前推进的时候,可怜的图尔先生身体状况日益堪忧。在脱离了几处险境之后,他们回到了安加拉。回去之后,少校一开始希望他这位可怜的朋友能够恢复健康。但是到了2月26日,他感到全身发冷,不停地颤抖。就在正午到来之前,他就断了气。当时他看上去已经没有一丝力气了,彻底筋疲力尽了。那年,他还不满二十二岁,而且无论从哪个角度来评判他,他都可以被称为一个平易近人、前途一片光明的年轻军官。

德纳姆一回到库卡,就发现谢赫已经集结起一支军队,准备攻打贝尔

第四章
德纳姆和克拉伯顿的旅行

加米人,当时后者正在他的国土上到处横行霸道。谢赫的此次远征行动十分成功,而且人们对于所获得的战利品无不感到欣喜万分。然而当时,城里却疾病肆虐。就在此时,德纳姆少校看到提尔威特先生抵达了,立刻显得高兴了起来。提尔威特先生是受英国政府派遣前来增援他们一行人的。他还随身带来了一些礼物,包括两把剑、两把手枪、一把匕首以及两只金表。当埃尔·卡内米(El Kanemy)收到这些礼物的时候,显得非常开心。

斋月一结束,也就是6月1日那一天,谢赫再一次率领军队动身上路了。他们沿着乍得湖的岸边一路朝东前进,去对战一个强有力的比杜马(Biddomah)酋长,他的名字叫阿马诺克(Amanook)。这个人在靠近河岸的一些岛屿上活动,势力十分强大。此次远征的目标一直都被保密,一直到这支队伍抵达准备发动攻击的范围之内。军队穿越了索阿人生活的地区,这群人完全就是生活在皮革搭建的帐篷或者匆匆拼凑的小屋子里面,只有在万不得已的情况下才会去作一些改变,比如说有敌人靠近或者不得不为他们数量众多的牛羊寻找草场时。他们很少进行战斗,除非是为了抵御敌人入侵。他们的主食就是骆驼产的奶,而这可以说是供应量十分充足的,当然还有牛奶和羊奶,他们往往一连数月几乎完全不摄入其他的营养品。他们对于黑人国家持有极度蔑视的态度,甚至可以被称为一种仇视,然而他们却总是不得不向这位或者那位黑人苏丹进贡。

谢赫命令自己军队中的主力队伍暂时停下来原地待命,而安排巴卡·加纳先率领一千名手下继续向前推进,随行的还有另外四百名杜加纳人(Dugganahs)。他们发现,阿马诺克带着所有的牲畜和子民守在一条很狭窄的通道上,这条通道连接着两片湖。他前面的一片湖既不深也不宽,但是有很多的深洞,湖底十分泥泞。

当时,谢赫的部队已经很长时间没有好好吃上一顿了。所以,当他们看到眼前这些咩咩叫着的羊群和低声鸣叫的牛群时,瞬间就按捺不住了。然而,巴卡·加纳已经意识到了眼前这个敌人所占据的位置是十分有利的,于是希望全体停下脚步,然后派出长矛士兵步行前进,手持盾牌,发起进攻。然而,这位比他年纪小一些的酋长大声喊道:"怎么啦!都离它们这么近了,竟然不去吃了它们?算了,还是让我们来吧!今晚,他们的牛羊和女人就都属于我们啦!"听到这声喊叫,所有在场的索阿人也纷纷附和。于是,将军屈服了,攻击就这样拉开了序幕。阿拉伯人和杜加纳人冲在队伍的最前面。当他们行进到湖的中央时，他们所骑的马突然之间往下陷了进去，一直陷到鞍头处，其中许多马一下子就整个被淹没了，还有其他一些马则在泥土里拼命地挣扎。至于骑手们，由于弹药被弄湿，他们手中的枪支已经形同虚设了。当他们靠近岸边的时候，阿马诺克的手下开始向他们压过来，轻质的长矛如雨点一般密密麻麻向他们袭来，而且对方的精准度十分之高，可谓百发百中。他们的坐骑都十分健壮，堪称匹匹都是良驹，而且这些马匹都训练有素，能够适应水中作战。与此同时，另一支队伍已经从高处的湖上跨了过来，经由那条狭窄的通道逼近，随后切断了那些已经冲入湖中的人的退路。此时，谢赫的手下纷纷坠下马来。至于巴卡·加纳，虽然这次的攻击并非出于他的本意，但是他本人此时正身处队伍的最前方，他的后背被一支长矛重重地刺了一下，伤势十分严重，这支长矛一连刺穿了他身上所穿的四件长袍以及铁链盔甲。有五个首领向他发动了进攻，他们看上去已经下定了决心，无论如何都要杀死他。他用手中的长矛一下子刺穿了其中一人，然后他的手下就赶来增援他，并且带来了一匹新马。他终于被救了出来，不过他手下有三十个人不是被杀死，就是被阿马诺克的手下给逮住了。

当时，他们都以为阿马诺克会对营地发起进攻，不过后者并没有这么做。他派人传话说愿意与谢赫商讨和平的事宜。

于是，德纳姆就和他的同伴们一起去见了将军。他们发现这位将军由于身上的伤正陷于万分痛苦之中。不过德纳姆作为一名外科医生，只用很短的时间就止住了伤势。接着，巴卡·加纳就强烈建议他回到库卡去。有一个从费赞赶来的小酋长千方百计试图挑拨埃尔·卡内米与英国人之间的关系。这位小酋长告诉他，这些英国人已经攻占了印度，而且完全有可能进一步对博尔努发起进攻。

当少校回到库卡的时候，他发现克拉伯顿刚刚从苏丹回来。当德纳姆正在前往他下榻的小屋子的时候，他并不知道那位躺在地板上的正是自己的朋友，因为后者已经发生了太大的改变，正当少校准备离开那个地方的时候，克拉伯顿突然开口叫出了他的名字。尽管如此，克拉伯顿的意志力是如此地顽强，他谈到了雨季结束之后自己回到苏丹去的那趟旅程。那段经历相当有意思，因此我们就在这里与大家分享一些其中的片段。

在奥德尼医生的陪同下，他于1823年12月14日启程向库卡进发。

第四章

德纳姆和克拉伯顿的旅行

他们此行旨在探索苏丹地区的情况。他们一行人包括一名犹太人雅各、两个仆人和三个费赞人,再就是三匹套着鞍的马和四头专门用来驮东西的骡子。他们是跟着一支商队一起上路的,其中包括二十七名阿拉伯商人以及大约五十个博尔努人。大部分的阿拉伯人都骑着马,余下的所有人都是步行前进的。

当他们一行人经过了古老的伯尼之后,就穿行在了一片地势起伏的地区,还需要经常涉过一些浅水池。为了跨过一条河流,他们面临的最大困难就是骆驼和女奴,因为后者拼命地大声尖叫。他们拉着骆驼,慢慢地过河,一个男人在骆驼的前方游着,用牙齿咬着缰绳,同时另一个男人则在骆驼的后面用一根木棍不停地打它,因为它时不时地就想方设法要掉头往回走。

到了第二天,他们的面前又出现了第二处险境。由于之前草地上着了火,火焰推进得相当迅猛,因此他们不得不全体仓皇逃离,除非他们能够在一些被损毁了的墙边找到躲避之处。他们先后经过了一些城镇和村庄,其中的居民都隶属于一个部落,被称为索阿的阿拉伯人。那里的女人长得尤其明艳动人。她们把自己的头发梳成了一种形状,远远望过去会被误认为是一个头盔,或者是类似于一个王冠上顶饰的大辫子。

现在,他们不得不穿越的地区上居住的是贝迪特人(Bedites),而这些人并不欢迎伊斯兰教。由于他们盘踞的地区防御坚固,所有的信徒们都对他们避之唯恐不及。那里的早晨气温相当地低,以至于他们随身携带着的浅浅的容器中装的水表面都结了一层薄薄的冰。马匹和骆驼站在这寒冷的地方,不住地浑身颤抖着。奥德尼医生也病得很重,也许气温太低就是罪魁祸首。

正当他们刚刚踏进贝迪特人的地盘时,突然遇到了两个男人。那些阿拉伯人立刻就把这两个人给抓了起来,其中一个人是索阿人,而另一个是黑人。一个博尔努人在这个黑人的左耳后面割了道可怕的口子。随后,他们不管他的伤势如何,就把一根绳子套在这个可怜人的脖子上。见此情形,克拉伯顿禁不住鞭打这个残暴冷血的博尔努人。与此同时,他还威胁说,一旦他再犯这一暴行,就会对着他的脑袋开一枪。他正好借此机会让那些阿拉伯人清楚地意识到一个勇猛的人对待自己的囚犯如此冷酷无情是完全不值得的,他由此彻底让他们感到很不好意思,接下来就表现得十分安分了。

在跨过了尤乌河（River You）之后，他们就抵达了一个被称为卡塔古姆（Katagum）的城镇。在这里，一位谢赫的仆人带着一份礼物来见了他们，同时还跟着一支骑兵乐队，他们的鼓手不停敲打着手中的锣鼓，还有两位歌手口中唱诵着他们主人的赞歌，他们就在这样的阵势下进入了这座城镇。这是费拉塔所有的镇子中处于最东边的一座。在这里，一位的黎波里商人前来拜访他们，他相当富有，拥有的奴隶数目不少于五百个，此外还有一大群马。

在他们穿越众多城镇和乡村的过程之中，他们治愈了大量的病人。与此同时，难以计数的人纷纷来到他们的面前，希望他们能治疗各种各样疾病。

当地的酋长以最传统的方式欢迎他们一行的到来。他们看到他坐在一顶做工粗糙的顶篷下面，就在一条低矮的土岸上，他的身旁有三位长者侍奉着。双方握了握手，接下来就都席地而坐。当收到礼物的时候，酋长显得非常开心，并且主动提出愿意提供他们所希望拥有的任何东西，特别是奴隶。于是，克拉伯顿告诉对方，在英国是没有奴隶这个概念的。而且，任何人只要一踏上英国的土地，就即刻恢复了自由身。当酋长了解到他们的唯一目标只是去看看这个世界，他就告诉他们，他们必须去找贝洛（Bello）苏丹，后者是一位非常有学识的人，而且会十分乐于见一见这些闯荡天涯、见多识广的人。

正如当地土著所料想的那样，一个幸运的预兆出现了。在国王送给他们的一批礼物之中有一罐蜂蜜，一个仆人把罐子打翻了，但罐子没有摔破。如果它被摔破了，那么预兆就会是不幸的了。看到这些，谢赫非常高兴，于是下令召集穷人们过来，把打翻的蜂蜜舔干净。这些人蜂拥而来，彼此之间争执不已。有一个老人，脸上留着长长的胡须，他离开的时候还领到了双份的津贴，因为他的胡须把蜂蜜扫得干干净净，然后还把每根胡须上残留的蜂蜜都舔了个一干二净。

这一插曲发生之后，奥德尼医生的身体就变得十分虚弱了，几乎连坐在马上都变得相当困难，但是他依然恳求大家抬着他一起上路。因此，他们继续进发，前往穆尔穆尔（Murmur）。第二天一早，医生先喝了一杯咖啡，然后在他的同伴的帮助下穿戴齐整；可是，很快大家就发现，他已经无

第四章

德纳姆和克拉伯顿的旅行

法再继续前进了,这已经是非常明显的事实了。于是,他就被抬回了自己的帐篷,只过了很短的时间,克拉伯顿中尉就带着无比沉痛的心情目睹他咽下最后一口气,当他去世的时候,并没有任何的挣扎或者是痛苦的呻吟。他当时仅有三十二岁。后来,他的朋友挖了一个很深的墓坑,并且在周围筑起了一道土墙,以免墓坑遭到野兽的破坏。他还下令宰了两头羊,然后把羊肉分给了穷人们一起享用。

当时克拉伯顿本人也病了,而且现在只剩下他一个人孤零零地置身于陌生人之中,对于他来说,这一损失是非常严重的,令他痛苦万分。不过,凭借着坚韧的意志力,他最终还是战胜了内心的悲伤和困惑,继续抖擞精神上路了,并于1月20日进入了卡诺,而这里正是豪萨(Haussa)的重要的商业中心。为了给城里的居民们留下一个好印象,他特意换上了自己的海军制服。从阿拉伯人对于这一举动的描述来看,他希望能够看到人们露出无比诧异的眼神。因此,当他穿越在城市的大街小巷时,失望之情可谓相当明显。他发现,当地的房子与围墙之间的距离要接近四分之一英里,而且在许多地方都分散成各自独立的建筑群,它们彼此之间都有大面积水塘加以阻隔。居然没有一个人转过头来盯着他看,所有人都专注于自己手头上正在忙活的事情。至于市集,它的两侧则各是一大片沼泽地,水源充沛,还盖满了密密麻麻的芦苇草,也经常可以瞥到野鸭、鹤和秃鹰的身影。提供给他的一栋房子就坐落在离沼泽地很近的地方,这片沼泽地始终散发出有毒的气味,再加上所有房子的污水都直接排向街道,所以那里的环境可以说非常恶劣。他浑身乏力,又受到病痛的折磨,就一直躺在房屋的主人给他铺上的一块地毯上。他所居住的房子上面有六个房间,每个房间都完全是漆黑一片,下面有五个房间,房子的门厅看上去相当凄惨,还有一个后院、一口井以及其他一些生活设施。一些小孔,也就是所谓的窗户,让光线可以忽隐忽现地投射进房子。但是不管怎么样,人们还是认为这是一栋建筑相当精美的豪宅。

所有的阿拉伯商人并没有在疾病面前产生畏缩之心,他们是伴随他一路从库卡颠簸至此的,于是纷纷赶来探望他。他们的外表与其说像人,还不如说像鬼魂,因为当时,几乎所有的陌生人都时不时地受到高烧的侵袭。总督大人单独召见了他,并且对于所收到的礼物感到十分高兴,并且答应带他们去见他的主人,即贝洛苏丹,后者就居住在索科托(Sackatoo)。不过，总督本人要先进行一次远征行动，耗时大约要十五天，所以他要回来之后再领他们去觐见苏丹。就在这一段等待的时间里，克拉伯顿一直受到高烧的折磨。在这里，他收到了德纳姆少校寄来的报纸，并且从中得知贝尔佐尼（Belzoni）企图经由菲斯（Fez）进入廷巴克图。

有一次骑马回来的途中，他遇到了两支数量庞大的队伍，他们将要跟随总督大人一起进行远征，每一支队伍都由五百匹马和步兵组成，后者还都配备了弓箭。至于骑兵，他们手持盾牌、剑和长矛，所有的服装都显得极度华丽。

他们的剑都比较宽，又直又长，而且真的就是马耳他骑士过去曾经使用过的剑。这些剑是从的黎波里一路被运送到那座小岛的，当时人们用它们换取小公牛。之后，这些剑就被带着横穿了整片沙漠，抵达了博尔努，随后又辗转到了豪萨，最后又在卡诺落到了当地居民的手中，于是再一次被跨上马的骑士们握在了手中。至于他们所使用的盾牌，则覆盖着动物的皮，而且通常情况下都是呈圆形，但是有时候，也会出现椭圆形的盾牌，在它的中心位置刻有一个十分精美的马耳他的十字图案。除此之外，他还观察到在一些房子的大门上，也刻着其他形式的十字。在这支远征队伍中，还有一批骆驼，它们都驮着棉花胎塞成的盔甲，既是为人准备的，也是为马预留的。这种盔甲是箭所无法刺穿的，但是除非在真刀真枪的格斗情况下，否则它很少会派上用场。至于马鞍，两头都耸得很高，而马镫的形状则像一把火铲子。

第二天早晨，贝洛苏丹的一个外甥前来拜访了他。他们一起喝了茶，这位外甥表示非常喜欢这茶的口感。随后，这位外甥就告诉他，在此之前，他本人一直觉得基督徒只不过是比怪兽要好一点而已，可是现在他承认说自己很喜欢眼前这位旅行者。另一个外甥也来拜访，他是一个非常聪明的年轻人，能够非常流利地读与说阿拉伯语。他非常渴望能够看到所有的事物，去了解所有关于英国的方方面面。

他发现当地市集中的物资十分丰富，几乎所有可能想象到的生活必需品和奢侈品都可以从某个角落的商人处找到。不过，这位总督，也就是监管该市场的负责人，则对所有的物品都进行了定价，为此他有权要求收取一部分佣金。在每一次讨价还价结束之后，卖家通过祝福的形式归还给买家定价的一部分金额。在这里，贝壳是作为硬币进行流通的，不过有一点

第四章
德纳姆和克拉伯顿的旅行

儿笨重,因为毕竟二十个贝壳才值半便士。正如他所评价的:"使用贝壳的一大好处就在于可以有效杜绝伪造现象的发生,因为它几乎是不可能被仿造的。"对于当地土著来说,他们也在数贝壳方面显示出极大的熟练度,即使数量再庞大,他们的手法也相当娴熟。

那里有数不胜数的屠夫,而且他们深谙如何才能展示出牲畜最诱人的一面。有时候,他们甚至会在一条山羊腿上钉上一头小绵羊的羊毛,以此冒充羊羔肉。当一头肥嘟嘟的公牛被带到集市上等待宰杀时,屠夫们会用颜料粉把它的牛角染成大红色。除此之外,鼓手们也在一旁助兴,于是很快,一大群人就会聚拢过来。接着,人们就纷纷称赞这头牲畜的尺寸和厚实度,然后所有人就会奔过来竞相购买。在现场的附近,会升起一小堆柴火,用木签子围成一圈,长长的签子上串着小块的脂肪和瘦肉,大小都和一便士的硬币差不多,一个妇女专门负责烤制它们,她的膝盖上放着一个垫盘。然后,她会把盘子里烤熟的肉分给她的客人们品尝,这些人都会蹲在她的四周。的确,这个集市和你能在任何一个国家所发现的集市一样熙熙攘攘,活力无限。至于玩杂耍的人,他们就像印度那些玩杂耍的人一样,也用蛇展示各种技法,当然这些蛇的毒液已经被事先取出来了。

豪萨以其格斗而声名远扬,其中技艺最精湛的一批人就是屠夫了。克拉伯顿曾经表示过愿意支付一定数额的钱,来请格斗者表演一场。于是,一大批格斗者先后抵达,还有两名鼓手在旁助兴,此外,所有的屠夫也悉数到场了。此时,仪式的主持人不停地向观众扔洒尘土,逼得他们不得不后退,于是很快,一个圆形的竞技场就出现了。接着,鼓手就进入内场,他们的身后则跟着其中一位格斗者,他几乎就是赤身裸体的,只在下身处缠了一张皮遮羞而已。为了表现出对某位竞争对手的敌对态度,他把自己全身的肌肉都调动了起来,然后绕场行走了一圈。只见他一边走,一边向周围的观众展示自己的武器,同时口中大声吼着:"我就是一只鬣狗!我就是一头狮子!凡是反对我的人,都将死在我的手里!"对于他的宣言,观众则呼应道:"愿真主保佑你!你就是一只鬣狗,你就是一头狮子。"

接着,一大批格斗者就走上前来,然后每两人分成一组。如果他们恰好是朋友关系,那么他们就会把左胸彼此碰一下,然后大声喊道:"我们是狮子!我们是朋友!"然后其中一个人就会离开竞技场,另一个人就会被带上前来。如果两个人认为彼此并非朋友关系,那么格斗即刻就会上演。他们左手摊开，一边躲闪对方，一边找准时机用右手进行攻击，一般瞄准的位置就是胃部，还有肋骨下方。偶尔双方会进行近距离搏斗，当一方把对方的头搋在自己的胳膊下面时，会一边挥舞拳头击打对方的头部，一边用膝盖去顶对方。克拉伯顿听说有时候他们居然会用手指插入对方的眼眶，把对方的双眼活生生挖出来，而且类似的搏斗几乎都是以一方或多方被杀死而收场。克拉伯顿在感到自己的好奇心得到满足后，就命令搏斗立刻停止，随后按照事先承诺的进行了赏赐。

在这个地方，人们的习俗是一旦有人去世，那么他就将被埋葬在自己的房子里，然后按照惯例，这所房子就提供给更贫穷的人们居住。不过，如果是一位伟大的人被下葬了，那么他的房子自此之后就会永久性地空下去。为了筹备葬礼，人们会处理好尸体，然后对着这具尸体诵读《古兰经》的第一章。接着，葬礼就在同一天举行。在大多数地方，奴隶的尸体会被拖出城镇，然后任由秃鹫和野兽分食。但是在卡诺，这些尸体则是被扔进沼泽或者是最近的水源地。

2月22日，克拉伯顿动身向索科托进发，同行的还有一位阿拉伯商人。他特意让自己的犹太仆人雅各留在原地，这样一来，一旦自己去世了，他就可以带着自己的所有财物回去。在他所停留的每一个城镇，他通常都被误认为是一名法师，而且人们不停地缠着他，请求他写一些魔咒。有一次，他的洗衣女工坚持让克拉伯顿手写一张魔咒，作为支付给她的报酬，希望它能诱使别人来购买她的陶器。

在跋涉了数天之后，他遇到了一队骑兵，人数大约是一百五十个，他们都带着鼓和喇叭。这批人是贝洛苏丹派来引领他进入首都的，而他就在3月16日这一天最终抵达了这座都城。和往常一样，克拉伯顿换上了自己的海军制服；当他走向城门的时候，一个苏丹派出的信使走上前来，向他表达了欢迎之意，同时告诉他自己的主人外出远征去了，将在当晚回到索科托。

一大群人纷纷走出家门，前来看看他这个人物，而他就在老老少少发自肺腑的真诚欢迎的氛围中步入了这座城市。人们把他带到了一栋高官的房子里，然后他和他的仆人们都各自分到了房间。这座房子的主人在当晚也亲自抵达了，而且显得异乎寻常地彬彬有礼，但是并不愿意和他一起用茶，因为他在他们的土地上毕竟还是一个陌生人，而且还没有吃过他的

第四章
德纳姆和克拉伯顿的旅行

面包。第二天早晨，苏丹派人来召唤他。克拉伯顿发现他坐在一块小小的地毯上，那是一座用茅草搭建而成的房子，房顶由两根柱子进行支撑。按照摩尔人的审美标准，墙壁和柱子都被刷成了蓝色和白色。首先，苏丹热情地向他表示欢迎，然后立刻就进入了正题。他问了大量有关欧洲的问题，而且看上去对那些更久远朝代的名称都相当熟悉，他还询问自己眼前的这位旅行家究竟是属于什么教派。于是，克拉伯顿就回答说自己是一名新教教徒，而且表示不得不承认对于贝洛所希望了解的所有棘手的关键点之间的宗教层面的细微差别，自己并不是非常地精通。接下来，他就下令让手下把原本属于德纳姆少校的一些书籍取了过来，其中还包括少校本人的日志。后来，这些书籍都被毕恭毕敬地归还给了他。在谈到布卡洛姆入侵自己的领地时，他的语气带有很明显的挖苦之意，然后他就提出了一个令人感到困惑的问题："你的朋友在那里干什么呢？"于是，克拉伯顿回答说德纳姆少校唯一的目的只不过是找一条近路。

苏丹的长相非常有贵族的气场，有一点儿肥胖，留着又短又卷曲的黑色胡须，两只眼睛又大又黑。他身着一件浅蓝色的棉质衬衫，头戴白色的穆斯林大头巾，头巾稍小的一头就垂在他的鼻子和嘴巴前面。

这是克拉伯顿拜访苏丹的诸多经历中的第一次，而这位苏丹对于英国国王送给自己的琳琅满目的礼物感到异常地开心。他接着问道自己可以给他什么作为回报。于是，克拉伯顿就回复说苏丹本人能够提供的最佳便利就是协助英国国王一起遏制奴隶贸易。

"什么！"他问道："在英国难道就没有奴隶吗？那么你们怎么解决佣人问题呢？"

当苏丹听说佣人都是定期领取薪水，甚至就连士兵的一日三餐、衣服和报酬都是由政府提供的时候，感到非常地震惊。

"你们真是一个高尚的民族啊！"他评论道。

苏丹还问了一些常规的问题："你此次前来的目的是什么？"于是，克拉伯顿就回答说："来亲眼看一下这片土地，这里的河流、群山和居民。我的同胞们一直以来都是认为贵国的人民不信奉任何的宗教，而且与野兽的生活条件和状况也相差不大，但是现在，我发现他们都是文明人，不仅有学识，而且慈善和蔼，非常虔诚。"

在另一次会面的时候，克拉伯顿展示了一张天体的平面图。苏丹不仅知道十二星座的所有标志，还了解一些其他星座的标记，同时也对许多星星的阿拉伯名字如数家珍。他对于航海用的六分仪流露出了极大的兴趣，或者，就像他本人对它的描述——"太阳的观察镜"。克拉伯顿向他演示了如何用这台设备进行观察。

苏丹对于英国征服印度提出了很多具体的问题。除此之外，他也问到了英国攻击阿尔及尔人的原因所在，很明显他是怀疑他们在对他自己的国家密谋策划类似的行动。于是，克拉伯顿就解释说英国国王的诸多子民都是穆斯林教徒，而他们无一例外都是心甘情愿臣服的，而且他们在印度的宗旨只不过是保护当地人，还为他们带去完善有效的法律，所以并不是纯粹为了去对他们施行暴政。至于阿尔及尔人的问题，他们之所以受到这样的惩罚，是因为他们一直顽固不化地要把欧洲人当成奴隶使唤。

然而，即使后来这些事件都得到了验证，苏丹也一点儿没有感到满意，他对于阿拉伯人的畏惧之情越来越严重，而这些阿拉伯人意识到英国人的主要目的是从西海岸经由该国开拓一条贸易通道。因此，一旦英国人成功了的话，那么他们自己自此就将被剥夺从北方穿越沙漠的贸易了。

在克拉伯顿的要求下，苏丹下令安排自己手下一位有学问的人着手绘制一份尼日尔河的河图，后者声称那条河流是在富恩达赫（Fundah）的位置汇入大海的，那个地方靠近一座小镇，它的名字叫加戈拉（Jagra），该城的谢赫是贝洛的臣民之一。了解到这些信息之后，这位旅行家就更加迫切地希望能够沿着那条河顺流而下直抵海岸。但是苏丹虽然一开始答应派人护送他们一行上路，但是最终又表示决定不派护卫队了，他为此声称自己无法在如此短的时间内仓促组织起一支队伍，而且他的客人只能沿着来时的路打道回府。

从住在当地的一个阿拉伯酋长那儿，克拉伯顿打听到了许多有关蒙戈·帕克的信息，还包括害他搭上性命的那条路线，而这些都证实了他之前所听到的传闻。

苏丹提出了一个特殊的请求，他希望英国派遣一位英国领事和一位内科医生前来索科托并住下来，于是克拉伯顿就答应说他一定会把这个问题向祖国的政府进行汇报，而且他坚信苏丹的请求一定会得到满足。他还恳求说英国也许可以经由黎波里和博尔努送来一批枪支和炮弹，而护卫队的首领可以由带领过上一支商队的阿拉伯头目来担任。对于这一请求，克

第四章
德纳姆和克拉伯顿的旅行

拉伯顿心里非常清楚是这个男人在耍手段,他是希望借此机会能够进行另一项任务,然后就像上一次那样从他们身上榨取油水。当阿拉伯人发现这位旅行家反对他的计划时,他就开始着手亲自进行报复了。通过他的一系列阴谋诡计,他成功地迫使克拉伯顿放弃了本来计划好的经由尤里前往海岸的旅程。

除此之外,苏丹还时不时地企图使这位旅行家皈依伊斯兰教,为此还特地请出了一位相当有名望的、年长的教法学家。不过,这位穆斯林没能完成任务,他看上去已经放弃了这一努力,因为似乎一切努力都是徒劳的。

最终,在5月4日,克拉伯顿终于得到许可,从索科托动身启程了,身旁还有一位苏丹的军官进行护送,另外还有一队商人和他们的奴隶。由于当时局势正处于动荡期,所以他们日夜兼程,毫不拖延,穿越了一片密密麻麻的草丛,不仅他们的衣服被扯破了,就连骑者的腿都被划破了。在这些步行的可怜的土著之中,有几个人是借助护卫军的力量趁势穿越国家的这片地区的。可是,他们由于疲劳过度,再加上口渴难忍,倒地不起,再也没有爬起来。克拉伯顿的一个仆人也倒下了,很像断了气的样子,但他的主人还是把他绑在一头骆驼身上驮着走,后来他居然恢复了健康。第二天,许多马纷纷死去了,而且每一个人都感到身心俱疲、口渴难忍。到了第三天,人们发现有不少于九个人和六匹马已经死在了半路上。

克拉伯顿被带到了卡什纳(Kashna),在那里有一个年长的阿拉伯酋长,他已经在那里住了好几年了。这位老酋长对他心生怜悯之情,于是就派了一位年迈的女黑奴和两位稍微年轻一些的仆人对他悉心加以照料。而这是他迄今为止第一次受到来自一位伊斯兰教教徒的类似的帮助。在众人的齐心照顾与关怀之下,他很快就恢复了健康和力气,又和往常一样生龙活虎了。

在经历了漫长的探险之旅和置身于诸多险境之后,克拉伯顿终于在7月8日抵达了库卡。那时,他发现德纳姆少校恰好不在,因为后者正在前往乍得东部的旅程上。希尔曼,也就是那位木匠,正忙着对一辆带篷子的马车进行最后的制造收尾工作,这辆马车将供谢赫夫人作为交通工具使用。从马车的制作工艺可以看出他的手艺可谓相当精湛,虽然它既不轻巧,而且看上去也并不怎么吸引人。

8月16日,就在德纳姆少校从东部之行回来之后没多久,他和克拉伯顿就在木匠希尔曼的陪同下从库卡出发上路了。他们此行的计划是先去一下乍得湖的湖岸线区域，然后再与商队会合，而当时商队正在从苏丹前往的黎波里的路上。在他们启程的当天早晨，他们前去与谢赫道别，发现后者正待在自己的花园里。他交给了他们一封信，这封信是写给英国国王的。除了这封信，他还列出了一系列的要求，而且遣词造句都显得十分彬彬有礼。在双方道别之际，他伸出了自己的手，而这一举动让他的仆人们都激动不已，他们不由自主地大声欢呼起来。

在前往湖区的途中，他们一行并没有遇到任何值得引起特别关注的事情。后来，他们就在9月14日与商队会合了。在整个旅程中，他们发现自己过得还不错，至少没有比他们的同伴要差，因为后者都指望他们来保障自身的安全，还包括对路线的方向把控。他们一路逆流而上，大约前进了五十英里，在翻越了一大片沙丘荒漠地带之后，就抵达了佐乌（Zow）。当时，许多人大口喘着粗气，因为他们实在是太渴了，几乎连爬着前进都很困难。

在比尔马（Bilma），他们囤起了一堆椰枣。然后，在接下来的整整十四天里，无论是人还是牲畜几乎就只能靠着它们维持生命。至于奴隶，他们则连续二十天基本上都是饿着肚子。

然后，他们就进入了冷酷无情的沙漠地带。在这里，那些已经被厚重的沙丘搞得筋疲力尽的骆驼不得不穿越了整整九天，才最终走出了沙漠。

就在他们一行抵达埃尔瓦赫尔（El Wahr）的那一天以及接下来的两天时间里，大批的骆驼纷纷倒在了地上，有的死去了，而有的则很快就被那些饥饿难忍的奴隶宰杀了，然后大家一起分食。

1825年1月21日，他们抵达了的黎波里，然后很快就从那里登船向来亨（Leghorn）进发了。不过，就在他们离开之前，德纳姆少校争取到了那个曼达拉男孩的自由。为了把他从被奴役的命运中解脱出来，他在几个月之前就已经为此支付了一定的金额。现在，他请帕夏在例行文件上盖好了章。只有通过这个方法，一个基督徒才能够在一个信奉伊斯兰教教义的国家赐予一个奴隶自由。

由于受到隔离因素的影响，队伍在来亨滞留了相当长一段时间。因此，直到6月1日，远征队一行才抵达了英国。

克拉伯顿在回到祖国之后，就汇报了索科托的贝洛苏丹之前提出的一

第四章

德纳姆和克拉伯顿的旅行

些有利的建议,包括他希望能够与英国人联手开展商贸往来。为此,政府立即决定再度派出一支远征队伍,而这支队伍的目标就是实现那一愿景。如果他们能有效遏制非洲那部分地区的奴隶贸易,那么也许就能找到为实现该愿景而应该采取什么样的举措。

现在,克拉伯顿的职务已经晋升到了司令官了,于是他就被任命为此次远征行动的总指挥官。皮尔斯上尉和莫里森先生两个人被指定来辅助他共同完成此次任务,后者是一名海军外科医生。除了这些人之外,他还招募了另外一名外科医生,他的名字叫迪克森(Dickson);还有一位相当聪明的年轻男子理查德·兰德尔(Richard Lander),他将担任侍从。

正如贝洛苏丹之前所指出的,他的政府管辖着两座大型的城镇,而它们就坐落在海岸线附近,分别是丰达(Funda)和拉卡(Raka)。而且,苏丹还提出当他的朋友们抵达那里的时候,他会派出信使前去迎接他们。经过商定,远征队伍将向贝宁湾进发,然后再从那里前往索科托。克拉伯顿仅仅休整了四个月的时间,然后就从朴次茅斯登上了布拉曾号(Brazen)扬帆启航了。他们在途经塞拉利昂的时候稍微停留了一下,然后于 11 月 26 日抵达了贝宁。

至于迪克森先生,他在维达(Whidah)上岸了,因为他希望自己独自一个人前往索科托。他带上了"哥伦布",也就是德纳姆之前所雇的仆人。接着,在一个名叫德索萨(De Sousa)的葡萄牙人的陪伴下,他们几个人就从那里出发,动身前往达荷美(Dahomey)。在这里,他受到了热情的款待,然后就被带往一个被称为沙尔(Shar)的地方,那里距离达荷美有十七天的行程。从那里,人们了解到他在另一名护卫的陪同下继续上路了,但是从那以后,人们再也没有听说过他以及他的仆人"哥伦布"的任何消息了。

在贝宁,克拉伯顿遇到了一个名叫休斯顿的英国商人,后者建议他不要沿着河道逆流而上,而应该从巴达加里(Badagarry)出发,穿越整个国家,然后再前往卡图恩加(Katunga),也就是约鲁巴(Youriba)的首都。在巴达加里国王的许可下,在休斯顿先生的陪同下,代表团一行于 12 月 7 日开启了这段漫长而危机四伏的旅程。在巴达加里,克拉伯顿雇了一个年长的黑人,他的名字叫帕斯科(Pasco),他之前曾经做过水手。而且,根据他对英语这一门语言的了解程度来看,他可以作为一名翻译,而这有可能证明他还是非常有价值的。

一连跋涉了六十英里之后,远征队一行进入了贾纳(Jannah)。此时,队伍中的每一位成员都被当地的气候搞得疲惫不堪,皮尔斯上尉和莫里森医生两个人尤其都病得相当严重,而且理查德·兰德尔也倍感煎熬。那些还能独立行动的人就骑在马上前进,而那些病人则躺在担架上被抬着走。

在一栋房子面前,他们停下了脚步。那是一个露天的棚子。很快,成千上百的人就聚拢过来,发出吵吵嚷嚷的喧嚣声。他们一行人就在这里等候着,后来一位酋长现身了。他的打扮相当华丽,穿着一件宽大的黄色丝绸衬衫,头戴一顶红色天鹅绒帽子,一只手握着一根银色裱着的长鞭,上面还装饰着许多珠子,而另一只手则持有挂满了铃铛的棍子,只要他一开口说话,他就会急速挥舞这根棍子,让它发出格格的响声。他在一个巨大无比的皮靠垫上坐了下来,靠垫的下面铺着一块猩红色的布。当克拉伯顿上尉正准备坐在这块布子上的时候,侍女们却从他身下把布子给抽走了,他就只能坐在了一张垫子上面。接下来,代表团的其他成员依次和这位首领握了手,后者说自己十分高兴能够看到他们,还说他的主人,也就是国王大人准许他们穿越他的国家,但是他们必须都骑在马上,原因就在于他的人民并不习惯扛着吊床。接着,他们就被带到了一栋房子里面。在那里逗留期间,他们就一直待在这栋房子里。

当克拉伯顿上尉和休斯顿先生在镇上四处走动的时候,他们的身后总是跟着一大群人,这些人对他们都很好奇的样子,然而这群人却并没有开口对他们说出任何不敬的话。他们注意到这里的人非常善待他们的狗。它们的脖子上都戴着五颜六色的颈圈,颈圈上还琳琅满目地挂着形形色色的贝壳。每一个有头有脸的重要人物身边总是有一个男孩随时伺候着。

当人们听说有一艘巴西的双桅船已经抵达了巴达加里的时候,他们正准备踏上一段远征之旅,向东方进发,前往某个地方,希望能找到更多的奴隶,因为这些人都是奴隶商人。他们应该凭借自身所表现出来的忠诚而受到赞扬,因为迄今为止,在整场旅行的过程中,虽然代表团接触了整整十批托运队伍,但是没有一样物品失窃。

几天之后,莫里森先生的健康状况一路下滑,于是他提出要回去,希望海边的空气能够治愈他。于是,休斯顿先生就陪着他回到了贾纳。第二天,一个名叫道森(Dawson)的水手由于在贾纳患上了疟疾,在早晨不慎跌入了水中,并且于当晚就去世了。三天之后,皮尔斯由于之前一直保持着

第四章

德纳姆和克拉伯顿的旅行

高昂的斗志,坚持一路跟着大部队走,身体状况也日益恶化,最终于当晚停止了呼吸。对于克拉伯顿来说,他的朋友之死是一个沉重的损失,因为他极富才华,坚毅无比,表现得相当出色,对于此次远征之旅作出了重大的贡献。

又过去了三天,休斯顿先生回来了,同时带回了令人伤心的消息,那就是莫里森医生在贾纳也去世了,而且和皮尔斯上尉是同一天去世的。虽然当时休斯顿先生自己的身体也不太舒服,但是他依然坚持陪着克拉伯顿一同上路。

1826年1月6日,这批旅行家们进入了乔乔(Chocho)。出了镇子之后,他们眼前的路就将穿越一片美丽的岩石密布的峡谷。在那里的许多地方,有大片大片的庄稼地,种着棉花、玉米、蓼蓝、香蕉。无数条小溪流潺潺地穿行在许多地区。到处可以瞥见小小的屋子盘踞在山顶,或者山中的空洞之中。虽然这片地区看上去如此美丽动人,但是当时在非洲的大部分地区,无情的战火却摧毁了一切,而战争的目的就是抢掠奴隶,然后在海岸地区卖了他们。

在8号那天,他们进入了杜佛(Duffo),这座镇子上住着一万五千个人。难以计数的人纷纷涌到他们下榻的房子里,希望能亲眼看一看他们。当有人叫这些人走开的时候,他们说道:"不,如果那位白人不出来,我们就会进入房子去看他。"

他们还穿越了许多其他大型的城镇,而且都受到了热情友好的款待,人们还提供了足量的鸡、绵羊和山羊给他们。不过,虽然人们都显得很和善,但是他们却异乎寻常地流露出好奇之情,搅得他们几乎无法得到安心休养的时机。继续向东前进,他们穿过了一大批费拉塔的村庄,那里的居民负责放牧他们的牲畜,只要不干涉当地的习俗,当地的土著一丁点儿也没有骚扰他们。当他们经过其中一些人的时候,后者还给他们一些牛奶喝。

当他们靠近卡图恩加也就是约鲁巴的首都的时候,当地的首领带着一支相当壮观的护卫队伍上前来迎接他们。他的乐师们不停地敲打着鼓,进行各种表演,载歌载舞,一直持续了一整个晚上。这个国家的土地被耕种得相当精良。而且,当他们俯瞰脚下整座城市的时候,那里看上去周围一圈环绕着或者星罗棋布地点缀着绿油油的、树荫茂密的各类树木,它们连接成了一条纽带,就盘在花岗岩山脉的山脚下。

国王坐在自己的房子的阳台上。一红一蓝两把大伞被高高地绑在巨大的柱子上,由奴隶们举着罩在他的头顶上方。当他们前进的时候,人群被棍子和鞭子赶着往后退,不过他们都是出于善意的目的,所以并不显得很野蛮。

克拉伯顿被告知,自己必须在国王面前伏地跪拜,不过他却婉拒了这一要求,声称除非允许他可以像对着自己的君主那样行动,否则他就将掉头回去。他还表示如果国王愿意的话,自己愿意脱下头上的帽子,不过仅此而已,然后愿意向陛下鞠躬,并和他握手。于是,国王就同意了这一请求。然后,英国人就以恰如其分的礼仪被介绍给了陛下。在国王的身后,有一大批女士,她们人数众多,挤挤挨挨地站得相当密集,以至于很难数清楚究竟有多少个人。当这些陌生人走近的时候,她们站了起来,然后大声喝彩,纷纷欢呼着:"噢,噢,噢!"相当于"乌拉"①。与此同时,屋外的男人们也加入了她们一同高喊。

国王穿了一件很宽大的白色衬衫,里面还套了一件蓝色衬衫。他的头上还戴着一顶纸板做的王冠,表面粘满了蓝色的棉花,很明显是出自海岸地区某个欧洲人之手,是作为一份礼物赠送给他的。

当地人向他们提供了十分舒适的房间。到了夜晚时分,国王本人现身了。这时他穿得比较朴素,手中握着一根长长的权杖,口口声声宣称自己一定要亲自前来证实他们的境况如何,否则自己就无法安心入睡。在这里,在经历了旅途的一路颠簸与疲劳之后,他们度过了两天欢乐的时光,好好地休息了一下。国王强烈要求他们再多待一阵子,这样就可以亲自看一看整个国家将要举行的娱乐大典,那大约是定在两个月之后。听到这些,休斯顿先生就询问道,它们是不是就像达荷美所开展的娱乐活动一样,也就是国王宣布在约鲁巴将不再用人进行祭祀。他还问道,他是否命令达荷美国王抵制类似的做法,他必须遵从于他。国王已经派出了一名信使,去打通前往尼费的路。因此,在他回来之前,他们将被迫继续在首都逗留。

在这儿,他们还欣赏了一台哑剧表演,而舞台就是陛下官邸前面的开阔空地,剧中的所有角色都戴着面具一一登场。他们中的一个人扮演的是

---

① 欢呼,有"好哇""万岁"之意。——译注

第四章

德纳姆和克拉伯顿的旅行

一条硕大无比的蛇,他从一个巨大的袋子中爬出来,然后跟在主管身后绕着走,一边走一边用一把剑保护自己。从另外一个袋子里钻出来另一个男人,很明显他的身上抹着白蜡,所以看上去就像一个欧洲人,他瘦得很可怜,而且显得饥寒交迫。在庆典的过程中,他不停取出一个鼻烟壶,摩擦着自己的鼻子。当他走路的时候,他的步态看上去相当滑稽可笑。他就像一位足底十分娇嫩的白人那样在崎岖不平的地面上光脚走路。克拉伯顿假装自己和其他的当地人一样,对于这位饰演白人的表演者的滑稽可笑的模仿同样感到很满意。在每一幕的间隙,国王的女人们都会唱各种各样的合唱曲目,而在屋外的人群也会齐声呼应一起唱。

到了3月6日,他们听说信使们终于回来了,于是就变得高兴起来。而且,他们很欣慰也许可以在第二天就动身上路了。到了第二天,国王赠送给克拉伯顿一匹马,然后和他道别。至于休斯顿先生,由于他那一段时间始终饱受病痛的折磨,所以被迫踏上了返程,而且一抵达海岸地区就去世了。

克拉伯顿带着自己忠实的侍从理查德·兰德尔以及黑人帕斯科继续孤身前进。在赶路的途中,他们发现了费拉塔人所造成的破坏的痕迹,大量的村庄都被付之一炬了。而在另外一些村子,居民们奋起反抗,于是就得以回到自己的家中去。

在出发数日之后,他们赶上了一支规模庞大的商队,它属于豪萨族,当时正从贡加(Gonga)赶往阿散蒂(Ashantee)的途中。整支商队由超过一千个男男女女组成,还包括大量驮运货物的牲畜。商队的首领提出愿意把克拉伯顿的行李捎到卡诺去,只要后者支付一定数目的钱即可。他说由于爆发了战争,自己已经在贡加足足滞留了十二个月了。他们所有的货物都是由牛、骡子、驴还有一大群女奴来运输的。其中有一些商人的财物相当少,所以自己顶在头上就足矣。然而,镇子的酋长还是建议克拉伯顿不要相信商队的首领,因为他并没有什么方法来帮他运送货物,所以毫无疑问,这位首领一定会弃他于危难之中。因此,正如之前所计划的那样,他继续独自上路了。

3月20日,克拉伯顿进入了巴拉奇纳(Barakina),人们赞颂那里的村民是整个地区最棒的猎手。当他走进这座村子的时候,一名猎手正从追捕活动中归来,他的身后还跟着一个奴隶,这个奴隶身上扛着一头死去的羚羊。他在肩膀上搭了一张豹子皮，一只手握着一根轻巧的长矛，而他的弓和箭则牢牢地搭在肩膀上。在他的身后，跟着三只奶油色的狗，它们的脖子上都套着颈圈，那是用五颜六色的皮革制作而成的。

离开了这个村子之后，他穿越了一条狭窄的峡谷，峡谷的上方生长着参天大树。他心想："这里就应该是通往尼日尔的门户了。"

第二天，他赶到了瓦瓦（Wawa）的城墙下，它就坐落在这条声名远扬的河流的附近。在这里，他遇到了意想不到的困难。不仅谢赫女儿向他示爱，而且一个名叫祖玛（Zuma）的富有的寡妇也坚持一定要嫁给他或者是他的侍从理查德·兰德尔。这位寡妇是一个阿拉伯人的女儿，虽然她的肤色是棕色，却自认为是一个白人妇女。由于她已经超过二十岁了，所以人们认为她已经过了风华正茂的年纪；但是，要不是因为她体态臃肿，看上去就像一个会走路的大水桶，她真的还算是清秀的。当她发现这两个陌生的白人一个都不愿意接受她提出的要求时，她就想方设法为帕斯科物色了一位妻子，希望以此举来诱使他们进入她所设的圈套。因为根据当地的习俗，只要她这样做的话，就相当于对他的主人拥有了某种请求权。很快，谢赫就变得警觉起来，并且声称由于这位女士拥有一千个奴隶和数不胜数的财富，所以她很有可能会把他从这个国家驱逐出去。而只要这位旅行家接受了她的好意，那么她就会让他坐上瓦瓦的宝座。为了对这个问题进行一个了断，克拉伯顿动身向尼日尔进发了，并且把他的行李先留在原地，等到日后再送往科米（Comie）的码头，届时他会经由布萨绕一圈去取。然而，令他大为恼火的是，他的行李居然被谢赫扣下了，因为后者担心祖玛这个寡妇会耍阴谋诡计，因此坚持说在她回来之前，自己是不会把这批行李转交给她的。克拉伯顿费尽周折试图让他相信自己与那位女士并没有任何形式的接触。然而，到了第二天，寡妇祖玛就进入了这座城市，她跨在一匹俊美的马上，马背上披着猩红色的布套，而且边缘还镶着花边。她披着一件红色的丝绸斗篷，穿着一条红色的裤子，脚蹬一双摩洛哥羊皮靴子。除了这一身打扮之外，在她的周围还挂着五彩缤纷的皮革箱子，里面装着数不胜数的符咒。在她的身后，跟着长长的一列武装侍从，而在她前面领路的则是一个鼓手，身上还装饰着鸵鸟羽毛。

然而，克拉伯顿是注定不会妥协的。为了解决这一事件，他让帕斯科再一次把他的妻子送了回去，而且向谢赫保证说他无论如何都不愿意陷入

第四章

德纳姆和克拉伯顿的旅行

她所布下的任何一个局。因此,她愤愤不平地把脚上的灰尘抖了抖,然后就准许这位铁了心的陌生人继续自己的行程,而且再也没有去骚扰他了。

他向所有可能提供给他关于蒙戈·帕克命运的信息的人询问。他们都问他是否计划乘船前进,他们补充说那艘船依然还沉在水底。谢赫的酋长告诉他那艘船死死地卡在两块岩石之间,还说船上的人事先放下了四个锚,可是就在白人们试图上岸的时候,突然之间,河水猛地从岩石之间灌进来,于是他们就都淹死了。成群结队的人赶去看他们,不过白人没有开枪向他们射击,当地的土著人也没有对着船上的人进行射击,原因就在于当时双方对彼此都十分恐惧,所以不知道究竟该是向对方射击还是伸出援手。而且,他们还说,船上装了形形色色的大量物品——书籍和财宝,那都是布萨苏丹之前所拥有的东西。此外,船上还装了数量惊人的牛肉,都是切成片的,而且经过了腌制。酋长继续说道,布萨的人,凡是吃了这些牛肉的,都纷纷死去了,因为那是人肉,而人人皆知的一点就是白人是吃人肉的。然而,另一个人却言之凿凿地说当地的土著的确是射了箭的,因为船上的人先向他们开火了。对于这一事件,他们都相当严肃认真地加以对待,他们怀着无比惊恐的心情前往勘察船只被摧毁的地点,而且围绕船只以及船只上那些命运多舛的人编出了一些精彩的故事。在克拉伯顿的日志中,他说布萨是一座规模庞大的城镇,城墙高筑,就坐落在尼日尔河的一座岛屿上。为了抵达这个地方,他不得不乘坐一艘独木舟过河,而他的马则是游过河去的。

就在克拉伯顿上尉向苏丹呈上自己带来的礼物之后,他开口问起了在这条河里失踪的白人们。当被问到这个问题的时候,苏丹显得相当不自在,而且回答说他自己当时还只是一个孩子,而且也没有什么曾经属于他们的东西。的确,克拉伯顿发现所有抢救出来的书籍和文章等都被尤乌里苏丹霸占了。很快,那位酋长就派了一个信使来到他面前,邀请他前往自己所在的镇子,并且提出将派独木舟来载着他逆流而上;但是,克拉伯顿由于迫不及待地想要继续自己的行程,所以婉拒了这一邀请。在这里,他所受到的待遇是最为亲和友好的,而且所有的人都十分乐意随时向他提供方方面面的信息,当然和帕克之死有关的信息除外。

然而,人们也指给他看了那艘船受到碰撞以及那些不幸的船员蒙难的地方。那里就在三条峡流的东面,尼日尔河正是在这里分流的。一个处于较低位置的、扁平状的岛屿，大约四分之一英里宽，就横卧在布萨镇与那个致命地点之间。河岸比水平面高出十英尺都不到的样子。在这里，河水受到一块灰色石板岩的阻挡，分成了无数股水流，一路向东延伸开去。

当他动身踏上行程的时候，苏丹赠送给他一批品种优质的年轻骏马作为礼物，而且他的兄弟，再加上许多有头有脸的重要人物，都一起前来进行告别。当他骑着马向一处浅滩进发的时候，他登上了一块高高的大石头，然后向下俯瞰整条河流。从那里，他看到这条河流一路湍急地绕过低处的圆圆的大石头，还途经了丛林密布的岛屿。除此之外，在几座小岛和岩石之间，河流骤然转向了西方，河水气势磅礴地用力拍打着他所坐着的岩石的底部。在岛屿的下方，河流下降了三到四英尺，而河峡的其余部分则布满了岩石，其中一些岩石还露出了水面。他觉得即使帕克和马丁穿越了布萨，他们的船几乎也肯定会被这些岩石给撞得稀巴烂的，而在那里他们很可能死得悄无声息，没有任何人会听说他们的事情，也没有任何人会目睹他们的结局。

接下来，这位旅行家就进入了尼费。该国由于之前经历了一场凄凉的内战，几乎已经沦为了一片废墟。两位彼此不共戴天的王子之间爆发了一场争执，于是其中一个人就去向费拉塔人寻求援助，而后者就一如既往地按照他们的作风扫平了整个国家。然而，两座大型的、高墙环绕的城镇则成功抵御住了这些入侵者的袭击，其中一座镇子就是库尔富（Coolfu），正是在这里，克拉伯顿和眼下刚刚加入的商队停下脚步逗留了一些日子。虽然当地的居民从表面上看都是伊斯兰教教徒，但是他们在履行宗教职责方面却异乎寻常地马虎松懈，因此在其他地方十分盛行的崇拜在这里几乎是看不到的。除此之外，妇女真的在公共事务中扮演了非常积极活跃的角色，她们中的许多人都致力于在商界创出一片天地。她们有一个怪异的想法，那就是吸收《古兰经》中的箴言。为了实现这一目标，她们邀请了某位满腹经纶的学者用黑色粉笔在一些木片上摘抄出其中的语句。接着，这些语句就被水冲洗干净，最后，她们再把冲洗下来的水喝掉。很显然，她们认为这是一种崇拜，或者是某种形式的魔法。

现在，克拉伯顿进入了泽戈-泽戈（Zeg-zeg）内的费拉塔人居住地区。这一地区就位于扎里亚（Zaria）的附近，是他在非洲所目睹的最美丽的地方。那里分布着形状各异的山丘和山谷，遍布着水草丰茂的草场和田野，

第四章

德纳姆和克拉伯顿的旅行

在许多方面都与英国那些风景如画的美丽地方相似。眼下,品种繁多的作物在那里尽情生长着,而那里出产的大米则是整个非洲品质最优秀的。据说扎里亚里住着五万居民,这一人口规模已经超越了卡诺。

抵达卡诺之后,他就住进了之前曾经下榻的房子。然而,当时整座城市却陷在一种极度的愤慨情绪中,而导致的结果就是到处都有战火在蔓延。博尔努国王与费拉塔人之间的敌对情绪已经爆发了。与此同时,其他的省份则在明目张胆地开展反叛运动。因此,对一支商队来说,无论它往哪个方向前进,都可谓举步维艰。

由于卡诺处于索科托和博尔努的中间位置,再加上克拉伯顿的目的是去看一眼前者,所以他就下定决心把自己的行李留在卡诺,委托理查德·兰德尔代为保管,而他自己则继续前进,随身只携带着准备献给贝洛的一批礼物。

他前往索科托的旅程可谓令人身心俱疲;他的骆驼都累得筋疲力尽了,而他自己则常常饱受没水喝的折磨。在加扎(Jaza),他遇到了自己的老朋友,也就是苏丹的将军,他率领着一支长长的队伍,包括骑兵和步兵。所有的骑兵都手持长矛、剑和盾牌,而步兵则握着弓和箭。在他们的后面,跟着的是妇女,有的人两腿叉开跨在马背上,有的骑着骆驼,有的则步行,还背着厨房用具。在将军的前方,是一支乐队,组成人员包括四个长号手、两个鼓手和一个管乐手。将军一看到克拉伯顿,就立刻翻身下马,伸出手与克拉伯顿打招呼,接着两个人就手拉手一起进入了为迎接他而预留的房子。他说,贝洛并没有收到来自博尔努的任何信件,而这些信件本应指出他的信使应该在海岸地区的哪个地点等候代表团的到来。

当时,克拉伯顿不仅饥寒交迫,而且已经损失了自己的马匹,包括所有的骆驼。至于他的日志、墨水壶、钢笔和眼镜,也都被偷走了,他再也没有找回这些东西,这对于一个旅行家来说,可谓最为不幸的事件之一了。

10月15日正午时分,克拉伯顿来到了贝洛的营地。接着,他就立刻被带到了一群人的面前。苏丹的官邸由一大片小屋子构成,它们彼此之间用固定在柱子上的布匹加以隔开,就此形成了一个规模可观的村庄。他友好地款待了这位旅行家,并且关切地询问英国的国王是否身体安康。当他听说克拉伯顿只在家里待了四个月,连朋友都来不及见,然后就迫不及待地赶回非洲的时候,感到非常地震惊。

当时，贝洛的部队正在行军，目标是攻击库尼亚（Coonia），也就是叛军所在的总部。这支长征的队伍处于一个人所能想象到的最混乱无序的状态。马匹和步兵混杂在一起前进，毫无秩序可言，所有的人和马都拼命要往前冲。有时候，一个首领的随从们在另一个首领的随从之中横冲直撞，搞得队伍一片混乱，甚至双方把剑都拔出一半了，不过最后他们只不过是向对方做个鬼脸，或者假装做一个威胁性的动作。这支混乱的部队由超过五万名战士组成，包括骑兵和步兵。

他们一抵达城门下，就立刻围成了一个密不透风的圆圈，最外圈排列的是战士和战马。骑兵始终让自己保持在弓箭的射程之外，而步兵则自认为勇猛无比，所以就向前猛冲，同时漫无目的地进行攻击，武器除了弓箭之外，还包括三十把火枪。泽戈-泽戈的部队拥有一把法国轻型燧发枪，而卡诺的武装力量则拥有四十一把火枪。卡诺的战士们一开火，就立刻冲出弓箭的射程去装新的弹药。敌人几乎不怎么射出他们的箭，也不怎么开枪射击，除非他们确信每一次行动都是精准无误的。偶尔会有一个骑兵策马冲上前，一边挥舞着手中的长矛，一边用自己那大大的皮质盾牌护着自己的身子，然后以最快的速度冲回来，同时口中高声喊叫着：“盾牌到城墙处去！为什么你们不抓紧时间奔去城墙处呢？"于是，许多士兵就回答"你自己可是有一个大大的盾牌护身的”，然后对他的喊叫置之不理了。最终，穿着棉袄盔甲的部队向前大步迈进，看上去外表还是比较讲究的，因为他们的头盔上都装饰着黑色和白色的鸵鸟羽毛；在头盔的边缘处，无数锡片在阳光下熠熠生辉；他们那长长的棉袄外套都是一些俗气艳丽的颜色，外套一直垂到马尾处，两侧也盖过了马腹处。骑手们都配备了笨重的长矛，因此他们必须得有人从旁辅助才能跨上自己的坐骑。他们的棉袄外套是如此地厚重，以至于它需要两个人合力才能套在骑士的身上。

被围攻的人凭借着他们唯一的一把火枪取得了令人瞩目的战果，他们击败了第一批冲上前来的穿着棉袄的骑兵，后者就像一大袋玉米那样重重地从马上摔到了地上。接着，步兵就会冲上前去，把他和他的坐骑拖回来，免得他们再遭到敌人的伤害。他被两发子弹击中了，一发穿透了他的身体从后面钻了出来，而另一发则陷在他的棉袄盔甲里了。当时有三个阿拉伯人，他们都是全副武装，其中一个人被库尼亚的火枪击中，其他人则小心翼翼地躲在苏丹的身后。

第四章

德纳姆和克拉伯顿的旅行

发挥了最大作用而且表现最为勇猛的一个人是苏丹的一个年迈的女奴,她叉开双腿跨在一批鬃毛很长的马背上,四处飞驰,她随身带着一打灌满了水的葫芦以及一个黄铜盆子。她就是这样为那些受伤的以及口渴的士兵送去水的。

到了傍晚时分,这支勇猛的部队撤回了他们的营地,而库尼亚的武装力量则成功地把这条河流的水源给切断了。接下来,他们就收到消息声称马上要发动攻击了。一收到消息,整支队伍,无论是战马还是步兵,都凌乱慌张地挤作了一团,试图以最快的速度脱离险境。

克拉伯顿当时还是比较明智的,因为他并没有脱下衣服,于是,他就安排自己的侍从给自己的马套上马鞍,然后把货物都装在骆驼身上,在早晨时分与部队一起动身上路,而后者很快就撤退回索科托去了。

虽然他的阿拉伯老相识们都前来拜访了他,而且假装一副非常友好的样子,但是他们却正在密谋策划如何摧毁他。贝洛也从博尔努苏丹那里收到了一封信,苏丹在信里警告他要提防这位英国人的诡计。同样地,他百般阻挠这位旅行家实现自己的目标,只不过他并没有对他施加任何人身伤害。当那些当地身居要职的人物意识到他们的苏丹对这位陌生人已经不那么友好的时候,他们也就再也不去拜访他了。于是,他就基本上一直是孤零零一个人。同样地,贝洛坚持说自己一定要亲眼看一看克拉伯顿带给博尔努国王的信。而当他的这一要求遭到拒绝之后,他就索性一把夺了过去。除此之外,他还谎话连篇,诱使兰德尔带着礼物从卡诺赶到索科托,其中包括几把枪,这些原本都是为博尔努国王预备的,而他则认为自己也许可以把它们都据为己有。

这一消息对克拉伯顿来说,是一次精神上的重大打击,而且他当时一直感到周身发冷,这是相当危险的,而病因就在于他在打猎的过程中始终趴在地上,还有就是一旦战胜了高温与疲惫之后,他就会露天躺在潮湿的地上。很快,他就患上了痢疾,这一疾病很快就让他变得十分虚弱无力了。在他患病期间,理查德·兰德尔始终无微不至地照顾他,而他本人当时身体也不舒服。至于年迈的帕斯科,虽然他在卡诺的时候就因偷窃而被解雇了,但是在兰德尔的建议下,他还是得到了宽恕。因此,他也一直伺候着他们这位徘徊在死亡线上的主人。

当时,天气十分炎热,于是兰德尔常常会把他抬到屋子外面的一个沙发上面,这样一来,他就可以在那里享受一下清新的空气,然后在傍晚时分再和他一起回屋子里去。每天,他还拿出《新约》和《诗篇》,然后读一些片段给克拉伯顿听,而后者永远也听不厌。他就这样又过了二十天,身体变得越来越虚弱。

最后,他把自己忠实的侍从叫到病榻前,然后对着他这样说道:"理查德,我很快就要告别人世了,我感觉得到自己正在死去。"

兰德尔痛不欲生,几乎哽咽地说不出话来,他回答道:"上帝可没有答应,我敬爱的主人,您一定还会活许多年的。"

克拉伯顿说道:"我亲爱的孩子啊,不要这么伤感,这是万能的上帝的意旨,谁也无能为力了。"

接着,他就叮嘱兰德尔应该如何处置自己的文章和所有的诗作。他一边拉起自己忠实的仆人的手,一边补充说:"我亲爱的理查德啊,要不是你一直陪着我,我肯定在很早以前就撒手人寰了。我也没有什么可以答谢你的,只有用我最后一口气来感谢你这般友好善意的举动以及对我的不离不弃,不过上帝一定会对你进行奖励的。"

在他们谈话的过程中,克拉伯顿由于体力不支,一度昏迷了过去。不过,他在清醒之后,看上去恢复了元气。在接下来的几天时间里,兰德尔的内心重新燃起了希望。不过有一天早晨,他突然被一个奇怪的咔嗒咔嗒声给惊醒了,那是从他的主人嗓子里发出来的声音。几乎在同一时刻,克拉伯顿大声呼喊道:"理查德!"语调听上去相当低沉而急促。于是,兰德尔匆匆赶到他的身旁,发现他正端坐在自己的病床上,四处张望。兰德尔把主人的脑袋轻轻地搁在自己的左肩上,然后凝视着他那苍白而警觉的面庞。他的双唇颤动着,含糊不清地想要表达什么,可是根本无法听清楚,就在他努力尝试着要说出话来的时候,他停止了呼吸,没有一丝挣扎,没有一声叹息。

兰德尔为他的主人兼朋友料理完所有的身后事之后,就让人带信给贝洛苏丹,希望他能准许自己把他下葬。作为回复,一位官员带着四个奴隶来到了他的面前,要求兰德尔跟着他们一起走。于是,他就把克拉伯顿的尸体安放在自己的骆驼背上,然后再把英国的国旗盖在尸体上面。做完这一切之后,他就示意大家可以前进了。于是,他们就把他带到了居恩加维(Jungavie),它坐落在一片高高的土地上,在索科托东南约五英里的地方。

第四章

德纳姆和克拉伯顿的旅行

在这里，人们挖了一座坟墓，然后这位忠心耿耿的仆人就翻开了一本祈祷书，他禁不住泪流满面，然后对着自己最敬爱的主人的遗体诵读着葬礼仪式上的讲话。

贝洛看上去十分后悔之前没有好好对待这位勇敢的探险家。他提供给兰德尔回家途中所需要的东西，然后准许他既继续前进，穿越沙漠，或者走其他的路线。至于兰德尔，由于他并不相信阿拉伯人，所以下定决心还是沿着原路返回，还是与更好对付的黑人为伍。年迈的帕斯科陪同他一起上路了，因为可以担任他的翻译。此外，还有一个黑人穆戴（Mudey），他自始至终都表现得相当忠诚。

当他一抵达卡诺，就下定决心继续往南前行，向丰达挺近。根据他所掌握的信息，他希望在那里能够解决尼日尔河的走向问题，从而证实它是否是从那里流出来，然后一路向前奔腾，最终汇入大海的；还是说它转向东方，流入了内陆地区——这一理论得到了大多数人的拥护。在行进了一段距离之后，有人警告他，因为他即将进入的山区住着食人族，而他们一定会置他于死地。据说，就在不久以前，他们杀死了一整支商队，然后把他们全部吃掉了。

在前进的途中，他经过了一个很大的地区，被称为库图普（Cuttup），那里是由五百个小村子聚集在一起组成的。在这里，他受到了国王的热情款待，而他也从自己的夹克上面取出了两三个镀金纽扣，赠送给国王那数量惊人的妻子们，而她们为此都显得特别高兴。她们认为这些扣子都是纯金打造的，所以迫不及待地戴到了耳朵上去。

他后来又到了杜恩热拉（Dunrera），那里靠近一座叫雅各巴（Jacoba）的大型城镇。据说，沙里河就在这附近地区连绵不断地穿行在丰达和乍得湖之间。了解到这一消息之后，他的精神立刻为之一振，他希望能够在接下来的十天到十二天的时间里，为这一重大的问题找到答案。可是突然，四位骑兵策马飞奔进了镇子，为首的一位通知他泽戈-泽戈的国王派他们来带他去扎里亚。为此，他感到十分沮丧。

他不得不遵从这一指令，然后跟着他们去了首都。在那里，国王向他吹嘘道自己帮了他一个天大的忙。当时，丰达的人民与贝洛苏丹之间正在开战，所以毋庸置疑，他们一定会把他杀了的。

不过看上去，国王的主要目的还是满足自身的好奇心，因为就在他本

91

人离开的这段时间，克拉伯顿和兰德尔正好经过了他的首都，而他在此之前从来没有看到过一个白人。国王的长子对兰德尔非常友好热情，他是一位相貌英俊的年轻人，当时二十二岁。为了表示自己对他的厚爱，王子把他介绍给了自己的五十位妻子。当时，这批妻子都在兢兢业业地忙着处理棉花、纺线，然后再把线编织成布匹。她们一看到他，就立刻放下手中的活儿，四散逃开，然后躲了起来。在这里，他获得了一群小公牛和一匹小马驹，这些是用来替代他原先的那批驴子的，因为它们已经累得筋疲力尽了。就这样，在逗留了一段时间之后，国王准许他继续踏上行程。

离开扎里亚之后，他继续一路向西前行，就沿着当初进入这个国家的原路返回。无论他走到哪里，人们都会纷纷向他打听有关他父亲的消息，因为大家认为他是克拉伯顿的儿子。当听说了他去世的消息之后，每一个人都表露出极大的悲痛之情。

兰德尔不仅成功穿越了那些无法绕开的、形形色色的部落，而且确保自己所携带的一大批行李都完好无损，里面包括克拉伯顿的衣物和其他财物，还有三块手表，他特意叮嘱自己的手下要保护好这几块手表，以免落到贪得无厌的贝洛的手中。其他的行李还包括他的主人留下的文章和日志。就这样，他带着这批货物，在三个黑人的陪伴下，历经九个月的长途跋涉，终于安全抵达了巴达加里。

从那里，他又登上了玛丽亚号，向海岸角（Cape Coast）进发。然后从那里，他又转乘埃斯克号（Esk），安全抵达了英国。

第五章　兰德尔兄弟的尼日尔河之旅

理查德·兰德尔的身上具备一位成功探险家的所有品质,而且这些品质都不同凡响。他不仅勇猛无比,而且非常坚毅,还具备极佳的判断力。在克拉伯顿去世之后,他一路从索科托前往海岸,在这一段旅程中,他身上所具备的这些优秀品质得到了淋漓尽致的体现。除此之外,他还大胆尝试沿着尼日尔的河道前往大海。凡此种种,都向英国政府证明了,为了实现那一目标,他正是率领另一支远征队伍的最理想人选。

面对这一任命,他一口就答应了下来,而且还获得准许,可以带上自己的弟弟约翰加入这次远征。约翰是一位受过良好教育的、聪明睿智的年轻人,他们可以结伴而行。按照建议,他们可以从巴达加里出发,沿着尼日尔河前往布萨,而蒙戈·帕克正是在那里船毁人亡的。从那里,他们首先去拜访了当地的酋长尤乌里,他们认为这位酋长手中有帕克留下的记录。接着,他就按照指示继续上路,要么乘坐独木舟顺着尼日尔河顺流而下,要么经由陆地沿着河岸一路向下。如果他能够发现这条河流的确是朝着那个方向流动的,那么这样一来,他就有可能发现一条可以通向大海的路。还有一条路线就是他朝着东方进入乍得湖地区,而当时的人们认为这样也许行得通。如果选择了第二条路线,一旦发现可以走得通,他就可以经由费赞和的黎波里回家了。不过,不管是哪一种情况,他的本意都是去追溯它的河道走向,如果可能的话,一直寻找到它的终点,无论这一终点究竟在何处。

1830年1月9日,兰德尔弟兄俩从朴次茅斯扬帆启航了,然后安全抵达了海岸角堡。在这里,他们非常幸运地雇到了老帕斯科及其妻子,还有理查德之前的仆人朱迪(Jowdie),再加上两个博尔努人,即易卜拉欣(Ibrahim）和尼莫（Nimo）。这两个人不仅可以说英语，而且也懂豪萨语。就这样，他们一行人动身去了巴达加里。然后在3月31日那一天，他们正式开启了进入内陆地区的行程。他们沿着河道逆流而上，一直前进到船只无法再航行的地方。接着，他们就购买了马匹，然后朝着北方继续向前推进。当时，兄弟俩都饱受病痛的折磨。但是，他们丝毫没有流露出一丝一毫的畏惧之情，而是继续顽强地赶路，直到他们抵达了约鲁巴的首都卡图恩加。

酋长和他的臣民们在住所方面的唯一区别之处就在于彼此院子的数量而已，而并非看上去更高级。大部分的院子里住客就是妇女和奴隶，还包括成群的绵羊和山羊，还有一大群猪和家禽，大家彼此随意地混居在一起。

国王已经穿上了他的正式长袍，前来欢迎他们的到来。当众人在筹备晚宴的时候，他又安排了一场音乐会来助兴，演奏的乐器包括一大批长鼓、半球形铜鼓和牛角。他的头上戴着一个装饰物，看上去就像是大主教的发冠，发冠上挂满了一串串的珊瑚。他的衬衫，或者被称为主要的衣服，材质是绿色与深红色的丝绸，这些布片被缝制在一起，看上去就像一块大补丁。他的双足套着英式的棉袜，脚蹬一双做工精细的凉鞋。当他们一行人走近的时候，他的臣民们都俯身趴在地上，用泥土揉搓自己的脑袋，同时不停地亲吻着地面。到最后，他们的脸上都涂满了红色的土壤。

当这些英国人向他致敬的时候，形式可谓五花八门，这让国王觉得十分可笑，以至于他忍不住放声大笑了起来。于是，他的妻子们和臣民们都附和着一起大笑起来。随后，这位伟大的君主表示准许他们继续踏上行程，于是他们就和他告别了。

他们绕开了瓦瓦，因为那里就是寡妇祖玛曾经试图拴住克拉伯顿及其随从的内心的地方，然后继续向着布萨挺进。令他们大感意外的是，他们发现这个地方就矗立在陆地上，而非像之前克拉伯顿的日志中所指出的那样，是坐落在一座岛屿之上。

当地人已经为他们选好了一座屋子，于是他们就住了进去。而且，提供给他们的物资也可谓相当丰盛，晚餐包括了肉、大米和玉米。当寡妇祖玛前来拜访他们的时候，他们都倍感震惊。只见她身上穿的是毫不起眼的乡村式的衣服。她之前曾经和瓦瓦的统治者大吵了一架，然后就连夜翻越城墙逃了出去。之后，她就一路步行着赶到了布萨，然后一直居住在此。

第五章

兰德尔兄弟的尼日尔河之旅

对于兰德尔兄弟俩献上的礼物,国王显得欣喜万分。于是,他和他妻子还有他的首席顾问兼唯一的心腹前来他们下榻的屋子进行探望,这一举动让这一行人觉得无比受宠若惊。王后身着一件格纹团案的衬衫,它是由几片蓝色的棉布组合而成的,一片缠在她的腰上,一片挂在她的肩膀上,而另一片则顶在她的头上;她的脚趾上装饰着黄铜的指环,手腕上也戴着一些手镯;除此之外,她还戴着一根项链,那是由珊瑚和金珠制作而成的;而在她的双耳的耳垂上,还固定着一些小小的珊瑚。无论他们走到哪里,似乎当地人对于珊瑚的需求量都是相当大的。所以,当王后发现他们并没有带来一丁点儿珊瑚的时候,不免流露出失望之情。

兰德尔叙述了自己自此旅程的目标,并且告诉国王他的目的是经尤乌里前往博尔努,并且请求国王能够确保他安全地通过他的领土。国王同意了他的请求。于是,他们就让自己的马匹从陆路走,他们自己则坐进一艘独木舟,沿着河逆流而上,向尤乌里进发。

河流主干道沿途的景致十分引人注目,风景如画。在河岸的两旁分布着许多小村庄,到处都呈现出一派郁郁葱葱的景象。

在向前推进了一小段距离之后,河流逐渐拓宽到了两英里(约 3.2 千米)。在一些地方,水相当浅,而在其他的地方,水就变得非常之深了。他们一行人径直朝着北方划着桨,一连航行了四整天。他们得知,自己已经经过了尤乌里以北或布萨以南的所有危机四伏的岩石群和沙洲。

在经过沿岸的一个小村庄时,他们下了船,然后在那里与自己的马匹会合了。接着,他们骑马继续前进了八英里的距离,最终抵达了尤乌里的城墙下。要进入该城,首先要穿越一条相当长的通道。在通道的另一端则矗立着一扇巨大无比的大门,门上密密麻麻地布满了铁片,都是以比较粗糙的方式固定在这扇木门上面的。

当地人已经为他们准备好了下榻的住所,于是他们就被带到了住所里。他们借口说旅途实在过于疲劳,所以无法前去向苏丹请安。一直到第二天傍晚,他们才前去拜访了苏丹。苏丹的房子是由一群建筑构成的,最外面则耸立着一堵高墙。他们翻身下马之后,就跟着领路人沿着一条黑黝黝的大道向前走,建筑的层高也很低。在他们身体的两侧,各排列着一排柱子。随后,他们就进入了一个相当宽敞的、呈正方形的院子。在那里,许多奴仆都在慌慌张张地四处奔忙着,还有一些人则坐在地上。他们就在原地等候了一阵子。后来,他们接到传召,请他们前进。于是,他们被领进了另一座广场,而这里看上去很像一个打理得干干净净的农场院子。在这里,他们看到苏丹本人独自端坐在一块普普通通的毯子上面,身体两侧都搁着一个枕头,身体的前方放置着一个整齐的黄铜盘子。他的脑袋显得相当大,体态肥胖,而且,虽然他上了年纪,但是看上去却显得兴高采烈。他有点恼怒地埋怨克拉伯顿没有前去拜访他,而且兰德尔在回程的途中也没有这样做,他觉得他们离开的时候并没有感到一丝遗憾。

他们拜访尤乌里苏丹收获颇丰,正是通过这次拜访,他们才得到了蒙戈·帕克在最后一次旅程中的遗物。如此一来,一些事情才第一次为外人所知悉。这些东西包括一件刺绣精美的长袍、一支枪、一本历史悠久的航海年鉴、一本《大卫圣歌》(*Psalms of David*)的书,还有帕克的日志,这本日志记叙了他从冈比亚出发一路前往尼日尔的旅程。这两件遗物后来被带到了伦敦,并于1890年在"斯坦利和非洲展览"上被展示了出来。

虽然国王表示自己十分乐意帮助他们,但是他宣称自己无法放行,让他们继续前往东部,理由就是那片地区治安混乱,所以自己将无法保障他们的人身安全,因此自己充其量只能是把他们送回布萨。听了这一席话,他们立刻就派人传消息给布萨的国王,解释说因为他们无法朝着那个方向继续旅程,因此就建议他借一艘独木舟给他们,为此他们将不胜感激。他们将乘坐这艘独木舟,顺流而下直抵咸水区域。而且,他们将尽最大的可能酬谢他。

在8月2日这一天,他们动身上路了,然后沿着原路返回了布萨。不过在这里,他们耽搁了几个星期的时间。在这段日子里,这两兄弟中总有一个人前去拜访瓦瓦国王。他们发现,自己还是最有可能从他那里得到一艘独木舟。布萨的国王和王后是他们在旅程中所见过的最为和蔼可亲的夫妇了。在他们逗留期间,这对夫妇自始至终都对他们表现得十分友善。国王自认为是一位舞者,而且为此相当骄傲。他们在的这段时间,正巧赶上一场盛大的庆祝活动,于是国王就在庆典上展示了自己的舞技。虽然他已经上了年纪,但是他舞动起来的时候,却像个男孩子一般灵巧活跃。每个周五,他都会非常享受自己最钟爱的这一项娱乐活动。

在庆典的最后一天,当他的臣民们都纷纷聚拢到庆祝场地上来之后,他就出现在了他们之中,身后还跟着一群男孩子,他们手持镶满了贝壳的

第五章

兰德尔兄弟的尼日尔河之旅

葫芦。然后,他就把这些葫芦奖赏给了舞者、歌手和音乐家,然后把剩下的那些向人群中撒去,大家就争先恐后地四处争抢。接下来,为了证明自己对臣民们的深厚感情,他觉得在他们回家之前,有必要再让他们尝到些甜头。于是,他就侧着身子舞动起来,舞到活动场地的一半之后,再退回到自己的官邸中去。而他那位平易近人的妻子,就面带微笑地看着这一切,显得无比骄傲而满足,毕竟自己能够有幸拥有一位如此这般的配偶。与此同时,人们大声欢呼,拼命鼓掌,声音比任何时候都更加热烈。

在这里,旅行家们听说埃尔·卡内米,也就是德纳姆少校的朋友,已经从博尔努苏丹那里失宠了,因为后者怀疑他有叛国行为,而且企图篡权。因此,他已经被关押了起来,而且,要不是伊斯兰教教长们出面干涉让他重获自由的话,他早就已经掉脑袋了。

就在他们最后一次拜访瓦瓦国王的时候,他向他们展示了一套写在纸张上的魔咒,这些魔咒都用胶水黏在了一起。在这些魔咒之中,有《瓦特的赞美诗集》(*Watts's Hymns*)的微缩版。在一页纸上写着"亚历山大·安德森(Alexander Anderson),皇家海军医院,戈斯波特(Gosport),1804"。这本小小的书曾经属于帕克先生的姐夫,而后者就是在那附近地区去世的。除此之外,他们还看到了两张便条,它们都是写给帕克的,一张来自一个叫华生(Watson)的先生,而另一张则来自达尔基思(Dalkeith)夫人。

最后,一直到9月30日那一天,他们才得到了几艘朝思暮想的独木舟,这才得以在布萨附近地区登上了船。在当地土著们的欢呼声中,他们纵身跃上了船。然后,湍急的河流就载着他们一路顺流而下。在航行的开始阶段,他们还是相当幸运的,但是在好几个地方,他们都被当地的酋长扣留了下来,因为后者希望能够从他们身上榨取尽可能多的油水。

在莱弗尔(Lever),一位教长在一大批追随者的陪同下来到他们的跟前。他告诉他们,自己对他们所有人都拥有统治权,所以只有在他认为恰当的时候,他们才可以离开该镇。迄今为止,兰德尔兄弟俩一直都尽最大可能地表现出谦卑与恭敬。但是现在,理查德回答说如果教长或者其他任何人试图阻止他们离开,他们一定会毫不犹豫地开枪朝他射击。于是,这位教长的态度立刻来了个一百八十度的大转弯,他马上就显得彬彬有礼,态度十分谦逊。之后,他们又经过了无数座岛屿,其中许多岛屿的长度都达到数英里,而且居住的人口相当稠密。

在利驰（Leechee），他们发现尼日尔河的宽度达到了三英里。而且，那里的居民拥有大量的独木舟。他们在这里雇了一些船夫，可是这些人仅仅划了大约四十分钟之后就拒绝再往前了。于是，他们就被迫在原地等候，直到能够再找到一批新的船员。事实上，在他们所停留的各个地方，他们都被当地的土著们以各种各样的借口给耽误了不少时间，这令他们感到相当厌烦。

在比利岛（Belee Island），一位信使来到他们面前，通知他们第二天早晨"黑水国王"将会前来拜访他们。于是一大早，他们就上了船。然后，在大约十点钟的时候，河面上忽然传来了阵阵歌声，这就是在提醒他们，尊贵的"黑水陛下"马上就要到了。首先，一艘小小的独木舟映入了他们的眼帘，船上有二十多个年轻壮实的小伙子在划着桨。这艘船的顶篷经过了精心的修饰，而且甲板上铺着一块猩红色的布，布上装点着各色珠子和金色的蕾丝。"黑水国王"就端坐在这块精美的布上面。在船尾，有一大批音乐家、鼓手和一名号手。在船头的位置，有四个小男孩，他们都穿戴得非常整齐。至于国王，他的肤色呈现出炭黑色，长得非常英俊潇洒，不过岁月已经在他的身上留下了深深的烙印。只见他身着一件蓝色棉质的阿拉伯式斗篷，斗篷里面穿着一件斑斑驳驳的华丽的缎子衬衫，下身则穿一条裤子，脚蹬一双彩色的皮质凉鞋，头戴一顶红色的棉帽。他的身旁有六位妻子伺候着，而且也都身着华丽的服饰，她们的手腕上还戴着银色的手镯，脖子上则戴着五颜六色的项链。

这些旅行家们举枪射击，作为向他敬礼的姿态。当他登上岸的时候，理查德费心打扮了一番，他换上了一件老式的海军制服大衣，而他的弟弟则穿上了自己所带的最体面的服装，他们的侍从们也换上了最漂亮的衣服。与此同时，英国国旗在他们的船头迎风招展，这一举动就相当于他们是尽了一切努力来向他表达最深的敬意。所有细节安排妥当之后，英国人就率先行进在最前方，后面跟着国王和一批独木舟，全体浩浩荡荡地向扎戈支岛（Zagozhi）进发。一座颇具规模的城镇就矗立在那座岛上。在它的对面是拉巴（Rabba），据说那个镇子规模庞大，人口众多。就在这个地方，尼日尔河在向东方流淌的过程中转向了南方。

当兰德尔在这个地方逗留的时候，一个长得很矮小的、丑陋的阿拉伯老人向他表达出的敬意过于热情洋溢了，让他不免有些意外，甚至还觉得

第五章
兰德尔兄弟的尼日尔河之旅

有点尴尬。后来,他认出了这个人就是克拉伯顿之前曾经雇佣的人。于是后来,这位阿拉伯人就成了他从卡诺出发之后一路上的向导。当他被派回卡诺的时候,他曾经欺骗过克拉伯顿,而且也曾经从皮尔斯那里偷走过一把剑和一些钱,然后就从卡诺逃走了。当兰德尔提醒他曾经犯下的流氓行径时,后者只是放声大笑,然后恳求兰德尔,把自己看到的所有东西都送给他。于是,兰德尔就把他赶出了屋子。

在这里,他们发现了贝洛的一个侄子,他的名字叫马拉姆·丹杜(Mallam Dendow),他不仅年纪很大了,而且身体十分虚弱。他对于自己收到的礼物感到十分满意,于是,他通过自己的手段,让"黑水国王"答应为他们提供一批独木舟,还有一位向导引导他们驶向海边。

正当这些旅行者们希望再度开启他们的航程之际,老帕斯科从马拉姆·丹杜那里回来了,同时带回了一些令人不安的消息,那就是首领并不满意自己所收到的礼物,因此除非他们送给他另外一些更有价值的东西,否则他就将抢走他们的枪弹,然后才会允许他们离开扎戈支。虽然他们身边几乎已经没有什么物品剩下了,但是出于无奈,他们只能非常不情愿地把帕克先生的长袍送给了他,而这正是尤乌里的国王赠给他的。当首领收到这份礼物的时候,他显得非常高兴,他信誓旦旦地声称自己从今往后就是他们永远的朋友了,他不仅把他们那批之前被"黑水国王"抢走的独木舟弄回来物归原主,而且还赠送给他们一大批精美的垫子、数量众多的贝壳和其他的物资。10月16日,他们再一次登船,作为对"国王"的致敬,他们举起两支火枪射击,同时发出三声欢呼。此时此刻,成百个人围拢过来瞪着他们看,而很快,他们就消失在了这些人的视线之外。

现在,除了一些手镯和其他微不足道的小东西,他们的身边已经没有什么可以作为礼物或者贡品进献给酋长们的东西了。因此,他们面临的一个重要问题就是尽可能快速地沿着河道顺流而下,沿途尽可能避免在岸边逗留。他们经过了一个位于小岛上的村子,而这个村子几乎是完全淹没在水中的。由于受到一阵漩涡的吸力,他们的船还撞上了其中一栋屋子的房顶,差一点就翻了船。当时,大量的独木舟正在忙着把居民从岛上撤离出来。

在弗弗岛(Fofo),他们听说只要顺着尼日尔河再前进三天,就能抵达丰达的边界地带了,但是丰达城本身是在离河约三天路程的地方,因此他们没办法去那里。

在离开扎戈支大约三四天以后,他们就抵达了埃加(Egga)。这是一座规模相当庞大的城镇,位于在一片沼泽地后面,有几条小溪流从该镇流出来。有一大批体形庞大的独木舟停泊在该处,而且船上都装满了形形色色的商品。该镇的首领是一位看上去神情十分庄重的男子,留着长长的白色胡须。他从头到脚细细地打量了他们一番,然后评论说他们都是一些长相十分奇特的人,值得他好好欣赏一番。然后,他就提供给他们一间宽敞的屋子供他们随意使用。这座镇子的占地面积十分广阔,而且人口众多。河流在这一带的宽度不一,从两英里到五六英里都有。

在这里,他们观察到当地的居民都身着贝宁和葡萄牙式的服装。而且,这些人都非常有事业心,他们都全身心地致力于沿着河流上上下下地做生意。

到了22日,他们再一次登上了船,而且他们的船员们都十分警惕,时刻提防前方可能出现的敌人。因为根据他们的了解,后者很可能会置他们于死地。然而,如果他们依然留在埃加,那么他们很有可能会沦为奴隶。事实上,他们的确听说了一些令人毛骨悚然的消息,内容就是关于霸占着尼日尔河从卡库恩达(Kakunda)一直到波库瓦(Bocqua)两岸的人的性格特征,因此他们时刻准备着要保护好自己的人身安全。

他们有一个手下,他是邦尼(Bonny)一位酋长的儿子,名字是安东尼奥(Antonio),他是离开了科林克尔号(Clinker)双桅船之后加入他们的,而他则表现得尤其警觉。这倒并非为了自己的人身安危,正如他本人所说的,他本人的生命根本无足轻重,他所担心的是两位白人朋友,他对他们的感情是如此之深,所以担忧他们有可能被害。为此,他们晚上都一直在赶路。后来,他们经过了一个规模庞大的镇子,从镇子里传来了一阵喧嚣声,听上去好像是一大群人在吵架。有一度他们还幻想自己看到有一些光尾随着他们,不过后来他们发现那只不过是磷火而已。

10月25日这一天,河流突然之间就改变了方向,转而朝着西南方向奔腾而去,河岸两侧是崇山峻岭。到了傍晚时分,他们经过了一个河口之处。在那里,一条非常宽广的河流从尼日尔河的东侧汇入其中。再继续逆流而上航行了一小段路程之后,他们发现水流非常强有力,他们几乎无法再继续前进了,于是就被迫掉头回去了。他们就此判断这一条河是贝努埃

第五章
兰德尔兄弟的尼日尔河之旅

河（Binue）。

当他们的手下都在岸上收集柴火的时候，他们误打误撞闯进了一个村子。那里的人们纷纷行动了起来，而坐在一棵棕榈树下的旅行者们，就迅速被围了起来。不过当地的酋长看上去被他们说服了，因为他们称自己只不过是为了寻求和平而已。在这一段时期，老帕斯科是唯一站在他们一边的人，因为当危险一出现的时候，其余的人就都已经逃之夭夭了。当他们抵达另一个地方的时候，一大群妇女匆匆忙忙地手持火枪从邻近的一个村子冲了出来，但当看到这些旅行者们只是安静地坐在地上，并没有做出任何敌意的举止时，她们也就很快变得友好起来。

在达穆古（Damuggoo），他们一行被扣留了三天的时间。那是一座肮脏不堪的镇子，不过那里的人基本上都穿着曼彻斯特棉织物。也就是说，他们在自己的腰部缠上一些棉布片，这些布片一直垂到膝盖处。当他们继续一路沿着河道顺流而下的时候，就看到了基里（Kirree）这一大型的城镇。在它的附近，有一大批独木舟，它们的尺寸都相当惊人，形形色色的旗子在长长的竹子上迎风飘扬。不久之后，他们的前方出现了大约五十艘独木舟，船上挂着各个国家的国旗。在所有这些旗帜之中，英国的国旗显得尤为引人注目。所有人都身着欧式服装，不过裤子除外，因为只有酋长才有权穿它。

兰德尔看到眼前这一切的时候，简直欣喜若狂，因为他自认为他们一定是朋友。于是，他就毫不畏惧地向他们的船靠拢过去。突然，一个面目狰狞、身材魁梧的男子召唤兰德尔上他的独木舟。紧接着，一阵锣鼓喧天，几个男子手持火枪，对准了这位旅行家。每一艘独木舟上除了火枪之外，还在船头处安装有一尊能发射四磅或六磅重炮弹的炮，在它的旁边则是一批船员，他们个个手持长剑和水战矛。就在一眨眼的工夫，他们所有的行李就被搬到了对手的独木舟上。与此同时，对方一些人还抓住了帕斯科的妻子，正忙着把她拽出所乘坐的独木舟。看到眼前这一景象，兰德尔向自己的手下大声呼喊，让他们来帮他的忙，同时下定决心即使牺牲了自己的生命也在所不惜。然后，他们合力把帕斯科的妻子给拽了回来，同时拼尽全力奋起抵抗，最终成功逃离了。在整个过程中，其他的独木舟并没有进行干涉。当兰德尔看到那艘抢了他们财物的独木舟正向市集方向驶去的时候，就以最快的速度紧紧尾随在它的后面，希望能够追回原本属于他们的东西。在途中,他们遇到了另一艘船,船上有一个人,很明显是地位显赫的一位大人物,对着他们喊道:"哈啰,白人!你是法国人吗?还是英国人?""英国人!"兰德尔回答道。"快上我的船来。"对方回复说。于是,兰德尔就上了他的船。随后,这位首领就安排三个手下上了兰德尔的船,这样一来,他们就可以帮着把船驶入市场。他对兰德尔一下子就表现出了非常友好的态度,并且同意将尽自己所能为他提供所有的帮助。

这一插曲发生之后不久,令理查德·兰德尔感到十分沮丧的事情发生了,他亲眼目睹了自己弟弟约翰所指挥的那艘独木舟被之前攻击自己的那帮恶棍尾随着,后来船翻了,接着就向水底沉了下去。当他们的行李慢慢沉下去的时候,他的弟弟和其他船员们都在水里拼命挣扎。就当理查德准备纵身跳入水中去营救他的时候,忽然看到他被拽上了另外一艘独木舟,而其他手下则纷纷游到了岸上。过了一阵子,他才赶到了弟弟的身边。接着,他们就和这位新朋友一起赶到了市集上。在这里,他们发现有一大批人都站在他们一边,还有一个来自丰达的穆斯林,这些人都不断鼓励他们要保持斗志,并且劝他们一切都会好起来的。

接下去,他们就开始四处搜寻自己的财物了。他们先后找到了一盒书,一个药箱子,还有几件衣物。然后,经过一番交涉,他们终于取回了这些东西,但是理查德·兰德尔的整套日志——除了一本笔记本,再加上帕克先生的枪支、几把短剑和手枪,还包括一些象牙、鸵鸟羽毛、豹子皮以及形形色色的种子都已经找不到了,甚至还有他们剩下的那些贝壳、纽扣和针,而这些都是他们获取食物的必需品。

那些之前攻击他们的人来自伊波埃(Eboe),而他们之所以长途跋涉来到此地,就是为了一路上大肆进行抢掠。当他们无法不诉诸战斗而运走财物的时候,就希望能进行交易。对他们进行攻击的一伙儿的首领被基里的人抓进了监狱,而且注定要面临死刑;人们还决定,如果伊波埃的国王拒绝处死他的话,那么他们就不会允许他的任何一艘船进入该国从事贸易活动。

在六艘战船的护送下,这些旅行者们从基里启航,继续他们的行程。他们沿着河道顺流而下,穿越了尼日尔河的一大片宽阔区域,那里类似于一座大型的湖泊,直到 8 日的傍晚,他们才抵达了伊波埃。那里的房子主要都是用黄土建造起来的,涂上墙泥之后,屋顶再用棕榈叶子覆盖起来。

第五章
兰德尔兄弟的尼日尔河之旅

所有的院子都是彼此相连的，在院子里种植着香蕉树和椰子树。

在这里，几个身材健美的小伙子用英语向他们问好，他们的声音十分洪亮。双方握手之后，这些小伙子就问他们"过得怎么样"。有一个人自称是古恩（Gun），他头头是道地说，他的哥哥是波伊（Boy）国王，他的父亲是福戴（Forday）国王，而杰克特（Jacket）国王正是携手后者一起统治了整片布拉斯（Brass）国土的。他还告诉他们，一艘西班牙纵帆船和一艘来自利物浦的托马斯号英国双桅船正停泊在布拉斯河上。

在休整了一段时间之后，他们被带到了令人心生畏惧的伊波埃国王欧拜伊（Obie）的宫殿里。虽然他们原本以为见到的会是一个野蛮的怪物，可是，当大门打开的时候，出现在他们眼前的却是一位精力旺盛的年轻男子，他神态谦和，双眼透露出一种智慧与敏捷，他彬彬有礼地和这些来访者一一握手。他的衣服上面琳琅满目地缀满了各类珊瑚饰物。他的头上则戴着一顶圆锥形的帽子，上面挂满了一串串五颜六色的珠子和一些玻璃片。他的脖子上紧紧地戴着几圈珠串，他身着一件西班牙风格的男式红色短外套，上面装饰着金色的肩章，下身则穿一条同样材质的裤子。他的双腿和两个手腕上都套满了一圈圈的珠子，在每条腿上，在裸露出来的膝盖和双脚的上方，则挂着一串黄铜的小铃铛。当他一走起路来，这些小铃铛就会发出叮叮当当的响声。

他们把在基里发生的一切原原本本地告诉了他，然后他就宣称自己愿意解决这个问题。然而，这位花言巧语的国王却不顾自己的严正声明，把这些旅行者们拘留了起来。要不是布拉斯国王的长子波伊国王主动提出愿意为他们缴纳赎金的话，他们以及自己的随从们都会沦为奴隶。当时，这位长子收到了一份书面承诺，声明赎金将会由托马斯号的主人归还给他，当时这艘船正停泊在布拉斯河上，或者赎金将会由那里其他可能找到的商船的船长支付给他。波伊国王希望能立刻把这份文件送到下游的双桅船那里去，但兰德尔告诉他，船长一定是不会支付这笔赎金的，除非他本人踏上船才行得通。听了这一席话，伊波埃国王就允许他们登上了波伊国王的独木舟。那是一艘相当大的船，有四十个成年男子和男孩子一起划着桨，除了国王、王后以及他们的随从之外，还有几个奴隶，因此最终登上船的人数达到了整整六十个人。在船头的位置，还捆绑着一门大炮、大量的短剑、几箱烈性酒、丝绸和棉纺织品。

就这样，布拉斯的独木舟满载着这些人和物品沿着河道顺流而下，它那不幸的英国乘客们无所适从地拼命想挤出一点空间来。有一天晚上，当约翰·兰德尔正在饱受高烧的折磨之时，国王夫妇的双脚甚至都搁到了他的脸上。

11月15日，他们在一个污秽不堪的镇子旁登岸了，这里隶属福戴国王的管辖，位于一片沼泽地的中央部位。在这里，他们住在波伊的房子里。就在他们抵达之后没多久，他们从一大群野蛮人之中辨认出了一个具备欧洲人相貌特征的人，为此无不感到十分欢欣鼓舞。后来，他们发现那个人就是那艘停泊在布拉斯河上的西班牙纵帆船的主人，而这艘船的目标是奴隶。他非常平易近人，彬彬有礼，而且告诉他们自己手下的六名船员都因热病而倒下了，其余的人也都在饱受病痛的折磨。

他们的住宅就建在靠近河流的位置，是用土堆砌起来的，但是有几扇窗，而且每扇窗都装上了百叶帘。

理查德·兰德尔首先向福戴国王表达了敬意，然后就安排自己的弟弟及其手下留在镇子上，自己则登上了波伊国王的独木舟，动身出发了。他沿着河顺流而下，在航行了六十英里之后找到了双桅船。我们可以想象得到，当他亲眼发现自己终于成功发现了神秘的尼日尔河一路通往大海的河道走向时，内心应该是多么地激动与开心。这时，他看到眼前出现了两艘船，一艘是西班牙奴隶运输船，另一艘船则是英国双桅船。于是，他信心十足地认为，自己眼下是如此需要援助，而那两艘船上的人一定是可以向他伸出援助之手的。

可是，令他万分惊讶和惶恐的是，当他登上甲板以后，莱克（Lake）船长本人由于高烧几乎在死亡的边缘苦苦挣扎，而且他干脆直接就拒绝给他任何东西。虽然兰德尔之前一直是和那些无知的黑人一起旅行的，但是从这位船长的言语和行为来看，他却比这些野蛮人更加冷酷无情。兰德尔百般规劝船长，可是最终还是徒劳无益，他唯一能得到的只有可怕的诅咒和直截了当的拒绝。最后，兰德尔建议说自己手下有五个人，他们也许可以帮着他把船推出河去。听了这一席话，船长的态度才缓和了一些，然后就给了他一些可以交换的亚麻布和物资，接着他就把它们都转交给了弟弟。

理查德向波伊国王一而再再而三地承诺，表示自己一定会在某个时间获得他们之前承诺给他的那些物品。就这样，国王才最终被他说服了，从

第五章

兰德尔兄弟的尼日尔河之旅

而表示愿意回去把约翰·兰德尔带来。他还献给了国王一些银质手镯和一把当地的剑,而这些都是之前他们一不小心遗漏了的。于是,波伊收下了这些东西。可是,当约翰·兰德尔把自己的手表献给他的时候,他却不屑一顾地拒绝了,因为这位未开化的人对它的价值还一无所知。

与此同时,双桅船的船长把他的枪支都装上了子弹,然后把自己的武器都准备好。当波伊再一次来到他的面前,要求船长归还之前承诺的货款时,船长声如洪钟地大吼道:"我不会给的!"

至于引航员,由于船长也拒绝支付给他酬劳,所以也就不相信他会把双桅船带出来。船在出河时差一点儿就船毁人亡了,不过令人欣慰的是,最终它还是摆脱了河流,朝着费尔南多波(Fernando Po)驶去。然后,旅行者们就在那里登上了岸。接着,从那里出发,他们就扬帆向里约热内卢驶去,并于3月16日抵达了那里。在那里的码头,他们获得许可登上了威廉哈里斯号(William Harris)前往英国,并最终于6月10日安全抵达了英国。

就这样,靠着一些少得可怜的物资,凭借这两位质朴的男子的旺盛精力和勇猛之心,关于尼日尔河流向大海的问题,历经了那么长一段时间人们的争论不休之后,最终得到了彻底的解决。理查德·兰德尔除了收到政府之前许诺的酬劳之外,还收到了额外的一笔五十几尼[①]的奖金,这是国王交由皇家地理协会自由支配的。至于他的弟弟约翰,则在政府中谋到了一个可以充分展现自身才能的职务。

[①] 几尼,古代英国的一种货币名,最初是用几内亚的黄金铸造的,因此得名。——译注

第六章　巴思在非洲中部的探险

1849年,英国政府任命理查森(Richardson)先生负责一场远征行动,他在非洲拥有相当丰富的旅行经验,而此次远征的路线是从的黎波里出发,然后去往非洲大陆的中部地区。在本生(Bunsen)爵士的建议下,巴思(Barth)医生也被吸纳进了远征队伍,他曾经花了三年的时间向西穿越北非和大片沙漠地区,而那片沙漠与地中海的海岸线地区是接壤的。另外还有一个德国人奥弗韦格(Overweg)医生也加入了该探险队。政府提供给他们一艘轻便的小船,这艘小船被拆成了两部分,这样一来,就可以把它们放在骆驼背上驮着走。除此之外,还有一名水手负责驾驶该船,他们既可以选择在乍得湖上行驶,也可以选择沿着尼日尔的河道顺流而下。

此次远征行动的主要目标就是废除奴隶贸易,而当时在那些地区,此项贸易已经发展到非常可怕的程度了,这一点早已众人皆知。正如蒙戈·帕克和克拉伯顿生前所处的时代一样,在黑人居住地区的边境处,摩尔人主要的谋生手段就是抓捕奴隶。为了达到这一目的,他们会攻击各处的村落。一旦他们抓到了人,就会穿越沙漠把他们运往北方,在摩洛哥以及其他北非诸国把他们给卖了。

此次远征的另一个目标是与那些沿途可能遇到的人联合开拓一条合法的商业通道,同时从科学目的的角度去探索这片国土。兰德尔兄弟俩曾经在沿着那条河道顺流而下进行探险的时候亲眼看到过一条大河,因此,进一步探索这条河道的走向也就成了此次远征的目标之一。

理查森先生抵达之后,这批旅行者们最终在1850年3月24日这一天从的黎波里出发了。他们都骑着骆驼,还有一大批骆驼专门用来驮运他们的行李。然而不幸的是,由于那艘船被拆成了两部分,而不是四部分,所以

第六章
巴思在非洲中部的探险

带来了很大的麻烦。就拿那两位德国人来说,除了他们一人骑着一头骆驼之外,居然还要求分给他们八头骆驼来驮行李。这批旅行者们所配备的武器可谓都相当精良,因为他们不得不穿越一些局势动荡的地区,因此很可能会遇到一些胆大妄为的敌人。此外,他们也许还不得不让那些不太可靠的随从们心生敬畏。

他们就这样一天又一天地向前跋涉,穿越了岩石密布的干谷地带,行进在狭窄的峡谷中,峡谷的外侧高高耸立着大块乌黑的砂岩,让这片荒无人烟的地区流露出一丝狂野之气。终于,在远处出现了一座城镇,它盘踞在一块宽大的、呈梯田状的岩石的顶部,被称为埃德里(Ederi)。岩石在一片山谷中拔地而起。从它所占据的地形,人们就可以推测出在昔日的岁月里,这里应该是一个相当重要的地方。

5月6日,他们抵达了一大片种植园,种植园环绕着费赞的首都穆尔祖克。那里的城墙都是由某种泥土建造而成的,这种材质由于表面含了一层盐,所以显得熠熠发光。他们绕到了该镇的西侧和北侧,那里的城门宽度都不足以让一列商队通过。于是他们就又绕到东侧停了下来,那里距离朝圣者的宿营地并不太远,这些朝圣者都来自埃及,他们的目的地是摩洛哥。在这里,他们受到了一个希腊商人的欢迎,后者把他们热情地迎入了自己的家中。

当地的建筑大多数都是一层的,屋顶和护墙都十分平坦,内部还有一些院子和宽敞的门廊,它们的前方都是由大圆柱子支撑着的。镇子里有一个集市,与其说它是一个商贸中心,不如说它就是一条大街。在这里,一位有影响力的人物加入了他们的队伍,他的名字叫穆罕默德·博罗(Mahomet Boro),他是一位上了年纪的长者,长相看上去十分令人敬仰。他身穿一身白色的内衣,外面则套了一件绿色的阿拉伯式斗篷。他将作为一个协调人,在他们与即将前去拜访的国家的居民之间进行斡旋。此时,他刚刚结束了一场麦加朝圣之旅,正在赶回家的途中。

6月13日,他们从东门离开了穆尔祖克。一些来自加特(Ghat)的酋长已经抵达了,他们的希腊朋友就把这些旅行者们托付给了他们。为此,穆罕默德·博罗变得非常地愤怒,并且威胁说他们一定会在途中被攻击的,而这些并不都是空洞无力的威胁。

他们继续赶路,一路上并没有遇到任何值得一提的险情,直到7月15

日。就在那一天,巴思下定决心要去一座十分宏伟的大山里一探究竟,而那座大山出现在很远的地方。由于无法找到向导,所以他就独自上路了,而且随身物品只包括饼干和干枣而已。

那段距离比他所设想的要远得多,实际上,在他与那座山的一侧之间,横亘着一座很深的峡谷。不过,由于他内心迫不及待地希望能够早日到达山顶,所以他还是继续向前推进。此时,阳光热辣辣地洒在大地上,而且附近连一点儿可以遮荫的地方都找不到。最后,他终于爬到了自己预期的高度。可是,当他举目四望的时候,却连商队的一丝踪迹都没有发现。由于当时他水壶里的水已经少得可怜了,所以他只能一边干巴巴地嚼着饼干和干枣,一边补充了几滴水。

他担心商队也许认为自己已经走在他们前面,会不等他就向前推进,所以他就立刻下了山,希望能跟着它的路线走。在正午的时候,他把剩下的水都喝了。但是,由于当时饥肠辘辘,所以他并没有因此而恢复一点儿力气。他相信自己的同伴们应该在距离大山不太远的地方安营扎寨,就努力睁大眼睛四处搜寻,希望能够看到自己朋友们的身影,但并没有发现任何踪迹。接着,他又继续行走了一段距离,然后爬上了一座土丘,土丘的上面长着一棵罗望子树,他就站在树底下,举起手枪开火,一阵强劲的风呼啸着吹向他,他在原地等候着,却没有传来任何回音。随后,在经过了一些沙丘之后,他又再次开枪了。最后,他终于相信那个方向是不可能有任何人的,于是就假设自己的同伴应该还在他的后面,而且很不幸的是,他们还在更东边一点的位置。终于,他发现在远处矗立着一些小屋子。于是,他立刻加快脚步,向它们赶去。可是,这些屋子都是空着的,而且连一滴水都找不到。此时,他已经用尽了自己所有的力气,就一屁股坐在了光秃秃的地上,希望商队能够赶上来。甚至有一瞬间,他以为自己看到了一列骆驼在远处缓缓穿行,但事实证明那只不过是幻想而已。

他拼尽全力慢慢地爬向一棵大树,它就长在一个高出地面的位置上,他希望能够点燃一堆火。可是,由于疲劳过度,他没有力气再四处去搜集木头了。夜幕降临之后,他又继续休息了一两个小时左右。突然,他再一次站了起来,因为他发现在西南方向有一大堆火。于是,他再一次举枪开火,但是没有传来任何回音。不过,火焰还在熊熊燃烧着,袅袅地升向空中,预示着他可以去那里寻求帮助。可是,他的四肢已经一点儿力气都没

第六章

巴思在非洲中部的探险

有了,再也无法前进半步。于是,他又等了很长一段时间,然后第二次开枪射击,却还是没有任何回音传来。最后,他决意听从上帝的旨意,任由他来决定自己究竟应该何去何从,于是就试着闭起眼睛睡觉,可是怎么也无法入睡,因为他当时正发着高烧。漫漫长夜就这样一点一点地过去,黎明的曙光渐渐爬上了天空,所有的一切都显得那么宁静与安详。他十分确信此时正是最佳时机,他应该试着向自己的朋友们发送信号,告诉他们自己的行踪。他用尽了全身最后一丝力气,费劲地把自己的手枪装上子弹,发射了第一次,接着又发射了第二次。不过,看上去似乎他的同伴们并没有听到他发出的这些信号。而太阳,他既渴望出现,又带着恐惧地期待的太阳,终于升起来了。当气温一点一点升高的时候,他的境况变得越来越糟糕了。他绕着大树缓缓爬着,希望能够借着树叶和树枝为自己带来一点儿荫凉。可是到了正午时分,仅剩下一点儿荫凉来遮着他的脑袋了。此时,他口渴难忍,到了最后,他失去了知觉,陷入了某种神志不清的状态。后来,太阳落到山后面去了,他才渐渐清醒了过来。他从树荫底下爬了出来,向远处的草地上眺望了一眼。突然之间,他的耳朵里传来了一声骆驼的嘶鸣,那简直就是他有生以来所听到过的最动听悦耳的音乐了。于是,他稍稍抬起了身子,只见在远处,有一个塔尔基人(Tarki)——名字叫穆萨(Musa)——正骑在骆驼上,急切地四处张望着。这个塔尔基人已经从沙地上发现了他的足迹。见此情形,他用尽全身的力气大声呼喊着,希望能得到一些水,然后他万分欣喜地发现那个塔尔基人正向他慢慢靠过来。过了一会儿,塔尔基人就来到了他的身边,用水冲洗他的头,然后把水洒在他的头上。然而,他的喉咙由于实在太干了,还无法享受穆萨灌进他嘴里的水。随后,这位大救星就把他扶上了自己的骆驼,自己则坐在他的前面,把他运回了营地。到了第二天,巴思就能够继续自己的行程了。

加特地处一座绿洲的中心地带,队伍不久就抵达了那里。在镇子的四周是一排排房屋,墙由土堆砌而成,屋顶则十分平坦,屋外还种植着大片的椰枣树。

7月26日,商队再一次启程上路了。到了29日,他们开始朝着沙漠的最高处努力攀登,那里的海拔高度达到了四千英尺。道路蜿蜒向前,一路都必须穿越那些比较松动的大石头,因此这段攀登之旅危机四伏,也异常艰辛。他们卸下了骆驼背上驮着的一部分行李,而船则时常与岩石撞到一起。这里的确堪称整片沙漠地区最荒凉、最崎岖不平的地区了。在某个地方,道路曲折的角度相当之大,而有的时候变窄为一个十分狭窄的缺口,两旁凸起的则都是一排排奇形怪状的岩石壁。为了攀登上这座山峰,他们花费了整整两个小时的时间。

在山底,在陡峭的险峻的悬崖峭壁之间,横亘着一条干谷,它看上去就像是人工堆砌而成的高墙似的。它们的高度都超过了一千英尺,在谷底有一潭雨水。现在,他们不得不穿过一片沙丘了。就在他们向前跋涉的时候,眼前出现了一幕海市蜃楼的景象,一片片漂亮迷人的水帘浮现了出来。可是,当他们渐渐靠近的时候,它们却迅速消失得无影无踪了。虽然那片土地荒无人烟,却有大群野牛在四处游荡着。尽管他们试图去抓住一些野牛,可是徒劳无获,因为这种动物虽然看上去行动迟缓,但是在攀登岩石的时候行动却异常敏捷,因此很快就消失在他们的视线之外了。

眼下,这些旅行者们已经进入了热带地区,因此他们预计眼前出现的地区应该比之前所穿越的地区更加景色宜人。然而,他们的向导却并不像他们希望的那样,还是带领着他们朝着西方继续前进。

在8月18日那一天,他们正在安静地继续赶着路。突然之间,他们看到自己的一个同伴正从队伍的后侧飞奔上前,一边奔跑一边把手中的火枪高高挥舞过头顶,同时口中大声喊道:"伙计们,我们的敌人已经来啦!"于是,整支商队立刻开始彼此传播这则警示,每个人都一把抓起了自己的武器,而那些正骑在骆驼背上的人,则纵身跳到了地上。这个人汇报说,有一大批图阿雷格人(Tawarek)正骑在骆驼上面向他们迅速靠拢,而且看上去很明显是要向他们这支商队发起进攻。不过,在一阵喧嚣的大声抗议和吹嘘示威之后,这场事件就画上了句号,并没有发生任何的攻击行动。

正当他们在各自的帐篷里休息的时候,忽然收到了消息,于是他们立刻变得警觉起来。消息说,一支由六十个麦哈拉人(Mehara)组成的队伍正计划向他们发起进攻。于是再一次地,每一个人都开始变得激动起来,个个大声吆喝着要枪支和弹药。很明显,整支商队的成员都迫切希望能够联合起来共同抗击敌人。

那是一个月光皎洁的夜晚,接下来发生的场景,包括一直延续到深夜的一幕幕都可谓极度地栩栩如生,相当有意思。商队按照战斗的模式排成了一列,左翼人员包括旅行家们和柏柏尔人的分遣队,后者就驻守在各自

第六章
巴思在非洲中部的探险

的帐篷前面。到了大约十点钟的时候,一小队所谓的麦哈拉人骑着行动敏捷的骆驼出现在了大家的眼前。立刻,他们的头顶就飞过了一阵阵密集的子弹,整晚喊叫声都响彻整片大地。

第二天整整一天的时间里,这批敌人都绕着他们徘徊,试图阻止他们继续前进。

到了8月24日这一天,他们终于离开了宿营地继续前进,而且一路上并没有受到任何骚扰。到了第二天傍晚时分,当时他们正好在一座山谷里,刚刚把各自的帐篷搭建起来之后,这些掠夺者们就再一次出现在了他们的视线之中,而且他们个个都骑着骆驼。接着,当商队的帐篷进入了他们的手枪射程范围之内的时候,他们就纷纷跳下了骆驼,同时狂野而凶残地放声大笑着,然后和他们在商队里的同盟者们讨论着自己的计划。一些人很快就来了,告诉他们完全可以放心大胆地睡觉。然而,另一些人则警告他们,说整个晚上他们都千万不能休息。因此,他们就准备发动攻击了,而旅行者们把他们的骆驼也牵到了离帐篷比较近的位置。

到了早晨,他们发现所有的骆驼都已经被运走了。看到这一幕,博罗率领着商队中更加具备好战精神的一批人员出发去追。然后,他们就追上了敌人。当敌人们看到眼前出现的刺刀时,都惊呆了,因为他们认为假使开战,这些刺刀会让欧洲人和他们的实力不相上下,于是他们主动提出希望双方能够进行和解。他们宣称自己之所以反对白人,只不过是因为他们都是基督徒而已。于是一瞬间,在商队里,对于旅行者的所有同情都停止了,而他们就允许那些强盗继续保留他们的战利品。

现在,他们希望能够在继续前进的途中不受到任何骚扰。而那位一路陪伴他们,同时容忍远征队伍反对他们的首领,则得到许可加入了他们的队伍,因为他们认为这样一来,可以避免今后遇到更多的骚扰。在夜晚,博罗和理查森先生的翻译待在一起,他们阅读《古兰经》,而且对待他的态度也十分热情友好。

当队伍行进到距离塞卢费特(Selufiet)还有大约八英里的时候,首领们坚持要在原地安营扎寨,而且一批来自狂野部落的男子声称几个旅行者一定要成为穆斯林。他们的朋友和仆人也纷纷敦促他们这样做,因为这是唯一能够挽救他们生命的方法了。当他们坐在帐篷里的时候,这些狂热分子就在讨论这个问题。旅行者们就那样默不作声地坐着。最后,理查森先生大声叫喊起来："让我来说两句。我们一定会死去的。这样一言不发地坐着有什么用呢?"就那么几分钟的时间,死神似乎真的在他们头顶上方盘旋。理查森先生建议道,为了保命,他们应该试着逃跑。后来,他又听说只要这批狂热分子能够收到一笔巨额进贡的话,他们就会满足了。可是不幸的是,他们随身携带的所有商品,除了几件值钱的东西之外,就净是些一钱不值的、笨头笨脑的东西;他们还拥有十个铁皮箱子,只不过里面塞满了饼干,而这些无知的人还以为他们扛着一大笔财宝。到了最后,当反叛者所有的要求都得到了满足之后,他们又威胁说要霸占剩下的所有行李。一看到形势发展成这样,他们那和善的首领就宣称其中一些行李是他本人的,同时把一个铁皮箱子摔到地上砸成了碎片。令这些头脑简单的人大吃一惊的是,他们的眼前并没有出现成堆成堆的钱,而只是干巴巴的、一点儿都不美味的某种面包!与此同时,受到迫害的基督徒们则在柏柏尔人的护送下,成功逃了出去,接着整支商队又再一次重新汇集在了一起。

9月4日这一天,他们在一座沙丘的顶端安营扎寨了,那里位于一座非常宽阔的峡谷之中,就靠近廷特拉斯特(Tintellust),那里住着一位酋长,现在他们正是在他的保护之下。酋长非常友好地接待了他们,并且向他们保证,即使他们是基督徒,他们所经历过的所有险情和困难都足以洗脱他们身上的罪孽了。因此,除了当地的气候和小偷,他们就没有什么好害怕的了。他告诉他们,他们尽管可以继续向苏丹进发,不过是生是死就要靠他们自己了,如果他们希望还是能够得到他的保护,他们就必须付给他一大笔钱。

当营地还没有从那里撤走的时候,巴思前往阿加德兹(Agades)探访了一次。那是一个相当重要的地方,当时镇上住着大约七千个居民,而他就在那里逗留了两个月的时间。

现在,巴思回到了廷特拉斯特。而远征队伍为了等候一支护卫队伍,在这里耽搁了六个月的时间。原因就在于如果没有护卫队的话,他们就无法安然无恙地继续向苏丹进发了。最终,在12月5日这一天,他们翘首以待的、从比尔马出发的盐商商队的第一分队抵达了。于是,他们就于12日开始动身上路了。这列商队看上去就像正在移动中的整个村庄:男人们有的骑在骆驼上面,有的则步行;女人们骑着小公牛或者驴子,还带着小屋子内的所有生活必需品、一群牛、一群乳羊。除此之外,还有一大群小骆驼在

第六章
巴思在非洲中部的探险

两侧欢快地蹦来蹦去，有时候还闯进负责驮运货物的牲畜队伍中去，后者都排成一条整齐的线前进着。年迈的首领在最前方走着，看上去就像一个年轻人似的，一手牵着穿过自己骆驼鼻子里的绳子。

整列商队大约由两千头骆驼组成，其中有两百头都驮着盐。在夜晚，他们的营地里到处弥漫着欢乐活跃的气氛，人人显得兴高采烈，他们就带着这股开心劲儿一路穿行在荒野地区，然后不时地点起大堆篝火。他们一边向前推进，一边翩翩起舞，而鼓手们则在彼此竞争，尤其有一位鼓手技艺超群，他的名字叫阿萨姆（Assam），他的演奏技术堪称精湛，因此在所有舞动着的人群之中引发了阵阵狂热。

地面布满了岩石，因而崎岖不平，显示出一种极度的光秃秃而杳无人烟的景象。几座高高的山峰在两侧拔地而起，赋予了这一山区独有的风景。

他们在跋涉的途中发现地面上覆盖着一种植物，它被称为"哈德"（had）。在阿拉伯人的眼里，它是沙漠中生长的所有植物里面对骆驼而言最有营养的一种了。除此之外，他们还发现了大量瞪羚、鸵鸟和长颈鹿的脚印，还有体形庞大与优美的羚羊的脚印。在这里，他们还看到了一种被称为"马加利亚"（margaria）的树，它所结的果实大小就和樱桃差不多，呈现出一种浅棕色。当这种果实被晒干之后，就会被磨成粉末，捏成一个个小块，接着就可以直接吃了。

1851年1月1日，他们经过了一个被称为塔加纳（Tagana）的部落，这些族人的道德标准几乎就属于最低限度的那种。他们主要的谋生之道就是打猎和畜牧。除此之外，他们还会骑着自己小巧而敏捷的马匹，四处抓捕大型的羚羊和长颈鹿。商队沿着一条十分陡峭的斜坡，从哈马达（Hammada）的高处下到了一处平坦的草原地区，这一段行程的高低落差大约有一百英尺。

到了7日，他们的眼前出现了一座小村子。在那里，他们第一次亲眼目睹了一种风格独特的建筑，这种建筑遍布整个非洲中部地区。整栋屋子完全都是由玉蜀黍的秸秆构成的，仅靠一些树的树枝提供少量的支撑力，它们都建得有点儿矮，在山顶处盘踞着。在屋子之间，可以看到一小垛一小垛的玉米，它们都被搁置在高处离地面大约两英尺的木头架子上，这样一来就可以保护它们免遭白蚁和老鼠的啃食，此外也可以预防跳鼠，虽然这种小东西在田野里窜来窜去的时候看上去很可爱,但在当地人眼里,它却是相当麻烦的敌人。人们纷纷从各村赶来,献上奶酪和玉米。他们有的是黑人,有的则是奴隶,虽然他们的穿着都显得很简陋,有点可怜兮兮的样子,却比巴思和他的同伴们迄今为止在旅途中所遇到的那些狂热的人要显得彬彬有礼多了。

1月9日,旅行队伍抵达了塔吉莱尔(Tagelel)。从这个地方开始,一旦他们继续单枪匹马前进的话,就会面临一些危险了。因此,他们一致同意,为了确保万无一失,他们将分成几个小组。然后,每个小组都试一试自己能否在国内送抵新的物资配给之前顺利地仅靠自己就达成目标。

两个德国人在与理查森先生告别之后,就继续朝着契拉克(Chirak)进发了。在那里,奥弗韦格与巴思也分道扬镳了,因为前者计划继续前进至塔萨瓦(Tassawa),后者则处理掉一头自己最钟爱的骆驼,换回了一些马匹,以便完成接下来的行程,他也只能孤身一人继续上路。不过,由于他已经习惯了独自一人游荡于陌生的人群之中,所以他的内心并没有感到任何的压抑。巴思的旅行伙伴是一个黑人,他是一个穆斯林,虽然很健谈,但是相当粗野,而且总是情不自禁地偶尔开口嘲笑这位陌生人,因为后者总是希望能了解所有的事物,但是不承认先知。

他和他的侍从骑上了身手敏捷的马驹,很快就抵达了塔萨瓦,而这是他所见过的第一座大型的黑人居住城镇。在这里的每一个角落,无处不在的迹象都准确传达出一个信号,那就是当地的土著过着一种相当舒适愉快的生活。他们的院子四周都用高高的纸莎草围了起来,这样一来,可以或多或少阻挡住过路人试图一探究竟的目光;与此同时,这种做法也可以防止内部显得过于隐秘。在靠近入口的地方,有一个小屋子,那里是一处荫凉地,可以供人们进行一般的交易,也可以接待陌生人。大多数房子的下半部分都是由黏土搭建而成的,上半部分则用纸莎草枝构成,屋顶则仅仅是用纸莎草铺成的。房子的周围种了许多大树,因而人们可以享受到大片的荫凉,一群群孩子们在其中嬉戏打闹,还有一些山羊、鸡、鸽子,让这里显出一派生机勃勃的景象。在一些相对比较富裕的家中,还可以看到一匹马或者一头牛。男人们身着白色的衬衫和深色的长裤,头上一般都戴着棉质的浅色帽子。只有家境比较富裕的人才会在肩膀上搭着一条披肩,看上去就像一位苏格兰高地人的毛呢长披肩。至于妇女的穿着,基本上就只是一

第六章
巴思在非洲中部的探险

块硕大的深色棉布,绕过脖子之后,再用几串玻璃珠子加以固定。

2月1日,巴思靠近了卡诺这一重要的城市。他所遇到的所有人几乎无一例外都向他敬礼,而且显得友好与欢快,只有几个傲慢的弗拉尼人(Fellani)在经过他的时候没有和他打招呼。

在这里,四处分散着一些村落,从它们的分布情况可以判断出,只有在一个安全程度相当高的国家才有可能出现这样的布局。其中一些村子的四周围着一圈类似于金盏花的灌木,它们长到了十至十二英尺的高度。巴思和他的土著伙伴们经过了一个村子,其中有一个大型的类似于集市的地方,那里由几排建造精美的棚子组成。市集上的妇女们纷纷来到商队的跟前并且一直尾随着他们,她们向他们保证当天就一定可以抵达城市,但是他们应该赶在日落以前抵达外城门,因为外城门在那个时刻就关上了。听到这些,他们一行就马不停蹄地继续赶路。可是,当他们穿过大门之后,又足足花了四十分钟的时间才抵达了巴乌(Bawu)的房子前面。由于当时天色已经很黑了,他们着实花了一些功夫才终于搬进了主人分配给他们的下榻住所。

卡诺是我们的旅行者们此次旅程的一大重要目标。它作为商业的主要枢纽地区,可以提供大量的各类信息。而且,巴思认为,从那里出发继续向更偏远的地区前进也许是最有可能获得成功的。最终,在经历了将近一年的不懈奋斗之后,他终于抵达了这里。然而,由于他身边并没有分到现金,所以他觉得非常不方便。相应地,远征队伍获得的只有商品。因为人们信誓旦旦地向他们保证,商品不仅比金钱更安全,而且将来有一天也会证实更加有利。

眼下,巴思不得不付掉一大笔花费,而且他们此行还带了一批体积更小一些的物品,这些物品是为了进行物物交易的。可是,由于一路上遇到了无数次的勒索,这些物品都已经被敲诈光了。因此,他当时处于一个非常困难的境地,迫切需要收入。可是,他很快就发现不能完全依靠巴乌。

这个国家的货币包括贝壳,不过和沿海一些地区不同的是,这里的贝壳并不是每一百个紧紧串在一起的,而是一个个分开的,而且必须一个一个地数。各个镇的谢赫用麻袋装着贝壳,每个麻袋里塞着两万个贝壳,不过一个人只有把它们一个个都数清楚之后才愿意收下来。

现在,巴思医生就不得不去借两万个贝壳,而它们的总价连一美元都

115

不到。在他见过谢赫之前,他不能离开自己的住所,于是他就这样被迫和他们一起待了几天,直到最后他开始发起了高烧。最终,到了2月18日这一天,他收到了传召,让他前去觐见这位重要人物。而接下来所进行的一系列仪式几乎与任何一个欧洲法庭上的繁冗流程同样令人疲惫不堪。

他抖擞起精神,穿上了自己的突尼斯式服装,然后在外面又套上了一件白色长袍,以及一件白色的阿拉伯式斗篷。接着,他就骑上了自己显得很寒酸的黑色坐骑,跟着他的朋友出发了。在他的眼前,镇子上出现了形形色色的黏土房子、棚子,还有一些绿草青青的开阔场地供牛、马、骆驼、驴和山羊吃草。在草地上,还混杂着许多漂亮的植物品种。至于那里的人们,则是各式各样的打扮,有几乎全身赤裸的奴隶,也有打扮艳丽的阿拉伯人。凡此种种,都构成了一副最生动而令人兴奋的画卷。

他们在穿越了市集之后,就进入了统治阶层富尔贝人(Fulbe)或者弗拉尼人的住区。在那里,随处可见茅草盖的圆锥形小屋子以及贡达树。他们首先前往财务大臣的官邸。这个地方是国内部落经济的一个有趣的标本,因为这一部落并不具备游牧和牛羊饲养者的原始特征。它的院子虽然地处镇子的中心位置,看上去却像一个农场,而且说它如何干净整洁都不为过。

财务大臣对献上的礼物表示认可,而且自己还私吞了一个硕大的镀金杯子。接着,巴思和他的同伴们就被领到了大殿。这里看上去非常棒,对这个国家而言甚至堪称富丽堂皇了。挑空的屋顶的椽子上覆盖着两个巍峨的弓形陶制品,它们都被磨得非常光亮,装饰得也很精致。在房间的底部,有两个宽敞的、精心修饰过的壁龛,谢赫就端坐在其中一个壁龛之中,它的下面还铺着一张地毯。至于他的服装,应该说是综合了豪萨和柏柏尔的元素,而且他允许别人看得见自己的脸,因此他的白色围巾垂到自己嘴巴很下面的位置,搭在胸脯上面。

对于献给他的精美礼物,他显得异常地高兴。而巴思,也不管自己经过这些折腾之后又多么疲惫不堪,高烧很快就好了。

第二天,巴思骑着马在镇里四处转悠了一下。在这里,有一排商店,售卖着各种各样本地和国外出产的物品。不管是买家还是卖家,看上去都是风格迥异的,无论是肤色还是服饰,都显得五花八门,不过每一个人都很专注于争取到自己的那一点儿利益。那里有一座很大的棚子,里面塞满了全

第六章
巴思在非洲中部的探险

身赤裸的奴隶,看上去都饿得半死的样子。他们是从各自的家中被掠夺而来的,远离自己的妻子或丈夫、孩子或父母,就像牲畜那样被安排好站成一排排。他们绝望地瞪着买主,内心异常焦急地观察着自己的命运究竟会落到哪个人的手中。在另一个区域,则是各类生活必需品。在这里,有一个富有的贵族,他身着花里胡哨的丝绸衣服,骑在一头活力十足的、装饰华丽的马上,身后还跟着一大群懒散、傲慢的奴隶;在那里,一个可怜的瞎子,摸索着微微颤颤地穿过人群,唯恐自己一不小心就被别人踩在脚下了。

当然,他也看到了一些十分令人愉快的场景。在一大片树荫下,坐落着一栋看上去建造十分精良的小屋子,显得十分温馨而整洁,它的泥墙磨得很光亮。有的地方,一棵木瓜树伸展着它那硕大的、看上去很有皮质感的叶子,它的茎是如此纤细、光洁,而且是一整根直直的,并没有任何枝杈;还有那高高的椰枣树,在这片土地的各个角落摇曳着身姿。一位夫人身着整洁的黑色棉长袍,也许正忙着为出门在外的丈夫准备下一餐,或者一边正在纺纱,一边在催促着女奴们把玉米碾成粉;一群孩子,他们光着身子,兴高采烈地在阳光下四处玩耍,有的还在追逐一头离群的、一意孤行的山羊。在一个地方,有一群染匠正在忙碌着,他们把一些带颜色的木头和槐蓝属植物混杂在一起,这样一来就可以赋予它预期的色彩;另外有人则正把一件衬衫从一个染罐里拎出来,还有的人把它挂在拴在树上的绳子上面。继续往前走,只见一个铁匠正埋头于挥舞着自己手中简陋的工具,忙着锻造一把匕首,或者是一支可怕的、装有倒钩的长矛,还有一些更实用的畜牧业所需的工具。在这里,一列来自贡加的商队出现了,他们带来了人们翘首以盼的柯拉果,只要你有十个贝壳可以花,那么你就可以享受到咀嚼它所带来的美妙体验。有时候,另一支商队出现了,他们满载着盐,正运往相邻的城镇;还有的时候,一些阿拉伯人,牵着他们的骆驼,运送着北方和东方的奢侈物品。无论在哪一个角落,都可以看到鲜活的各类生活片段,既有令人欢欣雀跃的场景,也有最为令人沮丧的场景,所有这些都紧密交织在一起,这和欧洲那些文明程度更高的城市如出一辙。

在卡诺,巴思遇到了很多朋友,而且受到了很热情友好的款待。不过,他再一次被疾病击倒了。后来,当他一恢复健康,就启程向库卡进发了,因为他已经和理查森商定好要在4月初的时候赶到那里。在一年当中最繁盛的时期,索科托这一大型省份的首都拥有六万个居民,其中有四千人属于当地人民。主要的商贸集中在棉布领域,在这里以及相邻的城镇,人们从事纺布和染布产业,产品主要包括长袍,有妇女所穿的那种长方形的深色连衣裙,或者不同颜色的毛呢长披肩。产品中有一大部分都被运往了廷巴克图,因而为当地人口带来了可观的收入。这里的皮质凉鞋做工也相当精良,从而也畅销海外。那些晒干的兽皮以及红色的绵羊皮甚至都远销到的黎波里去了。在卡诺的市集上,主要的非洲产品是柯拉果,对于当地人来说,它就像欧洲人生活中的咖啡或茶一样不可或缺。奴隶贸易是商贸活动中的一个重要分支,虽然每年从卡诺运到海外的奴隶数量没有超过五千人。许多奴隶都是被卖给了本国的奴隶主,他们之中有的就住在本省,而有的则是住在相邻的地区。

在巴思逗留期间,卡诺市集上出现的英国物品主要是漂白或未经漂白过的蓝印花布和印花棉布,它们都来自曼彻斯特,还有来自萨克森的法国丝绸和红色布匹,来自威尼斯和的里雅斯特的珠子,来自的里雅斯特的某种粗糙的丝绸,来自纽伦堡的纸张、眼镜、针和小玩意儿,来自索林根的剑,来自施蒂里亚(Styria)的刮面刀。

3月9日,巴思骑上了自己的小黑马,然后就离开了卡诺。他只有一个侍从帮着把货物装到三匹骆驼身上去。不过,他的身边还有一名骑手,后者负责一路护送他前往卡诺领地的边界地区。这名骑手的穿着非常华丽,而且坐骑也装饰得富丽堂皇。当他们穿过狭窄的街道进入开阔的田野地带的过程中,他竭尽所能摆出一副高高在上的姿态。随后,他就一路向东,朝着博尔努挺进。他们经过了无数个地方后,最终在3月22日那一天进入了博尔努地区。

在一个坐落于野外、远离尘世喧嚣的村子里,巴思看到当地非洲人的生活是十分有意思的,而且显得十分欢快,为此他十分享受所目睹的一切。这个村子被分成了两个完全独立的群落,中间由一片开阔的露天场地相隔。在这片分隔地带,有一大群牲畜,它们刚刚饮用过水。就在三年半之后,当他再次回到这片土地的时候,他却发现这里早已沦为了一处毫无安全感可言的荒野,到处都充斥着强盗,所有的居民都已经被赶走了。当他回想起过去那熙熙攘攘的场面,心中不禁油然而生一股凄凉与悲伤之情。

3月24日,巴思正慢慢靠近一片地区。比起过去他所途经的所有地区,这里可以说丛林密布。此时,一位身着华丽的人骑着马向他靠拢过来,

第六章
巴思在非洲中部的探险

随后就把理查森先生已经在库卡去世这一悲惨的消息告诉了他。他几乎不能相信这则消息是真的。但是后来,他又遇到了另一队骑着马的人,他们证实了这一消息的确属实。一开始,他认为理查森先生的去世似乎意味着此次任务应该画上句号了。不过,经过了一番思忖之后,他还是决心靠一己之力坚持下去。

4月2日,巴思骑着马,领着一列骆驼,渐渐靠近了库卡,或者也被称为库卡瓦(Kukawa),即博尔努的首都。在该城的四周,围着一圈白色的土墙,他朝着那里慢慢前进,然后就进入了城门。当他向人们打听谢赫的官邸在哪里时,对方都盯着他,显出十分惊讶的样子。他穿过了每日出现的集市,那里人声鼎沸,一片热闹非凡的景象。接着,他就向宫殿骑去,那里连着东边一条很宽敞的通道。在宫殿的两侧,有一座清真寺,那是一座黏土建筑,一侧建有一座塔楼。在北侧和南侧,则矗立着一栋栋富丽堂皇的房子。

有人向巴思指出了大臣官邸的方位,于是他就向那里慢慢靠近。忽然,他发现在那栋房子前面,聚集了大约两百个衣着异常华丽的骑兵。而那位大臣正准备跨上他的马,前去谢赫那里进行每日雷打不动的拜访。大臣兴高采烈地和他打招呼,然后告诉他,早已经有人送了封信,所以他已经了解过他了。当他骑着马去见谢赫之前,他下令让一名手下带巴思去他的住所处。

又过了几天,巴思终于被引见给了谢赫。与此同时,他一直在烦恼究竟该用什么来支付理查森先生的仆人们的报酬。凭借他顽强的毅力,他终于争取到了理查森先生的所有财产,不然的话,它们就会悉数落入那些首领的腰包了。当他来到谢赫面前的时候,他正斜靠在一个垫子上,大厅显得十分精美,而且十分通风。他的肤色黝黑,而且富有光泽,长得很普通。他身着一件浅色的长袍,肩膀上批着一件阿拉伯式斗篷,头上则围着一条深红色的围巾。

巴思在库卡待了相当长的一段时间,全身心地投入到对语言的研究中去,同时也四处打听周边一些国家的情况。库卡这个地方并不像卡诺那般熙熙攘攘,不过当地的居民数量还是相当可观的,所以一到赶集日,这里就往往摩肩接踵,呈现出一派热闹非凡的景象。

他和许多途经此地的人交上了朋友,其中有一位叫易卜拉欣的伊斯兰教教徒。有一次,易卜拉欣觉得身体不适,就向巴思索取一些药物。后来,巴思就给了他五份剂量的药品,而他应该是在接下来的五天时间里每天服用一剂。可是,易卜拉欣迫不及待地希望能够早日恢复健康,所以就索性一次性把这些药都吃了下去,结果就是他差一点儿为此送了命——这一事件有可能让巴思陷入一个相当危险的处境。

在巴思逗留库卡期间,有一次还陪同谢赫前往恩戈尔努(Ngornu)进行了一次短途旅行,这一段插曲让他感到十分开心。然后,他又从那里前去乍得湖的沿岸地区一探究竟。他带着自己的侍从们,在两位骑兵的陪同下,向该湖进发。他们骑了一个小时的样子,然后就抵达了一片沼泽地区。于是,他们不得不涉水继续前进,而且即使他们骑在马背上,水都会经常漫到他们的膝盖处。过了这一段枯燥而又令人厌烦的沙地之旅以后,他发现就这样涉过很深的河水也未尝不是一件令人高兴的体验。他们看到了两艘船,里面还有一些人,很明显他们正虎视眈眈地搜寻任何有可能前来湖岸区域割纸莎草的黑人,然后把他们抓住作为奴隶运走。他们继续向前跋涉,然后就抵达了另一条河,里面栖息着很多河马,只见它们向各个方向不住喷着水。此外,他们还看到了两条不同品种的鳄鱼。不过,他们并没有看到一头大象,因为那种动物的栖息地应该是干燥的土地或者沙地,应该是高出沼泽地的,这样一来它们才能免遭蚊子的骚扰。在湖的北部地区,有大片连绵的低矮沙丘,人们可以在这里遇到成群结队的牲畜。

在一个村子里,巴思认识了一位酋长,他的名字叫弗果·阿里(Fugo Ali)。这位酋长对他非常地友善,而且自此以后他们俩就成了长久的好朋友。一年半之后,正是在他的房子里,可怜的奥弗韦格将注定要咽下最后一口气。他与弗果·阿里结伴一起在该湖的附近进行了长时间的探索,而要到达那里是相当困难的,因为这片湖泊是被密密麻麻的纸莎草和宽阔的溪流层层环绕。然而,他还是成功抵达了其中一片地区,那是一片相当开阔的水域。眼下,受到一股轻轻的东风的影响,波浪泛起,不断拍打着河岸。水面上布满了各类水生植物,数不胜数的、成群结队的各类禽鸟在其中嬉戏玩耍。为了抵达那里,他不得不穿过一片很深的水域。虽然他当时骑的是一匹相当高大的马,但是那里的水几乎都要漫过他的马鞍了。

那片岸上的居民主要靠捕鱼为生,而他们捕鱼的方式可谓相当高明。渔夫们带上两个大葫芦,然后用一根竹子把它们连接起来,不过这根竹子

第六章
巴思在非洲中部的探险

要足够长,这样他才能跨在这根竹子上坐着。接下来,他就骑着这一装置下水了,同时带着自己的网。为了加上一些分量,他还用一些小小的皮质袋子装满沙子,然后用竹片进行支撑。当他撒网之后,他就以手为桨四处游走着,把鱼儿纷纷赶入网中。接下来,他就会把它们取出来,然后用一根棍子拍死,随后就把它们扔到葫芦里去。当葫芦都被装满之后,他就会回到岸上去。

当巴思回到库卡之后,他发现在镇子的外面有一个规模很大的奴隶运输商队已经安营扎寨了。其中的商人们共拥有约七百五十个奴隶。在那个时候,活生生的人才是博尔努出口的主要产品。

就在巴思回到库卡之后没多久,奥弗韦格就抵达了,他看上去非常地疲惫不堪,而且身体状况比四个月前巴思和他分别之时要糟糕得多。1851年5月29日,巴思和奥弗韦格动身向位于南方的阿达马瓦(Adamawa)进发。当他们一路推进的时候,当地人对他们的骆驼表示出极大的好奇心,觉得它们简直就是一大奇观,原因就在于那种动物很少会进入这么南方的地区,因为它无法忍受哪怕一秒钟的当地气候。

那里的国土总体上来说是很平坦的,呈现圆锥形的高山各自矗立着,相隔一定的距离。虽然一开始,地面显得比较潮湿,但是渐渐地,树木就越来越密集了,水源也很充沛,在许多地方,分布着大量的村庄,而且居住人口非常稠密。

最终,阿兰蒂卡山(Mount Alantika)出现在了视野之中,它从平原上拔地而起,高度达到了八千英尺。在靠近它的地方,贝努埃河缓缓流淌着,那就是令他们魂牵梦绕的河流,人们认为它是朝着西方流向尼日尔河的,而那里正是巴思希望抵达的最重要的目的地。在河流的附近,他们并没有发现任何人类产业的迹象,因为在河水泛滥的时候,它会把两侧河岸都给淹没了。当他最终站在这条河流的岸边时,我们也许可以想象得到他的感受。在这里,河流由东向西流淌着,河道相当宽,气势磅礴,穿越在基本上完全是开放着的国土上。在这片土地上,不时地有一些孤零零的高山拔地而起,显得寂寥却十分恢宏。在不远处,流淌着另一条河,那就是法罗河(Faro),浪涛翻滚着汩汩向前进,丝毫不逊色于那条主要的河流,一路沿着阿兰蒂卡山陡峭的山壁向山脚奔腾而去。

当巴思抵达尤洛(Yolo)也就是阿达马瓦省首都的时候,当地的谢赫竟然逼迫他掉头回去，为此他感到十分地失落。

在该省，奴隶制现象十分猖獗，许多个人甚至拥有超过一千个奴隶。至于谢赫本人，也就是穆罕默德·洛维尔（Mohamet Lowel），据说每年除了收到作为贡品的马匹和牲畜之外，还会收到五千个奴隶。

这里是中部非洲最优美的地区之一，因为除了贝努埃河和法罗河，还有大量其他的河流浇灌着这片土地，而且这里地形丰富多样，遍布着山丘和峡谷。大象的数量尤其惊人，而且在河里也会碰到犀牛。巴思听说在河里居住着一种动物，它长得很像海豹，只在夜晚才会离开水面，上岸去吃新鲜的青草。

由于他进行了如此跌宕起伏的探险之旅，因此他在库卡成了家喻户晓的名人。在他回程的途中，一队骑着马的人飞奔着出来迎接他，并向他致敬，然后排着整齐的队列把他引到了他的房子前面。此时，奥弗韦格也与他会合了，在此之前，他一直都乘坐一艘小船在乍得湖地区探索。他的下一次短途旅程是前往加涅姆（Kanem），那里位于乍得湖的东侧。于是，在9月11日，他从它的北岸出发，动身上路了。从大臣那里，他收到了一匹价值连城的宝马，而它就在接下来的三年时间里始终伴随在他的左右，成了他的好伙伴。他招募了两个阿拉伯人和几个费赞人，这些人也加入了他的旅程。很快，享受着当地清新的空气，他觉得自己又恢复了往日的精力。他沿途所经过的地区都异乎寻常地富有，不仅遍布着森林，而且耕地面积也很可观。

到了18日，奥弗韦格和他会合了，前者抵达的时候还带了一队骑在马上的同伴，而这些人对待当地人的态度是极为残酷无情的。无论他们行进到哪里，他们都会去偷窃当地人的财物。有一天，他们遇到了一些养牲畜的人，于是他们就抢了对方的牛奶，甚至把装牛奶的容器都一并夺走了。当这些人向巴思索要赔偿的时候，他不仅归还了他们所有的容器，而且还送给他们一些小礼物。

从高地上下到平地之后，他们就继续向前跋涉着，两旁沙丘林立，南方还有蓝色的湖泊入河口。当他们向右侧眺望的时候，他们突然发现了一整群大象，它们排列得相当整齐，看上去就像是一支神志清醒的部队，缓缓地向水源地前进着。

人们之前一直认为乍得湖是咸水湖，可事实并非如此。在周边地区找

第六章
巴思在非洲中部的探险

到的碱土是在地面上单独发现的。当河水泛滥的时候,水流就会注入洼地里,因而洼地里都堆满了碱土,由此河道就被不断涌入的水注满了。实际上,只要洼地足够深,那么碱土的作用是非常小的,而且只有水变得非常之浅的时候,才能够感受到它的存在。

不久,在穿越了一片草地之后,两个之前一直走在队列前方的骑手一边大声呼喊着,一边策马向后方飞奔而来。当他们走到前方的时候,看到有一条硕大无比的巨蛇,正悬挂在一棵树的枝丫上,而且姿态显得颇具进攻性。它看到有陌生人出现的时候,就试着把自己藏起来,不过当它被几发子弹击中之后,就从树上掉了下来,于是他们就把它的脑袋割了下来。这条蛇的总长达到了十八英尺七英寸,直径达到了五英寸。

现在,他们加入了一队阿拉伯人,并且希望能够在此次旅程中受到他们的保护。这次远征并非一路平安无事。有一天晚上,他们突然被一阵女人发出的尖叫声和哭泣声惊醒,听上去令人感到毛骨悚然,同时,她们还大声叫喊着:"快上马!快上马!"原来是另一队强盗袭击了骆驼,他们已经击倒了两三个人,杀死了一名骑兵,并且抢走了一部分牲畜。于是,他们就奋起直追这帮劫匪,并且赶上了他们。随后,这帮强盗就放弃了那些战利品。在接下来的一整个夜晚,只听到女人们为那位被残忍杀害的男人进行哀悼,声音听上去是如此悲伤。

两天之后,阿拉伯人开始异常骚动起来,原因就是女奴之中最漂亮的那位趁着夜色逃走了,而她正是准备献给大臣的贡品之一。当晨曦一露出天际,他们就开始四处焦急地搜寻她的踪迹,却怎么也无法找到她。最终,他们发现了她的项链和衣服,还有她的残骸,很明显她已经不幸沦为了野兽的口中餐。

随着他们一路向东,抢匪的态度变得日益嚣张跋扈起来。于是,他们就决定循着他们的脚步向西折返而去。巴思躺在自己的帐篷里,发着高烧。突然,有人发出警告,声称就在距离营地不远的地方,已经发现了敌人的身影。接着,他的耳朵里就传来了交火的声音。此时,奥弗韦格骑着他的马跑动着,同时大声呼喊着他的朋友,让他跟在其身后。于是,当巴思的仆人把马鞍放上他的坐骑的时候,他就猛地披上阿拉伯式的斗篷,一把抓起自己的手枪和长枪,翻身上马,随后就策马朝着西方奔腾而去。他一边前进,一边下令穆罕默德紧紧拽着自己马匹的尾巴。此时,哪怕是一秒钟都不能耽搁，因为敌人已经开始攻击营地的东侧了。可是，过了一会儿，他看到阿拉伯的骑兵们正集结起来准备与敌人进行抗击，因为后者为了搜集战利品，已经分散到各处去了。于是，他就追上了奥弗韦格先生，然后告诉他危机已经解除了。

当他们回到营地的时候，却发现不仅仅是他们的行李，甚至就连他们的帐篷，都已经无影无踪了。然而，阿拉伯人在对敌人穷追猛打之后，却成功追回了他们的大部分东西。

到了傍晚，当地土著再一次对营地展开攻击，但是被击退了。不过，当阿拉伯人听说有一大批骑兵马上就要加入他们的敌人时，就打了退堂鼓撤走了。于是，巴思和他的朋友们后来又找到了一队正前往库卡的商队，就和他们一起结伴继续跋涉，并于11月25日回到了库卡。

在休息了十天之后，这些意志坚定的旅行者们再一次动身上路了，这一次他们是跟着谢赫和他的大臣，而这次远征的目标是进攻曼达拉，此举的主要目的是充实他们的国库，并且掠夺更多的奴隶；而第二个宗旨是对那个国家的王子进行惩罚，原因就在于他仗着自己处于深山老林的得天独厚的地理优势，表现出一副不服从命令的倔强劲儿。大臣对这些旅行者的态度相当和蔼可亲，而且强烈要求他们与他并肩一起骑马前进。至于规模庞大的军队，则非常井然有序地推进着。一开始，为了找乐子，他们还会进行狩猎。有一天，他们甚至抓住了一头长颈鹿。大臣的身旁有八个女奴和骑兵伺候着，同时开路的马匹数量也达到了八匹。不管这支浩浩荡荡的部队行进到哪里，可怜的当地人都不得不为他们提供粮食。有一次，他们在一个村庄逗留了一整天的时间，因为部队不得不囤积一批玉米，为了接下来穿越边界地区而作好准备。那一地区就位于穆斯林所在的城市与异教徒部落所在的城市之间，而那里，就与世界上这一地区的通常情形类似，已经变得十分萧条，几乎是杳无人烟了。大臣赠送给奥弗韦格先生一份礼物，居然是一头小狮子。在此之前，他还送给他一只凶猛的小老虎。虽然这只小老虎还很年幼，却已经显得非常凶残，而且几乎都让年轻的狮子甘拜下风了。不过，它们很快都夭折了，原因就在于当时的气候十分炎热，再加上在驼背上持续不断地被晃来晃去，它们最终都没有存活下来。

他们穿过了一片丛林密布的地区，接着又与大批的象群擦肩而过，最终抵达了加巴里（Gabari），它就是位于最北端的穆斯古村庄，它的四周都

第六章
巴思在非洲中部的探险

是大片的庄稼地。当地的居民都已经逃走了,虽然他们名义上受到博尔努统治者的保护,但是谨慎起见,他们还是觉得最好靠自己的实力来保护自己。他们的村子已经完全被洗劫一空了,士兵们从地里拔出了所有的粮食谷物,然后装到马背上去。与此同时,他们的山羊、鸡鸭和家具物品则都落到了贪得无厌的主人手里。这个村子看上去是十分温暖舒适的,而且也可以窥见居住者的产业规模。其中的房屋都是用黏土建造而成,每一座院子都包括了三到六座小屋子组成的建筑群,而这一数字则由主人的妻子数量来决定。

接着,他们就继续向前跋涉,并于12月28日抵达了被毁于一旦的区域。这片地区可以说是美不胜收,满眼都是一间间的小屋子和连绵不断的树木,外围则是一望无际的收割后的田野。树枝上堆放着那些从潮湿的地面上收集而来的营养丰富的青草,这些都是为了旱季而预备的。道路宽阔而平整,两旁都竖起了厚厚的篱笆,在田野中向着四面八方延伸开去。在靠近村子的地方,分布着一般人的墓地,巨大的圆形穹顶肃穆地覆盖在它的上方,四周还围着一圈土坟。正当巴思还沉浸在眼前这一切美景的时候,他发现大臣及其手下已经策马领先一步走了。当他环顾四周的时候,他看到只有几个索阿骑兵了。于是他就跟着他们一起走,不过很快就意识到自己已经完全与大部队的主体走散了。

很快,队伍就变得非常混乱。骑兵们单枪匹马地在隔开村子与村子的篱笆之间策马往返奔走着。这边,一个可怜的当地人由于受到了杀人不眨眼的敌人的追捕,正在拼命地狂奔,希望能够捡回一条小命;那边,另一个人正被从刚刚躲藏的地方拽出来;而第三个人借着一排篱笆的掩护,悄悄地躲开了,不过很快,就有无数支箭和无数个球向他飞过去。一小队索阿骑兵在一片树荫下聚集了起来,他们正试图把一群刚刚抢到手的牛给赶在一起。在另外一队人员的陪同下,巴思最终和大臣再度会合了。他们刚刚收到一则消息,声称当地人已经在远征队伍最薄弱的环节冲破了防线,因此队伍的尾部已经被驱散了。如果这些可怜的人是被经验丰富的酋长所率领的,那么他们在自己熟悉的密林中是能够进退自如的,因为在那里,骑兵几乎就无法发挥出威力。这样一来,他们就可以对眼前这些胆小如鼠的入侵者进行毁灭性的打击,而且也许就能轻而易举地彻底把他们打得落花流水。

他们抓住了一大批奴隶,到了傍晚,又抓到了更多的奴隶,加在一起总共有五百到一千个了。令这些旅行者深感恐惧的是,不少于一百七十个成年男性被残忍冷血地杀害了,而且其中很大一部分都是因为被割去了一条腿而白白流血而亡的。由于部队的规模十分庞大,因此它的推进速度并不快,从而使得其他村落的居民都事先成功逃走了。

就在几分钟之前,这个村子还展示着舒适与欢乐,而此时却已经被一把大火付之一炬了,显得寂寥而荒芜。那些惨遭屠杀的人,横七竖八地躺在各处,四肢都已经被砍了下来。

丹默(Denmo)是下一个遭到攻击的目标。当他们一行抵达这个村子的时候,一条气势磅礴的河流——大约有两英里之宽——映入了他们的眼帘,而当地人正是跨过了这条河才得以逃离的。沿岸的风景非常地有意思,而且充分体现了非洲赤道附近地区的特征。这里并没有人们心目中所设想的那些高耸入云的连绵群山,放眼望去,只能看到一些孤零零的山峰而已。除此之外,他们并没有看到干燥而荒芜的高原,取而代之的则是宽阔而非常肥沃的平原,它的海拔高度不到一千英尺。在这片辽阔的草原上,纵横贯穿着数不胜数的宽阔河流。

部队在一位残暴无情的穆斯古酋长的带领下,又攻击了其他的一些地方。当他们后来走到洛贡河的时候,发现无法再继续前进一步了。这些不幸的穆斯古人是一个相貌丑陋的民族,只有一些头目会身着衣服,不过所谓的衣服也仅限于是野兽的皮搭在肩膀上而已。他们在自己的脑袋上插上一些奇形怪状的羽毛作为装饰,然后把全身都涂抹成红色,甚至连牙齿都涂抹成了一样的颜色。他们的武器是长长的矛,以及在面对敌人时可以随手扔出去的刀,这些刀看上去令人心生畏惧。他们所骑的马十分健壮,活力十足,而且没有马鞍,他们只是通过穿过它们鼻孔的缰绳来控制它们。

就在部队犯下了这种种残忍无情的暴行之后,他们短暂休整了两天的时间。在这段时间,他们主要就是骚扰在远征过程中所抓到的奴隶。这一骚扰的过程让亲历者无不动容而心痛。无数年幼的孩子们,甚至包括婴儿,都遭到了百般折磨,许多可怜的小生灵从自己母亲的身边被无情地拖走,从此就再也没有出现了,而队伍中几乎就没有任何成年男奴。

部队中的一部分人员在进行另外一场远征。当他们抵达河边的时候,忽然发现有十二个勇敢的当地人占领了一个小小的凸起的岛屿,岛屿的侧

第六章

巴思在非洲中部的探险

边显得十分陡峭,有一条狭窄但很陡的河峡把该岛与河岸隔离了开来。在这里,他们公然藐视并袭击了无数的敌人,虽然许多敌人都手持火枪。在这批人数很少的英雄之中,甚至没有一个人负伤。有时候,弹药没有射中他们,有时候,弹药则射在了他们手持的编栅盾牌上,从而被挡住了。人们纷纷敦促巴思赶紧开枪射击,可是他拒绝这么做,于是周围的士兵就纷纷对他恶言相向。

1852年2月1日,巴思和他的同伴们回到了库卡。

在3月4日,巴思再一次踏上了行程,此次的目的地是贝加尔米,那里与乍得湖的东南侧之间有相当长的一段距离。他仅有的运输工具只是自己的马匹与一头雌性骆驼,后者是用来驮运他的行李的。第二天,奥弗韦格就与他分道扬镳了,因为他已经坐着小船探索过乍得湖了。于是,巴思就孤身一人踏上了这段危机重重的远征之旅。他的路线是沿着乍得湖的河岸,一直朝着东南方向前进。他一路上经过了几座城镇,不过它们都已经沦为了一片废墟。在其中一个地方,谢赫的宫殿规模在整个国家内显得相当庞大。它有着拔地而起的高大土墙,从外表上看简直就像是一座要塞。

在洛贡这座大型的镇子里,他受到了热情友好的款待。在这里,流淌着一条与镇子同名的河流,它的宽度可达三百五十到四百码,它最终是汇入乍得湖的。在这片河面上,停泊着大约四五十艘庞大的船只。于是,他就乘船在湖上兜了一圈。当他举枪瞄准一条鳄鱼开火的时候,周围的人们纷纷对他投来了仰慕的目光,虽然他并没有杀死这只生灵。苏丹对这位旅行家的评价是如此之高,以至于希望他能够留下来辅佐他一同抗击敌人,但是由于巴思迫不及待地希望能继续向东挺进,所以最终成功地说服了苏丹放他离开。

3月16日,他离开了洛贡,努力尝试着深入那一片迄今为止尚未有任何欧洲人踏足过的区域。他登上一条小船,然后渡过河去,与此同时,他的马和骆驼则是游过河的。在他穿越一片茂密的森林时,他观察到了一些犀牛留下的足迹,而它们对于该国的西部地区而言,还是一种闻所未闻的动物,因此当地人对它们极度害怕。继续向前推进了一小段距离之后,他突然透过层层叠叠的树枝,看到了一条比洛贡河要大得多的河流。周围的一切完全寂静无声,柔和的微风徐徐吹拂着,河面平静,连一丝涟漪都没有。

127

而且这里没有发现任何人类或动物的踪迹,只有两头河马在岸上晒着太阳,然后一下子扎入了水中。这正是真正的沙里河,是隶属于科托科(Kotoko)的伟大之河,它与洛贡河一起构成了一片巨大的盆地,从而赋予了非洲中部这一片区域鲜明的独特风貌。

过了一段时间,一艘渡船映入了他的眼帘,但是船夫们声称他们必须首先向自己的主人进行通报,然后才愿意把他运到河对岸去。正当他在原地等待他们的时候,一大批前往麦加的朝圣者走上前来,他们中大部分都来自西部地区。随后,巴思就送给他们一些针作为礼物。船夫们回来之后,声称村子的酋长不允许他通过此地。然而,他可不会在这一挫折面前打退堂鼓,于是就沿着河岸继续前进,最终找到了一些船夫,而他们毫不犹豫地就把他载过了河去。然而,没过多久,他再一次被阻断了去路。就在他好几次尝试着要继续向前推进都未果之后,就被迫在一个被称为巴卡达(Bakada)的地方住了下来。

在这里,他的随身财物遭到了白蚁的大肆破坏。虽然他把自己的床挪到了一些洞的上方,但是他发现这些家伙不仅爬到了最高处,而且还把粗糙的地垫都啃光了,甚至把他的一块毯子消灭了,还搞坏了其他的物品。

巴思已经派了一位信使前往首都,但是由于那个人还没有回来,所以他就下定决心即刻动身。后来,他抵达了梅拉,那里就位于河岸附近。正当他在自己的帐篷里面坐着的时候,当地村落的首领来到了他的跟前,身后还跟着一大群人。突然,巴思就被他们抓了起来,他的双脚被套上了铁链,他的财物也统统被运走了。他被押送到了一个露天的棚子里,然后由两个仆人担任他的看守员。他自己的侍从们一开始也都被抓了起来,不过最后都被释放了,因为只有这样,他们才能从旁伺候他。然而,到了第二天,他本人也被释放了,原因就在于哈茨克(Hacik)抵达了,而他们之前在巴卡达就已经成了好朋友。于是,哈茨克就向他保证说他接下去前往首都的行程将不会再碰到任何困难了。

于是,巴思于4月27日启程了。后来,首都马斯埃纳(Mas-ena)出现在了他的视线中,那里地域十分辽阔,到处都显现出一片郁郁葱葱的景象。巴思被安排到了一处很不错的住所,而且许多人都前来拜访他。在这些人之中,就有法基·萨姆博(Faki Sambo),当时他已经完全瞎了,他曾经游历四方,而且对阿拉伯文学有极深的造诣,他甚至还读过亚里士多德和柏拉

第六章

巴思在非洲中部的探险

图的部分著作,还把它们都翻译成了阿拉伯语。巴思和这位知识渊博、博古通今的智者进行了多次饶有兴趣的对话。

然而,谢赫大人对这位旅行者却渐渐起了疑心,而且许多其他人也和他一样发生了同样的变化。有一次,他被召唤去看一位病人。当他认为那个人的疾病非常严重的时候,就拒绝开给他任何药物,后来他总算是成功地死里逃生了。过了一些日子,那个人就去世了。如果他当初按照别人要求的那样去做的话,那么那些野蛮的人一定会把那人的死亡归咎到他身上去了。

7月6日这一天,一支从费赞出发的商队抵达了,他们从库卡带来了授权信。那封授权信是从英国发出来的,内容是授权巴思开展更进一步的探索,与此同时,为了实现这些目标,所有的方法和资源都任由他来支配。当时,英国希望他和他的同伴能够穿越非洲赤道区域鲜为人知的地方,然后抵达东南海岸。但是,他本人的健康状况让他实在无法再胜任这一行动,不过他很高兴地发现帕默斯顿(Palmerston)勋爵——也就是当时的外交大臣——建议他尝试前往廷巴克图。因此,他接下去就把重心都转移到了这一计划上面。然而,他却发现自己要离开这座城市,可谓困难重重。过了一阵子,苏丹接见了他,巴思被允许进入了他所在的房间,但是这位高高在上的人物却不允许自己被别人看见。于是,巴思就献上了自己准备的礼物,同时他请求,作为回礼,自己希望能够获得一批当地的产品,而不是一个女奴和一头白色的骆驼。于是,苏丹就满足了他的要求。他听说苏丹十分害怕自己也许会通过魔咒对他下毒甚至杀了他,而且苏丹反反复复地咨询自己手下那些很有学识的人士或者被称为顾问的人,究竟应该如何保护自己免遭他的巫术之害。

经过了一而再再而三的耽搁,到了8月10日,巴思终于获得许可,得以离开这个国家了。正当他准备启程的时候,苏丹却看中了他的坐骑,派人问他愿不愿意卖了自己的马。不过,他还是婉拒了这一要求,接下来苏丹也并未采取任何举措来抢走这匹坐骑。

经过了一段相当有意思的旅程,巴思终于在8月21日抵达了库卡,期间并未经历任何的波折。巴思发现奥弗韦格病得非常严重,也有点儿闷闷不乐,但是,奥弗韦格认为自己身体还足够强壮到可以外出去打猎。可是,他的举动却并不明智,因为他模仿水鸟一头扎入了很深的水,于是接下来的一整天他只能继续穿着湿漉漉的衣服。正因为这样,他后来就病得非常严重了,不过他相信只要自己搬到朋友阿里位于乡村的房子去调养,身体就一定会好转的。然而,他的病情日益严重,两天之后就与世长辞了。在湖的边界附近,人们为他挖了一座坟墓,而他生前正是对这片湖的探索倾注了极大的精力。

此时的巴思,孤身一人,心情十分沮丧,因此也不再愿意待在这个让他简直无法忍受的地方了。于是,他下定决心尽快启程,继续向尼日尔进发。

1852年11月25日,一切准备工作就绪,巴思就出发踏上了自己的探险之旅,目的地是廷巴克图。他计划先前进至萨伊镇(Say),那里就坐落在尼日尔河的沿岸。他和谢赫友好地道了别,后者赠送给他两头上品的骆驼作为礼物。他的主要仆人就是那位忠心耿耿的加特罗尼(Gatroni),他已经去过费赞了,而且最近刚刚回来。另外,还有两位自由身的男人、两个奴隶,以及一位要人,这个人是作为他的经纪人,他非常适应在非洲中部的这些地区到处旅行;不过由于他是一个阿拉伯人,所以巴思只有在形势有利的情况下才会相信他。

按照他在每一段旅程初期阶段的习惯做法,他把营地驻扎在距离城市两英里之处。那是他所有旅行中所经历过的最寒冷的一个夜晚,当时的气温只有九度。12月25日,他抵达了津德尔(Zinder),那里是博尔努的边界城镇,就建在一堆堆的岩石附近。这些岩石从地面拔地而起,这一风景如画的地区在一群群椰枣树的点缀下显得更加令人着迷。至于那里的水,深度虽不惊人,却足以滋润着一大片烟草种植地,而且让附近的植被都显出一副生机勃勃的模样。

1853年2月5日,他们一行人进入了卡齐纳(Katseena)。随后,巴思就开始张罗着补充一些物品。在这里,他们被耽搁了相当长的一段时间,因为当时那个地方正好在酝酿一场远征行动来抗击富尔贝人。因此,在还没有搞清楚敌人的队伍究竟会往哪个方向前进之前,继续前进会变得相当危险。不过,到了3月25日,他已经准备好继续自己的行程了,就连镇长本人也已经安排好陪他几天了,因为整个国家都即将陷入一片危机之中。于是,接下来,一大批护卫兵就将为他们左右护驾了。

虽然巴思这次漫长而重要的旅程一路充满了有意思的经历,但是要具体描绘他所拜访的形形色色的地方或者是他所遭遇的各种历险却是不可

第六章
巴思在非洲中部的探险

能的。他就这样一天又一天地跋涉着,有时候会连续数周,甚至数月都待在这个或那个镇子上止步不前。不过,他却从来不会让自己无所事事,他总是全身心地投入到不停搜集信息的事业中去,或者研究一下他即将穿越的地区通用的语言。

6月19日,他离尼日尔已经很近了。此时,他期望着第二天自己也许就可以看到西部非洲这条伟大的河流了,而这条河流庞大的东部分支流域正是自己之前亲自发现的。带着这些期许,他于第二天一大早就出发了。经过了两小时的跋涉,他穿越了一片岩石密布的荒野之地,那里密密麻麻地长满了灌木丛。终于,他第一次看到了那条河流的身影,又继续前进了一个小时之后,他终于抵达了登船的地方,那里就在萨伊镇的对面。正是在这里,他看到了一条高贵的、连绵不断的河流,这条伟大的尼日尔河一刻不停息地向前奔腾着。不过,就在这个地点,由于受到沿岸岩石的挤压,它的宽度缩小到了只有七百码。之前,蒙戈·帕克曾经目睹它一路向东流去,因此,在兰德尔兄弟俩沿着河顺流而下之前,人们始终都认为它很有可能是最终汇入非洲中部地区的某片水域宽广的湖泊的。在对岸稍微平坦的岸边,一座规模庞大的城镇盘踞在那里。镇子那低矮的土墙和房屋与数不胜数的纤细的棕榈树相映成趣,美不胜收。

他之前已经派人去把几艘船开过来,在等了一段时间之后,这些船就抵达了。它们的长度是四十英尺,宽度为四到五英尺。它们是由两根中间挖空的树干组成的,而且在中心位置被缝制在了一起。于是,他的骆驼、马匹、手下和行李都安然无恙地渡了河,而他本人在当天下午也跟在大部队后面一起前进,计划去调查河道在两个地点之间的那段走向,而那段流域正是由于蒙戈·帕克、兰德尔兄弟俩以及其他人之前所作出的不懈努力,才为世人所熟知的。

这里人所说的语言是桑海语(Songhay),与他之前所了解的语言有着天壤之别。正因为这个原因,他无法像之前那样与当地人进行交谈。

巴思在离开了萨伊之后,就把尼日尔河留在了身后,而继续向着西北方向朝廷巴克图挺进。在尼日尔河的这一部分地区居住的人口可谓相当密集,因此他一路上经过了大量的城镇和乡村。在一座小镇,他遇到了一位来自西方的阿拉伯人,他的名字叫瓦拉提(Wallati)。这个人就承担起了护送他安全前往廷巴克图的使命。他的长相非常俊美,是一个看上去很高贵的小伙子。他身穿一件黑色的长袍，在头上缠着一块黑色的围巾。他在走动的时候，步伐十分稳重而肃穆。

在这个地方的居民都身穿纯白色的服装，甚至连年幼的孩子们都在头上包着头巾，这些头巾是由一些白色的棉布条组合而成的。

在人口稠密的多尔镇（Dore），巴思耽搁了一段时间。然后，在7月21日那一天，他启程继续前往廷巴克图，而这段路程可谓他此行中最危险的一部分了。他必须穿越无数条宽阔的河流，偶尔还需要涉过沼泽地，这些都从很大程度上阻碍了他前进的步伐。当时正值雨季，因此有的时候，他基本上就寸步难行。

现在，他不得不穿越德拉省（Dellah）了，而这个省的谢赫则受到马斯埃纳那位残暴的酋长的牵制，后者是永远不会允许一位基督徒踏足自己的领土的。于是，巴思被迫装扮成一个阿拉伯人。在班巴拉镇，也就是那个坐落于尼日尔河的溪流与回水中的镇子，他遇到了一个名叫提斯特（Tisit）的阿拉伯人，他已经前往麦加朝圣过了。这位陌生人仔细盘问了他，甚至具体到了他究竟是哪一个地方的人。于是，巴思十分担心自己的身份会被对方戳穿。然而，这个男子的整体表现还是给予了他一定的信心，因此他确信自己也许还是能够争取到他的信任的。

8月27日，医生从陆路启程，踏上了他的最后一段旅程。这次的目的地是抵达萨拉瓦诺（Sarawano），而他计划从那里登船沿着河流航行。

只有在雨季，从水路前往廷巴克图才能得以通行，而从此地出发，那里就在正北方的位置。在这里，他雇了一艘小船，船上有两个铺着席子的船舱，一个位于船首，另一个则位于船尾。船是由一些木板钉在一起组合而成的，做工看上去非常粗糙。

在这片土地上，纵横交错地分布着无数条溪流、回水和河峡，它们向着各个方向带去了丰沛的水源，并形成了水路通道。

9月1日，航行拉开了序幕。当巴思坐着船飘荡在河上的时候，他自然而然地感到斗志昂扬，因为脚下流淌的这条河流将载着他一路直达廷巴克图这座非凡的城市。由于青草长得十分高，水流受到了很大的阻碍，同时划船也几乎成了一件不可能的任务。于是，船就由一些圆柱子驱动着向前进，总体而言，船只的前进时速只能保持在两三英里。到了夜晚，由于一场暴风雨正在逐渐逼近，他们就把小船停泊在了一片宽阔的水草繁茂的溪

第六章
巴思在非洲中部的探险

流上；但是，成群结队的蚊子不断骚扰着他们，搅得他们一整夜都不得安宁。与此同时，他们也听到了一些动物的嘶吼声，巴思发现原来这些都是一些年幼的鳄鱼所发出来的。

9月2日，船夫们终于得以重新用起了他们的船桨。他们的船只有时候穿行在开阔的空地，然后再一次地扎入了狭窄的河峡。巴思和他的侍从们的日子过得还算不错，因为他们可以尽情地享用各种鱼，有的鱼是他们购买来的，有的则是船夫们用鱼叉逮住的。

最终，他们进入了尼日尔河的一条大型的支流。随后，他们一路欢快而顺畅地从北岸出发，向前航行了一小段距离。而在北岸流域，密密麻麻地生长着许多大树。他们就这样一路向前进，直到最后，当夜色渐渐变深的时候，他们穿越了整整一千码的距离，这才抵达了河对岸。随后，他们就把小船停泊在了附近的一个村子里。大部分的人都睡在岸上，不过其他人则舒舒服服地在船上找了个角落，然后在那些构成船舱的垫子上躺了下来。

第二天，他们进入了这条伟大的河流。他们就沿着这条由西向东奔腾的河流继续前进。在这个地方，河流的宽度变成了一英里。当一轮新月缓缓爬上天际的时候，夏日的闪电不时地划破夜空，此时的河流显得如此庄严而肃穆，所有这一切都让他的侍从们油然而生一股敬畏之情。而此时的他则站在高处，举目远眺，希望能够看到这座城市的身影，而那正是他此行的伟大目标。

在离开尼日尔河、穿越了一系列河峡之后，巴思于9月5日在卡巴拉（Kabara）村子的附近登上了岸。在这里，他派出了一批信使前往这座城市，自己则住进了一栋舒适的房子。当他们回来的时候，同行的还有埃尔·巴卡伊（El Bakay）谢赫的兄弟（这个人后来表现得完全就是一个流氓，而且想方设法欺骗他）以及一些随从人员。9月7日，他的这支队伍就动身朝着廷巴克图进发了。

很快，他们就穿越了一小段距离，而巴思自始至终都骑在队伍的前方，以免遭到那些遇上他们一行的人的盘问。因为，一旦他们对他的特征有一丝一毫的怀疑，他们就可能会阻止他进入这座城镇，甚至有可能危及他的生命。不幸的是，他遇到了一个男人，后者用土耳其语和他打招呼，而他基本上把土耳其语忘得精光了，因此绞尽脑汁才总算回了个话。

巴思穿越了城市的土墙外高高堆积着的各种垃圾,又经过了坐落在一侧的一排显得肮脏不堪的茅草屋,而这些破屋子就围绕着这个地方。最后,他终于进入了一些狭窄的街道和巷子,这些路是如此之窄,以至于连两匹马肩并肩向前走都几乎不可能做到。当他看到这座城镇所展现出来的熙熙攘攘与富裕的一面时,感到非常地惊讶:许多房屋都有两层楼之高,而且这些房子的外立面还透露出一种对建筑与装饰的追求。

就在谢赫离开的这段时间里,巴思觉得谨慎起见,自己最好还是继续待在他的房子里而不要出门去,不过却有不计其数的人前来拜访他。然而,当他待在平坦的屋顶的时候,他可以尽情享受到清新的空气,也可以稍微锻炼一下身体。与此同时,他也得以俯瞰这座城市的各个角落里正在发生的一幕幕。有一段时间,他深受高烧的折磨,而那时的天气也几乎每天都是雷电交加,雨下个不停。

在这里,巴思听说了很多关于莱恩少校的故事,他几乎就要死在塔瓦里克人的手里了,不过后来在谢赫父亲的营地里受到了友好的款待。巴思试着去获取少校的资料,但是后来却发现它们都已经被毁掉了。他和埃尔·巴卡伊待在一起觉得十分愉快,因为后者对他相当热情友好,而且很遗憾地表示自己无法管教好总是到处惹是生非的兄弟阿拉瓦特(Alawate)。有一次,他要巴思在他的房子前方当着一大批旁观者的面手持他的六发子弹型手枪进行射击。这一幕让周围的所有人都兴奋起来,个个显得目瞪口呆,而且这对他未来自身的安全也产生了极其深远的影响,原因就在于人们相信他全身上下都配备了武器,因此可以随心所欲地进行发射。

廷巴克图这座城市的外围大约有三英里。整座城市一部分呈现长方形的格局,而一部分则遍布着蜿蜒前行的街道,街道上面还覆盖着坚实的沙子与砾石。除了两个集市以外,就很少有开阔的空地了。当巴思造访此地的时候,城里有将近一千座黏土建造而成的房子,有几百个呈圆锥形的小屋子,以及占地面积更小一些的建筑,那里都是仅供人们祈祷的场所。除此之外,就没有其他的公共建筑了,不管其占地面积有多少。这里划分成了许多的住宿区域,其中一栋房子是专门供穆斯林们居住的,虽然当时大部分的人都承认自己相信的是先知。眼下,常住居民人口大约为一万三千人。此外,在特别繁忙的时期,还会有五千到一万人次造访这座城市。

当一帮狂热的人听说一个基督徒已经来到了此地,就想方设法要置他

第六章
巴思在非洲中部的探险

于死地。在谢赫的建议下,巴思下定决心跟着他一起离开这座城市,然后在沙漠中安顿下来。当他骑着自己那匹白色的母马一路前进的时候,当地人都纷纷涌到了街道上,希望能够亲眼看一看这位陌生的基督徒。当他再一次置身于沙漠中,呼吸着那新鲜的空气时,内心感到十分地欣慰。于是,他就在这里度过了几天,周围的一切都显得那么静谧与安详,而他的健康状况也因此有所好转。

接着,巴思就又去了一趟廷巴克图,并且得以探索了这座城市及其壮观的清真寺,后者以其庄严肃穆的外表在他的心中留下了深刻的影响。然而,他不得不再一次回到埃尔·巴卡伊的营地。在那里,他的处境可以说变得日益危险起来,而即使他不断催促自己这位办事拖沓的保护人帮助自己逃出去,却没有收到任何的效果。他的敌人可谓数量众多,源源不断的新人员一队队地抵达此地,都是为了抓住他,不管他是死的还是活的。有一批人甚至还袭击了他们的营地,不过在他的朋友们所展现出来的大无畏精神面前,这些人最终都被击退了。

有一个阿拉伯的酋长拜访了他,这段经历相当有意思。这位酋长之前与蒙戈·帕克打过交道,于是就向他详细地描述了当他坐着小船从那条大河上顺流而下的途中,是如何遭到了塔瓦里克人的攻击的。

在12月12日这一天,巴思听说阿里——也就是那位贝拉比人(Berabish)的狂热的酋长——已经带着一大帮追随者抵达了,他们此行的目的就是来取他的性命。然而,突然之间,阿里生病了,然后就去世了,而人们相信这是他所遭受到的某种报应,因为正是他的父亲杀死了莱恩少校,而人们认为巴思正是这位少校的儿子。许多贝拉比人真的来到了埃尔·巴卡伊的面前,祈求得到他的原谅,并获得他的祝福,他们声称自己再也不会阻碍这位陌生人离开了。

河流已经开始在逐渐地上涨了,到了12月25日这一天,河水流入了位于该城南部的几处井。到了1854年1月4日,第一艘来自卡巴拉的船抵达了廷巴克图,其他船只也相继抵达了,而且都满载着玉米。很快,物资补给就变得非常充足了,而且物价都很便宜。到了1月底,河水就涨到了最高水位,而这就和尼罗河水的潮涨一样具有同等重要的意义。整座城市完全都是依赖商贸的,至于制造业,则仅限于冶铁以及一小部分的皮革制造。

1854年是这位意志顽强的旅行者待在非洲中部地区的第二年。在年初的时候,巴思开始有一种强烈的愿望,那就是也许在年底之前,他可以回家去。他的心中燃起了希望之火,盼望着自己能够很快动身踏上返程。然而,不计其数让他失望的事件相继发生了。

3月17日,在朋友们的建议下,巴思回到了营地。他之所以采取这一步骤,出发点就是为了整座城镇的安危,以及他们自己的个人利益。他就一直在这里待到了4月19日。而甚至到了那个时候,他的朋友,也就是埃尔·巴卡伊谢赫,都无法克服自身的习惯,那就是把什么都看得不那么重要。因此,当太阳已经高高挂在空中的时候,当天气已经变得异常炎热的时候,他们才开始给骆驼装上货物,商队才开始慢慢地移动起来。

考虑到法国人眼下正在阿尔及利亚逐步推进,这位欧洲的旅行者就令周围的人不免心生疑惑,因为人们会情不自禁地认为他进入这片国家的旅程与他们有着某种关联。甚至就在这一疑虑消除之后,他还是继续在一个营地逗留到了5月17日,那里就坐落在一片沼泽地之中。最后,终于传来了一则消息,那就是之前离开他们的那位谢赫大人已经领先一步出发了,于是所有人都欢欣雀跃起来。

当他们一行赶上了这位谢赫的时候,他就从昏昏欲睡的状态中被弄醒了,他对着巴思微微笑了笑,他从英国那边收到了给巴思的几封急件。一封信是约翰·拉塞尔爵士写的,爵士对巴思的进程表达了最强烈的兴趣。至于其他几封急件,则是告知他沃格尔(Vogel)带着两名下士,已经出发前来与他会合了,而且他很有可能会在博尔努和他们碰头。不过,令他感到十分意外的是自己一直都没有收到自己那位大臣朋友的只言片语,而那个包裹很明显是经由博尔努而来的——当时,他根本无从知道那位和蔼友善的官员已经被杀了。

到了第二天,他们一行人穿越了一片浓密的森林,而人人都在相传那里经常出没着狮子。这里的河水非常浅,如果沿着河道一路前行,可以看到数不胜数的鳄鱼。因此,当马匹在岸边享用着一排排茂盛的青草时,显得有些紧张与焦躁。

由于他的朋友,也就是那位谢赫具有行动拖沓的特点,因此整个队伍的行进速度相当缓慢,但是正因为如此,他才得以与当地人进行交谈,并由此获得了大量的信息。在前进的路途中,他顺路造访了果果(Gogo),那里

第六章

巴思在非洲中部的探险

就坐落在大沙漠的最南端,一部分位于河流的沿岸,而另一部分则位于一座岛上。在岛的东部位置,居住着穆斯林,而另一个则住着崇拜偶像的"异教徒"。然而,他发现那个地方的情况非常糟糕,基本上可以说是被毁坏殆尽了,甚至就连清真寺本身都显得荒废已久的样子。的确是这样,这座昔日伟大的"黑人之地"(Negroland)上如今大约只有三四百栋小屋子了,它们一簇簇地聚集在一起,周围则堆积着像山一般高的垃圾,而这些正向大家昭示着它的过去。人们相信,蒙戈·帕克就是被埋葬在这里的。

当他们在河岸附近找了个地方安营扎寨下来的时候,大量的河马出现了。由于受到了这些人的惊扰,它们就对着他们大声地呼哧呼哧喘着气,同时也把他们的马匹赶得四散逃窜。有时候,它们把河两岸之间的通道给截断了,而到了晚上,它们就会发出更大的声响,因为它们会习惯性地上岸找东西吃。

应该说,巴思是十分幸运的,因为他的身边有一位非常能干的保护者,也就是埃尔·巴卡伊谢赫大人。由于这位谢赫在人们的眼里是一位神圣的人物,无论他走到哪里,都会受到当地人的尊敬。

在造访了河两岸以及河流东侧的地方之后,他于 8 月 24 日抵达了索科托。在这里,他收到了一则情报,声称五位基督徒已经抵达了库卡,而且还带着一批骆驼,大约有四十头的样子。于是,他非常确信那应该就是沃格尔所率领的远征部队了。

到了 10 月 14 日,巴思抵达了卡诺。在这里,他发现为了招待他,人们已经做好了一切准备工作。正是在这里,他收到了一条消息,声称库卡的奥马尔谢赫已经被废黜了,他的大臣已经被杀死了。除此之外,在一场异常惨烈的战斗中,他的许多其他朋友们也都被害死了。于是,他就下定决心放弃返回博尔努的计划,转而继续向埃尔(Aire)进发。后来,他听说了奥马尔再一次恢复了他的王权,不过他还是按照自己之前所作出的决定来行动。

最后,在从贪得无厌的统治者的魔爪中逃离出来、躲过了那些充满敌意的老百姓、从形形色色的野兽口中捡回一条命、饱受了雨水和高烧的折磨之后,巴思终于在 11 月 30 日抵达了本迪(Bundi),那里就位于库卡的附近。

后来,巴思再一次离开了那个地方。正当他骑着马带着首席仆人穿越一片森林的时候，他看到有一位年轻人正骑在马背上向他径直走过来。只见他肤色很浅，身穿一件长袍，头上包着一块头巾，身边还跟着两三个黑人，他们也都骑在马背上。这位陌生人正是沃格尔，他快马加鞭地向前飞奔而来，然后这两位旅行者就骑在各自的马背上，向对方致以最衷心的热烈欢迎。他们从森林中走出来之后，就拿出了各自的补给，然后坐下来共同享用了一顿正式的大餐；然而，令巴思大失所望的是，虽然他一直特别盼望着能够美美地喝上一瓶葡萄酒，可是他们随身却并没有带来任何的酒。

沃格尔、丘吉（Church）下士和麦圭尔（Macguire）二等兵此行是为了加强远征队伍的力量，同时也是为了进一步深入研究巴思的发现。可是不幸的是，沃格尔这位年轻的旅行者大约在一年以后就由于气候原因而告别了人世，当时他正在前往阿达马瓦的途中。在他去世之后，麦圭尔也在返家的途中惨遭杀害。于是，丘吉就与巴思一起回去了。

当沃格尔继续向津达（Zinda）进发的时候，巴思则朝着库卡挺进。他发现卡勒姆利（Kallemri）这座他在上次外出旅程中曾经途经的地方现在已经呈现出一片凋零的景象，再也不复昔日人人兴高采烈、个个勤劳工作的场面了，举目望去，如今映入眼帘的只有一些零散的小屋子了。

他的老朋友，也就是那位刚刚复位的奥马尔谢赫，派出了一队骑兵以隆重欢迎他回到库卡。在这里，他不得不逗留了四个月的时间，原因就在于他的财务出现了很大的麻烦。而且，他还发现自己身边的一个仆人居然胆大妄为地把他相当大的一部分财物给偷走了。雪上加霜的是，他的身体健康状况也下滑得非常严重。

直到 5 月 4 日，在一位名叫科洛（Kolo）的费赞商人的陪同下，他带着一小支商队踏上了回程之旅，朝着的黎波里挺进。在巴如瓦（Barruwa），他们贮藏了一批晒干的、闻上去很糟糕的鱼，而这在特布（Tebu）的土地上已是最为有价值的交换物品了。在他的右手边，也就是他之前已经穿越的区域，现在则完全都被水给淹没了，它们都是乍得湖溢出来的水，而且它已经淹没了好几处村庄了。他在朝着北方穿越沙漠的这段漫长而又令人筋疲力尽的行程中并没有遇到任何不同寻常的探险经历。

在穆尔祖克，他遇到了沃林顿，然后就和他在这里一起逗留了六天的时间。他遣散了一些仆人，其中就包括忠心耿耿的加特罗尼。

一些阿拉伯人的部落已经公然站出来反抗土耳其人了，因此当他落在

第六章
巴思在非洲中部的探险

他们手里的时候,应该说还是有一定生命危险的。然而后来,他还是成功地从他们的手中逃了出来,并于8月中旬抵达了的黎波里。他在那里待了四天,当第四天快要结束的时候,他登上了船,然后于1855年9月6日安全抵达了伦敦。

虽然他经过的许多地方早已为世人所知晓,但是在他以前,还没有一位在非洲的旅行家在穿越那片地区的时候,能够遇到如此之多的艰难险阻,并且如此成功地一一加以克服。

在他充满惊险的旅途中,最为重要的成果就是他发现了一条气势恢宏的河流。迄今为止,还没有人了解这条河流,它是从乍得湖的南方倾泻而下并汇入其中的。除此之外,他还发现了水量更加丰沛的尼日尔河——也就是贝努埃河,它起源于大陆非常深远的腹地,一路穿越了阿达马瓦省。

巴思可谓勇气十足,坚毅无比。在长达五年的旅行生涯中,他跨越了数千英里,置身于敌意重重的野蛮部落之中,遭受着让人四肢无力的气候的折磨,而且食物经常不太健康,有时候甚至不得不食不果腹。除此之外,他还不得不一直处于神经高度紧张的状态,以防遭到明目张胆的敌人或者假装是自己朋友的人的攻击。正因为这种种经历,凡是阅读过他的游记的人,都对他敬仰有加。于是,他也跻身非洲最重要的旅行者的行列。

第七章 伯顿和斯皮克在非洲中部的发现

理查德·伯顿(Richard Burton)爵士更为世人所熟知的身份还是旅行家伯顿上尉,也许大家都把他视为非洲所有旅行者中的老前辈了。伯顿于1857年发现了坦噶尼喀湖,此举就此拉开了非洲中部地区探险竞赛的序幕。在这场角逐中,约翰·汉宁·斯皮克(John Hanning Speke),也就是他的旅行伙伴,追随着他的脚步,发现了维多利亚湖。此外还有奥古斯都·格兰特(Augustus Grant),他是斯皮克的伙伴;再就是萨缪尔·贝克(Samuel Baker)爵士,还有斯坦利——伯顿在一封写于1890年2月15日的信中,称斯坦利是"非洲旅行者中的王子"。

伯顿的名字早已经是家喻户晓了,特别是在印度,因为他曾经前往麦加,一路经历了许多的艰难险阻。而在麦加,他扮演了一个"忠贞不渝的人"的角色,他在克尔白("天房",Kaaba)这一所有穆斯林教徒眼中地球上最为神圣的地方顶礼膜拜。在这段难忘的旅程中,伯顿所经历的一切探险让他蜕变为了一个高尚的人,因为他主动承担起了探索索马里兰(Somaliland)的使命,而且他也孜孜不倦地对信德(Scinde)进行描述。在那里,他曾经在查尔斯·纳皮尔爵士的手下服役。

从年龄来看,伯顿也许可称是最为杰出的语言学家,他熟悉二十五门欧洲、亚洲和非洲的语言;而且,他还亲自探险过非洲东部和西部的许多地区。他一生撰写了大量的游记,并且也是一位声名显赫的考古学家和文学家。我们可以从他关于埃特鲁斯坎(Etruria)的作品、他对卡蒙斯(Camoens)作品的翻译,以及他所翻译的《一千零一夜》中看出他的上述才华。的确是这样,理查德·伯顿爵士堪称最令人瞩目的一个人物,他的多面性也在他在运动方面取得的成就中得到了充分的展现,而且这些成绩一

第七章
伯顿和斯皮克在非洲中部的发现

点儿都不逊色于上述所提到的方面。他被尊称为一位战果赫赫的剑客,而且他对于剑术的著作也堪称一部典范之作。

伯顿在前往坦噶尼喀湖探险的远征中,有一位搭档,那就是斯皮克中尉。斯皮克隶属孟加拉土著步兵团第 46 部队,曾经在旁遮普(Punjaub)战役中在高夫(Gough)勋爵手下服役过。在假期的时候,他曾前往喜马拉雅山脉和西藏地区旅行,希望能够收集那些地区出没的动物的标本。就在忙着投身于这些事务的时候,他开始产生了横穿非洲大陆的构想。

他听说印度政府即将派遣一支远征队伍前往非洲海岸,而探险队的领队是孟买土著步兵部队的伯顿上尉。探险队此行的任务是去探索索马里地区,而那里就位于亚丁的正南方。于是,他就主动提出希望能够加入这支探险队,而且他的申请随后也被通过了。另外两位军官,印度海军的斯特罗扬(Stroyan)上尉以及孟买燧发枪兵团的赫恩(Herne)也加入了此次探险行动。

索马里人是穆斯林,他们是阿拉伯人与黑人通婚的后裔。他们可谓一个野蛮残暴、背信弃义的民族,而且他们善于撒谎和骗人的习性早已为世人所熟知。从体形上来看,他们体格高大,身材修长,体态轻盈,举止灵巧,肤色只比阿拉伯人稍微深一点而已;他们的嘴唇和鼻子都很薄,但是头发密密地卷曲着,这一点和黑人十分相像。索马里人都是十分敏捷而灵巧的运动员,而且他们在捕杀大象、鸵鸟和羚羊方面,有各种各样的方法。

一列又一列的商队相继穿越他们的国家,而迄今为止,英国人经常穿行在这片土地上。这些商队的目的地就是柏培拉(Berbera),那里是他们唯一的港口和最重要的市场。柏培拉一到赶集的日子,就会变得人潮涌动,一派熙熙攘攘的景象,而在一年之中的其他日子里,它则几乎完全呈现出一片荒芜的场面。

人们认为,远征队伍应该按照这些商队的路线走,或者索性就加入某个商队一起前进,这样一来就可以进入这个国家,然后深入腹地。为了几次短途的旅行,他们花费了一定的时间,但不幸的是,队伍里有一个小偷小摸的人,他主动提出担任保护者和向导,可是后来却露出了他那大流氓的真面目,一路竭尽所能地从各个方面欺骗他们。

历经了大量的麻烦事儿之后,这一支队伍最终保住了他们所需要的骆驼和马匹。随后,他们就在柏培拉安营扎寨了下来。在每年的这个季节,居民都会离开当地，它由此彻底地沦为了一片荒芜之地。于是，他们就在夜晚遭到了索马里人的攻击。来自印度海军的斯特罗扬上尉，这位战功显赫、十分受人欢迎的军官在袭击中被杀死了。至于斯皮克，他也沦为了囚犯，而且伤势相当严重。不过，正当攻击他的人即将把手中的长矛刺穿他的身体之际，他猛地站了起来，一下子把对方撞倒在地，然后一路逃到了海岸附近，而队伍中的其他人早已经纷纷逃走了。幸运的是，一艘当地的船只正停泊在此地，于是他就乘坐这艘船回到了亚丁。

虽然他的第一次探险之旅中止得如此悲惨，但是当斯皮克抵达英国之后，他再一次自告奋勇提出愿意陪同伯顿开启另一段探险，去探索非洲中部的那一部分地区，那里就位于"月亮山"的附近，人们当时认为那里坐落着一片巨大的湖泊。

伯顿和斯皮克回到孟买之后，他们于1856年12月3日登上了埃尔芬斯通号（Elphinstone）扬帆启航。在桑给巴尔，他们受到了哈默顿（Hamerton）上校的热烈欢迎，同时受到了马吉德（Majid）苏丹的盛情款待。

由于他们抵达的时候季节不是很理想，所以他们无法立即启动行程。为此，他们就去这座岛屿和海岸的不同地方进行参观，日子就这样一天天晃过去了。

他们的计划是前往乌济济（Ujiji），那里就位于坦噶尼喀湖的沿岸，而且人们认为那就是中部这片大湖的最南端了。他们与他们的商队首领，一位十分友好的人，也就是谢赫·赛义德（Sheikh Said）建立起了密切的联系。除此之外，还有由当地中尉率领的一队苏丹的俾路支（Belooch）士兵和一队配备了火枪的奴隶组成他们的护卫队。除了这些人之外，他们还有私人的侍从，即瓦伦丁（Valentine）和加埃特诺（Gaeteno），这两个人都是果阿人（Goa），此外还有一个聪明的小个子黑人奴隶，他已经恢复了人身自由，名字叫孟买。孟买参加了好几次探险之旅，在非洲旅行领域名气很大，他是从自己的出生地，即乌希尤（Uhiyou）被抓过来的，那里就位于湖区的东面。他被卖给了一个阿拉伯商人，正是后者把他带去了印度。他伺候了自己的主人几年，然后在主人去世之后，就重获了自由之身。随后，他就一路朝着桑给巴尔进发。在这里，他加入了苏丹的军队为之效力，并由此加入了这些旅行者的队伍。他是一位反应相当敏捷的小伙子，不仅聪明绝顶，而且为人诚实，在大多数情况下，是可以完全相信他的。

第七章

伯顿和斯皮克在非洲中部的发现

他们一行于1857年6月16日穿越了海峡,抵达了大陆。不过,为了凑齐运货物的牲畜,他们在那里逗留了一些日子。他们前往卡泽(Caze)的最初一段五百英里的旅程进展得相对轻松一些,沿途只不过受到了一些野蛮人的骚扰,还有一些酋长表现得非常贪得无厌。

当时的卡泽对于阿拉伯商人而言是一个贸易补给站。他们于1857年11月7日抵达了乌济济,而且受到了阿拉伯商人们的热情款待,斯奈(Snay)谢赫尤其如此。同时,他们也分到了一栋房子安顿了下来。

他们一行人眼下就与韦齐人(Weezee)[①]住在一起,后者的房子是用泥土建造而成的,而且通常情况下,屋顶都是平坦的,这种房屋被称为登贝(tembe)。不过,其他的房子看上去就像是一垛干草堆,而且搭建的时候得十分小心翼翼。房子的门很小,每次只能容纳一个人通行。这里的一些村子四周都围着一圈十分坚固的篱笆,在入口处的两边则竖着更高一些的桩。这些桩上面装饰着一段段木头,有的还挂着那些被处死的人的头颅。至于那些屋顶十分平坦的房子,它们都是围着一个很大的院子建造起来的,这些房子外部的墙就充当了村子的围墙,所有的门都是朝向内部打开的。

他们花了一些时间,试图从阿拉伯人以及其他人那里获得一些信息,而且这一努力收到了很好的效果,因为这些人告诉他们大湖是一个独立于乌济济之外的湖泊,而且有一条河流起源于乌济济,然后一路向北而去。

他们的搬运工现在都已经弃队逃走了,而这些人正是来自该国的这个地区。随后,他们发现要招到其他人可谓相当困难。在这里,伯顿上尉病得相当严重。于是,为了挽救他的生命,他的同伴就把他送到了津比利(Zimbili)。之后,他就在那里渐渐地恢复了健康。到了最后,他们终于凑齐了足够多的搬运工,然后就在1858年1月10日启程了。

他们一行向着正西方一直前进了一百五十英里。当他们正在一座山脊上跋涉的时候,突然瞥到了美丽的坦噶尼喀湖,每一个人都被它的无限风采深深吸引。不过斯皮克却是个例外,因为当时他的眼睛发炎了,正在忍受着疼痛的折磨。当大家都在欣赏湖景时,他正睡在地上,整个人都由于高烧和高挂头顶的太阳而变得越发虚弱了。这一疾病几乎让他变成了

---

① 即后文提到的尼亚姆韦齐人。——译注

瞎子，在他眼前出现的每一个事物看上去都像是蒙了一层朦胧的面纱。

他们现在正站在一座大型的、新月形的群山的东边凸起的角上，这座山角就高高悬挂在湖的北半部上空。他们一行人抵达湖边之后，就雇了一艘独木舟，然后坐着它前往乌济济，那里就是该湖沿岸最重要的一个地方，经常可以看到阿拉伯人来来往往的身影。湖水是甜甜的，而且湖里有大量肥硕的鱼。在坦噶尼喀湖的两侧，则密密麻麻地分布着大量的黑人村落。

这些探险家们住进了一栋被遗弃的房子，它原先的主人是一位阿拉伯商人。这栋房子就坐落在一个很小的村子里，它的名字是卡韦莱（Kawele）；可惜不幸的是，当地的酋长卡尼纳（Kannina）是一个独断专行的敲诈者，给他们带来了不少麻烦。他们希望能够雇佣一艘阿拉伯独桅帆船，然后乘坐它在湖上开展勘探工作，而且这艘船要足够大，能够装载所有的给养，同时还要能够抵挡住敌人的攻击。可是，他们最后只搞到了一艘又长又窄的独木舟，它是用一根树干挖空打造而成的。它载着孟买、加埃特诺、两个俾路支士兵、一个船长，还有二十个完全赤身裸体的野蛮人充当水手。于是，斯皮克就乘坐这艘船于1858年3月3日扬帆启航。至于伯顿，由于他病得太严重了，根本无法移动半步，所以就继续留在乌济济。斯皮克和他的侍从们沿着岸边刚刚移动了一小段距离的时候，突然遇上了一场暴风雨，于是他们就不得不原地安营扎寨，一直等到了5日的下午，才全体登船继续上路。

要把这么多的人集中在一起并不是一件简单的事情。斯皮克把他自己的床上用品就铺在了船中部的纸莎草上；他的仆人、俾路支士兵们和孟买就待在他的身边。再远一些，则是两两一组的船员，而船长则在船头就位。他们一路向南航行，经过了一条河流的河口区域。他们整个晚上都在不停地划桨，随后就在黎明时分上了岸，并且在一个事先规划好的角落享用了一顿早餐。之后，每一个人都忙着自己手头的事情。加埃特诺把自己的煮饭锅子浸到湖中去取水，而这一举动令当地人大为恼怒，因为他们宣称那些沉淀物会让鳄鱼的胃口被吊起来，而且一定会尾随着船只。这些人对于鳄鱼的厌恶程度就和英国的船员对于鲨鱼的厌恶程度类似。

突然之间，传来了一阵大喊声，意思是敌人正在逼近之中。于是，所有的人都立刻蹦了起来，快速地向船只冲过去，一些人抓住了一样东西，一些人抓住了另一样东西，但是大部分的东西都留在了地上。接着，大家都屏

第七章
伯顿和斯皮克在非洲中部的发现

住呼吸,四周一片安静;随后,有一个人跳到了岸上,去拿回了一个锅子,紧接着就是另一个人跳到了岸上。就这样,大家渐渐变得胆子大了起来,开始四处搜寻,在灌木丛中小心谨慎地匍匐爬行着。还有一些人则偷偷摸摸地向前移动着,直到最后遇到了一个人。见此情形,大家就一拥而上,折断了他的弓和箭。接着,尽管有一些船员建议还是应该取他的性命,他还是被他们给放走了。当地的船员在回程的途中,每个人都滔滔不绝地吹嘘着自己在这场突袭之中的功劳有多大,就好像他们刚刚赢得了一场伟大的战役。

他们经过了一大片水草,那里正是鳄鱼和河马的栖息地,而后者瞪大眼睛盯着他们,嘴里发出咕噜咕噜的声响,同时从鼻子里呼哧呼哧地喷着气,就好像它们由于隐私受到了侵犯而显得十分苦恼似的。在河岸上,许多地方看上去都十分荒凉,这是由追捕奴隶和偷窃牲畜导致的。一位远征记者是这样描述的:

"晚上,斯皮克的帐篷搭建了起来。人们为他们自己也建造起了小屋子,他们用一些大树枝盖在青草堆砌而成的屋顶上,最多两个人共用一间小屋子。当遇到下雨的日子,他们就用垫子把自己裹起来。不过,由于他们都是浑身一丝不挂的,所以雨水也没有给他们带来任何影响。他们捡了一些很有意思的贝壳,而这些贝壳对于那些来自不同世界角落的人而言是闻所未闻的新鲜事物,它们就这样成片成片地散落在卵石成堆的湖滩上。

"由于又降临了一场暴风雨,他们的行程被再一次耽搁了下来。那位迷信的船长拒绝回答任何问题,因为他担心如果在湖上航行的时候做出这一举动,就会冒犯神灵。他尤其害怕谈论离开与抵达之地,因为他害怕会摊上坏运气。

"他们花了十四个小时才穿越了这片湖,然后就抵达了一片岛屿。水手们和其他人友善往来,彻底放松下来,无所事事地度过了一天。到了晚上,他们却遭到了一群黑色的小甲壳虫的袭击,有一只甲壳虫甚至钻进了斯皮克的耳朵里去,他因此感到阵阵剧痛。这只小虫子一路爬,一路咬,而无论他怎么努力,都无法把它给弄出来。然而,它却像一剂抗刺激药,把他双眼的发炎症状给消除了。

"附近的河岸上,人口的密集程度还是相当可观的,当地的居民就住在蘑菇形状的小屋子里。他们种植木薯、红薯、玉米和各种各样的蔬菜。人们的身上披着猴皮,猴子的脑袋就垂在前面,而尾巴则荡在下方。他们充满了好奇之心,所以一直在七嘴八舌地说,同时用手指指点点,希望斯皮克能够把他所有的东西都一一展示给他们看。

"到了第二天,他就离开了,然后到达了一个鱼市,那里就在卡比孜亚岛(Kabizia)上。他正好赶上早餐时间,于是就享用了一条硕大的黑背无鳞怪东西,也被称为辛加鱼(singa)。由于船员们认为它简直太美味了,都不太愿意继续前进了。

"他们遇上了一场强风,所以行程不得不再次被耽搁。到了11日的中午,他们终于穿过湖泊抵达了卡森戈(Kasenge)。在那里,阿拉伯商人哈默(Hamer)异常热情友好地款待了斯皮克。他的房子是用泥土建造的,相当坚固而精美。屋顶则铺着木柴,内部的房间分隔十分合理,供他的妻子使用,同时也便于放置财物。除此之外,还有一个会客室专门用于处理一般的事务。他之所以千里迢迢来到这片遥远的地区,目标就是购买象牙、奴隶和其他商品。斯皮克十分迫切地希望能够弄到一艘独桅帆船,而这位阿拉伯商人正是这艘船的主人。不过,虽然他口头上声称自己十分愿意把它借给他们使用,可实际上却百般推诿,以至于到了最后,斯皮克不得不坐着自己那艘小独木舟继续航行了。

"在这片美丽的区域,奴隶制是一颗毒瘤。在这里,仅仅为了一两块缠腰布,一位母亲就会迫不及待地把她的亲生骨肉给卖了,把它交给俾路支士兵们,然后他就成了后者永久的奴役。掠奴者摧毁了一个又一个村庄,而且都是扫荡式地连锅端,他们的手段相当残忍无情,而目的就是抓住他们的那些受害者。那些身处腹地的酋长与身处海岸线的酋长一样都贪得无厌,而正是这一特性,使得他们为了抓住更多可供出售的奴隶,彼此大打出手。

"从哈默那里,斯皮克了解到有一条宽大的河流从群山之间流出,一路汇入了这片湖泊的最北端。

"到了13日,独桅帆船终于驶来了,船上还满载着牛、山羊、油和酥油;可是,尽管斯皮克提出自己愿意出五百美元来租下它,这位阿拉伯商人还是拒绝把它租给他们。到了27日,斯皮克开始踏上了回程,并且于31日回到了乌济济。

"伯顿上尉的身体稍微有了一些好转。而且,虽然他的健康状况还不

第七章

伯顿和斯皮克在非洲中部的发现

适合旅行,但是他坚持要乘坐独木舟去探索那片湖的源头。此时,卡尼纳主动提出愿意陪同他们一起前进。他们的目标是去探索那条据说是汇入这片湖泊的河流。他们分别登上两艘独木舟,然后就出发了,卡尼纳和伯顿上尉乘坐的是最大的那艘船。八天之后,他们就抵达了乌维拉(Uvira)。然而,卡尼纳却一步也不愿意走了,因为他知道伦迪人(Warundi)是他的敌人。而且,他还证实,那条河流的确是汇入这片湖泊的。

"那些赤身裸体的黑人船员们永远都不会厌倦去测试他们各自的体能。他们划着桨离开,然后一旦能够靠近彼此的时候,就会拍起水花。当他们看到这些旅行者们被溅起的水花弄得浑身湿透时,就显得非常高兴的样子。他们最享受的活动似乎就是折磨其他人而自己毫发未损。他们在干燥的天气里都是披着山羊皮的。但是,只要雨水一降临,他们就会把它们折起来,然后放在他们的行李里,自己则站在那里瑟瑟发抖,就像刚刚被捞出来的落水狗一样。

"在这片盆地上,从山顶一路到海岸,密密麻麻地覆盖着各类植被,它们是如此地多姿多彩,他们还从来没有在非洲的其他地方看到过可以与之媲美的景象。"

当他们回到乌济济之后,斯皮克就希望能够再进一步勘测这片湖泊,可是伯顿却对此提出了反对意见,因为他认为他们的物资即将耗尽了。事实的确是这样的。要不是一位阿拉伯商人及时带着补给抵达的话,他们的处境早就变得十分尴尬了。这次及时的物资补给对他们而言,是此次旅途中多次好运气的一个例子。当他们最需要帮助的时候,总是会有人来到他们身边,并伸出援助之手。

伯顿上尉是躺在担架上被抬着前进的,因为他病得太严重了,根本无法下地走路。就这样,他们出发了,然后安全回到了卡泽。

在这里,他们再一次受到了他们的朋友的款待,后者还向斯皮克描述了他前往大湖的旅程,而且,他所说的话还得到了一个名字叫穆萨的印度商人的证实。这个人也向他描述了这条线以北地区以及从湖泊流出来的一些河流的情况。

由于斯皮克迫不及待地想要早日出发前去探索这一地区,所以他就安排好一切,然后动身上路了,而伯顿则留在了卡泽。可是,谢赫却拒绝陪在他的身旁,因此他在与俾路支的守卫打交道时就遇到了一些困难。

147

1858年7月9日，斯皮克带着自己的队伍出发了，队伍的组成人员包括二十个搬运工、十个俾路支人和他的侍从们。一开始，这些俾路支人个个绷着脸，一副不爱搭理人的样子，而且很难管教；至于那些搬运工，则百般耍诡计，有时候把行李扔下就跑了。而到了傍晚，他们就会载歌载舞，歌舞内容就是按照当时的场合创作的，他们会介绍每个人的名字，尤其是"智者"或者白人。

　　韦齐人的村子就是一个广场，中间是一大块空地，广场的外墙就是屋子的背面；还有一堵墙构成了前面，而中间的空间则由内部的土墙进行分隔。屋顶都十分平坦，而且在屋顶上还存放着柴火、粮食、南瓜和各类蔬菜。每一间房子里都住着一户人家，储存着他们的家禽以及做饭用具。不过，有一些房子完全是用来养山羊和奶牛的。

　　他们穿越了占地面积相当可观的森林，还遇到了来自北方的商队。在一个地方，他们发现统治当地的居然是一位女苏丹，而她是他们在数次旅程中唯一遇到的女苏丹。她想尽一切办法试图留住斯皮克，而且一直等到第二天才召见了他。在他前往拜访这位女士的时候，一位老妇人接待了他，虽然她相貌丑陋，而且穿着十分邋遢，但是她的脸上始终挂着笑容。在他的请求下，她给了他一些鸡蛋和牛奶。最后，女苏丹终于现身了。她是一个老女人，长得又矮又胖，鼻尖上的肉都松松地耷拉着，眼睛上的眉毛与睫毛都很稀少，不过她的脸上却洋溢着灿烂的笑容。她身上穿着一件很旧的外套，甚至比她女仆的衣服都更脏。她的手指上戴满了铜线缠绕而成的指环。她的腿上层层叠叠地套着数量惊人的脚环，以至于走起路来显得摇摆不定。这些脚环都是用铜线缠在大象或者斑马的尾巴上做成的。在她的双臂上，则是一圈圈坚固的铜环，而从其他的线圈手镯上，则垂下来各种各样的黄铜、号角或者象牙的装饰品。

　　这位女苏丹蹲在斯皮克的身旁，两个人握手之后，她就开始缠着他不放了，不停地赞叹他的衣着。她坚持要他收下一头小公牛。不过，他急于离开，就表示不愿意在原地等候它被牵来。最后，她同意由他的一些搬运工把它运到他那里去，为此这批人就留了下来。

　　由于他的搬运工都十分懒惰，所以原定的行程常常被他们给耽搁下来。这些人一进入某个资源丰富的国家，只要能够弄到肉、鸡蛋和蔬菜，就宁愿大吃一顿，一点都不愿意干活。

第七章

伯顿和斯皮克在非洲中部的发现

不幸的是,他随身只有白色的珠子,而它们根本就不时髦。如果他拥有彩色的珠子,就能够以便宜得多的价格购买补给了。如果当地的人们同样沉迷于穿布料的衣服,而不是用珠子装扮自身的话,他一定也会以更优惠的价格购买到商品,因为他手头就有一批布匹。

当时这个地区正深陷战火之中,所以他就有必要绕道而行,以避开那些争斗者。

印度军官和两个俾路支人对病痛怨声载道,而且宣称他们实在无法再前进了,可怜的加埃特诺病倒了,然后自己躲进了丛林之中,并由此落在了大部队后面。于是,斯皮克就派了一些人去搜寻他。到了第二天,俾路支人把他带了回来,他看上去非常地沮丧。

总的来说,各个村庄的酋长都表现得十分友好。当他们一行不得不穿越一片荒芜之地的时候,这些人都显得十分乐观,兴致高昂,同时,他们希望在下一个有庄稼地的区域可以获得食物。

在 7 月 30 日,斯皮克辨识出在四英里之外有一片水域。事实证明,那就是位于大湖最南端的一条河流,阿拉伯人把它叫做"乌凯雷韦海"(Ukerewe Sea)。他们穿过了一些村庄和庄稼地,然后下到了一条河道,他称其为"约旦河"(Jordan)。这条河里出没着大量的河马,而犀牛则常常会走到田野里去。

在这一地区,人们发现了数量惊人的铁,非洲东部这一地区几乎所有的铁制工具和用具都是在这里制作出来的。所以从本质上而言,此时此刻,这里就相当于扮演了伯明翰的角色了。因此,搬运工希望能够继续留在当地,这样一来,就可以购买锄头了。

他们穿越了一片富庶的土地,然后,商队就离开了伊萨米洛(Isamiro),并于 8 月 4 日爬上了一座小山丘。突然之间,大湖那一大片淡蓝色的水域映入了这位旅行者的眼帘。当时还是一大清早,远处那北方地平线的海岸线显得静谧而清晰,就位于指南针的北和南的针尖之间。向左望去,一大片岛屿矗立着,挡住了视线。河流向东方无限奔腾而去,形成了这片湖泊的南部和东部的角。与此同时,两座大型的岛屿,相隔大约二三十英里的样子,构成了这一河口湾的清晰可见的北岸地区。再往下不远处,就是河流的出口,而在过去的三天时间里,他们就是沿着这里不断跋涉的。

在任何地方,这样的景色都会以其无比祥和的魅力征服每一位到此一游的旅行者。而斯皮克就是这样热情激昂地描绘的:

"这些岛屿,每一座都有着坡度较缓的斜坡,然后在最顶端汇聚成一座山峰,那里覆盖着很多的树木,花岗岩石崎岖不平,露着尖尖的角,彼此挤挤挨挨地散布着,看上去好像可以从平静如水的湖面上映出倒影来。在湖面上,可以发现一些微小的黑色颗粒星星点点地分布着——那是一些渔夫在划着很小的独木舟。在我的脚下,伸展着一片缓缓斜下去的草原,在草原的上面,透过树顶袅袅地升起一缕青烟,这就表明了小村庄星罗棋布地点缀其间。在这些村子里,棕色的茅草屋顶与美丽的乳液灌木所显露出来的祖母绿颜色互相映衬,这些灌木围绕着一栋栋小屋子,而且在村落里形成了许多小径和栅篱,这和英国花园中的灌木丛相似,都很有装饰性。

"但是纯粹的风景所带来的愉悦体验在那些更强烈的、更令人兴奋的情绪面前消失得无影无踪了,而这些情绪之所以产生,是因为我想到了未来它在商业和地理领域将要发挥的重要价值。我不再怀疑正是脚下的这片湖泊孕育了那条有意思的河流,而关于那条河流的源头问题一直以来都引起了人们大量的猜想,同时也成为许多探险家的奋斗目标。阿拉伯人的神话被证实的确是言之凿凿的真实情况。这是一片比坦噶尼喀湖的水域更为宽广的湖泊,它是如此之宽,以至于你都无法看到对岸;它是如此之长,以至于没有人知道它的确切长度。"面对这条无比瑰丽恢宏的湖泊,斯皮克赋予了它"维多利亚"的名字。

现在,斯皮克顺流而下抵达了姆万扎(Muanza),它就坐落在该湖的沿岸。从卡泽出发,他全程一共跋涉了两百二十六英里。在这里,他受到了玛哈亚(Mahaya)的友好款待。有一位名叫曼苏尔(Mansur)的阿拉伯商人和他住在一起,而且给了他许多很有参考价值的信息。

这位伟大的旅行者就在曼苏尔和一位当地人的陪同下,沿着湖泊的岸边步行了三英里的距离。然后,他登上了一座小山丘,并得以从那里很清晰地俯瞰眼前铺展开去的一大片水域。他看到了几座小岛,不过一些是如此遥远,以至于几乎无法辨识清楚。正对西—北—西方位的是一条连绵不断的水平线,于是他计算出这片湖的宽度要超过一百英里。当他问那个当地人这片湖的长度时,只见他面朝北方,微微点着头,这一举动的意思就是这一长度是无法衡量的,他还补充说它也许一直延伸到世界的尽头。

可怜的曼苏尔被一位苏丹抢走了他所有的商品,而后者的领土就位于这片湖的岸边。可是,他要索取补偿的希望却可以说是非常渺茫的。

第七章

伯顿和斯皮克在非洲中部的发现

在那些地区,玛哈亚被认为是最杰出、最公正不阿的一位统治者了。当斯皮克建议说要渡过河前往乌凯雷韦岛的时候,这位苏丹就劝说他千万不要进行这一尝试。与此同时,曼苏尔也竭尽全力对他进行劝阻,再加上无法弄到船只,所以他就被迫放弃了这一打算。

斯皮克考虑到刚刚抵达的尼罗河源头的最高点的海拔高度为两千英尺,这比湖泊的水平面要低得多,因为后者的海拔高度要达到四千英尺,于是就十分肯定他刚刚发现的湖一定就是尼罗河的源头。

由于他无法找到任何船只,再加上他已经掌握了所有可能被了解到的信息,于是他就告别了苏丹和他的阿拉伯朋友,于8月6日踏上了返程。

他所穿越的地区野生动物品种和数量都可谓相当丰富。他一路上看到了体形非常庞大的象群,它们比世界上其他任何地方的大象都要品种更优,而且一些大象的象牙每对的重量都要超过五百磅。当地的人大部分都是以农业为生,他们是如此地热情好客,以至于一旦有某个陌生人来到他们中间,他们就会热烈欢迎他,认为他的到来是一个好兆头,所以就允许他想干什么就干什么。

在返程的途中,他手下的那些黑人侍从表现出幽默风趣的一面。由于这片土地上养着数量庞大的牲畜,所以他们可以尽情地大口吃肉。他经过了一个村子,里面到处都可见甜甜的清泉,而且人口相当稠密,那里的牲畜规模也相当庞大。斯皮克说道:"如果他们是被一小撮欧洲人所统治的话,那么一定会在几年后发生一场大变革的!一定会向世界开放一个巨大的市场,而工业和商业也必将为文明和启蒙铺平道路。"

而且,他还说,这片土地海拔位置很高,气候干燥,有益于人体健康,因为这里的空气既不会太炎热,也不会太寒冷。

到了8月25日的傍晚,斯皮克再次进入了卡泽,当时天气十分凉爽,明亮的月光洒在大地上。他手下的侍从们发射着手中的火枪,口中唱着歌。与此同时,男男女女,还有孩子们,都蜂拥而出,大声地发出十分刺耳的吼叫声,声音划破了夜空。阿拉伯人都上前来迎接他,然后一路护送他进入他们的补给站。在那里,伯顿上尉向他致以亲切的问候。他一直以来都十分牵挂他的安危,因为大量的消息都涉及他本人,却无法得到证实。

现在,他的这位旅行伙伴已经恢复了健康。于是,他们就一起启程前往桑给巴尔,然后在那里待了很短的时间。最后,他们就回到了英国。

第八章　斯皮克和格兰特的
　　　　　维多利亚湖—尼罗河之旅

斯皮克在一位年迈的印度军官的陪同下,于1858年7月30日离开了英国,前往桑给巴尔。这位印度军官就是来自孟加拉土著步兵团的格兰特。他们此行旨在证明尼罗河的源头在维多利亚湖,而后者正是最近刚刚被他发现的。他们于9月25日乘坐着一艘小型护卫舰离开了桑给巴尔,它是苏丹交给他们可以任意支配的交通工具。于是,他们就渡过大海前往大陆上的巴加莫约(Bagomoyo)。他们已经雇佣了十个开普骑枪兵团的人,他们都是霍屯督人(Hottentots);一个当地的首领,谢赫·赛义德;五个黑人水手,他们都会说霍屯督语;孟买,也就是斯皮克之前的侍从;一支由六十四个瓜纳(Waguana)黑人组成的队伍,他们都是被释奴;还有来自内地的十五个搬运工。除了赛义德,另外还有两位头目,他们就是孟买和巴拉卡(Baraka),他们负责统帅桑给巴尔人。他们一共在队伍中分发了五十支枪,而赛义德的武器则是一把双弹闸的来复枪,这是斯皮克亲自交给他的。除此之外,苏丹还派出了二十五个俾路支人,再加上一名长官。他们一行将作护卫队,护送探险队伍完成一段旅程。另外,他们还有十一头骡子,它们专门负责驮运弹药。最后,还有五头驴子,它们是为患病的人预备的。

他们计划徒步走完全程,而所有的行李都将由人负责背着。搬运工的头目走在最前面,负责带领队伍前进。区分他与别人的标志就是一顶高高的鸵鸟毛头饰,它是由羽毛穿过一条猩红色的法兰绒布组成的。只见他手持旗帜,身后跟着自己那帮头发细卷的黑人,后者手握长矛、弓箭。他们之中,有的人用三叉棍子扛着行李,有的则把黄铜或者紫铜线圈挂在棍子的

第八章

斯皮克和格兰特的维多利亚湖—尼罗河之旅

两端,然后把棍子架在肩膀上面。再后面跟着的是瓜纳人,他们都扛着商品。接下来是霍屯督人,他们牵着骡子,骡子的背上驮着弹药。队伍的最后一部分是赛义德、俾路支护卫兵、山羊、妇女、病人和掉队的人。

10月2日,队伍踏上了远征之旅,第一段行程将要跨越五百英里,目的地是卡泽。

斯皮克和格兰特两个人也进行了分工,各自负责此行的不同方面:前者绘制这片地区的地形图,而这就是按照队伍前进的速度计算出的;他还需要负责指南针、记录水位,以及开展其他的观察活动。其次,每到一处地方安营扎寨之后,他就必须测明该地区的海拔高度,以及按照某颗星星的子午线高度来确定该地区所处的纬度。然后,每隔六十英里他就必须观察月亮,并按照观察结果来决定经度;最后,他还负责记日记、画素描,同时进行地质与动物方面的资料搜集工作。至于格兰特,他负责植物方面的资料搜集工作、观察温度计、负责雨量计以及对沿途的风景进行彩色素描。

队伍一路前进,直到太阳高高挂在天空上,接着他们就开始吃早餐,抽两口烟,随后再去附近探索一下。在日落时分,他们会享用晚餐,然后喝茶、抽烟。到了晚上,他们就睡觉休息了。

可是,他们的行程刚刚开始没多久,搬运工就开始罢工了,声称需要付给他们更高的报酬。不过,首领们依然还是继续前进。于是,他们重新思索了一下,又改变主意跟上了队伍。可怜的霍屯督人被当地的气候折磨得不轻,因此经常会生病。瓜纳人对他们的态度十分轻蔑。有一天,当个子矮小的托特(Tot)正努力把他的行李放到骡子背上去的时候,一个又高又壮的黑人用自己那肌肉发达的胳膊一把连行李带人抓起了他,然后把他和行李高举过头顶,顶着他们绕着营地展示了一圈,众人见状禁不住爆发出阵阵笑声。接着,他把小个子放了下来,帮他把货物装上了骡子,然后伸手拍了拍他的背。

斯皮克是这样写的:"一天的行程落下了帷幕,谢赫和孟买负责安营扎寨,把布匹分给搬运工,让他们用这些去购买口粮;大家搭起了帐篷,霍屯督人负责做饭,一些人照料骡子和驴子,另一些人负责砍大树枝,用来搭建小屋子和篱笆。与此同时,虽然俾路支人应该负责守卫营地,但是他们更愿意凑在一起聊天,或者把他们的武器擦得锃亮。至于格兰特上尉,他杀死了两头羚羊,我们的食物贮藏由此得到了进一步的充实。"

他们正在穿越的这片地区属于扎拉莫人（Wazaramo）部落。在这里，村庄到处散落着，而房屋的轮廓基本上都是圆锥形的，外面还用疏篱围住。房屋的外墙上抹着一层灰泥，屋顶则盖着青草或芦苇。虽然他们嘴上声称自己都是桑给巴尔苏丹的臣民，但是他们却对旅行者大肆抢掠，而他们这样做不会受到任何的惩罚。除此之外，他们还要求得到比原先所预期的更多的贡品，而且通常情况下，为了勒索财物，他们都会采用威胁的手段。其中有一位酋长——被人称为"狮爪"——就总是找他们的麻烦。当他们给他送去礼物之后，他就派人退了回来，并且威胁说如果自己的要求无法得到满足，就会对他们实施可怕的报复行动。他们继续前进，又遇到了另一位酋长，他则被人称为"猴尾"，他向他们索要更多的贡品。但是斯皮克派人传话说，如果他胆敢来索取，就应该好好闻一闻自己的火药。于是，在展示了他手下士兵们的射击技术之后，"猴尾"再三考虑，最后两手空空地回去了。

从身高的角度来看，当地人的确有点儿矮，但是他们长得并不难看。虽然他们的服装很有限，他们却用贝壳、锡片、珠子来点缀自己。除此之外，他们还用红土和油涂抹自己的身体，直到他们的皮肤呈现出崭新的古铜色。他们的头发微微卷曲，被缠绕成无数簇的发束，每一束都用树皮给加长了。他们具有一种很好的品质，而这在非洲并不普遍，那就是男人对待女人非常地用心，他们会为她们梳头发，会护送她们去取水，以免她们遭到任何伤害。

队伍于10月14日抵达了克库恩达（Kirkunda）。第二天，他们就把俾路支人的护卫队派了回去，同时还让他们带回了一批收集到的自然标本。

他们沿着金加尼河（Kinganni River）一路前进，然后抵达了乌萨加拉（Usagara）。根据斯皮克的说法，乌萨加拉人是一个悲惨的民族，为了躲避奴隶贩子的追捕，他们就把自己的村子都建在了山丘的顶端，而且耕种的土地面积也很有限，仅仅够维持他们的需求。只要一有商队出现，他们就立刻四散逃开，躲藏起来。一旦他们被追上了，也从来不会试图进行抵抗。他们全身上下唯一的服装就是一条缠在腰部的布而已。

在这里，格兰特发起了高烧。与此同时，霍屯督人的病情也恶化了。

他们一行人从山丘遍野的乌萨加拉出发，经过了一天的长途跋涉之后，就进入了乌戈戈（Ugogo），那里的地势相对平缓。当地的食物比较匮

第八章
斯皮克和格兰特的维多利亚湖—尼罗河之旅

乏,居民为了省下粮食储藏起来,就靠着食用葫芦的种子为生。这片土地有其狂野原始的一面,这与占据它的当地人十分协调。男人们每次出现,必定是手持长矛、盾牌和细木柄标枪的。他们非常喜欢装饰品,最常见的饰品是在耳垂上穿上一根葫芦。他们非常冲动,贪得无厌,所以会强行冲入营地抢夺。除此之外,一旦有旅行者经过,他们就会挤在道路上,嬉笑怒骂,不停提问题,然后对着他们指指点点。

到了 27 日,他们在乌戈戈面积最大的一块空地的东部边界上安营扎寨,那里被称为坎尼耶(Kanyenye)。然后,他们就把自己的包裹都堆放在一棵很大的躯干粗壮的树下。有八个搬运工从这里逃走了,带走了他们身上所扛着的所有货物,还有两个黑仆。

到了晚上,斯皮克出发去狩猎一头犀牛。在他射杀了一头之后,又有两头向他小心翼翼地逼近过来,看上去十分烦躁。于是,他就走出了自己的庇护地,身边还有两个黑仆负责扛着他的第二支来复枪。他瞄准最大的那头开了一枪,只见它吼叫着转了个身,位置正好处于第二发子弹的最佳射程。但是,正当斯皮克扭过身子去取那支备用的来复枪时,他却发现那两个黑仆已经像猴子那样噌噌噌地爬到一棵树上去了。不过,对他来说,幸运的是那两头犀牛并没有发起进攻,而是拖着脚走开了。于是,他匆匆忙忙地赶回去,告诉他的同伴们这下可有食物可以吃了。但是,他们连这头猛兽的皮都还没来得及剥下的时候,当地的土著就像秃鹫那样围拢了过来,然后开始向他们发起了进攻。虽然当时所发生的一幕看上去十分奇异特别,却极端地野蛮残暴,令人作呕;他们手持剑和短柄小斧,不停挥砍着,步履沉重地走动着,大声叫喊着,在犀牛尸骨中膝盖着地跪着享用大餐。一旦有某个人抢到了一口诱人的美味,就会有一个更强壮的人一把抢过来,然后拿着战利品窜开了,此时此刻,武力决定一切。幸运的是,旅行者一行与这些村民之间并没有产生争斗。后者浑身都是血,很快就蹦蹦跳跳地回家去了,每个人都拿着抢到的战利品。

马贡巴(Magomba)谢赫想方设法挽留他们,他派出了自己的首相,后者的言行举止很明显是十分友好的。谢赫让首相恳求他们住到自己的宫殿里去。然而,他们并没有上钩,斯皮克对这些流氓简直太了解了。第二天,谢赫喝得大醉,所以无法接见任何人。于是,日子就这样一天天地过去了。他们为了打发时间,就专心致志地打猎,杀死了许多动物。然而,马贡巴却引诱了将近所有的搬运工从营地里逃走,而且要再找到其他人来顶替这些人的位置可谓相当困难。他们之前在一个商队遇到的旧相识规劝他们千万不要尝试再前进了,因为照他看来,仅仅靠着斯皮克和格兰特的枪支作为他们的支撑,他们是不可能穿越这片荒野的。但是,斯皮克还是坚决要继续前进,而大多数之前弃队而逃的人都回来了。有一个搬运工偷了七十三码的布匹,然后把它们藏在了自己的装备里。后来,事情败露了。为了整顿纪律,他就接受了三十六下鞭打,再加上人们又发现他是一个谋杀犯,而且品质很恶劣,于是他就被赶出了营地。

他们是在圆岩村(Round Rock)过的新年,那是一个小村庄,那里居住的人生性都很沉静而温顺,所以他们一行人待在那里的时候,都觉得更加自在和放松。现在,为了获得配给,他们就派人去远处的村庄。不过,他们还是可以凭借手中的枪支为整个营地提供食物的,因为他们可以猎杀犀牛、野猪、羚羊和斑马。

到了1859年1月23日,他们进入了乌尼亚姆韦齐(Unyamwezi,亦被称为"月亮之国",简称韦齐)。第二天,他们抵达了卡泽。斯皮克上一次造访那里的时候,就逗留了相当长的一段时间。他的老朋友穆萨赶来迎接他们,并且护送他们前往他自己的房子,同时邀请他们都住下,直到他能够找到搬运工帮着把他们的财物都运到卡拉圭(Karagwe)去。除此之外,他还承诺说自己愿意和他们一起前往。在这里,他们还碰到了斯奈谢赫以及其他一些阿拉伯商人,这些人也立刻前来探望他们一行人。谢赫告诉他们,他手下有一支由四百个奴隶组成的军队,他们随时准备出征去攻打酋长马努阿·塞拉(Manua Sera),因为后者常常会攻击并且抢掠他们的商队。斯皮克建议他不要作此尝试,因为他很有可能落得悲惨的下场。其他的阿拉伯商人们也同意一份和平条约比一场战斗更好。

对于继续向北旅行,穆萨向他提供了大量的信息,而且答应从自己的奴隶群中抽出六十个搬运工给他用。按照这样的安排,斯皮克就有一百个人员可以担任自己的护卫了。穆萨大声地称赞鲁马尼卡(Rumanika),也就是卡拉圭的国王,而远征队伍即将要穿越的正是他所管辖的领土。

然而,他们还是在卡泽花了一点时间开展此行的各项准备工作。在空暇时,这两位旅行者就四处搜集有关这个国家的信息。

他们眼下与尼亚姆韦齐人(Wanyamwezi)住在一起,这是一个相当有

第八章

斯皮克和格兰特的维多利亚湖—尼罗河之旅

礼貌的民族,对于招待朋友或者陌生人有着一整套的礼仪规定。一旦有重要人物抵达或者离开,他们就会敲起锣鼓。当一位酋长接待另一位酋长的时候,他就会集合起整个村子里的居民,后者都带上各自的锣鼓和乐器,力所能及地弄出声响来。接着,他们就会翩翩起舞助兴。在所有的场合,都会出现锣鼓的身影,它扮演的角色就像喇叭一样。而且,当旅行者希望前进的时候,村民们就会敲起鼓来,鼓声作为一种信号传递给搬运工,示意他们可以拿起各自的行李了。妇女对她们的酋长行屈膝礼,而男人则是拍击双手,同时弯腰鞠躬。如果一位地位较低的女性遇到了一位地位比她高的女性,前者就会单膝跪地,同时低下脑袋,地位较高的那位就会把她的手放到下跪女性的肩膀上。她们就这样保持这个姿势一小会儿,低声交流几句话,然后她们就会起身,并随意地进行交谈。

尼亚姆韦齐人,或者我们所熟知的韦齐人,都是十分了不起的生意人。为了做生意,他们甚至愿意千里迢迢去远方。

当一位丈夫从某次旅程中归来,他最宠爱的妻子就会以一种十分特殊的方式来迎接他。首先,她会戴上自己所有的装饰品,然后再加上一顶羽毛制作而成的帽子。接着,她就带着朋友们一起来到酋长的正妻面前。当这位女士出来的时候,她们全体就在她的跟前手舞足蹈起来,看上去十分投入的样子,直到她的丈夫出现在视线之内。与此同时,一支乐队在旁边敲锣打鼓地演奏着,每个人都竭尽全力把手中的乐器弄出声响来。

2月7日,他们收到消息说斯奈谢赫已经对马努阿·塞拉发动了实质性的攻击,因为当时这位谢赫发现他正住在图拉(Tura)的一栋房子里。不过,马努阿还是成功地逃走了。至于谢赫大人,他洗劫了整个地区,而且见人就开枪,同时还抢走了一大批奴隶。因此,酋长威胁说一旦商人们踏上旅程去搜寻象牙,他就会攻击卡泽。此后没过多久,斯奈和其他的阿拉伯人就被杀死了,包括一大批奴隶也都没能幸免于难。

当这些旅行者发现他们在卡泽已经没什么可以做的了,就集结起他们的商队,并于3月17日动身向北出发了。到了24日,他们抵达了米宁加(Mininga)。在那里,他们受到了一位象牙商人的款待,他的名字叫瑟伯克(Sirboko)。在这里,瑟伯克有一个奴隶手脚都戴着镣铐,他对着斯皮克可怜兮兮地大声呼喊道:"哦,真主啊,请可怜可怜我吧!当我还是自由身的时候,我在坦噶尼喀湖边看到过你,我的同胞们在那里遭到了图塔人

(Watuta)的袭击,而我由于身受重伤,所以只有被撇下等死的份儿了。后来,我恢复了健康之后,就被卖给了阿拉伯人。如果你愿意恢复我的自由之身,我将永远不会逃走,而是会忠心耿耿地服侍您。"斯皮克被这一恳求打动了,于是就从他的主人那里为这位可怜的人买下了自由权,于是后者就和其他拥有自由身的手下一起为他效力了。

那些阿拉伯人的行为十分令人厌恶,因为他们坚持要攻击当地的土著,而且要摧毁途经的土地,而这就让旅行者们不得不陷入了一种十分尴尬的境地。而且,霍屯督人也深受疾病的折磨。为了挽救他们的生命,唯一的希望就是必须把他们送回桑给巴尔。因此,斯皮克下定决心还是回到卡泽去,并且于5月2日抵达了那里。至于格兰特,由于他病倒了,所以就留守在米宁加。

他们依然还身处韦齐人的地盘上,因此就有机会再目睹更多新奇的风俗。不管是男人还是女人,个个都是老烟枪。他们能够以很快的速度用一团黏土和一根绿嫩枝做出他们的烟管,至于对嫩枝的处理,他们是抽出其中的木髓。他们人人都种植烟草,他们把叶子扭卷成一根很粗的绳子,看上去就像一根草绳。接着,他们就把它盘绕成一个平整的螺旋形。他们非常喜欢跳舞。韦齐人会把一条长长的树皮或者一张牛皮铺在地上,然后沿着它站好队形,个子最高的人站在最中央的位置。当他们各就各位之后,乐师们就开始演奏他们的乐器。与此同时,舞者们开始张口进行唱诵,听上去很奇怪,与其说他们是在唱歌,还不如说是在嚎叫。他们会不住地低头,把双手放在他们的臀部,然后拼命地用脚踩地。至于那些并没有跳舞的人,则在一旁观看,同时也跟着一起哼唱,以此来鼓励他们的朋友。而那些妇女们,则站在后面一言不发。与此同时,年纪最大的长者坐在地上,饮用着庞巴酒(pomba)。庞巴酒是一种烈性酒,用当地种植的某种粮食作物制作而成。它是由女性负责酿造的,而女性基本上全程负责这种饮料的制作。

正当这一群人全身心地投入这场活动时,两个小伙子一下子跃入了舞者的中间,只见他们的头上系着长长的鬃毛,手里拿着两根树管,形状就像硕大的巴松管。他们两个人极尽夸张地扭卷、翻转并且吹奏着他们手中的号角。这时候,男人、女人,还有孩子们,都受到了这一乐声的感染,开始合着节拍一边歌唱、一边拍手。

第八章

斯皮克和格兰特的维多利亚湖—尼罗河之旅

尼亚姆韦齐人的尤库利马(Ukulima)苏丹前来拜访,虽然他已经上了年纪,不过看上去依然精神矍铄,而且他非常钟爱庞巴酒,整天都酒不离口。他的言行举止非常令人愉悦,而且,只要他没喝醉,他还是相当风趣幽默的。他特别喜欢开一个玩笑,那就是以前他常常会讨要一些奎宁,然后悄悄地把它和庞巴酒混合在一起。接着,他就把它递给自己的侍臣们。当这些人喝下这苦涩的饮料时,他就十分享受地欣赏眼前那一张张扭曲的脸庞。过去他常常去自己的臣民们的房子附近转悠,而且每次登门的时候恰好就是庞巴酒刚刚酿造完毕的时刻。然后,他就会尝一口。接着,他就继续挪至下一户人家。有时候,他是用一根芦苇杆子来吸的,而他手下的一个奴隶则站在他的跟前帮他端着罐子。

女人们并不是和男人们一起喝这种酒的。按照习俗,女士们会聚集到苏丹女眷的房子里,在那里尽情地享用庞巴酒。

正如之前所提到的,女人们主要负责耕种制作这种饮料的粮食作物。当这种作物变绿的时候,她们就用一把小刀把穗子割下来。接着,她们就把它装在篮子里运到村里去。随后,她们就把这些穗子铺开,晾在太阳底下晒干。下一步,男人们就出场了。只见他们手持又长又细的连枷,不停地猛烈抽打这些作物。随后,它们就像玉米垛那样被堆砌起来,搁在竖于地面的柱子上。有的时候,它们则被绑在一根高高的柱子四周,而这根柱子就笔直地竖在地上,中间部分膨胀起来,形状有点像渔民用的鱼漂。一旦需要使用了,它就会被放入一个木制的碾钵内连续重击。随后,人们会再用两块石头把它研磨成粉末状。

到了15日,斯皮克抵达了米宁加,然后他发现格兰特的身体已经好多了。在他离开的这段时间里,三个村民遭到了几头狮子的袭击。这些人拼命逃开,其中两个人躲到了他们的屋子里,而正当第三个人要跨进门的时候,却被那些猛兽一把按住,吃掉了。

这些旅行者们遭遇了形形色色的艰难险阻。酋长向他们索要搬运工的报酬,连穆萨也是,虽然他表面上装作对他们十分友好,却并不忠诚于他们。为了避免耽搁行程,斯皮克还是支付了被索取的珠子,然后准备动身上路了。他得到了一位首领的协助,后者的名字叫乌恩古若埃(Ungurue),也可以被翻译成"猪"。他之前曾经多次指引商队前往卡拉圭,而且了解当地的一些语言。可是,他后来的表现却和自己的名字所预示的一样——一个顽固而又愚蠢的傻小伙子。

　　斯皮克依然不得不在原地继续逗留下去，原因就在于要物色到更多的搬运工可谓困难重重：一部分人忙着收割庄稼，而另一部分人则声称他们对不得不穿越的地区的图塔人以及其他敌人感到十分害怕。另一支跟在他们后面的阿拉伯商队也面临着同样的问题。最后，他终于凑到了所需的一部分人手，于是就在原地安营扎寨。格兰特和孟买担任他的左右手，继续留在原地负责部分行李；至于斯皮克，他则带着担任向导的"猪"，以及自己的侍从巴拉卡继续向前推进。

　　他们所途经的每一个地区的酋长都会向他们索取贡品。如果他们不献上贡品，就无法继续前进。而且酋长们常常对进献给他们的东西感到不满，这就导致他们的行程被无数次地耽搁了下来。

　　到了6月9日，斯皮克抵达了一个地区，当地的酋长名字叫姆永加（Myonga，也被称为 M'wanga）。他喜欢勒索财物，而且声名狼藉，这些都早已为大家所熟知了。正因为如此，没有哪个阿拉伯人会愿意从那里经过。当他们靠近他的宫殿的时候，从周围每一个村子里都传出了阵阵的战鼓声。于是，"猪"就上前去谈条件，以便于商队可以顺利通行。姆永加回答道，自己希望能够亲眼看看白人究竟长得什么样，因为他还从来没有看到过，而且会为他安排好一个下榻之处。斯皮克婉拒了这一盛情，不过却派巴拉卡去安排贡品一事。至于巴拉卡，他像往常一样，先自娱自乐了几个小时，接二连三地举枪射击。一直到了傍晚时分，才从宫殿里传来了战鼓声，宣告双方已经谈妥了条件，包括六码布匹、一些珠子和其他的物品。一切准备妥当之后，斯皮克立刻下令队伍启程，但是商队中有两头牛被偷走了。于是，那些人宣称一定要把它们追回来，才愿意继续上路。斯皮克明白如果他继续在原地逗留的话，酋长就会向他索取更多的布匹。于是，当牛一抵达，他就开枪朝着它们射击，然后把它们都给了村民们。这一举动使得他的手下发动了叛乱，而且"猪"不愿意指路，甚至连搬运工都没有一个人愿意扛行李了。斯皮克不愿意进入村子，因此他的队伍整晚就在露天待着。到了第二天早晨，正如他所预期的，姆永加派来了他的首相，后者宣称宫里的女人们都衣不蔽体了，所以他们必须要支付一点东西。而这就带来了新的麻烦，鼓声点点，最后，虽然斯皮克一百个不愿意，也无可奈何地再献出了几码布匹。

第八章

斯皮克和格兰特的维多利亚湖—尼罗河之旅

这一插曲只是这些旅行者们此行不得不面对的一些比较容易解决的困难中的一个例子而已。

在经过了无数个村子之后,他们进入了一片森林。在这片密林之中,有一条小溪流,它所围起来的地区被称为乌津加(Uzinga)。

斯皮克接下来所进入的区域是由两位酋长共同治理的,而他们都是阿比西尼亚人的后裔。然而,他们却像任何一个纯种的黑人种族一样,都是贪得无厌的勒索犯。

"猪"继续耍他的伎俩,而旅行者们每走一步都被征收很高的税赋,而且还惨遭数次抢劫。至于那些搬运工们,他们也表示拒绝前进,声称他们会被杀害的,原因就在于图塔人,也就是他们最大的敌人,当时已经出动准备发起一场突袭了。最后,他们都逃走了,然后纷纷躲藏了起来。根据他们的说法,这些图塔人都是一些亡命之徒,他们曾经入侵自己的国家,杀死了自己的妻子儿女,甚至还把他们所珍视的每一样东西都抢走了。巴拉卡看上去也有些胆怯,畏缩不前。然而,斯皮克却摆出一副大无畏的姿态,宣称自己愿意回到卡泽去,然后集合一批战士,他们将不会害怕追随着他。于是,他就开始把这一计划付诸行动了。他与格兰特再次重逢了,还物色了两个新的向导。然而,他还是无法找到更多的搬运工来运他的行李,于是他再一次被迫告别了格兰特。

斯皮克跋涉了一段路程之后,就病得相当严重了。而他手下的那些人们再一次拒绝继续前进。当这一事件发生的时候,他正身处的地区受到一个被称为卢梅勒斯(Lumeresi)的酋长的管辖,后者坚持请他前去自己的村子,因为那位酋长认为他居然在另一个比自己地位更低的酋长那里逗留了一阵子,所以心里感到有点儿嫉妒。当斯皮克抵达的时候,卢梅勒斯并不在家。不过当晚,当他回来的时候,他下令所有人敲锣打鼓来庆祝这一盛事,同时还举起火枪朝天射击。作为回应,斯皮克也举枪发射了三颗子弹。然而,虽然这位酋长表面上显得十分和蔼可亲,但是很快他就开始索取一切目之所及的东西。斯皮克认为自己从病痛中恢复的最佳选择还是换换环境,于是就下令让自己的手下准备一副担架,这样自己就可以躺在上面被人抬着前进。虽然他已经向这位酋长进贡了一大批东西,包括一条红色的毯子,以及送给他孩子们的许多漂亮的日常衣服,但是他还没来得及动身上路的时候,卢梅勒斯就亲自拦在了路上,声称自己实在无法眼睁睁看着自己的白人客人去森林里活活送死。然而,他真正的目标却是希望能得到一件长袍,斯皮克却铁了心坚决不送给他。不过到了最后,为了避免行程被继续耽搁,他把为大酋长鲁马尼卡预留的唯一的一件长袍献给了他。而他接下去即将进入的领土就是属于这位大酋长的。这位酋长一收下它,就迫不及待地张口坚持再要其他的贡品,而数量就是之前呈现给他的两倍。斯皮克再一次屈服了,于是就献上了大量的铜线手镯、十六匹布以及一百串珊瑚珠串成的项链。

然而,他们准备上路的时候,却怎么也找不到他的两个向导了。事已至此,斯皮克就下定决心派孟买回卡泽去,目的就是物色新的向导和翻译,而这些新人则将在他们回来的时候与格兰特待在一起。与此同时,他几乎已经瘦成了一具骷髅。有一天半夜,当他正四肢无力地躺在床上的时候,他突然从睡梦之中被惊醒了,因为他听到有几个人匆匆忙忙的踩地声。后来,他发现这些人是格兰特的搬运工,这些人兴奋地用极其简短的语句告诉他,他们把格兰特一个人留在了一棵大树下,他身边什么都没有,手里只有一把枪而已,还说瓜纳搬运工们遭到了姆永加手下的攻击,有些人被杀死了,还有些人被赶走了。这些姆永加的手下已经向商队伸出了魔爪,他们纷纷开枪射击,用长矛刺,随后把整个商队洗劫一空。

现在,我们必须转移话题来说说格兰特了,他一直被留在尼亚姆韦齐人的地方。在他逗留期间,他对那片地区开展了大量的观察:

在一个韦齐人的村子里,旅行者晚上在休息的时候,会被几种声响所惊扰:新来者的号角声、从邻近的某个村庄传来的回应声、偶尔发出的警告声、蟋蟀的鸣叫声,间或还有某个生病的孩子发出的哭喊声,这些声响都会打破四周原先的一片寂静。到了黎明时分,第一批传来的声响就是公鸡的打鸣声、奶牛哞哞的叫声、小牛犊的咩咩叫声、麻雀的叽叽喳喳声。没过多久,就会传来杵和碾钵给玉米剥壳的声音,或者是周围棕榈林中的野鸽子的咕咕叫声。

小屋子的形状就像玉米垛那样,内部就像船舱似的看上去漆黑一片。至于屋子里面的家具,通常包括一些陶罐子、破破烂烂的兽皮、陈旧的弓箭、几捆青草、葫芦,也许还有一件工具。

从外形上来看,部落与部落之间的差异是相当明显的。格兰特描述到其中一些部落的人长得非常漂亮。他提到了两个处于如花似玉年纪的尼

第八章
斯皮克和格兰特的维多利亚湖—尼罗河之旅

扬博(Nyambo)的女孩儿。当时,她们正坐在一起,胳膊亲热地绕在彼此的脖子上。当他要求她们分开以便于自己照着她们的样子进行素描时,她们立刻就放下了手臂,把自己的脖子和胸部露了出来,摆好造型。她们的头发微微卷曲,全部扎起来之后就在前额以及耳朵上方竖起来,然后用一张奶白色的牛皮制成的宽带子加以固定,这头绳和她们那透明的、浅古铜色肌肤形成了一种奇怪的对比。瓦哈(Waha)妇女和她们比较相像,也拥有修长、笔挺和优雅的身形,而且非常聪慧。

一个阿拉伯商人拥有六十位妻子,这些女人们都住在一顶帐篷里面。这顶帐篷是用双层柱子支撑住的,而他旅行的时候总是带着它。其中一位妻子属于图西族(Watusi),她是一个相当修长而美丽的女孩,长着一双乌黑的大眼睛,樱桃小嘴,鼻子也很小巧可爱,嘴唇很薄,双手则十分小巧。她所在的这一高尚的种族永远也不愿意沦为奴隶,比起成为一名奴隶,他们宁愿选择死亡。

尼亚姆韦齐人对图西人非常尊敬。当这两个部落的人相遇的时候,前者会把自己的双手并拢在一起,而图西人则口中念念有词,声音压得十分低。如果某个图西男子遇到了本部落的一位女子,她就会把双臂垂在身侧,而他则轻轻地把双手放在她的肩膀以下部位,然后深情地凝视着她的脸庞。

他所遇到的阿拉伯人则属于最低劣的那群人,这些人不仅没有改善自己的国家,反而因其自身的飞扬跋扈和残暴无情让自己的国土毁于一旦。所有人都参与了奴隶交易,而且总体上来说,他们对待奴隶都是相当残忍的。他遇到的几伙人都是戴着镣铐的。每个奴隶的身上都裹着一张山羊皮。到了晚上,他们就躺在火堆的旁边,以此为自己取暖。无论是白天还是黑夜,链条永远都不会解开,如果有一个人需要移动位置,那么所有的人就必须陪他一起动。他们所有人都一起进食,食物就是煮地瓜,或者是煮南瓜叶子。他们的生存条件相当之差,而之所以这样做是为了避免他们惹麻烦。因此,旅行者们在用完晚餐之后,会把所有剩下的肉或者骨头都一股脑儿给他吃,而这些奴隶们就会感激涕零地收下它们。每一群奴隶都由一个黑仆负责看管,后者的耳朵被割掉了,而且他对待他们的态度也是相当粗鄙而无情的。一旦某个生病的奴隶身体恢复了,那么这个黑仆就有义务再一次把他拴起来,编入自己的群体。而目睹他对这些瘦骨嶙峋的生命体是如此粗暴无礼，难免让旁观者心生悲痛之情。

奴隶们并没有太多的工作需要去做，主人唯一的目标就是保证他们每个人都能活着，以及在抵达海岸区域进行交易之前防止他们逃跑。通常情况下，他们看上去都十分沮丧，显得相当绝望的样子。不过到了晚上，他们偶尔也会翩翩起舞，甚至会变得狂暴喧闹，直到那个失去耳朵的看守扯开嗓门一声大吼，他们才会恢复原先的秩序。

在奴隶中间，有一个可怜的人，他已经身戴镣铐整整五年的时间了。这些旅行者们对他十分同情，于是就把他的镣铐给卸了下来——他们是用一把锤子砸开他的镣铐的。当他作为一个自由人站起来的时候，几乎都不敢相信这居然是真实的。不过，当他们给他换上一件干净的白棉布衬衫之后，他就昂首阔步地到处晃悠，然后很快就跑过来对着自己的新主人毕恭毕敬地鞠了一躬。他的身体上布满了无数个长矛刺出来的伤口。他是被图塔人给抓住的，而且还被割去了好几个脚趾。在整场旅行中，这个人自始至终都没有离他们而去，一直陪他们抵达了开罗，时时刻刻都表现出一个忠心耿耿的仆人的样子。

非洲的阿拉伯人对于每一件他所做的事情都会要求以礼相赠，而且他们认为白人也会这样做的。如果他取出了一颗子弹、修好了一支枪、治好了一个年迈的苏丹的疾病，或者修补好一只裂开了的耳垂，那么一旦任务圆满完成，对方就会马上支付给他一头或数头牛。

当那些土著把奴隶带过来要卖给英国人，却被后者婉拒的时候，这些当地人表示无法理解，不明白他们为什么对于这类交易居然无动于衷。不过，土著还是会用力地耸耸肩，然后就走开了，好像这一姿态就表示说："那么你们到这里来究竟是为了什么呢？"

那些冒犯了国家法律的人所遭受的惩罚可谓最可怕的。有一位妇女和一个小伙子，他们受到的指控是对苏丹的兄弟施加魔法，于是这两个人就被双手捆绑在身后。由于饱受折磨，他们的脸痛苦地扭曲着，整个人在地上不住地翻滚。周围的人群对着他们讥笑着，嘲讽着，看不出任何表示同情的迹象。最终，这个小伙子大声呼喊着："请带我去森林吧，我知道有一种草药可以医治他。"于是，他们就放他走了，而那个女人则被关在病人身旁的木笼子里。那个小伙子被判了死刑，而格兰特怀疑他有可能是在火堆前被折磨至死的。另一个男子，由于被指控在苏丹的后宫犯下了罪行，

第八章

斯皮克和格兰特的维多利亚湖—尼罗河之旅

所以被扒光衣服,绑在栅栏上,浑身上下都被抹上了油,最后再盖上一张抹了油的破布子。一切准备妥当之后,人们就一把火把他点燃,同时把他拖到村子外面一个巨大的火堆处。在途中,苏丹的儿子和儿媳妇就对着他投掷细木柄标枪,当他倒地之后,就被拽着一只脚给拖走了。

和斯皮克之前所经历的一样,格兰特在行进的过程中,也遇到了同样的困难。不过,最终在9月12日,他成功逃脱了。不过到了16日,正当他在穿越姆永加的领土时,一伙儿当地土著,有两百个人的样子,以一路纵列的阵式向他扑过来,而且人人都配备着细木柄标枪和弓箭,他们就像猫那样在地面上跳来蹦去。只见这些强盗们高高举起手中的细木柄标枪,同时口中发出阵阵呐喊声。见此情形,搬运工们着实给吓坏了,于是就扔下行李,试着从这些暴徒的魔爪下逃走,而后者正忙着撕扯他们的衣服,抢夺他们的行李。格兰特努力试图尽量以不流血的方式来阻止这一事件,可是,由于他的身边只有一个枪手和两个当地土著,所以他也实在是无能为力。那位水手,也就是小洛汗(Rohan),手持来复枪奋力抵抗五个敌人,试图保护两个行李包裹。当格兰特催促他逃命要紧的时候,他就回答道,身边的财物就是他的生命。格兰特离开的时候,看到土著们身上穿着的都是从他的手下那里偷来的衣服。虽然荣誉是代价昂贵的,但是远征的安全却同样代价不菲,而且一旦走错一步,就可能危及整支远征队伍的安危。

姆永加表面上做出一副异常愤怒的姿态,而且声称自己已经砍下了一位下属的手,同时保证说一定会把他们的财物完璧归赵。后来,一些行李的确被还了回来,但是其他的一些包裹却被扯开了,而且里面的东西都被偷走了。除此之外,这位酋长还要求格兰特支付一笔数额惊人的贡品,然后才允许他们继续前进。

最终,这两位探险者把各自的力量集合在了一起,然后共同朝着卡拉圭继续推进。为了抵达目的地,他们首先不得不穿越乌苏伊(Usui),而那里的酋长,也就是苏瓦若若阿(Suwaroroa),按照惯例也对他们实施了抢掠。在这里,小村子的周围并没有用篱笆拦起来,村子里分布着草盖起来的小屋子。这些小村子都是藏在成片成片的芭蕉地里的。当地养了大批的牲畜,它们的主人是胡玛人(Wahuma),而这些人并不愿意把自己的牛奶卖给他们。至于他们的帐篷,则几乎每天晚上都会遭到小偷的袭击。有一天晚上,正当斯皮克在进行观察的时候,一伙儿流氓向两个营地里的妇女打听他是怎么样的一个人。当后者向他们作出解释的时候，这些小偷就一把剥下她们身上穿的衣服，然后拿着它们逃走了，只留下那些可怜人赤身裸体地站在原地。此前，斯皮克对于山羊和其他一些东西被偷走并不是太在意。但是，当这一事件发生之后，他就下令一旦有小偷靠近他们的营地，自己的手下就可以开枪进行射击。过了没多久，另一伙人又逼近了他们。然后，其中一个人被击中了，而这个人一直被认为是魔法师，而且在那之前人们认为他是刀枪不入的。人们循着他留下的血迹一路追踪他，到了最后，他由于伤势过重而死去了。到了第二天，斯皮克的一些手下受到当地土著们的引诱，后者邀请他们进入自己的屋子享用晚餐。但是，他们到了之后，就被剥了个精光，而后再一次被放走了。当天晚上，同一伙强盗朝着营地猛砸石头。此后，又一个小偷被射死了，两个小偷负了伤。

孟买和巴拉卡也给他们的主人们惹了不少的麻烦。前者虽然被认为是一个非常杰出的小伙子，却不止一次地把自己灌得酩酊大醉。除此之外，他还为了给自己买一个老婆而偷窃他们的财物。而且，这两个人总是歇斯底里地吵个不停。

不过到了最后，旅行者们终于摆脱了一个乌苏伊的"护卫"，后者是被派过来监视他们越过边境线的。当他们进入了卡拉圭之后，都大大地松了一口气，心情无比愉悦和轻松。

现在，在接下来的一段路程中，他们仅仅需要对付的就只有野生动物了。而对于如何应对它们，他们早已经具备相当丰富的经验了。就在他们搭好帐篷没多久，一位长官就前来欢迎他们。这位长官是鲁马尼卡国王派来的，是护送他们穿越自己国土的。他告诉他们，村里的长官们都已经接收到指令，要为他们提供所需的食物，这一切花销都由国王来支付，而且在卡拉圭陌生人也不需要缴纳任何的税赋。

当地的土地崎岖不平，一片荒芜，风景如画。稍微高一些的斜坡上星星点点地分布着一些密密的金合欢树丛，白犀牛和黑犀牛不时出现在视线之内。而在山谷中，则游荡着成群结队的狷羚。他们越往这个国家的深处进发，就越喜欢它，因为当地人都十分循规蹈矩、遵纪守法。他们看到了一片美丽的湖泊，一开始还以为是大湖的一部分，不过，后来发现它是一座独立的湖泊，于是他们就把它命名为温德米尔（Windermere）。

现在，他们爬到了五千英尺的高度。那里一到晚上，气温就降得非常

第八章

斯皮克和格兰特的维多利亚湖—尼罗河之旅

之低了。再往西边而去，可以看到一些陡峭而巍峨的圆锥形山顶。当斯皮克询问别人之后，就非常确信远处那些山丘正是非洲中部的分水岭。他在周围集结起来的一大批旅行伙伴们都给他提供了大量的帮助，一起合力帮他绘制了地图。这些无比智慧的人向他提供了许多有关偏僻地区的信息，为此他感到非常地惊讶。

当他们逐渐靠近宫殿的时候，鲁马尼卡国王派人给他们送去了一批上等的烟草和啤酒，这些都是他自己的臣民制作出来的。当慢慢向他的住所靠拢的时候，两位旅行者下令让搬运工人卸下各自身上的货物，然后开枪以示敬意。于是很快，他们就受邀前去觐见国王。他们发现国王正双腿交叉坐着，身边还坐着他的兄弟。这两个人的长相看上去都显得十分高贵。国王的衣着非常朴素，就是一件阿拉伯的黑色长袍。他的双腿上则戴着大量的彩色珠串以及做工精美的紫铜镯子。国王的兄弟满身都盖着魔咒，他是一个声望极高的医生，身上裹了一件格纹图案的布。在他们的身侧是巨大的黏土烟管，时刻供他们使用。在他们的后面坐着的是国王的儿子们，他们个个都闭口不言，显得相当安静。

国王热情而真切地欢迎他们一行的到来，于是这两位旅行者一下子就觉得自己周围的这些人与附近地区的当地土著完全不属于同一个类型。他们长着非常精致的椭圆形脸庞，眼睛很大，鼻梁很高，展示出阿比西尼亚人最好的血统。他们用英国人的方式来相互握手，国王的脸上始终挂着笑容，而且他希望知道他们对于自己国家的看法。他评论说自己认为国内的崇山峻岭是全世界最棒的了："而且，湖泊也是如此；他们难道不敬仰它吗？"他看上去是一个相当聪明的男子，并且询问道他们是如何在世界的各个角落到处游走的，而这一问题就引发出了一段相当长的故事，他们描述了陆地与水域的比例，轮船在海洋上航行的方式，甚至还谈到要往欧洲运一批大象和犀牛以充实那里的野生动物。

国王让他们自由地选择究竟是住在他的宫殿里，还是把帐篷搭在外面。于是，他们就选择了一个可以俯瞰整片湖的地方，因为那里风景相当优美。国王下令让自己年轻的王子们来服侍他们，其中有一位王子看到斯皮克坐在一把象牙椅子上，就匆忙赶回父亲的身边，把这一情报告诉了他。接着，国王就要求斯皮克回去，因为他也许希望能够展示一位白人男子坐在他的宝座上。当鲁马尼卡看到他的时候，一下子就表现出非常开心的样子。随后，他就开口说了许多有见地的话语。

在另一次拜访国王的场合下，斯皮克说如果国王愿意派人去把自己的两个孩子送出去的话，那么他本人愿意安排他们前往英国接受教育，因为他十分欣赏他们这一种族，而且相信他们一定是英国的朋友们，也就是阿比西尼亚人的后裔。这些阿比西尼亚人都是基督教教徒，而且要不是胡玛人对上帝失去了信心的话，他们一定也会变得差不多的。接着，他们就展开了一段关于神学和历史方面的讨论，而且讨论了很长的时间，这让国王感到非常高兴，以至于他表示如果斯皮克愿意带他的两个儿子去英国，他是乐意至极的。随后，他就询问道究竟是什么能够诱使他们离开自己的祖国而选择到处旅行。于是，斯皮克就回答道，他们已经享尽了人世间的荣华富贵，所以对他们而言，最大的乐趣就在于亲眼去看一看这个世界的美妙事物，去进行观察和膜拜，不过他们特别希望能够拜访非洲的各位国王，尤其是陛下。说完这些话之后，国王就答应道，一定会为他们安排好船只，然后载着他们渡过湖去，而且还将安排乐师在他们眼前进行演奏。

到了下午，斯皮克前去拜访了国王的长兄，因为之前他曾经听说过按照当地的习俗，人们会把国王和王子们的妻子都喂得肥嘟嘟的，她们甚至都无法笔直地站起来。他一踏进屋子，就发现那位年迈的酋长和他的妻子正肩并肩端坐在一个土长凳上，凳子上铺着一层青草。在他们的跟前则放置着许多木制的牛奶罐，数量相当惊人。王子非常彬彬有礼地接待了斯皮克，而且斯皮克发现他的一位妻子非常肥胖，应该说身形已经过度臃肿了。不过，她的美丽还是给斯皮克留下了很深刻的印象。她的双臂是如此粗壮，以至于关节与关节之间的肉都垂了下来，就像又大又松的袋子一样。接着，他们的孩子们就上前来了，个个都长得像阿比西尼亚人那般美丽，而且言行举止就像受过良好教育的绅士一样十分有礼貌。他们都十分乐于欣赏他的图画书，然后围绕上面的内容提了很多的问题。王子指着自己的妻子评论道："这就是那些罐子里所有的东西了。因为从年轻的时候开始，我们就一直不停地灌她们喝那些罐子里的东西。按照我们宫里的习俗，我们的妻子就应该是十分肥胖的。"

国王之前一直认为这些旅行者们的所有物品都已经被抢走了。所以当斯皮克慷慨地送给他一些礼物的时候，他显出非常高兴的样子。在这堆礼物之中，有一件非常漂亮的猩红色厚呢外套。于是，他就告诉他们，他们

第八章
斯皮克和格兰特的维多利亚湖—尼罗河之旅

可以在自己国家的任何一个地方任意走动。当他们准备动身前往乌干达的时候，他会护送他们前往边境处。

总的来说，鲁马尼卡是这些旅行者在非洲所遇到过的最聪慧、相貌最英俊的一位统治者。从外表上来看，他一点儿都不像是个非洲人，只不过他的头发很短，而且十分卷曲。他的身高足足有六英尺两英寸，而且他脸上的表情也十分温柔与坦诚。他身上所穿的长袍是用数张小羚羊皮制作而成的，另外一件长袍则是用黑色的布匹做的。当他走路的时候，手里总是握着一根长长的权杖。他有四个儿子，个个都堪称他们种族的典范，尤其是长子，他的名字叫楚恩德拉（Chunderah）。从某种程度上说，他是一位衣着讲究的时髦绅士。他对待自己身上的狮皮服装和饰品甚至比对待自己的兄弟都要更加用心。在他头顶处特意留了一簇卷发没有剃去，从那簇卷发一直往下到腰部，他都没有穿任何衣服，只是在双臂和脖子处装点了一些施过魔法的牛角、条状的水獭皮、贝壳以及羊毛束带。他十分喜欢把斯皮克手下的小头目，也就是弗里兹（Friz）引荐入宫里，因为后者能够凭借手中的吉他让自己的姐妹们乐呵一下。而作为回应，他的兄弟姐妹们，包括随从们，都会歌唱卡拉圭的曲子。不过，国王最宠爱的还是最年幼的儿子。有一次，当旅行者们献给他一副白色的儿童手套时，就看到这位小王子把它们轻轻地套上自己的手，然后显得十分庄严而高贵地走开了，这一幕让他们觉得十分好笑。

至于鲁马尼卡，他的生活极其地有节制，这与通常的非洲习俗恰恰相反。他几乎完全只喝牛奶，对于煮熟的牛肉，也只是吸吮一下它的汁水而已。他几乎不碰芭蕉酒或者啤酒，而且人们从来就没有看到过他有醉酒的时候。当地的人们基本上都非常喜欢喝这种酒，尤其是农民们，他们喝起这种酒来可谓相当豪迈。

鲁马尼卡不仅是一位国王，还是一位教士和先知，正如他的朋友们所说，他之所以能够一路飞黄腾达，最终坐上了宝座，也是因为他具有超自然的力量。在他的父亲去世之后，他的两位兄弟和他都声称应该由自己登上王位。于是，大家就决定通过一场神判法来解决这一王位继承的问题。他们有一个小小的魔鼓，就把它放到了地上，如果谁能够把它拎起来，那么他就将继承王位。他的兄弟们使出了浑身的解数，它却纹丝不动。轮到鲁马尼卡的时候，他只用了一根小指头就把它举了起来。不过，这次的小测试

169

并没有让酋长们满意，于是他们就坚持要鲁马尼卡经受另一场考验。他们让他坐在地上，因为人们相信如果他注定是国王的话，他身子下面所坐着的那片土壤就会抬起来向空中升去；如果他并非是未来的国王，那么这堆土就会塌掉，而他就会被溅得粉身碎骨。他并没有辜负自己的子民们，他一坐下来，就被高高地向空中抬去。因此，人们就承认他就是他们的国王了。

作为一名大祭司，鲁马尼卡一直遵循着一套匪夷所思的传统，其中最奇怪的被称为他的新月招待会，这一习俗每个月都会举行，目的就是确定自己的子民是否对自己忠诚。在新月之夜，国王会在头顶上装饰一些羽毛，然后在胸脯上垂下一个硕大的白色胡须状物。接着，他就在一个大屏后面就座。在他身前的地上，则摆放着整整一排四十个长长的鼓，鼓的顶端还画着一个白色的十字架。鼓手们站在各自的鼓旁边，手持一对棍子，他们的首领则站在他们的正前方，他的脖子上挂着一对小鼓。这位首领先抬起自己的右手臂，接着抬起左手臂。所有的表演者就模仿他的动作。当他把两根棍子都放到鼓上的时候，他就同时在原地迅速地打圈。于是，其他人也做出和他一样的动作，直到发出的巨大声响几乎都令人难以忍受了。这一幕会持续数小时，其间会有小一些的鼓和其他的乐器先后加入。与此同时，酋长们则前赴后继地向前迈进，跳跃着，打着手势，口中大声呐喊着，意思是全身心地为他们的领土主服务。当结束了各自的表演之后，他们就会来到他的跟前，然后跪下，把手中那对圆头棒向前伸出，请他触摸一下。接下来，他们就退下到后面去，把空间让给其他的人。

虽然从某种程度上而言，这个国家应该是属于一个文明的国度，但是在父亲和未来的女婿之间，婚姻依然是一场交易。前者作为把女儿交出去的一方，换回的是奶牛、奴隶和绵羊。然而，如果一个新娘子对她自己的丈夫并不满意，那么只要她退回这些聘礼，她就可以重获自由。结婚时的主要仪式包括把新娘子捆在一张完全涂黑的兽皮里面，然后众人们敲锣打鼓热热闹闹地把她送到她的丈夫那里去。

在很多方面，这个国家的妇女都过着一种非常舒适的生活。很明显，她们的主要目标就是尽可能地变得肥胖。她们许多人都成功做到了这一点，一方面原因在于她们独特的体格，而另一个原因是她们所进食的东西都特别地富有营养。鲁马尼卡有五位妻子，她们都长得相当肥胖，以至于

第八章

斯皮克和格兰特的维多利亚湖—尼罗河之旅

连一般的小屋子都进不了门。而且她们在移动的时候,也必须有两个人在身体两侧搀扶着,否则她们就寸步难行。他有一个嫂子,她的体形更加臃肿。斯皮克对她上上下下测量一圈:她的臂围是1英尺11英寸,胸围4英尺4英寸,大腿围2英尺7英寸,腿肚子1英尺8英寸,身高5英尺8英寸。如果他能够让她平躺在地上的话,他应该能够获得更精确的身高数据。不过,他意识到要这样做,就必须费很大的劲儿,所以他在测量她的身高时,就试图把她抬起来。经过不懈的努力,他终于成功了。不过她再次一屁股瘫了下来,昏厥了过去,因为血液已经流入了她的脑袋。与此同时,她的女儿,一个十六岁的小姑娘,就坐在他们的跟前。只见她一直从一个奶罐子里吸着奶,而她的父亲则手持一根棍子,一直监督她不要停下来。原因就在于,肥胖是时尚女性生活中最重要的职责之一,所以她们有义务履行它。如果有必要,甚至可能动用棍棒。这个少女的五官长得十分可爱,不过她的身体却圆滚滚的,像一个皮球似的。

这些女人会对她们自身的肥胖加以充分的利用。在用食物交换珠子的时候,通常的做法是为了购买一定数量的食物,需要支付的就是围绕腰部一圈的珠子皮带。比起其他地区的妇女,卡拉圭的妇女平均腰围都要粗上一倍左右,因此食物的价格自然而然就相当于上涨了一倍。如果不考虑她们肥胖的体态的话,她们的五官还是相当美丽动人的:脸庞是椭圆形的,双眼炯炯有神,闪露着智慧的光芒。地位稍高的妇女都比较谦虚,她们不仅身着牛皮制作而成的衬裙,而且还包着一块黑色的布,她们就用这块黑布把自己的整个身体都给裹起来,仅仅把一只手露在外面而已。

这些旅行者可以随心所欲地在这个国家四处晃悠,而且国王还派了他的儿子们侍奉在他们的左右,因为他们也许乐于参与一些狩猎活动。他们并没有在那个地区听说过任何大象,但是狷羚、犀牛和河马却随处可见。

有一天,格兰特看到了两头狷羚正在进行激烈的厮杀,它们每结束一个回合的较量,就会冷静地停下来,然后喘两口气。即使他当时距离它们非常远,但还是可以听到它们的脑袋相互顶撞所发出的声响。当它们膝盖着地跪下来的时候,发动攻击时的推力使它们那毛茸茸的尾巴都甩到了后背上。终于到了最后,一头成为胜利者,它径直把另一头逐出了它们的群体。

他们还看到几个不同品种的瞪羚和山瞪羚在山丘之间蹦跳着。在较低的地方,散布着大量的疣猪,还可以窥见河马在湖里的身影。

斯皮克出门去了,他去搜寻犀牛的下落,同行的还有王子以及一队助猎者。过了没多久,他就发现了一只长得很壮实的雄犀牛。于是,他就蹑手蹑脚地穿过灌木丛,然后瞄准它开了一枪,只见它撒开蹄子一溜烟小跑离开了。不过到了最后,由于失血过多,它终于一头栽倒在了地上,停止了呼吸。年轻的王子们显得十分高兴,他们觉得英国人手中的枪居然如此高效,于是就紧紧握住他的双手,祝贺他大获全胜。

又有一头犀牛在被击中两枪之后死去了。之前,当他们一行人正在追踪后者的时候,有三头犀牛出现在了他们的视野之内,而且它们一看到斯皮克,就排成一列全速向他猛冲过来。不过,帮他扛着枪的助手正好和他在一起,于是他就举起手中的武器,依次瞄准这三头猛兽开了枪。其中一头又走了几步,随后就倒在了地上。但是,其余的两头还在继续前进,直到它们走到山脚下的时候,才停了下来,其中一头的两只前腿已经断了。随后,当地的土著就对它展开了攻击;但是它一直不停地横冲直撞,看上去异常愤怒的样子,以至于他们都不敢靠近它。到了最后,斯皮克又对着它开了第二枪,这才把它撂倒了在地上。接着,所有的人都冲向这头猛兽,把自己手里的长矛、细木柄标枪或者箭刺入它的体侧,直到它像一只浑身长满了刺的箭猪那样瘫倒在地。他们把犀牛的头都送去献给国王,向他展示一下白人男子的能耐究竟有多少。鲁马尼卡把这些令人无比震惊的战利品都当众展示了出来,同时宣称他们使用的应该是比火药更加具有攻击力的东西,因为,尽管阿拉伯人总是谈论到他们的射击威力,但是他们应该是无法获得如此巨大的一场胜利的。

鲁马尼卡就像其他国家的伟大领袖一样,有他自己的私人乐队。所有的乐器都带着些许原始的特征。至于乐师,他们的外表与欧洲乐师们有着天壤之别。最常见的乐器就是鼓,它们的尺寸相差甚大。有的是挂在肩膀上,长度大约有四英尺,宽度大约为一英尺。乐师是用手来演奏的,就像演奏印度的手鼓那样。在新月招待会上所使用的鼓形状和这个是一样的,只不过外形要大得多。至于战鼓,则是由女性来击打的。当鼓声响起的时候,男人们就会立刻冲到自己的武器旁边,一把抓起来,然后排成固定的阵式。除此之外,还有几种弦类乐器。根据格兰特的描述,其中有一种是由一位老妇人演奏的,它有七个音调,其中六个音调组成了一个完美的级别。

第八章

斯皮克和格兰特的维多利亚湖—尼罗河之旅

至于另外一个,它有三根弦,则是由一位男子来演奏的,它能构成了一个完整的和弦。第三种乐器被称为"楠加"(nanga),它是由深色的木头制作而成的,形状是一个托盘,底面上有三个十字架图案,还绑着一根弦,这根弦在两端的梁上来回缠上了七八次的样子。

王子下令派人把最棒的演奏者请过来,为他的座上宾助兴。这位男子走了进来,身着普通的服装,看上去就像是一头狂野的、兴奋不已的生灵。他首先把自己的长矛靠在了屋边,然后就从胳膊下面拿出了一个楠加开始演奏起来。他的曲子听上去有些狂野,但同时又夹杂着一些温柔,同时,他的口中还念念有词。于是,一大群仰慕者就聚拢了过来。这首曲子是关于一只最钟爱的狗的,而且在接下来的好些日子里,人们都纷纷传唱着这首曲子。

还有另外一种弦乐器,它的名称是"泽泽"(zeze),而且和楠加有一点相似之处。他们还有两件管乐器,其中一件就像一个六孔的木箫,而另一个则像一个喇叭。后者是由几个葫芦彼此叠加在一起组合而成的,形状酷似一架望远镜,而且表面上还盖着一张牛皮。

鲁马尼卡的乐队一共由十六位乐师组成,其中十四位负责吹喇叭,剩下的两位则负责手鼓。在队伍行进的过程中,他们会排成三列,鼓手站在最后的位置,他们的身体会和着音乐一起摇摆;与此同时,带队的首领前进的脚步看上去异常地活跃,两只膝盖交替着去触碰地面。当国王在一次远征中停下来休息,或者外出打猎的时候,他们也会在他的跟前进行表演。此时,国王就会坐在地上,口里叼着他的烟管。

就像大多数的非洲人一样,这些人对魔咒的威力有着坚定的信念,而且相信魔力可以让许多人变得刀枪不入。除此之外,他们还相信已经去世的人的灵魂常常会再现,认为这些亡魂对生前打过交道的人会施加某种好的或者邪恶的影响。当田野显得一片凋零,或者某一季的庄稼收成不太好的时候,他们就会在道路中央放上一个葫芦,来来往往路过的行人一旦遇上它,就会放声大哭,这一举动旨在向神灵进行祷告,希望他们能够为那些正深陷哀痛之中的亲属带去好的收成。鲁马尼卡为了抚慰他父亲的在天之灵,习惯于每年都在他的坟墓之上祭祀一头奶牛,同时再在坟前摆上贡品,包括玉米和酒。

到了1862年初的时候,这些旅行者们依然还在这位开明的国王身边享受着作为座上宾的种种待遇。当他听说按照英国人的习俗，人们习惯于在圣诞日享用一顿丰盛的晚餐时，就派人送去了一头牛。作为回礼，斯皮克登门拜访了他。于是，国王就开口祝他佳节快乐，然后提醒他自己是古老的阿比西尼亚人的后裔，而他的祖先就是有史册记载的最古老的基督教徒了。他还补充说自己希望有朝一日能够看到白人教师踏上自己的国土，来指引他走向真理，而他和他的子民们都已经忘记真理究竟是什么了。

现在，他们收到了一些消息，于是就认为佩特里克（Petherick）先生正沿着尼罗河逆流而上试图来与他们会合。一听到这条消息，鲁马尼卡就显得欣喜若狂，因为他急不可耐地希望能有来自北方的白人男子造访他的国家。

眼下，这些旅行者即将离开卡拉圭了，所有准备工作紧锣密鼓地进行着。不过令人沮丧的是，格兰特由于一条腿阵阵作痛而饱受折磨，被迫留在了后方，由这位热情好客的君主加以呵护，而斯皮克就动身向乌干达进发了。

第九章　斯皮克和格兰特的旅行(续)

到了1月10日,一大批穿着讲究的男男女女,以及男孩子们,牵着他们的狗,演奏着手中的舌簧,来到了这些旅行者的面前。他们是乌干达国王穆特萨派来护送他们前往自己的首都的。这些旅行者们得知,国王已经向自己的官员们下达了指令,在他们穿越他的国家的时候,需要任何东西都可以尽管开口向当地的官员索取,而且他们不用支付一分钱。

斯皮克继续前进,希望能够一举解决伟大的尼罗河的问题。不过,鲁马尼卡宣称自己不得不向南掉头回去了。

他们穿越了一大片相当富庶的土地,那里以盛产象牙和咖啡而名声远扬。随后,他们就下到了一片冲积平原,而鲁马尼卡在那里拥有数千头牛。这里曾经遍布着大象的身影,但是自从象牙贸易愈演愈烈之后,这些动物就被赶走了,都逃进了遥远的山区里。

到了16日,他们抵达了基坦古勒河(Kitangule River),这条河流是汇入维多利亚湖的。河面大约有八十码宽,河水相当之深,以至于划着独木舟的人都无法用竿子撑着前行。至于河水的流速,则达到了每小时三到四海里。河水的源头就坐落在更高处的泉水,而斯皮克认为那就位于月亮山里。不过根据斯坦利在他著名的1887—1889年期间的旅行所得到的发现,这一传说中的范围应该处于阿尔伯特湖和爱德华湖之间,那是由贝克和他本人亲自发现的。

他们所穿越的土地上生长着各类植物,简直可以称得上是一座完美的花园了,物种相当丰富。沿着河岸一路前行,他们看到了数不胜数的狷羚和其他羚羊。在一座小村庄,他们被迫停留了两天的时间。在此期间,人们整天都在不停地敲锣打鼓、放声歌唱、大声尖叫、呐喊,同时翩翩起舞,连晚上也是如此。他们之所以这样做，是为了驱走恶魔。在一座小屋子前面，坐着一位老人和一位老妇人，只见他们身上抹着白色的泥土，大腿上放置着几罐庞巴酒。人们走上前来的时候，会献上满满一篮子的芭蕉以及更多罐的庞巴酒。成百个人挤在院子里，个个喝得大醉，同时发出可怕的吼叫声。

国王派来了信使，转达了自己希望能够见一见白人的心愿。而且，据说他已经下令处死了五十个贵族以及四百个更低一级的人，因为他相信自己的臣民们都迫不及待地想要对他们加以阻挠。

现在，斯皮克就派人去请格兰特过来，他迫不及待地催促他如果身体条件允许的话，就尽快前来，因为他几乎可以肯定他们能够穿越这个国家，继续向北方前进。当他们逐渐靠近一座都城的时候，一位信使走上来前，表示国王希望能够早日见到白人，以至于在他亲眼见到白人以前，他都不愿意吃任何东西。

到了2月19日，他们抵达了那里。斯皮克建议大家即刻前往宫殿；可是，这位信使却认为这样贸然前往会被视为不够慎重，于是就建议他应该让自己的手下都排好队伍，同时举枪开火，以此来让国王知道他已经抵达了。当看到为自己准备的下榻之所居然只是一些肮脏不堪的小屋子的时候，他感到非常地愤怒，这些小屋子是之前阿拉伯人来到此地的时候搭建起来的。于是，斯皮克宣称除非为他们一行觅到条件更好的住所，否则他就将掉头回去，但是官员们却苦苦乞求他千万不要如此鲁莽行事。当天，由于下起了雨，所以新月招待会也被迫取消了。斯皮克把礼物都准备妥当之后，就率领队伍出发了。国王的官员和侍从以及他本人在队伍的两侧行进，他的领路者则手持英国国旗在最前方带路，身后跟着的是他的十二名手下，他们作为仪仗队，都身着红色的法兰绒外套，双臂微微倾斜着，紧握着刺刀。在他们的后面，则跟着他余下的所有侍从，每个人的身上都背着某件物品作为礼物。

他对于宫殿的规模之大以及能够保持得如此整洁而感到非常地震惊，整座山脊和山丘的侧面都覆盖着巨大的稻草屋，搭建得非常整齐，而且四周都用高高的黄色矮蒲葵的杆子给拦了起来。在围场内，一排排的小茅屋矗立着，有的紧挨在一起，有的则分成了不同的院子，这些小院子的周围也用同样的青草给拦了起来。

第九章

斯皮克和格兰特的旅行（续）

　　这些小茅屋里居住着的就是穆特萨的三四百位妻子，剩下的一些人则主要和他的母亲住在一起，也就是先王的遗孀。他们看到这些女士们都在门口，彼此说着什么，互相开着玩笑。他们每经过一扇门，官员们就会上前开门，然后再把门关上，这样挂在门上的大钟就会叮当作响，以免被认为是鬼鬼祟祟地进入。

　　当他们向前进的时候，地位非常高的廷臣向前走了一步，来欢迎这位白人，他身上穿着的是最干净整洁的服装。在场的有男人，有女人，有公牛，有狗，还有山羊，他们都是用绳子牵着的，男人的臂弯里还搂着公鸡和母鸡。除此之外，还有一些年幼的侍童，四处跑动着传达信息，就好像他们的生命都要依赖他们有多敏捷似的。每个人的身上都紧紧裹着一件皮外套，以免一不小心露出自己裸露着的双腿，原因就是在那个国家，一旦有国王在场，露出双腿就是一种犯罪行为，是要被立即处死的。

　　干达人的屋子都是用芦苇建造而成的，建造工艺非常精良，而且造得相当高。它们有双层屋顶，是由厚厚的草垛构成的，这样一来，就可以把炎热的阳光挡在屋外。外层的屋顶延伸很长，几乎都要从各个方向垂到地面上了。这种建筑是由一种非常结实的柱子加以支撑的，成堆的玉米、肉和其他补给就悬挂在这些柱子上面。屋子里面竖着一面很高的屏风，它把房子分成了两个部分，里面作为卧室，放置着一张用藤条编织成的床。房子既没有窗户，也没有烟囱，只有正面安了一扇门而已。

　　当斯皮克被要求坐在屋外等候国王露面的时候，他考虑到这一举动是不礼貌的，所以就拒绝服从。于是，他就等了五分钟。可是，国王并没有出现，于是他就认为应该再一次走回家去了，同时吩咐孟买把他的礼物放在地上。很快，孟买就赶上了他，而且告诉他，他也许可以把自己的椅子带过去，因为国王十分迫切地希望能够向他表示最崇高的敬意，虽然当时在整个乌干达只有君王一个人是可以坐在一把人造椅子上的。

　　当调转头回来的时候，他发现国王正坐在一张红色的地毯上，他是一个相貌俊美、体态匀称、身材高挑的年轻男子，大约二十五岁的样子。那张地毯就放置在一个庄严肃穆的屋子里，权当他的宝座了。他的头发理得很短，只不过在头顶处从后脑勺开始一直到前面留了一长条的头发，看上去就像是一顶鸡冠花。在他的脖子上，戴着一根硕大的圆环，上面串着许多精雕细琢的小珠子。他的一个手臂上套着另一个珠子饰品，另一个手臂上则套着一个木制的咒符。除此之外,他的每一个手指和脚趾上都交替戴着青铜和黄铜圆环,而在膝盖的上方,一直到腿肚子一半的地方,他都套着非常漂亮的珠子。

  在他的前面,则是一批贵族们,他们都蹲在地上,每个人都穿着兽皮的衣服,大多数都是牛皮,少数一些拥有王室血统的人则在腰间围着猎豹皮的束带。斯皮克把帽子拿在手里,慢慢前进着。按照规矩,他应该停下脚步,然后坐在灼热的太阳底下。但是,他戴上了自己的帽子,撑起了他的阳伞,然后一言不发地坐了下来,仔细观察着正在发生的一切:一只白色的狗、长矛、盾牌,还有一位女士;乌干达的智者们都站在国王的身旁,还有一批参谋,而国王正和他们轻快地交谈着。他一边说着话,一边从那个整洁的小葫芦杯子里大口喝着东西,而他的侍女们则在他的旁边递上这些杯子。

  这些旅行者并不能说他们的语言,而他的翻译也不敢主动开口和国王打招呼,因为这一举动是不符合礼仪的。如此一来,对话就无法进行了。到了最后,令斯皮克感到非常高兴的是,国王陛下终于起身退了下去,步态故意显得十分庄重的样子。这种步态本来是要模仿狮子走路的姿态的,但是这种向外伸展的双腿看上去就像鸭子蹒跚走路那般荒唐可笑。穆特萨当时是离席去享用早餐了,因为自从他听说这些旅行者已经抵达了之后,就一直滴水未进。不过他很快就回来了,然后再一次邀请斯皮克以及他的手下进去。

  他发现国王正站在一张红色的地毯上面,和仰慕他的一百多位妻子交谈着,欢笑着,而这些妻子们都蹲坐在外面的地上,分成了两组。他的手下不敢径直走上前去,只是弯着腰,脑袋垂下来,眼睛斜视着,在他的身后畏缩不前,因为仰视宫廷女子是一项相当严重的罪行。然而,要和他交谈,是一件相当困难的事情,因为他在回答每一个问题的时候,都不得不先把答案告诉翻译,然后由翻译转达给国王的首席官员。而经常发生的情况就是,他还没有来得及回答第一个问题的时候,国王就已经提出了第二个问题。最重要的问题是在这个国家开辟一条通道。就在斯皮克想要解释自己的观点时,国王已经提出了另一个问题。

  穆特萨是一个绝对的专制君主,他的每一个子民的生杀大权,上至地位最高的官员,下至地位最卑贱的老百姓,都在他的掌握之中。当他一时

第九章
斯皮克和格兰特的旅行(续)

心血来潮的时候,会不假思索地大开杀戒,无论数量多少。

国王有许多年轻的侍从在身旁伺候着,他们的头上都戴着绳子编织而成的头巾。这些小侍卫到处跑来跑去,忙着去执行他的命令。只要一有某位妻子或者廷臣冒犯了这位暴君,他们就会立刻冲上去,然后把这个不幸的人拖出去即刻执行死刑。

不过,斯皮克由于对他的水泡进行了医治,所以还是赢得了他的好感。当斯皮克受到了无礼的对待时,他并没有选择屈服,而是成功地保持住了自己的尊严。与此同时,斯皮克还展示了自己作为一名运动员的技能,并由此获得了这位暴君极大的信任。而且,穆特萨很高兴地发现自己在稍微进行了一些练习之后,居然也可以杀死鸟和动物了。然而,他却并没有仅仅局限于瞄准野生动物开火,而是偶尔会开枪射击那些也许被指控犯了某项罪名的男男女女。

过了相当长的一段时间,斯皮克在这座城市中类似于"伦敦西区"的地方得到了一处住所。这栋房子就坐落在一座花园里面,从那里可以瞥到宫殿,所以他就能够经常听到那里响起的音乐声,还能看到一群又一群的人来来去去。他选了其中最好的一间屋子自己住,然后把其他的屋子分配了自己手下的三个头目。接着,他就下令手下为他们自己建造兵营,而所选的地方就是从他本人的屋子一直延伸到主马路,相当于造出了一条街道。现在,他去造访宫殿就更加方便了,而且可以更经常地去面见国王陛下,从而可以尝试着把自己所酝酿的计划付诸实施。

他所目睹的一切常常是令人十分痛心的。几乎每一天,他都可以看到一位——有时候甚至不止一位——可怜的宫廷女子被一个保镖拖出去,然后被处死。当这个可怜的人即将要面临这场可怕的死亡时,她就一直在大声尖叫着:"哦,主人啊,我的国王啊,我的母亲啊!"然而,没有一个人有胆量站出来为她求情。

他和穆特萨国王一起进行了几次狩猎远征。每当国王射中了一只鸟或一头动物的时候,他就会变得兴高采烈,不停蹦跶着,跳跃着,大声叫喊着,以此来表达他心中的喜悦之情。在斯皮克可以说是讨得了陛下的欢心之后,有一次,他们去了大湖。而且,这次出行有点像是一次郊游加野餐。按照惯例,国王挑选了自己的一些妻子陪在他的左右。他们跨过了河,来到了一座树木丛生的小岛,那座岛离岸边有一定的距离。就在这里,大伙儿坐了下来。然后，大杯大杯的庞巴酒就端了上来，大家开始大吃大喝起来。接着，他们就在树林之中慢慢散步。女士们看上去玩得十分开心，她们一直在采摘果实，直到其中最美丽动人的一位摘下了一枚果实，然后献给国王，她很有可能认为这样做可以让他开心。然而，他却认为这一举动是对他的大不敬，于是就当众宣布这是第一次居然有女子放肆大胆地献给他食物。接着，他就下令侍从把她拖走处死。国王的语音刚落，那些可怕的小黑魔鬼们就快速地向她冲过去，就像一群猎兔犬似的。只见他们扯下自己的头巾，把绳子套在她的四肢上。她由于被他们所触碰，显得十分恼怒的样子，她不停地抗议着，试图把他们赶开，可是很快就被他们制服了，然后就被拖走了。她大声呼喊着，向斯皮克求助，希望他能够保护她。与此同时，其他的女人们则紧紧环绕在国王的腿边，苦苦哀求他原谅她们那可怜的姐妹。在此之前，斯皮克一直小心谨慎地避免干涉国王做出任何独断专行的残暴行径。然而，当他一听到她苦苦哀求时叫出自己的名字，他那英国人的血气顿时涌上了脑门，他径直冲向这位暴君，抬起自己的胳膊，然后要求国王饶了这个可怜人一命。当然，他当时也很有可能丢掉自己的性命。但是这种情形还是第一次出现，所以这位任性的首领似乎受到了某种触动，于是他就立即下令把这位女子给放了。

然而，这只是他获得成功的唯一的场合了。日复一日地，男男女女们都会被拖出去执行死刑。有一次，一个可怜的女孩由于受到了她的主人的虐待而逃走了，然后就躲到了一个年纪相当大的老头的房子里。后来，这两个人都被带了上来接受审判。国王下令判处他们死刑，而且还裁定说不应该立即取走他们的性命，而是依然提供给他们食物，然后一点一点地肢解他们，每一天都喂一些他们身上的肉给自己的秃鹫享用，直到他们咽下最后一口气。根据斯皮克的说法，这两个犯了罪的人，显得十分惊恐的样子，拼命挣扎着，希望自己的声音能够被人听见。不过，在一阵锣鼓喧天的音乐声中，他们的声音就被淹没了，然后就双双被拖走了。

他在宫殿里待了一阵子之后，就被引见给了先王的遗孀。女王陛下的身材十分肥胖，容貌美丽，大约四十五岁的样子。当他来到她的面前时，她正在自己的小屋子前面，坐在一张地毯上，手肘撑在一个枕头上面。在入口处的前方，放置着一根铁杆，看上去就像一根烤肉叉，上面有一个杯子，里面装满了魔粉，此外还有一些其他的魔杖。在屋子里面，四个女巫——

第九章
斯皮克和格兰特的旅行(续)

也被称为驱魔者,个个盛装打扮,再加上另外一群妇女,就组成了女王的手下。当她们被遣走之后,就进来了一支乐队。女王一边饮用庞巴酒,一边把酒递给自己的客人、高级官员以及侍从们。她抽着烟管,而且要求斯皮克也抽他的烟管。她要求斯皮克对自己进行医治,于是这位英国人就有许多机会可以见到她,并由此完全赢得了她的尊敬。她坚持要送给他形形色色的礼物,其中就包括几位妻子,而这一举动让他大为恼怒。从外表上看,她是一位善于交际、聪慧过人的女子。又有一次,斯皮克前去面见她的时候,看到她的四周都是她的廷臣们。接着,人们抬来了一个巨大的木制水槽,并把里面灌满了庞巴酒。女王一下子把头埋了进去,然后像猪那样从这个大水槽里饮酒。接着,她的廷臣们也纷纷效仿她。如果她稍微溅出了一点酒,那么他们就把鼻子凑到地上去蘸一下,或者用双手捧起来,这样一来就不会遗漏任何一滴酒了,原因就在于只要是来自王室的东西,那么每一样都必须被顶礼膜拜。接着,乐师和舞者就上场了。他们身着长长的、多毛的羊皮外套,有时候直着身子舞动着,有的时候则弯下腰,或者用他们的脚后跟敲打地面,就像是角笛舞的舞者一样。

那些像小恶魔一样的侍从们常常会搞一些小诡计,而且看上去十分享受这类恶作剧。有一次,一位宫廷高官冒犯了国王,于是,这些侍从就来到斯皮克的手下这里。而当时斯皮克本人正好离开了,于是这些侍从就命令他们全体人员都带上各自的武器前去侍候国王。可是,他们并没有被带到宫殿里去,而是来到了那位倔强的高官的住所。接着,这些侍从就下令让他们冲进去,摧毁一切东西,包括男人、女人以及儿童,不要放过任何人。于是,斯皮克的手下就按照指令这样做了,纷纷开火射击。其中一个人被长矛刺穿了,不过其余的人都被抓了起来,然后就被带到了他的营地里。当然,他下令立即把这些俘虏转交给国王的首席官员,然后就把自己关在房子里,同时对外宣称自己觉得羞于见人了。后来,国王派人去请他一起射击,但是他婉拒了。他的回复是:"今天,巴纳(Bana,国王对斯皮克的称呼)正在祈祷,希望穆特萨能够原谅我所造成的伤害,因为我自己的士兵去执行了如此的一项任务,我为此感到非常愤怒,而且希望知道那是否就是国王本人所下达的命令。"而那些男孩子们回答说,如果没有国王的命令,什么事情都是做不了的。除此之外,斯皮克还坚持要把自己的手下身穿的红色外套送给他,因为当他们对妇女以及儿童大肆进行抢掠的时候,就已经是在亵渎他们身上的制服了。实际上，他是借此机会来教训一下这些野蛮人。

在他下一次面见穆特萨的时候，后者告诉他自己希望在前一天就能够看到他。同时还恳求说，只要他一来，就请在候客屋里开一枪。如此一来，他本人也许就能够听到他抵达的声音了。斯皮克曾经给国王画了一幅肖像。除此之外，斯皮克还对着国王射死的几只鸟进行了彩色素描。对于这些作品，国王都感到非常满意。不过，最让国王心花怒放的还是一些斯皮克送给他的欧洲的服装。当斯皮克前去拜访他的时候，他看到国王陛下就穿着自己的新外套。裤腿和马甲的袖子都太短了，所以他那黑黝黝的双手和双脚就露了出来，看上去就像手风琴演奏者的猴子那样滑稽可笑。至于他头上戴着的土耳其毡帽，由于他头顶有一撮"鸡冠花"而无法戴稳。在这一次拜访的时候，他正好撞上了二十位新妻子被献给国王的一幕，她们都是各个酋长的女儿。只见这些女子个个抹了油，浑身闪闪发亮，排成一条直线从国王面前款款走过，几乎可以说完全是赤身裸体的。与此同时，她们各自的父亲们则开心地在地上卑躬屈膝，慌慌张张地前进，欣喜地希望看到自己宠爱的女儿们能够得到君主的垂青。见此情形，斯皮克忍不住放声大笑起来。于是，不仅仅是国王，连那些侍从们也仿效他大声笑起来。至于他自己的手下，虽然还不敢抬头看，不过也在轻轻地笑着。

终于，国王对斯皮克进行了回访。由于斯皮克习惯了摘下自己的帽子，所以国王也就取下了自己戴的头巾，然后他就坐到了凳子上面。凡是目之所及的东西，他都大为赞叹，并且祈求能够送给他，不过最让他满意的还是这位旅行者的呢帽和蚊帐。至于那些女人们，她们获得准许得以向着"巴纳"的屋子里悄悄窥一眼，而她们也得到了几袋珠子作为此次拜访的纪念品。

又一些日子过去了。有一天，当他正和穆特萨待在一起的时候，突然看到在一棵树上有一只秃鹫。当时，国王的手里正好有一把斯皮克送给他的枪，但是他仅有一匣子弹了。至于斯皮克，他则把自己的枪留在了家里。于是，这位长得黝黑的国王陛下在发射了第二颗子弹之后，终于把这只鸟给射死了，他为此简直欣喜若狂。他是如此地开心，以至于坚持要把这只鸟带给自己的母亲看一眼。

然而，在他步入宫殿之前，他把身上的欧式服装换成了一件白色的羊

第九章

斯皮克和格兰特的旅行（续）

皮裹布。紧接着，就有一个营的部队抵达了宫殿的前面，为首的则是他手下的首席长官，斯皮克称之为"孔戈上校"（Colonel Congou）。国王也出来了，他的手里还握着长矛和盾牌，他的前面则是一只鸟。然后，他就在围场的前面站住了。他的部队分成了三个组，每一个组都由两百人组成。首先，他们以一列纵队的形式走过场，然后就开始进行各种各样的变化。斯皮克说，接下来所发生的一切是如此地狂野和怪诞，在这个世界上简直再也找不出可以与之相提并论的一幕了。那些男人们几乎就是赤身裸体的，他们的身上披着羊皮或者豹皮，从腰间垂下来。每个人的身上都涂抹着战斗的颜色，至于颜色的选取则是根据个人的喜好而定的，有的人一半身子涂成红色或者黑色，而另一半则是蓝色，毫无章法可言；有的时候，一条腿涂成了红色，而另一条腿则涂成了黑色，上半身则涂成了相反的颜色，胸部和胳膊也是这样处理的。每个人都手持两根长矛和一块盾牌，姿态看上去就像是在靠近一个敌人似的。他们就这样以三条纵队的形式移动着，每列之间相隔了十五到二十步的样子。他们的动作都是同样地夸张，步伐也拖得很长，接触到地面的那条腿一直保持着弯曲的姿态，因为这样可以让他们跨越起来更加有力。每条纵队的首领跟在各自队伍的后面，他们的穿着甚至更为夸张。威武的孔戈上校身披长长的、白色皮毛的羊皮，手持一块小提琴形状的皮质盾牌，它的六个角上都装饰着一簇白色的毛发，膝盖以下部位也绑着长长的几股毛发，而头盔上面则盖满了好几种颜色的珠子，最上面还插了一簇深红色的羽毛。从羽毛的中央竖起一根茎，上面缀满了山羊毛。最后，高级官员出场了，他们向国王冲过去，动作幅度相当剧烈，以此来表明他们对国王的信任和忠诚，于是他们就赢得了人们的阵阵掌声。

为了抚慰这位君主，他献上了一个指南针，而这让穆特萨非常开心。后者一看到它，就跳了起来，然后异常兴奋地大声叫喊着，并且声称这是巴纳给过他的最棒的礼物了，因为他可以借助它来找到所有的道路和国家。

快到 5 月底的时候，斯皮克正在日夜期盼着格兰特能够早日到来。按照事先所作的安排，他应该是从水路前来。但是当地的土著并不放心他们自己在湖上，所以他就被从很远的地方一路抬了过来。

最终，到了 27 日，一阵枪声响起，宣告格兰特终于抵达了。于是，斯皮克就匆匆忙忙地赶出来迎接自己的朋友。现在，格兰特已经可以一瘸一拐地稍微走两步了，而且谈论到自己的旅程经历时也是大笑不已。

这些旅行者们即刻着手为前往乌尼奥罗做起各项准备工作。那个国家的统治者是卡姆拉西（Kamrasi），他是一个卑鄙小人。即使是在所有的非洲君主之中，人们都认为他不仅冷酷无情，而且可以说是相当残暴。他会在一眨眼的工夫就执行死刑和酷刑。虽然他并不好客、贪得无厌，还爱财如命，却相当胆小怯懦，以至于一直不敢对乌干达国王公开宣战，即使后者已经夺取了他的一部分疆土。因此，干达人十分不情愿护送这批旅行者进入他的领土，而孔戈上校则宣称如果一定要他去的话，自己就死定了，因为他曾经率领一支军队进入过乌尼奥罗。

这些旅行者有一个伟大的目标，那就是抵达人们心目中所假定的尼罗河从维多利亚湖流出来的那个地方，然后乘坐小船从那里顺流而下。

此前，斯皮克曾经给佩特里克写过信。在6月28日，有消息传来，声称加尼（Gani）出现了一些白人男子，他们正在询问这些旅行者的下落。于是，斯皮克就告知国王，他所需要的只不过是一支护卫队，可以护送他们前往加尼。如果再不抓紧时间和佩特里克取得联系的话，他们与乌干达开通尼罗河贸易通道的机会就会变得更加渺茫了。于是，国王就回答说，他愿意召集自己的官员，并且围绕这一问题咨询他们的意见。他后来所做的举动可谓相当愚蠢：他允许自己的人进入乌尼奥罗，然后偷走了属于卡姆拉西的八十头奶牛。

令他们大为惊恐的是，当地的首席魔法师，基恩戈（Kyengo）告知他们，国王由于急不可耐地想要预知未来究竟如何，以至于已经下定决心要采取一项极端的措施来达到那个目的，那就是用一个孩子作为祭品。这场仪式将由基恩戈来主持，过程相当残酷，简直无法用言语来表述。首先，魔法师把一个灌满水的陶罐放置于火上，再把一个平台搁在上面。接着，他就把一个年幼的孩子和一只鸡绑在这块平台上，再把另一个罐子口朝下倒扣在他们身上。当火烧了一段时间之后，就把上面的那个罐子移走。如果两个祭品都死了，那么就预示着眼下必须把战争推迟进行，如果其中之一还活着，那么就应该立刻开战。当部队准备出发奔赴战场的时候，这位魔术师会把这个年幼的孩子打得皮开肉绽，然后把这具鲜血淋漓的尸体放置在路上，让武士们跨过去，因为人们相信这一举动可以让自己在即将到来的战斗中免遭任何伤害。

第九章

斯皮克和格兰特的旅行(续)

在斯皮克之前与国王前往大湖的远行中,他们曾经到达过一座小岛,而那座岛上居住着一位魔法师和他的妻子。人们认为他就是那片湖泊的水神的祭司。他的脑袋上装饰着各种各样神秘的象征物,其中就有一把桨,还有标志着他那重要职务的徽章。他身穿一件微微泛白的羊皮围裙,上面装饰着形形色色的咒符。除此之外,他并没有用一根拐杖来支撑自己的双腿,而是用了一把桨。虽然他的年纪并不老,他却假装自己是一个老年人,走起路来十分缓慢,而且故意像上了年纪的人那样咳个不停,说话含糊不清的样子。他坐下来之后,就一直不停地在咳嗽,足足咳了有半个小时。然后,他的妻子就走了进来,步态也和他差不多。只见她同样一言不发,然后做出了和他一样的举动。

当时,国王正坐在靠近门的地方,他的妻子们就站在他的身后。这时,他就问斯皮克对此作何感想。此时此刻,全场一片寂静无声,只听得到那位年迈的妻子的声音,她听上去就像是一只正在呱呱叫的青蛙。她嚷嚷着要水喝,于是人们就给她端来了水。可是,她却再一次呱呱叫了起来,因为那不是直接来自湖泊的纯水。于是,人们又把第一个杯子给换了,用第二个杯子里盛的水沾湿她的嘴唇,然后她就像走进来的时候一样蹒跚着走开了。

现在,水神的首席祭司把国王的几个官员召集到自己的身边。接着,他就压低嗓门把水神的指令传达给了他们,然后就走开了。看起来他所传递的信息是不吉利的,因为他们一行人立刻马不停蹄地回到船上,然后坐船回到了各自的住所。

在这次外出短途游中,国王去湖上泛舟,把斯皮克一个人孤零零地撂在了岸上。于是,后者就借此机会造访了一位热情好客的老妇人。这位老人家盛情款待了他以及他的侍从们,把她房子里的所有庞巴酒都拿出来给他们享用,和他一起抽着烟管,甚至还毫不顾忌地谈论到乌干达惩罚的种种恐怖细节。当他的侍从告诉她,他曾经挽救过一个女人的生命时,她看上去十分震惊,显然是对这位陌生人的大无畏精神和仁慈之心表示很意外。而在此之前,国王的侍从们曾经把她的房子几乎洗劫一空了。

对于穆特萨所下达的最野蛮残暴的命令,他手下的官员们都是怀着最崇高的敬意欣然领命并且不折不扣地执行的。原因就在于如果他们稍有迟疑的话,他们本人也必定会被处死。他身边那些可怕的小侍从就是他的主要特使们。只要他一声令下，就会有十几个小侍从们同时开始行动，每个人都尽全力拼命奔跑，试图赶超其他人，只见他们的衣服在风中舞动着，从远处看就像是一群飞翔的小鸟。有一次，斯皮克给了穆特萨一把来复枪，这位国王在上上下下仔细研究了这一武器之后，就上了膛，然后命令一个侍从出去随便瞄准哪个人开一枪，以此来证明它能够很厉害地杀死人。过了不一会儿，他们就听到有消息传来了，然后这个小顽童就回来了，咧着嘴笑着，显然是为自己所取得的成就而沾沾自喜，看上去就像是一个学生人生中刚刚第一次射中了麻雀似的。至于那个成为靶子的不幸的可怜人，没有人知道他的下场究竟如何，毕竟当时杀死一个人只是一件最稀松平常的小事情了，根本不足以引起人们的注意。

许多人对于国王如此残暴无情都表现出了极大的恐惧，但是他所有的臣民都是些穷困潦倒的奴隶，而且他们彼此之间并没有结成任何的联合体，要不然的话，他们就有可能奋起反叛或者通过改革为自己换来一个更好的生活环境。

到了7月7日，他们为接下来的行程做好了一切准备工作。国王送给了他们一群奶牛，作为他们的补给，还有一些王室长袍和长矛，而且他本人还带着妻子们亲自出面为他们送行。斯皮克下令自己全体下属都配备好武器后致敬，作为对所接受的盛情的回应。随后，穆特萨开口称赞他们的外表都是如此俊朗，勉励他们一定要誓死追随自己的领袖，不惜赴汤蹈火，同时还表示，凭借这样一支武装力量，他们一定会顺利抵达加尼的。

按照他们商定的安排，格兰特将带上所有的物品和牲畜，按照卡姆拉西的指引前进。与此同时，斯皮克则经由水路，去探究它从湖泊发源而出的地方，然后再一次顺流而下，尽可能航行到最远的地方。

他们开始踏上了远征，有一支乌干达部队从旁加以护送，指挥官是一个年轻的首领，他的名字叫卡索拉（Kasora）。他们就这样前进了一些日子。有一天，斯皮克的一名手下卡里（Kari）被一伙乌干达护卫兵哄骗着前往某个小村子，那里居住着的都是制陶工人，所以他们希望能够弄到一些罐子来酿造芭蕉酒。当他们靠近这个地方的时候，当地的居民们一下子都冲了出来。那些乌干达人都逃走了，但是，卡里却由于手里的枪并没有上膛，所以就举着自己的武器一动不动地站在原地。可是，当地人却认为那是一个有魔法的号角，就用长矛把他刺死，然后四散逃开了。

第九章

斯皮克和格兰特的旅行(续)

到了 21 日,就在穿过了一片覆盖着森林的土地之后,斯皮克抵达了尼罗河的河畔。河流的两岸看上去就像是一个被保护得相当好的公园。出现在他眼前的是一条波澜壮阔的河流,河面上星星点点地散布着无数的小岛和岩石,前者上面盖满了渔民的小屋子,而后者则被无数条鳄鱼霸占着,它们卧在那里舒舒服服地晒太阳。河流的两岸高出河面许多,上面景色秀美,绿树成荫,显出一片郁郁葱葱的景象。再往远处去,可以看到成群的鹿和狷羚正在低头吃草,河马则在水中呼哧呼哧地喷着气,而孟加拉鸨和珍珠鸡则双脚直立地站在那里。斯皮克发现这里充满了乐趣。

该地区的首领接待了他们,他显得十分彬彬有礼,而且还陪着斯皮克一同前往伊萨姆巴险滩(Isamba Rapids)。这位旅行家对当时的场景是这样描述的:

"在两岸之间奔腾着的河水非常深,河岸上长满了茂盛的青草,还有柔软似云雾般的金合欢树,以及垂花形的紫色植物。陆地,在某些地方会在险滩之上突然斜下来,此时光秃秃的红土地就裸露了出来,看上去就和德文郡(Devonshire)的红土地差不多。同样也是在那里,由于被一道天然的大坝所阻拦,河水看上去就像是一个巨大无比的牛奶池,显得肃穆而又漆黑一片,里面有两条鳄鱼,四处漂浮着,正在瞪大眼睛寻找猎物的踪迹。"

斯皮克站在高高的河岸上向下望去,只见一长排小岛横贯整条河流,岛上树木密布,岛的斜坡也有一定的角度。而这一排小岛通过分隔这河里的流水,立刻就摇身一变充当了堤坝和险滩。

"当时的场景看上去就像是童话里的场景一样,显得如此原始而浪漫,简直可以说达到了巅峰。"斯皮克写道。

他们继续向前跋涉,然后就于 28 日抵达了里彭瀑布(Ripon Falls),而那是他迄今为止在非洲所目睹的最有意思的场景了。斯皮克是这样描述的:"虽然当时的一幕看上去是如此地美丽,却并非是我之前所料想的,因为我的视线被一座小山丘的尖坡给挡住了,所以无法欣赏到那片宽阔的湖面。至于瀑布本身,它的高度大约有十二英尺,而宽度则有四五百英尺,只不过无数块岩石把它分解得支离破碎了。不过话说回来,当时的场景还是会让人流连忘返,连续数小时欣赏都嫌不过瘾的。河水怒吼着,咆哮着,成千上万条游走在其间的鱼儿拼尽全身的力气在瀑布那里腾跃着。渔夫们坐着船出发,然后在每一块岩石上找到自己的位置坐下,接着甩出鱼竿跟鱼钩。河马和鳄鱼懒洋洋地卧在水面上。在瀑布的上方，船只来来往往。人们把牲畜赶下来，让它们在湖边上饮水。所有这一切与这片土地的自然之美和谐地融为了一体——小小的山丘上绿草茵茵，而在山谷之间，以及稍微低一些的斜坡上，则密密麻麻布满了树木。凡是亲眼目睹此情此景的人，一定会觉得这一幅画面是如此生意盎然，富有情趣。"

现在，斯皮克已经抵达了他自认为是尼罗河源头的地方，也就是水从维多利亚湖流出来的那个点。随后，他就计算了一下整条河流的长度，从这片湖泊的最南端开始测量，大约有两千三百英里。

现在，他和自己的同伴一起调转方向往北而去，并于8月5日抵达了乌荣多加尼（Urondogani）。眼下，他们所面临的困难就是如何才能弄到船只。那里的渔民发现根据之前收到的指令，必须为这些陌生人提供自己捕捉到的鱼，所以就都逃走了。不过，这些旅行者们自己随身带着的奶牛还是能够为他们提供足够的食物。到了最后，他们终于凑齐了五艘船，而有的船只不过是把几片木板绑在一起，然后在上面塞上地毯让它不至于漏水而已。斯皮克带着他的侍从，卡索拉也带着自己的手下，登上了船。除了粮食和肉干，他们还带上了山羊、狗和一些装备。然而，没有人知道此次航行将要花费多长时间。

在这条宽阔的河流两岸，波涛翻滚，拍打着河岸，使得那里看上去就像是一片湖泊。懒洋洋的船员缓慢地划着桨，他们有时候会一鼓作气全速前进，然后再休息一阵子，因为他们觉得这样做很好玩。与此同时，卡索拉却愚蠢地下令让自己的手下去攻击那些逆流而上的尼奥罗人乘坐的船只。

他们于14日跨过了边界，但是之后并没有前进多久就看到了卡姆拉西的一艘巨大的独木舟，上面载满了全副武装的人，正在慢慢向他们靠拢过来。但后来独木舟调转了方向，好像是上面的人感到害怕了，于是干达人就尾随了上去。不过最后，被追的独木舟停了下来，河岸上站满了手持武器的男子，这些人威胁说要毁了他们。此时，另一艘独木舟出现了。天色已经越来越暗了，而逃走的唯一希望似乎就是后撤。于是，斯皮克就下令把自己的船聚到一起，并且向手下承诺说如果他们愿意奋起抗争的话，就会把弹药发给他们。然而，一艘船上的人由于过于害怕，以至于任由自己的船在波涛中一圈一圈地原地打转。尼奥罗人正悄悄地向他们逼近，虽然他们什么都看不到，却可以听出来。有一艘船始终停泊在岸边，它离芦

第九章

斯皮克和格兰特的旅行（续）

苇草丛很近。突然之间，它就被钩子给钩住了。船上的人们纷纷大叫起来："救命啊，巴纳！他们要把我们都杀了。"见此情形，斯皮克大声吼着回应道："攻击他们，胜利一定是属于我们的。"现在，从被钩住的船上射出了三发子弹，然后尼奥罗人就四散逃开了，他们中有一个人被杀死了，有一个人负了伤。于是，斯皮克和他的手下就得以顺利撤退了，沿途并没有受到任何的骚扰。

在沿着河流从水路前进了一段距离之后，斯皮克决定接下来的行程还是通过陆路来进行，还是沿着格兰特之前所走过的路线前进。当月20日，他们抵达了格兰特的营地。到了第二天，一位由卡姆拉西派来的信使抵达，他声称国王十分愿意见一见他们，因此他们就按照指示向乌尼奥罗进发了。

他们再一次经过了边界地区，当时那一地区的形势正在恶化，村庄只有零星的几个，小屋子十分低矮，裹着兽皮的人个个看上去脏兮兮的，除了山羊和鸡，他们主要的食物就是芭蕉、甘薯和小米了。那里没有一座山丘，只有一些分散在各处的圆锥形的土包，所以土地看上去就是非常平坦的一大片，并没有被任何事物分隔开来。除此之外，目之所及也并没有什么让人眼前一亮的风景，而植被则是相应地不断在减少之中。他们的第一站就停在了一位了不起的乌尼奥罗酋长的官邸。他们几乎还没有来得及安顿下来，就有一个负责送信的侍从从穆特萨那里来到了他们的面前，他还带了五十个干达人，他们来询问"巴纳"近况如何，同时提醒他曾经答应过从加尼把枪支和其他物品送给他的。

当他们穿越这片土地的时候，当地土著一见到他们就逃走了，因为他们认为这些人都是食人者。他们认为这些搬运工的肩膀上扛着的每一个铁盒子里都装着几个白人侏儒，而它们会被放出来到处抓人吃。然而，他们渐渐鼓起了勇气，然后很快就聚到了英国人居住的屋子周围。

到了9月2日，就在当天的行程即将结束之际，有人告诉他们附近有象群出没的踪迹。因此，这些旅行者们就带着枪支继续前行，然后就发现了象群，大约有一百头的样子，它们正在一片长满了高高的青草的平原上吃草。于是，斯皮克就借着高高的青草的掩护，蹑手蹑脚地慢慢靠上前去。当靠近一个象群之后，他就瞄准其中最大的一头大象开了枪。只见这些庞然大物们开始把象鼻子高高扬起，看上去像是在闻空气的味道。当通过火药味证实了敌人的确就位于它们前方的时候,它们就把象鼻子卷了起来,缓缓走近了他所躲着的一个土堆处。突然,它们停下了脚步,因为它们嗅到了白人的气味,于是就高高扬起脑袋,向下俯视着他。现在,斯皮克处于一个相当危险的处境,因为他当时无法从正面对任何一头大象开枪进行射击。人们都以为他一定会被甩起来,或者是被踩踏至死,但当他开枪的时候,它们就扭过身去,奔跑着逃走了,速度比靠过来时快得多。然而,它们很快就停了下来,重新开始吃草了。虽然有几个人受了伤,但是并没有人死亡。

孟买被派去觐见卡姆拉西国王,他所要传达的要求就是旅行者们希望能够早日拜见国王。于是,国王就派人给他们送来了山羊、面粉和芭蕉。而他们的东道主为此感到十分恼怒,因为国王没有把所有的面粉都给他一个人,而他认为既然自己被指定为他们的向导和保护人,就应该拥有所有的面粉。

后来,他们终于收到了卡姆拉西的邀请。虽然斯皮克坚持说要住在宫殿里面,但是国王还是仅仅提供了一些肮脏不堪的小屋子给他。之前留在那里的孟买,此时也已经抵达了。而且,他们还听说国王正在为他们安排条件更好一些的住所。又前进了一段时间之后,斯皮克和他的人员进入了卡姆拉西的首都,而卡姆拉西由于喝醉了酒,无法亲自出面来迎接他的客人们。到了第二天,他派人送来了一些庞巴酒、鸡和芭蕉作为礼物。

然而,这之后,他们继续又等了好几天的时间。到了最后,斯皮克派人去传话,声称如果国王不希望看到白人的话,他们就计划继续赶路,前往加尼。此举立刻就奏效了。于是,他们就按照常规,把英国国旗高举在头顶,缓缓地向宫殿走去。

这些英国人发现卡姆拉西坐在一个木制的凳子上,凳子的下面铺了一张牛皮,凳子上面则铺了一张豹皮,这把凳子就安放在一个高出地面的平台上,那是由青草搭建而成的。他看上去十分冷静,面无表情。他的胳膊上装饰着一些黄铜线圈,而他的头发则扎成了一个结,形状类似胡椒。他的双眼十分细长,脸庞很窄,鼻子十分挺拔。尽管他体态匀称,大约六英尺高,但还是不如鲁马尼卡那般高大。

斯皮克鼓起勇气,努力向国王解释说自己此行的唯一目的只不过是沿着尼罗河开拓一条通道,然后船只就可以从其他国家运来粮食作物和手工

第九章

斯皮克和格兰特的旅行(续)

制品,从而来换取他的象牙。

很明显,国王当时是希望留住他们的,原因就在于他的两个兄弟已经发起了针对他本人的暴动,所以他认为他们也许可以帮助自己一起镇压他们。到了最后,他们决定派孟买先行一步,去确认一下船只是否真的在那里等候他们。

和其他的非洲国王一样,国王也热切地渴望能够收到礼物。当国王听说了天文表,也就是之前有人看到他们一行人所使用过的小玩意儿,他就特别渴望能够拥有它,因为在他的眼里,这是一个有些魔法的工具,所以这些旅行者们才能借助它的威力在这片土地上找到方向。斯皮克告诉他,这个东西只不过是一个计时表而已,是提醒自己应该什么时候用晚餐了。他告诉国王,自己就只剩下这么一个计时表了,不过如果国王愿意耐心等待的话,那么只要他一到加尼,就会给他送来一个。可是,国王实在太渴望拥有这个神奇的工具了,所以不愿意再等些日子。到了最后,斯皮克为了满足他的要求,就把它放在了地上,并说道,这个东西就归国王了。国王说自己愿意再买一个,不过当听说这个小玩意儿要值五百头牛的时候,他惊得目瞪口呆。而这也的确让在场的所有人都觉得不可思议,他们都无法相信一个神志清醒的人居然会愿意用五百头牛来换取这个小东西,而它只不过是用来提醒自己应该几点吃晚饭的。

卡姆拉西是一个彻头彻尾的暴君,不过同时,他也是一个十足的胆小鬼。他掌控一个完善的间谍网络,并且凭借它对国内发生的每一件事情都能做到了如指掌。而为了让他的卫兵完全效忠于自己,他就允许他们可以随心所欲地对那些不幸的臣民们进行掠夺。一旦有臣民冒犯了他,那么这个可怜人就会立刻毫不留情地被处死。如果某位官员没能提供给他所需的信息,那么他也会被处死,或者脚上被套进枷锁。这种枷锁是一种专门用来折磨人的工具,形状和树干差不多。它是用一段很笨重的原木做成的,中间挖了一个椭圆形的切口;犯人的双脚就被塞在这个切口里面。接着,再把一个钉子穿过这根原木,位置就在两个脚踝之间,如此一来就可以把脚踝牢牢固定住了。那些行刑者经常会把钉子正对着脚踝,因此这就会给受害者带来巨大的疼痛,而后者通常都会死于极度疲劳。

后来,这些旅行者们搬进了一个条件更好些的住所,然后被告知卡姆拉西计划前来探望他们。为了迎接他的到来,房间相应地进行了一些准备工作——在周围挂了一圈毯子、牛角和兽皮,还有一个大箱子,上面盖着一张红色的毯子,就作为一个宝座供他使用。接着,斯皮克召集了手下人组成了一支仪仗队,然后命令他们一看到国王出现就鸣枪向他致敬。他一抵达,就希望把目之所及的所有东西都能够占为己有:首先是他们的纱网蚊帐,接着是一张铁制的露营用床,还有航海六分仪以及温度计。当他们向他展示了一些介绍鸟类和动物的书籍时,国王也提出希望能把这些书送给他。不过,斯皮克不假思索地拒绝了,这让国王感到十分意外。后来,他们问国王,是否希望英国的商人进入他的国家。于是,国王回应道这是他最希望看到的事情了。不过,如果英国人愿意带着枪支前进,那么他就带领军队跟上去。接着,在他们的帮助下,他的兄弟们,也就是正在反叛的一帮人,就会被悉数消灭。不过很明显的一点是,他由于没有收到任何的礼物,所以看上去十分生气,然后就站起身,径直走出了屋子。第二天,他并没有派人送来庞巴酒。不过,他们后来送给了他一支枪。一开始,他非常害怕,不敢开枪射击,而是让斯皮克的一个手下替他开了枪。

  一天早晨,他们发现自己的雨量计被移动了位置,找不到了。于是,他们就派人去找他们的主人,也就是那位酋长,并告诉他,他们希望能立即派一位魔法师前来,然后查清它的下落。很快,他就带着一名专家回来了,斯皮克描述了接下来发生的一切:"一个上了年纪的老人,几乎就是个瞎子,身上披着一些旧皮条,在腰部位置束紧,一只手拿着一根牛角,上面洒满了有魔力的粉末,在牛角的开口处小心翼翼地盖上了皮革,然后从上面垂下来一个铁铃铛。这个老家伙摇晃着铃铛,让它发出叮铃铃的声响,然后伴着铃声步入了他们的屋子。只见他蹲在自己的大腿上面,先盯着一个人看,接着再转向另一个人,挨个询问丢失的东西长得什么样,他的嘴里嘟嘟囔囔着,他那皮包骨头的手臂在自己的头顶一圈圈打着转,就好像在从屋子的四面八方把空气都抓过来似的。接着,他就把汇聚过来的空气一下子抛向牛角的开口处,然后鼻子凑上去闻一闻是否一切进展顺利。后来,他把铃铛凑到自己的耳朵旁再一次摇响,然后嘟囔道自己很满意。这个丢失的物品必须被找到。为了让咒语更有效果,他派人把所有的人员都召集过来,让他们坐在屋子前面的空地上。此时,这位年迈的医生直起身子,晃动着牛角,把铃铛凑到自己的耳朵旁让它发出叮铃铃的声音。接着,他面向其中的一个人,猛地把牛角戳向前,看上去就好像要直戳那人的脸庞,随后

第九章

斯皮克和格兰特的旅行(续)

再闻一闻牛角尖,再把它戳向另一个人,他就这样不断重复着动作,直到他发现斯皮克的手下并不是小偷,于是就露出了满意的神情。接着,他就走入了格兰特的屋子。他仔细地在每一个角落搜查,最终走到了放置瓶子的地方。在那里,他双手高举过头顶,在草地上四处走动着,然后把铃铛凑到耳朵旁边晃动着,先在一侧耳朵旁晃动,然后再移到另一侧耳朵旁,直到一个鬣狗的足迹让他发现了线索。他又走了两三步,然后就发现了它。原来是一只鬣狗叼走了它,这只鬣狗钻到草堆之后就把它扔在那里了。这个绝对可靠的牛角简直太棒了,而国王真心实意地把它派来也是明智之举。于是,斯皮克就把这个瓶子和测量仪都送给了国王,而后者显得十分高兴。至于那位年迈的医生,虽然他乞求能赏赐自己一些庞巴酒,不过最终只是得到了一头山羊作为劳动的报酬。"

此事过去之后没多久,他们就收到消息,称一位曾经服侍过他们的官员死去了,而且据说他是死于一件符咒的蛊惑,而那件符咒是被卡姆拉西的一个官员塞进一个装庞巴酒的罐子的。很显然,这个可怜的家伙是被毒死的。

现在,这些旅行者们对孟买十分牵挂,因为他们已经把他派到加尼去了。他们收到情报,声称穆特萨的加冕礼庆祝活动正在如火如荼地进行之中,而他那三十多个兄弟则即将被烧死。

卡姆拉西已经收到了一本《圣经》作为礼物。他一收到它,就开始数书页,因为他认为每一页或者说每一片叶子就代表了创世以来的每一年。当他翻到书本的四分之一处时,他就关上了书,因为有人告诉他,如果他希望能够更明确这一数目的话,最好的办法还是数一下书中的字数。

六周的时间就这样逝去了,在此期间,大家都无所事事。终于,孟买从加尼回来了,只见他的侍从们都身着棉质的套衫和短衬裤,而这些就是佩特里克的前哨基地人员送给他们的礼物,不过佩特里克本人当时并不在那里。往返的路程实际上一共只花了十四天的时间,而其余的时间则是被向导给白白浪费了的。

此时,斯皮克就派人给卡姆拉西送去了一份礼物,然后,就开始做离开前的准备工作了。然而,国王却抱怨说他所收到的礼物还不够,并且坚持要那个天文表。他本人曾送了一些长矛过来,但是斯皮克却表示除非国王准许他离开,否则自己就拒绝收下它们。事实上,和这些黑人统治者打交

193

道的唯一办法就是表现出最大程度的坚定和决心。

最后，国王同意他们离开，并且表示愿意在他们临行前和他们见上一面，同时还承诺将派遣一支人数众多的护卫队护送他们登上佩特里克安排好的船只。然而，几天过去了，国王并没有前来和他们见面告别。然后，国王再一次向他们索要更多的礼物。当他看到格兰特的手指上戴着一些戒指之后，就恳求他把它们都送给他，不过他并没有如愿以偿。按照斯皮克原先的计划，他希望能够在国王的所有儿子之中选出两个带到英格兰去，让他们在那里接受教育。可是，国王却送来了两个孤儿。这两个孩子都是普通黑人的后代，长相平平，于是斯皮克就婉拒了他们。在这段时间内，他们几乎就像囚犯一样被看管着。这位多疑的国王不允许他们在周围四处转悠，而且也不允许任何人前来探望他们。因此，当他们终于说服了这个野蛮的独裁君主放他们离开的时候，他们对他居然还产生了一些感激之情。国王向他们提供了一批独木舟，它们都是由圆木固定在一起制作而成的。到了11月9日这一天，他们就从库弗河（River Kuffo）的岸边登上了其中的一艘独木舟。当时，人们纷纷涌到岸边，希望能亲眼看一看他们离开的情形。当他们一行人乘坐的独木舟滑入河流的时候，这些旁观者拼命叫喊着，挥手和他们告别。在这群观众之中，就有那位他们曾经见过的夫人，只见她身披黄色的树皮布，上面还有黑色的条纹，她姿色平平，毫无吸引力可言。

他们沿着库弗河顺流而下，然后在距离卡姆拉西的官邸几英里之处进入了白尼罗河。随后，他们就顺着白尼罗河又漂流了四天，最后抵达了卡鲁玛瀑布区（Falls of Karuma）。这条河看上去就像是一座巨大的湖泊，所以如果没有一个引航员，他们根本就无法猜出究竟该往哪个方向前进。接着，它又形成一条宽度达到了一千码的河流，河面上密密麻麻地布满了小岛，而河马就在这些小岛之间不时地露出它们的脑袋。这些小岛实际上由各类荆棘、藤蔓植物和低矮的树木纵横交错结成。有一些植物在流水的推动下，一圈又一圈地打着转，而流水的时速为每小时一英里。在这些植物中，他们看到了高耸着的纸莎草，它们一直在随风摇曳着。当他们所乘坐的独木舟划过纸莎草的时候，它们就相应地不停变化着位置，看上去就像是一列长长的三角帆船。当他们一行人航行到第三天的时候，河面上开始吹起了阵阵强劲的风，于是这些漂浮着的小岛就被吹得支离破碎，不见了

第九章

斯皮克和格兰特的旅行（续）

踪影，或者是被吹上了岸边。

每天晚上，他们都会上岸去睡觉，为此他们不得不奋力穿越一条宽宽的地带，那里遍布着灯芯草和旋花属植物。在一个地方，有一座小山丘从水面上耸立而起，高度达到了八百英尺。而在基迪（Kidi）的这一侧，地面则高低不平，显得十分荒凉。形形色色的优美树木遍布各个角落，它们的大树枝上缠绕着开花藤蔓，这些花朵五颜六色，而且现在正是它们的怒放期。

国王已经对自己的官员都下达过指令了，要求他们为这些旅行者提供食物，所以他们就会去追逐一些独木舟，场面颇为惊心动魄。而一旦对方发现了他们的目的，就立刻四散逃窜开去。当他们追上了一艘独木舟之后，他们那些尼奥罗护卫兵就会一拥而上，把船上所有的东西都洗劫一空，包括树皮布、烈酒、珠子、长矛以及其他的东西。而那可怜的船主只能眼睁睁看着这一切发生而束手无策。但是，在斯皮克的指示下，他们把这些被偷走的财物悉数追了回来，然后交还给了失主。

与此同时，他们的牲畜和护卫兵大部队则是经由陆路前行的。

到了11月19日，他们一行人抵达了卡鲁玛瀑布。根据黑人的说法，他们之所以用这个名字来称呼它，是因为曾经有某位伟大灵魂的亲属把一些大石头放在河里，从河的这一端一直铺到了河的那一端，以此来把奔腾而下的水流切断。为了提示他所付出的努力，人们就以他的名字命名了这个地方。

他们在这里逗留了一些日子，以进行穿越基迪这片荒野的各项准备工作。当时，他们依然还身处卡姆拉西的领地之内。当地的首领是一个地位很高的男人，比国王的地位只低了一点而已。而现在，这位首领就来拜访了他们。为此，他们就相应地也布置了一个盒子供他坐。他说出了自己的想法，那就是他的人民几乎一半是黑人，一半是白人。所以，他只能认为这个国家原先是属于白人的，而后来他们被黑人赶走了，所以现在，这些昔日住在此地的白人又折返回来了，想要再次收复这片土地。于是，这些旅行家们就告诉他，他的祖先一度都是白人，后来他们穿越了这片海，并且占领了这片土地。听了这些，这位首领的担忧终于得到了缓解。

就在他们上路之前，负责他们随行护卫的头目用两个儿童进行了祭祀：剥去他们的皮，每个人的身上都划上一条长长的口子，每条口子都从胸部直抵腹部；然后，他们在草地上放了一些动物在旁边。这样一来，旅行者们就可以从他们的身上跨过去，从而让此次旅行得到丰硕的收获。

此时，国王派出的一个信使来到了他们的跟前，敦促他们赶紧停下脚步，因为国王担心自己那位意图造反的兄弟，即雷宏加（Rehonga）也许会攻击他们。但是他们认为国王是有自己另外的如意算盘，所以还是按原计划上路了。当时，天上下着雨，而他们所走的道路则要穿越一片沼泽地、一片茂密的森林以及高高的青草地。他们就在这样的环境下一连前进了好几天，终于，他们来到了一片高原的边界处。他们的眼前出现了大象和水牛。此时，向导为了保障此次行程吉祥顺利，就摘下一根细枝，把上面的叶子和树杈都拔光，接着往前行的方向挥舞了几下，再把它一折两半，最后把两段细枝扔在了道路的两侧。

接着，他们再一次钻入了高高的青草地，这些青草甚至都超过了他们的脑袋，一路伸展开去，穿越了这片宽阔的沼泽地。

到了29日，他们来到了加尼的科基（Koki），这里是一些人的栖息地——一堆圆锥形的小屋子在一排小山丘的边缘处散布着。他们看到一群群赤身裸体的男人们就像猴子那样蹲在大块的花岗岩石头上面，而后者正神情焦虑地观察着他们抵达自己的领地。他们派了一个信使前去拜会当地首领，于是后者就委派当地有头有脸的人物出来欢迎他们。这些人的身上都涂满了战斗的图案，有点类似于市集中的小丑。他们手持长矛，从山上全速俯冲下来，同时变化出各种阵形。接着，他们就把旅行者们带到了首领的面前，后者走上前来，身边跟着他的一些随从，他手上拿着一只白色的母鸡，而他的随从则手捧一个装着庞巴酒的葫芦，还有一根小嫩枝。

这位首领首先向他们表达了真挚的欢迎之意，然后就拎着母鸡的一条腿摇晃它，同时把葫芦里装的液体洒了几滴在他们的身上。接着，他把他们带到了自己的魔法屋前，而他也用同样的方式对它完成了这些仪式。最后，他把一张牛皮铺在了一棵树下，请他们都坐在牛皮上面，然后就端上了一碗庞巴酒。

这些人完全就是赤身裸体的，不过却用珠子和黄铜饰品装点着自己。甚至就连女性也只是在身前和身后用几片布子遮羞而已。他们的头发都梳得非常夸张，令人咋舌。而且，他们还随身带着一些小型的凳子，这样就可以走到哪儿坐到哪儿了。

第九章

斯皮克和格兰特的旅行（续）

这些旅行者们在物色搬运工方面，遇到了很大的困难，因为这些人根本就不愿意为他们效力。到了最后，国王的士兵不得不把他们的女人和牲畜都抓走。而且，他们经常被迫在村子与村子之间颠来倒去地寻找搬运工。

他们可以看到这些奇奇怪怪的人坐在岩石上面，或者坐在树荫底下，为彼此梳着头，或者把自己的头发弄成猪尾巴的形状，意思就是把头发朝上弄起来，然后用细细的线缠紧。事实就是，他们似乎真的没有什么需要做的，所以通常情况下，他们只是站在那里，显得自负而愚蠢。孩子们则背在女人们的身后，用绳子托着，婴儿的脑袋上遮着一个倒置过来的葫芦，可以阻挡阳光的照射。

这片土地看上去更有吸引力，因为这里有森林，地面起伏不断，上面遍布着青青草地，还有一个个的人群聚居地以及时常出现的潺潺溪流。

眼下，他们一行人就进入了马迪的领地，这些人从外表上看就像野蛮人，而且和加尼人长得很像。他们的房子都是用竹子编栅而成的，呈圆柱形；屋顶则是用竹子和青草堆砌而成，坡度十分大；房子的内部涂上了灰泥，如此一来，待在里面就很温暖。

他们一路上不停地赶路，不过沿途还是遇到了一些友好的酋长试图留住他们的脚步。

终于在 12 月 3 日这一天，他们的视线里出现了一些前哨基地，而他们认为那就应该属于佩特里克的，那里就位于北纬 3 度 10 分 33 秒的位置。一看到这些基地，西迪人（Seedees）就立刻开始纷纷开火。没过多久，从远处的营地里也传来了一些枪声。转瞬之间，每一处高地上都一下子站满了人。见此情形，这些旅行者们就和随从一起加快了脚步，向他们赶过去。此时，在这些人的眼前，出现了伞面巨大的红色旗子，后面跟着一支军队。只见这支队伍从营地里大步迈出，鼓声阵阵，笛声悠扬。于是，斯皮克一行人就停下了脚步。此时，一个黑人军官穆罕默德——他隶属于埃及军团——穿过自己那些穿得破破烂烂的士兵，一路小跑赶到前面来。他的士兵是由努比亚人、埃及人以及来自各个部落的奴隶所组成的。他下令让自己的士兵都停下来，然后一下子扑入了斯皮克的怀抱，开始拥抱并亲吻他。

斯皮克问他佩特里克的下落。他回答道："他马上就来了。"

"那些是什么人？"

"哦，他们是德博诺（Debono）的。"

"谁是德博诺？"斯皮克问道。

"他和佩特里克一样。"穆罕默德回答道。

不一会儿，穆罕默德就为他们准备好了晚餐。于是，大伙儿就享用了一顿久违了的盛宴。随后，最奢华的待遇来到了——他们用水清洗了双手，甚至还用上了肥皂。一阵大快朵颐之后，他们就把剩下的饭菜端给了那些忠心耿耿的西迪人吃。

到了晚上，他们进入了各自的屋子。随后，他们就向上帝进行祷告，感谢万能的主保佑他们一路披荆斩棘，克服了重重困难，最终在他的眷顾之下安全抵达了文明之地。在过去的二十六个月中，他们经历了各种险境，内心时刻都处于焦虑的状态之中。不过，他们还需要再跨越一段相当长的距离，然后才能最终见到文明世界的人。

他们的主人，即穆罕默德比起陆地上的强盗也好不到哪儿去，因为他会对当地土著肆意抢掠，甚至射杀，丝毫不带任何的内疚之情。在他的部队之中，并没有一个真正意义上的埃及人或者土耳其人，他们的头上都顶着羊毛。他们个个都是冒险家，出生于埃及最南端的黑人家庭。在喀土穆，人们可以发现许多具有这种特征的人，他们都在寻找工作。商人们会在那里雇佣他们，然后把他们送入内陆地区。于是，他们就在一个指挥官的率领下，前去收集象牙和奴隶。他们的妻子都是那片土地上的妇女，而后者身上就披着布，还用珠子进行了装饰。

穆罕默德，就像那些黑人酋长一样，也希望能够把这些旅行者留住。如此一来，他们以及手下的人就可以守卫自己的营地，而他本人则可以踏上远征之旅了。他成功地把他们的搬运工都给打发走了，然后就率领着自己的军队大步离开了。鼓声阵阵，笛声悠扬，各种彩旗飘荡在天空，大家开枪示意，军官们骑行着，有的人骑着骡子，其他人则骑着奶牛。

到了 31 日这一天，部队回来了，在此之前，他们已经烧毁了三座村庄，并且把其中的东西都洗劫了一空，他们运回了大量的象牙，抢回了四个年轻女奴，还有三十头牲畜。

又过了几天，埃及人的另一个表现让他们再次注意到了其野蛮残忍的本性。一个村庄的首领带着一个巨大的象牙来到了他们的面前，希望能够用它来赎回自己的女儿。幸运的是，对这位首领来说，埃及人考虑到和这

第九章

斯皮克和格兰特的旅行(续)

样一位有影响力的人保持良好的关系还是明智之举。因此,当穆罕默德收下了象牙之后,就把少女归还了回去,同时还送了一头牛,以此来巩固他们之间的友谊。

最终,到了1月11日,斯皮克对于穆罕默德这样一拖再拖实在是忍无可忍了,于是就下令全体出发,同时告诉穆罕默德,如果他愿意的话,随时可以跟在他们队伍的后面。

一开始,村民们都认为这些旅行者是埃及人,所以就带着所有可以扛着的物资,赶着牲畜四散逃窜开去。与此同时,其他的人则把他们的屋子拽倒,然后带着所有的建筑材料赶到一处很远的地方,以此来逃避压迫他们的人。这些人之所以这样做,是因为当埃及的官员抵达某个村庄的时候,往往会把村民的屋子拽倒,把屋顶搬走,接着在围场的外面再为他们自己建造一座营地。除此之外,他们还会毫不客气地抢劫存放玉米的仓库。同时,他们也会对任何抗议者肆意妄为,他们会举起手中的枪,用枪托把抗议者一下子撞到地上,然后告诉对方没有被射杀就已经是天大的幸事了。这些埃及的帕夏们、士兵们以及各级官员们,个个都残暴无情、贪得无厌,当马赫迪的势力崛起的时候,他们也跟着尝到了不少甜头。不过,在赫迪夫(Khedive)的代表执政期间,在这片土地的各个角落,他们就遭到了讨伐和杀戮。

当穆罕默德发现斯皮克去意已决的时候,就把自己的营地也拆掉了。整支队伍,包括扛着象牙的搬运工在内,人数总计接近一千人。

埃及人一路前进的时候,从那些不幸的当地土著那里肆意地抢掠粮食,虽然对方的粮桶几乎也只剩下一半了。当不同村庄的酋长们彼此争执不休的时候,这些当地人就忍饥挨饿,过着民不聊生的日子。

一天夜晚,有一队来自其他地方的武装人员出现在了某个村庄的前面,而他们一行人的营地恰好驻扎在那里。到了第二天早晨,村民出现了,随后就杀死了其中的两个武装人员。当他们一行人离开的时候,这些敌人大声叫喊道,一旦保护他们的军队离开,这些村民们就必须要自己照看自己了。

斯皮克和格兰特在维持生计方面,就靠着射杀瞪羚和其他的野兽,而埃及人则是能弄到什么就吃什么。令那些西迪人深感厌恶的是,埃及人在杀死了一头鳄鱼之后,就狼吞虎咽地把它吃掉了,他们甚至还把鳄鱼蛋也大快朵颐地全部吃了下去。

眼下，他们开始穿越巴里（Bari）的土地了。这里分布着大量的村庄，但是当地人一看到他们出现，就立刻逃走了。至于那些埃及人，他们每在一处停留，就会把村子里的存货都洗劫一空。到了2月13日，他们一行人抵达了多罗（Doro）。由于埃及人之前刚刚洗劫过它邻近的一些村子，所以当地的居民就手持武器纷纷迎上前来，同时，鼓声阵阵，标志着他们企图攻击营地。当夜幕降临，他们就尝试悄悄地潜入营地。但是，营地的巡逻人员把他们都吓唬走了。接着，成百个村民就聚集在营地的前面，然后把草地点燃，只见他们手中挥舞着火把，就像恶魔那般嚎叫着，同时口中发誓说一定会在第二天早晨把敌人都消灭得一干二净。

在2月15日这一天，旅行者们就快抵达冈多科罗（Gondokoro）了。令他们十分高兴的是，他们看到在远处出现了一个白色的小点，那标志着奥地利传教士的房子就坐落在那里了。又过了没多久，他们的视线里就出现了尼罗河上航行的船只的桅杆了。

当他们四处打听佩特里克的消息时，他们看到了一个高大健壮的英国人的身影向他们慢慢走过来。他们顿时由衷地发出了欢呼声，同时挥舞着手中的帽子，然后快速冲上前去。他们万分欣喜地发现对方居然就是萨缪尔·贝克先生，于是就热情地和他握手，而后者正是出发来寻找他们下落的。

自从1860年4月之后，他们就没有收到来自英格兰的任何消息了，而此时，已经是1863年2月了。在祖国，人们都认为他们这些人永远都无法穿越那些野蛮的部落，而他们也对自己朋友以及同胞的关切与同情深表感激。他们一直在寻寻觅觅的佩特里克此时正在其他地方进行一场贸易远征，因此也就还没顾上要来向他们施以援手。

在冈多科罗，他们发现了三位荷兰妇女——卡佩伦（Capellen）男爵夫人、廷尼（Tinne）夫人以及她的女儿，她们凭借着旺盛的精力，乘坐汽船沿着尼罗河一路逆流而上，希望能够向他们提供帮助，她们计划由陆路再前进至费尔南多波。当她们在冈多科罗的时候，看到大量的奴隶患上了天花，然后就被当地的商人们扔下了船，这一幕让她们大为错愕。这些高尚的、博爱的女士们还帮助了一些不幸的当地人，把他们从为奴的深渊中给解救了出来。可是令人惋惜的是，廷尼夫人和她的随从在当地气候的折磨

第九章

斯皮克和格兰特的旅行（续）

之下，不久之后就去世了。因此，她们本来计划好的远征计划就泡汤了。

从2月26日到3月30日，他们一行人就乘着船沿着尼罗河一路顺流而下。他们乘坐的船是尼罗河上最常见的一种船，这种船的后半部上方盖着一层甲板，在这层甲板的上面盖了一个舒适的尾舱。而他们的西迪手下则分别坐在两艘大型的船上，就跟在他们的船后。在喀土穆，他们受到了阿里·贝（Ali Bey）的热情款待，同时还有一大批当地的欧洲和埃及居民也张开双臂欢迎他们的到来。

他们发现自己已经置身于一个文明的国家了。一名意大利猎人德博诺特意为他们安排了一场盛宴，有超过二十个绅士和四位女士都出席了这场晚宴。

在他们参观过的那些有趣的大型建筑物之中，有一座科普特教堂。在教堂的中心位置，有一张书桌，一位男子就坐在书桌的后面大声朗读着，而他的听众则是一群头戴巨大头巾的人，他们的鞋子都脱下来放在了一边，还有几个孩子，他们都坐在一张地毯上面，专心致志地听着。至于墙壁，上面则垂挂着一些帷幔和救世主的图像。步入大门，眼前就会出现一个高高的圣坛，上面覆盖着一块布，布上的图案是一个十字架。祷告是以阿拉伯语进行的。一个潇洒倜傥的老者走了进来，手持一根权杖，它的顶端是一个金质的十字架。首先，他在圣坛前进行跪拜。接着，他就邀请这些陌生人前往他的房子一起享用咖啡。格兰特说他还从来没有看到过比这位令人敬仰的科普特主教长得更俊美的人了。这位主教的名字是加布里埃尔（Gabriel），他当时担任喀土穆的科普特教堂的主教。

4月15日，他们离开了喀土穆，然后就经由水路继续顺流而下向柏柏尔进发。在这里，他们停了下来，骑上骆驼，千辛万苦地穿过沙漠赶到了科洛斯科（Korosko）。从那里，他们又乘上了船，抵达了开罗。在这里，他们就将和那些忠心耿耿的西迪人告别了，而且孟买也被指派为他们的首领。于是，西迪人领到了三年的报酬。除此之外，他们还在桑给巴尔为他们购置了一座自由人的园子。而且，只要这些人一找到妻子，那么每个人还能额外再领到十美元。经过了一路上这么多的艰难险阻，他们终于抵达了目的地。

6月4日，这两位旅行家登上佩拉号（Pera），朝着英格兰进发，并最终安全抵达了那里。此时，距离他们离开英格兰踏上行程那一刻，已经过去了整整三年零五个月了。

我们不得不难过地说,在经历了所有这些艰难险阻之后,斯皮克的结局真是来得不是时候。有一天,他在自己的家乡萨默塞特郡(Somersetshire)外出打猎,一不小心枪支走火,于是他就为此丧了命。为了纪念他,人们在海德公园竖起了一座方尖碑。虽然斯皮克并不是他本人所认为的尼罗河遥远源头的发现者,但是毋庸置疑,他却是第一位亲眼看到维多利亚湖的欧洲人。而且,他和格兰特一路经历了各种各样的艰难险阻,这就足以让他们在所有非洲旅行者中位居前列。除此之外,他们还把一个迄今为止不为人所知晓的地区展现在了众人的眼前,这片土地是如此广袤无垠,物产是如此丰富多彩,他们在这片土地上有一系列重大的发现。

斯皮克是第一个穿越那些野蛮统治君主领地的人,后者包括姆万加、穆特萨和卡姆拉西。而我们现在对下列地名都可谓耳熟能详了,包括乌干达、乌尼奥罗、萨默塞特尼罗河、里彭瀑布、卡鲁玛瀑布。因此,在伟大的非洲旅行者行列里,斯皮克这一赫赫有名的人物,包括和他一起迎接胜利的同伴即名气比他略逊一筹的格兰特,将永远占据着重要的位置。

第十章　利文斯顿的首次非洲探险之旅

大卫·利文斯顿（David Livingstone）来自一个高大健壮、为人真诚的家庭，而我们认为就应该是这样的家庭才能哺育出这位伟大的探险者，这位如此高尚的人类标杆。他的曾祖父在卡洛登（Culloden）战役中牺牲了。他的祖父生活在石莼岛（Ulva）上，经营着一家小农场，那里属于苏格兰西部的群岛地区，他的父亲就是在这里出生的。但是，他的祖父在经历了那次事件之后，就开始在布兰太尔（Blantyre）的一家棉花厂工作了，那家工厂就坐落在克莱德（Clyde），在格拉斯哥以北位置。他所有的叔叔都加入了国王的军队为之效力，有的成了士兵，有的成了水手。但是，他的父亲却一直待在家里，而他的母亲，作为一个勤俭持家的家庭主妇，在儿子长到十岁的时候，就把大卫送去棉花厂作为一个接头工了。

可是，这个男孩却非常热爱学习。所以，当他领到第一笔周薪之后，就用其中的一部分钱购买了《拉迪曼拉丁文初阶》（*Ruddiman's Rudiments of Latin*）一书。在接下来的许多年里，他一下班，就会前往夜校学习这门语言。在十九岁的时候，他已经得到了晋升，成了一名纺纱工人。于是，他就把这些书都带到了厂里，然后把其中的一本放在珍妮纺纱机的部件上面。如此一来，他就可以一边工作，一边时不时地看句子了。他领到的报酬还是比较丰厚的。因此，他下定决心要充实自己，然后远赴中国去做一名行医传教士。为此，他在夏季用双手辛勤地工作，而到了冬季，他就前往格拉斯哥，报名学习医药知识和希腊语。同时，他还旁听了沃德洛（Wardlow）博士关于神学的演讲。经过这种种准备，他最终顺利通过了必需的考试，并且获得了医师学会颁发的证书。

当时，由于中国爆发了战争，所以他奔赴那里的计划暂时被搁置了起来。后来，他就申请成了伦敦传教会的一名成员，并且于1840年登船向非洲进发了。

在抵达了开普敦之后，他又绕道去了阿尔戈阿湾(Algoa Bay)，从那里向内陆推进了大约八百英里的距离，然后抵达了库鲁曼(Kuruman)，那里坐落着罗伯特·莫法特(Rev. R. Moffatt)这位传教士的传教站，而后来利文斯顿正是娶了他的女儿。

从那里，他又去了莱佩罗莱(Lepelole)，然后在那里了解有关当地居民即奎恩人(Bakwain)的语言和习惯，他就这样把自己与欧洲学会之间的联系切断了六个月之久。然而，由于奎恩人当时正遭到他们国家另外一个部落的驱逐，所以他就没有能够按照预先设想的那样在当地建立一个基地。

在马博萨(Mabotsa)，他则取得了比较大的成功。他是在1843年搬过去的，而且当地居住的也是奎恩人。正是在这里，他在追逐一头狮子的时候，差一点就命丧狮口。当时，他已经把手枪里的两个弹匣里的子弹都发射光了。于是，他就准备再度装弹。此时，那头狮子虽然身受重伤，却突然扑向了他，一把抓住他的肩膀，于是他和狮子就摔到地上，扭作了一团。这头猛兽发出狰狞的咆哮声，拼命地摇晃着爪下的医生，这情形就像是一只小猎狗在耍弄一只老鼠似的。在这种摇晃之下，医生觉得整个人都变得精神恍惚了，这种经历就像是一只老鼠在被猫第一次摇晃之后所产生的感觉。他的同伴，一位土著学校的人员，赶上来帮助他，可是当那个人开枪之后，却射偏了。于是，那头狮子就暂时撇下了利文斯顿，转而去攻击那个人了。此时，又一个当地土著举着长矛赶了过来。那头狮子也猛地扑向了他，不过就在那一刻，子弹产生了效力，这头凶猛的野兽终于倒在了地上，死了。

奎恩人的首领，即塞切莱(Sechele)，成了一名基督徒，而且致力于让自己的子民也皈依基督教。他把自己的众多妻子都送还给了她们各自的父亲，然后在接下去的日子里也努力坚持这样的生活。而那些荷兰的布尔人，那些已经向前推进到这片土地边境的人，却对这一传教运动的顺利进行构成了不小的阻碍。他们不仅抢走当地人，还强迫他们像奴隶那样干苦力。

在莱德利医生的建议下，塞切莱带着他的子民们搬去了科洛本(Kolobeng)，那是位于库鲁曼以北二百英里处的一条溪流。后来，利文斯顿就在

第十章
利文斯顿的首次非洲探险之旅

那里建起了一座基地。他在这里靠着双手修建起了一栋房子,他是从莫法特先生那里学到的木工活和园艺技能,还包括铁匠的工艺。现在,除了行医和传教,他几乎对任何一个行当都可谓得心应手,再加上他的妻子会制作蜡烛、肥皂和缝制衣服,因此可以说,在整个非洲中部地区,对于一个传教士家庭而言,一切所需的物品他们都已经拥有了。

在一批曾经造访过这个基地的绅士之中,有一位奥斯韦尔先生,而且他也值得被我们列入非洲旅行者的队伍之中。当他听说利文斯顿计划穿越卡拉哈里沙漠以寻找大名鼎鼎的恩加米湖(Lake Ngami)时,就特意从印度赶了过来,表示愿意加入他的此次旅程,随行的还有穆雷(Murray)先生,后者主动表示愿意承担全程的向导开支。

卡拉哈里由松软的沙土构成,极度缺水,所以被称为一座沙漠。此时,数量庞大的瞪羚依然活跃在这片土地上,还包括众多的大象、犀牛、狮子、鬣狗以及其他的动物,它们都在这里悠然地栖息着。在这片地区,生长着密密麻麻的青草,数量惊人,所以完全能够满足这些野生动物的需求。除此之外,这里还出产一种西瓜以及其他几种块茎类植物。

而这就是利文斯顿和他的伙伴们计划穿越的沙漠。1849年6月1日,他们带着自己的马车,从科洛本出发,踏上了此次远征。不过,他们并没有直接穿越这片沙漠地区,而是决定绕点儿路,虽然那样走距离会更远一些,但是他们希望一路上的安全能够更加有保障。

他们就这样日夜兼程,不断前行,跨越了三百英里的沙漠。到了一个月快结束的时候,他们抵达了左加河(Zouga)的岸边,那是一条宽大的河流,两旁郁郁葱葱长满了果实累累的树木,其中许多树木长得十分高大。这条河流一路向东北奔腾,朝着恩加米湖的方向而去。在沿河的两岸,居住的都是热爱和平的人,所以他们一路上都受到了热情的款待。

他们把所有的牛车都交给当地居民进行照看,除了一辆体积比较小的牛车,它则沿着河岸继续前进。随后,利文斯顿就登上了一艘他们的独木舟。虽然这些当地土著制造的独木舟看上去弱不禁风,但是他们却能够乘坐着它们航行很长的距离,而且这些人的划船技术可谓炉火纯青。他们经常会站立起来,然后用又长又轻的竿子划着船前进。他们就这样胆大妄为地在河马经常出没的地方对它们进行突袭,或者追赶那些大着胆子试图游过河流的瞪羚。在河上漂流了十二天之后,他们终于抵达了恩加米湖那宽阔的水域。这片水域虽然非常开阔，但是非常浅，而且在雨季的时候就会变成咸水湖了。在这儿，他们听说有一些规模庞大的河流汇聚入这片湖泊。

利文斯顿此行的主要目标是拜访塞比图瓦内（Sebituane），即科洛洛人（Makololo）的大酋长，而后者就住在该湖以北二百英里的地方。然而，当地的首领却拒绝向他们提供任何物资，也不允许他们穿越这条河流。后来，他们努力试图建造一艘竹筏，计划把牛车渡过河去。可是最终，他们还是失败了，所以就很不情愿地放弃了原先的打算。当利文斯顿埋头在河里建造竹筏的时候，并没有意识到自己的周围已经聚集起了一群鳄鱼。不过后来，他很幸运地从它们的利爪下逃走了，这实在是一次死里逃生的经历。随着日子一天天地流逝，他们决定还是先回科洛本去。与此同时，奥斯韦尔先生毅然主动请缨，表示愿意南下前往好望角地区，这样就可以在下一个季节到来之时为他们带来一艘船。

为了表彰利文斯顿在此次旅行之中所作出的重大发现，皇家地理学会理事会授予了他一份半额的地理科学与发现奖金。

塞切莱，这位信奉基督教的奎恩族酋长，十分迫切地希望能够辅助他抵达塞比图瓦内的土地，自告奋勇表示愿意为他继续效力。于是，利文斯顿就在这位向导的指引下，带着夫人以及他们的三个孩子，于1850年4月启程了。而这一次，他们的路线比之前的那次要更偏东一些。

他们再一次抵达了湖边，但是一行人中的绝大部分都发起了高烧。于是，他被迫放弃了前去拜访塞比图瓦内的最初计划。在这里，他听说了一个年轻的艺术家，即莱德（Rider）先生去世的消息。这位艺术家刚刚造访过恩加米湖没多久，他此行的目的是来进行素描的。

在这些汇入恩加米湖的河流的两岸，住着一些居民，他们在猎杀河马方面可谓技艺相当精湛。他们乘坐轻便的独木舟，悄无声息地慢慢靠近河马，然后猛地举起尖利的长矛——长矛的上面还连着皮条——用力插入其中一头庞然大物的背脊。接着，这头河马就会一下子顺着河道向前逃，同时把独木舟拖着一起走，而船身则会剧烈地不停摇晃着。就这样，这头河马不停地前进着，而船上的猎手们则紧紧抓着绳子不松手，直到这头猛兽的力气消耗殆尽。到了这个时刻，其他的独木舟就会慢慢靠上来，大家纷纷举起手中的长矛，然后合力把它刺死。然而，在很多情况下，河马也会反

第十章
利文斯顿的首次非洲探险之旅

过来攻击偷袭它的猎人,把独木舟一咬为二,然后用强有力的下巴用力咬住其中的一半。一旦这些猎人们成功地让河马屈服,他们就会把这头受伤的动物一路拖到稍微浅一些的水域,然后把它牵到岸上,带到一棵树下。接着,他们就会再次用手中的长矛对着它一阵猛戳,直到它精疲力竭地轰然倒在地上,再也没有一丝反抗的力气为止。此时,它就真正沦为了他们的猎物。

奥斯韦尔先生很晚才赶来与他们会合,他在这个季节余下来的日子里一直忙着狩猎大象,而且还很慷慨地把自己捕到的猎物送给利文斯顿,让他用兽皮给孩子们做外套。

第三次旅行是于1851年的春天拉开序幕的。当时,奥斯韦尔先生已经赶来和他们会合了,于是,医生就再一次启程,这次也带上了自己的夫人和孩子们。

他们一行人首先向着北方前进,接着再转向了东北方向,穿越了一片长满了猴面包树的区域,那里每走几步就会出现一座清泉,而居住在那里的就是布须曼人。于是,他们就这样进入了这片贫瘠的、步履维艰的土地。在这里,他们喝光了随身携带的最后一滴水,而孩子们则显得十分焦躁不安,因为他们实在是太口渴了。终于,他们发现了一条小溪流,即马贝贝河(Mabebe),它是流入一片沼泽地的,而现在,他们就不得不穿越这片沼泽地了。到了晚上,他们穿行在一片飞舞着无数采采蝇的地区。这种苍蝇的体积比起常见的普通家蝇并没有大多少,但是只要被它叮过,那么无论是牛羊还是马匹,都会死去。不过令人感到意外的是,无论是他们队伍中的人、野生动物,甚至是还在不停吸奶的小牛犊,都没有受到这种令人闻风丧胆的害虫的叮咬。当一些地区深受这些害虫困扰的时候,离它们最近的一些地区就暂时安全了。而且,由于它在晚上并不会出来叮咬,所以旅行者们所带的牲畜唯一的出路就是趁着太阳还没有升起之前,就快马加鞭地穿越那些正在遭受采采蝇攻击的地区。有时候,在这些害虫的攻击下,当地的土著会失去所有的牲畜,因此这些旅行者在前进的途中,常常由于他们的牲畜死去,无法想出办法来让自己的牛车继续前进;而一些旅行者,由于无法继续前进,就从此杳无音信了。

后来,他们抵达了乔贝河(Chobe),这条河汇入赞比西河。在这里,他们安排自己的随从人员带着他们的牲畜在一座岛上安营扎寨,然后利文斯顿就带着自己的家人以及奥斯韦尔先生一起，登上了一艘独木舟，沿着之前的那条河流顺流而下。他们大约航行了二十英里（约三十二千米），然后抵达了一座小岛，而塞比图瓦内正在这里等着迎接他们一行的到来。

当看到利文斯顿居然放心大胆地把自己的妻子和孩子们都带了过来，这位酋长不禁对他产生了极大的好感，于是承诺说自己愿意带他们去自己的土地上看一看，然后可以任他选择一个建造传教站的地点。他几乎一生中都在四处征战，有时候运气好，有时候运气差，而敌人则是附近的一些野蛮部落，最终，他在乔贝河以及利安姆拜河（Leeambye）后面的地域稳定下来，逐渐树立起了自己的威信和势力，这些宽阔的河流终年奔腾不息，得以保护他免遭敌人的入侵。现在，他的子民人数众多，而且拥有的牲畜规模超过了非洲那个地区的任何一位酋长。然而，那片地区遍布着河流和沼泽地，会让人发起高烧，而这对他的许多子民来说，都是致命的疾病。他本人很长一段时间以来，就一直盼望着能够和欧洲人打交道。因此，他竭尽全力鼓励那些眼下前来拜访他的人留在自己的领土之上。

可是不幸的是，就在他的客人们抵达之后过了数天，这位酋长就患上了肺炎，而罪魁祸首就是他的一处旧伤。没过多久，他就撒手人寰了。

利文斯顿表示，这位酋长毫无疑问是他本人见过的最卓越的当地首领了。就在他临死之前，他表示希望英国人能够友善地对待他的孩子们，就像他们对他本人那般友好。

在他去世之后，继承酋长职位的就是他的一个女儿，而后者允许这些来访者随意在这片土地上四处走动。于是，他们就启程了，穿越了一片平坦的土地，上面长满了野生的枣子树，他们还时不时地会发现一些面积较大的沼泽地。在他们向北前进了大约一百三十英里之后，他们抵达了赞比西河的河岸，这是南部非洲最主要的一条河流。

由于采采蝇肆虐，再加上不计其数的河流定期涨潮带来的疟疾，利文斯顿被迫放弃了原先的打算，即把奎恩人搬迁至那里，以帮助他们免遭贪得无厌的邻居布尔人的骚扰。然而，他一眼就看出，这条河流就是南部非洲的关键点。

他现在就站在这条宏伟壮观的河流的岸边，它朝着东方，一路跨越了数百英里，直抵印度洋。对于居住在非洲那个部分的人来说，它就是一条伟大的动脉，为两岸的芸芸众生提供了生命之源。

第十章
利文斯顿的首次非洲探险之旅

利文斯顿决定把自己的妻子和孩子们先送回英格兰去,然后自己折返回来,再在这个自己刚刚发现的新土地待上两三年的时间。他希望能够为当地的人民带去福音,同时遏制当地的奴隶贸易。虽然那里距离海岸线十分遥远,但是奴隶贸易却早就在那里出现了。

于是,他就回到了科洛本,然后带着家人一路跋涉了一千英里,最后抵达了开普敦。他目送着他们坐上了返回家乡的船,然后就转过身,再一次于1852年6月向北进发了。

在他抵达了库鲁曼之后,由于牛车的车轮裂开了,他不得不在原地逗留了一阵子。在那段日子里,布尔人攻击了他的朋友们,即奎恩人。这些布尔人抢走了许多奎恩人,并让他们沦为了奴隶。而那些白人唯一的理由,就是塞切莱过于独立了,原因就是他居然不会去阻止英国商人穿越自己的领地向北进发。这些布尔人闯入了利文斯顿的房子,抢走了酋长的牛车,还有一个商人的牛车,而后者是当时恰好在那里停留了一下。因此,医生发现想要觅到向导和仆人再往北前进是极度困难的一件事情。可怜的塞切莱启程前往开普敦,正如他本人所说的,希望能够亲自站到英格兰女王的面前进行投诉。但是,由于需要一笔资金,他回到了自己的土地上,然后就全身心地致力于为他的子民传递福音。

当利文斯顿和酋长道别之后,他就试图和布尔人保持尽可能大的距离,于是他穿越了沙漠径直前往了利尼扬提(Linyanti),也就是科洛洛人的首都。1851年,他在那里拜访了酋长。当地的人口总数大约接近七千人,而且人们看上去都十分欢迎他的到来。他发现,公主已经放弃了自己的宝座,而取代她的是她的兄弟塞克莱图(Seketetu),他对待利文斯顿非常友好和善。这位年轻的国王当时年仅十九岁,他大声呼喊道:"现在我有一个新父亲了,而不再是塞比图瓦内了。"他的子民们也和他看法一致,他们也认为一旦利文斯顿住在他们身边,他们就可以获得一些重要的益处。

这位年轻的国王有一个对手,那个人就是他的表兄姆佩佩(Mpepe),已故的国王曾经任命他为一部分子民的首领。但是,他却十分有野心,他的目标是要统治整个国家。

那些葡萄牙混血奴隶商人已经把魔爪伸向了利尼扬提,而且其中一个假装自己是一个身居要职的人物,故意坐在一张吊床上让人抬来抬去地走,这张吊床就固定在两根柱子之间,所以这情形看上去就像是他坐在一个袋子里，因此当地的土著都称呼他是"袋子之父"。姆佩佩十分偏爱这些恶棍，因为他希望可以借由他们之手来达到自己反叛的目的。而伴随着利文斯顿的到来，他们的希望则或多或少受到了一些阻挠。

由于利文斯顿的主要任务是选择一个适合作为定居点的地方，所以他就在塞克莱图的陪同下，沿着伟大的赞比西河一路逆流而上，他曾经于1851年穿越了它的上游流域。

在此之前，医生已经教会了科洛洛人骑着他们的牛赶路，而这些人在遇到他之前，还从来没有尝试着这样做过。不过，由于既没有鞍子，也没有缰绳，他们经常会从牛背上面摔下来。

正当他和塞克莱图肩并肩向前骑行的时候，他们突然遇上了姆佩佩，后者一看到他们，就马上举起手中的斧子，全速向他们冲了过来；但是塞克莱图却策牛飞奔，成功躲开了。当他们抵达营地之后，酋长就和利文斯顿一起坐下了。突然，姆佩佩再一次出现了，他的手下则个个手持着武器。就在那个时刻，叛军走了进来。此时，利文斯顿下意识地挡住了塞克莱图，让他从这些刺客的武器下捡回了一条命。于是，塞克莱图就知晓了他表兄意图不轨。当晚，姆佩佩就从他的营地被拖走，并被长矛一阵乱戳刺死了。这件事情进行得非常低调，以至于利文斯顿直到第二天早晨才知道发生了什么。

此事之后没多久，利文斯顿就发起了高烧。招待他的当地人对他十分关心，都力所能及地向他伸出援助之手。尽管当地的土著使用了烟熏和蒸汽试图驱走疾病，但还是他自己的方法，也就是一块湿布另加奎宁，更有效果。

随后，利文斯顿从利尼扬提出发，朝西向着罗安达（Loanda）进发，那里就位于西海岸。在他折返回来之后，就从那里继续踏上了前往东海岸的旅途，那段旅程一路上也可谓惊险不断，正是在这段旅程中，他获得了许多重大的发现。

在利文斯顿从高烧中痊愈之后，他就在塞克莱图的陪伴下，带着一百六十个随从（基本上都是年轻人），还有首领的副手们，一行人浩浩荡荡地启程向塞舍科（Seshoke）进发了。这片相邻的土地是相当平坦的，偶尔才会出现几块高出周围地面的空地。除此之外，那里还有数不胜数的土丘，那些都是白蚁的杰作。它们基本上可以算是体积庞大的结构，而且经常可

第十章
利文斯顿的首次非洲探险之旅

以看到有枣子树从这些蚂蚁山中间生长出来。

在别人看来,他们一行人看上去非常惹眼,因为男人们身上装饰的鸵鸟毛随风摇曳着,然后他们一行人就排成长长的一列在各个蚂蚁山之间蜿蜒着前行。一些人穿着红色的束腰宽松外衣,或者色彩缤纷的印花布,他们的脑袋上装饰着白色的牛尾末端,或者戴着狮子鬃毛制作而成的帽子。贵族在行走的时候,双手会拿着一根犀牛角做成的小棍子,他们的随从则捧着他们的盾牌。那些普通的老百姓负责扛着货物,参与战斗的斧手则手臂上戴着他们自己的盾牌,这些人往往是扮演了信使的角色,常常需要奔跑一段相当长的距离。

科洛洛人拥有一大批牲畜,首领为了喂饱自己的随从,有时候会从自己的家畜中挑选出牛来宰杀,有时候则从队伍所途经的村庄里接受那些头目们进贡的牛羊。

虽然科洛洛人为他们提供了住宿地,也就是一些还算干净卫生的小屋子,但是利文斯顿和酋长各自睡在一个小小的吉卜赛式的帐篷里面。条件最好的一类屋子是由三堵圆形的墙壁组合而成的,里面还挖了一些小洞作为可以出入的门,所以人们在进出的时候就不得不四肢着地爬着走了。屋顶的形状类似于中国人戴着的帽子,而且是用圆形的带子绑在一起的。第一步是先搭建框架,接着再把它举到围成一圈的柱子的顶端,然后用这些柱子把屋顶撑起来。

下一步,人们就用上好的青草覆盖在屋顶上面,然后用同样的原材料把这些青草都缝制在一起作为系索。在科洛洛人中,妇女是建造茅屋的主要劳动力。

他们一行人抵达了位于利安姆拜河的卡通加村(Katonga)之后,就在那里逗留了一些日子,其间他们一直忙着四处搜寻独木舟。而正是在这段时期,利文斯顿前往村子以北的区域进行了一番走访。在那里,他看到了群体庞大的水牛、斑马、大角斑羚,还有一种体形娇小的漂亮瞪羚。通过这次的狩猎之旅,他成功地弄到了丰盛的食物,以犒劳自己的伙伴们。

终于,他们物色到了足够数量的独木舟,然后就启程沿着河流进发了。他本人乘坐的独木舟有六名划桨手,而酋长乘坐的那艘独木舟则有十名划桨手。那些划桨手个个站得笔直,每一划都非常精准无误。由于独木舟的底部非常平坦,所以即使遇到水很浅的区域,它们都能顺利通过。他们的船队一共由三十三艘独木舟组成，船上人员共计达到了一百六十人。

科洛洛人是不会游泳的，所以当一艘独木舟翻船之后，他们的一个伙伴，即一位年迈的医生就不见了踪影。与此同时，那些洛兹人（Barotse）划桨手则因为会游泳而轻而易举地摆脱了险境。

在河的两岸，他们沿途看到了无数座村庄，其中的居民都是捕杀河马的高手，而且是非常棒的手工艺人。他们能够制作出木碗，上面还带着相称的盖子。而且在雕刻凳子方面，他们也展示出了精湛的技艺。有些人能够编织精美的篮子，有些人则擅长制作陶器和铁器。

后来，他们抵达了姆佩佩的父亲居住的镇子，而正是后者一直在教唆自己的儿子揭竿反叛的。于是，他的两位首席顾问就被押了过来，扔进了河中。

姆佩佩之前一直鼓励奴隶贩子们进入这个国家，所以他有一大批的拥护者，也就是姆巴里人（Mambari），他们都住在一个围栏里面。这些旅行者一开始是计划对他们展开进攻的，不过利文斯顿努力劝阻自己的朋友们千万不要这么做，尤其是在敌人拥有武器的情况下。于是，他们就同意用饥饿这一利器来让这些奴隶贩子们屈服。

一个酋长评论道："对那类人，饥饿就是足够严厉的惩罚了。"但是再一次地，那些被一批批拴起来的不幸奴隶们也会受到牵连，所以医生就前去为他们求情。于是，这些奴隶最终都被放走了。

旅行者一行人来到了一个被称为纳列莱（Naliele）的地方，它是洛兹人的首都，居住在当地的部落把房子建造在一个人造的蚂蚁山上面。那个地区的许多其他村庄也是和他们一样这样造房子的，如此一来就可以让自己高出流淌的河水了。由于他们并没有在这些人中间发现任何欧洲人名字的痕迹，所以利文斯顿就十分确信这片土地尚未有任何白人踏足过。但是，就在他来到他们中间之后，却发现大量的孩子都有着和他儿子一样的名字，而其他人的名字则各式各样，包括马、枪、马车，诸如此类。

他们再一次在这里看到了数不胜数的大型野生动物。有一天夜晚，就在旅行者们点起的篝火前方，出现了一列数量多达八十一头的水牛队伍，它们缓缓地前进着。他们距离它们是如此之近，几乎就在射程之内了。除此之外，在距离他们二百码之处，一群优雅美丽的大角斑羚伫立在原地，看上去没有丝毫害怕的感觉。还有狮子，它们向他们慢慢靠拢，对着他们咆哮。一天晚上,正当他们睡在河边的一大片沙地的高处时,河对岸出现了一头狮子的身影。它不停地使出全身的力气咆哮着,好像很享受的样子。这条河流实在是太宽了,所以子弹无法射到它的身上,因此后来它就走开了,并没有为自己的粗鲁无礼而吃到苦头。利文斯顿看到了两头体形十分高大的狮子,而且它们的鬃毛令身躯看上去更加庞大了。

当利文斯顿待在营地里的时候,两个阿拉伯人前来拜访了他,这两个人是向着西方跋涉了很久才到达此地的。他们直言不讳地表示非常痛恨葡萄牙人,因为后者居然吃猪肉。而且,他们也不喜欢英国人,理由就是后者曾经因为他们贩卖奴隶而惩罚他们。

在他们的旅途中,他们还造访了玛-塞克莱图(Ma-Sekeletu),即塞克莱图的母亲所居住的镇子。由于那是国王第一次亲临自己领土的这一地区,所以所到之处,众人无不欢欣雀跃。人们安排了一场规模宏大的舞蹈,男人们几乎赤身裸体,站成一圈,手持小小的战斧,歇斯底里地高声嚎叫着。与此同时,他们会同时抬起一条腿,然后跺地两下,接着抬起另外一条腿,跺地一下。他们的胳膊和脑袋不停地乱晃,而且一直拼尽全力在叫喊着,扬起大量的烟尘,如云雾一般把他们笼罩了起来。

当他们折返而归,沿着河流以极快的速度顺流而下时,没花多少时间就抵达了利尼扬提。

在这为期九周的旅途中,利文斯顿有生以来第一次与"异教"有了如此近距离的接触。虽然,包括酋长在内的每一个人都尽最大可能向他们一行表示出殷勤的待客之道,但是那喧嚣吵闹的舞蹈、歌唱和争吵,再加上这些大自然之子嗜血如命的天性,的确让人感受到了极度的痛苦。他由此对异教教义产生了一种从未有过的憎恶之情,同时对南方一些部落开展的传教工作所带来的文明化的影响更加重视了,因为那些部落过去就和科洛洛人一样是野蛮残忍的。

对利文斯顿计划的向西远征的目标,酋长和他的随从们表示认同,都相信那是人心所向的,因此不遗余力地全力支持他为此而不懈努力。酋长挑选出了二十七名精兵强将,命令他们陪同利文斯顿一起上路,而酋长则迫切地希望能够和白人进行自由贸易,而且要有利可图。为此,利文斯顿则深信这将会让这些人得到提升,各方面得到进步。医生之前从库鲁曼那里雇了三个人,眼下他们都深受高烧的折磨。于是,他就把他们交给了一个名叫弗莱明（Fleming）的商人，而后者就一直跟在他的身后前进。他把自己新的侍卫都称为赞比西人，因为当时只有两个科洛洛人，其余的人是洛兹人、托卡人（Batoka）或者其他族的人。接着，他把自己的牛车和剩下的物品交给了科洛洛人加以保管，后者就把所有这些东西都搬入了他们的屋子里。

利文斯顿随身带上了一把来复枪，还有一把双筒滑膛式手枪。然后，他给了自己的手下三支火枪，希望他们可以用这些武器来打到猎物，供大家分享。考虑到自己的随从可以不需要扛着任何行李，他只为自己准备了少量的饼干、一磅茶叶和糖、大约二十磅咖啡。除此之外，他一共准备了四个小小的锡箱子：第一个装着替换的衬衫、裤子和鞋子，第二个装着药物，第三个装着书籍，第四个则装着一盏灯。至于弹药，他则把它们均匀地放在了各个包裹里面。如此一来，一旦有某个包裹发生意外，至少还能够把其余的保存下来。他的野营设备包括了一顶吉卜赛式的帐篷、一张羊皮以及一张用来当床的马毛毯子。正如他已经意识到的，一场成功的旅行往往意味着携带的行李越少越好。除了上述物品之外，他的航海六分仪、陀螺地平仪、温度计和指南针都是分开放置的。

到了1853年11月11日，在酋长及其手下得力干将的目送下，他离开了利尼扬提，然后登船开始行驶在乔贝河上了。在这条河上航行的过程中，最主要的危险是来自那些尚未交配过的河马，它们已经被自己的族群给赶了出来，而且它们的脾气都相当怪，因此独木舟经常会被它们给掀翻。其中有一头这样的河马就在他的一些手下身后紧追不舍，一直追到了岸上，而且它奔跑的速度非常快，可谓相当惊人。

河的两岸长满了郁郁葱葱的树木，其中包括了印度榕树、金合欢树，还有一种常绿的树，人们可以从中提取出某种散发芬芳香气的酸性饮料。

离开乔贝河之后，他们就进入了利安姆拜河。随后，他们就沿着这条河以相对较慢的速度继续前进，因为他们不得不在各个村子逗留一阵，以补充所需的食物。他们还收到了一些品种各异的野生水果。

独木舟的划桨手们工作起来可谓相当令人佩服，因为他们显得十分幽默，而且一旦受到任何来自敌人的威胁，就会立刻跳上船去，以防这些独木舟在河流里漫无目标地横冲直撞，或者被漩涡困住，或者撞到岩石上去。在河里，可以看到成群的飞鸟、鱼儿、鼍鳞蜥以及河马。整条河流都充满了

第十章
利文斯顿的首次非洲探险之旅

生命力,显得生机勃勃。

11月30日,他们一行人抵达了贡耶瀑布(Gonye Falls)。他们把独木舟扛过了瀑布,方法就是把独木舟吊在柱子中间,然后由人把它们扛在肩膀上面。在这儿,正如在其他地方一样,利文斯顿也展示出了他那神奇的灯,于是让亲眼目睹这一神物的人们深感高兴。

这片瀑布的景致简直太迷人了,几乎没有比它更能令人心潮澎湃的了。水流从一条狭长的裂缝中间喷涌而出,然后在下方的位置就被局限在了宽度不足一百码的空间里面。于是,水流就一波又一波地不停翻滚着,甚至连技术数一数二的专业游泳运动员都没有从此处逃离的一丝希望。

在途经的所有村庄,当地的居民们对待他们都非常慷慨大方。这些人向他们奉上了大量的牛、牛奶和肉,数量多到他们几乎都拖不走了。当利文斯顿进入利安姆拜河之后,他就乘坐着自己的独木舟沿着河道逆流而上,而他的牛以及一部分手下则继续沿着河岸前进。

雨水刚刚滋润过这片土地,大自然的每个角落都显出一片生机盎然的景象;美丽动人的花朵和稀奇古怪的植物开得漫山遍野,森林中的许多树木都长着掌状的叶子,而树干上则覆盖着地衣。与此同时,在所有更加潮湿的环境里,可以发现蔚为壮观的蕨类植物。在清凉的早晨,各类鸟儿叽叽喳喳地鸣叫着,声音划破天际,唤醒了沉睡的大地,而地面上则已经热热闹闹地爬满了各类昆虫了。

这里的短吻鳄数量是相当惊人的,儿童和小牛犊经常会被它们叼走。他手下有一个人也被咬住了,不过,由于他的神志还保持清醒,所以当那条短吻鳄把他往河底拖去的时候,他用自己的标枪狠狠地击打这头怪兽,最终顺利逃脱了。但是,他的大腿上还是留下了这条爬行动物咬过的牙痕。

医生手下的人还从来没有使用过火枪,因此一旦开枪,命中率可谓相当之低。于是,他们纷纷来到他的面前,讨要能够帮助他们提高射击技术的"枪之药"。由于他担心这些人把他所有的火药库存都耗尽,所以他就被迫在自己这个小团队中担任狩猎者这一角色了。

离开了利安姆拜之后,他就继续沿着利巴河(Leeba)逆流而上。在河的两岸,到处开满了美丽动人的花朵,每个角落都飞舞着成群的野生蜂蜜。除此之外,在岸上的沙地上,成群结队的小短吻鳄懒洋洋地卧在自己父母的身边,一起晒着太阳。

215

现在，他们已经抵达了隆达人（Balonda）的土地。接着，就有一位名叫马能科（Manenko）的女酋长出来欢迎他们一行。她是一个相当高大魁梧的女人，从头到脚挂满了琳琅满目的装饰品，全身还涂抹了油脂和红褐色的颜料，以此来保护自己的皮肤免遭天气的侵蚀。她邀请他们去拜访她的叔叔辛提（Shinti），即掌管这片土地的酋长。

在一个下着密密小雨的日子里，他们动身上路了。这位女士在前进的时候，几乎是轻装上阵，并没有带上太多的随从或行李。于是，利文斯顿就询问道，为什么在下雨的时候她也不用衣服把自己裹起来。不过，按照她的想法，对于一位酋长来说，如果表现出弱不禁风的样子，是不太妥当的一种行为。至于他的手下，则十分佩服她所表现出来的不同一般的脚力，时不时地夸赞道："马能科简直可以称得上一位士兵了。"在她率领的一众人员中，有些人扛着一些由芦苇秆编织而成的盾牌，它呈正方形，有五英尺长，三英尺宽。凭着这些武器，再加上大刀，以及塞得满满当当的箭筒——里面都装满了镶着铁头的箭，他们看上去的确有些令人退避三舍。不过实际上，他们并不是勇猛无比的一批人。

到了最后，女酋长在河岸的某处停下了脚步，然后开始为当晚的住宿进行准备，医生为此感到非常地高兴。

在让他们逗留了数天之后，她终于陪同他们步行前往辛提的城镇了。酋长的官邸前面种植了两棵优雅多姿的榕树作为装饰，而他就坐在其中的一棵树下，身下是一个类似于宝座的位子，上面铺着一张豹皮。只见他上身穿着一件格纹衬衫，下身套着一条猩红色的厚呢短裙，还镶着绿色的边，他的手臂和腿上都套着层层叠叠的装饰物。除此之外，他的脑袋上还戴着一顶由珠子串成的头盔，周边一圈都用巨大的鹅毛围成了皇冠状。在他的身边，坐着三个小伙子，他们的肩上都挎着箭筒，里面塞满了箭。

利文斯顿在正对着酋长的另一棵树下面坐了下来。接着，陪同他们一行来到此地的代表一边前后走动着，一边大声地对利文斯顿以及他和科洛洛人的关系进行了一番描述。

在酋长的身后，坐着一百位妇女，她们都身着红色的呢制衣服，而酋长夫人则坐在他的前面。在讲话的间隙，这些女士们会哼唱出某种略显忧郁哀伤的小调。为了款待这些造访者，酋长还安排了一支乐队，它的组成人员包括三名鼓手、四位演奏马林巴琴的琴师。马林巴琴属于钢琴的一个品

第十章
利文斯顿的首次非洲探险之旅

种,它由两条木片并列组合而成;在这两条木片之间,则固定着十五根木制的琴键,每一根有两英寸(约 5.1 厘米)至三英寸(约 7.6 厘米)宽,长度大约为十八英寸(约 45.7 厘米),它们的厚度是由所需的音调高低决定的。在每一个琴键的下方,都安装了一个葫芦,这个葫芦的上半部分被砍去了,以此来支撑住这些木片。这样一来,它们就构成了这些键盘的中空回音板。而且,这些葫芦也根据所需音调的高低而大小不一。在演奏的时候,琴师就用较小的鼓槌来敲击这些键盘,从而发出声响。葡萄牙人已经模仿制造出了这种马林巴琴,所以在安哥拉的舞蹈中,就可以看到这种琴的身影。

比起非洲其他的地方,这里的女性比男性要更加受人尊敬。

姆巴里人以及两个葡萄牙当地商人已经来到了此地,他们希望能够获取一些奴隶。就在利文斯顿与辛提住在一起的时候,一些幼小的儿童被绑架了,很显然是被卖给他们这些人了。

就在利文斯顿再度启程的前一天,辛提来到他的帐篷造访了他。为了表示对他的友谊之情,酋长送给了他一个贝壳,这个贝壳寄托了酋长本人对他最深切的情谊,他说道:"快看,这下你就拥有了我对你深厚情感的证明物了。"

这些贝壳作为与众不同的标志物,拥有相当高的价值。所以,仅用两个这样的贝壳,就可以购买一个奴隶了。而五个这样的贝壳就足以买到一颗价值十英镑的象牙了。

这位年迈的酋长为他们提供了一名向导,可以带领他们前往下一位酋长卡特玛(Katema)的领地。这位酋长也向他们提供了大量的食物,并且祝福他们一路平安,满载而归。

到了 1 月 26 日,利文斯顿再一次启程了,辛提派出了八位手下帮他扛行李。现在,他不得不放弃了乘坐独木舟,转而骑在牛背上继续前进,这次他们的路线是往北方而去。在这片土地上,他和同伴们受到了同样热情友好的款待。沿途经过的村民们都在他们酋长的指示下,向他们一行人献上了足量的食物。与此同时,他们发现,比起珠子和装饰物,当地人对英国棉布的需求更为迫切。

当他们抵达一个村庄的时候,一些当地的村民们居然把自己房子的屋顶给整个卸了下来,然后把它们悉数扛到了他们的营地里,如此一来就可以省去这些旅行者搭建棚子的麻烦了。当他们再一次动身的时候,这些村民则从容不迫地把这些屋顶再扛回家去安在房子上面,而且他们根本就没有向旅行者们索要财物的想法。

现在,瓢泼大雨席卷而来,利文斯顿和他的同伴们虽然从里到外都淋得湿透了,但还是继续向前跋涉着。

虽然这些人都十分彬彬有礼,但是他们骨子里依旧是令人心生畏惧的野蛮人。有信使从相邻的镇子赶来,宣布了他们的首领即马提亚姆沃(Matiamvo)去世的消息。那个人生前最喜欢做的事情就是杀气腾腾地在自己管辖的都城内四处穿行,然后把沿途遇到的人统统砍头。到了最后,他自己的房屋前高高地堆满了人头。除此之外,一旦这位首领偶尔想要人体的某个部分来实施某个魔法的时候,就会肆无忌惮地去屠杀老百姓。

隆达人似乎是比较相信灵魂存在这一观点的。而且,比起位于更东部的那些部落,他们在天性上要更加具备某种敬畏感。在他们的风俗习惯之中,有一个比较与众不同。那些把对方视为朋友的人,会对彼此之间的友谊进行巩固。他们会面对面坐下来,每个人的身旁都有一罐啤酒,然后他们就把双手紧紧地握在一起。接下来,他们就在紧握着的双手、在胸口、在前额,以及在右脸颊上面割开几道口子。之后,他们就会把青草的尖端按在这些切口上面。再接着,每个人都把这根草放入自己的啤酒罐中洗干净;下一步,他们就彼此交换手中的罐子,一饮而尽。如此一来,每个人都相当于喝过了对方体内流淌着的鲜血了。他们认为这样做就可以让他们变成有血缘关系的亲属了,从而就有义务在对方需要帮助的时候竭尽所能出手相助了。

这些人对于科洛洛人所享受的自由感到十分震惊。

这些旅行者前去拜访了卡特玛,即当地的首领。当他出来欢迎他们一行的时候,他身穿一件土褐色的外套,头上戴着一顶由珠子和羽毛制作而成的头盔,而他的手上则握着许多角马的尾巴,它们被捆成了一束。同样地,他也派了一些手下护送他们继续前进。

当时,天上还在继续下着雨。由于要睡在潮湿的地上,利文斯顿感到备受煎熬。

当他们抵达了罗安达所在的纬度线之后,利文斯顿就开始带领着伙伴们转向西边继续前进了。到了3月4日,他抵达了奇波克(Chiboque)领地

第十章
利文斯顿的首次非洲探险之旅

的外围区域。当他慢慢靠近那些文明程度更高的定居地的时候,他发现当地人的习惯已经发生了很大的变化,而且是朝着更糟糕的方向在发展:那些人要尽一切手段力图挽留住他,向他索取贡品,向导也是千方百计对他进行压榨。甚至就连他的科洛洛人手下都表示很惋惜,因为他们认为在如此美丽富饶的土地上,不仅庄稼寥寥,而且牲畜的数量也很少。

由于他们无法得到任何的牛肉,所以他被迫宰杀了自己所骑的一头牛烹制给大家分享。

奇波克人成群结队地涌过来,他们的酋长开口就索要贡品,而且他们中有一个人居然冲向了利文斯顿准备攻击他。不过,他很快就退了下去,因为这位旅行者已经举起了枪,正瞄准他的脑袋。但是,这位酋长以及他的顾问们最终同意坐在了地上。那些训练有素的科洛洛人则把他们都包围在了中间,由此把这些人完全控制住了。而在他自己的手下之中,也爆发了一场叛乱,因为这些人抱怨食物不足。不过,当医生手持一把双筒手枪出现在他们面前的时候,这场叛乱就被镇压了下来。自此之后,他们就再也没有给他添过乱。

他们一行人在沿途碰到的其他酋长也纷纷提出了类似的要求,表示只有支付给他们一定的金额,他们才会允许他通过自己的领地。由于医生本人几乎把自己所拥有的全部珠子和衬衫都献了出去,所以他手下这批忠心耿耿的科洛洛人就把自己身上的装饰品拿下来献给了这些酋长。在这些酋长中间,最厉害的一个勒索者是洛阿加·潘萨(Loaga Panza),他的儿子们在收下报酬之后,并没有按照事先承诺的担任他的向导,而是把他给丢下不管了。在这段日子里,利文斯顿每天都受到高烧的折磨,这让他的身体状况急转直下,变得异常虚弱,甚至于连坐在牛背上的力气都没有了。在这个国家,土壤看上去非常肥沃,到处散布着小规模的村庄。土壤是如此地肥沃,以至于只需要一点点的劳作,就足以带来一场大丰收了。然而,这里却是获取奴隶的主要地区,因而在当地的居民中间,能明显地感受到一种不安全感。眼下,每个酋长都下令要一个男人、一头牛或者一根象牙作为贡品。当然,第一个要求被断然拒绝了,但是这位旅行者剩下的几乎所有财物都因此而交付了出去。

到了4月4日,他们抵达了宽果河(Quango)的河岸处,这条河流的宽度在这里达到了一百五十码。该地区的首领是一位年轻的男子,他把自己的头发梳成了一个很滑稽的玉米状，用白色的线把头发都绑在一起。当他向他们索要一笔价值高得离谱的贡品之后，他就下令自己的手下不要乘船把他们渡过河去，而且还向他们开火。在这一紧急关头，一个葡萄牙混血儿出现了，他是一个叫西普里亚诺（Cypriano Di Abreu）的中士。于是，他们就觅到了一些船夫，然后顺利渡河进入了班加拉（Bangala）的领地，而后者是臣服于葡萄牙人的。在一些日子之前，他们曾经反叛过。眼下，部队就在他们中间驻扎了下来，而西普里亚诺就掌控着一队手下。第二天早晨，他为自己的客人准备了一顿丰盛的早餐，并且向科洛洛人奉上了南瓜和玉米。与此同时，他还送给他们一些淀粉，让他们在前往卡森戈的路途之中可以食用，甚至都没有暗示过要他们付钱。

旅行者们花了四天的时间才抵达了卡森戈，这座小镇上住着大约四十个葡萄牙商人和他们的仆人。虽然利文斯顿告诉他们自己是一个新教的牧师，但是他们对待他还是十分地热情而友善。在这里，科洛洛人把塞克莱图的象牙卖给了他们，售价远远高于好望角商人们可能出的价格。

他们穿越的安姆巴卡（Ambaca）地区非常地富饶而肥沃。在这里的大草原上，可以看到成群结队的牲畜，流经此地的河流为草原带去了丰沛的水源。除此之外，高耸入云的山脉在远处拔地而起。据说，那里的群山之间盘踞着四万个灵魂。

当利文斯顿途经格尔刚果阿尔图（Golcongo Alto）的时候，感到非常地高兴，因为这是一个非常恢宏壮观的地区，连绵起伏的山脉上遍布着色彩各异的树木，在它们的上方则伸展着优雅的棕榈树，它是能分泌出树脂的。这里的指挥官，即陆军中尉卡斯特罗（Castro）对待他们的态度很快就博得了利文斯顿的好感。

他们一路前行的时候，经过了一些河流，上面都有一些瀑布，而在这些瀑布上，人们是很容易建造起磨坊的。在这里，大量的木工却用木棍把四处生长的高大树木都削开，然后制成平板。

在特罗姆贝塔（Trombeta），这位指挥官在自己的花园里种满了成排的树木，其间还长满了菠萝和各色花朵。几年之前，他曾经花了十六英镑买下了这处房产。而眼下，他就在这片土地上开辟了一个咖啡种植园，还种上了各种各样的果树、葡萄、粮食和蔬菜，此外还有一个棉花种植园。

当他们靠近大海的时候，科洛洛人马上散开，直勾勾地瞪着这片海洋，

第十章
利文斯顿的首次非洲探险之旅

感到了一丝畏惧,因为他们在此之前,一直就认为这个世界是一片无限延伸的平原。而且他们再一次地流露出了一种担忧,害怕自己会被人绑架,但是利文斯顿让他们放心,并且告诉他们迄今为止,他们都是肩并肩共同作战,守望相助的,所以他们应该一直把这种战友之情延续到最后一刻。

在5月31日,他们爬下了一个斜坡,抵达了一座名叫罗安达的城市。在那里,利文斯顿受到了加布里埃尔先生的热情款待,后者是一位英国特派专员,前来此地的目的是遏制奴隶贸易。当他看到医生病得如此严重的时候,就毅然把自己的床慷慨地让给了医生。利文斯顿说:"我将永远不会忘记,再一次躺在一张舒适的英式沙发上,我感到如此地愉悦与欢欣,毕竟在之前整整六个月的时间里,我都是直接睡在地上的。"

然而,医生却花了很长一段时间才从之前那些经历给他带来的极度疲乏与不适之中恢复过来。在这段时间里,他那仁慈的东道主自始至终都对他给予了最深的关切,悉心照料着他。安哥拉的葡萄牙大主教以及其他无数位绅士都前来探望他,并且都竭尽全力帮助他。

后来,女王陛下的船波吕斐摩斯号(Polyphemus)驶来了,随船前来的外科医生就如及时雨一般对利文斯顿进行了医治。到了6月14日,他的身体恢复得差不多了,于是就带着手下的科洛洛随从们一起前去拜访了主教大人。他们都换上了新的条纹棉布制作而成的长袍,戴上了红色的帽子,而带领他们的就是加布里埃尔先生。

科洛洛人对于所看到的一切事物都感到十分震惊,个个显得目瞪口呆,特别是大型的石头建造的房屋和教堂,因为在此之前,他们还没有亲眼看到过比一座小茅屋更大的建筑了。此时,普鲁托号(Pluto)和夜莺号(Philomel)已经进港了。于是,船上的指挥官就邀请他们上船去。利文斯顿心里清楚他们内心还是有些担忧的,就告诉他们,如果他们觉得哪怕有一丁点儿的怀疑,认为这是一场局的话,他们都可以一个都不去。但是,几乎全体人员都赴约了。

利文斯顿指着水手们,说道:"快看,这些都是我的同胞们,都是被我们的女王陛下派来的,是前来镇压那些买卖黑人的交易的。"

他们回答道:"他们真的就像你一样,"就这样,他们内心的恐惧彻底消失得无影无踪了。

当他们继续一路向前的时候,他们所受到的款待就和科洛洛人给予他们的一样,这些长得黝黑的当地人整天一副乐呵呵的模样,把面包和牛肉递给他们当晚饭。而且,他们还得以开了一炮,为此感到十分洋洋自得,特别是当利文斯顿说:"他们就是用它来把奴隶贸易遏制住的。"

这次访问获得的最大收益就是让利文斯顿在当地人心目中的地位达到了巅峰。对于他们在教堂里目睹过的大弥撒,这些人并没有受到太大的触动,因为他们认为自己只不过是看到了白人在对他们的魔鬼实施魔法。

在8月期间,利文斯顿再一次被一轮高烧给击倒了。

当他无法照顾自己手下的时候,这些人就自己积极行动起来了。他们进入了乡间,去砍伐树木,然后把它们卖给镇上的居民。加布里埃尔先生还发现他们忙着从一艘运煤船上卸货,以此领到每天六便士的报酬。他们就这样日复一日地工作着,一直干了一个月多。当他们看到居然有如此众多的"会燃烧的石头"从船上被运下来,无不感到异常惊讶。他们靠着自己挣到的钱购买了衣服、珠子和其他的物品,准备以后带回家去。在挑选印花布的时候,他们的眼光如炬,能够轻而易举地判断出优劣,而且他们所挑选出的都是质地最耐磨的,所以并不在乎其颜色究竟如何。

由于利文斯顿受到了葡萄牙人友善而慷慨的对待,所以后者在他的心目中地位迅速提升,他对他们产生了极大的好感。

眼下,利文斯顿准备动身上路了。商人们送给了塞克莱图一份礼物,包括他们买卖的所有商品的样品,另外还加了两头驴。这样一来,塞克莱图就可以把驴引进自己的国土了,因为采采蝇是没有办法杀死这些牲畜的。除此之外,他们还给医生准备了几份介绍信,希望能够把他介绍给位于东面的一些葡萄牙有权有势者。同样地,大主教也向他提供了二十个搬运工,而且下令让东部各个地区的指挥官们对他提供力所能及的帮助。他为自己准备好了弹药、珠子、一堆布匹,然后给了每个手下一支火枪。他还为塞克莱图购买了一匹马。而且,他在夜莺号上的朋友们还为他准备了一顶帐篷。1854年9月20日,他和同伴们在加布里埃尔先生的陪同下离开了罗安达,后者自始至终对他们都悉心加以照顾,对他的手下也十分慷慨而且宽容,为此他已经赢得了每一个人的好感。

当利文斯顿经由海路绕道之后,就沿着本戈河(River Bengo)逆流而上抵达了伊克洛伊-本戈(Icolloi-Bengo),这里曾经是当地国王的居住地。当加布里埃尔先生折返回罗安达的时候,利文斯顿和他的同伴们则继续向

第十章
利文斯顿的首次非洲探险之旅

着内陆进发。在那里,他安排一部分手下在原地停留,稍作休整,而他自己则去卡森戈进行了一次短途旅行,那里正是以咖啡种植园而名声在外的。回来之后,他发现几个手下正发着高烧,而且其中一个人已经完全失去了意识。可是,过了没多久,那个人就完全康复了。

卡斯特罗先生有一次病得相当严重,利文斯顿就一直在他身边照料他。让利文斯顿感到十分欣慰的是,这位指挥官在一路上都对他十分友善。

利文斯顿就是在这样的情形下有机会目睹了奴隶制究竟都带来了些什么。当他们的主人一生病,这些奴隶们就会把能拿到手的东西都吃个精光,甚至就连利文斯顿本人都还没有来得及分到一块面包或者黄油。在这里,塞克莱图的马也不幸得了炎症。后来,这匹可怜的牲畜就在途中死去了。

到了2月28日,他们抵达了宽果河的岸边。在那里,他们再一次受到了西普里亚诺的款待。

安哥拉的人口肤色各异,而且他们都沉迷于最为粗俗的迷信之中。他们幻想自己拥有神灵的魔力,而且常常会以极端暴力的方式来表达他们的愤怒之情。最近,一个名叫甘多(Gando)的酋长就被指控犯了巫术罪。后来,他就备受折磨,最后他的尸体被扔进了河流。

那些船夫们,即使自己的独木舟看上去破烂不堪,却还会向路人索要一笔巨款,然后才愿意把他们渡过河去。牛和驴子则不得不靠自己游过河去。

为了避开那些戴着圆锥形头饰的朋友们,他们绕道去了一些葡萄牙混血儿驻扎的营地处,后者是过河来买卖蜡的。他们以勤奋而著称,而且都是些最热情的商人,他们都写得一手好字,所以通常会谋到一份书记员的工作。有时候,人们会称呼他们为安哥拉的犹太人。

这些旅行者不久到了辛吉人(Bashinji)的土地上,后者从外表上看具备的黑人因素是最不明显的。正当他们在一个村子里驻足停留的时候,他们遭到了首领的攻击,原因就在于当他们之前造访此地的时候,这位首领曾经被一位科洛洛人打过,不过事后肇事者也已经赎过罪了。当他们穿越一片森林的时候,一大批当地的土著纷纷扑向了他们,然后开始对着他们射击,无数颗子弹在树木之间嗖嗖地穿梭着。幸运的是,利文斯顿遇到了酋长，然后送给了他一把左轮手枪，这一举动瞬间就令他的好战之情来了个一百八十度的逆转。于是，利文斯顿就命令他和他的手下都坐到地上，然后骑上马离开了。

现在，他们来到了自己的葡萄牙朋友们的中间，这些人都居住在洛阿吉马河（Loajima）的沿岸。

他们会把自己的头发精心地梳起来，发型的款式可谓千变万化。一般情况下，他们的头发会自然垂到他们的肩膀处，而且发量相当惊人，如此一来，再加上他们通常的面貌特征，他们看上去就和古代的埃及人非常相似。他们中有些人会把头发扭成许多股小辫子，然后把这些一股一股的小发束往外拉，一直拉到脑袋上的一个圆环处固定住。另外一些人在装饰自己头部的时候，会用到编发和兽皮，偶尔会在这种发型上面拴上水牛的尾巴。第三种发型是在一些兽皮上面进行编发，这张兽皮的形状就是水牛的两只角，在头顶的两侧各向外张开。至于年轻男子，他们会把自己的头发搓成一个玉米的形状，然后让它从自己的额头向外突出去。他们通常都会在自己的身体上进行文身，绘制出类似于星星一样的图案。虽然他们的脑袋被装饰得如此绚丽多姿，但是他们的身体却几乎是一丝不挂的。

当他们一行人抵达了卡隆戈（Calongo）之后，利文斯顿就带着大伙儿朝着自己的老朋友卡特玛的领地而去。在沿途所经过的各个村庄，他们基本上都受到了热情的招待。

到了6月2日这一天，他们抵达了卡纳瓦（Kanawa）的领地。这位首长的村子由四五十座小屋子构成。一开始，他对待他们非常地有礼有节，但是他突然向他们提出要一头牛作为贡品。当他们拒绝了他这一要求之后，他就下令自己的手下都拿起武器。见此情形，利文斯顿就指示自己的科洛洛人手下开始列队前进。一些人欣然领命按照他的指示做了，但是其中有一个人却拒绝了，而且准备朝着卡纳瓦开枪。此时，医生举起自己的手枪，对着他砸了一下，然后呵斥他也离开。他们抵达河岸的时候，发现卡纳瓦已经领先他们一步，把所有的独木舟都扛走了。而那些船夫们则认为这些旅行者是无法自己划着独木舟前进的，于是就撂下了他们，让他们就这么孤立无援地待在岸上。因此，当天色暗下来，科洛洛人就快速地弄到了一艘独木舟，然后整支队伍就渡过了河。到了第二天的早晨，当发现真相之后，卡纳瓦就捶胸顿足，恼怒不已。

第十章
利文斯顿的首次非洲探险之旅

眼下，他们穿越了一处平坦的大草原，而在他们之前途经这里的时候，这里已经被洪水给淹没了。数不胜数的秃鹫在空中盘旋，因为它们发现了潮水退去之后留下的大量腐肉。

他们经过了迪洛洛湖（Lake Dilolo），这片水域长度有六至八英里，宽度有两英里。当看到眼前这一片波光粼粼的水面时，医生感到整个人都变得镇定了下来，因为当时，他刚刚从阴森森的树林中穿行出来，也刚刚穿越了一大片开阔的平原，所以正在受着高烧的折磨。

利文斯顿手下的主要领队皮萨内（Pitsane）和莫霍里斯（Mohorisi）已经建议在利巴河的岸边建造一个科洛洛人的村庄，那里位于该河与利安姆拜河的交汇之处。他们的理由是那里有可能成为前往罗安达的西部通道，而往东则可以通向赞比西沿岸的诸多区域。

一行人抵达了辛提的首都，他们在这里一如既往地受到了当地人友善的款待，而且获得了丰富的物资补给。利文斯顿再度出发的时候，随身携带了大量的植物——包括橙子、腰果、苹果、无花果以及咖啡、金合欢和番木瓜等——的种子，有些是他一路从罗安达带过来的。他把这些植物都种在了一处围场内部，同时答应人们，一旦这些树长大之后，辛提也将会分享到它们的果实。

他们一行人分别登上了六艘停泊在利巴河上的小独木舟。接着，他们顺流而下，进入了利安姆拜河。在这里，他们发现了一群猎人，他们是专门跟踪水牛、河马以及其他动物的。他们会披上一张鹿皮，上面还粘着两只角，或者是一只鹤的脑袋以及身体的上半部分。然后，他们就会在草丛中蹑手蹑脚地爬行，足够靠近猎物之后才展开射击。

利文斯顿希望能够给手下的人弄到一些肉，于是，他就坐上一艘小独木舟，沿着一条小溪流逆流而上。他看到在河岸上，有一群斑马，就慢慢靠了过去。他扣动扳机之后，打伤了其中一匹斑马的后腿。他的手下就追了上去。当他慢慢跟在他们身后的时候，他注意到了一头孤零零的水牛，它是被自己其他的同伴给惊扰了的，正在向他所在的方向飞奔而来。唯一的树就在一百码之外的地方。利文斯顿把枪上好膛，希望能够一枪命中这头野兽的前额。只见这头巨兽前进的速度相当之快，但是在不远处，有一小堆灌木丛，所以它就突然转了向，并由此暴露出了一侧的肩膀。此时此刻，医生扣动了扳机。听到子弹发出的重击声之后，他就脸朝下猛扑在了地上。这头水牛跳起来,越过他的头顶朝着水面而去。接着,他就在河旁边发现了它,它已经断了气。他的那些科洛洛人纷纷自责不已,因为他们认为自己当时没有守护在他的身边,而他则为自己死里逃生而感谢上帝的保佑。

当他们抵达了莱波乌塔(Lebouta)的时候,当地人欢欣鼓舞迎接他们一行的到来。妇女们纷纷走出了家门,载歌载舞。接着,他们被带到了举行集会的一栋房子。在那里,皮萨内发表了一段很长的讲话,他对此次旅行进行了一番描述,还提到了他们在罗安达所受到的热情款待,特别是英国的官员给予他们的友好款待。

第二天,利文斯顿举行了一场宗教仪式。他的科洛洛人勇士们头戴他们各自的红色帽子,身穿欧洲布料制作而成的白色西装,排成整齐的队伍,参加了这场仪式,他们的肩膀上面还扛着各自的枪。

当他们沿着洛兹河谷顺流而下的时候,他们也受到了同样真挚而热烈的欢迎。

对于在此次旅程沿途以及更加往西部深入而去的土地上所看到的品种各异的动物,利文斯顿十分惊讶于它们的数量居然如此之多,包括大象、水牛、长颈鹿、斑马、瞪羚和野猪等。那些美丽优雅的跳羚也经常会映入他的眼帘,它们散布在整片大草原上,有时候是星星点点地分布着,其他时候则是密密麻麻地一群群聚集在一起,一眼几乎都望不到头。

至于象群,其规模则比利文斯顿曾经听说或设想过的都要庞大得多。他和他的手下往往不得不对着它们大声喊叫,才能让它们挪一挪位置,从而让他们一行得以通过。而且不止一次,一群大象会径直朝着旅行者们冲过来。他们猎杀了一大批幼象用来果腹,因为它们的肉是被视为非常珍贵的。对于当地土著来说,这些体形庞大的野兽简直就是一场破坏力极强的瘟疫,因为它们会闯入他们的田园,吃光他们的南瓜和其他的农作物;而一旦它们受到了惊扰,就会全速向那些破坏了它们大快朵颐的人发起进攻,而且会一路跟着他们,一旦这些人躲到了小屋子里面,它们甚至会把房子都捣得稀巴烂。在它们脾气暴躁的时候,往往也会杀死这些人。

他们一行人在塞舍科稍作休整之后,就继续向着利尼扬提进发了。在那里,那些曾经于1853年被留在原地的马车和其他所有物品都原封不动地安然交到了他们的手上。

第十章
利文斯顿的首次非洲探险之旅

医生召集了一次大规模的会议。在会上，他汇报了此次旅程的情况，并且把罗安达的总督以及商人们赠送的物品进行了分发。接着，皮萨内和其他人就从各自的角度，对所见所闻进行了描绘。而且，可以预料的是，他们在叙述的过程中，把所有的细枝末节都囊括了进去。这些礼物让所有的人都非常满意。到了周日这一天，塞克莱图莅临了教堂。只见他身着一套制服，这是为他专程沿河顺流而下带过来的，这一身打扮吸引了所有人的目光。

本·哈比德（Ben Habed）、塞克莱图和利文斯顿等商量了一番，大家决定派遣一队人马，带上一批象牙前往罗安达；与此同时，他们还咨询了利文斯顿，希望他能给出一些建议，包括带给总督以及商人们什么样的礼物才比较恰当。对于已经开通的路线，科洛洛人总体上是比较满意的，还建议说要搬到洛兹峡谷去，因为如此一来，他们就离大市场更近了。然而，对于这一计划来说，他们认为一大弊端还是在于当地的气候不利于健康。

后来，利文斯顿听说这支商队最后顺利地抵达了罗安达。这则消息令他相当满意，因为他感到自己就此开拓了一条连接这些勤劳而又智慧的人民的土地的道路。

他们带来的驴子让人们感到非常地敬仰，因为即使采采蝇叮了它们，也不会对它们造成任何影响。所以，人们希望它们能够派上大用场。然而，它们的喊叫声却比狮子的嘶吼声更让他们感到震惊。

利文斯顿开始筹备另一场探险之旅，这一次的目的地是东海岸地区。

他在这一段行程中所作的记录详尽地描述了当地人的风俗习惯。那里的儿童与其他国家的儿童在许多方面都有着惊人的相似："他们会享受轻松快乐的时光，尤其是在凉爽的傍晚。他们会玩许多游戏，其中一个游戏包括两个人用肩膀扛着一个小女孩儿，他们扛着她四处走动的时候，她就一直张开双臂高举着。与此同时，其他所有的人则拍打双手，在每一栋小屋子前面停留一下，然后唱着动听的歌曲，一些人在牛皮制作而成的小短裙上打着节拍，其他人则在歌曲与歌曲中间的间隙哼唱着一种奇怪的曲调。除了这个游戏以及跳绳之外，女孩子们的游戏还包括模仿她们母亲的艰辛劳作——建造小屋子、制作小陶器、烹饪、在微型的碾钵上把玉米捣碎或者在小花园里锄草。至于男孩子们，他们则手持短小的长矛、盾牌和弓箭进行玩耍，搭建小型的牛栏，或者用黏土捏出牛的样子。他们在仿制动物方面具有极高的天赋，尤其是它们的牛角。"不过，我们现在必须跟随利文斯顿一起踏上下一段行程了。

在其他人所建议的路线中，他挑选了一条经由赞比西河北岸的路线。由此，他就不得不穿越一片被恩德贝莱人（Matabele）控制的土地，而他们那勇猛无比的首领姆齐利卡兹（Mozelekatse）已经在先前的时候把这片土地的最初占有者——科洛洛人——驱逐了出去。

虽然即将面对这一险境，但是他丝毫不为自己担心，原因就在于那位酋长十分敬仰莫法特先生，即他的丈人，而且把后者视为自己的一位特殊朋友。与此同时，在这片土地上，有相当大的一片地区依然还在科洛洛人的掌控之中。因此，他确信至少那些人还是会善待他们一行人的。我们必须要认识到一点，那就是科洛洛人是一个混合性的种族，它包括了茨瓦纳人（Bechuanas）的数个部落，而这些人之前就盘踞在与卡拉哈里沙漠交界的地区上。他们的语言，即茨瓦纳语，主要是在科洛洛人一族的上层阶级中比较普及。而莫法特先生经过持之以恒的不懈努力，基本上把整部《圣经》都用这一语言翻译了过来。这群人都是黑人，而且这一种族个个长得相貌出众、体格强健，并且才艺出众。

利文斯顿一宣布自己将继续前往东部的意向，无数个志愿者就纷纷来到他的面前，自告奋勇表示愿意陪伴他同行。从这些人中间，他挑选出了一百零十四个值得信赖的人。接着，塞克莱图任命了两个人塞克韦布（Sekwebu）和坎亚塔（Kanyata）担任这些人的首领。塞克韦布在孩提时代曾经被人从恩德贝莱人中给抓走过。现在，他的部落就居住在靠近太特（Tete）的地区。在此之前，他经常沿着赞比西河岸四处跋涉，掌握了沿岸许多居民的各类方言。除此之外，他还具备良好的判断力和深谋远虑，因此能为此次远征提供极大的帮助。

11月3日，利文斯顿告别了自己在利尼扬提的朋友们，动身上路了，陪伴在他左右的包括塞克莱图和两百个随从。当全体人员抵达了一片采采蝇肆虐的地区时，他们就不得不选择在夜间赶路。后来，他们又遭遇了一场暴风雨，由于利文斯顿的行李先他一步在前方，所以他就被迫躺在湿漉漉的地面上。塞克莱图非常好心地把自己的毯子盖在医生的身上，可自己就没有任何可以遮风挡雨的东西了。在他们离开塞舍科的时候，那位慷慨的酋长提供了十二头牛给医生，其中有三头经过了驯化，是可以驮人的。

第十章
利文斯顿的首次非洲探险之旅

除此之外,他们还用锄头和珠子购买了一艘独木舟、一大批新鲜的黄油和蜂蜜。确实,他从各方面力所能及地给予利文斯顿此行最大的帮助。

当利文斯顿和手下的人与塞克莱图告别之后,他们就沿着河道顺流而下,一直来到了它和乔贝河交汇的地方。到了这个位置之后,他就准备朝着东北方向横穿这片地区前往赞比西河的北岸区域。然而,在进行这一步之前,他决定要去造访一下维多利亚瀑布,或者被称为"莫西奥图尼亚瀑布"(Mozioatunya Falls),因为他之前经常从别人口中听到它的大名。这个词的意思是:"霹雳之雾",指的就是这片瀑布所带来的层层水汽以及发出的巨大轰鸣声。他们从卡莱(Kalai)出发,经过二十分钟的航行之后,视线里出现了五根柱状的水雾,称其为"烟雾"是最为恰当的了,它们在五六英里之外的地方升腾而起,而且在风的作用力之下一边上升,一边改变方向,而这些"柱子"的顶端看上去就好像和天上的云朵交织在了一起,这一幕简直美得摄人心魄。在河流之间,不时地可以窥见河岸和岛屿的身影,那里长满了郁郁葱葱的各类树木,还有五颜六色的灌木,其中许多都盛开着花朵。在所有这些树木之中,巨大无比的猴面包树拔地而起,在它的周围则生长着一棵棵优雅的棕榈树。

由于水位很低,所以他们就乘坐独木舟前往一座位于河流中心位置的岛屿,而那座岛的另一端就延伸到了瀑布的边缘。在他们登陆的地方,人们根本无法发现规模那么庞大的水源究竟消失去了哪儿。实际上,它看上去仿佛突然之间沉入了地底下。当利文斯顿的目光越过悬崖峭壁之间的时候,他看到了河流的身影,它的宽度可达一千码,然后一跃而入一百英尺深的峡谷之后,就骤然之间被压缩到了一个十五至二十码的空间里。从那里,它并没有像之前那样继续向前流淌,而是径直转向了右侧,在连绵起伏的群山之间咆哮着奔腾向前。

从这个"大汽锅"升腾而起的水汽高度可达两三百英尺,它们在被压缩之后,就从原先的颜色变成了烟雾,然后再连续不断地笔直冲刷下来。瀑布的主体部分直接落到了大裂缝的另一侧,那里生长着众多的长青树木,树上的叶子总是湿漉漉的。这一条巨大裂缝的崖壁是垂直的。利文斯顿认为,这些瀑布是他在非洲目睹过的最壮观磅礴的景致了。

在回到卡莱之后,医生就和他的同伴们前去拜访了塞克莱图,然后和他最后一次道了别。之后,他们就于11月20日动身,朝着北方前进,在穿越了一片风景秀丽的地区之后,就抵达了莱科内(Lekone)。他们越往北前进,沿途的地区居民数量就越多,这些当地人成群结队地跑出来打量这位白人,而且总是带给他玉米面作为礼物。

这一地区的当地人在向陌生人致敬方面,会采用一种比较匪夷所思的方法。他们并不会弯腰鞠躬,而是会背朝下躺到地上,然后从一侧翻滚到另一侧,拍打着自己大腿的外侧,同时口中念念有词。医生恳求他们停下来,不过并没有起到任何作用。他们以为他很高兴,所以就加大了动作幅度,更加剧烈地翻来覆去,同时更加用力地拍打自己的大腿。

这些村民向他们一行人提供了大量磨碎的坚果、玉米面和玉米。随着他们向前推进的脚步,周围的环境变得越来越美丽,大型的野生动物数量十分众多。有一天,他们发现了一头水牛躺在了地上,于是利文斯顿就上前去,希望能够逮住它作为大家的美餐。虽然这头猛兽挨了三颗子弹,但是依然没有断气,而且它还转过脑袋,好像要进攻似的。见此情形,医生就和他的同伴们跑向了一些岩石堆,希望能够躲避一下。但是,就在他们跑到岩石处时,他们发现有三头大象已经切断了他们的退路。然而,这些庞然大物侧身离开了,从而得以让他们躲到了岩石堆的后面。正当水牛飞速奔开的时候,医生又试着远距离开了一枪。令他的手下们深感满意的是,这一枪终于打断了这头猛兽的前腿。很快,这些年轻小伙子就逼它停了下来,然后对着它的脑袋又开了一枪,这才结果了它的性命。这样一来,他们就有了充足的食物,而附近的村民们也得以分到了一些肉吃。过了没多久,他的手下还猎杀了一头大象。

当他们离开了大象谷(Elephant Valley)之后,就来到了一个酋长的住所,他的名字叫塞马勒姆布埃(Semalembue)。就在他们一行人抵达之后没过多久,这位酋长就前来拜访了他们,并且送上了五六篮子的食物和玉米面,还有一篮子磨碎的坚果。他声称自己担心各位客人来到自己的村子之后,第一晚是饿着肚子睡觉的。当这位酋长听到了《和平福音》(Gospel of Peace)中的话语之后,显得欣喜万分,他回应说:"现在,我将大规模地进行耕种,并且希望能够宁静地享受美食和睡眠时光。"在利文斯顿向这些人布道的过程中,比较引人注目的一点是所有这些人都十分迫切地接受了和平生活的概念,而这正合乎福音所可能产生的效果。

塞克韦布认为这一地区是最适合一个大型部落安营扎寨的地点之一。

而塞比图瓦内之前正是定居在此地的。

现在,他们涉水渡过了卡弗埃河(Kafue River)。在河流与群山之间,每一处可以发现的地方都已经进行了耕种。当地居民们选择这些地方不仅是为了保护自身安全,而且也可以让自己的田园免遭敌对势力的攻击。与此同时,他们也被迫布置一些石洞来保护自己的土地不受河马的破坏。这些动物如果没有受到打扰的话,通常情况下会表现出温顺的一面,所以它们对这些旅行者并没有太在意。

现在,这伙人朝着赞比西河进发,前往其连接卡弗埃河的区域附近。从群山的外围高处,他们欣赏到了无比瑰丽壮观的景致。在他们脚下不远处,流淌着的就是卡弗埃河,它蜿蜒着一路越过了森林覆盖着的大草原;而在赞比西河的另一侧,黝黑的山脉连绵起伏地静卧着。山脚下的大草原上密密麻麻地散布着各种大型的野生动物,成百头水牛和斑马在开阔地带悠然地吃着草,还有两头体形庞大的大象也正在进食,它们缓缓地晃动着自己的长鼻子。当他们从它们中间穿过的时候,这些动物显得非常温顺,它们乖乖地站在树下面,硕大的耳朵不停扇动着。除此之外,他们还看到了大量红色的野猪。由于附近的人并没有枪支,所以它们从未受到过惊扰。

他们在一棵硕大的猴面包树里面过了一夜,这棵树的内部足足可以容纳二十个人。

当他们继续前进的时候,一群水牛走了过来,而他们在瞄准一头水牛开枪之后才得以全身而退。过了没多久,一头母象带着三头小象试图从他们拉长的队伍之中冲过去。于是,这些人就赶紧扔下身上的包裹,匆匆忙忙地快速后撤。与此同时,那头母象由于自己这一冒失行为而被长矛刺了身体一下。

他们发现眼前出现了越来越多的瀑布,由此可以推测到自己离那条伟大的河流越来越近了。他们发现,比起瀑布的上方,这里的河流宽度要更加壮观:实际上,如果一个人站在河的一侧大声叫喊的话,另一侧的人基本上是一点儿声音都听不到的。在这条河流的两岸上以及在河里,他们看到了数量众多的各类野生动物。

居住在赞比西河北岸地区的居民是通加人(Batonga),而那些住在南岸的则是尼亚伊人(Banyai)。

无论是水牛,还是大象,在这里都可谓数量惊人。为了杀死它们,当地

231

的土著就在高高的大树上面设了一些观察点，然后从那里俯视这些猛兽沿着小道前往水源地。从那些观察点，他们可以朝下扔出手中的长矛，长矛的刃片有二十英寸长，两英寸宽。随着长矛的移动，再加上顶着树干而产生的辅助力，这些人可以在猛兽的身上划出数条又深又长的切口，看上去十分可怖，而且很快就会导致它们死去。除此之外，他们还会布置某种陷阱，在一捆木头中间插入一根长矛，然后把这捆木头系在一棵树的树枝上让其悬挂下来，接着把一根绳子连在上面，绳子的另一端则是一个开关。随后，这根绳子就被放在小路上面。一旦有动物的脚踢到这根绳子，那捆木头就会径直落下来。由于长矛是抹上了毒药的，所以很快就会引发死亡。

　　在他们经过的每一个村庄，当地的居民都会派出两个人给他们带路，一直把他们领到下一个村子为止，而且选择的路线也是丛林不怎么密的地区。

　　村民们都在各自的田园里辛勤忙碌着。大部分的男性体格都非常健美，肌肉发达。他们肤色各异，从乌黑色到浅橄榄色不尽相同。至于女性，她们则保留了一种非同寻常的习俗，那就是在上唇穿刺，然后渐渐地把这个孔撑大，直至可以塞入一个贝壳为止。嘴唇看上去向外突出，甚至超过了鼻子，并由此让她们显得相当丑陋。正如塞克韦布所说："这些女人希望自己的嘴巴看上去就像鸭子的嘴巴一样。"这些圆环中，最普通的是竹子制作而成的，其他的则是由象牙或者金属制成。

　　在这些旅行家们停留的下一站，当地村落的酋长，即塞沃莱（Seole）并没有热情友好地欢迎他们，而是一反常态地召集起自己的手下，准备发动一场进攻。他们很快就发现了原因所在。原来有一个意大利人曾经娶了这位酋长的女儿，后来他带着五十个配备了枪支的奴隶，乘坐独木舟从太特出发，沿着河道逆流而上，攻击了马卡巴（Makaba）之外的好几座岛上的居民，同时掳走了大量的囚犯和象牙。当他带着自己的战利品沿着河道顺流而下的时候，他的同伴们都被驱散了，而他本人则在试图步行逃跑的时候被杀死了。所以，塞沃莱以为医生就是另外一个意大利人。

　　这是他们在这片大陆的东海岸遇到的第一个可怕的奴隶贸易造成消极影响的例子。要不是他们之前打过交道的酋长赶来把事情解释清楚的话，塞沃莱说不定会给他们一行人带来很大的麻烦。

第十章
利文斯顿的首次非洲探险之旅

同一个部落中的另外一个酋长姆布鲁马（Mburuma）已经进行了一番筹划，准备把这些旅行家分开，然后对他们进行掠夺。但是，利文斯顿已经怀疑到有可能发生这一暴行，所以始终把自己人都聚集在一起。而在此之前，这伙人曾经洗劫了一队商人，后者当时从莫桑比克出发，正在运送一批英国的物资。

1月14日，他们抵达了罗安瓜河（Loangwa）与赞比西河的交汇处。在这里，医生发现了一座已经沦为废墟的城镇，其中还坐落着一座教堂。那座教堂的选址还是非常不错的，因为它的后面就紧靠着连绵的高山，而前方则流淌着两条河流。在这座教堂的一侧，躺着一个破裂了的钟，上面刻着"I.H.S."和一个十字架。他发现这里是一个葡萄牙人的定居点，被称为宗博。

此时，他迫切地希望自己刚刚的发现能被世人知晓。这片位于高处的、环境有益于健康的地区一直延伸至太特，这里正是他长期以来一直在努力寻觅的地区，它可以作为一个传教的枢纽，然后传教事业可以由此辐射至周边的地区。

当他们一行人沿着河岸继续跋涉的时候，他们穿越了一片茂密的灌木丛，突然之间，三头水牛冲破了他们的队伍。于是，利文斯顿所骑的牛飞奔着逃开了。可是，当他回过身子的时候，却看到自己的一个手下被抛上了半空好几英尺。当他回到队伍中间之后，他深感欣慰地发现这个可怜的小伙子已经脸朝下摔到了地上，虽然他被猛兽的角顶着跑出了二十码远，但是他并没有承受任何的痛苦。当这头猛兽向他慢慢靠近的时候，他已经扔下了自己身上的包裹，并且刺中了它的侧身。然后，在他还没有来得及逃走的时候，这头猛兽就逮住了他，然后把他拖了出去。

在这段插曲发生之后没过多久，他们就相信自己离葡萄牙人的定居点越来越近了，原因就在于他们遇到了一个人，他身着一件夹克衫，头上还戴着一顶帽子。从这个肤色黝黑的人的口中，他们了解到太特河畔的葡萄牙人的定居点位于河流的另一侧，而且那里的居民在过去的一段时期以内始终在忙着和当地的土著开战。这可不是什么令人愉悦的消息，因为利文斯顿希望和双方都能够和平共处。

最后，两位上了年纪的老人出现了，询问利文斯顿是否是葡萄牙人。当利文斯顿让他们看了自己的头发和白色的皮肤之后，他们就回答说：

233

"啊,你一定来自那些热爱黑人的部落之一。"

最后,酋长本人也现身了。他表示,自己没有早一些了解到他们究竟是何许人物,所以为此深感抱歉。然后,他就帮助他们渡过了河。接着,由于河流的南岸地区一直在下雨,他们就在原地耽搁了一阵子。在他们和当地人交谈的过程中,后者流露出了对奴隶贩子的深仇大恨。利文斯顿与当地的商人见了面,然后从他们那里购买了一些美国产的、轻薄的印花棉布,计划给他的手下做些衣服穿。这些布匹上面印着"劳伦斯·米尔斯,洛维尔"(Lawrence Mills,Lowell)的标志,还有两颗小小的象牙,这是多么有意思的巧合啊。

在赞比西河的这一侧地区居住的人被称为尼亚伊人。他们最喜欢使用的一种武器是一把巨型的斧子,他们就把它扛在肩上。它主要是用来割断大象的腿筋的,而使用的方法就和哈姆兰阿拉伯人(Hamran Arabs)使用他们手中的剑一样。然而,尼亚伊人是趁动物还没有意识到的时候悄悄地发起袭击的,哈姆兰阿拉伯人则是先安排一个人骑着训练有素的马在最前面狂奔,当野兽全速追赶他们中的一个人时,哈姆兰猎手就乘机攻击它。

那些看上去稀奇古怪的"蜂蜜鸟",对他们非常地"殷勤",正是在它们的引导下,科洛洛人才获得了大量的蜂蜜。然而在那些地区,蜂蜡似乎并没有发挥任何的作用。

虽然他们在向葡萄牙人的定居点不断靠近,但是野生动物的数量依然十分壮观。他们在途中遇到了一群水牛,然后科洛洛人就杀死了其中的六头小水牛。

当地的土著人警告他们,如果他们有人在队伍的两侧四处晃悠,试图寻找蜂蜜的话,就很有可能会遭到狮子的袭击。实际上,利文斯顿手下的一位首领,名字叫做莫纳辛(Monahin),在某个夜晚就突然由于一时兴起而离开了营地。可是,他自此再也没有回来,所以很有可能已经被一头狮子给叼走了。

直到3月20日,他们一行人才抵达了太特的周边地区。当时,利文斯顿本人已经感到筋疲力尽了。虽然距离太特仅有八英里了,但是他却一步都走不动了。不过,他还是把在安哥拉收到的介绍信转交给了指挥官。第二天早晨,一位军官率领着一队士兵抵达了,并且带来了可以烹制出一顿像样早餐的材料,再加上一副担架,利文斯顿可以躺在上面被抬着走。享

第十章
利文斯顿的首次非洲探险之旅

用过了早餐之后,他觉得自己的体力迅速得以恢复了,从而能够靠自己的双脚走完全程。

他受到了太特的长官斯卡德(Sicard)少校最为热情友好的款待,后者为他的手下提供了食宿和所需的物资。

太特充其量只能被称为一个村庄,它建造在一处斜坡之上,这片斜坡一路直抵下面的河流,而这个据点坐落的位置就在靠近河流之处。这里有大约三十栋欧洲人的房子;其余的建筑里住的都是当地土著们,它们都是由藤条和泥巴搭建而成的。

在过去的岁月里,除了金砂和象牙,太特还出口大量的粮食、咖啡、糖、油以及蓼蓝染料。但是,当奴隶贸易初具规模之后,商人们就发现了一个可以更快发家致富的方法,那就是把他们的奴隶都卖掉。于是,种植园和淘金点都被弃之不用了,劳动力则被出口至了巴西。接着,很多白人就跟着他们的奴隶一起离开了。在此之后,一个名叫尼奥德(Nyaude)的当地果阿人的土著,在卢恩亚河(Luenya)与赞比西河交汇的地方建起了一道栅栏,并抓住了太特的长官,因为后者对他进行了攻击。尼奥德囚禁了太特的长官,并派出自己的儿子博恩加(Bonga)率领一支武装力量去攻陷了那座城镇,并且一把火让它付之一炬。其他人也纷纷效仿他的做法,直到当地的商业完全被破坏殆尽了,随之而来的奴隶贸易则让当地继续陷于低迷的状态。

在赞比西河的北岸,有几条储量丰富的煤炭矿带,利文斯顿对它们一一进行了仔细的勘探。至于当地的土著,他们仅仅在需要购买美国产的轻薄印花棉布的时候,才从附近地区收集一些金子。然而,一旦他们发现了一块或者一片金子的时候,他们会再次把它埋起来,因为他们相信它是金子的种子。虽然他们知道它的价值,但是他们宁愿把它弄丢,也不愿意在今后遭遇颗粒无收的结局,至少他们心里是这样想的。

利文斯顿意识到自己必须把大部分的手下留在这里,于是斯卡德少校就非常慷慨地提供了一块土地给他们,这样一来,他们就可以在上面耕种,种些玉米来养活自己。与此同时,他还允许那些年轻人外出,和他的仆人们一起捕猎大象。如此一来,他们就可以用象牙和晒干的肉去购买物资,然后在返程后把这些物资都带回各自的家中去。他还向他们提供了一些布匹。有六七十个人立刻就接受了他所提出的条件,他们都十分高兴,认

235

为自己实在是幸运,能够参与到这么一项利润丰厚的事业之中。与此同时,他还提供给利文斯顿一件外套,而当利文斯顿提出要为此支付他一笔钱的时候,少校却婉拒了。

附近的森林里遍布着许多头大象,当地人采用最大胆无畏的方式来攻击它们。两个猎手会结伴一起,其中一个人手持长矛,另外一个人则扛着一把形状奇特的斧子,它有一把很长的手柄。一旦他们发现了一头大象,手持长矛的人就会借着灌木丛的掩护,蹑手蹑脚地绕到它的前方,随后设法吸引到它的注意力。与此同时,扛着斧子的人则小心翼翼地从它的后方慢慢靠近,然后挥舞起他手中那可怕的武器,朝着大象的后腿砍下去,直接把它的腿筋切断。这样一来,尽管这头庞然大物力大无比,而且十分精明,却无法移动半步了,于是就倒在了地上,成了两名猎手的猎物。

在这片地区的其他有价值的产品之中,他们发现了一种与金鸡纳树非常类似的树木。葡萄牙人相信这种树具备与奎宁一样的药效。

当医生恢复了体力之后,他就准备继续沿着河道顺流而下,前往克利马内(Kilimane,也被称为Quillimane),随行的还有十六个忠心耿耿的科洛洛人,他们将作为船员。在剩下的人员之中,有许多人都外出去捕猎大象了,另一些人则在热火朝天地忙着交易燃料。

斯卡德少校借给了他一艘小船,并且派出了米兰达(Miranda)中尉来护送他一路直抵海岸地区。在前进的途中,他们在叛军即博恩加的女婿纳莫埃尔(Namoel)所在的地方稍作了停留,后者十分友善地款待了他们。接下来,他们在塞纳(Senna)也逗留了一会儿,却发现那里呈现出一片凄惨的景象,到处都是千疮百孔的模样。在这里,一些科洛洛人接受了米兰达中尉的雇佣,负责运送一批物资返回太特。剩下八个人继续陪伴在利文斯顿的左右,他们热切地要求陪同他一起前往克利马内。到了1856年5月20日,他终于抵达了目的地,此时距离他从开普敦出发差几天的工夫就满整整四年了。他受到了努涅斯(Nunes)上校的热情招待。在周边地区,当时已经爆发了一场十分严重的饥荒,因此食物非常匮乏。见此情形,他建议自己的手下尽快返回太特,然后等候他从英格兰返回再说。可是,他们还是十分迫切地希望能够陪伴在他的身旁,因为塞克莱图事先建议他们在与玛罗伯特(Ma-Robert,这是他们对利文斯顿夫人的称呼)会合之前,不要和他分开,而且要把她也一起带回来。

第十章
利文斯顿的首次非洲探险之旅

凭借着自己手头所有的一些小型的象牙,他购买了一些美国产的轻薄印花棉布以及铜丝,派人把这些东西都送回太特,交给他的随从们。然后,他把剩下的二十根象牙都寄存在了努涅斯上校那里。这样一来,万一他受到阻挠而无法再次造访这片土地,那么他也不会让别人觉得自己带着塞克莱图的象牙离开了。他向努涅斯上校提出了一个要求,那就是万一他去世了,就请把这批象牙都给卖了,把所得收益转交给他的手下。与此同时,他计划用自己的钱在英格兰采购那些塞克莱图订购的商品,然后在返回此地之后,再用出售象牙所得的收入来抵消这部分支出。

虽然他有些并不太情愿,不过还是同意带上塞克韦布一同前往英格兰。

在克利马内等候了六周的时间之后,弗洛里克号(H. M. Frolic)双桅船抵达了。随后他就登上了这艘船。令人胆战心惊的巨浪翻滚着拍打着船上的护栏,因此这艘双桅船摇晃得非常剧烈,以至于要登上它的甲板都得费上九牛二虎之力。可怜的塞克韦布看着自己的朋友,问道:"这就是你要踏上的旅程吗?"利文斯顿试着鼓励他,虽然他对独木舟非常熟悉,却还是第一次看到这样的东西。

在刚刚过去的三年半时间里,除了在安哥拉的短暂逗留之外,利文斯顿一直没有说过英语,而且在过去十三年期间,他也只是用到了一部分英语,所以当他登上弗洛里克号之后,发现自己要清晰表达自己的想法是相当困难的一件事情。

7月12日,这艘双桅船扬帆起航了,目的地是毛里求斯。到了8月12日,他们终于抵达了那里。此时,可怜的塞克韦布不仅受到了老百姓的喜爱,连军官们也对他产生了好感,而且他也掌握了一些英语知识,然而他所目睹的显然影响了他的心智。当他看到一艘蒸汽船驶向他们乘坐的双桅船,然后把船拖进港口的时候,心灵受到了很大的震荡,以至于到了晚上,他整个人都变得神志不清了,而且威胁说要投河自尽。后来,经过悉心照料,他渐渐平静了下来,于是利文斯顿尝试着把他劝上岸去,可是他却拒绝前往。到了傍晚,他的病症又复发了。就在他试图用长矛刺向船上一名工作人员之后,他忽然飞身而起,越过了护栏,拽着锚链一路滑了下去,就此消失不见了。之后,他们也始终没有找到可怜的塞克韦布的尸体。

在毛里求斯逗留了一段时间之后,他从非洲所患上的热病中恢复了一些体力。接着，我们这位富有探索精神的旅行家就经由红海，继续乘风破浪朝着古老的英格兰进发，并最终于1856年12月12日抵达了目的地。

利文斯顿，在之前所描述的一系列旅程中，所取得的成就早已经超越了在他之前奔赴非洲的任何一位旅行家。他不仅在传教领域，而且在商业领域，都获得了具有极高价值的信息。然而，他是如此地孜孜不倦、富有激情、精力充沛，以至于可以说只是调用了自己的一部分能量而已。

第十一章　利文斯顿的第二次赞比西探险

利文斯顿在英格兰待了一年多的时间。在1858年3月10日这一天，他登上了珍珠号(H. M. S. Pearl)，作为负责人带领一支政府组建的远征队奔赴赞比西以及周边地区进行探险。陪同他一起上路的还有柯克(Kirk，即后来的约翰·柯克爵士，英国驻桑给巴尔总领事，他具有极高的知名度，非常受人尊敬)、他的兄弟查尔斯·利文斯顿(Charles Livingstone)以及桑顿(Thornton)先生；除了这些人之外，还有巴恩斯(T. Baines)被任命为此次远征行动的绘图师。

一艘小型的蒸汽船被赐予了玛罗伯特号(Ma-Robert)的名称，这是为了致敬利文斯顿夫人。政府把这艘船提供给了远征队伍，让他们乘坐着它在河上航行。

到了5月，他们抵达了东海岸。接着，他们就沿着卢阿韦河(River Luawe)逆流而上，因为他们认为这条河流就是赞比西河的支流之一。此时，珍珠号抛下了船锚，而玛罗伯特号在此之前一直是被拆分成零件运输的，现在就被组装到了一起。接着，两艘船就一起出发了，共同搜寻河流真正的河口。那里距离克利马内有大约六十英里，葡萄牙人已经把真正的入口给隐藏了起来，此举是为了迷惑英国的军舰，因为英国军舰的目的是搜寻贩运奴隶的船。

他们把珍珠号上所有为了此次远征行动而带上的物资都卸在了距离封锁地区四十英里的一座小岛上面，这座岛上长满了青草。接着，珍珠号就继续向锡兰(Ceylon)驶去。与此同时，体形较小的玛罗伯特号独自继续沿着原先的路线前进，船上的工作人员包括十二个克鲁曼人(Krumen)和几个欧洲人。

239

在马扎罗(Mazaro),也就是一条溪流汇入克利马内河的河口位置,远征队伍听说葡萄牙人此时正在与一个名叫马里亚诺(Mariano)的混血儿开战,后者是博恩加的一个兄弟,他已经在夏尔河的河口附近搭建起了一座堡垒,而且控制了这片国土的中部地区。他已经习惯了派遣手下的武装队伍前往西北部进行抓捕奴隶的远征之旅,去进攻那些毫无反抗能力的部落,然后在克利马内把受害者卖掉,而后者就在那里被装上船运走,他们作为"自由移民"将被运往留尼旺(Reunion)。只要他手下这帮抢劫者和杀人犯只针对当地的土著,而且与葡萄牙人保持一定距离的话,后者并不会出手进行干涉,但是当他开始把葡萄牙人周围的人民给掳走或者杀害的时候,这些葡萄牙人就认为是时候让他的所作所为有所收敛了。他们把他比作毫无人性的某个罕见的怪兽。他经常会亲手杀人,认为这样可以让自己的名字产生令人闻风丧胆的效果。达席尔瓦(Da Silva)上校已经事先前往克利马内去和当地的总督商讨各项安排,或者换句话说,就是前去贿赂他。达席尔瓦上校最终抓住了马里亚诺,然后把他送往莫桑比克去接受审判。然而,在他的兄弟博恩加的率领下,战争依然在持续着,河道上所有的贸易活动都已经暂停了。

在马扎罗,远征队伍亲眼目睹了一场博恩加与葡萄牙人之间发生的战斗。当利文斯顿登上岸边的时候,发现自己置身于一堆散发着阵阵恶臭的尸体之中,而且这些遭到杀戮的尸体个个残缺不齐。他帮着总督大人脱离了险境,当时后者正发着高烧,而子弹在他的头顶呼啸着向四面八方乱窜。接着,葡萄牙人就逃到了一座正对着舒庞加(Shupanga)的小岛上面,由于当时他们已经用完了所有的弹药,所以就被迫继续待在那里了。

在舒庞加,有一栋一层楼的房子,从那里眺望出去,可以把河面的壮丽景致尽收眼底。在它的旁边,长着一棵巨大无比的猴面包树。在这棵树的下面,在数年之后,利文斯顿最心爱的妻子的遗体将被安葬在那里。

8月17日,玛罗伯特号启程了,它将沿着河道逆流而上向太特进发。人们很快就发现,它的锅炉打造得很糟糕,而且出于其他的原因,在参加远征行动之前,它曾经被改造过,只不过改造技术也十分拙劣。因此,人们很快就赋予了它一个新的名字,即"气喘号"(Asthmatical)。

他们一行人在途中造访了塞纳,它所处的位置地势较低,而且是一个热病肆虐之地。当然,他们乘坐的汽船在当地人中间引起了很大的轰动,

第十一章

利文斯顿的第二次赞比西探险

他们成群结队地赶来,都想亲眼目睹它移动的模样,他们拼命挥舞着手臂,模仿着螺旋桨转动的样子。

到了9月8日,他们抵达了太特。当利文斯顿一登上岸,他的那些科洛洛人同伴就匆匆忙忙地冲到了岸边,他们看到他的那一瞬间,显得非常地高兴。其中有六个年轻小伙子已经离开了此地,他们前往周边地区,通过为当地的酋长们表演跳舞而挣钱。可是,他们却落入了博恩加的手中,后者宣称他们带着施了魔咒的药物,目的是来害死他,所以就把他们统统杀死了。

在这个地方,葡萄牙人拥有数不胜数的奴隶,他们对待这些奴隶还是比较人性化的,因此还可以为旁人所接受。他们在力所能及的情况下,会尽量把整个一家子都一齐买下来,这样一来,奴隶们逃走的最重要的诱因就不存在了。

由于已经听说了克布拉巴萨瀑布(Kebrabasa Falls),所以远征队就沿着河道逆流而上。到了11月14日这一天,他们抵达了潘达莫库阿(Panda Mokua)。在那里,大约两英里之后,航道就中断了。于是,他们就取道陆地继续前进,而在岩石密布的群山之间,道路非常崎岖不平,走起来令人胆战心惊,而且根本找不到一片荫凉之处。到了最后,他们的向导宣布无法再继续前进了。实际上,由于地表的温度非常高,以至于科洛洛人的脚底都起泡了。然而,旅行者们还是继续前进。他们经过了一座陡峭的山角之后,看到在自己的脚下出现了一条大河,河道就夹在两座高山之间,两岸的山壁几乎就是垂直的,而且河道的宽度还不到五十码。那里还有一条坡度较缓的瀑布,大约有二十英尺(约六米)高度的落差,在它的上方三十码之处,还有另一条瀑布。在雨季的时候,这条河流的深度会垂直上升八十英尺。这样一来,甚至连船都能从这片瀑布驶过了。

这艘蒸汽船回到太特之后,就于1859年1月启程,沿着夏尔河逆流而上。当他们经过一些土著地区的时候,这些人会大批聚集在他们所居住的村庄前面,手持弓和抹了毒药的箭,威胁说要攻击他们。然而,利文斯顿会走上岸去,向他们的酋长解释说他们一行人之所以来既不是为了抓捕奴隶也不是为了挑起战斗的,而是希望能够开辟一条通道。如此一来,他的同胞们就可以顺着河道一路上来购买他们的棉花。听了这一番话,酋长立刻就变得十分友好了。

他们沿着河道逆流而上,直线航行距离达到了一百英里,不过,如果算上河流弯道部分的话,总的航行距离应该要翻一番了。随后,他们的进程受到了一定的阻碍,原因就在于出现了一座大瀑布。

由于当时下着大雨,所以他们无法进行观察活动,于是就加足马力,紧赶慢赶地沿着河道顺流而下回去了。同年3月,他们沿着塞纳河逆流而上,开始进行第二次的探险之旅。

在这里,他们受到了奇比萨(Chibisa)的友好款待,后者是一个十分精明和聪慧的酋长,他的村庄就坐落在瀑布以下大约十英里的地方。他告诉医生,就在数年以前,他那年幼的女儿被绑架了。而现在,她正在太特,是当地神父的奴隶。他问医生,是否有可能把他的孩子给赎回来。

从这里出发,利文斯顿和柯克就步行朝着北方,向施尔瓦湖(Lake Shirwa)进发。当地的土著们纷纷从村子里跑了出来,敲打着他们的鼓,意思是向他们发出挑战。不过,他们尝试着劝服他们相信自己是以朋友的身份而来的,而且最终成功说服了他们。到了4月18日,他们终于发现了这座湖泊。这座湖泊并没有任何泻出口,湖水属于咸水,一些布满了小山丘的岛屿则从湖面上耸立而出。附近的地区看上去风景秀丽,各种各样的植物密密麻麻地生长着。在东侧的岸边附近,有一座高达八千英尺的雄伟大山拔地而起。

就在他们踏上返程的途中,他们发现舵手沃克尔病得相当严重,不过最终他还是恢复了健康。

6月23日,他们回到了太特。在蒸汽船检修完毕之后,他们就从那里出发,前往孔戈内(Kongone),并从停泊在那里的波斯号(H. M. S. Persian)上领到了物资补给。与此同时,他们的克鲁曼人也登上了船,因为对于陆地探险之旅而言,这批人发挥不了任何的作用。为了填补这些人腾出的职位,他们就从科洛洛人中间挑选出了一批人组成船员,而他们很快就学会了如何应付船上的各项工作,他们不仅是经验丰富的旅行者,而且能够砍伐树木,甚至只需要当地的食物就能填饱肚子了。在沿着赞比西河逆流而上的返程途中,他们经常遭遇到倾盆大雨,以至于船只出现了裂缝,而且船舱里经常发生积水现象,水不仅从上部渗下来,而且会从下方涌上来。

当他们一路逆流而上的时候,叛军马里亚诺的一个亲戚保罗前来拜访了他们。他刚刚从莫桑比克返回到此地。他告诉他们,葡萄牙人在发现孔

第十一章
利文斯顿的第二次赞比西探险

戈内之前,对它根本就是一无所知,所以始终认为赞比西河是在克利马内汇入大海的。

到了8月中旬,他们又沿着塞纳河逆流而上,开启了第二次探险之旅。利文斯顿和柯克此行的目的是探查尼亚萨湖,因为之前他们听说了它的情况。这条河流虽然比较窄,却比赞比西河还要深,因此航行在湖面上就更加容易了。

他们看到了大型野生动物留下的足迹,而且一个科洛洛人在上岸去砍伐木头的时候,突然受到了一只落单的水牛的攻击。他立刻拔腿就跑,而那只疯狂的猛兽就在他身后紧追不舍。就在他们之间几乎连六英尺的距离都不到的时候,他终于跑到了岸边,立刻就跃入了河中。在河的两岸,他们看到了大量的河马陷阱。

这种动物习惯于独自吃草,它那硕大无比的嘴唇工作起来就像一台割草机似的。当它进食的时候,这嘴唇就会在它的身前清出一条道路来。在这些道路上,当地的土著就会布置一个陷阱,它是由一捆笨重的木头组成的,有五六英尺长,一端呈尖头状,上面抹上了毒药。他们把这个武器用绳子悬挂起来,连在一根有分叉的柱子上面,绳子就横在道路上面,而且连着一个挂钩。一旦有动物踏在它上面,这个挂钩就会松开。他们看到一头河马由于受到了蒸汽船的惊吓,慌慌张张地冲上岸去,然后立刻就跑到了这样一个陷阱的下方。当那捆笨重的木头砸到它的头上时,它就轰然倒在了地上。

蒸汽船的渗水情况日益严重,以至于到了最后,船舱里基本上都无法待人了。

到了8月25日这一天,他们一行人抵达了奇比萨村子的附近。这时候,利文斯顿就派人传话给酋长,表示自己试图找回他的孩子,不过还是失败了。虽然他给出的价格足够买下两个奴隶,但还是没能够找到那个小女孩儿,因为那位神父已经把她卖到巴兹祖鲁(Bazizulu)一个偏远的部落去了。虽然这位神父看上去比一般人要好些,却对这种事情无动于衷。

到了8月28日这一天,远征队伍组建完毕,队员包括四个白人、三十六个科洛洛人以及两名向导。他们下了船,希望能够发现尼亚萨湖的踪影。沿途的土著人非常迫切地希望能和他们做生意。当这些土著们发现这批陌生人愿意用棉布来交换物资的时候,那些妇女和女孩子们就开始着手碾磨粮食,而男人们和男孩子们则忙着满村子追赶那些高声嘶鸣的家禽。一个领头的男子拿了一些粮食和其他食物过来卖,他们就拿出了一英寻①长的蓝色布匹。不过,科洛洛人的头目认为其中的一部分就足够了,所以准备动手把它扯开。见此情形,这个土著就说道,这么漂亮的一条裙子是准备送给他妻子的,可是要剪掉它,实在是太可惜了,他宁愿去拿更多的粮食来交换。科洛洛人说:"好吧,不过你看,这匹布子很宽,你最好确保用来装粮食的篮子也足够宽。除此之外,再加上一只公鸡吧,这样做出来的饭尝起来可就美味了。"

这些高地区域的妇女都会戴着唇环。当他们询问一位年迈的酋长,为什么她们要戴这样的东西,后者回答说:"为了美丽。男人们留着胡须或者连鬓胡子,而女人们什么都没有。如果一个女人既没有连鬓胡子,也没有唇环的话,那么她究竟是怎么样的一种生物啊?"

他们计算了一番之后,得出的结论是距离尼亚萨湖大约还有一天的行程。可是,那个村子的酋长向他们拍着胸脯保证说,从来没有人听说过那里有什么湖泊。而且,正如他们所看到的,塞纳河不断向前延伸,一直可以流淌整整两个月的时间。接着,它就会从两块岩石之间穿过,然后直升上空中去。科洛洛人看上去一副茫然若失的样子,而且建议说还是回到船上去吧。

"没关系,"利文斯顿说道:"我们将继续前进,然后欣赏一下这些神奇的岩石。"

他们的首领马萨卡萨(Massakasa)宣称那里肯定有一座湖,因为白人的一些书中都有过记载,所以他就谴责那些土著人是在满口胡言。于是,他们就承认那里的确有一座湖。到了傍晚,酋长给他们送来了一件礼物。他前脚刚走,就从河对岸传来了一声凄厉的惨叫声,原来是一条鳄鱼把他的正夫人给叼走了。于是,科洛洛人一把抓起了他们的武器,匆忙赶去解救她,可惜一切都为时已晚。

接着,远征队伍就继续前进。到了1859年9月16日这一天,他们终于发现了千呼万唤始出来的尼亚萨湖。在湖的两岸,连绵起伏的山脉拔地而起。

---

① 测量水深的长度单位,1英寻约为1.829米。——译注

第十一章
利文斯顿的第二次赞比西探险

又过了两个月,罗雪尔(Roscher)造访了这片湖泊,而他并不了解利文斯顿和柯克所取得的发现。令人惋惜的是,就在返回鲁伍玛的途中,他不幸被人杀害了。

现在,一个村子的酋长前来拜访这些旅行家,这个村子就坐落在这片湖与河流的交汇处附近。这位酋长邀请他们在一棵庞大壮观的榕树下面搭建起营地。这棵大树的根部盘根错节,扭曲成了一个类似于巨大扶手椅的样子,于是四个队员就睡在了上面。这位酋长告诉他们,有一批奴隶,在阿拉伯人的押解下,就在咫尺之外的地方安营扎寨。到了傍晚时分,只见一小撮恶棍手持长长的火枪,带了几个幼小的孩子过来卖。不过,当他们发现这些旅行者是英国人的时候,就把营地给撤走了,这表示他们内心还是比较害怕的。眼下,他们置身于尼扬加(Manjanga)部落之中,那里的人对于他们此行的目的显得十分怀疑,而且声称在此之前,曾经有一批人也来到了此地,他们也说着同样貌似合理的话,却突然之间把他们许多人都给掳走了。为了消除他们的疑虑,利文斯顿认为最好还是立刻回到船上去。

过了没多久,柯克就和工程师雷(Rae)带着向导动身上路了。他们穿越了这片地区前往太特,这段距离大约有一百英里。由于极度缺水,他们遭受了很大的痛苦,而且该地区采采蝇也是到处肆虐。

利文斯顿决定去拜访一下他的老朋友塞克莱图。但是,他发现就在新的一季粮食收割之前,在克布拉巴萨以外就无法弄到食物了,所以他就乘坐玛罗伯特号折返回来,再一次向孔戈内进发。

在马扎罗,他们找到了斯卡德少校,后者是带着工具和奴隶来到此地的,希望能建造一个海关和要塞。

在结束了这一次短途游之后,千疮百孔的"气喘号"彻底罢工了;因此,它就被搁置在了正对着太特的坎伊姆贝岛(Kanyimbe)的边沿处,交由两个英国水手进行保管。然后,他们补充了一些种子,这样就可以建起一座田园,不仅可以为他们提供工作,而且能够提供食物。

他们计划向西部进行一次探险,所以就为此进行紧锣密鼓的筹备工作。布匹、珠子和铜线都被打包塞进了行李中去,而且每一位脚夫的名字都印在了行李上面。

那些受雇于上一次远征行动的科洛洛人都领到了各自的报酬。有一些留在了太特的人已经结婚了，而且决定继续待在原地。至于其他人，他们在离去的时候，并没有表现出之前的那种友好与善意。所以，如果这些旅行者遭到攻击的话，这些人是否会逃开，回到那些他们新近结交的朋友身边去，这的确很难下定论。

到了1860年5月15日，所有的准备工作都已顺利完成，于是队伍正式启程了。由于听说那些盘踞在右侧河岸上的尼亚伊人会索取高额的罚金，所以大伙儿就跨过河来到了左岸。

当这些旅行者再一次经过克布拉巴萨的时候，他们尽情欣赏了一番周边地区蔚为壮观的连绵群山，并由此得出结论：当河流上涨的时候，不仅是这里，就连莫罗姆波纳大瀑布都是可以通行的。因此，他们就决定运送一艘蒸汽船，并让它在赞比西河的上游地区航行。

到了6月20日，他们抵达了姆彭德（Mpende）酋长的领地，正是这个人在利文斯顿前往东海岸的途中，威胁要向他展开攻击。与此同时，当这位酋长听说了他来自一个热爱黑人的民族，而且不会把人当成奴隶看待的时候，他的所作所为立刻来了个一百八十度的大转弯，并从此显得相当友好了。

就在柯克造访了宗博之后，他就生病了，而且病得很严重。当他身处高地的时候，他的情况有所好转。但是当他一下到山谷中的时候，他就总是感到浑身发冷。然而，过了六天之后，他终于恢复了健康，而且可以像其他人一样前进了。

在"蜂蜜鸟"的辅助下，他们再一次弄到了大量的蜂蜜。这种鸟从来就没有欺骗过他们，它总是把他们引领到一个蜂窝处，虽然有时候里面的蜂蜜少得可怜。

到了8月4日，远征队伍抵达了莫阿彻姆巴（Moachemba），这里是拥护塞克莱图的托卡人的第一个村子。从那里，就在一片美丽的山谷身后，维多利亚瀑布形成的柱状水汽升腾而起，那里距离此地有二十英里，坐落在更高处的位置，人们用肉眼都能看得一清二楚。

在这里，科洛洛人收到了来自他们家人的消息。同时，他们也了解到赫尔莫（H. Helmore）牧师曾经试图在利尼扬提建起一个传教点，不过这一尝试不幸被中止了。他和几个白人男子都已经去世了，而剩下的人将在几周之后就回到库鲁曼去了。

第十一章
利文斯顿的第二次赞比西探险

在正对着卡莱的村子里,科洛洛人的首领马绍特拉尼(Mashotlane)前来拜访了旅行者一行人。当他们坐在一间小屋子里的时候,他走了进来,一个小男孩扛着一个三角凳子。这位首领以一种相当气宇轩昂的姿态坐了下来,然后送给了他们一些煮过的河马肉。最近,他一直在忙着进攻托卡人。当医生向他解释说这种行为是错误的时候,他为了辩解宣称是对方先杀死了自己的一些伙伴。在这里,他们还发现了皮萨内,后者是受塞克莱图的委派,前来向一队格里夸人(Griquas)购买马匹的。

由于这些初来乍到者都十分迫切地希望能够亲眼目睹那座恢宏壮丽的瀑布的身姿,所以他们就分别坐上了独木舟前往。这些独木舟都属于图巴·梅科洛(Tuba Mokoro, Mokoro 的意思是"一艘漂亮的独木舟"),而他们十分确信,他一个人就掌握了可以预防船只在险滩翻船的药物。在图巴的指引下,他们以相当快的速度沿着河道顺流而下。当在这些咆哮着奔腾向前的洪流之中航行的时候,他们需要对他的技术有相当高的自信度,这样才不至于产生坐立不安的感觉。他建议他们都不要说话,以免他们的交谈可能会降低药效。实际上,没什么人会想要去违抗独木舟驾驶者的命令。一个人站在独木舟的船头位置,四处张望,观察着周围的岩石,并且告诉舵手应该沿着哪条路线前进。在很多情况下,他们看上去似乎即将要被甩到那些从水中伸出的深色岩石上面,撞得粉身碎骨了。然而转瞬之间,那灵巧的竿子就把独木舟转到了一侧,于是他们就即刻脱离了险境。当他们快速地顺流而下的时候,一块深色的岩石突然横在了他们的面前,水流泛起的浪花不停漫过它的顶部。此时,竿子一打滑,独木舟就被撞了一下,顷刻之间,几乎一半的独木舟就被水灌满了。不过,图巴很快就镇定了下来,把独木舟奋力驶离了现场。然后,他们来到了一片浅水区域,并把船里的水给舀了出去。他声称这并不是药物的错,而是因为当天早上他没有吃早饭而已。

这些旅行者在田园岛(Garden Island)的顶端登陆了。医生就按照之前所做的一样,把目光越过那令人头晕目眩的高处,向着峡谷的那一侧眺望。现在,他们就丈量出了这座峡谷的规模。根据他们的发现,它在正对着田园岛八十码远的位置,瀑布本身的落差达到了尼亚加拉大瀑布落差的两倍,而且河流在越过岩石的部位宽度达到了一英里。

查尔斯·利文斯顿之前曾经亲眼目睹过尼亚加拉大瀑布,此时他就宣称从气势和规模上来看，它要逊色于维多利亚大瀑布。

在托卡人的眼里，田园岛和另一座位于更西侧的岛屿是神圣之地。在过去的岁月里，他们会聚集到这里来供奉神灵。

在利文斯顿前一次造访田园岛的时候，他就已经在这里种上了大量的橙子树，并撒下了许多种子。可是，尽管他在周围用树篱拦了起来，可是这些树和种子还是被河马给破坏殆尽了。于是眼下，他又重新种上了一些树，并撒上了一些种子。不过，正如后来所发现的，这一批也将面临同样的命运。

此时，他们开始沿着河道逆流而上。到了13日，他们遇到了塞克莱图的一支队伍。塞克莱图眼下正在塞舍科，已经派人前来欢迎他们了。到了18日，他们进入了他的镇子，并被安排下榻在了公众集会之树旁的住所内。在白天的时段里，源源不断的人前来登门造访，所有人都向他们抱怨自己所遭受的不幸。然而，塞克莱图的情况是最令人惋惜的。他患上了麻风病，因此据说他的手指都变得像鹰爪一般了，而且他的脸庞也扭曲得非常可怕，以至于都没有人能够辨认出他了。他们的一个头目已经被处死了，因为人们怀疑是他对酋长施了魔咒。当地的土著医生对他也无能为力，不过尼耶提人（Manyeti）的一位年迈女医生正在照料他，而这位女医生不允许任何人前去探望他，只有他的母亲和叔叔除外。不过，他却派人去请利文斯顿，后者欣然应邀前去看他。他和柯克立刻告诉他，这种病是最难治愈的，而且他也许应该确信自己并没有受到任何魔咒的影响。他们给他外敷上硝酸银，同时又让他服下了水合碳酸钾，而且效果还是令人满意的。所以在很短的时间内，这位可怜的酋长的外表就有了很大的改善。

虽然部落已经遭受了饥荒，但是这位酋长还是力所能及地款待这些来访者们。

一些本格拉（Benguela）的商人已经一路跋涉到了塞舍科，他们意图带上一些奴隶，从托卡人的土地上朝着西边返回。然而，科洛洛人已经把那一地区的所有象牙都保护了起来。这些商人发现只进行奴隶交易而没有象牙贸易的话是无利可图的，所以就意识到获得奴隶也并不会给他们带来任何利润，因为塞克莱图是不允许有任何奴隶在自己的领土上被运走的。就这样，通过他的这一手段，大规模的奴隶市场就纷纷倒闭了。对于利文斯顿从英格兰给他带来的物品，塞克莱图感到非常地满意。

第十一章
利文斯顿的第二次赞比西探险

那些之前被派往本格拉的科洛洛人,也前来拜访这些旅行者们。他们都身着洗得干干净净的衬衫、外套和裤子,脚上穿着锃亮的皮靴。他们和自己的同胞们促膝长谈了一番,分享了自己看到的所有奇妙的事物。

塞克莱图非常喜欢柯克,于是就同意他可以随意选择自己国家的任何一处地方来建造一个英国殖民地,在那荒凉的高地上还有大片无人耕种过的土地,而且也没有人在那里居住。至于科洛洛人,他们由于习惯了随手偷走牲畜,所以时不时地会惹上些麻烦。

在1860年9月17日,远征队伍在皮萨内和莱索雷(Leshore)的护送下离开了塞舍科。皮萨内收到指示,将在沿途去大瀑布那里,在田园周边搭建起一圈树篱。

当他们在河上航行的时候,驾驶独木舟的船夫们在白天始终把船贴着河岸划行,以免遭到河马的袭击而翻船。但是到了晚上,当他们发现那些动物就在靠近海岸的位置时,他们就把船保持在河道的中间一路顺流而下。那些独木舟都是弱不禁风的,一阵强风就会让它们摇晃得很厉害。不过他们的托卡船夫们技术一流,所以沿途总能化险为夷。其中的一些人甚至还陪伴这支远征队伍走完了全程,直抵海岸地区。

当他们沿着河道一路顺流而下,慢慢靠近卡里巴险滩(Kariba Rapids)的时候,他们遇到了一群河马,数量超过了三十头。那些船夫不敢从它们中间穿过去,声称其中一定会有一头脾气暴躁的河马,它一定会把独木舟都给掀翻,然后邪恶地沾沾自喜的。在岩石上面,有几个男孩子在玩耍,他们把石头朝着这些受到惊吓的动物们扔过去。他们击中了其中的一头河马,然后它的尸体就顺着洪流漂了下去。他们把它系在船后面拖着,然后告诉村民们,如果他们愿意跟着一起去他们的登陆地的话,他们就可以分到大部分的肉。然而,许多鳄鱼却用力拉扯它,所以他们被迫把它解开,让它随波逐流而去了。后来,他们找回了这头河马,它当时正巧被卡在了他们准备登陆过夜的地方。当夜幕降临,无数条鳄鱼就扑向了留在水里的那部分尸体,把它撕扯着拖走了,它们的尾巴剧烈地四处乱晃。

他们相信水的深度是足够的,所以就冒险沿着克布拉巴萨险滩一路而下。他们一直前进了好几英里,直到河道开始渐渐变窄了,于是航行不仅变得困难重重,而且十分危险。他们遇到了一条狭窄的河峡,水面上还泛着可怕的漩涡,它们是由于水流被矗立在水中央的一块岩石截断而形成的。在穿过这片水域的时候,两艘独木舟都安然闯了过去。下一艘就轮到利文斯顿乘坐的独木舟了。正当它在水面上胡乱地漂浮着,眼看就要被吸进涡流的时候,突然传来了一阵撞击声,只见柯克乘坐的独木舟在一阵突然涌起的洪流推动下,狠狠地撞在了一块垂直的岩石壁上,而这种突然的潮涌是有规律地出现的。柯克死死地抓住岩石,从而救了自己一命。与此同时,他的舵手也抓住了同一侧的壁架,从而保住了独木舟。可是,船上所有的东西都掉入了水中,被洪流卷走了,包括利文斯顿对于此次旅程所作的记录,以及对于内陆地区生长的果树绘制的植物图。经过这一次的险情之后,整支队伍对于在河面上航行都受够了,于是就决定剩下的行程都经由陆路来完成。

在他们前进的过程中,遇到了两支人数众多的贩奴队伍,后者正在前往宗博的路上。在他们中间,有一大批妇女,她们的脖子都被套上了绳子,而且所有的人都被拴在了同一条绳子上面。贩子将把他们出售后换回一些象牙。

旅行家们于11月1日抵达了宗博,随后于23日抵达了太特。在此之前,远征队伍已经整整在路上颠簸了超过六个月的时间。令他们感到高兴的是,两位英国水手的健康状况都很理想,而且表现也非常出色。但是,他们的农场却失败了。在某个晚上,一头河马破坏了他们的蔬菜园,羊则吃光了他们的棉花植株。与此同时,鳄鱼把羊都叼走了。雪上加霜的是,当地的土著把他们所有的家禽都给偷走了。

水手们的表现非常勇猛。一天晚上,他们被一声凄惨的尖叫声给惊醒了,于是立刻就跳进了船,并把船推离了河岸。他们猜想可能是鳄鱼咬住了一名妇女,正在把她拖过一片浅水区。后来,事实证明的确就是这样的。就在他们赶到她身边的时候,这条爬行动物已经咬断了她的一条腿。于是,他们把她抬上了船,对她的伤口进行了包扎,并且给她灌下了一瓶掺水的烈酒,它通常是用来缓解所有痛楚的良药。随后,他们把她抬到了村里的一栋小屋子里面。第二天早晨,他们发现她身上的绷带已经被扯了下来,这个可怜的人就这样被抛弃,只有等死的份儿了。他们认为这一定是她的主人干的,原因就在于她已经失去了一条腿,所以今后就没有任何用处了。

到了12月3日这一天,渗水的"气喘号"再一次启程上路了。可是每

第十一章
利文斯顿的第二次赞比西探险

一天,它都会遇到新的麻烦事儿,直到最后,雷宣布:"先生,它的情况实在太糟糕了,简直没有比它现在更惨的状况了。"

他和他的伙伴,即哈钦斯(Hutchings)尽了最大的努力来把它修补好,可是它的情况实在太糟糕了,他们两个人也回天乏力。到了21日的早晨,它在一片沙地上搁浅了,并灌满了水。河水涨潮了,所以到了第二天,他们目之所及,只能看到船上两根桅杆大约六英尺(约1.8米)的部分。不过,船上的财物都被保住了。接着,远征队伍就在1860年的圣诞节来临之际,把营地驻扎在了钦巴岛(Chimba)上。

他们又设法弄到了一些独木舟,然后于27日这一天抵达了塞纳。在这里,他们看到了一大批奴隶,他们都隶属于指挥官,后者是一路逆流而上,来与姆齐利卡兹进行交易的。他带了一千支火枪和大量的弹药,并且换回了象牙、鸵鸟羽毛、一千头绵羊和山羊,还有三十头品质上乘的牛。除此之外,他还获得了一头特别漂亮的白色公牛,以此来显示他本人和商人们已经成为好朋友。然而,对于这位可怜的指挥官而言,此次行程却并不太顺利。营地里爆发了一场火灾,鸵鸟羽毛都被大火付之一炬了;而且牛被采采蝇叮咬之后也死去了,包括那头白色的公牛,而六百头绵羊都被奴隶给吃掉了,因为比起主人的收益,他们更在乎的是自己能够吃饱喝足。这正是奴役性劳动所带来的昂贵的代价之一。

远征队伍乘上船,沿着河道顺流而下。在这里,已经有人竖起了一根旗杆,并且建起了一栋海关所(一栋没有铺过地板的小屋子,是用红树林的树桩搭建而成的,屋顶上也铺着树桩)。

当地的驻守部队几乎都在饿着肚子。至于远征队伍自己,虽然他们获得了大量的野生动物,可是物资也即将耗尽了。

到了31日这一天,一艘被派来代替"气喘号"的蒸汽船先锋号(Pioneen)出现了。但是由于天气十分糟糕,所以这艘船无法进港。与此同时,两艘战舰抵达了。搭乘其中一艘前来的就包括了马肯兹(Mackenzie)主教,他是牛津和剑桥传教团的领袖,是前来赶赴夏尔河和尼亚萨湖地区的部落的,其他的团员包括六个英国人和五个来自好望角的有色人。主教希望立刻就动身前往奇比萨,但是先锋号接受的指令却是前去探索鲁伍玛地区。到了最后,他们终于商定了应该让传教团的成员乘坐竖琴号(Lyra)战舰前往约翰拿(Johanna)。与此同时,主教则陪同远征队伍一同乘坐先锋号。

  2月25日，他们抵达了鲁伍玛河。当时，雨季几乎已经过去了一半时间，所以河水的深度已经大幅减少了。那里的风景比赞比西河要更加美丽动人。从河口往外八英里的地方，红树林就消失不见了，取而代之的是两岸连绵起伏的山脉，山上林木茂盛，令人印象深刻。

  不幸的是，热病爆发了，于是先锋号的航行重任就落到了利文斯顿和他的同伴们肩上。水面下降的速度非常之快，所以在接下来的一年中，他们有可能会遇到被困河上的危险，于是蒸汽船就掉头顺流而下前往大海了。

  传教团乘坐着先锋号也从约翰拿，即科摩罗群岛（Comoro Islands）之中的一座小岛返回了，然后又继续赶路，回到了孔戈内。接着，他们就从那里调整了路线，刻不容缓地沿着赞比西的河道逆流而上，朝着夏尔河进发。他们发现，先锋号在河上航行期间，已经汲水相当严重了，正因如此，它经常会陷入搁浅的境地。

  在查尔斯·利文斯顿的许多职责之中，他一直致力于收集棉花的标本，并且到了最后，他一共收集到了超过三百磅的棉花标本，每一磅只花了他不到一便士。这就表示品质优良的棉花完全可以由本地的劳动力独自种植出来，而且要不是奴隶贸易，大量的棉花是可以在这片土地上进行种植的。

  无论他们走到哪里，沿途的人们都表示对他们十分信任，因此迄今为止，远征队伍获得了非常引人注目的成功。然而，当他们一开始与葡萄牙人围绕奴隶贸易进行交涉的时候，这一形势就发生了扭转，接二连三令人沮丧的事件就一一上演了。当时，阿贾瓦人（Ajawa）正在到处进行抢掠，而且有一伙人带着一批奴隶已经渡过了河。就在他们乘上船，沿着河道逆流而上前往奇比萨的时候，尼扬加已经离开了。不过，他的副手还是非常有礼貌的，并且向他们提供了一些搬运工，从而得以帮他们把主教的物品一路逆流而上，扛到了下一站。

  当他们经过了老朋友即姆彭德所在的村子的时候，他们停下了脚步。姆彭德向他们提供了一批搬运工，同时告诉他们，有一队运送奴隶的人很快就将穿越他的村子了，他们的目的地是太特。过了几分钟，这一队人就出现了，包括戴着手铐的男人、女人和儿童，负责押送他们的是一些黑人小

第十一章
利文斯顿的第二次赞比西探险

头目,这些人都配备着武器,身上装饰着精致的物品,而且还大声吹着号角。在经过这些旅行者的时候,他们个个流露出得意洋洋的神情。不过,这帮流氓一下子就看到了英国人,立刻窜入了树林中去,只有他们的首领没有这么做,于是他就被科洛洛人给逮住了。他们发现,他是已故的太特指挥官手下的一个奴隶,所以他们对他还是相当熟悉的。他口口声声地辩护道自己是出了钱买下这些奴隶的,不过,当他们一解开他的手铐,他就立刻逃走了。

眼下,这些俘虏们跪到地上,不停地拍打着双手,以此来表示他们内心的感激之情。接着,这些旅行者就拿出各自的小刀,开始忙着割开妇女和儿童身上的绳索。在解救这些男人的时候,情况要更困难一些,因为他们每个人的脖子上面都套着一根结实的棍子,而且还有一个开叉。这根棍子有六七英尺长,两端各有一个铁钩子铆着,然后穿过喉咙。他们从包裹里面取出了一把锯子,然后它就派上了用场。他们告诉这些人,他们可以把各自身上扛着的粮食都拿走,给他们自己以及孩子们烹制一顿早餐的时候,他们简直无法相信自己的耳朵。许多孩子大概只有五岁的样子,有的甚至连五岁都不到。他们中有一个人对着这些男人评论道:"其他那些人把我们绑了起来,而且还不让我们吃饱,你们却解开我们身上的绳子,而且让我们吃饭。你们究竟是什么样的人啊?"

有两个女人在前一天曾经试图解开身上的绳索,于是她们被杀死了。还有另外一个女人,由于她无法同时既扛着行李,又搂着自己的婴儿,所以她那孩子的脑袋就被砸烂了。其他人则被告知,之所以这样做,是为了防止她们逃跑。主教当时并没有在场,他刚刚离开去沐浴;但是当他回来之后,他对于已经发生的事情也表示同意。

八十四个人——主要是妇女和儿童——就这样重新获得了自由;而且他们被告知,可以去自己想去的任何地方。于是,他们就决定和英国人待在一起,而这些男人们都心甘情愿地扛着主教的东西。

在沿途经过的另外一个小村庄里,他们又解救了另外八个人;但是另外还有一队人——有接近一百个奴隶,虽然柯克和他的四名科洛洛人手下都一直跟在这支队伍的后面,却还是让他们逃走了。过了没多久,另外六个俘虏也被解救了出来。而且,两个奴隶贩子在当晚也被拘留了。此时,主教手下的两个黑人自告奋勇表示要站岗,负责看守这两个人。可是,他们太粗心大意了，所以就让奴隶贩子们乘机溜走了。到了第二天，他们又经过了一个村庄，然后解救出了五十个奴隶，还给他们都换上了舒适的衣服。

在奇古恩达(Chigunda)，一个尼扬加酋长曾经邀请主教在他的领地上定居，位置就靠近玛郭麦罗(Magomero)，而且补充说那里空间十分宽敞，完全可以容纳两个人。当时，虽然酋长只是无意识地顺便提出了这份邀请，但是看上去主教却对这个问题进行了慎重的考虑。

他们一行人继续向前进发，到了 22 日，他们收到了消息，声称阿贾瓦人就在附近，他们正在放火焚烧村子，肆意滥杀无辜。

大部分人都建议立刻前去解救那些沦为俘虏的尼扬加人，但利文斯顿却表示反对，因为他相信最好还是让主教等一等，看看那些搜寻奴隶的人被阻止之后所产生的效应。很明显，阿贾瓦人是受到了来自太特的葡萄牙代理人的教唆。有可能经过劝说，他们愿意有所收敛而改走正道，不过，鉴于他们长期以来习惯于为克利马内市场搜寻奴隶，所以这种设想看上去也不太可信。于是，主教就询问利文斯顿，如果尼扬加人向他求助，希望他能够帮着他们一起反抗阿贾瓦人的话，他本人是否有义务伸出援手呢？在回答这个问题的时候，他展示出了一如既往的睿智："请不要干涉当地人之间进行的争吵。"

远征队伍把传教团的人员安顿在了一个风景秀丽的地方，他们安营扎寨的地点周围生长着郁郁葱葱的参天大树，就靠近清澈见底的小溪流。接着，远征队伍就回到了船上，开始为前往尼亚萨湖进行各项准备工作。

到了 1861 年 8 月 6 日，利文斯顿、柯克和查尔斯·利文斯顿乘坐上一艘配备了四把桨的小船，同行的还有一个白人水手和二十个科洛洛人，全体人员浩浩荡荡开始向尼亚萨湖进发了。他们很容易就找到了一些搬运工，让他们扛着船穿越了大瀑布，那段距离有四十英里。数不胜数的志愿者纷纷涌向了他们，于是一个村庄里的男人们就一路把船扛到了下一个村庄。他们经过了规模较小的帕马洛姆贝湖(Lake of Pamalombe)，它的长度为十英里，宽度有五英里。这片湖泊的四周都密密麻麻地长满了纸莎草。那里蚊子肆虐，预示着有可能会有疟疾流行，因此他们就加快了脚步迅速穿越了那片地区。

接着，他们再一次把船放下了水，乘坐着它沿着河道逆流而上，并且在

第十一章
利文斯顿的第二次赞比西探险

9月2日的那一天进入了湖泊。当宽阔的水面上吹起阵阵凉爽的微风时，他们觉得精神为之一振。在湖泊的中心位置，水看上去是深蓝色的，而在靠近岸边的浅水区域，水则呈现出浅绿色。离开岸边不远的地方，水深达到九至十五英寻。但是在一座没有岬角的高山周围，他们用测深绳量出的水深则达到了三十五英寻。据说，尼亚萨湖的长度可达两百英里，宽度则达到了二十至六十英里。而且，它的周围似乎都是群山，不过在西侧，那些只不过是一块高地的边缘而已。

尼亚萨湖经常会遭遇到突如其来的暴风雨，而且来势汹汹，十分剧烈。每天晚上，他们都会把船拖到海滩上面。要不是他们认为这些暴风雨只是集中在某个季节的话，他们就会把尼亚萨湖改个名字，叫它"暴风雨之湖"了。

在这片湖泊的海岸地区，居住着相当多的人，包括祖鲁部落的人，他们是一些年前从南方迁徙至此地的。在湿地区域，栖息着成群的鸭子、鹅、鹤、鹭和难以计数的各类鸟儿。人们在这片土地上进行耕种，他们种上了成片的大米、甘薯、玉米和小米。那些居住在北端的人在收获的时候，会做出一些奇怪的举动。在远处，草地在熊熊燃烧，连绵数英里之长，一些看上去像烟雾的乌云就从这里升腾起来——这些乌云其实是由黑压压的蚊子组成的，足足有数百万之多。当他们乘坐的船只从它们中间穿过的时候，他们不得不把眼睛和嘴巴都捂得严严实实的。到了晚上，当地人就会去抓这些昆虫，把它们煮成一块厚厚的饼当作零食吃。他们把其中的一块厚饼送给了医生作为礼物，它尝起来就像是用盐腌过的蝗虫。

他们逮到了大量的鱼，一些人用网来逮，另一些人则用钩子和线。他们看到女人们在捕鱼的时候，还把自己的孩子背在身后。除此之外，他们还看到了大批的鳄鱼，不过，由于它们可以享用到取之不尽的鱼儿，所以它们很少会攻击人类。然而，当鳄鱼喜欢吃的食物比较匮乏的时候，这种情况就会经常发生了，它们就会变得相当具有攻击性了。

居住在湖边的部落看上去都非常慷慨大方。一旦有网被收上来，他们总会把捞到的鱼送给他们。有一次，当旅行者一行抵达的时候，当地的居民拿出了他们捕鱼用的围网，然后把它放到河里拽了一网，最后，他们把这网捞上来的鱼一条不剩地全部送给了这些访客们。那里的酋长在对待他们的时候，态度也是相当友好和善。

在北端的高地上，盘踞着一个祖鲁人的部落，那里的人被称为马兹图人（Mazitu）。他们会以迅雷不及掩耳之速对草原上的村落发动突然袭击，然后把村里的居民掳走，最后一把火烧掉整个村庄。那些被马兹图人的长矛刺死的尸体到处可见，而且都已经腐烂不堪了。见此情形，那支由黑人组成的、在陆地上前进的队伍，就不敢继续往前走了。于是，利文斯顿就登上了岸，前去陪着他们一起。当他往内陆方向进发，试图绕过一座大山的时候，原先的那艘船一直在沿着既定路线航行，可是它的身后突然出现了大量独木舟，原来都是一些手持武器的马兹图人，他们正紧追不舍。

足足过了四天，利文斯顿以及他的两名同伴才发现了他们的踪迹。与此同时，他试图向这些马兹图人求和，后者都配备着长矛和盾牌，而且他们的脑袋上都夸张地戴着羽毛。凭借其一如既往的勇敢和决心，他成功地说服了他们不要攻击他。当他们向他索取礼物的时候，他告诉他们自己的礼物都留在船上了。不过，他们还是坚持索要一件外套。于是那个科洛洛人就问他们，他们已经杀死了多少队人马，而他们已经开始分赃了。到了最后，由于怀疑他身边还有同谋，所以他们就逃之夭夭了。

他们在湖的周围一圈还看到了成群结队的大象，不过令他们大感意外的是，它们都非常温顺，甚至在靠近村子的地方都出没着它们的身影。而在所有的溪流和泻湖里，也能发现一群群河马。在这段旅程中，他们射杀了几头河马作为食物。有时候，食物是非常充沛的。而有的时候，晚餐则只有可怜巴巴的几条鱼而已。

在湖畔，奴隶贸易非常猖獗。两个阿拉伯人已经造起了一艘独桅帆船，而且他们两个人定期扬帆行驶在湖面上，船上塞满了奴隶。其中一部分俘虏是被运往伊博（Iboe），那是葡萄牙人的奴隶出口重镇，而其他人则是被运往基尔瓦（Kilwa）。

当地的酋长们看上去并不太情愿进行这类交易，因为他们的买卖主要就在于奴隶。根据驻桑给巴尔的总领事里格比（Rigby）上校的说法，每年在这段时期，从桑给巴尔海关通过的奴隶之中，就有一万九千名奴隶是从尼亚萨地区而来的。

然而，他们只不过代表了一小部分生活在水深火热之中的老百姓。除了那些被逮住的人，还有成千上万的人惨遭屠杀，或者死于伤口恶化，甚至还有饿死的。雪上加霜的是，某些部落与邻居之间为了争夺奴隶会挑起战

第十一章
利文斯顿的第二次赞比西探险

争,因此成千上万的人是在这种两败俱伤的战斗中牺牲的。在岩石之间,在丛林之中,在水塘旁边,在荒野的道路上,他们瞥到了数不胜数的骷髅,这些凄惨的景象无不昭示着摧残人类生命的可怕行径。

利文斯顿看到在尼亚萨湖上面,一艘小型的武装蒸汽船如果能够满载物资,从而交换象牙和其他商品的话,是能够在扼制那一地区的奴隶交易方面发挥出相当巨大的影响力的。

从9月2日到10月27日,远征队伍一直忙着对这片湖泊进行探索。而眼下,他们携带的所有物品都已经耗尽了,所以他们必须回到船上去。

就在返回的途中,他们遇到了一大批尼扬加人,而且都是一大家子在一起。他们受到了阿贾瓦人的突袭,被后者从自己的家园给驱赶了出来。他们就在帕马洛姆贝湖畔的纸莎草之中躲避风雨,而用来果腹的则是湖里取之不竭的鱼儿。

到了11月8日这一天,他们一行人抵达了大船所在的位置。但是由于他们之前一直饱受饥饿的折磨,所以个个身体都十分虚弱。到了14日,主教前来拜访了他们,他显得精神状态相当好,而且深信未来的日子一定会万事如意。许多尼扬加人都已经在附近定居了下来,希望能够得到他的庇护。而且,人们希望在周边地区,奴隶交易可以很快就停止。在这里,他对于探索这片地区进行了部署,目标范围是一直到河口地区。除此之外,大家一致同意,由于先锋号的吃水深度对于塞纳河的上游流域来说过大了,所以在下一段行程中,它最多航行到罗(Ruo)地区就一定要停下来了。主教希望能够见一见自己的姐姐和布鲁普(Burrup)夫人,后者的丈夫是他的助手之一。

人们发出了三次热烈的欢呼声,于是先锋号就轰隆隆地滑入了河中。虽然雨已经停止了,但是它很不幸地撞上了一片浅滩,并由此被迫在那个危险的地方逗留了五周的时间。在这里,木工的同事,即一个健康阳光的年轻小伙子患上了热病,随后就去世了。到了最后,河水终于开始上涨,并且能够稳定地保持住一定的深度,由此让他们得以继续踏上航程。

当他们抵达罗的时候,他们听说马里亚诺已经从莫桑比克回来了,而且正待在河流的右岸。在此之前,他名义上虽然过着所谓的囚禁生活,但实际上一直过得相当奢华。所以眼下,他就有能力公然袭击葡萄牙人,以示对后者的蔑视。有一个军官并没有服从他的命令,他非但没有对叛军开展抓捕,反而自己被逮了起来。不过很快,他就回到了太特,而且随身还携带着一根象牙,那是他所收到的一份礼物。

到了1862年1月11日,他们一行人抵达了赞比西河。于是,先锋号就从那里继续驶向这条河流的河口地区,即大卢阿波河(Great Luabo)。

到了30日,戈尔贡号(H. M. S. Gorgon)抵达了,它随后就一路拖着双桅船进发,船上坐着利文斯顿夫人和一些女士们。他们随后就与大学传教团会合了,而且还有一艘新的铁蒸汽船的各个部件也被运抵了会合点,它的任务将是前往尼亚萨湖进行勘探工作。这艘新的船被命名为尼亚萨女士号(Lady Nyassa)。

在2月10日这一天,先锋号在戈尔贡号的两艘明轮船的陪伴下,最大可能地装载着新船的部件,开始向着罗地区进发。威尔逊船长带着自己的几名军官和士兵,踏上了这艘船去进行支援。与此同时,女士们也登上了这艘船。它的行驶速度相当缓慢,所以他们足足航行了六个月的时间,才终于抵达了舒庞加。在这里,他们把尼亚萨女士号的各个部件扛到了岸上,然后准备好把它给组装起来。

威尔逊船长十分好心地继续驾驶着自己的船前往罗地区,船上还有马肯兹小姐、布鲁普夫人以及其他人。当他们抵达罗地区的时候,他们感到大失所望,原因就在于当地的酋长宣称并没有白人来过他的村子。于是,他们就从那里出发,前往了奇比萨。在那里,他们收到了令人哀伤的消息,那就是主教和布鲁普先生都已经去世了。于是,威尔逊船长就把女士们留在了原地,委派戈尔贡号上的外科医生拉姆齐(Ramsay)照看她们,然后自己就和柯克一起匆匆忙忙地上山去援助那些幸存者们。在这一过程中,他们两个人自己都经历了种种磨难,而且威尔逊船长几乎失去了性命。

与此同时,他们了解到了主教之死的一些细枝末节。为了解救被绑架的一些群众,他踏上了漫漫征程,他整个人被搞得精疲力竭,又整天被雨水淋得浑身湿透,在遭遇了独木舟翻船事件之后,他就一直穿着湿漉漉的衣服睡觉,这些都远远超出了他的身体所能承受的极限。因此,当他和自己的同伴布鲁普先生回到罗地区之后,他就始终高烧不止。

苏格兰自由教会已经派出了斯图尔特(J. Stewart)神父,请他负责带领一支传教团。在正式踏上行程之前,他非常明智地决定先对这片地区彻底进行一番研究。在勘察工作圆满结束之后,他就回到了英格兰。他发现在

第十一章
利文斯顿的第二次赞比西探险

塞纳河的两岸地区,有迹象表明这里曾经居住着大量的人。而现在,由于闹饥荒,再加上奴隶抓捕的行为,这些人都已经四散离去了,或者已经告别了人世。

威尔逊船长回到了先锋号上,然后,它就载着女士们一起出发奔赴孔戈内。在那里,传教团的全体成员除了一个人之外都坐上戈尔贡号离开了那片土地。

眼下,先锋号上的船员们相继患上了热病而倒下了。到了最后,只有一个人还能坚守在自己的岗位上。然而,它还是继续航行,最终把尼亚萨女士号的部件都运到了舒庞加。

到了4月中旬左右,利文斯顿夫人也病倒了。虽然人们竭尽全力用最好的药物来医治她,但是到了1862年4月27日,即安息日这一天,当日落西斜的时候,她永远地闭上了双眼,就此告别了人世。她的坟墓就位于之前描述过的那棵巨大的猴面包树下面,而斯图尔特神父主持了她的葬礼。在那里,长眠着莫法特传教士的女儿,这位信奉基督教的女士在面对内陆地区粗暴野蛮的部落时,仍然能够以其博爱来感化众人。

尼亚萨女士号已经被组装了起来。接着,人们就把物资装到了船上。但是,由于在12月雨季来临之前,它还无法被运到大瀑布地区去,所以先锋号就先行一步,驶向约翰拿,去弄来一批骡子和牛。然后,人们又把这艘新船拆分开来,再让这些牲畜们把船部件一路经由陆地驮到瀑布的上方去。

为了打发时间,利文斯顿在先锋号返回之后,就带领一些小船前往鲁伍玛河进行勘探。它一路被俄瑞斯忒斯号(H. M. S. Orestes)拖着,抵达了河口。在接下来的两天时间里,加德纳船长和他的几名军官一直陪着他们,他们先坐上一辆轻便双轮马车,然后又转到了一艘独桅纵帆船上。目前,河里的水位是比较低的。但是,一旦雨季来临,河水就会暴涨,然后无论从哪个方面来评判,鲁伍玛河都比赞比西河要更加壮观。在一年之中的四分之三时段内,这里都可以扮演一条贸易高速通道的角色,因此可以说拥有极高的利用价值。

在基乔克马内(Kichokemane)的上面,是一片肥沃的大草原,上面星罗棋布地散落着大量的村落,只不过村里早已经是人去屋空了。当地的居民都住在地势较低的沙滩上面,只不过他们把自己的财物都留在了身后,因为他们担心放在身边反而会遭窃。然而,他们对白人却显得并不怎么友好,因为他们无法理解这些白人的目的究竟是什么。黑人们聚集在岸边,很明显是计划要在他们一行人经过高处海岸的时候发起进攻,但是突然刮起了一阵强风,把他们的小船都吹跑了。这些旅行者试图劝服这些土著,让他们相信自己此行纯粹都是出于和平的目的,自己希望能够和他们交朋友,而且他们的同胞们带来了棉花和象牙。虽然他们作出了种种努力,但是这些未开化的人还是感到不太满意,而且他们注意到这些人的领袖在催促他们赶紧开火。他们中的许多人都配备着火枪,而其他人则手持弓箭,作好了时刻发射的准备。然而,医生和自己的伙伴们还是非常不愿意与对方开战,于是双方足足僵持了半个小时。在这段时间内,他们随时有可能被子弹或者毒箭射中。英国人向他们保证说自己有足够的弹药储备,但是他们不希望伤害上帝所造出的手足同胞,而且如果战斗爆发了,那么这种愧疚感就将伴随他们一辈子。到了最后,他们的领袖下令自己的人员都放下手中的武器。然后,他走上前来,声称这条河流是属于他们的,英国人必须在交付了过路费之后才可以通行。由于这样做比开战要更理想,所以他们就按照他开口索要的金额,全额付给了他,接着双方就同意今后永远都是好朋友。

接着,他们就扬起了风帆,小船接二连三地启航了。他们顺着河道逆流而上的时候,身后跟着一大帮人,于是他们就认为这些人只不过是来监视他们的,可是这些野蛮人在没有发出任何警告的情况下,突然向他们发射了一连串的子弹以及毒箭。有六支毒箭从他们的头顶呼啸而过,不过幸运的是,仅有四发子弹射穿了风帆而已。于是,袭击他们的那伙人立刻就全身而退了,直到旅行者乘坐的小船驶出了相当远的一段距离之后才再度现身。于是,旅行者们瞄准他们也发射了手中的武器,只不过这些子弹也仅仅是掠过对方的头顶而已。他们之所以这样做,是为了让对方意识到英国人的火枪射程究竟可以达到多远。对方很有可能是希望能够消灭一些旅行者们,然后借着混乱局势的掩护顺便对船只进行一番洗劫。

在更上游的一段地区,他们受到了一位马阔阿(Makoa)酋长热情友好的款待。这位酋长曾经到访过伊博,而且还带着一些奴隶去过一次莫桑比克。他的子民们拒绝接受那些颜色艳丽的印花布,也许是因为之前他们曾经被一些赝品给欺骗过,所以他们更偏向于选择那些自己所熟悉的纯蓝色

第十一章
利文斯顿的第二次赞比西探险

的东西。另外还有一位年迈的酋长,当他看到他们经过的时候,就放下了自己手中的枪。他们一行人走上了岸,然后他就向他们迎了过来。

他们经由陆路向着鲁伍玛大瀑布的上游地区一路进发,但是发现如果选择陆路,那么前往尼亚萨湖所需跨越的距离要比在塞纳河航行穿越大瀑布远得多。于是,他们决定最理想的路线还是选择第二种方案,即乘坐他们的蒸汽船一路而上。

到了10月9日这一天,他们抵达了先锋号停泊的地方,此时距离他们出发已经过去了一个月的时间了。船上的人一直在饮用蒸馏水,所以船上没有任何人出现不适的症状,反而是那些始终乘坐小船航行的人中有一部分病倒了。

接着,他们就驶入了大海,然后再一次造访了约翰拿,回到了克利马内,而那里正在爆发一场热病。在这里,他们受到了努涅斯上校的热情款待,而他正是他们在这一地区所遇到过的少数几个受人尊敬的葡萄牙长官之一。他刚刚出道的时候,只不过是一个船舱服务员,但是凭借着坚忍不拔的意志,他已经摇身一变成为整个东海岸最富有的人了。

在1863年1月10日这一天,先锋号拖着尼亚萨女士号,开始沿着塞纳河向其上游驶去。

过了没多久,他们就发现了奴隶抓捕者马里亚诺那伙人的踪迹。数不胜数的尸体在他们的身旁漂过,而且他们连续行进了好几十英里,发现沿途的所有人都已经被彻底清除走了。一度熙熙攘攘的河岸两边如今只剩下一片寂静无声。他们每到一处,都能看到被大火烧毁的村庄的遗址。而那一群群拿着自己产品前来售卖的热切的人已消失不见了,取而代之的则是令人感到压抑的寂静。他们的一位酋长朋友已经被打败了,而他的人民则有的惨遭杀害,有的遭到绑架,还有的被迫背井离乡。无论他们走到哪里,目之所及都是一具具死尸,那阵阵恶臭味也直钻他们的鼻孔。在沿途的每一段,都可以看到那些在逃亡路途中倒地而亡的人的骷髅。与此同时,在小屋子的旁边,还可以看到蜷缩着很多男孩子和女孩子,他们都已经饿得只剩下最后一口气了,个个看上去苍白无力。

他们之前的同伴,即桑顿先生在这里和他们会合了。他一听说主教一行的其余人员正在奇比萨急需帮助,就自告奋勇表示愿意带着一批山羊和绵羊过去支援他们。由于旅途过于疲惫,他身体支撑不住发起了高烧,最终于1863年4月21日这一天告别了人世。

　　昔日欣欣向荣的夏尔河山谷如今每一个角落看到的都只有一片凋零和荒芜。在奴隶掠夺结束之后，随之而来的就是可怕的饥荒。他们放眼望去，所看到的一幕幕都让他们感到内心十分悲痛。地面上几乎都被人的尸骨给盖满了。"许多人是在树荫下面告别这个世界的，其他人则在山丘突起的峭壁下面永远闭上了眼睛。还有一些人就躺在自己的屋子里面，把大门关得死死的，别人把门一推开，就会发现这具腐烂的尸体，以及腰部位置裹着的一些破布片，而头骨则已经从枕头上面掉落了下来。他们还发现了一个小孩子的骷髅，他在两具较大的骷髅——毫无疑问是他的父母——的中间，是裹在一块地毯里面的。"

　　他们希望尼亚萨女士号能够遏制奴隶贩子渡过湖去，于是就加紧手头正在进行的工作。在距离第一座瀑布不到五百码的地方把它给拆了开来，然后沿着陆上运输路线开始建造一条道路，长度大约为四十英里，而它的零件就将逐一地被运送过去。

　　他们不得不砍掉一些大树，而且还要移走一些石头。最初的半英里道路是修建在一条坡度较缓的斜坡上面的，一直修到了河面上方两百英尺的地方。在那里，他们明显感受到了气候开始出现变化。在他们尚未取得突破性进展之前，柯克和查尔斯·利文斯顿双双发起了高烧，于是大家认为绝对有必要把他们两个人都送回家去。

　　与此同时，他们把先锋号底儿朝上倒置了过来，然后让值得信赖的枪手负责看管住。

　　有一天，他们看到有一艘空无一人的独木舟顺着河道漂流而下，还有一名妇女在靠近它的位置游着。于是，小船就停了下来，然后大家把它弄上了甲板。接着，大家突然发现，在它的背上正中央的位置，有一支箭的顶端插在那里。一个当地土著把它割了出来。尽管这个伤口看上去十分可怕，但是在精心照顾下，这名妇女还是恢复了健康。到了6月16日，远征队伍的剩余人员动身朝着瀑布的上游进发了。他们看到从灌木丛上面，品质上佳的棉花纷纷飘落下来，却没有一个人去收集它。在经过的几处村庄里，他们发现小屋子还都是完好无损的，有用来捶打和碾磨玉米的碾钵和石头，有空空荡荡的玉米储存罐，有厨房用具，水和啤酒罐都原封不动，没有被碰过的迹象，但是所有的门却是关着的，就好像居民们都已经离开了

第十一章
利文斯顿的第二次赞比西探险

房子,去寻找根茎或者水果,而且再也没有回来了。而在另外一些村子里面,他们发现了一些人的骷髅。他们在垂死挣扎的时候,很明显是竭尽全力希望去够到一些东西,从而缓解一下自己的饥饿感。

接着,他们又数次经由水路和陆路进行了探险,并于7月2日回到了船上。此时,他们收到了一封派遣函,内容是指示远征队返回家乡。

考虑到奴隶抓捕行为所带来的巨大摧毁力,再加上葡萄牙官员们一直在私底下悄悄地支持奴隶贩子,虽然他们本国的政府一直在表示自己是反对奴隶贸易的,是希望能够终止这类贸易的,但是他们不可能不同意这一决定背后所包含的阻力。

于是,他们做好了各项准备工作,下一步就是把尼亚萨女士号再一次组装起来,原因就在于先锋号必须要等到12月河水暴涨之后才能下水航行。与此同时,他们决定再组织一次短途旅行前往湖泊地区,他们将经由陆路扛着一艘小船穿越大瀑布地区,然后再坐上船对湖泊进行勘探。

映入他们眼帘的风景和之前的几乎一模一样。只不过当他们途经一个规模很大的村子时,却发现那里早已被形形色色的野生动物已经霸占了,那里已经彻底沦为了一片废墟。在他们前一次造访那里的时候,居民们一直过着和平的生活,一派人丁兴旺的热闹景象。由于他们这些人之前一直是紧靠河流跋涉的,所以他们对沿途村落的具体数量并没有一个清晰的概念。很明显,他们过去一直关注的只是寻找一个遮风挡雨的场所而已。之前在那块地区曾经存在过的村子,如今全部都已经显得一片凋零了。

奇桑姆巴人(Chisamba)努力劝说他们不要继续朝着西北方向前进了,因为马兹图人曾经霸占了那一整片地区。为此,在9月5日之前,他们一直陪伴在他的左右。

在此之后,他们造访了奇亚(Chia)这座小湖泊。在前往这片湖泊的途中,他们遇到了一些男男女女正在匆匆忙忙地奋力收割玉米,然后把玉米都运到堡垒那里去。不过,他们还是发现沿着马兹图人和逃难者所经过的道路上,许多玉米都被扔得到处都是,有一些妇女正在把玉米从沙地里给拔出来。他们还看到了一些尸体,以及被烧毁的一些村庄,种种迹象都表明他们离这些入侵者已经越来越近了。在湖畔的芦苇草丛中,他们看到了一片临时搭建的小屋子,规模颇为壮观,这些都是当地人为了躲避入侵者而造起来的避难所。

到了9月10日,他们抵达了位于科塔湾(Kota Bay)的一个村庄,目的是去拜访一位阿拉伯酋长,他的名字叫朱马(Juma)。他们发现他正带领着自己的子民们忙着打造一艘大型的独桅帆船,也被称为阿拉伯船,它的长度有五十英尺,宽度则达到了十二英尺。于是,他们主动提出,希望能够买下这艘船,可是酋长表示无论出价多少,他都不愿意卖了它。很明显的一点是,它将要承担的重任是运载着奴隶渡湖。

此时,他们开始后悔试图把一艘铁船经由陆路进行运送,因为如果换作一艘木船的话,不仅在湖畔打造它的成本要低得多,而且运送所花费的时间也要比尼亚萨女士号要短得多。

接着,他们在这片湖泊的周边地区进行了另外一次耗时比较长,但十分有意思的旅程。就在他们沿着岸边返回的途中,他们发现那些闷闷不乐的逃难者依然躲在纸莎草丛内,他们个个瘦骨嶙峋,看上去几乎都没有人样了,反而更像是一具具骷髅。

在这次远征探险之旅中,他们共计直线行进了七百六十英里(约一千二百二十千米)的距离,平均算下来每天的行进距离达到了十五英里(约二十四千米),并于11月1日抵达了船边。在那里,他们发现船上所有的人都身体状况良好,而且精神状态也不错。一位阿贾瓦酋长来到了船上拜访他们,他的名字是卡佩尼(Kapeni),他声称自己以及身边的子民们都愿意张开双手,热烈欢迎马肯兹主教的同事担任他们的导师。

到了12月中旬的时候,他们收到了消息,据说接替马肯兹主教的人已经抵达了当地。但是,那位绅士仅仅在一座高山的山顶逗留了几个月的时间而已,那里就位于塞纳河的河口地区,那座山与本尼维斯山峰(Ben Nevis)的高度相差无几。而且,那里几乎很少有人,或者说根本就没有人需要接受传教。然后,这个人就折返回国去了。

到了1864年1月19日这一天,塞纳河突然暴涨,于是先锋号再一次动身启航了。由于它的方向舵遭到了损坏,所以它的行程受到了耽搁,一直到2月2日才抵达了莫拉姆巴拉(Morambala)。在这里,他们张开双手,接纳了大约三十个孤儿以及一些走投无路的寡妇上船,他们都曾经一路伴随着马肯兹主教的传教团。所以,如果把这些人弃之不顾的话,英国人是一定会受到当地人憎恨的。当旅行者们一宣布这些人可以上船,他们就统统冲上了船,希望能够在先锋号的甲板上遮风避雨、躲避危险。他们的动作幅度如此之大,几乎都要把船给弄沉了。

在赞比西河的河口地区,他们发现了俄瑞斯忒斯号以及爱丽尔号(Ariel)。于是,前者就把先锋号一路拖到了好望角地区,而后者则负责拖着尼亚萨女士号朝着莫桑比克进发。到了1864年4月30日,尼亚萨女士号在利文斯顿的指挥下,从那里出发,扬帆向着孟买启程了。

第十二章 萨缪尔爵士及夫人的旅行

萨缪尔·贝克爵士（当时还只是先生而已）是斯里兰卡一位相当有名气的人物，他不仅具有丰富的旅行经验，而且是一个技术纯熟的户外运动家。在1861年3月的时候，他决定把自己的全部精力投入到对尼罗河源头以及非洲中部地区进行探险的事业中去。于是，他就从英格兰启程，从这条神秘莫测的河流的河口地区开始，一路沿着河道开启了此次探险之旅。陪伴在他身旁的还有他那位年轻的妻子，她抱有对他深深的爱以及丝毫不逊色于他的英雄主义情怀。虽然她心里十分清楚，在前方等待自己的必将是种种艰难险阻，但她还是恳求自己作为他的旅行伙伴一起参与这次行动。

在4月15日这一天，他们离开了开罗。他们坐船沿着尼罗河向其上游地区驶去，前往科洛斯科。在那里，他们骑上骆驼穿越了努比亚大沙漠向柏柏尔挺进。但是，沙漠地区特有的风十分强劲，而且热浪袭人。正是在这里，贝克先生发现自己对于阿拉伯语十分陌生，所以这是一个很大的缺陷。于是，他就决定花费一年的时间去好好学习这门语言，然后在阿比西尼亚的北部一些相对比较有知名度的区域待了一段时间。在那期间，他对青尼罗河的各条支流都进行了探索。

在柏柏尔，他们受到了哈伦姆（Halleem）阁下的热情款待，后者作为已卸任的总督，准许他们在自己靠近尼罗河的花园里搭建起数顶帐篷。那是一个风景秀丽的地方，密密麻麻地种满了高大的枣子树、圆佛手柑树以及柠檬树。在这些树丛之中，数不胜数的鸟儿叽叽喳喳地叫个不停，高声鸣唱着。而在棕榈树的树荫下面，成群的斑尾林鸽也咕咕咕地附和着。这个昔日黄沙遍野的地方，由于建起了无数水车，所以得到了灌溉，从而被改造

第十二章
萨缪尔爵士及夫人的旅行

成了一片果实累累的花园。

在这片令人感到无比舒适愉快的地方逗留了一周之后,他们于6月10日的傍晚再度动身上路了。陪同他们的还有一批埃及士兵,这些士兵所扮演的角色将不仅仅是保护他们,而且也将作为侍从为他们服务。

他们的翻译名字叫穆罕默德,而最主要的向导名字是艾哈迈德。虽然前者的肤色几乎就是黝黑的,但是他却声称自己的肤色应该说是浅棕色的。他的英语非常糟糕,为人极度地自负,而且从某种程度上来说性情比较暴躁。由于他已经习惯了在尼罗河上进行轻松自在的远征旅行,所以他对自己的新主人之前经历过的种种艰辛一点儿都提不起兴趣。

他们骑上了驴子,穿越了沙漠地区,所有的包裹由骆驼或者阿拉伯单峰骆驼负责驮运。

两天之后,他们就抵达了阿特巴拉河与尼罗河交汇的地方。在这里,他们穿越了一片宽阔的地表,上面铺满了白色的沙子。在那个季节,它就是河床,只不过已经变得干涸了。于是,他们就把营地选在了靠近一片西瓜种植园的地方,然后美滋滋地享用了一顿西瓜盛宴,他们那筋疲力尽的驴子也大快朵颐了一顿。在这里,河流的宽度始终不少于四百码,而在沿岸地区,水深也达到了三十英尺。在那里,沙质的河床十分光洁,以至于阳光的反射几乎强烈得让人无法忍受。

他们沿着河流的岸边行进了几天的时间,在遇到仍然还有些水的池塘旁边就会停下脚步。在许多这样的池塘里,密密麻麻地爬满了鳄鱼和河马。其中有一头河马最近刚刚弄死了一座西瓜园的主人,因为后者当时正试图把这头巨兽从自己的种植园赶出去。贝克先生在浅水区域杀死了一头这样的怪兽,为此他感到非常满意。很快,这头巨兽的尸体就被阿拉伯人给围了起来,然后他们合力把它拽到了岸上。当他同意这些人分享河马肉的时候,一眨眼的工夫,一百把小刀就立刻磨刀霍霍地忙活了起来。这些人彼此争先恐后地抢夺最嫩部位的那些肉。当天早上,他和自己的妻子就烹制了河马肉作为早餐,而这注定将成为他们在阿比西尼亚尼罗河支流区域旅行途中最常见的食物了。

由于当地的野生动物数量非常多,所以他就射杀了足够多的羚羊和河马,以确保自己整个营地的人都可以享用到丰盛的肉宴。

到了6月23日,他们遭遇了一场旋风,它几乎把帐篷内部所有的东西都掩埋了起来，灰尘足足厚达数英寸，而他们自己几乎都要窒息了。当时，天气也是相当炎热，然而到了夜晚，气温就变得凉爽了下来，十分舒适宜人。大约到了晚上八点半的时候，正当贝克先生躺着睡觉的时候，他感觉自己听到了一阵隆隆声，仿佛是远处雷声滚滚。这低沉而又连续不断的轰鸣声变得越来越响，从阿拉伯人所在的营地里开始传来了一阵骚动声。他的手下在夜色之中一边匆匆忙忙地冲出来，一边大声叫喊道："是河！是河！"

穆罕默德大声尖叫道，尼罗河正在奔腾而下，所以他们以为的远距离的咆哮声实际上是河水正向他们渐渐靠近。于是，阿拉伯人立刻就叫醒了那些正躺在河床一尘不染的沙地上睡觉的人。接着，这些阿拉伯人又冲下陡峭的河岸，去抢救回两个河马的头骨，它们是被放置在那里等待晾干的。

滚滚洪流在夜色之中迅猛地从他们身旁擦过，发出了震天的巨响声。那些人浑身都被溅得湿透了，把他们那笨重的行李拖上了岸边。大伙儿意识到，这一重大的事件已经发生了。这条河流就像一个窃贼似的，趁着夜色已经悄悄抵达了。

到了第二天早晨，那片洁白无瑕的贫瘠沙地已经消失不见了，取而代之的是一条气势恢宏的河流，那就是壮丽的阿特巴拉河，它的宽度达到了大约五百码，深度则达到了大约十五至二十英尺。河流的两岸，依次排列着的是凋零的灌木丛和一些树木，它们形成了一道屏障，把一望无际的大沙漠给分隔了开来。然而，天上没有下过一滴雨。但是，滚滚洪流却向这位旅行家提供了一条线索，可以帮助解开笼罩在尼罗河周围的谜团之一。雨水是在阿比西尼亚地区从天而降的，这些正是尼罗河的水源。

到了最后，雨季终于来临了。在这段时间，旅行就变得寸步难行了。于是，阿拉伯人就在这段时间内，迁徙到了北部更为干旱的地区。

贝克夫妇继续一路跋涉，抵达了索菲（Sofi）。接着，他们建议整个雨季就待在那里不挪窝了。它所坐落的位置就靠近阿特巴拉的河岸，在一座高原上面，覆盖面积大约达到二十英亩。高原的两侧各有一道深深的峡谷，而在那座陡峭的悬崖下面，就在村子的正前方，阿特巴拉河滚滚地一路奔腾而去。

他们把帐篷就搭建在了村子外面的一块平地上面，那里的草地由于被山羊啃得比较彻底，形成了一片天然的大草坪。

第十二章
萨缪尔爵士及夫人的旅行

在这里,他们搭建起了一些小屋子,快乐地度过了几周的时间。贝克先生发现,在这里可以开展大量的狩猎活动,有时候去捕捞大量的鱼,其他的时候则去猎鸟,从而充实自己的食物贮藏。但是更多的时候,他还是会忙着捕猎大象、犀牛、长颈鹿和其他大型的野生动物。

在这里,他发现了一个德国人,名字是弗洛里安(Florian),他的职业是一名石工。他是跟随着一个奥地利传教团跋涉至喀土穆的。但是,相比生活在那座城市,他更向往过着一种自由自在的生活,所以他就转型成了一个了不起的猎人。贝克先生认为他将来一定能发挥巨大的作用,所以就雇佣了他,让他作为一名猎手。后来,他又把弗洛里安的黑人侍从理查恩(Richarn)召入了麾下,而后者从此就成了他忠心耿耿的仆人。理查恩之前的伙伴,即约翰·施密特(Johann Schmidt)不久之后也抵达了。贝克先生也雇佣了他,让后者担任即将开展的白尼罗河远征行动的副手。然而,可怜的弗洛里安被一头狮子给杀死了,于是只剩下施密特和理查恩两个人陪伴在他的左右了。

当地的土著常常会请贝克先生发挥其作为一名猎人的技能,比如驱赶那些入侵了他们种植园的大象和河马。

他希望能够雇佣一批哈姆兰阿拉伯人,这些人以捕猎技术精湛而远近驰名。他计划安排这些人陪同他一起前去探索已经为世人所了解的阿比西尼亚内的河流。有几个哈姆兰阿拉伯人出现在了索菲,他们和阿拉伯其他部落的人都长得不一样,因为他们会留出一截头发,然后把这部分头发从头顶向两侧分开,而且弄成长长的卷发。他们都配备着剑和盾牌,前者不仅长,而且很直,剑锋是双刃的,刀柄处有一个小小的十字架。这把剑的形状就和十字军所使用的又长又直的手柄处有十字架的剑十分类似。他们的盾牌是用犀牛、长颈鹿或者大象的皮制作而成的,形状有圆形的,也有椭圆形的。他们对自己手中的剑相当珍视,它们十分尖利,几乎就和刮面刀差不多。剑锋的长度大约有三英尺,而剑柄的长度则有六英寸。他们用一根皮质的绑带把它固定在手腕上面,这样无论遇到什么状况,猎手都不会变得赤手空拳了。

这些人纷纷出动,前去追逐沙漠中各种各样的野生动物。一些人是非常知名的猎杀河马的专家,但是最赫赫有名的还是阿加基尔人(Aggageers,即大象抓捕者)。这些专门捕杀大型动物的人会骑在马背上,如果他们没有足够的钱购买马匹，也会选择步行。在第二种情况下，他们就会两两进行组合，合力捕猎大象。他们会跟踪一头大象留下的足迹，然后一直追踪到大约正午时分。此时，大象有可能正在熟睡之中，有可能极度地倦怠，所以就很容易去靠近它。如果大象正在酣睡之中，其中一位猎手就会蹑手蹑脚地靠近它的头部，然后奋起一击，把它的象牙给割下来，滚落到地上。而大象所面临的结局就是由于失血过多，它在一小时之内就会断气。如果大象当时正醒着，他们就轻手轻脚地从它的身后慢慢靠近，然后瞄准它的后腿狠狠地砍下去，把它的后腱给弄断，如此一来，这头猛兽一下子就失去了行动能力。接着，他们再向着它的第二条腿砍下去，最后，这头巨兽就轻而易举地成了他们的猎物。

当他们骑在马上进行捕猎的时候，一般是四个人组成一个团队，而他们常常会一路跟踪一群野生动物的足迹，从他们饮水的地方出发，一路可以跨越二十英里。贝克先生曾经多次陪伴他们展开捕猎之旅，并由此亲眼目睹了他们所展现出来的大无畏精神和精湛的技艺。

他们在索菲待了三个月的时间，接着，他就启程朝着塞提特河（Settite River）进发了。他带着妻子一起坐上了一艘气垫船，在床架上还固定了八个吹足了气的皮囊用来支撑起整个船体。

在这个阶段，有一队阿加基尔人加入了他的队伍。在他们之中，有一位名叫阿布都（Abou Do）的上了年纪的人，他是一位远近闻名的河马猎手。他随身携带着一根三叉形状的长矛，也许可以被视为海神尼普顿的化身了。这位年迈的阿拉伯人对于捕猎大象也相当富有经验，而且在前一天，他就曾经帮着大家一起猎杀了几头大象，从而展示出了自己高超的技艺。眼下，他脱下了身上所有的衣服，然后拿起自己的鱼叉，启程前去搜寻河马的踪迹了。

这个武器暗藏着一块刀片，它的长度为十一英寸，宽度则为四分之三英寸，还有一个倒钩。武器上面还系着一根很粗壮的绳子，足足有二十英尺长，在绳子的另一端有一个与孩子脑袋差不多大小的浮标。在这根鱼叉的里面还固定着一片竹子，它的长度达到了十英尺，然后绳子就缠绕在它的上面，而那个浮标则捏在猎人的左手上。

他前进了几英里之后，就看到在一片被岩石环绕着的险滩下方有一座池塘，里面卧着一群河马。然而，他说它们太清醒了，所以很难对其进行攻

第十二章
萨缪尔爵士及夫人的旅行

击。于是,他又继续沿着既定的路线顺着河流向下游方向走去,最后来到了一座面积稍小一些的池塘边。在这里,他看到了一头河马那硕大无比的脑袋,它正靠近一块垂直矗立着的岩石,后者正好形成了河流背靠的墙。这位年迈的猎手示意旅行家们保持安静,然后自己一下子扎入了河流之中,游到了河对岸去。接着,他借着周围事物的掩护,径直朝着河马正卧着的地点下方慢慢靠过去。"他神不知鬼不觉地越靠越近,然后举起自己那又细又长的胳膊,把鱼叉举到了随时可以发动一击的位置。然而,那头河马此时已经消失得无影无踪了,但是这位经验老到的猎手丝毫没有流露出惊讶的神情,而是保持那个姿势继续站在尖利的暗礁上面,没有一丁点儿的懈怠之意。简直没有一尊铜像能够像当时那位年迈的河流之王那般纹丝不动。他就这样站着,左脚向前一步,右手紧紧抓着鱼叉高举过头顶,他的左手则捏着松开的那卷绳子,绳子的另一端连着浮标。

"就这样,整整三分钟过去了。突然之间,这尊雕像的右手臂就像一道闪电似地砸了下来,手中的那根鱼叉垂直插入了池塘之中,速度简直可以赶超一支射出的箭了。一刹那的工夫,突然冒出了一张巨大无比的嘴巴,而且嘴巴张得很大。接着,一个丑陋的大脑袋冒了出来,再接着,一头愤怒无比的河马露出了身子。只见它半个身子跃出了水面,朝着奔腾不息的激流径直冲撞过去,在河面上激起了阵阵泡沫一般的浪花。凭借着惊人的力量,它正面朝向汩汩向下游而去的河流,在激流之中站稳了脚跟,那里水深大概有五英尺。然后,它一步一步地缓缓向前迈着脚,直到离开了河面,踏上了陆地。接着,它开始沿着铺满了鹅卵石的河床全速狂奔起来,然后就消失在了荆棘密布的丛林之中。没有人会料想到,一头如此笨重的动物行动起来居然会如此迅速。而且幸运的是,老尼普顿当时正待在岩石的高处,所以得以安全脱险了。如果他当时恰好挡在这头被激怒的野兽前进的道路上,那么这位阿布都的性命很可能就保不住了。"

这位老人和自己的伙伴们会合了,然后贝克先生就建议大家一起去搜寻这头猛兽的下落。然而,这位猎手解释道,这头河马一定会很快就回到水里来的。的确,没过几分钟,这头动物就从森林之中闪了出来,然后撒开腿窜入了大约一英里(约 1.6 千米)之遥的池塘,他们之前看到那里还有其他一些河马。当他们一行人赶到那里的时候,这群河马立刻就对着他们呼哧呼哧地喷气,还发出阵阵咆哮声,仿佛是在欢迎他们似的。然后,这群河马就迅速地潜入了水中,而他们看到那只浮标就在水面上移动着,从而可以追踪它的行进路线,这就像是当鱼儿上钩的时候,一根长矛上的软木浮子会同样如此这般到处乱晃一样。就这样折腾了几次,这头河马终于露出了水面。但是不可避免地,它正好面对着他们。由于贝克先生当时的射击角度并不太理想,所以他就派这位老猎手渡过河去,以吸引这头猛兽的注意力。就这样,这头河马调转脑袋,望向老猎手,这就正好给了贝克先生一个绝佳的机会,于是他就朝着它的耳朵后方稳稳地开了一枪。子弹发出了一下重击声,而且并没有在水面上溅起任何的水花,于是他就意识到自己已经射中河马了。只见浮标一动不动地浮在水面上,指示出了水面下方这头体形庞大的巨兽已经躺倒了,断气了。在营地里其他人员的帮助下,这位猎手把这头河马和另外一头被击中的河马统统拽到了岸上。这头巨兽测量下来长度达到了十四英尺二英寸,而它的脑袋从耳朵前方的位置到唇边的直线长度为三英尺一英寸。

虽然通常来说,河马是无害的动物,但是有时候,一头落单的老雄性河马却是相当危险的。因此,即使来往的独木舟并没有招惹它们,它们通常也都会主动发起进攻。

贝克先生参与了许多次的大象捕猎,而且这些经历可以被称得上是最刺激的,最令人血脉偾张的,不过伴随的危险系数也可谓相当之大。

在这批阿加基尔人之中,有一个名叫罗德尔·谢里夫(Rodur Sherrif)的人。虽然他的手臂由于一场事故而变得使不出力气了,但是他却像其他同伴们一样勇猛无比。

他们一行人抵达了罗扬河(Royan)的岸边。然后,他们就在那里搭建起了一顶帐篷。接着,贝克就和自己的同伴们一起出发去搜寻大象的踪迹。他们发现了一头体形庞大的雄性大象正在饮水。周围的地区一部分是树林密布的,而且地面上星罗棋布地散落着无数岩石,所以非常不适合骑行。大象拼尽全力拔腿狂奔,把追捕者驱赶向四面八方,而且几乎就要追上贝克先生本人了。接着,它就开始步步后撤,一直退回到了一处可防御处,那里是由岩石和崎岖不平的地面构成的,里面还长着一些树木,不过并没有树叶挂在上面。这一场景必须用这位旅行者自己的话来描述才更加生动形象:"在这里,这头大象就站在原地,像一尊雕像似的面对着他们一伙人。它全身上下都僵硬住了,没有一块肌肉在移动,只有它的眼睛在

第十二章
萨缪尔爵士及夫人的旅行

迅速地不停活动,朝着四面八方不住地打量着。"有两个阿加基尔人绕了很大一个圈子,靠近了它的尾部。另外还有两个人,其中之一就是声名显赫的罗德尔·谢里夫,只见他翻身骑上了一匹训练有素的母马,缓缓地朝着这头巨兽骑过去。这匹母马沉着冷静地向着眼前这位提高警惕的敌人一步步靠拢过去,直到距离大象的头部还有大约九码的距离。在这段时间里,大象没有挪动过半步。全场一片寂静无声,没有人开口说话。最终,这匹母马哼了一口气,这才打破了当时绝对的沉默,只见它聚精会神地紧盯着大象,就好像是在观察何时才能伺机发起进攻似的。罗德尔冷静地坐在马背上,双眼牢牢地瞪着大象的眼睛。

"接着,伴随着一声尖利的嘶叫声,这头庞然大物突然之间就像雪山崩塌那样向他冲了过去。此时,这匹马就开始绕圈走,好像中间有个轴心似的,在岩石与石头之间穿梭着,腾跃起来就像一头羚羊,而马背上面的罗德尔·谢里夫看上去就像是一只猴子,只见他不停地向前倾过身子去,然后越过自己的左肩去观察追在他身后的那头大象。曾经有那么一瞬间,看上去那匹马一定会被追上的。如果它一不小心打个跟跄的话,那么所有的一切就都完蛋了,但是它在几个快速的大跨步腾跃之后又领先了几步。与此同时,罗德尔一刻不停地在朝着身后望过去,确保双方保持一定的距离。但是双方是如此地接近,以至于这头巨兽伸出的长长的象牙距离那匹马的尾巴只有几英尺之遥了。

"此时,那两个始终位于大象身后的阿加基尔人全速向前冲了过来,一直冲到了这头愤怒不已的大象的后腿处。它由于兴奋过度,已经失去了理智,什么都顾不上了,眼里只有罗德尔以及他身下骑着的马。当这两个阿加基尔人靠近了大象的尾巴时,其中一个人猛地从剑鞘中拔出了宝剑,他紧紧握着手中陪伴他征战沙场的刀锋,敏捷地蹦到了地上。与此同时,他的搭档则抓住了他刚才所骑的马的缰绳。接着,他又双脚着地,向前跳跃了两三下,同时双手一直紧紧握着宝剑。最后,他来到了大象身后非常近的位置。当宝剑插下去的时候,阳光正好照射在刀锋上面,就像闪电一般放射出夺目的光辉。接着,只听见一声沉闷的重击声,这把剑割开了它的皮肤和脚筋,然后在足部以上十二英寸(约三十厘米)的位置深深地插进了骨头中去。当这头大象试图再一次迈开腿的时候,已经无力再移动半步了,只能站在了原地。于是,这次场面宏大的追逐战就此画上了句号。接着,刚才发出致命一击的那个阿加基尔人跳上了自己的坐骑,手中还握着那把出鞘的剑。与此同时,罗德尔一下子转过身来,再一次正面朝着大象,迅速地从马鞍上探下身子,从地上捧起了一把泥土,然后朝着这头凶猛的庞然大物的脸上撒去。只见它再一次试图向他猛冲过去。但是,这已经不可能了:它的脚已经错位了,向前突出去,看上去就像是一只破旧的鞋子。一眨眼的工夫,另一个阿加基尔人纵身跃到了地上,然后把手中那尖利的剑再一次挥舞起来,砍向了它的另一条腿。"

在这些勇猛无比的猎手们攻击他们的猎物之时,他们所采用的方法可谓绝顶聪明了。"很难说究竟哪个方面是最值得我们崇拜的,究竟是负责吸引大象注意力的他所体现出来的冷静与大无畏,还是那个发出致命一击的阿加基尔人所具备的卓越技艺和表现力。"

就这样,贝克先生在自己那英勇的妻子的陪伴下,时而外出打猎,时而进行勘探,由此造访了无数片河床,正是它们把来自阿比西尼亚高山地区的雨水一路输送给了青尼罗河,因此是河流间歇性出现暴涨甚至泛滥的原因所在。与此同时,它那最常见的洪流是来自其他更遥远地区的水源地,而现在,这位旅行家就准备向其中之一进发了。

此时,斯皮克和格兰特正从桑给巴尔出发,穿越一片尚未有人踏足过的土地,朝着冈多科罗进发。

有一位从事象牙贸易的商人,他的名字叫佩特里克,他派了一支远征队伍前去帮助他们。可惜,由于一些不幸事件的发生,这支队伍的行程被大大耽搁了。因此,贝克先生希望能够抵达赤道,也许能够在尼罗河源头的某个地方与来自桑给巴尔的探险家见上一面。

贝克夫妇沿着青尼罗河的岸边一直向前进发,终于在 1862 年 6 月 11 日那一天抵达了喀土穆。当他们把目光投向尼罗河的对岸时,映入眼帘的是一片美丽无比的风景。"当时,太阳正冉冉升起,阳光洒落在这座苏丹各省的首都上。有一片枣子树,它们那深绿色的树叶正好完美地映衬出了五彩缤纷的建筑,这些建筑规模相当庞大,它们沿着河岸密密麻麻地排列在一起。与此同时,一艘艘小船在河面上往返穿梭,船上竖着又尖又细的桅杆,让这一景色平添了几分活力。但是,天哪!这美好的一切很快就消失不见了。当他们步入这座肮脏不堪、凄惨衰败的城镇时,无论是眼睛看到的景象,还是鼻子闻到的味道,都令人作呕。"

第十二章
萨缪尔爵士及夫人的旅行

在喀土穆，贝克夫妇花了几个月的时间用来招募人手。他们就住在英国领事的官邸内，当时后者正好离家前往别处去了。

到了12月17日，他们作好了一切准备，可以开启一段新的旅程了。他们觅到了三艘船，然后把大量的物资都装上了船，包括四百蒲式耳①玉米和二十九头负责运输任务的骆驼、马匹和驴子。他们的队伍由九十六个人组成，包括约翰·施密特、忠心耿耿的黑人理查恩以及四十九个武装人员。

当时的喀土穆可谓奴隶贩子的大老巢了，这些人瞪大双眼，紧张地打量着每一个迈入自己所管辖的区域内的陌生人。正如贝克先生所评论道的："上演着一幕幕人类所能犯下的、最令人深恶痛绝的残暴行径，而且奴隶制在这里根深蒂固。"

土耳其官员们在表面上装出一副抵制奴隶制的姿态，但与此同时，每一栋房子里面都有大量的奴隶出没着，而埃及官员们的一部分收入正是来自奴隶交易。因此，在这些当权者的眼里，一位欧洲旅行家计划奔赴白尼罗河进行探险，就相当于是前来干涉他们暗地里捞油水的，因此他们沿途对他百般进行阻挠。

由于苏丹政府拒绝向他提供训练有素的士兵，所以他唯一能够找到的护卫就是喀土穆镇子上的那些地痞流氓们了，他们早已习惯了日日夜夜出没在刀光剑影的白尼罗河沿岸的生意场上，无论是杀人，还是劫财，在他们眼里都是最稀松平常的事情了。然而，虽然他们是这样一伙人，他却被迫忍受他们的种种恶习。如果他没有带上这样一批护卫的话，毫无疑问，他一定会取得更大的成就。

如果沿着尼罗河驶向冈多科罗，根据船只可以在尼罗河上航行到的最远位置，他们大约需要花五十天的时间，因此就必须带上一大批物资补给。

从航程一开始，他们这支队伍就遇到了接踵而至的困难。船上的帆桁总是接二连三地被吹跑。可怜的约翰，虽然他已经病了相当长一段时间了，却还是坚持要陪伴他的主人一起上路，可是航行刚刚开始没多久，他就不幸撒手人寰了。

到了1月2日，他们乘坐的船只经过了一片居住着希洛克人

---

① 计量单位。在英国，1蒲式耳等于8加仑，约相当于36.268升。——译注

（Shillooks）的土地，他们是白尼罗河沿岸数量最多、最有权势的黑人部落。他们都非常富有，拥有数不胜数的成群牛羊；与此同时，他们还擅长农业耕种和捕鱼，个个都骁勇善战。他们的屋子造得很中规中矩，远远看上去就像是一排排未张开的蘑菇。他们的独木舟形状和皮划艇类似，材质是非常轻巧的田皂角木，他们就坐在里面肆无忌惮地在河面上横行霸道。这种树的直径并不太大，而且越往顶端，树干就变得越细。因此，要砍这种树是轻而易举的一件事情，然后把几根树干绑在一起，一艘船就快速高效地造好了。有好几次，一队武装人员正是乘坐着一列这样的木筏，沿着河道顺流而下，向其他的部落展开攻击，他们掳走了妇女和儿童，把他们扣为俘虏，同时也抢走了大批的牛羊。

在河的两岸，所有的一切看上去都是那么灰暗沉闷，毫无生机可言。几乎每时每刻，目之所及只有大片大片的沼泽地而已，除此之外，别无他物。有时候，他们会看到一片广袤无垠的荒漠地带，上面耸立着一座又一座庞大的蚂蚁山，高度可达十英尺。

当他们在右岸上的一座小村子稍作停留的时候，一位努尔（Nuehr）部落的酋长前来拜访了他们，他的身后还跟着一大批随从人员。这些人看上去简直怪得离谱，即使是最年轻的女人都浑身一丝不挂，只有那些结了婚的女人才在她们的腰际缠上一条青草编织而成的穗带。至于男人，他们的脖子上戴着一圈圈沉甸甸的珠子，手腕上面则套着层层叠叠的铜环，还有一个看上去非常可怖的巨大铁器，貌似也是某种手镯。他们携带的武器是长约一英寸的长钉，就像花豹的利爪一样。女人们会在她们的上唇进行穿孔，然后在她们的脑袋上戴上一根根的装饰物，它们大约四英寸（约十厘米）有长，由珠子串联在铁线上面制作而成，它们向外凸出，看上去就像是犀牛角。

酋长把他的妻子的手臂和后背展示给大家看，只见上面布满了参差不齐的伤疤，由此可以看出那根长钉手镯的用处。

这些就是他们遇到的第一批黑人中的一部分。由于他们在社会上的地位简直太低了，所以还不符合成为奴隶的条件。

贝克先生广泛搜集这一地区进行的奴隶贸易的相关信息。在那些从事这一邪恶贩运的人中，大部分都是叙利亚人、科普特人、土耳其人、切尔克斯人，还有极少数的欧洲人。一旦有某个投机商决定进入这个领域，他

第十二章
萨缪尔爵士及夫人的旅行

就会雇佣一百五十至两百个暴徒,然后采购一批枪支和弹药,以及几磅玻璃珠子。接着,他就带着这些人手和东西坐上船,朝着冈多科罗进发。随后,他们就会在某个地点登陆,然后向着内陆地区一路跋涉,直到抵达某个黑人酋长所管辖的村子。接下来,他就会和这位酋长结交为亲密的好朋友。这位酋长很有可能需要去攻击某个敌人,于是他的新盟友就会欣然答应助他一臂之力。在这位酋长的指引下,他们就会在日出之前大约半小时的时候,慢慢靠近某个丝毫没有设防的村子。当村里的人们还在熟睡的时候,他们就把整个村子给包围起来,向着四面八方的茅草屋开火,同时把步枪瞄准熊熊燃烧的干草,疯狂地进行扫射。此时,那些不幸的受害者们在惊恐之中,纷纷慌慌张张地冲出了被大火吞噬的住所。于是,他们就开枪把男人统统杀死,然后绑架了女人和儿童,把他们都赶到了安全地带,同时还把成群的牛羊一并驱走了。接着,他们把这些女人和儿童拴在一起,前者是用一种被称为希巴(sheba)的装置固定住的,它是用开叉的棍子制作而成的。因犯的脖子正好卡在这根叉子里面,同时后面也有一个十字形的装置进行加固,与此同时,因犯的两只手腕被放置到身体的前方,也固定在这根柱子上。接下来,孩子们的脖子就会套上绳子,然后另一端就系在女人的身上。如此一来,一条由大活人组成的链条就成形了,所有的俘虏就按照这一秩序步行前往总部,同行的还有那些被逮住的牛羊。当然,他们会把在当地发现的所有象牙都一起带走。随后,他们就用手头的牛羊与黑人酋长进行交易,把后者手头可能拥有的象牙全部换过来。

在很多情况下,他会主动挑起一场争吵,于是酋长所在的村子就会像他的对手的村子一样,遭遇到同样的灭顶之灾。一旦有奴隶试图逃跑,那么他/她就会受到严惩,有时候会遭到残酷的鞭打,有时候则会被吊起来,以起到杀鸡儆猴的威慑效果。随后,所有的奴隶就被赶上船,然后从喀土穆出发,沿着河道顺流而下,经过几天的航行之后再上岸。从那里,他们就开始步行穿越这片土地,有的人被押送到红海沿岸的港口,再从那里登船被运往阿拉伯半岛和波斯。与此同时,其他人则会被送往开罗。实际上,他们将散布在整个奴隶交易盛行的东方各国。

他们就这样日复一日地在河面上航行着,目之所及都是无边无际的沼泽地。即使是在白天,蚊子也不停地骚扰他们,搅得他们无法好好休息一番。终于,他们抵达了白尼罗河沿岸一个商人的交易站,他们看到在河的两岸遍布着大批的牛群。

在这里,基奇(Kytch)部落的酋长前来造访了他们,同行的还有他的女儿。这个姑娘大约十六岁的样子,而且比大部分同一个部落的族人都要长得更漂亮。只见这位父亲在肩膀上搭着一张花豹皮,头上戴着一顶由白色珠子串联而成的无边便帽,上面还插着一把白色的鸵鸟羽毛。但是,这件斗篷就是他全身上下仅有的一件服装了。至于他的女儿,则只有从一侧的肩膀上垂下的一片刮去毛的兽皮,与其说它有什么实际作用,还不如说它只是个装饰物。除此之外,她全身上下就是一丝不挂了。虽然部落里的男人们都长得比较高,但是看上去非常瘦骨嶙峋,至于孩子们,他们几乎就只剩一副骨架了。

当这些旅行者们在这里逗留的时候,那些忍饥挨饿的老百姓们纷纷涌到他们的面前。只见他们都拿来了一些小小的葫芦壳,希望能够用它们换取一些玉米。实际上,这些当地的土著看上去完全相信大自然的馈赠就足以满足他们的生存需求了,所以是可以想象得出的最可怜的那类未开化的原始人。他们的双臂和双脚又细又长,外表看上去就像是一种奇怪的小虫子。他们会用几块石头使劲砸骨头,等骨头被砸成粉末之后,他们就会把它用水煮开,从而做成某种类似于粥的食物。

令人惊讶的是,在几乎每一群牛中间,他们都会指定一头圣牛,他们认为这头圣牛对其余的牛群能否茁壮成长会产生很大的效应。他们把它的双角用无数簇羽毛加以装饰,通常还会再系上一些小铃铛,然后总是由它带路,领着一大批牛群前去吃草。

他们一行人前往了圣克洛伊岛(St. Croix),有一个奥地利传教团驻扎在那里,所以他们就对这批人进行了一次简短的拜访。可是,事实证明,这次拜访是一次彻头彻尾的失败之举,因为就在那天早晨,这座小岛以三十英镑的价格被卖给了一个埃及人。

正是在这里,有一个普鲁士的贵族哈尼尔(Harnier)男爵被一头水牛给杀死了。当时,这头水牛已经把一个当地人撞倒了,为了挽救这个当地人的生命,他就向水牛发起了进攻。

到了2月2日,他们的航程在冈多科罗终结了。

与这条河流下游地区的那一大片无边无际的沼泽地相比,这片土地看上去简直就好得多了。它坐落在水面以上大约二十英尺(约六米)的高处,

第十二章
萨缪尔爵士及夫人的旅行

远处的高山看上去赏心悦目，还有那四季常青的各种树木，它们朝着四面八方铺展开去，树荫下坐落着当地的一些小村子，所有这一切都构成了一副鲜活生动的美好景象。然而，还有一些看上去破烂不堪的茅草屋单独组成了一个小镇子，不过也许称其为镇子有点过于夸张了。

在这里聚集了一大批商人，他们各自从事着不同的贸易，他们对待这些旅行者相当热情友好。

贝克先生听说有一队来自内地的人马将在几天之后抵达冈多科罗，于是他就决定在原地逗留几天，一直等到他们抵达，因为他希望他们的搬运工能够有工夫来帮他扛行李。

与此同时，他骑上马在周边地区进行了一番考察，研究各个地方以及各种人。

冈多科罗是一座完美的"地狱"，它纯粹就是一个暴徒流氓聚集的中心。对于埃及人来说，他们本来能够轻而易举地从喀土穆选派一些官员，让他们率领着两三百个手下赶赴此地组建起一个军事政府，从而对奴隶贸易加以遏制。但是，由于商人们对当局者进行贿赂，这就足以确保无论发生多么残暴的行径，这里都将是一个不受任何打扰的藏污纳垢之所。所有的营地里都塞满了奴隶，而且当地的巴里人向贝克拍着胸脯打包票说在内地，还有一大群奴隶随时可供调遣，这些人都是属于商人们的。在他离开几个小时之后，这批人就将奔赴冈多科罗，然后再登船被运走。

人们认为他是这项贸易的绊脚石。有好几次，都有人试图开枪向他射击。有一次，有人从岸上向着他的船射击，一个男孩子当场被击中而死去了。他的手下立刻就对这些商人们大为恼火，他们之中很快就表现出了不满的迹象。他们宣称，由于没有足够的肉了，他必须同意让他们向当地人的牛群发动袭击，从而得以抢些牛回来。当他拒绝了这一请求之后，他们就变得更加嚣张傲慢了。见此情形，贝克就下令把他们的首领，即一个阿拉伯人给抓起来，让他挨了二十五鞭。于是，当他的人慢慢靠近那位首领企图对他进行抓捕的时候，大部分的人都放下了他们手中的枪支，抓起棍子，纷纷冲过来想要去解救他。此时，贝克先生就纵身向前一跃，伸出手用力一推，把他们的首领推到了他们中间去。接着，他一把抓住他的喉咙，向一个人大喊，让他拿条绳子过来捆住这个首领。此时，那些人依然没有放弃自己的目标，他们把贝克先生团团围住。就在这个时候，贝克夫人从船上下来了,赶到了事发地点。由于她突然出现在现场,这些反叛者显得有些犹豫不决。借此机会,贝克先生对着敲鼓的人大声叫喊,让他赶紧击鼓,然后下令这些人都过来集合。有三分之二的人都遵守他的指令,排成了一条直线,而剩下的一些人则带着他们的首领往后撤走了。在这千钧一发之际,贝克夫人恳求自己的丈夫,如果这位反叛者愿意亲吻他的手掌,同时请求他原谅自己的话,那么就请宽恕他吧。这一妥协彻底赢得了那些人的信任,眼下,他们就前去觐见自己的首领,劝他前来道歉,然后一切就都会恢复正常了。最后,他的确这样做了。接着,贝克先生就相当严厉地批评了他们一番,然后就把他们解散了。

虽然这一次的事件令大家都闷闷不乐,但这仅仅是他们反叛的天性第一次露出端倪而已。而这种天性几乎让整场探险行动功亏一篑,而且差点导致旅行家命丧黄泉。

又过了几天,他们听到远处传来了一阵枪声。接着,有消息传来,有两个白人男子已经从"大海"那边抵达了此地! 后来,大伙儿发现,这两个人正是斯皮克和格兰特,他们刚刚从维多利亚湖赶来。经过一番舟车劳顿,他们两个人看上去都非常地疲惫不堪。斯皮克是从桑给巴尔全程一路靠双脚步行至此的,他从外表上看非常瘦,但实际上他的体质很强。至于格兰特,他的外套几乎已经破烂得不成形了。不过,他们两个人的双眼中都透露出一股旺盛的渴望之情,正是这种精神一路支撑着他们克服了重重艰难险阻。

他们听说,在维多利亚湖的西侧,还有另外一座湖泊,它被称为"卢塔恩齐格"(Luta Nzige)。为此,斯皮克和格兰特竭尽所能绘制了一份详细的地图,然后慷慨地送给了他。接着,贝克就下定决心要奔赴这座湖泊去一探究竟。与此同时,他的朋友们则登上他的船沿着尼罗河顺流而下,向他们的祖国驶去了。

他手下的那些人,虽然已经尝到了之前的教训,但依然表现出一种顽固不化的反叛本性。因此,无论从哪个方面来看,他们都不够尽忠职守。不过让他欣慰的是,在他的随从人员中,有一个黑人,名字叫萨提。他来自内陆地区,被带来的时候身份就是一个小奴隶。曾经有一段时间,他一直和奥地利传教团待在一起。随后,他就和其他许多奴隶一起被赶走了。当他正在喀土穆的大街小巷漫无目的地游荡时,突然听说了贝克夫妇的消

第十二章
萨缪尔爵士及夫人的旅行

息,就赶到了他们的房子里,一下子扑倒在夫人的脚下,恳求他们允许自己跟着他们。当他们从布道所了解到他比其他的青少年同伴表现得都要更为出色之后,就接纳了他,同意给他在队伍里谋个差事。接着,他就把自己洗得干干净净,穿上长裤、外套,并束上皮带,此时的他改头换面,完全就像变了一个人似的。从那时起,他就认为自己整个人是完全属于贝克夫人的,因此能够服侍她就是他本人最大的荣幸。而反过来,她也竭尽所能对他悉心加以指导。

从这个年轻的萨提的口中,贝克先生了解到喀土穆的护卫队正在酝酿一场阴谋。他们计划带着自己的武器和弹药逃走,而且,如果他试图接触他们的武器,他们就会对他开枪。于是,在他的指令下,这些人的枪支的锁都被盖上了防水胶布。接着,他指示贝克夫人站在自己的身后,然后就站到了自己的帐篷外面。他站在旅行床架的上面,身边放着五支双管枪,每一支都装满了铅弹;此外,还有一把左轮手枪以及一把拔出剑鞘的军刀。他的手里还握着第六支来复枪,而理查恩和萨提就站在他的身后,也都配备着双管枪。接着,他就下令鼓手开始击鼓,于是所有的人都按照行军指令排成了一条直线。与此同时,他请贝克夫人指出究竟是哪个人在听到他下令要求放下手中的武器时,还试图把枪锁给揭开的。等到这一不轨的企图被揭露出来之后,他就有意立即开枪射死这个男人。当鼓声响起的时候,只有十五个人出来集合了。于是,他就命令他们统统放下手中的武器。可是,他们却拒绝这样做,而且神情看上去也是对他非常不屑的样子。

"马上放下你们手中的枪!"他大声吼道。

此时,只听一声尖利的上锁声,他迅速地把手中的来复枪盖上。见此情形,这些胆小如鼠的反叛者们立刻散开,显得有些踌躇的样子。有一些人往后倒退了几步,另外一些人则一屁股坐到了地上,然后把手中的枪放在了地上。与此同时,剩下的一些人则慢慢地散开了,他们坐到了大约八十步之遥的一些树下,有的两两坐在一起,有的则是一个人。眼看他的翻译和理查恩向他一步步逼近,他们终于屈服了,并表示如果收到一份书面的免责声明,他们就同意放下手中的武器和弹药。过了没多久,他们的武器和弹药就被没收了。接着,贝克就给每个人签发了一份免责声明,不过在每张纸上,他都在自己的签名上方写下了"反叛者"这个词。到了最后,几乎整个护卫队都离开了,他们都找商人卖命去了。

不过，贝克并没有被打倒，他找到了一个巴里男孩担任翻译，然后毅然决定自己不会被任何艰难险阻给吓倒。接着，他就从冈多科罗启程了。

有一队商人和他们不期而遇，商队首领是库尔希德(Koorshid)。他们最近刚刚从拉图卡(Latooka)抵达此地，眼下即将踏上返程。可是，他们不仅拒绝让这些旅行者们跟着自己，而且还大言不惭地表示如果这些旅行者试图沿着自己的路线前进，就会动用武力把他们赶回去。见此情形，他手下剩余的护卫就顺势说自己不愿意再往前进了。萨提又发现了另一场阴谋，那就是他手下的人已经被马赫穆德·赫尔(Mahomed Her)给收买了，后者就是另一个商人车努达(Chenooda)的翻译。贝克先生不顾自己可能陷入多么危险的境遇，依然强迫自己的手下继续前进。而且，他所采取的策略可谓相当高明，他保证自己一行人都走在易卜拉欣——即库尔希德的翻译——所率领的队伍的前方。最终，在贝克夫人的协助下，他们运用高明的策略把易卜拉欣争取到了他们这一边，然后让他在自己的权力范围之内，尽可能向他提供各种援助。

在这位新朋友的帮助下，他抵达了塔朗戈勒(Tarrangolle)，那里是拉图卡国土上最重要的地方之一，与冈多科罗之间相距一百英里。虽然那里并不在他的直接路线上面，但是他希望能够经由那里更为轻松地抵达乌尼奥罗(Unyoro)，即卡姆拉西所辖的领土。

然而，与此同时，他的好几个手下都弃他而去，投奔到了马赫穆德·赫尔的麾下。他曾经警告过他们，声称他们一定会为自己的愚蠢行为感到懊悔的。而令人意外的是，他的这番警告后来的确成了现实。

他们很快就收到消息，称马赫穆德·赫尔率领着一百一十个武装人员组成的队伍，再加上三百个土著，已经对盘踞在高山之间的某个村庄发起了突袭，抢走了奴隶和牛群。他们一把火烧了整个村子，还成功抓获了一大批奴隶。接着，他们就开始向山上爬去，希望能够弄到之前听说过的一群牛。可是就在这个过程中，他们遭到了拉图卡人的攻击；后者当时一直潜伏在山崖的岩石之间。

他们奋力抵抗，可是一切都是徒劳的；每一发射向拉图卡人的子弹都击中了岩石，与此同时，石头和长矛从西面八方以及头顶处向他们飞过来。于是他们就被迫进行撤退，人人惊慌失措，撒腿就跑。由于被他们的敌人全方位包围住了，再加上无数的长矛和石头从他们的头顶砸下来，他们就

第十二章
萨缪尔爵士及夫人的旅行

沿着岩石嶙峋的垂直山崖向山脚下逃去。可是,他们却搞错了路,结果来到了一块断崖处,因此就变得走投无路了。

那些未开化的野蛮人尖叫着,嘶吼着,从他们周围慢慢靠拢过来。当时,一切努力都是徒劳的,他们无法开枪射死任何敌人,与此同时,这些野蛮人通过狂野的吼叫声把他们一步步逼到悬崖的边缘,而山崖的落差要高达五百英尺。于是,在成群的拉图卡人逐渐缩小的包围圈中,他们被驱赶着相继翻下了山崖,他们的身体在空中乱晃,最终命丧山脚。有一些人奋力抗争到了最后一刻,但是所有人无一例外地都被迫坠入了山崖,他们由此为生前所犯下的暴行偿还了血债。拉图卡人没有放过任何一个人,就连那批两百多个参与奴隶抓捕行动的当地土著也和他们一起坠下了山崖。

马赫穆德·赫尔由于没有和他的队伍待在一起,所以侥幸逃脱了,不过他的势力已经遭到了毁灭性的打击。

这场巨大灾难的结果对于贝克先生而言却是相当有利的。

"那些弃我而去的人如今都在哪儿呢?"他问那些依然留在自己身边的人。

他们一言不发,继而拿来了两把他的手枪,只见上面到处都是混合着沙子的血,只不过血已经凝结成了块状。他看到枪柄上面有一些记号,由此推断出那就是它们主人的名字了。他一一提及了他们。

"他们都死了吗?"他问道。

"都死了。"这些人回答道。

他评论道:"成了秃鹫的美餐了,如果他们和我待在一起,都能恪尽职守的话,就不会落得如此悲惨的下场。"之前,他曾经告诉过这些人,秃鹫会把背信弃义的逃兵的尸骨啃得干干净净。

从那一时刻起,无论是他自己的手下,还是易卜拉欣的手下,对他的态度都发生了翻天覆地的变化。然而,令人沮丧的是,拉图卡人则看上去变得越来越糟糕了。埃及人对他们的女人出言不逊,而且对待当地人态度非常粗鲁无礼,要不是他处处小心谨慎,提高警惕,他自己的队伍和易卜拉欣的队伍都很有可能被彻底切断。后来,易卜拉欣被迫赶回冈多科罗去补充更多的弹药,因此贝克先生就在塔朗戈勒等候他回来。

有一次,由于埃及人的行为不当,所有的当地人都离开了镇子。然后,大量的人聚集在外面,威胁说要发起进攻,并且消灭他们的客人。贝克先

283

生在了解到他们的企图之后，就把埃及人控制了起来，而他自己的手下则表现出一副大无畏的勇猛精神，以至于当地人意识到如果他们把计划付诸实施的话，自己一定会沦为受害者的。他们的首领克莫诺罗（Comonoro）就走进了镇子，然后亲眼看到了为了防御该镇所进行的各项准备工作。于是，他同意去说服自己的子民以和平的姿态来对待他们。第二天早晨，他们就散开了，然后居民们就回到了镇子上。

那些埃及人经过了这次警示之后，表现稍微收敛了一些。不过，当易卜拉欣带着援兵和弹药抵达之后，他们威胁说一定会报仇雪恨的。

经过这一风波之后，贝克先生就把自己的营地搬到了一处安全的地方，那里与镇子之间保持了一定的距离，就在一条河流的旁边。在这里，他修建起了一座菜园，开始过着比之前自给自足得多的生活。

当地的土著们中间盛行的低贱的道德观从各个方面都得到了体现。有一位名叫阿达（Adda）的酋长，有一天来到了他的面前。这位酋长请求他协助自己攻击一个村子，目的是抢夺一些自己想要的铁锄头。贝克先生问道，那里是否位于敌人所在的地盘上面。"噢，不是的！"对方回答道；"那儿距离这里很近，但是那里的人都相当具有反叛精神，所以如果杀死一些人的话，对他们也是有好处的。如果你有所顾忌的话，我就请埃及人来帮我这个忙。"

过了没多久，人们就举行了一场葬礼仪式舞蹈，是为了纪念那些在刚刚结束的战斗中牺牲的人们。那些舞者们打扮得十分荒诞可笑，贝克先生是这样幽默地描述他们的："每个男人戴着的头盔上面都插着大约十二根硕大无比的鸵鸟羽毛，有一张花豹或者猴子的皮搭在他的双肩上垂下来。与此同时，有一个硕大的铁铃铛拴在他的腰部，就像女人的裙撑似的。在舞蹈的过程中，他会用最夸张的方式急促而猛烈地晃动自己的后背，从而让这个铃铛发出声响。自始至终，场面一直显得十分喧闹：人们发出一阵又一阵的叫喊声，有人吹着号角，有人敲打着鼓，每一面鼓发出的音调都不一样；每一个舞者还会拿起自己脖子上挂着的瞪羚角使劲吹着，这声音听起来就像是一头驴子在嘶叫，或者说像一只猫头鹰在尖叫。与此同时，成群的男人们一圈又一圈迅速跑动着，随意挥舞着他们的长矛和棍子，后者的尖端处是用铁制作而成的。这群男人跟着一个领舞者，他走在最前面，整个身子掉转过来面向他们手舞足蹈。外围的妇女们舞蹈的时候步伐就

第十二章
萨缪尔爵士及夫人的旅行

要稍微慢一些,她们反反复复地叫喊着,听上去十分狂野,而且不太和谐。在她们的后面,则是一圈小姑娘和年幼的孩子们,他们用双脚打着节拍,让自己脚踝上装饰着的无数铁圈发出叮叮当当的声响。有一位妇女陪在这些男人的旁边,只见她手持一个装满了木炭屑的葫芦,在人群中奔来奔去,然后抓起一把洒在他们的头上,他们浑身都被粉末给涂满了,看上去就像研磨工似的。妇女之中的领舞者体态非常肥胖,不过即使如此,她还是始终和着节拍一直跳到了最后,她对于自己的外表丝毫就不在意。"

贝克先生不管自己当时的处境是多么危险,经常都会外出去打猎。而且除了其他一些野生动物之外,他还猎杀过一头体形庞大无比的大象,不过当地的土著把象牙和大象肉都扛走了。然而,凭借着手头的枪支,他还是能够为自己的营地提供足够的食物,这一点对大家而言都是比较幸运的,因为当地的土著哪怕连一头自己养的牛都不愿意卖给他。

就在易卜拉欣回来之后没过多久,埃及人在克莫诺罗的请求下袭击了卡亚拉(Kayala)。可是,他们却被当地人给赶了回来。不过,他们还是成功地把那些人的牛都给抢走了。

如果继续在这片土地上逗留的话,他们就会陷入非常危险的境地,因为这些人的恶劣行为都是相当令人不快的。因此,当地的土著都纷纷被他们惹恼了,随时都有可能向他们发动袭击。为此,他们就被迫回到了奥博(Obbo),而那里的酋长,即年迈的卡齐巴(Katchiba)曾经在之前友好地款待过他们。

在这里,由于淋雨,贝克夫妇开始发起了高烧。在此之前,他们所有负责扛行李的牲畜,包括他们的马匹,都已经死去了。贝克先生从土耳其人那里购买了一头上好的牛作为自己和夫人的坐骑。然后,他把自己的物品都交给老卡齐巴,让他及其两名手下代为保管。接着,他就在1864年1月5日这一天启程出发了。这一次,他只带了很少的随从人员,他们一路向卡鲁玛进发,那里位于卡姆拉西领土的北端,而斯皮克和格兰特曾经造访过那里。

他所经过的索阿地区环境优美,景色宜人。连绵起伏的高山上郁郁葱葱地长满了各种挺拔的大树,而一些小村子则星星点点地散布于其间,一切看起来都是如此美丽。在好几个地方,都可以瞥到一些田园的影子,无数条小河为它们送去潺潺的流水,里面还生长着一些品质极佳的树木。在

285

这片土地上，到处散布着花岗岩，它们的体形十分高大，远远看上去就像是一座座已经沦为废墟的城堡。

在这里，他们发现了大量的食物：人们把鸡、奶油以及山羊都带过来进行售卖。

他们雇了一个女奴，她的名字叫巴奇塔（Bacheeta），是尼奥罗人。由于她学过阿拉伯语，所以他们认为她可以担任翻译和向导，发挥一定的作用。然而，她却并不渴望回到自己的祖国去，所以千方百计把他们带入歧途，甚至把他们引到了卡姆拉西的一个敌人，即里翁加（Rionga）的土地上。幸运的是，贝克先生察觉出了她的背叛行为，所以他就带着自己的埃及同盟军抵达了卡鲁玛瀑布，那里距离阿塔达（Atada）比较近。过了没多久，一大批卡姆拉西的子民就渡过了河，一直前进到双方可以开展谈判的距离。此时，巴奇塔按照他的指示开口解释道，他是斯皮克的兄弟，此行是前来拜访卡姆拉西的，而且还为后者带来了一批价值不菲的礼物。然而，卡姆拉西的子民看到面前站着那么多的人，所以流露出相当怀疑的神情。不过后来，当贝克穿着一件类似于斯皮克曾经穿过的西装出现在他们眼前的时候，他们就立刻表示热烈欢迎，只见他们翩翩起舞，以最夸张的方式挥舞着手中的长矛和盾牌。然而，在卡姆拉西表示同意之前，他们一行人是不能渡过河去另一侧的。那位小心谨慎、胆小如鼠的君主派出了自己的兄弟，让后者假扮他自己出场。而有相当长一段时间，贝克的确上当了，还一直认为自己正在和国王面对面进行谈判呢。他不管自己的王族身份，居然向贝克先生建议，双方应该交换彼此的妻子，这一举动使他几乎被贝克一拳给打倒。甚至当巴奇塔了解到对方刚才说出的侮辱性的话语之后，也毫不留情地怒斥了这位冒牌国王。

在这一事件发生之前，他从奥博雇佣的那批搬运工已经弃他而去了。因此眼下，他只能仰仗卡姆拉西为他物色一些人来取代他们的位置。

然而到了最后，国王的态度还是变得友好了起来，而且下令让自己的子民尽可能地帮助这位陌生人。除此之外，他还准许他朝着西方前进，去看一看令他魂牵梦绕的那片湖泊。国王还派给了他一些妇女，让她们帮着扛他的行李。就这样，他带着妻子，以及一小批随从人员，终于启程上路了。

当他们靠近一座规模相当庞大的村子时，有大约六百个男人手持长矛

第十二章
萨缪尔爵士及夫人的旅行

和盾牌冲了出来,只见他们个个打扮得很奇怪,不停地高声尖叫着、嘶吼着,好像随时就要攻击他们。于是,他的手下就大喊道:"要打架啦!要打架啦!"

他非常确信那只不过是一场游行而已。这些武士们有的身披花豹皮,有的身披白色的猴皮,他们的身后绑着牛尾,脑袋上固定着两只瞪羚的角。与此同时,他们的腮帮子用假胡须进行装饰,它是用牛尾末梢的毛制作而成的。这些看上去像魔鬼一样的野蛮人把他们团团围住,做出各种手势,同时大喊大叫,假装用手中的长矛和盾牌向他们发起进攻,接着,他们就开始彼此之间假装在进行战斗了。

不过,贝克先生很快就摆脱了这些恶魔一般的护卫。而很自然地,可怜的贝克夫人则受到了惊吓,她担心此举是国王企图拦截他们,甚至也许还想把她掳走。

这一插曲落幕之后没多久,当他们穿越一条河的时候,天气相当炎热,简直让人无法忍受。就在这时,贝克先生看到自己的妻子从牛背上摔了下来,看上去就像是被子弹击中,倒地而亡似的。为此,他感到惊恐万分。于是,他就和随从们一起把她抬着穿过了一片草地,然后趟入了小河,一直走到水漫到他们腰部的时候。接着,他们就把她的脑袋托出水面,一路继续前进,直到河岸边。他把她放在一棵大树下,让她平躺在地上。此时,他才发现她是中暑了。由于那里没有什么可以吃的东西,所以他们就必须继续前进。后来,他们找到了一副担架,就把贝克夫人放了上去,抬着她走,而她的丈夫则神情恍惚地守在她的身边一起跟着大部队前进。在接下来的七天时间里,他就是这样继续自己的旅程的。到了最后,她的双眼终于睁开了。但是,令他无比痛心的是,他发现她患上了脑膜炎。

有一天傍晚,他们抵达了一个小村子。当时,她一直在剧烈地抽搐。于是,他以为一切都完了。他只觉得脑子一片空白,就一屁股坐到了她的身旁。与此同时,他的手下则走出屋子去找一处地方为她挖一座坟墓。当他忽然醒过来的时候,他觉得自己连最后一丝希望都已经没有了。当凝视着她的脸庞时,他看到她的胸脯正微微起伏着,原来她睡了。突然,传来了一阵声响,她突然睁开了双眼,她的眼睛看上去如此平静而清澈,她得救了。

在休息了几天之后,他们就继续踏上了行程。贝克夫人依然躺在自己的担架上面被人抬着走。到了最后,他们抵达了帕尔卡尼(Parkani)。令他喜出望外的是,当他凝视着一些高山时,有人告诉他,它们形成了卢塔齐格湖的西侧,而且那片湖实际上距离这座小村子只有一小段距离了。他们的向导声称,如果他们一大早就发出的话,也许可以在正午前后就抵达湖边了。那天晚上,贝克几乎彻夜难眠。

第二天早晨,即3月14日,他带着妻子骑上了牛,在日出之前就上路了,同行的还有他们的随从人员。他们跟在他的向导身后,在跋涉了几个小时之后抵达了一座小山丘。从山顶上,他"看到在自己的脚下流淌着一片宽阔的河流,向南方以及西南方望去则是一片无边无际的水平面,在正午阳光的照射下显得波光粼粼。而望向西侧,在五六十英里之遥的地方,蓝色的山脉从湖底拔地而起,高耸入云。如果从水面以上部分开始计算的话,山的高度要达到大约七千英尺"。

他们就从那里开始步行下山,一路上都用结实的竹子作为拐杖。他们整整走了两个小时,才抵达了湖滩处,只见上面布满了白色的鹅卵石。湖里泛起了阵阵浪花,它们翻滚着,一波接着一波地不断拍打向岸边。

此时,贝克的心情无比激动,他连奔带跑地冲入了湖。接着,由于被热浪和疲劳折磨得口干舌燥,他怀着无比感激的心情,探下脑袋,猛地喝了一口湖水,而这正是他所描绘的尼罗河的源头之一。为了纪念已故的亲王,他把这片湖泊命名为阿尔伯特湖。

在这片湖泊两岸居住的人个个都是捕鱼高手。眼下,这些旅行者们就在其中的一个村子安顿了下来,这个村子的名字是瓦克维亚(Vakovia)。

在他的随从人员中,有两个人曾经在亚历山大港亲眼看到过大海的模样,而且他们一直深信自己是无论如何都无法抵达湖边的。此时此刻,当这片湖泊在他们面前一览无遗时,他们都显得目瞪口呆。他们毫不犹豫地断言,虽然它并不含盐分,但是它一定就是大海。

然而,盐是当地的一个主要产品。在周边地区,分布着数不胜数的盐坑,而当地的居民们主要就受雇于里面的一些工场。瓦克维亚这个地方环境比较恶劣,由于它终年潮湿,而气候又一直很炎热,所以整支队伍都开始发起了高烧。

为了等候独木舟,他们在这里逗留了八天的时间,这些独木舟正是卡姆拉西下令自己的子民为他们而准备的。到了最后,人们终于带来了几艘

第十二章
萨缪尔爵士及夫人的旅行

独木舟,但是它们只不过是一些掏空的树干而已,最大的一艘长度为三十二英尺。贝克选了另外一艘独木舟,虽然它的长度只有二十六英尺,不过更宽,而且吃水深度也更大。他计划自己带着妻子以及贴身侍从就乘坐这艘独木舟。与此同时,行李搬运工以及其他人员则坐上前面提到的那艘独木舟。他把自己船的两侧加高,然后为自己的妻子安置了一个船舱,它不仅可以遮雨,还可以抵挡阳光。

在采购了一些必需品之后,他就启程,前往阿尔伯特湖进行勘探了。

根据他的测算,瓦克维亚坐落在距离最北端三分之一的位置。而由于时间有限,他也无法继续前往南部。于是,他就把路线调整到了往北前进,朝着他认为尼罗河应该从中流出的地方进发。

此行所遇到的困难还没有画上句号。第一天,航行还是相当令人愉悦的,因为湖面平静如水,周围风景如画。有时候,在西岸上矗立着的群山几乎无法辨认出来,因为这片湖看上去似乎无边无际。有时候,他们会径直穿行在垂直悬崖的下方,这些悬崖的落差达到了一千五百英尺(约四百五十七米),它们会陡然之间从水中耸立而出。除此之外,五彩缤纷的常青植物从深深的岩石缝隙之间探出身子。无论一条小河从哪里汩汩地向前流淌,它的两岸都会布满了郁郁葱葱的野生枣树,它们显得如此优雅,那柔软如羽毛一般的树叶层层叠叠地遮住了从上方直射下来的阳光。成群的河马在水里嬉戏玩耍,而在每一片沙滩上,都卧着无数条鳄鱼。

然而,到了第二天晚上,船夫们就扔下他们离开了。但是,贝克并没有因为这一变故变得灰心丧气,他劝说自己的手下来掌控船桨。他把一根船桨固定在自己乘坐的船上,把它作为一个船舵。但是,那艘较大的船上的人却没有按照他的指示那样做。

正当他埋头忙活的时候,一场巨大的暴风雨席卷而来。由于他自己的独木舟已经作好了一切准备,所以他就驾船上路了。正当他马上就要从一个岬角穿越到另一个岬角的时候,他突然看到那艘较大的独木舟正在一圈圈地打着转儿,因为船上的人根本不知道怎么来驾驭它。幸运的是,水面上渐渐平静了下来。他一抵达岸边,就劝说几个当地的土著来担任他的船员。与此同时,其他人则下了他们自己的船,去帮助那艘较大的独木舟。

现在,他开始驾船穿越一处很深的湖湾,它的宽度足足达到了四英里。当他刚刚抵达中心位置的时候,突然一阵暴风雨袭来,只见巨大的波浪翻滚着，从湖面上迅速扫过来。独木舟艰难地行进着，偶尔还会有水漫到船上，不过人们很快就把这些水都给舀了出去。如果他们没有这么做的话，那么不可避免地，这艘独木舟必将淹没。此时，瓢泼大雨劈头盖脸地砸下来，再加上狂风怒吼，湖面上巨浪一阵高过一阵，除了远处忽隐忽现的高高的悬崖，周围的一切事物都变得难以分辨了。船夫们拼尽全力划着桨，到了最后，他们终于看到前方出现了一片沙滩。这时，一阵巨浪向独木舟砸过来，瞬间就把它裹了进去。说时迟那时快，所有的人一下子都跳出了船。虽然他们接连在地上打了几个滚，但还是成功地把船拽上了沙滩。

当划着桨沿着这座湖泊的岸边缓缓前行时，他们发现周边的居民数量十分有限，而且当地人也显得非常不友好。最后，他们抵达了埃皮戈亚（Eppigoya）。即使是在这里，居民们都拒绝把山羊卖给他们。不过，他们还是愿意把一些鸡以低价卖给这些旅行者。

每途经一个村子，旅行者们就把他们的船夫给换掉，因为没有人愿意走到下一个村庄之外的地区去。这个情况的确有点令人恼火，因为他们的行程经常要被耽搁下来。

到了最后，他们抵达了马古恩戈（Magungo），它就坐落在一大片无边无际的芦苇荡之中。它地处一座小山丘的最顶端，就在一条巨大河流的河口上方。他们穿越了一道河峡，只见两岸到处是无比美丽动人的荒野植物，然后他们就抵达了这座镇子下方的河岸。在这里，他们的向导上前来欢迎他们一行的到来，这位向导已经一路把他们所骑的牛从瓦克维亚带到了此地，他表示这些牛的状态都良好。

马古恩戈的酋长和一大批当地土著也都在岸上等候他们，而且给他们带来了大量的物资，包括山羊、鸡、鸡蛋和新鲜的奶油。接着，他们继续步行，一路爬上了马古恩戈所坐落的高地。站在那里，他们饱览了周围的无限风光，他们不仅可以俯视整片湖泊，而且向北望去，还能目睹湖水汇入尼罗河的那个地方。

贝克最希望做的事情就是乘坐独木舟沿着尼罗河顺流而下，从它源于湖泊的泻出口一路直抵马迪地区的瀑布流域，然后再从那里步行前往冈多科罗，随身只带着枪支和弹药。不过，他发现这一计划是不可能付诸实施的。就在他们回到独木舟之前，贝克先生本人就由于高烧不止而病倒了，浑身无力。与此同时，他的大部分手下也都纷纷病倒了。

第十二章

萨缪尔爵士及夫人的旅行

不过,他们听说在河流的上游地区有一座规模宏大的瀑布。于是,他们就朝着那个方向开始前进。当他们来到马古恩戈以上大约十八英里(约二十九千米)的地方时,可以依稀辨认出一条细细的流水。河道渐渐地越变越窄,到最后宽度仅有一百八十码了。眼下,当他们停止划桨的时候,就可以清清楚楚地听到洪流那震天的咆哮声了。于是,他们继续前进,而这声音就变得越来越响。他们看到了一大群鳄鱼,贝克先生数了一数,单单就一片沙滩而言,上面就卧着二十七条巨大无比的鳄鱼。

当他们抵达了一座被遗弃了的小渔村时,船员们一开始表示拒绝再向前赶路了。但是,贝克先生向他们解释道,他只不过是希望能够看一眼瀑布而已。于是,他们就划着桨朝着河流的上游进发,而此时的洪流是正对着他们奔腾而下的,所以他们受到了很大的阻力。

当他们绕过一个角之后,眼前豁然开朗起来,秀美的景色扑面而来。在河流的两侧,耸立着高高的悬崖峭壁,上面郁郁葱葱地长满了挺拔的大树,它们向天空中伸展开去,高度达到了大约三百英尺;从层层叠叠的绿色树叶中,无数块岩石钻出了脑袋,就在他们眼前,这条河流奔腾着穿过一道鸿沟,正是这道鸿沟把岩石一劈为二了。河流正是在这里从一条宽阔的大河缩窄到了几乎连一百五十英尺都不到的宽度,只见它咆哮着一路穿越了岩石嶙峋的关口,然后纵身一跃,从大约一百二十英尺的高度以垂直的角度跌入了下方那漆黑一片的无底深渊。那雪白的水帘在黝黑的峭壁的映衬下显得格外夺目,而后者就整齐地沿着河道一路排列着,形成了一堵山墙。与此同时,热带棕榈树那优雅的风姿以及野生芭蕉让这里的风景更平添了些许风韵。

这就是尼罗河壮丽恢宏的瀑布,他把它命名为穆尔齐森瀑布(Murchison Falls),此举是为了纪念皇家地理学会的主席。至于这条河流本身,他则命名其为维多利亚尼罗河(Victoria Nile)。

他把这片瀑布的全景尽收眼底之后,又逗留了一段时间尽情地欣赏这片瀑布的风采。后来,他从一头庞大无比的雄性河马口下死里逃生之后,就掉头沿着河道顺流而下,回到了马古恩戈。

从第二天早晨开始,贝克夫妇双双开始发起了高烧。可是,他们随身携带的所有奎宁都已经用完了。而且,他们发现自己所骑的牛已经受到了采采蝇的叮咬,情况十分糟糕,很可能是活不了了。雪上加霜的是,他们的向导也抛弃了他们,他们的整个搬运工队伍都已经不告而别了,就把他们孤零零地晾在了维多利亚河上的帕图阿姆岛(Patooam)上,而在此之前,他们刚刚安排船夫把他们渡到这座小岛上。

眼下已经是4月8日,他们计划乘坐船只沿着尼罗河的河道顺流而下,可是再过几天,这些船就要驶离冈多科罗了。因此,当务之急就是他们必须立刻离开此地,沿着一条直线穿越索阿地区。

可是,当地的土著人一点儿都没有被他们给予的恩惠所打动,而是斩钉截铁地拒绝帮助他们。眼下,他们自己的手下也病倒了,而且物资供给也出现了严重不足。实际上,在东部的一些地区,一场战争正在如火如荼地进行着,而帕图阿姆岛正落到了卡姆拉西敌人们的手中。正因如此,纵使他们使出了浑身解数,都无法找到一个尼奥罗的搬运工。

要不是巴奇塔通过自己的方法发现了储藏种子的地下谷仓,他们也许就不得不过忍饥挨饿的日子了。那座谷仓所属的村子已经被敌人一把火烧了个干干净净。于是,他们就凭着这些种子,再加上其他种类的一些野生植物,勉强捱过了这段时期。他们最后的一头牛,在跟跟跄跄地跟了一段时间之后,终于也支撑不住,倒地而亡了。由此,这些人一下子获得了大量的牛肉。除此之外,萨提和巴奇塔偶尔会坐上独木舟,从周边的岛屿上弄来一只鸡。

到了最后,无论是贝克本人,还是贝克夫人,都相信自己的末日即将到来了。于是,他就在自己的日志中写下了各种各样的指示,然后委托自己手下的小头目把他的地图和观察记录转交给英国驻喀土穆领事。

后来,他们了解到离开他们的卡姆拉西希望能够获取他们的帮助来共同抵抗他的敌人们。所以到了最后,他们的向导出现了,他受命前来把他们一行人带到卡姆拉西的营地中去。虽然他们当时个个疲惫不堪,但还是硬撑着跟随向导上路了。他们一抵达目的地,就发现易卜拉欣把十个埃及人留给了卡姆拉西作为人质,而他自己已经回到冈多科罗去了。这些人对他们非常敬仰,个个脸上流露出难以掩饰的喜悦之情,他们都十分惊叹于这些旅行者居然已经完成了一段如此艰辛的旅程。

为了欢迎他们,人们建起了一座小屋子。接着,埃及人宰了一头牛,为他们的子民们准备了一场盛宴。

到了第二天,国王派人传话说自己随时准备接见这位旅行家。于是,

第十二章

萨缪尔爵士及夫人的旅行

他就换上了高地人的服装,然后被一大批男人扛在肩上运到了这位君主的面前。卡姆拉西告诉他,自己已经作好了一切安排,他可以待在齐苏纳(Kisoona)。

眼下,由于赶赴冈多科罗搭船的希望已经彻底破灭,贝克先生就迫于形势,准备让自己在此地过得尽量舒适一些。他派人造了一栋温馨的小屋子,周围是一圈院子,里面有一个四边通风的棚子。这样一来,他就可以和妻子在白天待在里面乘凉。卡姆拉西送给了他一头奶牛,从而为他们提供了源源不断的牛奶。除此之外,他还送给他们大量的食物。

在这里,这些旅行者们被迫逗留了好几个月的时间。后来,弗乌卡(Fowooka)的子民,以及一大批埃及人(或者土耳其人)在商人德博诺的率领下入侵了他们所在的土地,他们就自此结束了这段生活。卡姆拉西建议立刻前去迎战,但是贝克答应说,自己愿意升起英国国旗,从而把这片土地置于英国的保护之下。接着,他就派人送信给马赫穆德,即德博诺的代表,警告他如果他的手下有任何一位开枪射击的话,他就一定会被吊死,同时下令他们赶紧离开这片土地。除此之外,他还告诉他们自己已经答应把所有的象牙都卖给易卜拉欣了。因此,他们已经违反了商人们之间定下的规矩,他们这一行为属于擅自闯入别人的领地。在这些人中间,巴奇塔曾经在这片土地上做过奴隶。她认出了自己之前的女主人,后者和他们酋长里翁加的妻女们一起都已经被抓了起来。

过了一阵子,易卜拉欣回来了,还给卡姆拉西带来了各种各样的礼物。而卡姆拉西,除了沉浸于打败敌人的胜利喜悦之中,还对这些礼物表示相当满意,整个人显得神采飞扬。

贝克先生成功地解救出了一位被逮住的老酋长,他的名字叫卡洛埃(Kalloe)。但是过了一些日子,残暴的卡姆拉西亲自开枪把他击毙了。

到了最后,那些土耳其商人在收集了一大批象牙之后,就准备动身返回索阿去。于是,贝克先生也趁机离开,他心中暗自庆幸终于能够逃离这位冷酷无情的卡姆拉西的领地。他带着自己的盟友再度踏上了旅程,这些人包括搬运工、妇女和儿童,人数总计有一千个人。

在索阿,他又花了几个月的时间驻扎在那些友善的马迪人之中。正当他们一路穿越巴里部落盘踞的土地时,他们在一座山峡处遭到了当地土著的攻击。不过,这些土著被他们赶回去了。但是到了第二天晚上,他们的营地就被重重包围了起来。接着,无数支毒箭如雨点般射了进来。有一个土著人比其他人胆子都大,所以他靠得很近,不过他最终被击毙了。而其余的人趁着当时漆黑一片,纷纷撤走了。到了早晨,他们捡起了大量的箭。

当他们抵达冈多科罗的时候,只有三艘船已经抵达了当地。而令所有的贸易伙伴感到十分震惊的是,他们听说埃及当局准备要遏制奴隶交易,因此已经分别乘坐四艘蒸汽船抵达了喀土穆,其中的两艘蒸汽船已经沿着白尼罗河逆流而上,并且已经逮住了一大批奴隶贩子。如果事情真是那样的话,那么眼下聚集在冈多科罗的三千个奴隶就等于是一钱不值了。

当时,喀土穆也正笼罩在瘟疫的魔爪之下,因此船上的许多船员都在途中死去了。不过,贝克先生负责操控其中的一艘船,即迪亚必阿赫号(Diabiah),它是属于库尔希德帕夏的。

于是,贝克就告别了自己昔日的帮手易卜拉欣,不过,后者自此以后对他都可谓忠心耿耿。接着,贝克就带着全身心陪伴自己的妻子沿着尼罗河顺流而下,开启了他们的航行之旅。

可是令人唏嘘不已的是,正如人们可以预料到的,船上爆发了瘟疫。有几个他们的人被病魔夺去了生命。令他们感到十分痛惜的是,那个忠心不二的小男孩萨提也没能逃过此劫。

他们于 1865 年 5 月 5 日抵达了喀土穆,并且在那里受到了整个欧洲人团体的热烈欢迎,后者无比慷慨地款待了他们一行。

他们在这里逗留了两个月的时间。在这段时间里,天气非常地炎热,而且当地又遭遇了一场沙尘暴的袭击,这场突如其来的天灾转瞬之间就让一切都陷入了伸手不见五指的黑暗之中。一开始,大家连一丝风都感觉不到。可是,一旦逼近的时候,它所产生的爆发力却是谁都没有预料到的。当时,一切都陷入了极度的黑暗之中,贝克先生和他的同伴们即使把自己的双手举到靠近双眼的位置,都无法辨识清楚:甚至就连轮廓都看不见。这场暴风足足持续了超过二十分钟。随后,它一下子就离开了。然而,他们所感受到的黑暗几乎就和埃及人在摩西时代所经历过的相差无几。

船上之所以爆发瘟疫,罪魁祸首就是那两艘被逮住的船上的奴隶,而且在这些奴隶之中,还爆发了鼠疫。这些船都装载着超过八百五十个人。当这些不幸的人被送上岸的时候,没有什么比他们当时所处的境况更悲惨的了。后来,妇女们被分给了士兵们。由此,鼠疫就开始在整个地区蔓延

第十二章
萨缪尔爵士及夫人的旅行

开去。

当贝克先生把马赫穆德·赫尔绳之以法的时候,他觉得心里非常地开心,因为后者在拉图卡曾经教唆自己的手下进行反叛。这个人被抓住了,然后拉到了谢赫的面前。接着,他就被鞭打了一百五十下。可是,那些被捆绑住的妇女所遭到的鞭打常常要远超这个数字呢!他几乎把所有的坏事都做尽了!而现在,他正在鬼哭狼嚎地祈求怜悯!不过,贝克先生还是开口恳求谢赫停止这一惩罚,并且希望能够向他解释,他之所以受到这一惩罚,是因为他曾经试图教唆他的护卫进行反叛,从而阻挠一个英国旅行者的远征行动。

现在,尼罗河水已经上涨了,航程正式拉开了序幕。但是,当他们的船只在沿着瀑布往下时,几乎船毁人亡。

当他们抵达柏柏尔之后,就穿过了沙漠的东部,前往位于红海沿岸的苏瓦金(Suakin)。在这里,他们找到了一艘蒸汽船,然后就经由苏伊士运河一路前进至开罗。在那里,他们把一路忠心耿耿的理查恩及其妻子安排进一家大饭店担任服务生,那里的工作环境比较舒适。接着,双方就告别了。与此同时,贝克先生十分高兴地了解到皇家地理学会已经授予了他维多利亚金质奖章,这就意味着自己的种种努力和付出都已经得到了人们的首肯。当他抵达英国的时候,他也被授予了骑士称号。

萨缪尔爵士和贝克夫人在家里停留了很短一段时间,然后就回到了埃及。萨缪尔爵士从谢赫那里接受了帕夏的头衔,接着就组织了一场远征行动。他们把蒸汽船沿着尼罗河向上游地区运过去。然后,他们就把这些船放置在阿尔伯特湖的岸边。通过强硬的手段,他将致力于阻止奴隶贸易,因为他已经亲眼目睹了它所带来的种种恐怖行径。在接下来的漫长数月中,他不辞辛劳地全身心投入到这项艰巨的事业之中,所有的奴隶贩子都千方百计地想要阻挠他,他还要面对当地土著的残暴与明目张胆的敌对情绪。在他所克服的种种困难面前,即使是那些最勇猛无比、意志最为坚定的人都一定会变得心灰意冷,踌躇不前的。

后来,萨缪尔·贝克爵士发起了第二次远征行动,而且这一次他同样带上了贝克夫人。这场行动有两个目标:第一个目标是镇压奴隶贸易,第二个目标是占领通常所指的"非洲中部赤道省"。在威尔士亲王的建议下,这次远征行动由伊斯梅尔(Ismail)帕夏即埃及的谢赫在装备上予以支持。

这一任务的完成期限将为四年,在这段时间内,贝克帕夏将被指派为非洲中部赤道省的总督,而他的任务就是去征服并吞并它。这支队伍由一千六百个步兵组成,还包括了所有用于战争以及求和目的的装备。远征军于 1870 年 1 月抵达了喀土穆。在 2 月 8 日这一天,贝克动身沿着白尼罗河逆流而上,向冈多科罗进发。

但是,沿途的植被却对船只的前行造成了不小的阻碍。而且,还有一座早已存在的堤坝。因此,在穿过这一障碍物的时候,船只的前进速度都相当缓慢。与此同时,所有的人都不停忙着挥舞手中的剑,在水面上铺满的"漂浮植物堆"中间辟出一条通道。这一努力一直持续到了 3 月 1 日。就在这一天,这支小型船队在植被之中"被困住了",因此变得寸步难行。眼下,他们必须掉头返回,但是再一次地,他们在前进时恰好又遇上了顺风。当时,看不出形势会有所好转的迹象,而且大家又日夜不停地在奋力挥砍出一条通道,为此许多人都累得病倒了。

到了 3 月 11 日,船只已经无法在河流上再通行了。运河在山中穿行,沼泽地里的昆虫和鳄鱼纷纷对他们展开攻击,这些都对此次远征行动造成了严重的阻碍,而且人员的折损情况也日益恶化。到了 4 月 2 日,贝克下令全体掉头折返。

法绍达(Fashoda)的总督是听命于埃及政府的,因此,他的等级就要比贝克帕夏更低一级,而这位总督大人被宣判犯下了奴隶交易罪。可是,这个男人却否认了所有对他的指控,还声称自己对于这类邪恶的交易一无所知。不过考虑到有一百四十五名可怜的受害者被人们找了出来,所以在萨缪尔·贝克爵士的眼里,这位总督再怎么矢口否认都是无济于事的。最后,所有的奴隶都被释放了。于是,这支小型船队又继续向前进发了。

到了 5 月 1 日,在图费齐亚赫(Tewfikeeyah)的营地基本上要完工了。在这里,希洛克的国王前来拜访了贝克,因为他的一部分子民正是被贝克从奴隶制当中给解救出来的。从国王的一位妻子那里,贝克得以深入了解法绍达统治者的阴谋。于是,这位帕夏就答应向受伤的国王提供帮助。在接受了用电池实施的触电"治疗"之后,这位国王就告辞了。

在这座营地里,远征队伍又逗留了一阵子,而且还成功地截住了一船的奴隶。在这次非法交易中被截获的船只表面看上去相当正常,因为它上面装满的都是玉米。然而,卡德尔(Abd-el-Kader)上校仍然心存疑虑,于

第十二章

萨缪尔爵士及夫人的旅行

是他就把一根推弹杆猛地向玉米堆深处戳下去。接着,就传来了一声尖叫。一名妇女马上就被拖了出来,经过一番搜查,他们发现在甲板的下方,有一大批奴隶,他们都是被紧紧地绑在一起的。除此之外,他们甚至还在一卷收拢的船帆里面发现了一个小女孩。

奴隶运输船被没收,所有的奴隶都被释放,而且贝克给他们都签发了文件,以此证明他们都是自由身。很快,这些女人就在黑人士兵之中纷纷挑选出了自己的丈夫。至于埃及士兵,由于他们的肤色是棕色的,而非黑色,立刻就遭到了黑人女子的婉拒。后来,他们还释放了其他一些奴隶。直到12月,这支小船队才离开了图费齐亚赫,而当地的营地接下去就被取消了。

希洛克的土地最终恢复了和平。那位残暴冷酷的总督已经颜面扫地了,而国王的儿子们则受到了嘉奖。接着,船只就朝着南方乘风破浪而去。他们发现,有一艘船沉了。然后,他们又经历了许多"令人心碎不已"的失望与挫败。不过到了最后,他们还是恢复了进程。为了让整支船队能够"浮"起来,他们不得不建造了一座堤坝。而且自始至终,无论是船只,还是正在工作的人员都遭到了河马的袭击。除此之外,疾病也在士兵之中爆发了。不过,到了1871年4月15日,在穿越了一片"被遗弃的土地"之后,即从喀土穆出发一路跨越了一千四百英里之后,船队终于抵达了冈多科罗。

当贝克一行人抵达的时候,当地的土著们并没有表示出十分高兴的样子,而贝克接下来就开始以总督的名义来吞并这片土地了。奴隶交易被严令禁止,而且贝克帕夏宣称自己随时准备惩罚任何违反此项禁令的人。正如我们可以预料到的,类似于这些的举措会从很大程度上冒犯到一些人,而巴里部落就公然表示抗议,意图推翻他的执政。由于他们对任何一届政府都是持对立态度的,所以到了6月1日,贝克签发了一条命令,而且该命令即时生效:鉴于巴里人已经表示拒绝服从该公告,所以就必须动用武力来打击他们。在双方处于敌对状态期间,不允许任何人抓捕妇女和儿童,否则就将被判处死罪。

由于巴里人对他们日益产生威胁,所以他们就作好了防御的准备。到了6月3日这一天,他们注意到卫兵貌似已经离开了自己的岗位,就靠过来掳走了牛群。于是,他们就跟着这些小偷,抢回了一部分牛。眼下,双方继续处于势不两立的状态。此时,一个残暴冷血的商人阿布·萨伍德

（Abou Saood）抵达了这里，而他也并没有要改善这一局势的意图。贝克向他抗议道，他居然还和政府的敌人继续保持友好的关系。于是，贝克就命令他撤出这个地区，而且让他把对被偷走的牛悉数予以了赔偿。

后来，贝克对于这个过于心慈手软的行为懊悔不已。而且，在他逗留于此地的这段时间里，巴里人断断续续地对他们进行袭击，再加上一些部队里的士兵并不是全心全意地效忠于他，所以事情进展得并不是太顺利，以至于过了一阵子之后，局势对他而言已经演变得比较危险了。而且，鳄鱼也非常凶残，许多严重的损失偶尔也是出于它们的攻击。他们曾经抓住了一条鳄鱼，然后在它的胃里发现了重达五吨的小石子、一条项链和两条臂链，而这些就是黑人女孩所戴的饰物。

在保镖队伍的道德塑造方面，他成功完成了另一项任务，而这队保镖就是昔日赫赫有名的"四十大盗"。眼下，这四十个人是一支"无坚不摧"的部队，他们时刻准备着完成任何任务，尤其是无愧于心的光明正大的行动。

巴里人依然非常富有进攻性，他们夜复一夜地靠近他们，伺机攻击远征队伍。由于他们在前进的策略方面可谓诡计多端，而且行动起来悄无声息，所有这一切特征都让他们的攻击变得更加危险。另一方面，由于贝克只是被动地进行抵抗，所以人们都认为这是一种怯懦的表现。有一天傍晚，巴里人发动了一场大规模的袭击。部落里的人都被赶走了，但是营地里的部队却原地等候着越靠越近的敌人。当时，贝克并不在根据地。而且，人们"根本连想都没有想过"要动用炮兵部队。

贝克已经对冈多科罗的防御工事进行了加固，眼下，他把这个地方改名为伊斯梅利亚（Ismailia）。他暂别了那里，率领着四百五十个手下进入了敌人的土地，开始投入战争。当他们这支小规模的武装部队前进了十三英里之后，就与巴里人不期而遇了。接着，他们就在这些巴里人的防御围栏处对其展开了进攻，而上场的武器就是刺刀。巴里人跳出了围栏，于是贝克就在原地露营下来。经过几轮交火，巴里人建议双方达成某项协定，并且倡议结成盟军。但是，这一切都是阴谋而已，而贝克发现了事有蹊跷，于是就在他们的围栏处对其展开了进攻。接下来，他设了一些埋伏，然后成功地让巴里人在自己所布的局中落败而归。

贝克手下部队的纪律让他相当头疼不已。他们想要抓些俘虏，而他们的指挥官已经明令他们不能这样做了。过了一段日子，他手下最重要的上

第十二章

萨缪尔爵士及夫人的旅行

尉拉尔夫·贝（Raouf Bey）发动了叛变。为了镇压这一反叛行动，他下令发起一次远征行动，而且获得了成功。但是，由于拉尔夫已经自作主张地把一大批伤病员和其他人送到喀土穆去了，所以可以集结的人员数量急剧下降。至于阿布·萨伍德，他也千方百计地破坏此次行动。因此，事情看起来并不太理想。然而，贝克却下定决心坚决不能被这些挫折给打败。于是，他就组织了一场远征，目的地是白尼罗河的最后一道瀑布。当尘埃落定之后，出现的结果就是他们与巴里人和平共处；他们凭借敏捷的战马和施耐德来复枪征服了各个部落。

现在，他决定率领一支远征队伍前往南部地区。贝克踌躇满志地开始致力于开拓阿尔伯特湖的通道。在经历了一连串意料之外的突发事件之后，他开始穿越一片美丽的土地，向着洛博尔（Lobore）进发。到了3月，他抵达了法提科（Fatiko）。在那里，他的宿敌，即阿布·萨伍德再一次试图和他作对，希望能够阻挠他的远征行动。到了后来，他的残暴行径已经演变得越来越恶劣了。

贝克在这里为当地人组建起某个类似于政府的机构，然后就马不停蹄地赶往位于乌尼奥罗的马辛迪（Masindi）。他们拜访了国王，后者对于贝克的到来感到由衷的高兴。与此同时，他也描述了阿布·萨伍德种种令人不齿的行为。他把国王描述为一个"缺乏尊严的二十岁的年轻人，他自认为是一个伟大的君主"。事实证明，他是一个间谍，所以很明显是不可靠的。当地的土著都对他们心存疑虑，再加上阿布·萨伍德残暴无情，所以在马辛迪，他们的处境变得越来越微妙和困难了。然而，经过了某种仪式，乌尼奥罗还是被吞并入了总督大人的领地中。但是过了一阵子，人们送来了一些下过毒的芭蕉酒作为礼物，而且导致了许多人差一点儿丢了性命。于是，贝克就准备奋起抵抗。但是，就在他实施自己的计划之前，当地的土著突然发动了起义。一场激烈的冲突随之爆发了。

这场战斗持续了一个小时十五分钟，土著们落败而归，他们的首都也遭到了破坏。贝克损失了几名手下，而他十分钟爱的仆人曼苏尔（Mansoor）也在牺牲人员的名单上面。接着，他们继续踏上了征途，向维多利亚尼罗河沿岸的弗维拉（Foweira）进发，沿途一直不得不抵抗敌人的进攻。在那里逗留期间，贝克了解到正是阿布·萨伍德一手策划了马辛迪袭击以及下毒事件。

贝克和自己那勇猛无畏的妻子一直在那里待到了1873年1月,他们努力推行严格的纪律约束。到了最后,他们还是成功让当地恢复了和平,一切开始变得欣欣向荣起来。

阿布·萨伍德被关进了监狱,并押往开罗,但是他那恶贯满盈的一生并未就此终结。他后来被"中国人"戈登(Chinese Gordon)给释放了,而后者是贝克的接任者,而且正是他所开展的远征行动对非洲中部地区产生了重大的影响。

萨缪尔·贝克爵士对于英国政府在推行政策方面表现出的逆转行为感到有些心烦意乱,这一政策涉及非洲中部的广袤领地,由埃及管辖,而吞并赤道省正是贝克的功绩。他赞同戈登一直挂在嘴上的话:"我们是一个相当出色的民族。我们之所以成为一个伟大的国家,并不是而且永远都不会是政府的功劳。我们的成功应该要归功于推动我们的车轮滚滚向前的人民。"

1890年,埃明帕夏受雇于德国政府,负责对其在非洲东部地区的领地进行管辖。就在斯坦利把他营救出来之后,在萨缪尔·贝克爵士和戈登放弃赤道省之际,贝克写了下面这段话,因为当时整个事件已经发生了新的变化:

"从1869年一直到戈登将军离开苏丹,我们把英国的影响力不断加以扩张,并且把阿尔伯特湖与喀土穆连接了起来,两地之间可以直航。英国政府并没有看到这一步,不过白尼罗河沿岸的奴隶交易被成功镇压了,一个运转良好的政府在整个尼罗河盆地被组建了起来,而且对于人民来说,比我们可以在爱尔兰所吹嘘的战绩还要多得多。

"英国让所有这些循序渐进产生的影响力都落空了。我的意思并不是说这都是格莱斯顿(Gladstone)的错。我们的国家十分擅长打击一个失势的官员,却忘记了英国自己应该时时刻刻为那些以它名义开展的行动负全责。决定性的事实依然历历在目,即英国人所取得的全部成果,首先是斯皮克和格兰特对于尼罗河源头开展的独立探险,他们是从南部出发一路前进的,而我则是从北部出发进行探险的。随后,就是伊斯梅尔开展的远征行动。在我的指挥下,我们吞并了赤道地区,并且遏制了奴隶贸易。在接下来的五年时间里,已故的戈登将军不遗余力地巩固并拓展我之前开启的事业。可是,所有这一切却被英国政府给一手摧毁了。

第十二章

萨缪尔爵士及夫人的旅行

"当戈登对苏丹放弃了权力之后,苏丹究竟是处于一种什么样的境地呢?埃及从地中海延伸而出,一直覆盖到赤道的一定位置。在那片广袤无垠的领土上,屹立着一个负责任的政府,从而可以保障人民安居乐业。当时,那里的人并不用担心'月夜暴行',没有牛会被割断踝腱,没有人会受到抵制。当夜幕降临之后,比起你待在海德公园,待在努比亚广袤的沙漠中反而更安全。当时已经建立了一套电报体系,它主要是由吉格勒(Giegler)帕夏创立,覆盖了整个苏丹地区,从开罗一路沿着青尼罗河直抵喀土穆。在最东南方向,这一体系覆盖到遥远的法左科勒(Fazocle),而在最西边则直抵科尔多凡。有十五艘蒸汽船定期航行于青尼罗河和白尼罗河上,还有两艘蒸汽船定期航行于阿尔伯特湖上。

"赤道地区的代表产品,除了象牙之外,都无法承受通常的运输价格。不过,每两周都会有蒸汽船从冈多科罗驶来,所以可以在喀土穆进行交付。而且,这些蒸汽船作为政府派出的运输船,即使它们什么都不装载上路,也不会多花费一分钱。

"所有这一切引人注目的进步都是在短短二十年间取得的,这二十年可谓相当不同寻常的。在这之前,尼罗河的源头就像五千年前那样,完全不为世人所了解,是一个彻底的谜团。英国政府在这一过程中并没有插手进行过干涉;所有为此奋斗的都是单个的英国人。

"可是,英国已经拿起一块湿海绵,把这所有的喜人发展和推进文明化的进程彻底抹了个一干二净。正当埃明死死抓住这艘沉船的最后一片浮木的时候,斯坦利出现了,最终把他解救了出来。

"斯坦利进行的探险并不是一场政府牵头而组建的远征行动,它是由一个独立的组织发起的。这场探险有一个特殊的目标,而他们以大无畏的精神实现了这一目标。但是对于未来的行动,却并没有任何正式的计划。当埃明离开赤道省之后,英国并没有出台再度占领它的政策。这次抛弃可谓相当彻底的。因此白尼罗河流域,包括阿尔伯特湖,就此回归到未开化与原始的状态之中去了。"

凭借着坚强的意志和充沛的精力,萨缪尔·贝克爵士已经成功吞并了这些地区,并且积极对其进行治理,但是对于这种种努力所带来的商业益处,他却并不抱太大的希望。他是这样说的:"如果我对于吞并赤道诸省曾经进行过投资的话,那么我一定会感到懊悔的,因为我不可能期望再见到这笔投资了。在这么多年辗转那些地区的过程中,我从来就没有看到任何天然产品的价值能够达到每磅一便士。而且,如果没有白尼罗河这条路线,如果没有我们已经安排好的一列蒸汽船队,那么把它运输到海岸地区却要花费一个先令。人们是没有办法通过合法渠道来采购象牙的。所以从商业的角度来看,前景并不是太乐观,但是那里却有许多国家可以为冒险和传教事业提供一个相当广阔的舞台,而这些国家自创世以来,始终陷于一个未开化的原始环境。那里的人们愿意战斗,愿意翩翩起舞,可是偏偏坚决不愿意干活。"

在对非洲进行争夺的过程中,即自刚果这一国家创建的时候至当前,那些被我们伟大的同胞利文斯顿所发现的一部分地区已经落入了德国人的手中。而这恰恰是由于我们的政府疏忽大意而导致的,或者是由于它企图安抚某些民族。可是,没想到这些人对于我们的谦让居然没有想到要多付出一些回报。

正如乔治·坎宁(George Canning)评价南非事务时所说:"在讨价还价的过程中,布尔人所犯的错误,就是给予的太少,而索取的却太多。"

坦噶尼喀(Tanganyika)和尼亚萨这两座湖泊是被伯顿和利文斯顿发现的,而在这些湖泊之间的"史蒂文森之路"(Stevenson Road)也是我们同胞的心血之作。然而,德国人却霸占了这些地方,甚至还把斯皮克发现的维多利亚湖附近的地区都占为己有了。

而且,他们再一次提出要占有由利文斯顿发现的恩加米兰(Ngamiland)的一部分地区,那里直到1890年才被人记起。它位于赞比西河以南的位置,就在靠近达马拉兰(Damaraland)德国保护领地的边界处。从这座湖泊往南,那里的地势高低起伏、森林密布,而且拥有充沛的水源。除此之外,据说当地的矿产资源也相当丰富。那里的气候条件是如此地舒适宜人,以至于利文斯顿曾经构想过把这里打造为非洲中南部地区的疗养胜地。从乔贝河前往赞比西河,只有独木舟可以在上面通行,而更为重要的奥卡万戈(Okavango)的水路则起源于库尼尼河(Cunene)附近,那里属于葡萄牙的领地。这条水路向北流淌而去,在南侧则与恩加米湖擦肩而过,由此地开始更名为博泰蒂河(Botletli,或者被称为祖加河,Zuga),然后汇入了卡玛领地上的卡里卡里湖区(KariKari Lakes),那里距离绍雄(Shoshong)有十天不到的路程。从前,当我们宣称自己的保护领地覆盖了北贝专纳兰

第十二章
萨缪尔爵士及夫人的旅行

（Northern Bechuanaland）的时候，恩加米兰就由此被归入了英国的势力范围。

当戈登于1874年2月抵达开罗的时候，他的使命是接替萨缪尔·贝克爵士担任赤道省的总督。可是，他却犯了一个错误，那就是释放了阿布·萨伍德，并且把后者一直带在了身边。但正是这个人，给他的前任带来了相当多的麻烦。在开罗期间，人们想方设法规劝戈登，千万不要把这个臭名昭著的恶棍带到冈多科罗去，但是他却执意认为，这个人应该会"发挥很大的作用，他将成为一个了不起的人物，他具有治理者的天赋，所以应该让他发挥自己的才华"。然而，这个残暴无情的前奴隶贩子，非但没有对这位大恩人表示出一丁点的感激之情，反而想要置他于死地。

在这个时候，赤道省在名义上是受埃及控制的。不过，那里只有两座要塞，一座位于冈多科罗，那里驻扎着三百个人。而另一座则位于二百英里以南的法提科，驻守队伍的规模为两百多个人。他这样写道："至于征税，或者要塞以外的任何政府形式的机构或组织，都根本不存在。因为一旦你迈出了要塞的大门，那么还没走出半英里的时候，就已经陷入了重重危险之中了。所有这一切的起因就在于他们一直在欺负那些可怜的当地土著们，一直在偷走他们养的牛。"造成这一局势的主要罪魁祸首就是埃及谢赫，因为他一直在进行勒索。于是，他就被戈登给换掉了。戈登在萨姆巴特河（Sambat River）的岸边建起了一座基地，然后竭尽全力安抚那些原始的希洛克族人。由于当地的气候对健康非常不利，所以他的手下纷纷病倒了。安森（Anson）、德威特（De Witt）还有那位上了年纪的李南特（Linant）都去世了。为此，他不得不放弃了把冈多科罗作为自己首要基地的计划，转而把政府移到了拉多（Lado），那里就位于顺着河道再往下游而去十二英里的位置。他绘制了一幅尼罗河的地图，范围是从拉吉夫（Rageef）一直到拉多。而且，他还不遗余力地投身于遏制奴隶贸易的事业之中。他把自己在总部的唯一一名助理肯普（Kemp）派到了达夫尔（Duffle），那里位于大瀑布的上游地区，在冈多科罗以南一百三十四英里的地方。这个人的使命是在那里组装起一艘蒸汽船，而戈登的计划则是驾驶着它前往阿尔伯特湖进行勘探。但是，由于肯普的护卫举止不当，一些部落对他们进行骚扰。于是，这项工作就被迫中途放弃了。

龙（Long）上校，即他手下的美国军官之一，在因病离开喀土穆之前，为他做了大量的工作,成效都非常显著。他曾经拜见了乌干达国王穆特萨(Mtesa),而且受到了对方热情的款待。当他沿着河道顺流而下的时候,发现了一条从乌兰多加尼(Urandogani)前往弗维拉的水路,并且亲自驾船通行了一次。这一发现让戈登相当满意,因为这条水路将为他前往穆特萨的首都提供极大的便利。

一位曾在戈登手下做事的工作人员把他自抵达之日起一年之内所取得的成就进行过一番总结:"自从他踏上这片土地开始,他已经实现了一系列伟大的目标。当他抵达的时候,也就是仅仅十个月以前,他发现在冈多科罗有几百名士兵,可是这些人居然胆小到都不敢离开那个地方几百码之远,除非他们随身带上武器,然后再成群结伴而行,因为巴里人对他们充满了敌意。于是,戈登就把这批队员分别安排到八个基地进行驻守。贝克进行的远征花费了埃及政府将近一百二十万英镑,而戈登早已经向开罗送去了足够的钱,用以支付此次远征行动的一切开销,不仅包括去年花费的金额,而且还包括了眼下这场远征行动预计将需要的花费。"

很快,戈登就发现自己任命阿布·萨伍德是一个错误之举,于是被迫把他从治理者的宝座上撤换了下来,为此他感到自己颜面扫地。他所推行的政策,即启用一个奴隶贩子来帮助自己镇压奴隶贸易——"安排一个小偷去抓另一个小偷"——最终证明是一场失败,而活生生的例子就是当斯坦利踏上远征之旅,前去解救埃明帕夏的时候,提普·提布(Tippoo Tib)对卡梅伦背信弃义,那也是一个心肠狠毒的无耻之徒。当戈登于1884年前往喀土穆执行他的最后一项任务的时候,他曾经向格兰维尔(Granville)勋爵请求得到佐贝尔(Zebehr)帕夏的帮助,而这位帕夏是一个恶贯满盈、冷酷无情的奴隶贩子。虽然戈登反复提出请求,却还是一而再再而三地遭到了拒绝。至于这是否体现了外交部长的高明,将永远是一个没有定论的问题。但是毋庸置疑的是,我们可以断言,我们不应该在给一个人硬加上沉重的担子之后,却又限制他放手大胆地去雇佣任何一个他想要的代表,而这个代表在他的眼里是能够确保未来事情得以顺利推进的。

戈登在克里(Kerri)建起了一座基地,那里在拉吉夫以南三十英里的地方,他在那里安排了一百个战士进行驻守。另一座基地则建在了穆杰(Moojie)。但是,这些通往文明道路的里程碑式的战绩并非一帆风顺的,在这个过程中,也有一些人为此献出了自己的生命。他的一名助手,即年

第十二章
萨缪尔爵士及夫人的旅行

轻的李南特,被戈登派去了穆特萨的首都。在那里,他曾经于 4 月遇到了斯坦利。可是,他却遭到了偷袭,而他本人以及与他随行的几乎所有三十六名士兵都被杀害了。而在前往阿尔伯特湖的路上,先后建起了一系列的新基地。

在 1876 年 1 月初的时候,戈登动身朝着位于南部的弗维拉进发,他此行的目的是罢黜卡巴雷加,因为后者一直在抓奴隶,所以戈登计划把他从乌尼奥罗的国王宝座上给拉下来,然后把里翁加扶上宝座,而里翁加曾经在贝克帕夏手下为之效力过。在一一实现了这些目标之后,戈登就把驻守部队留在了马辛迪、姆如利(Mrooli),然后就回到了达夫尔。在接下来的 3 月,他的一名助手,即意大利人杰西(Gessi)带着两艘救生船前往阿尔伯特湖进行探险。最后,他获得了成功,并由此赢得了戈登的嘉奖。

当戈登在达夫尔完成了蒸汽船的建造工作之后,即使当时他手头上的管理工作相当繁重,毕竟这是他出使当地的目标,但他还是承担了那场探险的一部分任务,这场探险让所有曾经在非洲大陆湖区工作过的人都深深向往。他写道:"人们声称,尼罗河并不是从维多利亚湖流出来而汇入阿尔伯特湖然后一路向北的,而是有一条河流从维多利亚湖流出,另一条河则是从阿尔伯特湖流出来的。正是这两条河汇聚在一起,共同形成了尼罗河。这一定论是不能受到人们极力否定的,因为实际上没有人能够沿着尼罗河一路从弗维拉步行到马古恩戈。所以,当我沿着这条路线前进的时候,全程经历了无数的艰难险阻,从而找到了这一重大问题的答案。与此同时,我还发现从弗维拉到卡鲁玛大瀑布,有一系列的险滩直通卡巴雷加大瀑布,相当于从弗维拉到马格恩戈跨越了一千英尺的落差。"

到了 7 月 28 日,戈登抵达了阿尔伯特湖的某个点。在这里,他开始了自己艰难重重的调研工作,而调研范围长达七十英里,从马古恩戈一路直到弗维拉。当他在穆尔齐森瀑布附近的时候,他写下了这一段话:"这里是一个可怕而凄凄切切的地方,到处都被大雨给淋了个透;看上去就好像死亡天使亚兹拉尔已经展开了他的双翅,遮盖住了这片地方。那里是如此地寂静无声,是如此地偏僻荒野,你几乎都很难想象得到。"他穿越了一片浓密的森林,冒着倾盆大雨完成了这次的调查工作。到了第五天快结束的时候,戈登抵达了已遭废弃的安非纳(Anfina)基地。三天之后,他就已经置身于弗维拉了。他走访了曾经在姆如利建立起来的基地,那里从姆如利出

305

发沿着维多利亚尼罗河往上游而去七十五英里就到了。接着,他经由陆路又前进了八十英里,向着维多利亚湖的方向进发。接下来,他掉头前进了一段路前去走访了马辛迪的基地,然后于9月29日抵达了马古恩戈。在此之前,他把赤道湖区的一大部分都吞并入了埃及。到了10月6日,戈登开启了他的旅程,一路向北而去,并于12月2日抵达了开罗。在圣诞之夜,他到了伦敦,在此之前,他已经辞去了总督一职。

在他十八个月的执政历程中,他已经"把白尼罗河从喀土穆一直到维多利亚湖的那一小段距离的地形给绘制了出来。他已经对白尼罗河沿岸的奴隶贸易进行了致命的打击。他已经让尼罗河河谷沿岸的诸多部落的人都重拾了信心,让当地恢复了和平。因此,他们现在就把牛肉、玉米和象牙随意地带入了基地进行售卖。他已经开拓了从冈多科罗到湖区的水路通道。他已经与穆特萨国王建立起了令人满意的关系。他已经创建了政府特区,并且在这些地区之间建立起了一些保障站,而且它们彼此之间的交流都十分安全。到了最后,他已经为埃及的金库贡献了一大笔钱,而这些都不是在胁迫下完成的"。

伊斯梅尔是一个相当睿智的王子,可是他却没有珍视这位诚实的、能力卓越的英国人所作出的贡献。在他眼里,这个英国人并不比自己周围那些趋炎附势的、腐败的埃及帕夏们更加重要。伊斯梅尔·雅库布(Ismail Yacoob)负责治理苏丹,当戈登一直在致力于消灭奴隶贸易时,这个人却一直在给奴隶交易撑腰。所以当伊斯梅尔同意解除这位帕夏的职务之时,这位英国人就同意以苏丹、达夫尔以及赤道省总督的新身份再度踏上非洲这片土地,只不过这一次,他已经被赋予了独裁权。

1877年2月,戈登回到了开罗。在代表谢赫行使了一项任务之后,他就经由马萨瓦前往克伦(Keren)去拜见阿比西尼亚总国王瓦拉德(Walad),那里就位于波戈斯(Bogos)的边界省的首府。接着,他骑上骆驼,以相当快的行进速度,以大约每天四十五英里的速度前往喀土穆,那里就是他广大管辖领域的首都。正是在那里,他注定在几年以后奉献出自己宝贵的生命。在不到一个月的时间里,他让自己的政府面貌一新,焕发出一股全新的活力:他肃清了所有贪赃枉法之徒,还废除了鞭刑。从喀土穆出发,他又马不停蹄地赶去了达尔富尔(Darfour)。接着,他又赶去了奥贝德(Obeid)和弗吉亚(Fogia),解放了达尔富尔的首都法斯彻(Fascher),而

第十二章
萨缪尔爵士及夫人的旅行

且接受了反叛力量的投降,这支力量的头目就是苏莱曼(Suleiman),是阿拉伯奴隶贩子泽贝尔(Zebher)帕夏的儿子。随后,他又抵达了达拉(Dara),解放了勒克瑙(Lucknow),他骑着骆驼在三十六小时的时间内赶了八十三英里的路,居然把自己的护卫队都甩在了身后。

戈登接着又走访了沙卡(Shakka),然后才回到了喀土穆。随后,在谢赫的请求之下,他又前往了开罗,在此之前,他已经骑着骆驼在这一年的时间里整整跋涉了总计达到四千英里的行程。这位精力充沛、始终闲不下来的人再一次为了自己的政府而启程了。他首先前往泽拉(Zeila),那里就位于亚丁(Aden)的正对面,然后从那里往内陆跋涉了二百英里之后,抵达了哈拉尔(Harrar),那个地方几乎鲜有欧洲人光顾过,而如今,那里却在他的管辖范围之内。接着,戈登辞去了总督一职。他四年前曾经在冈多科罗解救出的拉尔夫帕夏接替了他的职位。

然后,戈登又前往苏瓦金,接着从那里穿越沙漠抵达了柏柏尔。随后,他再一次置身于喀土穆了。在这里,他开始全身心地投入到对奴隶贸易的打击中去。除此之外,他也继续忙着推进类似于西西弗斯的工作,即让自己的埃及属下逐步培养起处世诚实守信的习惯,而这份事业是永远没有终点的。他那位得力的杰西上尉打败了苏莱曼,从而解救出了一万个奴隶。与此同时,开罗政府希望把泽贝尔硬塞给戈登。但是,戈登拒绝雇佣他,虽然在1884年,他曾经提出过希望能雇佣一名头号奴隶贩子,应该说,这两个事件应该说是有些前后矛盾的。在戈登将军的命令下,杰西抓住了苏莱曼,然后击毙了他及其手下的十个人。当戈登把沙卡地区的奴隶贩子统统肃清之后,就经由马萨瓦向阿比西尼亚进发,以埃及政府代表的身份前去冈达尔附近的德布拉塔布尔(Debra Tabor)拜见该国的国王约翰尼斯(Johannis)。

眼下,他把伊斯梅尔的继任者陶菲克(Tewfik)的职务也解除了,而他一向是比较喜欢前者的。到了1880年,他再一次踏上了英国的土地。接着,戈登于5月前往印度,以军事秘书的身份前去拜访李顿(Lytton)勋爵。不过,他在那里只逗留了很短的时间。接着,他就离开印度前往中国,他此行是应自己的一位老朋友李鸿章之邀。接着,他就回到了英国,然后从那里前往比利时,拜访了该国的国王,与后者围绕自己所创立的国际非洲协会进行了商讨,这一组织的使命将是致力于推进刚果地区的文明化进程。

到了1881年6月,他又辗转到了毛里求斯,这次他是以皇家工程院指挥官的身份来履行一系列平淡无奇的使命。在他上任的途中，他在苏伊士停留了一下，前去自己那位具有突出贡献的苏丹助手即杰西帕夏的坟墓前进行了吊唁，后者是于上一年的 4 月 3 日在当地的一家医院去世的。在去世之前，他在苏丹这个随时能置人于死地的地方患上了热病，正是这一病魔几乎夺走了戈登所有下属的生命。到了最后，只有他是幸存下来的最后一位无比高尚的受害者。

但是，正如指针会被两极所吸引一样，他也被非洲给深深地吸引住了。到了 1882 年 3 月，戈登将军接受邀请，奔赴开普殖民地。他此行的职责是让巴苏陀兰（Basutoland）恢复正常的社会秩序。到了 5 月，他开始投入此项工作。首先，他起草了一份计划，准备组建一支殖民地武装力量，不过他本人婉拒了担任这支队伍指挥官的邀请。接着，戈登前去拜访巴苏陀人（Basuto）的酋长玛苏法（Masupha），因为这位酋长一直拒不服从他，所以他就想尽一切办法试图把他争取到自己一边。但是，开普政府的外交使者策动了另一位巴苏陀的领袖莱特萨（Letsea），于是后者就袭击了这位拥有至高权力的酋长。而戈登认为，这简直就是对信任的一种亵渎，所以十分鄙视这一不齿的行为。他辞去了这一任命，回到了英国。

接着，他所接受的最后一项任命就是前往喀土穆，去营救出当地的埃及驻守部队以及居住者，然后从苏丹撤离出来。走这一步棋的原因就在于马赫迪（Mahdi）揭竿而起，他于 1883 年 9 月打败了希克斯（Hicks）帕夏。当时，他正在前往奥贝德的途中，双方就在埃尔杜埃姆（El Duem）之外四十五英里的地方交火了。马赫迪获胜就标志着埃及对于苏丹的统治画上了句号。戈登对于这些埃及帕夏们犯下的种种恶行常常会毫不留情地进行指责。至于戈登本人，他那匪夷所思的命运则被笼罩上了一层神秘。像他这样的人，把自己人生中最美好的岁月都奉献给了消除这些邪恶势力的事业之中，他内心的正义感使他无法做到对这些黑暗势力睁一只眼闭一只眼，他总是会站出来有所行动，而正是这一伸张正义的精神激励了那些饱受践踏的人民勇敢站出来，从而推翻那些压迫势力对他们的统治。

第十三章　利文斯顿前往赞比西的第三次旅行

利文斯顿在深入非洲腹地以及探索赞比西河的事业上花费了许多年的精力，虽然他在此期间经历了无数艰难险阻，但是他却始终孜孜不倦，始终勇往直前。他感到内心有一股强烈的冲动，想要开展更多的探险行动，去为商业开辟一条通道，而且更重要的是，去为生活在这一非凡大陆上的愚昧无知的居民带去福音。而为了让更多的人能够聆听到福音，他就必须为此铺平道路。

就在他乘坐尼亚萨女士号赶赴孟买完成探险航行一年之后，他就回到了桑给巴尔，开始筹备另一场探险之旅。

对于这一次探险的细节，我们不得不参考他在很久之前寄回家中的一些短信。不过更重要的是，我们可以从斯坦利先生那读来让人仿佛身临其境的叙述中进行体会。当许多人都对这位旅行家的归来开始不抱任何希望的时候，斯坦利却毅然踏上了寻找他的探险之旅。

孟买总督同意让利文斯顿带上十二个印度兵，他们将装备恩菲尔德来复枪，并在此次远征之旅中担任卫兵。他在科摩罗群岛的时候，曾经从约翰拿那里带过来九个人。于是，这九个人加上七个被解放的奴隶，还有两个赞比西人，与印度兵一共就凑齐了三十个人，他们将组成他的随从人员。而且，人们认为，他们足以帮助他穿越这片国土，一路上都不用担心会遭到土著人发起的劫掠行为。

他于1866年3月离开了桑给巴尔。到了4月初的时候，他在鲁伍玛河河口北部的一个湾区登陆了。

在4月7日这一天，他开始动身向腹地进发，他的路线是沿着河流的左岸一路前进。他的行李包括了几大包布匹和几袋珠子。他不仅可以用这些东西来购买食物，而且可以在穿越某些酋长领地的时候把它们作为贡品进献给这些酋长。除此之外，他还带上了自己的天文表、六分仪、人工地平仪以及温度计，以备不时之需。另外，他的行李中还包括药物、替换衣服和其他一些私人物品。为了解决行李运输的问题，他还特意购买了六头骆驼、三匹马、两头骡子和三头驴子。

他所选择的道路可谓困难重重。他发现在河流的两岸绵延数英里长的土地上，覆盖着密密麻麻的树林。为了穿过这片丛林，他们不得不挥舞着斧子，才能砍出一条通道。实际上，那里有一条当地土著走出来的道路。一个人如果身上没有行李拖累的话，是完全可以通过这条小道的。但是，他们发现，除非首先把头顶上的树枝砍掉，否则骆驼是根本无法穿过去的。

令他大为失望的是，这些印度兵和约翰拿人由于对这样的体力劳动不太适应，所以从一开始就表现出对这份差事的抵触情绪。在队伍启程之后没多久，他们就千方百计设法阻挠这次远征行动，因为他们希望能够逼迫他们的队长掉头回到海岸去。他们对那些可怜的骆驼和其他动物的举止都相当残忍，他们对它们不管不问，而且还虐待它们，以至于在很短的时间内，这些牲畜都一一死去了。然而，医生还是觅到了当地的土著来扛运这些行李。于是，这些心存不轨的人就拼命在他身上强加许多莫须有的罪名，试图让土著们对他产生偏见。同样地，他们在其他方面的言行举止也可谓相当恶劣的。为了减轻他们自己身上所扛的行李重量，他们把发现的妇女和男孩都抓了过来，强迫他们帮自己扛着武器和弹药。而且，他们在行进了很短的一段距离之后，就常常会躺到地上，宣称自己实在是太累了，连一步都走不动了，从而拒绝继续前进。而到了傍晚，等到其他人把营地给搭建起来之后，他们才会露面。

利文斯顿感觉到如果队伍遭到了攻击，他们这些人很有可能会把自己扔下不管。于是到了最后，他把所有的印度兵都解散了，然后提供给他们一些必需品，把他们送回了海岸地区。

在接下来的几天里，他带着自己剩下的队员穿越了一片人迹罕至的荒野。由于他们没有办法弄到食物，所以不得不忍受饥饿的折磨。在这段时期，有几个人擅自离队逃走了。然而，他们顺利抵达了一个希尤人（Wahiyou）酋长所在的村子，那里就位于尼亚萨湖附近的高地上面。终

第十三章
利文斯顿前往赞比西的第三次旅行

于,他们可以获得所需要的东西了。

到了下一个月的月初,他赶到了姆彭德村,有一位酋长曾经提到过那个地方,它就在靠近尼亚萨湖的海岸上面。在这里,他的一位随从人员编出种种理由,表示要离开他。可是,他对这位手下非常信任,而且正是他把这个人从奴隶制的深渊之中给解救出来的。这个人还试图引诱另一个名叫楚马(Chumah)的年轻人也弃队而逃,但是后者经过利文斯顿的说服,最后决定还是留下来。

当他们一行人抵达比萨人(Babisa)酋长的地盘时,他们再次停留了一阵子。而这位酋长当时正在遭受病痛的折磨。于是,利文斯顿就在这里待了一阵子,直到他确信这位酋长已经恢复了健康为止。

当他们待在这个地方的时候,有一个阿拉伯人来到了他们的跟前,口口声声说自己刚刚从一队正在到处劫掠的马兹图人那里逃出来,那些人已经把他的财物都给抢走了。他努力说服穆萨,即约翰拿人的首领,后者假装相信了他所说的话,然后劝利文斯顿还是掉头回去。但是,比萨酋长向众人告发这个阿拉伯人是一个骗子,于是穆萨就承认他最主要的目的是回到自己位于约翰拿的家去。

当穆萨意识到医生还是执意要继续向西前进的时候,他就带着自己的手下弃他而去了。这样一来,利文斯顿身边只剩下三四个随从人员为他继续保驾护航了。至于那些已经离开的人,他们把他大部分的财物都抢走了,甚至包括他的许多衣服。

他离开了尼亚萨,一路向西进发,穿越了许多酋长所辖的领地。在这些酋长中,大部分人对他的态度都非常热情友好,不过他也遇到了许多困难,而且常常会遭遇一些不幸。他继续朝着西方和西北方前进,然后来到了一条巨大的河流面前,这条河流一路向西奔腾而去,被称为谦比西河(Chambezi)。这一名字和他很早以前就勘探过的河流的名字如此类似,所以他由此总结道,根据拉塞尔达(Lacerda)医生的可靠描述,这就是赞比西河的源头。因此,他就继续向前跋涉,并没有像对待其他发现那样对它过于重视。接着,他就发现它汇入了一片巨大的湖泊,被称为班韦乌卢湖(Bangweolo)。在这片湖泊的南方,是一群连绵起伏的高山,它们把这片湖与谦比西河彻底割裂了开来。

他朝着西北方向继续进发,在穿越了隆达(Londa)之后抵达了一个小镇,那里的首领是卡曾伯(Kazembe),而他之前是从拉塞尔达的口中了解这个地方的。

　　国王是一个非常聪明的人,他的体态健美,整个人显得十分威严。他身穿一条猩红色的褶裥短裙出面接待了利文斯顿,在他的周围站了一圈贵族和卫兵。

　　在此之前,已经有一位酋长前来拜访了利文斯顿,而他登门的目的是询问利文斯顿此行怀有什么目的。这时,他就大声地汇报自己所得到的回复。他表示,这位白人男子到达此地的目的是确认这片国土上究竟有哪些河流和湖泊。不过,正如他所评论道的,很难理解他为什么要掌握这些信息。接着,国王就向利文斯顿提出了许多五花八门的问题,而且对于利文斯顿给予的回答表示很满意。于是,他就准许利文斯顿退下了,并且同意利文斯顿可以踏足自己所辖的领土上的任何一个地方。除此之外,国王还向利文斯顿保证,自己的臣民是不会干涉他的,请他尽管放心。他表示,自己还从来没有亲眼见到过一个英国人,因此他很高兴能够认识这样一个人,而且他已经觉得两个人心灵相通了。不久以后,就有人前来向利文斯顿宣布,女王也将亲自来拜访他,这对他而言将是无比的荣幸。接着,一位高贵的、美丽动人的年轻女子出现在了他的眼前。只见她手持一根长矛,身后跟着一大批少女,她们个个也都手持长矛。很显然,这一架势是希望能够给这位陌生的白人造成一种震撼。然而,她的服装,以及她手中所持的硕大无比的武器,看上去激发了利文斯顿的想象力,于是他一下子情不自禁地大笑了起来。接着,这位女士本人,以及她的侍女们,受到了利文斯顿哈哈大笑的感染力,也加入了进来一起大笑,她们冲来冲去,然后迅速地撤退了。利文斯顿很快就适应了新环境,和这些新朋友相处的时候可谓如鱼得水。在他们的保护下,他开始进行一系列的调查研究,为此在当地逗留了好几个月的时间。

　　卡曾伯的首府就坐落在小小的默普湖(Lake Mopo)沿岸。在它的北部,有一座规模要大得多的湖泊,被称为莫埃罗湖(Moero)。它的周围都是高大的山脉,在它们的顶峰处密密麻麻地长满了各种热带植被。那里的每一个角落都显得如此美丽,如此气势磅礴,简直可以说达到了无与伦比的程度。

　　然而,这只是利文斯顿在非洲中部的这一地区所发现的诸多湖泊中的

第十三章

利文斯顿前往赞比西的第三次旅行

一座而已。在最南部坐落着一片巨大的湖泊,即班韦乌卢湖,它的海拔高度为四千英尺。谦比西河与其他规模稍小些的河流正是在这里汇入该湖,而自己就从此消失不见了。

他观察到的另外一个重要事实就是还有另外一条河流,它的面积要比所有这些湖都更大,它被称为卢阿拉巴河(Lualaba),它是从这片湖泊发源的,最后汇入莫埃罗湖。它穿越了一条深深的峡谷,轰隆隆地奔腾向前,然后再逐渐拓宽为一条平静的河流,河面的宽度可谓相当令人震撼。它一路朝着北方和西方蜿蜒前进,最后汇入了第三座大型湖泊,即卡莫隆都湖(Kamolondo)。医生又赐予了它另外一个名字,即"韦伯河"(Webb's River)。在一些地方,他发现它的宽度达到了三英里。接着,他一路坚持跟着它的河道前进,然后发现它再一次地从卡莫隆都湖流出。接着,它与另外几条大型的河流交汇了,其中有一些湖来自南方,另外一些则来自东方。到了最后,他抵达了尼扬圭(Nyangwe),那里位于南纬4度的位置。在这里,由于他身边已经没有任何物资来购买新鲜的给养了,所以他的随从人员就拒绝继续向前进发。于是,他就被迫中止了继续朝着北方前进的旅途。当时,时间已经到了1871年。

可以说,利文斯顿的发现让他在奔赴非洲的所有探险家中,堪称最伟大的一位,他在这些年踏足过的每一寸土地都是在他亲临之前还尚未有任何一位白人男子到访过的。尼扬圭也是另一位同样杰出的旅行家的行程起点。令人匪夷所思的是,当他在1874年至1877年间沿着刚果河顺流而下进行一场非凡的旅程时,他的命运与利文斯顿的命运是有一定关联的,这被收录进了他的著作《穿越黑色大陆》(*Through the Dark Continent*)。在这本书中,斯坦利沿着河道一路抵达了它的河口处,由此证明了利文斯顿提到的卢阿拉巴河正是刚果河,它是非洲第二大河流,而它的河道一直是个谜。

然而,他听说在北方还存在另一座湖泊,而且他认为,卢阿拉巴河正是最终汇入了那座湖泊的。那一座湖泊的西侧有一大片山脉,被称为巴勒加山(Balegga)。根据他掌握的信息,他相信刚刚所提到的湖是与阿尔伯特湖相连的,连接它们的可能是一系列小规模的湖泊,或者是一条流动有些缓慢的河流。毫无疑问的是,阿尔伯特湖的水最终是汇入尼罗河的。

在卡莫隆都湖的西南侧,医生发现了另外一座规模宏大的湖泊,于是就把它命名为林肯湖,这是为了纪念美国的一位总统,即解放黑人的领袖人物。

还有另外一座比较大的河流,即洛马内河(Lomane),它是从南方流淌而来,汇入这片湖泊,最后再从它的最北端流出,与卢阿巴河(Luaba)交汇在一起,随后再一路朝着正北方继续前行。

所有这些重要的发现耗去了利文斯顿整整三年的时间。在发现了莫埃罗湖之后,他就在卡曾伯住了下来。就在这段时期,他结识了一位混血人,他的名字叫迈哈迈德·本·萨利(Mahommed Ben Sali),他是被国王扣为阶下囚的。应该说,这段插曲对利文斯顿来说是不幸的。他为这个人积极进行游说,最后让这个人得以恢复了自由身。然后,医生就允许这个阿拉伯人陪伴在自己的身边。可是,这个邪恶的老家伙反过来居然对自己的大救星恩将仇报,引诱利文斯顿的随从都弃他而去。甚至有一段时间,苏西(Susi)和楚马都被他给说动了,不过他们两个人最终还是回到了医生的身边。

就在向西又转东进发的旅程中,利文斯顿在后半部的行程中遇到了一片巨大的水域,后来他发现,这就是坦噶尼喀湖的最南端了。随后,他又在卡曾伯待了一段日子,然后就启程,渡过河流前往乌济济,并于1869年3月中旬抵达了那里,然后一直在当地逗留到了6月。接着,他跟着一队商人再一次渡过河朝着西方前进,最后抵达了马尼尤玛(Manyuema)的大型村落班巴拉。

这里是那片地区最重要的象牙中心,人们可以在那里弄到大量的象牙。

在这儿,他逗留了六个月的时间,因为他的双脚发了溃疡,情况非常严重,甚至连双脚放到地上都无法做到。于是,就在他再一次能够启程的时候,就从那里出发,沿着卢阿拉巴河的河道前进了一定的距离,而这次旅行结束的时候已经是1871年了。

随后,他从尼扬圭为起点向东出发,回到了乌济济,这段距离达到了七百英里。而他发现黄铜矿的地方,即罗地区,则坐落在它的正南方。每一个村子都有自己的酋长进行治理,村落与邻近的另一个村落之间很少或几乎就没有任何的交流。他们都非常地心灵手巧,能够用一些品质较好的青草编织出美丽的编织物,其精美程度几乎可以与印度最上品的草编物相

第十三章
利文斯顿前往赞比西的第三次旅行

媲美。

由于在这片地区，穿越于荒野之地的大象数量相当之多，所以直到阿拉伯人进入这片地区之前，当地人都习惯了不仅用象牙来作为他们的门柱，而且还用象牙来建造他们的房屋。当时的居民还从来没有见过火枪，所以当他们听说了阿拉伯人手里都持有火枪的时候，个个显得惊恐万分，害怕这些火枪会给自己造成严重的伤害。他们都不敢试着去保护他们自己，而且早已经有一大批人被可怕的绑架者抢走沦为奴隶了。

利文斯顿亲眼目睹了一场令人毛骨悚然的大屠杀事件，凶手的头目就是这些恶棍之一，他是个有一半阿拉伯血统的人，名字叫塔加莫约（Tagamoyo），他带着一批武装奴隶肆意杀戮一大批手无寸铁的居民，这些居民当时都集中在卢阿拉巴河沿岸的一个集市上。那些人由于丝毫没有意识到有危险正在逼近，所以都集中在一起，热火朝天地做着买卖，总人数达到了两千人。突然之间，可怕的塔加莫约出现了，对着他们一阵扫射。于是，无数人中弹倒下了，其他人纷纷冲向他们各自的独木舟。在一阵慌乱之中，他们划着独木舟离开了，甚至忘了等等自己的同伴们。有许多人一头扎进了河中，却被贪婪的鳄鱼逮住了。到了最后，有四百多名妇女和儿童惨遭杀害，而数量更多的一批人则被掳走沦为了奴隶。

在描写这些人的时候，利文斯顿形容他们肤色较浅，体态十分匀称。他们举止温文尔雅，所以在阿拉伯人之中十分受欢迎，有时候甚至会成为后者的妻子。

再往北继续前进，他遇到了另外一个人种，他们的肤色并不比葡萄牙人黑多少。而且值得一提的是，他们个个相貌出众。除此之外，他们看上去对商业有一种特殊的禀赋。

他于1871年10月16日抵达了乌济济。可是，令他大为失望的是，他发现帮他保管物品的人认为他已经去世了，所以把所有的物品都给卖了，最后把换回的象牙都给侵吞了。

就这样，在经历了可怕的病痛折磨之后，医生发现此时他的身边已经没有任何物资来购买食物或者用来作为回到海岸去的路费了。从桑给巴尔寄给他的信件、物资和给养都在路上被耽搁了，但是令人感到庆幸的是，就在他几乎不抱任何希望的时候，它们终于辗转到了他的手上。

我们之前提到过，在1866年的时候，利文斯顿曾经和某个比萨酋长待过一段时间，他一直等到这位酋长恢复了健康才与之道别的。穆萨以及医生手下的其他随从人员都抛弃了他而前往海岸地区了。他们抵达那里之后，就立刻四处散布谣言，声称利文斯顿已经被马兹图这一嗜血如命的部落给谋杀了。

我们知道这个谣言是错误的，因为我们已经一路跟着医生来到了乌济济，可是1866年在桑给巴尔的当局人员却没有类似的证据。穆萨在陈述种种假定的事实之时，描述得十分详细。由于社会上谣言四起，英国就相应采取了行动，派出了一支搜寻远征队。不过，最终是《纽约先驱报》(New York Herald)及其记者亨利·斯坦利达成了目标。

利文斯顿遭到杀害的消息传到了英国，人们无不深感悲痛。这个故事在很多方面都显得非常令人信服，于是他的朋友们和亲戚们，包括那些消息不怎么灵通的英国老百姓，都觉得事实真的是最糟糕的那种情况。

但是皇家地理学会主席罗德里克·穆尔齐森(Roderick Murchison)爵士却不相信这条消息的真实性。于是，有人建议应该派遣一支远征队伍去搜寻这位探险家。可是，这一建议却遭到了反对，因为有人认为这样做很可能也于事无补，而且结果也有可能是灾难性的。

不过，经过几个月的不懈努力，罗德里克·穆尔齐森爵士和他的支持者还是占了上风。于是，埃德华·D.杨(Edward D. Young)作为利文斯顿昔日的伙伴，被任命为远征队的领队。1867年6月，远征队伍就乘坐皇家海军中的一艘船，从好望角出发前往赞比西河的河口。在那里，一艘小型的铁船下水了。

经过了数次探险之后，他们又走访了一个葡萄牙定居点，那里的首领向远征队员们证实了利文斯顿之死的确是真实的。不过，杨并不相信他的说法。接着，搜救队伍就继续向前进发，并驶入了塞纳河。在这里，他们遭到了当地土著的攻击。不过，当对方认出他们是英国人之后，就热情地招待了他们。而且他们无论走到哪里，当地的居民都把英国人视为自己的老朋友。

根据不时传来的消息，杨和他的同伴们判断，他们的路线是正确的。他们一路上并没有遇到任何充满敌意的部落来阻挡他们的进程，而船就这样一路前行，在这段带有些许探险元素的路途中并没有遇到骚扰。到了最后，在9月初的时候，他们一行人抵达了尼亚萨湖。现在，他们遇到了一件

第十三章
利文斯顿前往赞比西的第三次旅行

头疼的事情,那就是如何决定究竟应该往哪个方向前进。有人提到,一个"白人"曾经朝着西北方向而去,但那是很久以前的事情了,这就让杨先生和自己的手下有些举棋不定了。

然而,有一个当地土著出现了,这让他们的心中燃起了些许希望。这个人坦言,自己对英国人十分有好感,因为最近刚刚有一个白人经过他所在的村子,还赠送了一批礼物给他们。于是,杨十分确信自己的队伍一定会获得成功的。接着,他们纷纷询问道,这个和善的英国人是怎么出现的,又是怎么离开的。杨从这些片段推断出到目前为止,自己所行进的方向是正确的,而且利文斯顿肯定没有像传说的那样已经遇害了。

他们又沿着湖继续向上游前进了一段距离,然后就证实了那则好消息的确是真实的。这位杰出的旅行家在前一年的冬季始终待在河边的一个小村子里,而且给当地的土著都留下了一个非常棒的印象。他们非常欢迎杨所率领的队伍,并且告诉这位首领那个英国人朝着哪个方向而去了。他们对他的描述可谓非常详细,甚至都提到了利文斯顿所戴帽子的帽舌。除此之外,当地的酋长经过回忆,对他的其他装备也都进行了栩栩如生的描绘,而且都是相当忠于事实的。

随着搜救队人员发现这位伟大的探险家留下了越来越多的"温暖鲜活的"足迹,他们的心目中也不再有任何的疑虑了。经过了进一步的询问,他们又获得了关于他通过六分仪观察太阳的精确信息——那些人是用木棍模拟来加以解释的。人们还说到了他的手下的人数——"二十或三十个人"——这一细节,以及他的双脚都套着"皮"(靴子),就连他的小狗都被提到了。

杨先生随即就继续推进自己的路程,渡过河前往奇沃拉(Chivola)。在那里,他们发现了更多医生留下的物品和信息,它们都显示出和利文斯顿是有关联的。村民们对于这位白人男子和他们一起朝夕相处的日子,给出了许多原汁原味的、十分有意思的细节描述。此外,在回忆他的时候,村民们都显得十分尊敬他。因为正是他和他的同胞们坚决抵制那些阿拉伯人所从事的奴隶贸易,而且大家都心知肚明的是,葡萄牙人对这一贸易并没有完全持阻止的态度。

当杨在奇沃拉逗留期间,他为了验证酋长的记忆是否准确,就把利文斯顿身着欧式服装的照片和其他人的照片混到一起让他选,结果这位酋长一下子就认出了利文斯顿。

利文斯顿有一位年轻的随从,他由于生病了所以就被留在了后方。从这位随从的口中,杨也找到了其他的一些证据。但是,自从这位伟大的旅行家朝着西南方向而去之后,他就变得杳无音信了。不过,杨还是继续坚持,并没有一丝放弃的念头。到了最后,虽然他并没有找到利文斯顿本人,但是根据所掌握的信息,穆萨那精心编造的谎言被彻底揭穿了。

接着,他们在湖边遇到了一个当地的土著,后者提供了一条十分有价值的情报,那就是他本人曾经亲眼见过利文斯顿,而且还向利文斯顿提供过帮助。那是发生在穆萨以及他那毫无忠心可言的同伴们弃他而去之后,所以他对于这些人并不知情。这个人对于利文斯顿遭到谋害的观点进行了调查。当搜救船载着这一行人深入比萨人的土地之后,他们就与那位老酋长进行了面对面的交流,而且对所谓的穆萨之死以及埋葬也进行了全面的调查,然后证明这所有的一切都是根本站不住脚的,都是一派胡言。

在这样的环境下,杨先生就得出结论,说利文斯顿还活着,而且他所穿越的领地上到处都是对其充满了敌意的部落,他们已经毁灭了许多村子。

比萨酋长热切地劝杨不要尝试去追随利文斯顿。于是,远征队伍就回海岸去了,接着又带着所有搜集到的信息回到了英国。

自 1869 年 5 月以来,人们对于这位伟大的探险家,并没有听说任何确切的真实消息。不过到了第二年,当穆尔齐森爵士在皇家地理学会发表演讲的时候,他表示自己相信利文斯顿的确还在世。有消息称,有人在乌济济的坦噶尼喀湖曾经看到过利文斯顿,当时他正在等候物资配给。萨缪尔·贝克爵士希望能够找到他,但是这一希望并没有带来任何实际的效果,因为他们遇到了很多地理层面的困难。

眼下,巴特尔·弗里尔(Bartle Frere)建议组织一次救援远征行动。在英国的每一个角落,人们纷纷慷慨解囊,捐出了自己的一份心意,而皇家地理学会则代表国家承担了此次任务。从四百个自告奋勇报名的候选人名单中,道森和赫恩(Henn)两个人被选为了领队,奥斯韦尔·利文斯顿(Oswell Livingstone)先生也加入了这支队伍。

利文斯顿搜救远征队于 1872 年 3 月 17 日在桑给巴尔登陆,然后就为接下来的一段旅程积极进行各项筹备工作。到了 4 月 27 日,赫恩和道森正准备启程的时候,突然有三个人来到了他们的跟前。这些人是被一个名叫斯坦利的人派来的,他是《纽约先驱报》的一名记者,不过和他们从来就素昧平生。这三个人宣称利文斯顿已经被人找到了。因此,这次远征行动就这么两手空空地结束了。利文斯顿经由斯坦利转达了一些指示,所以除了把他所需要的人力和物力送到他身边去之外,也没有什么可以做的了。

第十四章　斯坦利为寻找利文斯顿而开展的远征

亨利·莫顿·斯坦利（Henry Morton Stanley）找到了利文斯顿，之后还完成了更为艰险的任务，即援救埃明帕夏。可以说，他是其所生活的世纪最为卓越的人物之一。一个人要成为一名成功的旅行家，必须具备非同寻常的品质，斯坦利的身上不仅具备了所有这些品质，而且各方面表现都十分突出，所以他完全可以被称为"非洲旅行者中的王子"，而理查德·伯顿爵士以其慷慨之心，把这一称号让给了这位举世闻名的探险家。

当斯坦利以《纽约先驱报》记者的身份奔赴阿比西尼亚的时候，他是加入了美利坚合众国国籍的一位公民。而且，人们普遍认为他出生时是一个美国人。出于某种原因，这位旅行家也并没有对此矢口否认，反而总是称自己是一个美国人。但是，由于老百姓希望能够了解这位伟大人物的每一个细节，所以就把他的出生、祖先以及早期生活都给挖了出来。最后，大家发现，斯坦利是一个威尔士人。

他生于1840年，出生时的名字是约翰·罗兰兹（John Rowlands）。就像很多著名的人物，包括旅行家在内——比如利文斯顿和兰德尔兄弟，斯坦利的出身也是比较普通的。当他只有两岁的时候，他的母亲就成了寡妇，此后他就被安置在出生地附近的圣阿萨夫（St. Asaph）贫民学校。接着，他就在那里待了十年。虽然人们对于他早期的生活知之甚少，但是可以肯定的是，他在学校里表现十分突出。他不仅异常聪明，而且很有毅力，这些个性特征在他一生的事业中都得到了充分的体现。然而，出于某些原因，他对于学校并不怎么喜欢，因为后来他逃走了，然后在他的叔叔手下谋了个差事，后者是一家公立学校的校长。但是，他再也无法忍受这样一种

第十四章

斯坦利为寻找利文斯顿而开展的远征

枯燥无味的生活了,不过他非常喜欢阅读各类游记和历险记,并从中汲取了尽可能多的信息,然后就离开了公立学校。接着,他辗转到了利物浦,在一艘前往新奥尔良的航船上找了份差事。当船抵达目的地之后,这位举目无亲的威尔士年轻人在一位名叫斯坦利的绅士的办公室找了份工作,后者由于十分欣赏他身上具备的品质,非常偏爱他,而且这位绅士膝下无子,所以到了最后索性收养了他。这样一来,约翰·罗兰兹就改名为亨利·莫顿·斯坦利了,而这个名字注定将在整个文明世界成为家喻户晓的名字,甚至就连非洲那些没有道路的森林和荒野上也将传遍这个名字。

但是眼下,一场不幸降临在他的身上了。他那位仁慈祥和的雇主兼大恩人突然辞世了,由于他还没有立下任何遗嘱,所以他的财产就被他的亲戚们瓜分了。这样一来,斯坦利就发现他自己再一次被无情地孤立于这个世界上,没有任何人或事物可以帮助他,只有他那不可战胜的意志力。当美国内战爆发的时候,斯坦利加入了南部邦联部队,在约翰斯顿(Johnston)将军手下效力。随后,他参加了几场战斗,最后在匹兹堡登陆战中沦为了囚犯。然而,他成功地游过了河逃走了。接着,他就来到了英国。但是,这位伟大的美国共和党人士对自己的探险梦想十分执着,于是就再一次地出发,只不过这次的目的地是纽约。斯坦利转移立场,站到了北部各州这一边,在联邦海军中服役,一直到战争落下帷幕。接着,他就进入了一家美国报社,以一名记者的身份加入了一场远征行动,前往遥远的西部讨伐印第安人。当他回来的时候,他就转到了《纽约先驱报》工作,这是全美国最具有探索精神的一份报纸。

在接下来的日子里,他就以这一身份对阿比西尼亚战争进行了一系列的报道。凭借他一往无前的闯劲,他得以与同伴们一起对马格达拉占领一事进行了报道。在卡利斯特战争(Carlist War)期间,他也以《纽约先驱报》记者的身份出没在西班牙的最前线。随后,在1873年至1874年期间,他参与报道了虽然持续时间较短但异常艰难的阿散蒂战役。

但就在这最后一次任务之前,斯坦利曾经参加了搜寻并解救利文斯顿的远征行动,正是这段经历让他第一次站到了全世界的舞台上,成为众人注目的焦点。他被任命的背景叙述起来是相当独一无二的,而且十分有意思。1869年10月16日,斯坦利当时正在马德里,他突然收到了一封来自詹姆斯·戈登·班内特(James Gordon Bennett)先生的电报,后者是《纽约先驱报》拥有者的儿子。在电报中,班内特先生请斯坦利前往巴黎和他见一面。于是,当抵达巴黎之后,他就前往班内特先生下榻的饭店和他见了一面。对于这次会面,他是这样记叙的:

"我径直前往了'大饭店'(Grand Hotel),然后敲了敲班内特先生的房门。

"'请进。'我听到一个声音说道。于是我就进了门,看到班内特先生正躺在床上。

"'你是谁?'他问道。

"'我的名字是斯坦利。'我回答道。

"'哦,对对对,请坐吧。我有一件非常重要的事情需要请你来办。你认为利文斯顿在哪里?'

"'我真的不知道,先生。'

"'你觉得他还活着吗?'

"'他也许还活着,也许已经去世了。'我这样答道。

"'你看,我认为他还活着,而且觉得我们是可以找到他的,所以我准备派你前去寻找他的下落。当然了,你可以根据自己的计划来行动,同时按照你认为最好的部署来安排。不过,请找到利文斯顿!'"

当斯坦利提到花费的问题时,班内特先生是这样说的:

"我现在就开给你一千英镑。当你花完了这笔钱之后,我就再开给你一千英镑。等到那笔钱也花完了,我就再开给你一千英镑。如果你把这笔钱也花完了,我就再开给你一千英镑。以此类推。不过,请你务必找到利文斯顿!"

斯坦利接收到的指示是:首先,确认萨缪尔·贝克爵士——当时他正准备启程沿着尼罗河向上游进发——在埃及究竟想要做什么;其次,经由孟买和毛里求斯前往桑给巴尔。

1871年1月6日,他抵达了桑给巴尔。接着,他就马不停蹄地开始积极筹备,计划开启深入非洲大陆腹地的重要旅程。

在耶路撒冷的时候,他曾经雇过一个信奉基督教的阿拉伯男子,后者的名字叫塞利姆(Selim),所以这个男子就将担任他的翻译。除此之外,他在航行中也觅到了两个商人伙伴,他们分别是法夸尔(Farquhar)和肖(Shaw),他们非常擅于搭建帐篷,而且还为此次旅程安排了两艘船,不过

第十四章

斯坦利为寻找利文斯顿而开展的远征

在其他方面,他们却是经验非常匮乏的旅行者。除此之外,他还得到了孟买的协助,后者是斯皮克手下"那些百分百效忠于他的手下"的首领。此外还有斯皮克的另外五名随从、乌勒迪(Uledi)、格兰特的贴身男仆,以及马布鲁奇(Mabruki),他当时失去了一只手。他们是唯一可以找到的队伍的最后幸存者了,其余的人不是死了,就是已经去了别的地方。

他们有两艘船,其中一艘可以装载二十个人,另一艘可以装载六个人。他们把这些船的甲板拆掉,只带上了木材和横梁。作为甲板的替代物,他们计划用涂了一层厚厚沥青的双层帆布加以覆盖。这些部件和其他的行李被打包装好,每个包裹的重量不超过六十八磅。他们购买了两匹马和二十七头驴,还有一辆小马车。除此之外,这位旅行家还带上了一条看门狗,他希望它能够守卫自己的帐篷,以免小偷悄悄靠近图谋不轨。他们储备了大量的珠子、布匹和铜丝,还有茶叶、糖、大米和药物。除了孟买和他的"忠实追随者们",他还增补了十八个自由身的男人,而且都给他们配备了精良的武器。这些人就将作为所有货物的押运员。

1871年2月5日,远征队伍分别登上了四艘独桅帆船。接着,这些船就把他们送到了大陆上的巴加莫约。在这里,远征队伍逗留了五周的时间。在此期间,他们这位意志力顽强的领队忙着和那些耍流氓的阿拉伯人进行抗争,后者答应提供一百四十个搬运工。除此之外,这位领队也忙着进行其他必要的安排工作。在巴加莫约,他发现了一支队伍,它是一百天之前被英国领事派来的,目的是解救利文斯顿。可是,这些人一直就没发挥过作用,因为这支商队的首领借口说自己无法获得一批新的搬运工。

斯坦利把自己的远征队伍分成了五组,然后自己率领第一组于2月18日启程上路了。不过,一直到3月21日,他带着规模最庞大的这支队伍才开始朝西行进。在出发当天,这支远征队伍除了指挥官和两个白人助理之外,总共还有二十三名士兵、四位首领、一百五十三名搬运工以及四个临时雇员。他们对于所有的装备都已经考虑周全了,所以万事俱备。

事实证明,孟买自始至终都是一个诚实而可靠的人,而费拉吉(Ferajji)和马布鲁奇都是真正的男人,也是忠诚可信赖的,有一次,当后者发现拖着马车向前走有困难的时候,就一路用脑袋拱着它前进,并没有因此就弃之不顾。

为了跨过金加尼河,他们用美国造的斧子快速造了一座桥,因为驴子并不愿意涉水过河。

就在他们上路之后没多久,那只看门狗奥马尔就不见了。于是,马布鲁奇就匆匆赶了回去,发现它被落在了前一个落脚点。在同一个地方,一辆马车也被耽搁了,原因就在于上面的三个搬运工都生病了。因此,眼下就需要找人来顶替他们的位置。除此之外,有一匹马死去了,隔了没几个小时,又有一匹马死了。

与那些微不足道却又贪得无厌的酋长打交道,应该说斯坦利先生是最有经验的了。他总是能够在他们面前对答如流,而且无一例外地都能做到让对方自食其果,因而这位"伟大的主人",正如他的手下对他的称呼,成功地让每一位下属都能安分守己。

远征队伍继续前进,然后经过了辛巴姆韦尼镇。这座城镇占地面积为半平方英里,四个角上各矗立着一座用石头堆砌而成的塔楼进行守卫。城镇设了四座大门,每一面墙上都有一扇大门,这些四四方方的大门是用十分坚固的非洲柚木制作而成的,上面还雕刻着精美的花纹。掌管着四扇门户的是基萨卢恩戈(Kisalungo)的女儿,基萨卢恩戈是一个臭名昭著的掠夺者和绑架犯。

就在不久以前,斯坦利患上了热病,这一病痛让他变得虚弱不堪。不过,他服用了剂量很大的奎宁,所以很快就恢复了健康。

他们的厨子布恩达·塞利姆(Bunda Selim)由于小偷小摸而受到过惩罚,此时忽然逃走了。那些被派去抓他的一批人则被辛巴姆韦尼的女首领给抓住并囚禁了起来,不过到最后,在一位阿拉伯酋长的干预之下,他们还是被释放了。可是,那位失踪的厨子始终下落不明。肖也病倒了,于是驱赶着队伍艰难地穿越沼泽地与河流的重担就落到了他的上级的肩上。另外还有一些人也纷纷像他一样病倒了,甚至就连孟买都连连抱怨疼痛难忍,到最后也无力再工作了。

可是,从法夸尔的队伍传来的消息却是最令他大失所望的。根据斯坦利的判断,法夸尔已经失去了所有的驴子。事实上,这个极度郁闷的男人发现自己患上了水肿。而且,他把自己所掌管的包裹里的许多东西都取出来分给了搬运工和士兵们,作为自己要求他们付出劳动的报酬,同时也购置了许多奢侈品。由于他无法下地行走,所以斯坦利就被迫让马布鲁奇负责把这个病人送到三十英里外的姆普瓦普瓦(Mpwapwa),然后把他托付

第十四章

斯坦利为寻找利文斯顿而开展的远征

给了那里的酋长。他答应这位酋长，如果对方能够悉心照料这个病人，就会获得丰厚的回报。

最令人感到痛心的是，当肖和他大吵了一架之后，就趁着夜色朝着他所在的帐篷开枪，很明显是企图置他于死地。他发现，这位图谋不轨的谋杀犯假装睡着了，不过在他身边的枪摸上去却还是温的。此时，他已经无法否认自己曾经发射过子弹了，于是改口说自己在梦中看到有一个小偷经过了他的门。接着，肖问他究竟发生了什么事情？斯坦利回答道："哦，没什么，不过，我还是要建议你今后不要朝着我的帐篷开枪，至少别靠我那么近吧，以免造成任何不必要的怀疑。我有可能会受伤，如果发生了这样的事情，那么流言蜚语就会到处传播，而这也许对你是不利的，我想你很可能已经意识到了吧。晚安！"

当他们抵达姆普瓦普瓦的时候，那位酋长拒绝照顾这位白人男子，除非有一位翻译可以留下来陪着他。于是，加科（Jako），也就是整支队伍中除了孟买和塞利姆之外唯一能够说英语的人，就按照指令以翻译的身份留在了当地。

现在，这支远征队伍马上就要进入乌戈戈了。在穿越横亘于眼前的荒野之时，九头驴子中间的五头都纷纷死去了，而马车早在一段时期以前就被落在了后面。眼下，这支远征队伍中又加入了另外几辆阿拉伯人的车。如此一来，整支队伍的人数总计达到了四百个人，而且人人都配备着精良的枪支，旗帜高高飘扬着，号角嘹亮地吹响着，鼓声阵阵，显出一派喧嚣而热闹的景象。这些浩浩荡荡的队伍将在斯坦利和哈默德（Hamed）酋长的带领下穿越令人畏惧的乌戈戈。

到了 5 月 26 日这一天，他们抵达了姆弗米（Mvumi），而且被迫向当地酋长支付大量的贡品。可是，似乎再多的贡品都无法令他感到满意。于是，斯坦利就暗示对方，自己手下有二十个人祖恩加人（Wazunga），而且他们人人都配备了温彻斯特连发步枪，所以他有可能会反过来让这位酋长进贡。此时，有人就恳求他千万要作出求和的姿态，同时强调说一旦他口出狂言，就有可能会激怒酋长，从而狮子大开口索要双倍贡品了。

在这里，又有五头驴子死去了。在第二天早晨来临之前，它们的尸骨就被鬣狗给啃了个一干二净。

为了能够平安上路，他们最终献上了所要求的贡品，然后于 27 日离开

325

了姆弗米，一路向西而去。这片土地就是一片广袤无垠的庄稼地，而且人口密布。他们细细数了一下，在那个地方与下一个区之间，居然坐落着二十五个村子。只要他们一停下脚步，就会有大批的人围拢过来，对这位白人的服装和言行举止发出阵阵爽朗的笑声。而且，斯坦利不止一次地被迫用手中的来复枪或者小手枪让他们与自己保持一定的距离，有时候他甚至需要动用自己那根粗粗的鞭子。

经过了这片地区之后，他们就进入了一片茂密的森林，小径在其中蜿蜒穿行，有时是大片草地，有时是一片密密麻麻的橡胶树和荆棘，一会儿又出没在一丛丛向远处无限延伸开去的灌木以及一棵棵的猴面包树之中。在这片地区，到处都可见数量惊人的野生动物，不过他们虽然经常能够看到它们，却凭借手上的来复枪能够保障自身的安全。但是，他们丝毫不敢放慢前行的脚步；原因就在于他们在正午的时候离开了上一个水源地，所以在第二天正午之前，他们无法喝上一滴水。

经过这一次令人精疲力竭的旅程，斯坦利再一次被热病给击倒了。于是，他被迫停下来休息了一整天，同时服用了大量的奎宁。我们可以想象到，当他们终于告别了乌戈戈的时候，一定是心中感到万分庆幸的。接着，他们一行人就进入了乌尼扬姆贝（Unyanyembe）。

在这片辽阔的土地上，映入他们眼帘的是一片十分凄惨的景象：无数个村落被大火付之一炬，牛群被掳走了，庄稼地也荒废了，到处杂草丛生——而在这里，这样的场景已经是令人见怪不怪的了。

到了最后，远征队伍进入了基维哈拉（Kivihara），也就是由年迈的姆卡斯瓦（Mkaswa）所统治的地区的首府，他非常热情友好地招待了斯坦利。萨义德·本·萨利姆（Said Ben Salim）邀请他住在自己的房子里面，于是斯坦利就把自己的物品都存放在了那里，并且把报酬支付给了搬运工们。接着，他的另外三组人马也安全抵达了。其中有一组经历了一场小规模的战斗，第二组的人射死了一名小偷，而第三组遭到了一群强盗的攻击，最终有一个包裹被对方抢走了。

不久之后，奥斯维尔·利文斯顿的队伍就抵达了，然后他们的物品就和斯坦利的物品存放在了一起。接着，奥斯维尔·利文斯顿的人就和他的手下住在了一起。队伍的领队给斯坦利带来了一捆信件，信是写给乌济济的利文斯顿的。

第十四章

斯坦利为寻找利文斯顿而开展的远征

经过了这场长途跋涉,斯坦利彻底感到精疲力竭了。于是在接下来的两周时间里,他完全就是人事不省了。而可怜的肖也再一次病倒了。高烧很快就让他丧失了记忆,而且变得不可理喻。至于塞利姆,在此之前他一直根据自己所接收的书面指示忠心耿耿地保护并照顾着自己的主人,可此时的他也感到极度疲劳,连着四天的时间一直都处于一种神志不清的状态之中。

不过,到了7月28日这一天,所有人都恢复了健康。于是29日,队伍整装出发了。三天之后,肖再一次崩溃,不得不被他的手下一路背着送进了领队的木屋子。

然而,前方的路已经被米兰博(Mirambo)酋长给堵死了。他宣称没有任何一支阿拉伯人商队能够从那条路通过。因此,阿拉伯人就下定决心要对他展开进攻,于是就召集起了两千多名手下。斯坦利及其随行人员也决定要加入他们,如此一来可以尽快让这场战争结束。

他们很快就把宫殿给围了起来。虽然他们一伙人遭到了一阵扫射,但是防卫者的火力很快就停止了。接着,对方就逃走了。于是,他们一行人就进入了村子。虽然之前双方的交火也非常激烈,不过他们只发现了二十具尸体。其他的村子也遭到了攻击,并被一把大火毁于一旦了。

过了没多久,一件更加重要的事情发生了。当斯坦利再一次被热病击倒的时候,他手下一大批人不顾他的命令,加入了阿拉伯人的队伍,和他们一起去进攻一个更加重要的地方,而守在这里的正是米兰博本人。虽然他们最终占领了这个地方,但是阿拉伯人却掉进了米兰博事先设下的埋伏,最终遭遇了彻底的失败。他们中的许多人,包括斯坦利的一些士兵,都被杀死了。经过这一仗,米兰博乘胜追击,紧紧咬住阿拉伯人的尾巴猛追。于是,斯坦利不得不骑上自己的驴子,肖也被人扶上了他的驴子,这两个人就在半夜为了保全性命而逃走了。至于他的士兵们,则拼尽全力靠双脚一路逃跑。唯一留在他的主人身边的就是年轻的塞利姆。到了最后,他们抵达了姆弗托(Mfuto),就在不久以前,他们就是从那里异常勇猛地一路向前高歌猛进的。

斯坦利之前一直认为,帮助阿拉伯人是他应尽的义务,可是现在,他却后悔自己如此的举动。

从刚才提到的地点出发,他又回到了基维哈拉,并在这里逗留了相当长一段时间，在这段时间里，他从一个阿拉伯人那里了解到了关于利文斯顿的确切消息，这个人曾经遇到过他，后者当时正在前往马尼尤玛地区的路上。当时利文斯顿声称，自己曾经坐着三艘独木舟前往一个位于利埃马巴（Liemaba）的市场，可是其中有一艘独木舟翻了船，就此无影无踪了，而他本人所有的衣服都在那艘船上。就在这里，他了解到法夸尔已经去世了。

正如他所预料到的，米兰博已经逐渐逼近了。有一个阿拉伯头目和自己收养的儿子被杀死了，当时他们正带着他们的奴隶出来与他见面，而那些奴隶则弃之而逃了。

邻近的塔波拉（Tabora）也被烧毁了，于是基维哈拉自身就受到了威胁。斯坦利作了一定的防御准备：组建了一支由一百五十个人组成的武装队伍，在房子的黏土墙上凿一些小洞用来塞火枪口，在房子的周围开挖一些散兵壕，把木屋以及其他可能让敌人得以藏身的地方统统拆掉。他们对于可能产生的结果没有丝毫的担心。然而，米兰博似乎已经改变了主意，率领自己的部队离开了，因为他对于自己抢到手的东西十分满意。

一个又一个月逝去，他手下的士兵们死的死，伤的伤。为了填补这些人的空白，他必须要物色更多的士兵，可是这一任务实施起来却是难上加难。有一天，有一个小男奴来到他的面前，这是一个阿拉伯商人送给他的礼物。在孟买的建议之下，他就给这个小男奴起了个名字，叫他卡鲁鲁（Kalulu），意思是"一头年轻的瞪羚"。

到了9月9日，米兰博经受了一次重大的失败，于是不得不逃走了，而他手下的几名头目也被杀死。

在这里，斯坦利再一次患上了热病。但是，他的白人同伴却一丁点儿都没有对他表示出任何的同情，甚至就连小卡鲁鲁都看上去完全无动于衷。虽然他当时身体非常虚弱，但他还是建议队伍向西方前进。除了他原先的随从人员之外，又额外增加了四十个新人。

在启程之前，孟买由于一意孤行，再加上放肆无礼，所以再一次地遭到了一阵鞭打。到了晚上，斯坦利抵达他的营地的时候，发现有超过二十个人已经落在了后面。因此，他就派出一队精兵强将，在塞利姆的率领下掉头回去。后来，他们把这些掉队的人员都带了回来，而且还有一些戴着重重的奴隶锁链。接着，斯坦利宣称，如果同样的行为再次发生，那么他就会

第十四章

斯坦利为寻找利文斯顿而开展的远征

把他们都绑在一起,让他们像奴隶那样向前走。与此同时,肖看上去也不太愿意继续前进,于是就时不时地从自己骑的驴子上摔下来。到了最后,斯坦利就同意他回乌尼扬姆贝去了。

他们在加姆贝河(Gambe)的附近安营扎寨下来,河水缓缓地流淌着,水面上的莲叶平静地卧着,周围的一切美得看上去就仿佛是一幅画,显得如此静谧而安详。斯坦利情不自禁地下到河里洗了个澡。他发现在一大片铺展开的含羞草下,有一处十分荫凉的地方。在那里,地势有一定的坡度,是朝着平静如水的河面慢慢斜下去的。于是,他就脱下身上的衣服,准备以一个优美的姿势冲下水去。突然之间,他的视线里出现了一具长得惊人的身躯,那东西正占据着他即将以头朝下俯冲进去的水面的下方,那是一条鳄鱼!出于本能,他立刻把身子向后弹开,然后暗暗发誓,今后再也不能受到非洲那看似平静、实则可怕的河流的诱惑了。

由于当时这片土地上正在爆发一场战争,所以他就必须每前进一步都要提高警惕。他的一些随从人员也表现出了一种强烈的反叛倾向,孟买尤其深深地陷在自我感觉十分良好的状态之中,为此他不得不通过马不停蹄地赶路加以遏制。当他们慢慢靠近坦噶尼喀湖的时候,每一个人都变得兴高采烈起来,心中重新又燃起了希望之火。

来自辛巴(Simba)的一位使者收到了两件异常华丽精美的衣服还有其他一些物品作为贡品,斯坦利就此和那里的首领成了好朋友。

有一天傍晚,当他们一行人扎好营地之后,他就拿上自己的来复枪,带上卡鲁鲁出发去打猎,他希望能够射死一头野兽或者其他的小动物作为晚餐。就在四处搜寻未果之后,他开始掉头往回走。突然之间,他发现自己的面前出现了一头野猪。可是,虽然它挨了几颗子弹,不过摔倒在地之后又爬了起来,撒腿就窜入了树林之中。在晚上,突然传来了一只狮子的吼叫声,随即又有其他的狮子纷纷齐声大吼起来,他们个个吓得心惊肉跳。这时,他走出去朝着它们开了几枪,可是没有一颗子弹起到任何的作用。到了最后,他索性回去睡觉了,这些猛兽的吼叫声就成了他们这些人的"摇篮曲"。

到了11月2日晚上,他们一行人抵达了马拉加拉兹河(Malagarazi River)的左岸。他们花了大半天的时间忙着和芬扎人(Wavinza)贪得无厌的酋长派来的使者进行谈判,后者开口就索要一笔巨款。在处理完这件事情之后，船夫们也向他伸手讨要同样高得离谱的船费，声称正是靠着他们，商队才得以渡过河的。然而，当这些要求到最后都被一一落实之后，下一个面临的难题就是要让那些驴子游过河了。于是，他们就在一头看上去比较健壮的驴子脖子上套上了一条绳子，然后拽着它走。可是，就在它刚刚挪到河流中央的时候，他们就看到它开始拼命地挣扎，看上去一副惊恐万分的样子。原来是一条巨大的鳄鱼咬住了这头可怜的动物的喉咙，虽然它努力试图挣脱，可是一切挣扎都是徒劳的。走在前面负责拉着它的黑人使劲拉扯绳子，可是这头驴子还是沉了下去，就此从他们的视线里消失了。眼下，他们只剩下最后一头驴子了。到了第二天早晨，孟买就牵着它渡过了河。

第二天也是风波不断。就在他们准备动身上路之前，突然看到有一支商队正在慢慢向他们靠近。他们是由一大批部落人员组成的，这个部落占据着这一大片土地，一直延伸到坦噶尼喀湖的西南侧。

他们上前去向他们打听一些消息。对方表示，曾经看到过一个白人男子，后者从马尼尤玛的土地出发，最近刚刚到访过乌济济。他长了一头白发，留着白色的胡须，而且还生病了。他们是在八天以前见到他的。他之前曾经在乌济济逗留过一段时间，然后离开过，不过后来又回去了。现在，他们可以百分百确信这个人就是利文斯顿了。

斯坦利的精神为之一振，然后率领众人再度启程上路，而且是以尽可能快的速度拼命赶路。然而，沿途还是存在不少危险的。当时，有一队芬扎人的战士正在四处活动。他们从战场上凯旋而归的时候，甚至都会肆无忌惮地掠夺他们自己族人的村子。

第二天，他们一路上并没有遇到任何险情。不过到了第五天，他们与一队赫哈人(Wahha)不期而遇，后者很快就带来了一队武士，随即就向他们逼过来。为首的是一个相貌俊美的首领，只见他身穿深红色的长袍，头戴一顶头巾。他和他的手下都手持长矛和弓箭。他开口问道，他们想要和平还是战争？当然，他得到的回答是和平。与此同时，斯坦利暗示道，战争一旦爆发，他的来复枪将很快会占得上风。不过即使如此，对方还是开口索取一百件衣服。斯坦利表示只能给他十件。斯坦利并不愿意拿出一百件衣服送给对方，就问自己的随从是否愿意战斗，但是孟买强烈建议还是采取求和的举措，他表示这片土地过于开阔了，没有地方可以进行躲藏，而

第十四章
斯坦利为寻找利文斯顿而开展的远征

且每一个村子里的人都会手持武器奋起与他们作对的。

马布鲁奇和阿斯马尼（Asmani）也纷纷附和他的说法。于是，斯坦利就按照要求进贡了一百件衣服。不过他决定，如果可能的话，返程的时候尽量避开这条路。同时，他决定还是选择在夜间赶路。除此之外，他们还采购了足够的粮食以维持整支队伍在接下来的六天时间里穿越一片森林。他们希望这样做可以躲过西部其他酋长的勒索。接着，这些人就异常勇敢地踏上了艰难的旅程，虽然他们的双脚和双腿被草割开了口子，鲜血直流，却没有一个人说过一句抱怨的话。虽然这片森林里到处都可以见到野生动物的身影，却没有一个人朝着它们开枪。

有一天早上，他们在靠近卢苏基河（Rusugi River）的地方短暂停留的时候，突然看到了一伙当地的土著，后者发现了他们藏身的地方。然后，这些人就立即转身离开了，跑去警告一些四英里之外的村子。于是，斯坦利下令全体人员立即动身上路。不过，有一个女人开始大声尖叫起来，甚至就连她的丈夫都无法让她安静下来，到最后只能用一块布堵住了她的嘴。

当晚，他们选了个地方露营，一切都很顺利。在黎明破晓之前，这支队伍再一次动身上路了。不过，由于向导没有搞清楚正确的方向，所以当四周还是一片黑漆漆的时候，他们抵达了乌赫哈（Uhha）。大家按照指令全部保持安静，那些也许会发出声响的山羊和小鸡则被割了喉咙。接着，他们就大胆地穿过了这个村子。正当他们经过最后一座屋子的时候，斯坦利在最后面殿后，只见一个男子从他的屋子里走了出来，接着就大声开始叫喊。

于是，他们就继续向前赶路，一头扎入了丛林之中。有一次，他以为他们一行人被跟踪了，就躲到了一棵树后面，想要看一下敌人的进程，不过最后发现原来只是虚惊一场。

当他们转向西继续进发之后，在明晃晃的日光下，他们的眼前出现了一片风景如画的富饶土地，到处都是野生的果树和罕见的花朵，还有小溪流一波又一波地拍打着光溜溜的鹅卵石。他们穿过了一条小溪流，意识到已经离开了乌赫哈，也已经摆脱了居住在那里的行为过分的村民们，不由地都长舒了一口气。接着，他们就步入了乌卡朗加（Ukaranga）。当他们慢慢靠近村子的时候，村民们对于他们的出现都显得非常警惕。酋长及其子民们认为他们都是米兰博的随从人员。不过，当发现自己的想法是错误的时候，他们就转而彬彬有礼地款待了他们。

到了11月10日，也就是他们离开巴加莫约后的第二百三十六天，同时也是他们从乌尼扬姆贝动身上路的第五十一天，他们登上了一座小山丘。此时，坦噶尼喀湖一下子进入了他们的眼帘。接着，他们又跋涉了六个小时，最后终于站在了湖岸边。

他们举起了"星条旗"，任其在微风中轻轻飘扬，同时向空中连续发射了一些子弹。忠心耿耿的楚马和苏西，也就是利文斯顿的随从人员，都冲出了村子来看一看这位陌生人。很快，斯坦利就与朝思暮想的旅行者面对面站在了一起。此时，他认为此行所经历的一切艰难险阻都是值得的，自己终于尝到了喜悦的滋味。这两位不同寻常的人物的见面可谓历史性的瞬间。斯坦利大步迈向前，同时伸出自己的手，口中说道："我想，您就是利文斯顿吧！"接着，那位饱经旅途风霜却毫不气馁的探险家就简短地给出了肯定的答复。

就在这个时候，当利文斯顿几乎已经由于疾病和失望而徘徊在死亡边缘的时候，他终于盼来了援兵，这对他来说具有不可估量的价值。这位新结识的朋友带来了来自祖国的信件和一顿像样的美餐，利文斯顿还得以大口大口地喝美味的香槟酒。这些东西都是小心翼翼一路从数百英里之外护送过来的，就是为了这个特殊的时刻而准备的，终于它们隆重登场，并且让所有的人都感到无与伦比的振奋和激动。

他们一行人在乌济济逗留了一段日子。在这段时期内，利文斯顿的身体状况日益好转，体力也在逐渐恢复之中。于是，他们就共同商讨了接下来的安排。除此之外，他还描述了自己前几次的探险经历。随着斯坦利与利文斯顿交流的深入，他对眼前这位大人物越来越心生敬仰之情。

他说道："利文斯顿大约六十岁的样子。他的头发带有些许棕色，不过在太阳穴的位置会有一些灰色的发丝。他的胡须和络腮胡子都是非常灰的。他那淡褐色的双眼非常明亮，他的眼神就像猎鹰的那般犀利。他的身高比普通人要略微高出一些。当他走路的时候，他的步伐十分坚定却显得沉重，看上去就像是一个刚刚加完班的人，或者是一个疲惫不堪的人。我从来没有从他身上发现一丝怨气或者是对世人的憎恨之情。他有一种低调的冷幽默，只要他和朋友待在一起，那么这一品质就会展露无遗。我和他一起待了四个月的时间，在此期间，我每天傍晚都注意到他在详细地写

第十四章
斯坦利为寻找利文斯顿而开展的远征

着笔记。从他所绘制的地图中,我们也可以发现他是一个做事十分认真和勤勉的人。一旦有人质疑他,或者批评他,他就会变得非常敏感。他自始至终都十分彬彬有礼,对一切都充满了希望;虽然远离祖国和亲人,但他从来就没有流露出焦灼不安的神情,也从来没有表现出魂不守舍的样子。他始终认为到了最后关头,一切都会好转起来回到正轨的,因为他对于上帝的仁慈充满了信心。除此之外,还有一个特别吸引我的地方就在于他那无与伦比的惊人记忆力。他的信仰并非只停留在理论层面,而是始终如一的,热切的,发自肺腑的,实用的,它既没有公开体现出来,也没有大声向周围进行宣告,而是以一种默默的、实际的方式展示出来,而且总能起到一定的效果。在他的身上,信仰体现出了它最被人所喜爱的特征。他正是秉持着这份信仰来对待他自己的仆人们,而且以同样的态度来对待当地的土著。我留意到,世界上各个角落的人对他都表现出无比的敬仰,甚至就连那些穆斯林,只要他们经过他的房子,都会前去向他请安,并且说'愿真主与你同在'。每个周日的早晨,他都会把自己的一小拨人聚集到身边,然后宣读祈祷文以及《圣经》中的一个章节。他的声音是如此自然,毫不矫揉造作,听上去非常地真诚。随后,他就会用斯瓦希里语(Kiswahili)发表一段简短的讲话,内容就是围绕刚刚念给他们听的经文,而所有的人都显得非常专注和投入。

"他那旺盛的精力是与生俱来的,而且他们这一种族个个都是如此。从他的身上,我们可以充分体会到盎格鲁-撒克逊人的精神特征,那就是不屈不挠、坚忍不拔以及顽强拼搏。他之所以能够经受住当地气候的折磨,一方面是因为他天生就具有强健的体魄,另一方面则是因为他之前一直过着严于律己的、有节制的生活。

"他一直秉持着一种信念,那就是一旦答应了别人去做一件事情,就必须要尽全力做到最好。当他在完成任务的过程中,他也会出现想念祖国的瞬间,而且有时候这种思念会如排山倒海一般涌上心头。不过此时,从某种程度上而言,他感受到的与其说是不快乐,毋宁说是一种满足。

"他被黑人土地上那些长得黝黑的孩子们的天然与单纯深深吸引,而且他在一生中有相当长的一段时间都是和他们朝夕相处的。他对于他们的能力十分有信心。他从他们的身上看到了美德,而其他人看到的则只有野蛮粗鲁;无论他置身于他们哪一群人之中,他都竭尽全力试图去改善人们的生活,因为他认为这些人很明显是被上帝以及基督教人士所遗忘的一群人。"

在另外一个场合,斯坦利是这样说的:"利文斯顿的一言一行都是追随着一种义务的召唤。如此心甘情愿的一个人永远都不会成为那个抽象的美德的俘虏。他的内心在召唤着他返回祖国,这种召唤是如此之强烈,以至于必须要凭借最坚定的决心才能加以抵制。随着他在这片陌生的土地上每前进一步,他就相当于锻造了一条同情之链,而这根链条将在爱与善意的名义下,在今后把所有信奉基督教的国家与非洲热带丛林中的异教徒们紧紧地团结在一起。如果他能够通过切切实实地发现一些事物,然后对自己所作出的发现进行描述,把这些依然生活在愚昧无知之中的人民和国家融入进来,从而完成这根爱之链条,并且吸引自己国家那些高尚正直之人和乐善好施之人一起加入到这场救赎和拯救的运动之中,那么利文斯顿就会认为,这才是自己最希望得到的回报了。

"诚然,正如太阳既照耀着基督教人士和异教徒,也为受过文明教育的人以及没有任何宗教信仰的人带去光辉一样,顿悟的那一天总是会来临的。虽然非洲的早期基督教的传教士也许无法亲自看到那一刻,我们这更年轻的一代,包括我们的下一代也未必能够等到那个时刻,但是,后人总是能够目睹那一瞬间的。届时,我们的子孙必将意识到带来这一文明化进程的正是那些勇往直前的、大无畏的先驱们。"

他们在乌济济一起待了几周,随后,斯坦利和利文斯顿就同意前往坦噶尼喀湖,并驾船进行一番勘探。这次的主要任务之一是搞清楚长期以来始终困扰人们的一个谜团,那就是卢斯兹河(Rusizi River)究竟是汇入那片湖的一条支流,还是从那片湖流出的一条支流。于是,他们就坐上了一艘有些摇摇晃晃的独木舟。除了他们两个人,船上还有十六个划桨手、塞利姆、费拉吉、厨子以及两名向导。

当时,湖面上十分平静,湖水是深绿色的,倒映出天上那无比静谧的蓝天。河马在距离独木舟很近的地方从水里冒出了脑袋,大口喘着气,然后再一次猛地扎入了水中,就好像是在和他们玩捉迷藏的游戏。

在他们所测量的一个地方,水深在靠近岸边的时候达到了三十五英寻。再往远去,他们放下了一根长达一百一十五英寻的线,可是它依然没有触到河底。利文斯顿表示,自己是根据高耸入云的卡波戈(Kabogo)的山

第十四章
斯坦利为寻找利文斯顿而开展的远征

脉来测量的,于是就得出结论,表示水深达到三百英寻。

那里有一片连绵起伏的山脉,上面长满了优美的树木,覆盖着绿油油的青草。山的坡度非常陡峭,几乎就是垂直的了,它径直插入到清澈的湖水中去,在他们一行人的头顶巍然屹立着。当他们绕过一些岬角的时候,他们禁不住期待眼前会赫然冒出某个全新的奇观,或者一副风景秀丽的美景,而他们也的确如愿以偿了。

然而,我们还无法试图对这片巨大湖泊那摄人心魄的美景进行一番描述。一到晚上,他们就会把独木舟拖上岸,然后安营扎寨,到了第二天再继续航行。

总体上来说,当地的土著对他们都是非常热情友好的。不过,他们不得不绕过了一两个地方,因为据说那里的人十分残暴,而且非常好斗。

当抵达了卢斯兹河的河口时,他们就继续朝着上游方向航行了一小段距离。但是,他们发现,只有体形最小的独木舟才能够通过。除此之外,那里生活着大量的鳄鱼,不过没有一头河马出现在他们的视线之内。

然而,他们发现,最重要的一个现象就是水流是以每小时六至八英里的速度流入这片湖的。

当绕过北岸之后,他们就继续划着桨沿着西岸顺流而下,一直到接近穆兹姆岛(Muzimu)的正对面。这个时候,他们就穿过湖折返回了出发时的那片水岸边,然后继续向南航行,越过了乌济济,最后几乎抵达了南纬六度,那个地方被称为乌里姆巴(Urimba)。他们的航行总共花去了二十八天的时间。在此期间,他们一路驶过了三百英里以上长的水域。

他们回到乌济济之后,就决定根据斯坦利向利文斯顿提出的几项建议,实施其中的一项计划。他们中将有一个人回到乌尼扬姆贝,去招募一批人员,然后乘坐斯坦利的船沿着维多利亚湖顺流而下,目的是与萨缪尔·贝克爵士见上一面。不过这一提议,包括其他几项计划,最终都被他们放弃了。原因就在于利文斯顿自始至终都致力于揭开围绕马尼尤玛的许多重要谜团,它们都是和尼罗河假定的源头联系在一起的。因此,他最终同意斯坦利护送他前往乌尼扬姆贝。然后,他就会在那里原地等候,因为斯坦利计划把利文斯顿本人的物品以及答应提供给他的东西都运上来给他。在等候期间,他可以在一栋舒适的房子里好好静养。与此同时,他这位朋友则将尽快地赶往海岸地区,组建一支全新的远征队伍,规模为五六十个人的样子,而且人人都配备精良的武器,然后他可能还会额外再运送一批必要的奢侈品。

到了圣诞日这一天,乌济济的人们尽最大可能为他们献上了一顿盛宴。在此之前,斯坦利一直在发着高烧。不过在圣诞夜,他的高烧终于退了下去。

12月27日,他们一行人分别登上了两艘独木舟。其中一艘上面挂上了英国国旗,而另一艘则飘扬着美国国旗。接着,他们把全部的行李都搬上船,然后和阿拉伯人以及当地的土著一一道别。就这样,两艘船开启了航程,它们在湖面上齐头并进,一起朝着南方驶去。与此同时,他们手下的主体力量在阿斯玛尼和孟买的率领下,也踏上了他们的旅程。按照计划,他们将步行沿着这片湖的湖岸一路前进。根据商定的安排,两艘独木舟将在每一条河流的河口附近与他们会合,然后把他们渡过河。他们的任务是抵达通戈韦角(Cape Tongwe),届时他们将到达伊塔加(Itaga)的对面,再从那里穿越一片无人区前往东方。接着,在避过芬扎族的无赖们以及掠夺成性的赫哈人的勒索之后,他们就将踏上斯坦利曾经走过的路。这项计划的每一步都进行得非常顺利。斯坦利在乌济济弄到了一批非常强壮的驴,他预期利文斯顿可以骑在它的背上完成此次旅行。

然而,在整场旅行的每一个阶段,天上一直下着倾盆大雨。不过,令他们最为满意的是,到了最后,这两位好朋友步入了斯坦利原先的住所,然后斯坦利开口说道:"我们终于回家了。"

在这里,他们再一次忙着检查货物,而利文斯顿则抓紧时间写通讯快报,同时给自己的朋友们写信。

米兰博依然在顽强抵抗,而且很有可能在未来的许多日子里,阿拉伯人都无法把他征服。

于是,利文斯顿决定就留在原地,而斯坦利则继续顺流而下,前往海岸地区去招募人手,同时购置一批所需的物资,再把它们运回来。当它们抵达的时候,利文斯顿意图带着它们回乌济济去,再从那里渡过河进入马尼尤玛,在那个地区以及罗地区开展进一步的调查工作。此外,他还计划围绕前一次旅行中曾经听说过的地下住所进行一番研究。

到了3月14日这一天,斯坦利和利文斯顿一起吃了顿早餐。然后,他们就下令升起国旗,开始出发。利文斯顿陪他走了一段路,不过到了最后,

第十四章
斯坦利为寻找利文斯顿而开展的远征

他们不得不分道扬镳了。

在回程的途中,这位具有冒险精神的旅行者经历了很多次的险情,也经受了极大的折磨。

当穿越基萨卢恩戈的据点之时,他们发现一大片土地已经消失不见了。河流已经把一整堵正面的围墙都给冲走了,还卷走了大约五十栋房子,有几个村子遭到了毁灭性的打击,与此同时,大约有一百个人在洪水中丧命。这座昔日如天堂一般的山谷如今已经沦为了一片只听得到野兽在嚎叫的废墟之地。他们继续向前推进,然后发现爆发了一场更大的天灾人祸,破坏力可谓相当可怕。根据消息,大约有一百个村子在河水泛滥的时候被冲走了。他们穿越了一片茂密的森林之后,又接着涉过了一片长达数英里的沼泽地。到了5月6日,队伍再一次启程上路了,而且他们的行进速度相当快,这位领队还从来没有目睹过自己的队伍居然能够如此神速。到了日落时分,他们终于进入了巴加莫约。

首先,他与赫恩先见了一面,后者是原定的利文斯顿搜寻和救援远征队伍的副指挥官。接下来,他又和奥斯韦尔·利文斯顿面对面商谈了一番。然后,这两个人就计划尽快踏上征途。他们考虑到一路上带着不少于一百九十袋的货物,觉得要把它们全部运回去,将是一场困难重重的旅途。至于斯坦利,他对于部分报纸上对他的评论表示不是那么满意,因为一些报纸认为他远赴非洲的远征是一个神话。

他评论道:"天啊!这对我来说,简直就是一场可怕的、最重要的经历了。全部都是些难上加难的、本着良心认真去完成的工作,还有生活必需品的匮乏、疾病和与死神数次擦肩而过。"

不过,到了第二天,他就抵达了桑给巴尔,并受到了当地无数朋友们的热烈欢迎。于是,他很快又变得意气风发了。下一步,他就遣散了自己的远征队伍,然后着手开始安排曾经承诺过的再一次远征行动,而这次的目的是前去为利文斯顿提供援助。与此同时,赫恩已经辞职了,而奥斯韦尔·利文斯顿先生由于健康原因,被迫放弃了试图前去与自己父亲会合的计划。

奥斯韦尔·利文斯顿先生从英国远征队伍中调派出了五十支来复枪,另外还有一批弹药、物资和衣服。有五十七个人受雇于本次远征行动,其中包括曾经一路追随着斯坦利的二十个人。除此之外,他们还争取到了美国领事馆的首席向导乔哈里(Johari)指导他们如何穿越金加尼那荒无人烟的大草原。

接着,斯坦利雇了一艘独桅帆船,确保全体人员都登船完毕之后,就再一次嘱咐道,无论利文斯顿会把他们带到哪里去,他们都务必紧紧跟随着这位"伟大的主人",即他们对利文斯顿的别称。而且,他们必须百分百服从他的所有指示。接着,他就和他们一一握手,目送着这艘独桅帆船朝着西方疾驰而去,向巴加莫约挺进。

那些曾经一路陪同他走完全程的人都获得了丰厚的报酬,而且他还口头上对他们提出了表扬。虽然孟买和其他许多人一开始让他大为恼火,但是从乌济济一直到海岸地区,他们每一个人的表现都是可圈可点的。

斯坦利先生在塞舌尔逗留了一个月的时间,然后就经由亚丁抵达了马赛。与此同时,班内特先生为了履行斯坦利作出的承诺,即在他亲眼看到利文斯顿的公开信件刊登在伦敦各大报纸之后,将把他的信件邮递给他远在英国的家人和朋友,他就把其中的两封信件以电报的形式发送了出去。

在与斯坦利分开之后,利文斯顿就表示一定要先找到能够令自己信服的尼罗河的源头,然后才计划返回祖国去。他表示,自己已经下定决心一定要从坦噶尼喀湖出发,在穿越整片地区之后抵达卢阿拉巴河。他说道:"穿越那片地区之后,我就计划前往加丹加(Katanga)。"在加丹加以南约八天路程的地方,当地的土著向这位探险家信誓旦旦地保证,他一定会找到"尼罗河的源泉"。利文斯顿说,自己将从加丹加掉头踏上回程,然后前往克莫隆都湖,再接着沿卢费拉河(Lufira)逆流而上前往林肯湖(Lake Lincoln)。随后,他将再一次顺流而下,经由卢阿拉巴河前往下一片湖泊,接着再向桑给巴尔进发。根据他的估计,走完全程可能需要一年半的时间。

"我亲爱的朋友,愿上帝把你平安带回到我们所有人的身边来。"这就是斯坦利最后的希望。

斯坦利派出的人手和物资足足在路上颠簸了两年的时间才抵达利文斯顿那里,而后者一直在乌尼扬姆贝等到了8月,因为那里正是斯坦利与他分手的地方。到了1872年8月25日这一天,一支小规模的队伍离开乌尼扬姆贝,全体人员数为六十个人,包括许多忠心耿耿的随从,一行人就这样踏上了利文斯顿人生的最后一趟旅程。

关于这次远征行动的细节,已经有出版的书和文章加以叙述,标题为

第十四章

斯坦利为寻找利文斯顿而开展的远征

"利文斯顿的最后旅程"。在这些文字中,笔者描述了这一行人朝着坦噶尼喀湖的东岸缓缓地前进,途中他们一会儿穿行在丛林之中,一会儿又跋涉在山路之上,日子过得可谓相当艰辛。这支远征队伍就这样一路向前推进,一开始并没有遇到非常值得一提的事情。不过,在 9 月 15 日这一天,我们在日志上留意到了一个引人注目的记录条目,而对于当天的记录是以一个单词结尾的,那就是"病了"。但是第二天,利文斯顿还是穿过了连绵起伏的山脉,朝着西边向卡米兰博(Kamirambo)挺进。到了 18 日,他们一行人"继续留在了米里拉斯(Miriras)"。接着,日志讲到痢疾又找上了他。他的随从们也对他在少数几个阶段的健康状况有所提及。

但是,这位探险家依然勇往直前,只有偶尔才会停下脚步进行休息。到了 10 月 8 日这一天,由于天气炎热,他很早就起床开始工作了。两个小时之后,他看到从一片平缓的小山丘那里,流淌着的就是坦噶尼喀湖。在进行短暂的休息之后,医生就沿着山脉的顶部继续向前推进,那里和这片湖的走向是平行的,大约在湖面上一千英尺的位置。接着,他们一行穿过了这片湖的几个水湾,然后就开始穿行在一片遍布着各类野生动物的土地上。他们就这样一路翻山越岭,不断向前推进,随后,再转向南方继续前进。他们一路上既经历了食物匮乏,也遇到了向导领错路的意外事件,不过最终,远征队伍还是爬上了一座十分陡峭的高山,然后从那里窥见了这片湖。接着,他们下山朝着山谷进发。到了 12 日和 13 日,他们一路上穿越了低矮而连绵的砂岩区,经过了几座用栅栏围住的村子,最后终于抵达了宗贝镇(Zombe's Town)。

根据记载,他们失去了一头最棒的驴子,这简直可以称为一场大灾难;此外,他们还在途中捡到了一个年幼的孩子,他是被自己的母亲抛弃的。他们就这样一天天向前推进着,一路上可谓波澜不惊,不过每天的进程都略有不同。到了 11 月 28 日这一天,他们抵达了洛夫(Lofu),随后又冒着倾盆大雨,跋涉过许多条溪流,最后终于抵达了下卡坦塔(Lower Katanta)。当时,食物已经变得相当匮乏了。根据日志的记录显示,利文斯顿的身体非常虚弱,而且正在忍受病痛的折磨。

虽然当年的圣诞日既寒冷又潮湿,不过他们还是好好休息了一整天,而且还稍微庆贺了一番。接着,在潮湿的天气下,他们冒着连绵细雨再一次向前进发了。一直到 1873 年 1 月 8 日这一天,他们不得不因为瓢泼大雨而在莫恩杰(Moenje)逗留了一段时期。利文斯顿说道："我们距离班韦乌卢湖已经很近了，而且，我们所身处的地区相当潮湿。"在随后的推进过程中，他们发现前方的路线就是进入沼泽地，然后走出沼泽地，就这样周而复始不断重复着。"我们在穿越河流的时候，几乎都无法辨识出它，只能从周边深深的洪流才能进行判断，而且必须要使用独木舟才可以渡过去。我的身体日益虚弱，长期患有痢疾，一些症状也由于一直暴露在户外而不断恶化，所以你们完全可以想象到结果会是怎样。"

有一天，天气比较干燥，于是这支队伍就得以向前推进了一个小时，来到了一条小河边。当时，他们迫切需要一些独木舟，可是当地的土著却不愿意向他们提供任何帮助。有时候，医生是被抬着渡过小河的，因为他的身体实在是太虚弱了，自己无力涉过水去到对岸。就这样，在经历的一连串的困难和麻烦事之后，这支饱受摧残的队伍又继续上路了。根据1月24日的记录，同时根据这份日志所附的插图，我们可以了解到当时的前进过程充满了令人无法想象的困难。在涉过一条小河的时候，人们扑通扑通地跳入水中，水一直漫到脖子的位置，而且当时天上还下着瓢泼大雨。医生就被人扛在肩膀上，前进五十码之后再转移到另一个人的肩膀上，这才渡过了河。这的确堪称一场可怕的旅程，而只有那最大无畏的精神和坚定的决心，再加上对于领导者一致的尊敬，才能让人们紧紧团结在一起拧成一股绳。

2月份就这样过去了。到了3月，他们正置身于一座荒凉的岛上。利文斯顿说："我们的周围是绵延数英里的灯芯草和一片开阔的草地，还有许多莲花，但是没有一只蚊子。"——语气中充满了庆幸之意。

这位旅行家依然在班韦乌卢湖的沼泽地之中四处游荡着，同时搜寻着能够证明卢阿拉巴河与这片湖泊交汇的证据。但是，此时医生的头脑中似乎已经对成功几乎不抱任何的希望了。"我还应该希望到了最后一刻势必会获得成功吗？"3月19日，他这样写道："已经遇到了这么多的障碍！"正如日志的编纂者所言，这是"利文斯顿度过的最后一个生日了"。也许当时，他的脑海中已经隐隐约约感受到了黑暗即将到来的阴影。

最终，在4月初的时候，利文斯顿长期以来一直在忍受的病痛开始变本加厉地折磨起他来，最后导致他变得"毫无血色，而且十分虚弱，自3月31日以来一直在大量出血。噢！我是多么渴望万能的上帝能够允许我告

第十四章
斯坦利为寻找利文斯顿而开展的远征

别这个世界啊"。从这条记录中,我们可以感受到这位勇猛无比的人当时所遭受的疼痛简直是无法想象的。到了4月12日,他补充道:"把煮好的咖啡摆好,这是我们最后剩下的了,然后继续,但是过了一个小时,我就被迫躺了下来。"19日这一天,他在日记中写下了这样一段话:"我已经非常地虚弱了,要不是有驴子,我连一百码都挪动不了。这场旅行,没有带来一丁点儿的喜悦!"事实上,他的人生之路马上就要走完了。

"我努力试图骑上驴子前进,却被迫平躺下来。他们把我抬回了村子,个个累得不行。"勇敢的人啊,继续奋斗,永不放弃,可是,一切都已经于事无补了。楚马和苏西把利文斯顿的腰带松开,把他抬回了村子。人们意识到他们的主人已经变得越来越虚弱了,于是就为他造了一台担架并一路抬着他前进。至于利文斯顿本人,则每时每刻都在忍受着痛苦的煎熬。

接下来,日志上就只剩下日期了。他们一行人穿越了洪水泛滥的荒地,然后在沿途的村子里遮风避雨,利文斯顿的身体状况却一日不日一日了。到了4月20日周日这一天,他带着自己的随从进行了最后一次祷告。到了27日的时候,他看上去就快要离开这个世界了。

"被一阵敲门声弄醒了,还有一丝气息。整个人缓了缓。被派去购买乳羊。我们当时正在莫里拉默河(Molilamo)的岸边"。

——这些就是利文斯顿最后写下的一段话。

在把利文斯顿渡过河去的时候,大家遇到了很大的困难,因为当时他正陷在极度的痛苦之中。接着,这位垂死的探险家就被一路抬着向奇土姆博(Chitumbo)的村子进发,但就在这一段很短的旅途中,他都一而再再而三地恳求抬担架的人停下脚步,让他可以稍微歇一歇。人们把房子搭建起来,作好了一切准备,接着就把担架抬了进去安顿好。到了4月30日半夜十一点的时候,利文斯顿对着自己的侍从苏西问了一些问题,然后就昏昏睡去了。一个小时之后,苏西再一次被叫醒了,然后利文斯顿就服用了一些药物。"好了,现在你可以走了。"他说道。于是,苏西就走开了。

5月1日一大早,有一个小伙子来到了苏西的跟前,让他去看看"先生",因为"我不知道他是否还活着"。苏西惊慌失措地跑去把其余的人都召集起来一起去。六个男人步入了小屋子,发现他们英勇的领袖正跪在自己的床边——他的身体向前倾着,他的双手放在枕头下面。他已经停止了呼吸!

大卫·利文斯顿，远离自己的祖国和朋友们，在这片并非张开双手欢迎他的非洲大陆的心脏地带，就这样结束了他崇高的一生，而他去世的方式对这一事业来说也很适当。

接下来，人们就推选楚马和苏西担任他们的首领。他们首先对尸体进行了防腐处理，然后决定一路把他抬到桑给巴尔去。于是，这位伟大的、从事传教工作的旅行家的追随者们虽然并没有接受过任何教育，却以此举来证明对他充满了敬爱，他们那忠贞不渝的心显露无遗。经过了长途跋涉，他们再一次绕过了坦噶尼喀湖，这支忧郁凄凉的队伍在行进的途中损失了许多成员，他们都是被疾病夺去了性命的。到了最后，他们终于抵达了乌尼扬姆贝。1873年10月，卡梅伦中尉和他的同伴们就在那里遇到了折返回来的远征队伍。

这些忠心耿耿的侍从们，在迪伦（Dillon）先生和墨菲（Murphy）中尉的陪同下，继续向着海岸地区跋涉。前者没能坚守到旅途的最后一刻，不过到了1874年2月，其余的人还是成功地把他们一路呵护的圣人转交给了英国驻巴加莫约领事。接着，人们从桑给巴尔出发，把他的遗体运回了英国。4月18日，这位伟大的非洲探险家的遗体就安息在了威斯敏斯特大教堂。棺材上面的刻文内容如下：

大卫·利文斯顿
1813年3月19日生于苏格兰拉纳克郡的布兰太尔，
1873年5月4日逝于非洲中部地区的伊拉拉（Ilala）。

他就像一名哨兵那样，告别这个世界的那一刻还坚守在自己的岗位上。一直到他人生的最后一个小时，他都在不遗余力地为揭开"黑色大陆"无数个谜团之中的一个而不懈努力着。这片大陆散发的无穷魅力让曾经踏足其上的所有人都为之深深沉醉。就像蒙戈·帕克、理查德·兰德尔以及其他许多奔赴非洲的探险家们一样，利文斯顿在调查某一个问题的时候，毅然献出了自己宝贵的生命。而自然界还蕴藏着一系列重大的问题，它们都在召唤着那些愿意深入探究其秘密的人。

第十五章 卡梅伦穿越非洲之旅

弗尼·卡梅伦(Verney Cameron)是皇家海军中尉,于1872年主动请缨率领一支远征队伍前往利文斯顿曾经踏足并长期生活过的区域进行探险。于是,皇家地理学会决定动用第一次搜寻远征行动剩下的资金来赞助这次的行动,这第二次远征行动将以利文斯顿的名义来进行。

于是,卡梅伦就在朋友迪伦的陪同下于1873年1月抵达了桑给巴尔。他宣称,自己计划从印度洋横穿整个非洲大陆直抵大西洋,而他成功实现了这一雄心壮志。不过,他的队伍并不是非常具有战斗力,他总共才凑齐了三十个人。而负责挑选人员的孟买,在这一筹备过程中也表现得十分得心应手。这个人最初是受雇于斯皮克的,随后就被召入了斯坦利以及其他探险家的麾下。所以,卡梅伦对他也是同样信赖的。他招募的手下来自不同的地方,也并没有认真考虑过他们加入远征队伍的真正意图究竟是什么。正因为如此,在他们一行人出发之后,麻烦事儿就源源不断地冒了出来。

1873年2月,远征队伍深入了非洲腹地,一路上并没有遇到任何的阻碍。而且,在他们抵达基洛阿(Killoa)之前,沿途也没有遇到任何重大的险情。与此同时,利文斯顿的一个名叫莫法特的侄子也加入了卡梅伦的队伍,他就根据安排一直跟着墨菲中尉。

从基洛阿出发之后,他们的行程就可谓最最艰难的了。他们穿越了无数片沼泽地,包括可怕的马卡塔沼泽地(Makata Morass)。在那里,迪伦由于生病而无法继续赶路了。然而,卡梅伦还是带领大家一路向着更高处、环境更好的地区进发。而且,他尽可能快地安排手下把他的朋友送回了瑞赫纳库(Rehenucko),并且还向他提供了支援,派人捎去了自己的问候。

在这里，他们安营扎寨下来，并且作好了逗留一段时间的准备，因为墨菲和年轻的莫法特还落在后面。

在接下来的几天时间里，卡梅伦十分担心自己的朋友迪伦，整个人几乎都陷入了绝望之中。他的手下也表现得根本不守纪律，而且卡梅伦自己的身体状况也很不理想。到了5月下旬的时候，这些阴郁的、令人感到厌倦的情况终于告一段落了，迪伦的身体状况开始渐渐好转。但是，又有一片阴霾笼罩在了这支队伍的上方，那就是他们得知莫法特生病了。后来，墨菲亲自来到了营地，进一步证实了这则令人悲伤的消息。他表示自己已经把这位年轻的伙伴埋在了一些树下，那里就靠近致命的马卡塔沼泽地。

就这样，三个病怏怏的男人要管教一批无组织无纪律的当地土著人，这看上去几乎就没有太多成功的希望；但是，这三个男人下定决心要继续向前推进。于是，全体人员就在1873年5月30日这一天启程了。在经历了常人无法想象的千辛万苦之后，他们一行人终于顺利抵达了乌尼扬姆贝。随着一天又一天的跋涉，他们遇到了死亡、弃队而逃以及其他的艰险，所以一路上都留下了他们的悲伤时刻。不过到了1873年8月，他们终于抵达了自伯顿和斯皮克第一次进入之后就在非洲游记中家喻户晓的地方。

在乌尼扬姆贝，卡梅伦受到了当地首领热情的欢迎，而且就住在了利文斯顿和斯坦利曾经下榻过的同一个地方。但是再一次地，他们自己人开始不安分起来。队伍中爆发了一场反叛，虽然最后被镇压了，但是热病和弃队而逃这两个敌人让卡梅伦和迪伦失去了大批的随行人员。我们之前提到过的随行人员的领队孟买开始陷入酗酒的深渊无法自拔，雪上加霜的是，卡梅伦自己也患上了非常严重的热病，几乎被其夺去了生命。

这是一个令人难以忍受的时期，从迪伦所写的信件中，我们可以发现一些记叙。当时这位年轻领队在可怖的热病面前，正在遭受极大的病痛，并且陷入了神志不清的状态。而更糟糕的是，这一病魔很快就将把魔爪伸向迪伦，而且最终让他在突然失去理智的一瞬间用自己的双手杀死了自己。在许多令人筋疲力尽的日子里，卡梅伦一直十分虚弱无力，不过到了10月份的时候，他终于开始慢慢痊愈了。

10月20日，他们了解到一些让人非常伤心不已的消息。正当卡梅伦在慢慢恢复健康的时候，他的侍从走进了他的帐篷，递给他一封刚刚收到的信。除了说这封信是来自一位信使之外，这个侍从就无法提供更多的信

第十五章

卡梅伦穿越非洲之旅

息了。

这封信是雅各布·温赖特(Jacob Wainwright)写给奥斯韦尔·利文斯顿先生的。信中写道:"我们听说,你在8月的时候就已经从桑给巴尔出发奔赴乌尼扬姆贝了。然后,我们再一次听说你最近刚刚抵达了目的地。你的父亲在走出比萨(Bisa)的领土之后就因病去世了,不过我们一路上都带着他的遗体。我们的十个士兵也下落不明,而且一些人已经死去了。我们的食物非常匮乏,大家都在饿着肚子。为此,我们不得不开口向你要一些衣服,以此来为我们的士兵购买些必需品。除此之外,请告诉我们一旦我们进入,是否需要鸣枪示意。如果你允许我们鸣枪的话,请送给我们一些弹药。我们是在姆波尔瓦(Mborwa)酋长的领地上写下这封信的。"

这是第一次正式宣告这位举世闻名的非洲探险者已经去世了,这则突如其来的消息令正在遭受热病折磨的人更加难受了。迪伦和卡梅伦这两个人都还没有完全康复,于是他们就花了一些时间来理解这封信究竟要传递什么意思。但是,当忠心耿耿的楚马来到他们眼前的时候,对于这则消息的最后一丝怀疑也烟消云散了。卡梅伦的使命彻底终结了!利文斯顿搜寻远征行动由于死神横插一脚而被迫结束了。眼下,卡梅伦和他的伙伴们也许可以掉头往回走了,因为他们的任务已经完成。

但是,卡梅伦却下定决心要朝着西边穿越整片大陆。与此同时,迪伦和墨菲正如已经叙述过的,陪着队伍一起护送利文斯顿的遗体回去。可怜的迪伦在丧失理智的情况下突然朝自己开了一枪,就此告别了这个世界。卡梅伦一听到这个令人难过的意外,就匆匆忙忙赶回去与墨菲见了一面,向他了解事情的原委究竟是怎样的。在卡塞克拉(Kasekerah),也就是自杀事件发生的地方,卡梅伦把自己的手下都召集到一起,然后在孟买的陪同下,于1873年12月2日启程出发了。

然而,卡梅伦和自己的伙伴们一直到次年的2月才抵达坦噶尼喀湖。我们的读者也许还记得,正是在十七年前,这片湖被伯顿第一次发现了。已经有人事先把独木舟送到了此地供他使用。于是,他们就分别坐进这些独木舟,抵达了乌济济。卡梅伦抵达那里之后,就到处找人打听利文斯顿的纸和文件的下落,而这些东西都由乌济济的一个阿拉伯酋长代为保管着。他的下一步计划是找到交通工具,然后乘坐这一交通工具沿着这片伟大的湖逆流而上,进行期待已久的探险行动,同时求证是哪一条河流形成了这片水域辽阔的湖泊的泻出口。然而,过了将近一个月之后,卡梅伦才找到了自己需要的一些船只。不过到了最后,他终于率领自己的随从人员登船开启了这段对他而言非常重要的航行。

在此,我们有必要向读者介绍一下探险家自己的著作,其中对于各段旅程作了各种各样的描述,我们只能从那些可以获得的有限文章中记录下一些片段。他这样说道:"悄悄潜入水湾,然后再潜出。"文章的语气中对自己那些胆小怕事的船员流露出些许的蔑视,而那就是这位勇猛无比的水手所能做的全部了。同时,他也语气苦涩地痛恨自己无法拥有一艘风帆战舰以及一批真正的水手,而只能面对一帮湖水稍微涨一涨就被吓得浑身哆嗦的土著。不过,到了4月最后几天,他们的船只终于抵达了这片湖的尽头,以及靠近利文斯顿在他人生最后一段旅程中曾经路过的地区的尽头。他们发现了这片湖的泻出口,而且种种重要的事实表明,卢库加河(Lukuga)的河水是汇入卢阿拉巴河的,后者是被利文斯顿发现的,他认为这条河属于尼罗河水系,而卡梅伦宣称它是刚果河的一条支流。于是,正如我们稍后将要看到的,解决这一问题的重担即将落在斯坦利的肩上。

卡梅伦请教了一位酋长,后者很肯定地表示他的手下已经沿着卢库加河一路跋涉数日了,而这条河流是汇入卢阿拉巴河的。但是,由于杂草长得非常茂密,划着独木舟前进就变得非常困难,最后不得不停了下来。于是,卡梅伦就离开了湖的尽头,转而去了乌济济,然后从那里再一次渡过了河。他希望在抵达尼扬圭之后,能够找到刚果河,然后就沿着河道顺流而下前往西海岸,而这正是数年之后由斯坦利成功完成的一段旅程。

"远征队伍于8月1日离开了库瓦卡松戈(Kwakasongo)。在经过了两段行军之后,波澜壮阔的卢阿拉巴河终于映入了我们的眼帘,一条宽阔的洪流奔腾向前,足足有一英里那么宽,河水流动的速度达到了每小时三四海里。在它的河道上,分布着许多的岛屿,看上去就像是泰晤士河上的河洲。"那里栖息着大量的鳄鱼和河马,而且都异常凶猛。于是,卡梅伦马不停蹄地随即动身向尼扬圭进发了,接着就沿着河道以非常快的的速度顺流而下。他说道:"终于,我来到了尼扬圭。而现在,我面临的问题是:如果我一路沿着河道前往大海的话,那么这一尝试会带来什么样的结果呢?"

尼扬圭是一个非常大的地方,卡梅伦在这里受到了当地年迈的阿拉伯酋长萨利姆(Hamed bin Salim)的热情款待,而后者是认识利文斯顿这个

第十五章
卡梅伦穿越非洲之旅

人的。这位酋长力所能及地满足卡梅伦提出的一切需求,而这位英国人就千方百计试图找到最理想的一条通道。这位酋长竭尽全力为他们一行提供帮助。除此之外,还有另外一个人,即杜古姆比(Mainyi Dugumbi),由于他非常不愿意为了任何人而匆匆忙忙地行事,所以有可能在一两个月之后,他们所需要的独木舟才能抵达。他的口头禅就是:慢慢来,别着急。他的做事原则是"明天做和今天做,结果都是一样的"。他总是出尔反尔,而且找出各种各样的理由来为自己开脱。

在耽搁了几周的时间之后,有一个阿拉伯商人提普·提布抵达了尼扬圭。他自此以后将变得家喻户晓,原因就在于他与斯坦利那伟大的远征行动有千丝万缕的关联,他们将穿越整片非洲大陆前去营救埃明帕夏。卡梅伦向他请教了一些问题,然后他就建议这位英国人从西北侧前往桑克拉湖(Lake Sankorra),然后渡过洛马内河,他的阿拉伯营地就驻扎在那里。卡梅伦决定接受这一建议,于是就顶着各种困难和见怪不怪的弃队而逃现象毅然渡过了河,随后加入了提普提布的队伍。

当这位探险家渡过了容姆布河(Rombu)之后,他就由于发起了高烧而被迫停下脚步休息了一阵子;不过,到了 8 月 29 日,就在他们穿越了一片非常肥沃的土地之后,终于抵达了卢苏纳人(Russuna)的根据地。当卢苏纳人看到这位白人男子的时候,显得非常震惊。接着,他们就走上前,上上下下仔细端详着眼前这位面色苍白的陌生人。在他们的眼里,这位陌生人的皮肤是所有人种中最令人为之向往的那一类了。接着,由于他们无法确定他是否全身上下都是同一个颜色,就把他的袖子和裤子都撩了起来一探究竟。不过,卡梅伦为了阻止他们对自己做出的过分举止,就送给他们一些珠子,这才让他们停下手来。这座村子的主体部分由四十座小屋子构成,每一间都住着四位妻子。首领的遗孀,即卢苏纳女士则热衷于对自己儿子后宫中的各位女士指手画脚。

该地区的酋长卡松戈(Kasongo)很快就抵达了,而且他尽全力为卡梅伦的下一段旅程提供帮助,但是在洛马内河对岸的某一位酋长却拒绝任何一位手持枪支的人穿越自己的领地。于是,到了 9 月 12 日,卡梅伦决定改变自己的路线,绕过不欢迎他的地区再继续前进。

提普提布的手下陪着卡梅伦一行跋涉了十天,随后远征队伍就与他们告别,继续上路了。在途中,孟买使出浑身解数为他们制造麻烦,而且还花言巧语哄骗卡梅伦掉头回去。但是，这位英国人已经下定了决心要继续前进。在半路上，他遭到了一个人的伏击。卡梅伦抓住了那个男人之后，就对他狠狠抽了一鞭子，然后猛地折断了对方手中的武器，不过最后还是把他放走了。他们的"向导们"想方设法要把这位探险家领到东边去。不过，卡梅伦对航海知识的了解助了他一臂之力，他按照自己规划的线路前行，最终抵达了卡姆瓦维（Kamwawi）。就在这里，他们的一头山羊被偷走了，这一盗窃事件引起了一场小冲突。接着，这些并不太友好的当地土著就继续前进，而旅行家一行人也继续赶路，但是在抵达下一个村子之后，他们不得不停下脚步来进行一番休整。

在接下来的一两天时间里，零零星星的冲突仍然在继续。但是，当他们抵达了迪纳赫要塞（Fort Dinah）之后，终于迎来了一段安稳期。接着，他们就在10月6日这一天离开了迪纳赫。随后，他们的向导居然扔下队伍逃走了，此外还做出了一些不当的行为，不过最终，卡梅伦还是抵达了基莱姆巴（Kilemba）。在那里，朱马·梅利卡尼（Jumah Merikani）向他伸出了援助之手，并且告诉了他一些有关卢阿拉巴河的情况。此外，朱马还把他介绍给了一位葡萄牙商人，后者劝他不要前往桑克拉湖，因为那条路线非常危险。然后，这位葡萄牙商人就提出愿意带他去本格拉。在阿尔维兹（Alvez），也就是这位商人做好一切准备工作之前，卡梅伦稍微绕了一下，去造访了莫希拉湖（Lake Mohyra）。在那里，他发现了一些看上去很奇怪的"漂浮着的小屋子"，它们是建造在木桩子上面的，高出水面大约六英尺。

回到基莱姆巴之后，他就继续前进，去搜寻另外一座湖泊。在这场旅程中，他目睹了一场当地人举行的婚礼。在描述这场婚礼的时候，他提到人们纷纷跳着奇怪的舞蹈，还有那位十岁的新娘遭到一位年长妇女的"突然袭击"。在经历了又一场高烧之后，他来到了卡萨里湖（Lake Kassali）的岸边。在当地，有一个非常令人匪夷所思的特点，那就是酋长的妻子们可以说是他卧室里的家具而已，因为她们在手上和膝盖上都弄上了类似于沙发或者脚凳一样的东西。甚至就连她们躺下来的时候，都能当作质地柔软的地毯让他坐在上面。

到了1875年初的时候，这位探险家依然还待在基莱姆巴，只不过他已经有些等不及上路了。他得到的承诺是，当时卡松戈酋长正在外面发动突袭，所以只要他一回来，他们就可以立即上路。但是到了1月25日，葡萄

第十五章

卡梅伦穿越非洲之旅

牙人阿尔维兹要出发了,随行的还有一位奴隶贩子,后者的名字叫科英布拉(Coimbra),而他是如此残暴无情,以至于让卡梅伦感到十分恼火。我们没有必要对这段旅程多加赘述,在这段时期,这支葡萄牙人的商队的所作所为可谓相当粗俗恶劣。

8月初的时候,赞比西河的身姿终于映入了他们一行人的眼帘。到了月底,他们抵达了迪洛洛湖附近的卡滕代(Katende)——这里就是利文斯顿曾经到过的最远处了。接下来,他们就意识到食物已经变得相当匮乏。与卡梅伦结伴而行的、看上去兴高采烈的商人们已经把他几乎所有的东西都给抢走了。于是,他被迫靠出售自己的衬衫才能换回一些食物。三个月就这样过去了。到了11月,他们一行人渡过了库克韦河(Kukewi River)。接下来,他们穿越了连绵的高山,向位于沿海地区的卡托姆贝拉(Katombela)慢慢靠近,此时的卡梅伦心中充满了喜悦之情。

他们事先派出的一名信使已经弄到了一批给养,于是他就带着这些东西赶到了这位饿得半死的探险家面前。一看到大海,卡梅伦就沿着山坡朝着卡托姆贝拉的方向匆匆跑下去,"把自己的来复枪高高挥舞过头顶"。卡梅伦高举着英国国旗,任其迎风招展,然后继续一路向前推进。后来,他们遇到了一个法国人,和后者一起的还有三个男人,而且他们都带着红酒。这些人和他打了招呼,举起酒杯,祝愿这位由东向西横跨整个非洲大陆的欧洲人身体健康——而利文斯顿则是凭借自己的双脚以相反的方向完成了同样的旅程。

由于生病的原因,卡梅伦又在路上耽搁了一阵子。不过在这段日子里,他得到了周围人悉心的照料。康复之后,他就继续朝着罗安达进发了。在领事馆,他收到了一些信件,并且受到了人们的热烈欢迎。1876年,他目送着自己的手下登上一艘纵帆船朝着桑给巴尔驶去。随后,他就登上了蒸汽船,向着利物浦挺进。

这次横穿非洲的旅程带来了一些重要的成果。这位旅行家证明了卢阿拉巴河与尼罗河体系没有任何的关联,而且认为它就是刚果河的源头。斯坦利后来的确证明后面这一设想是真实的。如此一来,利文斯顿在他人生的最后几年中,实际上所探索的流域是刚果河,而非尼罗河。除此之外,卡梅伦还发现了洛马内河的一片水域,他称其为"真正的卢阿拉巴河"。

为了表彰这位伟大的探险家在地理学科领域所作出的杰出贡献,皇家地理学会向他颁发了一枚金质奖章。而对于卡梅伦来说,这份殊荣的确是实至名归的。卡梅伦不仅是一位成功的旅行家,也是一位获得相当大成就的观察者。他的观察都是按照科学的标准来严格进行的,而且涉猎范围相当广泛,由此体现出了其孜孜不倦的奋斗精神。即使当地的气候是如此令人饱受折磨,但是他自始至终都以最为坚强的意志力不屈不挠、勇往直前。

第十六章　斯坦利在刚果的探险

再一次地，斯坦利又回到了我们的视线之中。他是受到《每日电讯报》(*Daily Telegraph*)和《纽约先驱报》的联合委托，去进一步拓展斯皮克和利文斯顿的发现，特别是去弄清楚有关非洲中部湖泊的所有悬而未决的问题；同时还要一路追踪卢阿拉巴河的河道走向，而这项任务正是利文斯顿竭力希望完成的。他所率领的队伍从英国出发，成员包括弗兰克·波科克(Frank Pocock)、爱德华·波科克(Edward Pocock)、弗里德里克·巴克(Frederick Barker)以及哈莱克(Halleck)。有一艘驳船，名称为爱丽丝女士号(Lady Alice)，被拆分后一并带上了。除此之外，还有两艘船也加入了这次行动，它们的装备都非常精良。

斯坦利完成了所有的准备工作之后，就离开了英国，并于1874年8月15日开始了他那危机四伏的旅程。他于9月21日抵达了桑给巴尔，在完成了各项准备事宜之后，就于11月12日启程向着大陆进发。五天之后，他开始向着内陆地区推进。对于这段充满危险的、著名的穿越非洲之旅，他在自己的著作《穿越黑色大陆》一书中已经给予了相当栩栩如生的描述。

第一个阶段是前往维多利亚湖，而那正是斯坦利强烈渴望去一探究竟的。由于之前的探险者们对于此地的描述都不够完美，所以这片波澜壮阔的内陆"大海"还有许多留待人们去进一步探索和发现的。

前往维多利亚湖的旅程充满了探险的刺激。凡是那些阅读过他的作品的人都会了解到，在"黑色大陆"上旅行意味着当时行走在一片荒野之中的时候是没有明确的方向的，也没有任何可以指路的标志物，而后者是更为糟糕的一种情况。这就是斯坦利的命运，因为他就是被抛弃在了一片荒野之上，身边只有可怜兮兮的少量食物。在穿越森林的艰难旅程中，他们一行人不得不手脚并用在地上爬着前行，或者挥刀砍出一条可以通行的路，而且只能依靠指南针给他们指明方向，还要忍受饥饿和口渴的折磨，再加上经常有人弃队而逃，当然最后还少不了病魔的光临。

这种种灾难在"闹饥荒的乌戈戈"表现得特别突出。

在这灾难重重的行进之中，他损失了五个手下，这些人"孤立无援地四处游荡，倒下了，然后死去了"。这片土地上找不到食物，甚至连野生动物都没有，除非可以称狮子是野生动物。有一次，他们在一个兽穴中发现了两头小狮子，就立即把它们杀了，然后大快朵颐了一顿。斯坦利告诉我们，当他回到营地去之后，看到自己的随从人员个个面目消瘦，形容枯槁，禁不住就要落泪了。他决定动用自己那珍贵的储备，因为他的手下都在忍饥挨饿。因此，他煮了一定量的粥，而这就让远征队伍熬过了接下去的八十四个小时。随后，他事先派往苏马（Suma）去筹集物资的一些人都回来了，而且还带回了食物。他们补充了能量，重新又恢复了体力之后，就全体继续上路了，这样一来，他们也许可以在第二天早晨抵达苏马。

在推进了二十英里之后，他们来到了一些耕种过的土地上，然后就安营扎寨。但是，苏马的当地土著都对他们充满了敌意，而且队伍中的病号越来越多，以至于队伍不得不在原地逗留了四天的时间。有三十个队员病倒了，而且他们的病因各不相同。爱德华·波科克是到了这里之后才病倒的，到了第四天，他就变得神志不清了。但是，由于当地人对他们的疑心越来越重，所以他们认为有必要即刻动身离开。于是，在1月17日这一天，他们就在当地人狐疑的目光注视下启程了。在乌戈戈爆发的饥荒已经让每一个人的体质都受到了严重的挑战，而且每一个人都感到即使身体没有什么不适，但精神上却非常地疲惫不堪。他们就这样抵达了奇乌尤（Chiw-yu），那里距离大海有四百英里。他们物色了一座海拔五千四百英尺的山丘，在距离山顶不远的地方安顿了下来。他躺在一棵金合欢树的下面，然后发现在这棵古老优雅的树的树干上面，深深地刻着一个十字架，这显然是某个信念坚定的人留下的某种纪念。

两条小河就是从这里开始出现的，然后逐渐汇聚到一起，最终合并成了一条河流，朝着维多利亚湖奔腾而去。

在经过了曼吉纳（Mangina）之后，远征队伍继续向前推进，然后抵达了伊赞吉（Izanjih）。在那里，哈莱克患上了哮喘病。由于他一直掉队，所以

第十六章
斯坦利在刚果的探险

斯坦利就以比较缓慢的速度朝着芬雅塔（Vinyata）进发，最后他们一行人于1875年1月21日抵达了目的地。在这里，有一位巫医前来拜访了斯坦利，并且长时间地盯着后者的货物看。与此同时，他们还派出了一支侦查小组前去搜寻哈莱克的下落。后来，他们在一片森林的边缘发现了他的尸体，他已经被杀害了，他的尸体上面有许多刀伤。

第二天，这位巫医又登门造访，索要了一份礼物。当他离开之后，当地的土著就开始表现出对他们的敌意了。有一百来个野蛮人手持武器，身着战服，来到他们的周围。只见这些人一边大声叫喊着，一边挥舞着手中的武器。就在这一紧要关头，斯坦利效仿利文斯顿的做法，决定还是不要与对方发生正面冲突。他就安安静静地待在自己的营地里，没有流露出任何的敌意。然而，这一计划并没有奏效。这些土著并没有认为这一举止是求和，反而认为他是胆小怕事之人。而且，他身边拥有那么多吸引他们的物品，这些都令他们垂涎不已。在这种情况下，和平谈判已经是不可能的事情了，这些野蛮人就凭借武力强行对营地发起了进攻。

斯坦利下令让自己的手下在后方匆匆搭建起防御工事以及其他的庇护所，然后利用爱丽丝女士号这艘驳船的各个零部件作为最后防守的要塞。实际上，只有七十个有一定战斗力的人可以防守住营地，于是斯坦利就把这些人分成了几个分遣队，然后再进一步作了细分。有一支小分遣队很快就被摧毁了。在白天的战斗之中，二十一名战士以及一位信使惨遭杀害，还有三个人受了伤。然而，斯坦利的手下对后撤的敌人穷追不舍，烧毁了许多村子，把牛群和粮食作为战利品带了回来。到了第二天，当地土著再一次围拢过来，不过他们很快就被击退了。远征队伍在经过了三天的战斗之后，继续动身上路了，他们穿越了空空荡荡的峡谷，一路上再也没有受到任何的骚扰。

然而，这些打了胜仗的人并没有什么可以值得吹嘘的。在经过了仅仅三个月的行程之后，这支远征队伍就已经损失了一百二十个非洲人以及一个欧洲人，这些人都是由于疾病和战斗而牺牲的。眼下，只有一百九十四个人幸存了下来。然而，他们还是继续朝着维多利亚湖挺进。在躲过了好战的米兰博的人之后，斯坦利于2月27日抵达了卡戈赫伊（Kagehyi）。现在，就在跋涉了七百二十英里之后，他距离湖已经很近了。

到了3月8日，斯坦利嘱咐弗兰克·波科克继续统帅整个营地，然后自己就带着十一个人登上爱丽丝女士号,扬帆前往探索这片湖区,去求证是否正如利文斯顿曾经提到过的,这只是一系列湖泊中的一座而已。首先,这位探险家沿着斯皮克峡一路航行,沿途发现了不少很有意思的现象。途经每一个小水湾或者每一条小溪流的时候,他都会深入其间,去寻找能够令他信服的一些证据来表明奴隶贸易曾经在那里出现过。但是,这位探险家不得不为了搜集信息而一路与敌人周旋。在靠近查加(Chaga)的地方,当地的土著纷纷下到了岸边。他们甜言蜜语地哄骗他上了岸,然后就对他发起了突然袭击。但是,斯坦利"放倒了"一个人,于是土著们就退了下去。还有一次,土著们试着让他掉入陷阱,不过他朝着这些野蛮人开枪射击,最终顺利逃脱了,他杀死了三个人,并且凭借猎象枪射出的子弹弄沉了他们的独木舟。

现在,斯坦利就继续踏上了行程,一路上并没有遇到任何的阻碍。他沿着乌干达的湖岸线一路航行,然后就有一位国王派来的信使来到了斯坦利的跟前,转达了让他前去会面的邀请。于是,五艘独木舟就一路护送着旅行者们来到了穆特萨所在的首府乌萨瓦拉(Usavara)。这位探险家于4月5日登上了岸,随即受到了热情友善的款待。接着,国王问了许多的问题,涉及的范围相当之广,简直都让斯坦利觉得是在经历一场大学的学位考试了。

穆特萨看上去似乎是一个有修养的君主,和斯皮克以及格兰特拜访他时的那个年轻人相比,他已经发生了相当大的变化。他已经成了一个穆斯林,身着阿拉伯的服装,而且言行举止非常得体。他为了款待斯坦利,让后者检阅了一批独木舟,这是一场由八十四艘"轮船"和两千五百名战士所组成的海军"检阅仪式"!为了迎接这位白人男子,穆特萨组织了射击比赛、游行,以及其他许多以文明形式进行的娱乐活动。在乌干达,人们对这位旅行家都非常友好,因此他在当地的人身安全是相当有保障的。斯坦利还遇到了贝尔方德兹(Bellfonds)和李南特上校,他们两个人是戈登派去拜访穆特萨的。

在这片湖区上探索的时候,他在布姆比瑞岛(Bumbireh Island)上与当地人发生了激烈的冲突。事情的原委是这样的,他下令停下船之后,就计划上岸去寻找一些食物,可是当地人对他们并不怎么欢迎。然而,过了一阵子,当地人哄他上了岸。正当他前脚刚刚踏上岸边的时候,这些人一下

第十六章
斯坦利在刚果的探险

子就把他的船给抢走了。见此情形,船员们和斯坦利连忙拔腿就向船跑去,与此同时,周围的人一边大声叫喊着,一边挥舞着手中的武器。当斯坦利送给当地人一些礼物之后,对方的愤怒稍微平息了一些。但是,他们的目标显然是杀死眼前这位白人男子。而他们的首领在悄悄偷走了船桨之后,又迫不及待地来抢斯坦利手中的武器。不过,他的动作幅度太大了,以至于他所乘坐的船突然之间就被掀翻了。他们又羞又恼,纷纷冲向了自己的独木舟。不过,在斯坦利他们一行人发射了一波子弹特别是一些威力大的猎象枪弹之后,这场风波就平息了下来。在这场战斗中,有十四个野蛮人死了,另外还有两艘独木舟沉入了水底。

顶着狂风和暴雨,斯坦利的手下用船底的板子当作船桨一路划行,最后借着一阵顺风趁势漂到了营地。5月6日,弗兰克·波科克就在这里和他的上司会合了,后者随即了解到弗里德里克·巴克已经于两周前去世了。这是一条令人悲伤不已的消息,而斯坦利还将在未来的日子里遇到很多的麻烦。其他一些人也倒在了途中,这位领队自己也患上了热病。

在航行不断向前推进的过程中,斯坦利与布姆比瑞人之间再一次爆发了冲突。当他发现他们不愿意把他的船桨归还给自己之后,他就率领着十八艘独木舟在布姆比瑞岛上跟在这些人身后一路猛追。

在这里,他与对方狭路相逢,然后战斗就打响了。斯坦利假装作出了一副准备登陆的样子,借此把敌人吸引到他们设下的埋伏圈里,然后就举起枪,朝着对方一阵猛射。硝烟散去之后,他们数了一数,一共有四十二具敌人的尸体。当地部落的抵抗就此终结了。他们由于自身的残暴冷酷而受到了严惩,而且他们之前对于求和也采取的是横眉冷对的态度。接着,斯坦利就继续向前推进,朝着乌干达王宫前进。当抵达那里之后,他发现穆特萨正在打仗。

至此,斯坦利已经探索完了维多利亚湖的整片湖岸区域,而且只发现了一个泻出口,那就是里彭瀑布。当时,国王统帅着一支庞大的军队,正在进行一场战斗。当部队安营扎寨下来之后,当他们正在为最后的冲刺积极做着准备的时候,斯坦利就说服穆特萨皈依了基督教。

在和穆特萨待了一段时间之后,他就于1875年10月动身前去探索阿尔伯特湖与维多利亚湖之间的区域。这一次,他带上了穆特萨的一批护卫兵,他们的"将军"名叫萨姆布斯(Sambusi)。在经历了一段轻松愉快的旅程之后,这支远征队伍距离阿尔伯特湖只剩下几英里了。但是此时,当地的土著武士们却表示要折返回去,于是,斯坦利迫不得已只能点头答应了。他就这样回去了,但是那位胆小如鼠的"将军"随即就被穆特萨打入了大牢,因为后者觉得自己的颜面都被这个人给丢尽了。眼下,斯坦利已经证实了斯皮克的发现。于是,他就继续朝着"亚历山大尼罗河"（Alexandra Nile）进发,从那里转向坦噶尼喀湖续前进,并在乌济济驻扎了下来。他之前正是在那里遇到大卫·利文斯顿的。接下来,他计划从那里前往尼扬圭——正如之前所提到的,那里就是卡梅伦所到达的最北的地方了。斯坦利乘坐着爱丽丝女士号穿越了三百五十英里的横贯于乌济济和尼扬圭之间的一片水域,它位于卢阿拉巴河（利文斯顿发现的那条河）沿岸的地区,也就是斯坦利认定的属于波澜壮阔的刚果河的部分。眼下,让我们跟随斯坦利的脚步一路沿着那条河流前行,因为此时的他已经下定决心要对其一探究竟了。

到了11月5日,他从尼扬圭动身了。他带上了拥有一百四十支来复枪的武装队伍,还有七十名长矛手,所以有能力来与那些听说过无数次的好战部落一较高下了。同时,他下定了决心:"不管成功还是失败,一定要紧紧贴着卢阿拉巴河!"在接下来的三周时间里,他沿着河岸一路跋涉,沿途遇到了相当大的艰难险阻,直到所有人都变得失去了信心。斯坦利声称,他计划尝试从河上继续航行。于是,他们就把爱丽丝女士号组装了起来,把它放下了水。接着,这位领队就表示自己永远都不会放弃,誓死要抵达大海才罢休。他对自己的手下说道:"我的要求只有一个,那就是请你们以上帝的名义发誓,一定会跟随着我。"

"主人,我们以上帝的名义发誓,一定会跟随着您。"他们异口同声地回答道。而且,他们后来的确是勇敢无比地践行了自己的誓言。

当他们出发之后,在卢伊基河（Ruiki River）旁爆发了一场小规模的战斗。随后,他们就抵达了乌卡萨险滩（Ukassa Rapids）。他们平安地经过了这些地方,队伍中的一部分人员沿着河岸前行,其余的人则乘坐独木舟。他们就这样一路推进,但是当时的环境令人感到非常压抑,因为当地的土著虽然没有公开表露出对他们的敌意,却纷纷离开了自己的村子,而且与这些陌生人也不愿意进行任何的交流。除此之外,队伍中有一大批人都被疾病给击倒了。天花、痢疾以及其他的疾病到处肆虐,以至于每一天都会

第十六章
斯坦利在刚果的探险

有一两具尸体被抛入河中。他们发现了一艘独木舟,把它修补好作为一艘医护船,然后一路拽着它顺流而下。到了12月8日这一天,有一场小规模的战斗爆发了,野蛮人使用了抹上毒药的箭,不过很快就以对方的失败而画上了句号。接着,另一场严重的战斗打响了,这些野蛮的土著们冲破了围绕在营地周围的障碍物,看上去下了很大的决心要战斗到底。到了晚上,对方展开了又一轮的进攻。当黎明的曙光划破夜空的时候,他们一行人占领了当地镇子的一部分地区。接着,战斗继续进行。他们占领了整个村子,不过当地土著们依然负隅顽抗,向他们再一次发动了袭击,弓箭如雨点般向他们砸过来,这对于航行在河上的他们而言,是一个非常关键的时刻。

幸运的是,陆地上的小分队终于抵达了,帮着解决了问题。野蛮人都消失了,前进中的分遣队与斯坦利的船员们终于会合。当晚,波科克被派去割掉敌人拴在岸边的独木舟上的绳索,于是,那场危机就此结束了。但是现在,那些在尼扬圭加入斯坦利队伍的阿拉伯护卫兵们则开始蠢蠢欲动,伺机反叛了,而且他们也煽动了其余的人。斯坦利担心自己所有的手下都会联合起来一起反对他。不过,他成功地凭借威逼利诱的手段让他们对自己俯首称臣。在这段日子里,他的队员们一直都在纷纷死去,死因是热病、天花以及毒箭等。而敌人经常会对他们展开攻击,所以他们无法把死去的人下葬,也无法照顾那些病人或者伤员。

到了12月26日,就在远征队伍度过了一个欢乐的圣诞节之后,考虑到当时的形势,他们就登上了船,总共是一百四十九个人,没有一个人掉队。在1877年1月4日这一天,他们抵达了一系列瀑布中的第一座瀑布,即现在所指的斯坦利瀑布(Stanley Falls)。这片土地上住着一些"食人者",他们这些吃人肉的人把船上的人都看作"野生动物"那样进行捕杀。在接下来的二十四天时间里,双方之间的冲突一直在继续,他们抗争着,一步一步地向前挪,大约有四十英里的区域都被瀑布所覆盖着,因此远征队伍不得不经由陆地才能继续前进,搜寻食物,安营扎寨,拽着整批独木舟前行,他们自始至终都把自己的生命牢牢掌握在自己的手中,在穿越森林的时候,在冲破那些危险的敌人的时候,他们都会举起手中的武器,奋力挥砍。

然而,当他一避开陆地上那些食人者之后,后者就又从水路上对他穷追不舍。对方的船队由五十四艘独木舟组成，其中有一些船的体积相当惊人，而对方的武士总人数达到了两千人，他们构成了途中最可怕的障碍。不过当天，凭借严明的纪律和强大的火力，斯坦利他们还是占了上风，而那些土著们则损失惨重，四散逃开去了，村子里的象牙也被洗劫一空。在获得此次胜利的过程中，斯坦利仅仅损失了一名手下。

斯坦利描述道，有一些瀑布的规模相当宏伟磅礴，洪流翻滚着，跳跃着，浪花激起有六英尺之高。在有些地方，水面的宽度达到了两千英尺，然后在靠近瀑布的地方逐渐变窄。在结束了激烈的水上战役之后，斯坦利找到了一些态度比较友善的部落，他们告诉了他卢阿拉巴河，也就是他曾经命名为利文斯顿的那条河流，肯定就是刚果河。就这样，一个重大的地理难题得以解决了。接着，斯坦利继续向前推进，又遇到了进一步的顽强抵抗。不过，他打败了所有的敌人，然后快速地继续向着目标前进。不久之后，他们又遇到了其他的一些友好的部落。到了最后，与人之间爆发的战争落下了帷幕，但是与刚果河斗争的进程却依然在继续。

从尼扬圭到大海，这条河道上一共要途经五十七处瀑布和险滩，全程达到了一千八百英里。其中有一段长达一百八十英里的路程耗去了这位旅行家足足五个月的时间。在那段可怕的路途上，他损失了许多自己的手下，包括勇敢的波科克和卡鲁鲁——也就是那个小男孩。对于这一段经历，他在自己的著作中进行了非常详尽的描述。

3月12日，他们抵达了一片开阔的水域，那里被称为斯坦利湖（Stanley Pool）。就在那片水域下面，他们"第一次听到了利文斯顿瀑布（Livingstone Falls）所发出的雷鸣般的轰响，声音听上去十分低沉"。从这一天开始，这条河流就成了他们最主要的敌人。在瀑布流域，这条河流移动起来就像是在不停地推动水车转动。在这片大涡流中，独木舟不是受损，就是消失不见了，所以水陆联运就变得非常有必要了。除此之外，还有人受了伤，而且斯坦利自己摔了一跤，以至于整个人当时都有些昏厥了过去。到了3月27日，他们只剩下十七艘独木舟了。在洛基岛瀑布（Rocky Island Falls）下方，他们是沿着岸边一路下山的。然后，在抵达了营地之后，乘坐着鳄鱼号的卡鲁鲁不见了踪影。当时，这条船被卷入了中流，并一路沿着流水快速地滑行，直到最后船毁人亡。没有任何方法可以拯救这艘船以及上面的人。它在原地旋转了三四圈之后，一头扎入了深渊之中。就这样，卡鲁鲁

第十六章
斯坦利在刚果的探险

和船上的其他人就此再也没有出现。就在同一天,有九个人,包括其他船上的一些人,也像这样被浪花掀翻掉入水中,就此失去了踪影。到了4月21日的时候,他们已经跋涉了三十四英里的距离,共用去了三十七天的时间。此时,这些水上游子们听说,前方只剩下最后一座瀑布了。于是,他们就下定决心一定要坚持到底,誓死要穿越那片瀑布才行。但是后来,到了5月17日,一位酋长告诉他们前方还有五座瀑布。6月3日的时候,他们一行离开了莫瓦(Mowa),计划在靠近津加(Zinga)的一座大瀑布上方搭建起一座新的营地。后来,他们发现这些瀑布并不是湍流,而只是一些漩涡。大概在当天下午三点的时候,斯坦利爬上津加岬角(Zinga Point)去视察这片险滩。突然,他注意到有一条独木舟正在马萨萨池(Massassa Pool)里不停地摇晃,然后就被掀翻了。见此情形,他立刻派出自己的手下拿着绳子前往水流所涌向的港湾处帮助那艘被撞翻的船。

人们奋力避开那座瀑布,然后把小船朝着陆地推过来。他们把它弄到附近之后,就游上了岸。可是此时,水流却把这艘独木舟又卷入了漩涡之中。到了最后,他们只救出了八个船上的人。有三个人失踪了,其中一个人就是波科克,人们一直称呼他是"小主人"。波科克在作出了某个致命的草率决定之后,就催促舵手从河上前行,虽然当时这并不是舵手的本意。即使人们一次又一次地告诉他这样做风险很大,他却依然固执己见,敦促手下一定要试一试。就这样,他为自己的鲁莽行为付出了沉重的代价。

这次从河上漂流而下的旅程让斯坦利损失的不仅是波科克以及许多土著人的生命,还有价值一万八千美金的象牙、十二艘独木舟,还遭遇了一场反叛,更别提极度的焦虑、无休止的担心和冲突了。

在一段令人筋疲力尽的时期之后,这支远征队伍的幸存者几乎都饿得撑不下去了,而此时,只剩下了一百一十五个人。他们终于在1877年8月9日抵达了博马(Boma),而自他们离开尼扬圭之日算起,他们已经足足在路上颠簸了九个月的时间了。由此,斯坦利宣称卢阿拉巴河就是刚果河,并就此打通了一条深入"黑色大陆"腹地的水路,而非洲国际协会——由比利时国王于1876年创建,其宣传的宗旨是镇压奴隶贸易,同时为内陆地区带去文明——就是从这一刻起开始在相当广泛的地区建立起基地的。

在比利时开明的统治者的请求下,斯坦利受命组建"刚果自由邦"的政府机构,这一新兴国家就从这位伟大的探险家那里获得了第一波助力。斯坦利在第二年就回到了非洲，并从此指导一个刚刚诞生的国家开始取得进步，然后进一步迈向文明。在斯坦利的治理之下，刚果自由邦成了法国人以及其他殖民地眼中的一个样板，因为他展示了政府应该是什么样子的。而且，要不是他过早地离开，戈登将军本来一定是会把这一伟大的文明推进事业继续推进下去的。

第十七章　在非洲中部进行的
　　　　　各类旅行与探险

　　葡萄牙人是探索非洲的第一批先锋队,好几个世纪以来,他们一直头戴胜利的桂冠。但葡萄牙殖民地的政府则为欧洲文明蒙上了耻辱,原因就在于他们并没有试着去深入这片黑色大陆,而他们在西海岸拥有罗安达,在非洲的另一侧则拥有莫桑比克,这两个地方都提供了令人羡慕不已的出发点。不过,虽然他们并没有采取行动去探索这片土地,但是这个昔日无比强大的国家就像其他的欧洲列强一样,对占领土地有一股狂热。在葡萄牙部队之中,有一位拥有诸多出众品质的军官,他凭借其由西向东穿越非洲的旅程成了家喻户晓的名人。

　　塞尔帕·平托(Serpa Pinto)少校于1877年离开欧洲,同年8月抵达了位于非洲西海岸的罗安达。在途中,他遇到了很多的困难,尤其是搬运工的严重不足。他有四百捆行李,里面都装满了用来交易的物品,这些都是绝对有必要运入内陆地区的。这位葡萄牙人并没有感到气馁,在遇到了刚刚结束非凡之旅的斯坦利之后,这两个旅行家之间就建立起了一种最深厚的友情。过了一阵子,塞尔帕·平托继续前往本格拉,并在那里与他的同事卡佩洛(Capello)和艾文斯(Ivens)会合了。

　　到了9月12日,这些探险者们物色到了一批搬运工,然后就离开了海岸踏上了征程。叙述者说道:"商队由六十九个人和六头驴子组成。那些沉甸甸的行李是在几天之后才抵达的,而为了把这批行李继续向前运送,一百个搬运工是必定少不了的。"卡佩洛和艾文斯留在后方照看行李,平托则继续朝着奎兰格(Quillengues)进发。他们发现,自己所选择的路途非常艰难,因此队伍的行进速度十分缓慢,再加上货物也很重,平均每个人要扛上重达六十六磅的行李，其中还包括了可以维持九天行程的口粮。当天傍晚，卡佩洛和艾文斯也抵达了营地。到了第二天，队伍又继续动身上路了。当时，他们的水非常匮乏，而塞尔帕·平托在丛林之中甚至都迷了路，在经历了重重艰险之后才重新与自己的队伍会合到了一起。

他们携带的食物消耗得非常快，于是这位领队就沿途一直进行狩猎，如此一来就能够保证日益减少的物资得到及时的补充。他们于12月12日抵达了奎兰格，然后根据协议，搬运工就完成任务各奔西东了。此时，他们不得不雇佣一批脚夫，然后全体一起向卡孔达（Caconda）进发，那里的海拔高度达到了5 507英尺。在奎兰格，坐落着一个葡萄牙人的定居点，他们的水源就来自卡隆加（Calunga）。这片区域土地十分肥沃，人口分布相当密集，当地人体格高大、精力充沛，而且十分好战。并且，他们有一种与生俱来的好奇心。有一次，有三个当地人偷了一颗爆炸子弹，然后就计划用一种简单的方式来测试它的威力。他们把这颗子弹放在一块石头上面，其中的一个人用刀插进去，猛地一拽。这颗子弹爆炸了，把肇事者和旁观者都伤得不轻。

到了1878年1月1日，这支探险队伍离开了奎兰格，朝着比埃（Bihe）进发。在这里，有一个名叫冈萨尔维斯（Gonsalves）的男子加入了他们。事实证明，他的确是一笔很有价值的财富，发挥了巨大的作用。一路上山的路程是相当折磨人的，但是当地的酋长们却态度十分友好。他们穿越了由于倾盆大雨而暴涨的河流，他们遭遇了惊心动魄的雷暴雨，最后终于顺利抵达了卡孔达。在那里，平托上尉遇到了何塞·安谢塔（Jose d'Anchieta）先生，他是一位非洲动物学探险家，当时他依然在孜孜不倦地开展自己的研究工作。

在卡孔达，虽然他们进行了一些代价不菲的贿赂，但是行程还是被耽搁了，原因就在于他们找不到搬运工。到了最后，塞尔帕·平托带着九个人出发去寻找人力。然后，他们就来到了奎佩姆贝（Quipembe），并且在那里受到了热情的款待。在奎因戈罗（Quingolo），他们物色到了四十个搬运工。在那里，热病开始袭击他们，而且天气又异常地炎热。万博（Huambo）领地的酋长答应向他们提供更多的搬运工。但是，当他们待在村子里的时候，这位葡萄牙领队收到了一封信，内容是卡佩洛和艾文斯已经下定决心要退出平托领导的队伍，自行前进。不过，他们让搬运工把四十捆行李都

第十七章
在非洲中部进行的各类旅行与探险

送过来。

经过了一番深思熟虑之后,平托还是决定继续前进。他把新的一批搬运工遣散了,然后雇佣了另外四十个人一起奔赴比埃。但是,由于卡佩洛和艾文斯把所有的白色棉布都占为己有了,这位旅行家就发现用蓝色与条纹织物来谈条件有些困难。

我们并没有必要亦步亦趋地紧跟这次的队伍前进。塞尔帕·平托这一路上碰到了种种最常见的困难:雷电交加的暴风雨、热病的侵袭、搬运工的稀缺,而且有时候当地人对他们也流露出明显的敌对情绪。在经历了二十天的艰难历程之后,他们一行人抵达了贝尔蒙蒂(Belmonte),艾文斯和卡佩洛已经领先他们一步先期抵达了。前者自告奋勇表示愿意陪同平托——当时的他还在遭受热病的折磨——返回本格拉。于是,他只能表示"对他十分感激",但最后,他们终于进入了比埃。随后,平托继续朝着马加尔海斯(Magalhaes)进发,在那里他几乎被热病夺去了生命。

当他康复之后,这位旅行家就下定决心动身前往赞比西河的上游地区。在解决了习以为常的运输难题之后,前往内陆地区的旅程就拉开了序幕。没过多久,他就与一个非洲商人何塞·阿尔维兹(Jose Alvez)不期而遇了,后者的名字也出现在了卡梅伦的历险记中。此时,为了解决困扰着他的难题,他下定决心毁掉一部分物资,然后让可以觅到的所有搬运工负责扛运剩下的行李。到了6月14日,他们拆掉了营地,启程前往宽扎(Cuanza)。眼下,这支商队进入了甘格拉(Ganguella)的地盘。国王恳求他送一条长裤给自己。不过,由于他的货物里找不到一条国王能够塞得进去的马裤,他就安排手下为他订做了一条。这位国王虽然有一副好脾气,却被人们形容为是一头"名副其实的河马"。后来,国王陛下走了出来,随即开始跳起舞来。他身着一条非常华丽夸张的长袍,而且还戴着面具。在这场表演中,他所扮演的角色是一个"被愤怒撕扯着的野兽",他的表演获得了热烈的反响。

接下来,他们就穿行在卢查泽(Luchaze)的领土上。他口中所提到的当地人都留着短短的胡须,而且非常痴迷于头戴各种各样夸张的头饰。他们喜欢把自己的门牙打磨成三角形,看上去十分奇怪,当牙齿紧闭的时候,就会在中央出现一个菱形的孔洞。当地人都十分友好,也很热情。随后,他们继续朝着库班圭河(Cubangui River)的源头进发,但是在这里,他们最后仅存的口粮也被吃光了,这些旅行者们再一次开始忍饥挨饿。到了晚上,狮群不停地吼叫着,就好像是在上演一场令人毛骨悚然的音乐会。在坎加姆贝(Cangambe),他们弄到了一些少得可怜的物资。接着,这位领队就乘坐着自己作过防水处理的船沿着库班圭河顺流而下,随行的还有两名划桨手和他队伍中的两名成员。其他人并没有出现,不过到了最后,在经历了一段相当长的跋涉之后,在开了几枪作为信号之后,他们终于在滴米未进整整三十六个小时之后抵达了营地。大约到了这个时候,队伍中有几个人正在忍受病痛的折磨,而其他的人也病得相当严重。

到了 7 月 25 日,他们在库奇比河(River Cuchibi)的沿岸搭建起了营地。到了 29 日,当他们来到坎恩热(Can-en-hue)的对岸时,他下令全体停下脚步,这里就是库奇比酋长的驻地了。平托在描述自己的行程时,经常会提到严寒,有时候会用到"极度严寒"的词语,而这会让人们在早晨八点之前不愿意离开篝火。他的洗漱似乎也占用了他一部分时间,他每天都会用到牙刷、海绵、香水,等等。他说:"在这段旅程之前,我还从来不知道时间的完整价值,也不知道在某段时间内,如果全身心投入的话,究竟可以完成多少事情。"他行进的速度大约是每天九英里,同时还进行了常规的观察和测量工作。

当他们逗留期间,国王的两个女儿都迫不及待地想要嫁给他,而且长得更漂亮一些的小女儿很明显由于他不接受自己而感到十分窘迫。然而过了一阵子,两位公主都以非常友好的姿态来招待他,而把与这位"白人男子"潜在的联姻之事抛在了脑后。当地所有人都非常友好,但是在想要表达高尚或者慷慨的情绪时,人们却无法找到合适的词语来表述。这里的人个个都是种庄稼的高手,他们种了大片大片的玉米、土豆、豆角和棉花。至于牲畜,他们则只养家禽。除此之外,库奇比河里也生活着大量的鱼。

到了 8 月 4 日这一天,这位探险家就出发了,然后在两位公主的指引下安全地渡过了河。蜂蜜鸟让这位旅行家大为赞叹,因为它们几乎每次都能成功地把他带到蜜蜂的巢穴处。它们一直在他的周围跳来跳去,同时鸣叫着,直到人们开始跟着它们走,然后大家就发现了蜂蜜。接着,年轻的公主们就掉头回家了。随后,在经历了一段相当令人疲惫不堪的长途跋涉之后,他们终于抵达了宁达河(River Ninda)的源头。这片地方非常地有名,因为那里栖息着许多野生动物,包括狮子和鬣狗。人们在附近发现了大象

第十七章
在非洲中部进行的各类旅行与探险

以及水牛,而有一头水牛就被这位猎人给逮住了。

再往远处继续深入这片土地,沼泽地就越来越多了。其他更加严峻的挑战逐渐显现了出来,比如物资的匮乏以及一些人不服从命令等。到了8月6日,平托几乎已经陷入了绝望之中。他的手下已经失去了战斗力,因此这位领队基本上就相当于是孤军奋战了。到了17日,他们还是没有获得任何的食物,不过还是在恩亨戈(Nhengo)旁搭建起了一座营地,那里有赞比西河的一条重要支流。在这里以及随后遇到的当地人都拒绝向他们提供任何食物,而且形势看上去非常严峻,当他们请求对方给自己食物的时候,换回的却是侮辱和殴打。到了最后,他们迫不得已只能向当地人发起突袭,用武力强行获得给养。不过后来,他们也支付了相应的报酬,通过这一方式,他们对于挨饿的所有担心终于都烟消云散了。

他们在途中遇到的下一批人就是卢伊纳人(Luina),这些人兴高采烈地把物资给他们送了过来。此外,国王还派人送了盐和烟草给他们。到了8月24日,他们抵达了赞比西河,人人都显得欢欣雀跃。他们捕杀了两头河马和一条鳄鱼,因为当时它们靠得太近了,让他们感到人身安全受到了威胁。当天傍晚,他们抵达了卢伊(Lui)的首都。在那里,有一千两百个武士聚集在一起欢迎远道而来的贵客。国王已经安排好了一场盛宴,并且表现非常友善。但是,平托的内心有一种预感,那就是即将要遇到麻烦事儿,而这并非杞人忧天。

当时,平托和他的随从所驻扎的地区就靠着赞比西河的上游地区。这座城镇的名字是利阿路伊(Lialui),而国王的名字是洛博斯(Lobossi)。在款待平托的时候,他表示自己对于平托的到来感到非常地高兴。至于首相甘贝拉(Gambella),他看上去似乎有些敌意,不过他把自己的敌意掩饰了起来。部队的指挥官是马楚阿纳(Machuana),他曾经陪着利文斯顿从赞比西一路前往罗安达,因此他倾向于站在这位葡萄牙陌生人这一边。接着,双方一起开了个会,商讨贸易事项,因为这些当地人都是很了不起的生意人,他们对于欧洲商品十分青睐,认为其具有很高的价值。按照商定的结果,应该有一个代表团前往本格拉去安排一场谈判。一些搬运工就抓住这一机会回去了,如此一来,这位领队身边只剩下了五十八个人。

过了一阵子,洛博斯的友善渐渐消失了,接着他就开口索取一些礼物,而这些礼物都是平托一行根本无法提供的。于是,他就宣称远征队伍必须返回,而且他不会允许他们再继续深入下去了。更糟糕的是,甘贝拉诱使平托手下的一些人背叛自己的领队,所以事态就演变地愈发对平托不利了。然而,一个奴隶无意中听到了他们要设计陷害平托,就在晚上跑过来把这一阴谋告诉了平托,让他提高警惕。而就在那之前,他刚刚从一支标枪下死里逃生,当时向他投掷标枪的人是受了甘贝拉的教唆而企图暗杀他的。平托击伤了这位刺客,然后通过计谋让他手下那些随从道出了真相。

他的营地遭到了一场袭击,屋子被烧毁了,要不是他们发射了一些爆炸性的子弹,那些黑压压逼近的土著就会获得胜利了。这些威力无比的爆炸弹顷刻之间就让这些进攻者四散逃开。国王否认自己和这一事件有任何的关系,反而派出部队前来保护这位欧洲旅行家,但是甘贝拉无疑就是这场偷袭的幕后主谋,于是就在这样的环境下,平托离开了距离首府比较近的地方,转而把营地挪到了十五英里之外的森林中,那里就位于卡通戈山(Catongo Hills)的山坡之上。他们已经吃光了所有的口粮,鱼就成了他们唯一赖以生存的营养品了。当天傍晚,又有八个人弃队潜逃了,而且他们把弹药都给卷走了,只留下了三十发子弹。不过,平托把自己的渔网上的锡坠卸掉,然后找到了方法使自己的来复枪可以发射出子弹,这把来复枪是葡萄牙国王送给他的礼物。他还找到了几盒火药以及几百发子弹。

他那些忠心耿耿的手下很快就搭建起了一道防御工事,然后就等待事态的进一步发展。到了最后,平托派出了一位信使前去与国王进行商谈,而后者表示自己在整起事件中完全就是无辜的。经过了长时间的谈判和一些直截了当的对话之后,这位君主终于答应提供一些船只和船员给远征队伍,让他们沿着赞比西河顺流而下前往伊图法(Itufa),再从当地雇佣一批船员。到了10月3日,他们看到了两头狮子,其中一头被平托给射中了。到了4日,他们抵达了贡哈瀑布(Gonha Cataracts)。就这样,他们顺利打通了一条陆地上的运输线路。随后,沿着瀑布一路向下的路程充满了危险,不过最后,他们还是顺利地走了下来。一天傍晚,在靠近营地的位置,有一头狮子正在和一头水牛进行激烈的搏斗。到了第二天早晨,水牛几乎尸骨无存,只看得到它的头骨和被撕裂的牛皮。

到了这里,赞比西河上游地区的航行就结束了,库安多(Cuando)河畔的埃姆巴里拉(Embarira)已经非常近了。当时,有两个英国人待在那里。由于当地一位土著酋长对他们充满敌意,所以有一阵子每一个队员都陷入

第十七章
在非洲中部进行的各类旅行与探险

了危险之中。但是,法国传教士科伊拉德(M. Coillard)赶来了,他的随从曾经与平托打过交道,于是,这位酋长就收敛起了自己的敌意。

后来,平托到访了维多利亚大瀑布地区,然后穿越了德兰士瓦(Transvaal),但是并没有探索到任何新的地区。后来,他就与科伊拉德一道,先去了绍雄,最后抵达了德班。接着,这位探险家就从那里坐上了蒸汽船前往桑给巴尔,并在那里待了一段轻松愉快的日子,他到处观光,最后于1879年6月5日抵达了里斯本(Lisbon)。

在那些帮助我们了解这片大洲的人之中,伯顿的成就可谓最为突出。他除了前往麦加、与斯皮克结伴远赴坦噶尼喀湖之外,还到访了达荷美、卡梅伦山脉(Cameron Mountains)、阿贝奥库塔(Abeokuta)以及其他许多地方,而且他对于所到之处都进行了描述。

一批富有冒险精神的旅行家们在非洲的各个地区进行了大大小小的探险,而且过程中都充满了不少有意思的片段。如杜·沙尤·安德森(Du Chaillu Anderson)、画家巴恩斯和高尔顿(Galton)先生等。其中高尔顿从瓦尔维斯海湾(Walvisch Bay)出发,一路走访了达马拉人(Damaras)、纳马夸人(Namaquas)、茨瓦纳人的土地,而伴随着英国南非公司(British South African Company)的成立,人们对于这些族群的了解与日俱增。

如今,人们对于尼日尔河的整条河道都非常了解,而且周边的每一条河流以及每一片领地也都已经留下了探险家的脚印,同时也已经有另外一家重要的英国贸易公司对其进行了开发。毋庸置疑的是,随着英国事业的不断推进,文明之花必将开满它的两岸以及各条支流,这些地区必将住满密集的人口。

但是在实现这个理想之前,许多宝贵的生命都牺牲了。1832年,由麦克格雷戈·莱尔德(McGregor Laird)先生组织的一场大规模远征行动开始了,队伍朝着尼日尔地区进发。麦克格雷戈·莱尔德和奥德菲尔德(Oldfield)先生对于这场远征行动进行了一段描述。这场行动从1832年开始,一直持续到1834年,他们所乘坐的蒸汽船为库尔拉号(Quorra)和阿布尔卡赫号(Aburkah)。在那些献身于探险事业的人中,还有非常著名的探险家理查德·兰德尔,他从布萨出发,一路沿着尼日尔河的河道直抵大海。

1842年,英国海军部牵头组织了第二场远征,担任此次远征队伍指挥官的是皇家海军的特罗特（H. D. Trotte）。对于这场行动，皇家海军的艾伦（Allen）上校和外科医生汤姆森（Thomson）都进行过描述。这些远征队伍成员都深受热病的折磨之苦，而所取得的成绩与惨重的人员伤亡相比，根本就是不足为道的。不过，在1854年，由政府组织的一场远征行动则更为成功。一名黑人船员以及一些白人军官乘坐着一艘小型的蒸汽船，在贝基（Baikie）医生的指挥下，沿着尼日尔河逆流而上，进入了贝努埃河的河口地区，即我们所熟知的茨达（Tsadda），它是被巴思所发现的。这些人沿着这条波澜壮阔的河流一路逆流而上，直到滚滚而下的波涛迫使这艘小蒸汽船不得不掉头折返。不过，这场远征行动自始至终都没有一个人牺牲。

还有其他一些旅行.我们也许可以提一下在阿比西尼亚的贝克·帕金（Beke Parkyn）和曼斯菲尔德·帕金（Mansfield Parkyn），还有富有冒险精神的象牙商人佩特里克先生，他曾经深入了非洲的一大片地区。另外还有一次十分有意思的尝试，那是由皇家地理学会发起的，领队由著名的地理学家基思·约翰斯顿（Keith Johnston）先生担任，这次行动开始于1878年，并于1879年结束。可是不幸的是，这一远征队伍刚刚踏上旅程没多久，约翰斯顿就去世了。不过他的继任者约瑟夫·汤姆森（Joseph Thomson）对马赛兰（Masai-land）进行了深入的探索，穿越了坦噶尼喀湖与尼亚萨湖之间的广袤地区，并在鲁伍玛河上进行了航行勘探。他发现了一座湖，并称其为"利奥博德"（Leopold）。除此之外，凭借其出色的表现，他在刚果河上游地区、尼日尔河以及阿特拉斯山区也收获了不少令人叹为观止的发现。汤姆森前往马赛兰的远征旅行还有一个非常突出的特点，那就是他与自己的手下以及当地的土著都很少发生纠纷，甚至连一次都没有发生过。

施魏因富特（Schweinfurth）医生出版的《非洲的心脏》（*The Heart of Africa*）一书的记录读来让人觉得十分有意思。他从1868年开始踏上征程，一直四处旅行四方，到1871年才结束了旅行。有一段时间，他曾经待在尼阿姆-尼阿姆（Niam-Niam）的土地上，并且发现了一些长得很奇怪的侏儒。施魏因富特医生还进行了一些有价值的植物学观察，并且沿着韦莱河（Welle River）进行了相当长一段距离的探索。不过，这片地区还有相当广泛的一片区域留待更多的冒险家前来探索。

法国的布拉柴（De Brazza）对奥果韦河（Ogowe River）进行了一些探

第十七章
在非洲中部进行的各类旅行与探险

索,他发现这条河流与刚果河有相当明显的区别。1879年,他结束行程返回了。当斯坦利先生也结束了自己的远征行动返回之后,他们两个人之间就发生了一场口水仗,而争论的焦点就在于法国是否有权力对那片地区进行占领。斯坦利当时的远征行动是受到非洲国际协会的委托,在刚果河以及远至尼扬圭的沿线创建一批基地。不过后来,讨论非洲事务的会议在柏林召开,最后平息了这些纠纷,同时也和平解决了刚果自由邦的边界线、法国以及其他领地的边界线等一系列问题。

布拉柴的整个旅程并不是说就完全没有可圈可点之处。他确认了沙尤的一些发现。而且,正是由于他的探险经历,法国政府才于1880委派他作为代表前去开展联络工作,并与相关地区的酋长缔结一系列条约,而他的确都一一完成了。

到了1881年,德国的魏斯曼(Wissmann)中尉以德国皇家特派员的身份解决了德国东非公司面临的一系列问题,由此名声大噪。在博格(Pogge)医生的陪同下,魏斯曼从罗安达出发,穿越了非洲大陆直抵萨达尼(Saadani),并到访了在此之前尚未有人踏足过的地区。他们于1882年4月抵达了尼扬圭,然后博格就从那里转向西边返回了,而魏斯曼则与三个人继续朝着东海岸进发。在这一段路程中,他几乎把命丢掉。不过,由于他声称自己与有权有势的酋长米兰博"是歃血为盟的好兄弟",所以就侥幸逃过了一劫。然后,这位德国军官就从乌尼扬姆贝出发前往姆普瓦普瓦,并于1882年11月抵达了萨达尼。这段旅程一共花了将近两年的时间。

其他的非洲探险者则包括楞次(Lenz)医生、纳赫迪加尔(Nachtigall)医生、安提诺里(Antinori)侯爵、罗尔夫斯(Rohlfs)医生、霍勒布(Holub)以及杨克(Junker)等,其中杨克是名声显赫的埃明帕夏的好朋友以及联络人。

苏格兰传教士们已经在布兰太尔以及其他一些靠近尼亚萨湖的地方建起了一些传教站,还在夏尔河畔立足,而伟大的利文斯顿曾经对这里进行过探索。除此之外,非洲湖区公司(African Lakes Company)已经打通了通往夏尔高地的航路,并且在卡图恩加和其他一些地方建起了定居点。

到了1890年1月2日,一位葡萄牙军官安德雷德(Paiva Andrade)在穿越了罗地区的葡萄牙领地与英国保护领地之间的分界线之后,抵达了卡图恩加。他与所率领的五百个手下用武力强行把英国国旗拽了下来。正是因为这一暴行,再加上平托对科洛科人的大规模屠杀(在我们对于利文斯顿游记的叙述中,已经对这一族群进行了相当细致的描绘),葡萄牙政府被迫作出赔偿,从那些领土撤出去,然后把英国国旗重新升起,同时保证当地受英国的保护。

还有卡萨蒂(Gaetano Casati),他是前往非洲的旅行者,同时也是埃明帕夏的朋友。埃明帕夏的故事带有一丝浪漫的色彩,他被斯坦利先生营救出来,并和卡萨蒂一起回到东海岸。

卡萨蒂生于1838年,并于1867年加入军队,参与了意大利独立战争,并且被提升到了上尉一职。但是在他的内心,他已经决定要成为一名非洲探险者。到了1879年,他受意大利非洲商业探险协会的委派,向那片大陆进发,该协会赞助了此行的全部费用。当年12月24日,卡萨蒂从热那亚(Genoa)扬帆启航,途经了苏伊士和苏瓦金,接着又穿过沙漠抵达了柏柏尔,最后在1880年5月中旬的时候抵达了喀土穆。他的首要目标就是前往加扎勒(Bahr-el-Ghazel),并且在那里与自己的同胞杰西帕夏会面,后者就是当时那个省的总督,听命于戈登上校。他成功实现了这一计划,然后过了没多久,卡萨蒂就患上了热病,而且病情发展得相当严重,所幸在杰西的悉心照料之下,卡萨蒂总算在鬼门关兜了一圈又恢复了健康。然后,杰西就继续朝着喀土穆进发,希望能够回到欧洲去,可是在半路上去世了。

在他的这位朋友离世之后,卡萨蒂又一次患上了热病,而且同样非常严重。这一次,他的病情拖延了很长一段时间。不过到了1880年10月14日,他还是能够继续朝着伦贝克(Rumbeck)进发。自此以后,他的朋友们就再也没有听说他的任何消息了,一直到1881年12月29日,他们终于收到了一封从坦加斯(Tangasi)寄来的信。他在信中表示自己被一个名叫阿赞加(Azanga)的国王在他的首都尼奥洛普(Neolopo)关押,而他是自己主动去找后者的。他之所以做出这一举动,是因为自己计划去探查韦莱河,希望对方能够护送他们前往。但是,阿赞加却拒绝了他的请求,并且"恳求"他给自己许许多多的物品,以至于到了最后,卡萨蒂身边所有的东西都被他给抢走了,连一把勺子都没留下。当国王发现从这个旅行者以及他的随从那里已经压榨不出其他的东西之后,就停止再向他们提供食物,而任由他们自生自灭了。至于他的臣民们,他们也好几次试图要置卡萨蒂于死地。有一天,他向国王的母亲彬彬有礼地致敬,但是这一表达敬意的

第十七章
在非洲中部进行的各类旅行与探险

举动却让民众异常恼怒,随后这些火冒三丈的暴徒就把他团团围了起来。突然之间,有一名年轻男子手持一把刀向他冲了过来。卡萨蒂在自己一名手下的帮助之下一把抓住了这个小伙子的胳膊,然后把刀从对方的手中夺了过来。他一直保留着这把刀,因为他把它视为自己死里逃生的见证。他被关押的那段日子对他来说正好是一次难得的机遇,因为他可以借此好好研究一下他们的习俗。到了最后,他终于逃了出来,并且下定决心要继续自己的探险之旅。虽然他开始把重心放在了调查商业发展的前景上,但是他并没有忽略科学层面的研究目标。

在1881年,卡萨蒂向着尼阿姆-尼阿姆进发,那里就紧靠埃明帕夏所辖省的西侧,而且就在十年以前,施魏因富特曾经到访过此地,并且对此地进行过描述。在尼阿姆-尼阿姆的经历,正如卡萨蒂所叙述的那样,充满了各种意料之外的突发事件。卡萨蒂与当地的国王进行了"鲜血交换",以此来昭示双方的友谊地久天长,而且从整体上而言,他的言行似乎也令周围的人对其赞赏有加。就在卡萨蒂准备告别这位友好的君主继续上路的前一天,国王非常迫切地希望能够看一看究竟命运是否眷顾这场旅程。于是,他就弄到了八十只母鸡,把它们统统扔进了一条河里。他仔细观察它们,看看究竟有多少只母鸡沉了下去,有多少只母鸡浮在水面上。最后,根据他的观察结果,他向卡萨蒂保证说后者一切都会顺利,然后就让他离开了。

卡萨蒂在自己的旅程中,还遇到了其他的野蛮君主,其中有一位名字叫巴坎戈伊(Bakangoi)。这个人拥有五百位妻子。而且按照他的习惯,他一般都把她们留在身边大约两年的时间。两年过去之后,他就把她们分配给自己的主要大臣们,作为厚待这些手下的一种表示。

在一封日期为1883年4月13日的信件中,卡萨蒂描述了自己在拉多受到了埃明帕夏热情友好的款待。在那里,他还见到了一位杰出的探险家杨克。他声称,埃明帕夏对待自己"非常慷慨大方,这是非常难能可贵的"。然而,在那个时候,马赫迪对他们已经构成了巨大的威胁,因此这三位欧洲人发现他们自己在这个埃及占有的土地的一个偏僻角落里"会合了,却与世隔绝了"。为了营救他们,外界组织了两次远征行动,其中一次由费希尔(Fischer)医生带队,他们一行人一直深入到了维多利亚湖的东侧,接着不得不调转回头,因为当时他们急需一些必要的物品来进行交易;另一场远征行动的领队则是楞次医生,他是经由刚果河一路前行的,但是被迫中途放弃了,正如我们都知道的,他把此次营救的无上荣耀留给了斯坦利。

然而,与此同时,卡萨蒂的兴趣所在并没有被意大利协会忽视。它成功地向他寄去了信件、报纸以及特别指向韦莱河的地图,因为探索这条河流正是他此行的主要目标之一。与此同时,协会也通过意大利驻桑给巴尔领事馆转交了一笔钱到他手上。

卡萨蒂下定决心要留下来和埃明帕夏待在一起,并且帮助后者一起与当时不利的环境进行抗争,他的心中已经作好了准备,愿意分担这位赤道省总督可能将面临的"反复无常的命运"。在埃明帕夏的请求下,他前往乌尼奥罗国王卡巴雷加(Kabba Rega)的领地,作为"居民"在那里住了下来。以他当时的身份,他的一部分职责是扮演埃明手下通讯官的角色。埃明把自己所有准备寄往欧洲的信件转交给他,然后他就得千方百计设法把它们都送到沿海地区去。

一开始,卡萨蒂受到了国王相当高的礼遇。但是过了大约二十个月,卡巴雷加就一改往日幽默的态度,声称要把他和一位名叫比里(Biri)的阿拉伯商人一并处死。而卡萨蒂听说那个人后来的确被杀害了。然而,卡萨蒂的脖子、胳膊和双腿虽然一开始被绳索缠上了,但还是成功地带着一部分自己的手下逃离了,并且在晚上抵达了阿尔伯特湖。他把自己唯一的希望全部寄托在那里,祈祷能够逢凶化吉。令他喜出望外的是,他找到了一艘船,然后他的一名手下就坐上这艘船,赶到埃明帕夏的面前。这名手下把发生的事情一五一十地全部告诉了埃明帕夏。两天之后,埃明帕夏就乘坐着自己的蒸汽船抵达了,然后把卡萨蒂从危险的处境中拯救了出来。之前整整三天的时间,这位意大利旅行者连一口食物都没有吃过。1888年3月25日,他在阿尔伯特湖这样写道:"现在,我终于安全了,这是千真万确的。但是,我现在感到非常痛苦,因为我所有的笔记都已经遗失了。这么多年来的劳动成果仿佛就像一阵烟似的转瞬之间就消失得无影无踪了!"不过在此之前,卡萨蒂已经把足够多的信件寄回了祖国,从这些信件中就可以看出,即使不考虑他所遗失的文章,他也已经在非洲探险事业中作出了非常有价值的贡献。

卡萨蒂是埃明的好朋友,而且对后者忠心耿耿,他在最后关头一直都陪伴在后者的身边。1889年,他和斯坦利一起陪着埃明前往海岸地区。

第十七章
在非洲中部进行的各类旅行与探险

到了第二年的 4 月 5 日,他们又一起扬帆向意大利进发。在意大利,他受到了人们广泛的关注,其受瞩目的程度完全可以与斯坦利在英国的情形相媲美。

1889 年,欧洲人到访了非洲大陆上最有意思的一处地方,并进行了勘探。这一年就成了非洲旅行中具有纪念价值的一年。就在这一年,斯坦利结束了自己充满冒险与刺激的旅程,解救出了埃明帕夏,随后就回到了祖国。而另一面,欧洲人登上了乞力马扎罗山,它的高度达到了 19 700 英尺。范·德·戴肯(Von der Decken)男爵——后来他在东非遇害——曾经攀登到 15 000 英尺的高度,并被皇家地理学会授予了金质奖章。

汉斯·迈耶(Hans Meyer)医生曾经攀登到了这座雄伟高山的最高峰,而且一直是这项纪录的保持者。在 1887 年和 1888 年,他进行了远征探险,并最终于 1889 年成功登上了基博(Kibo)那冰雪皑皑的顶点,那里就是乞力马扎罗山的最高峰。整个上山的过程耗去了三天的时间,到了 10 月 6 日,他终于迎来了伟大的胜利时刻。

当队伍的主要人员都在马兰古(Marangu)安营扎寨的时候,迈耶、普尔特舍勒(Purtscheller)先生以及八个精挑细选出来的手下开始动身爬山了。他们穿越了一片原始森林,来到了一条河流旁边,迈耶曾经于 1887 年在那里安营扎寨过,那里的高度达到了 9 200 英尺。他们在那里把自己巨大的帐篷支了起来,接着又为自己建造起了草屋,同时还收集了一些用来烧火的木头。他们在四个护卫的陪同下,又沿着乞力马扎罗山的南坡行进了两天的时间,那里地势十分宽阔,而且到处绿草茵茵。最后,他们抵达了基博与马温茨(Mawenzi)之间的高原,并且发现在那里,就在基博的东南方向,在一些火山岩形成的保护层下方,有一个地方,那里地处 14 270 英尺的高度,非常适合他们搭建起自己的小帐篷。

当把所有的设备和仪器都安置好并盖上之后,他们就派了三个人回到位于森林边缘的营地里。只有一个名叫帕加尼(Pangani)的黑人无怨无悔地留了下来,在这寒冷的、寸草不生的高地上度过十六天的日子。关于他们维持生计的物资,他们是打算每三天就由位于马兰古的低处营地派出四个人带着物资上山来,一直送到位于森林边缘的中枢基地。然后,两个驻守在这一基地的人再从那里把必需的食物送到位于上方营地的他们手中,随后再即刻回到他们各自的起点。每隔三天,他们从探险中回来之后,都

373

会发现帐篷中有新鲜的肉、豆子和香蕉，而且他们连一次断粮都没有遇到。至于柴火的供应，则是依靠低矮的灌木丛的根部。而且，和他们一起的黑人从一处泉眼那里取来每天的用水，那处泉眼就位于他们营地的下方。就这样，他们仿佛是驻扎在一个阿尔卑斯登山俱乐部的小屋子里，能够不断推进一个制定好的计划，登上乞力马扎罗山接近顶部的高地，然后开展研究工作。

基博的顶峰终年白雪皑皑，从他们营地的西侧开始垂直向上高达5 000英尺，而它自身的高度则达到了14 300英尺。到了10月3日，他们开始了第一次攀登。直到七点半的时候，他们才抵达了东南侧的火山岩拱起的顶部，然后开始缓缓地一路向上爬，他们的脚下是圆石和岩屑，它们都覆盖在山脊那陡峭的斜坡上面。每过十分钟，他们就不得不停下脚步休息一会儿，让自己的肺和剧烈跳动的心脏可以得到短暂的呼吸，因为他们已经超越了勃朗峰（Mont Blanc）的高度。由于周围的空气越来越稀薄，他们逐渐感到呼吸越来越困难了。当他们抵达了17 220英尺高度的时候，他们休息了半个小时。很显然，他们所到达的高度已经超越了马温茨（Mawenzi）的最高点。

基博的冰盖在他们的头顶上方散发着夺目的光辉，看上去似乎触手可及。就在快要到十点钟的时候，他们站在了它的脚下，当时的海拔高度达到了18 270英尺。在这个点上，冰层的表面并没有向上升起。但是没过多久，它的表面一下子就变成了35度的斜坡。所以，如果没有破冰斧的话，他们几乎是寸步难行的。大约从十点半开始，他们就开始了这一段艰辛的路程，每前进一步都需要在冰面上凿出台阶。就这样，他们借助登山绳，以相当缓慢的速度不断前进。由于冰面非常脆，而且十分滑，他们必须每走一步都万分小心。

现在，他们开始穿越其中一座冰川的裂缝处，这座冰川向下凸出，径直深入他们当天一大早刚刚穿越过的那片山谷。然后，他们在一堵冰墙的极度陡峭的突起处的下方停下来休息了一阵子，那里的高度达到了19 000英尺。当他们开始再度动身爬山的时候，他们发现每一次呼吸都变得相当困难了，以至于每前进五十步，他们就不得不停下脚步休息一会，然后让身体向前倾，拼命张大口进行呼吸。根据他们的测量，在19 000英尺的高度位置，与海平面上相比，空气中的氧气含量只有百分之四十，同时湿度为百

第十七章
在非洲中部进行的各类旅行与探险

分之十五,这就不难解释为什么他们的肺工作起来这么费力了。他们的身体机制受到了一系列因素的折磨,包括缺氧、极度干燥、身体各部分过于紧张,而尤其突出的是体力消耗过度。他们要穿过的冰面非常宽,这样就使他们的力气以惊人的速度不断消耗。然而,那座冰盖的最高峰看上去似乎和之前一样远。

到了最后,大约在两点钟的时候,他们已经整整爬了十一个小时的山了,此时他们已经离山峰的顶端越来越近了。他们迫不及待地加快步伐继续跑了几步,然后基博山的神秘身姿一下子就一览无余地展现在了他们的面前。这些巨大环形山的垂直山壁就在他们的脚下张着大口,似乎是要把整片基博山的上部都吞进去。他们扫视了一眼,意识到基博山那高高的山峰就横卧在他们的左侧,处于环形山的南边,并且由三座石峰组成,它们从冰雪所覆盖的南侧陡坡上凸起几英尺高。

10 月 6 日,他们到达了山峰,并且在冰面的边缘凑合了一晚,那里的高度达到了 15 160 英尺,正好被悬挂在上方的岩石遮了起来,可以作为歇脚点。这一高度正好对应罗莎峰(Monte Rosa)的顶峰。他们把自己裹在了皮革袋子里,这样即使到了晚上,他们至少还能凑合着挺过来。然后,他们开始向山峰发起艰难的冲刺。而这一次,冰雪覆盖顶峰的高山的精灵恩加罗(Njaro)对他们特别仁慈,于是,他们终于实现了自己的目标。到了八点四十五分,他们已经站在环形山的边沿了。他们下一段的路程就是从这个点到环形山的南侧边沿,虽然这段路也不怎么容易走,但是他们并没有遇到特别的困难。他们又爬了一个半小时之后,来到了三座最高山峰的山脚下。然后,他们就很冷静地一个接着一个把这些山头都爬了一遍。

最中间的那座山峰高度大约达到了 19 700 英尺,它比其他的山峰都要高出五六十英尺。到了上午十点半的时候,迈耶是第一个走过这最后一座高峰的人。他插下了一面小小的德国旗子,然后爬上了崎岖不平的火山石顶峰,并且将其命名为"威廉皇帝峰"(Kaiser Wilhelm's Peak)。

在完成了必要的测量工作之后,他们就可以随心所欲地把自己的注意力都放在基博的环形山上面了。站在威廉皇帝峰上,他们可以获得一个绝佳的视野。这座环形山的直径大约是 6 500 英尺,同时它的深度大约为 600 英尺。在南侧的部分,火山岩壁上完全就看不到冰,它几乎是以垂直的角度直插入环形山的底部的。而在它的北半侧,冰川从环形山的上侧沿以梯田的形式缓缓向下,形成了坡度各异的蓝白色走廊。在环形山的北部,有一座火山爆发之后形成的圆锥体,它是由褐色的灰和火山岩构成的,高度达到了大约500英尺。它的一部分被一层厚厚的冰覆盖着,这层冰是一直从环形山的北侧边缘延伸而出的。

在这迄今为止尚未有人踏足过的地方,在很久之前,灼热的岩浆以极快的速度奔腾着汇成了一条仿佛着了火的河流。当站在地球上这片突起的、遥远的地区时,这位探险家是感到十分震惊的,因为这里的现在与过去有着天壤之别。在他的周围,统治一切的是毫无生命的大自然,是一片绝对的寂静无声,而这神奇的单调就形成了最令人印象深刻的壮观的景致。到了10月30日,他们告别了乞力马扎罗山,这是"黑色大陆"上最有意思同时也最巍巍壮阔的地区。

第十八章　斯坦利营救埃明帕夏

埃及政府对于苏丹的放弃导致了一系列后果，其中之一就是戈登将军于1885年1月在喀土穆牺牲，而赤道省总督埃明帕夏的处境就变得相当危险了。英国东非公司主席威廉·麦金农（William Mackinnon）先生牵头在伦敦成立了一个营救委员会，并且募集到了两万英镑的资金，其中一万英镑来自埃及政府，另外一万英镑则来自皇家地理学会。

英国民众对于埃明帕夏的处境表现得非常关注。通过从各种渠道了解到的信息来看，他似乎一直都没有受到影响，只不过形势在1884年初开始发生了变化。当时，马赫迪的追随者们对加扎勒省发动了入侵，并且把该省的省长给掳走了。埃明预见到自己很快也会遭到袭击，于是就从拉多撤回了自己所有的部队、官员和物资，然后把他们全部调运到瓦德莱（Wadelai）去，那里就位于杰贝尔河（Bahr-el-Jebel）的河畔，这条河是尼罗河的支流，它起源于阿尔伯特湖，而且距离那座湖非常近。在这个地处非洲中部的偏远角落里，也就是后来他被斯坦利所救出的地方，他能够继续把自己的管理工作进行下去，并没有受到外界任何的骚扰。但是，在他的手下当中，开始萌生出一些不满的情绪，而且物资和弹药储备都越来越少了。围绕着这一系列事件，人们开始纷纷交头接耳散布一些谣言，再加上通常他们对非洲所有事物都会添油加醋一番，然后这些传闻就从桑给巴尔和苏丹漂洋过海传到了欧洲，不过杨克还是把自己朋友的确切消息带回了自己的祖国。

这位德国旅行家在相当长的一段时期内都受到了埃明热情友好的款待。不过到了后来，由于他自己厌倦了在当地始终无所事事的日子，所以他就下定决心放手一搏，尝试着跋涉至海岸地区。在一段运气还不错的时期，他经过一番努力成功抵达了乌干达。然而，他当时一贫如洗，还不足以吸引到干达人贪婪的目光，所以就获得许可登上一艘传教士的船离开当地，前往维多利亚湖的南端。然后，他在阿拉伯人的护卫下从那里启程，最后安全地抵达了海岸地区。

埃明在1884年11月16日的时候，在拉多写了一封信，他恳求英国传教士麦凯（Mackay）通知自己的一批联络人员，希望他们能够伸出援助之手，让埃及政府理解他的处境，然后向他提供帮助，否则——正如他本人所说的——"我们就会消失了"。

到了1886年1月1日，埃明从瓦德莱写了一封信给约翰·柯克爵士，他在信中写道："自从我上一次从我们的政府收到消息之后，已经过去了整整两年半的时间了。加扎勒省已经被那些盲目追随错误先知的人们所占领了，而只有我凭借着顽强的毅力才能够保护这个省（赤道省）不落得同样的下场。我已经损失了一大批勇猛无比的手下。现在，我们这一小拨人就躲在成千上万个黑人之中。我们的军需品几乎都已经消耗殆尽了，我们的人连最基本的保障都无法得到，而我们前往北方的道路也已经被阿拉伯人和黑人给切断了。所以，我来到了这里，并且与乌尼奥罗的国王卡巴雷加进行了一番对话，后者十分慷慨地向我伸出了援手。因此，我现在冒着一定的风险把一些信件经由乌干达和乌尼扬姆贝转交到你手中，热切地请求你通过官方的通讯系统把消息送到开罗的首相手中。我的人能否逃过此劫就全要指望它们了。"

与此同时，埃明还给爱丁堡的费尔金（Felkin）医生、施魏因富特等都写去了措辞相近的信件。这些信件给英国大众带来了强烈的震撼，他们在戈登去世、卢普顿被掳之后，又要看到这位赤道省的总督遭遇令人痛心的下场。当围绕着营救他的建议逐渐成形的时候，麦金农先生找到了斯坦利先生。当时，斯坦利正准备离开英国前往美国，去进行一场巡回演讲。斯坦利凭借着自身值得称道的慷慨，建议说约瑟夫·汤姆森先生或者约翰斯顿（H. H. Johnstone）先生都可以作为领队，因为他们对于在非洲旅行都具有非常丰富的经验，而且他们的能力都相当突出。

但是，麦金农先生却问斯坦利："你本人愿意率领这支援救队伍吗？"

他的回答是："嗯，如果你有意选择我的话，而且如果你真的是非常迫切，那么我愿意马上接受这一任命，而且我愿意无偿参加这次行动。但是，

第十八章

斯坦利营救埃明帕夏

如果委员会最后决定由汤姆森先生出任领队的话,我愿意捐给援救基金会五百英镑。"

斯坦利在 1886 年 11 月 15 日的时候给麦金农先生去了一封信,他在信中表示自己愿意立刻启程,并且声称他已经在研究路线事宜了,然后他提到有四条可供选择的路线。然而,他得到了准许可以前往美国。但是,麦金农先生与外交部围绕他的举措进行了商讨,当时负责该办公室的是伊兹利(Iddesleigh)勋爵。随后,麦金农先生就于 12 月 11 日给斯坦利先生拍了一封电报,内容如下:"你的计划和申请已获批。当局已同意。资金已到位。十万火急。请速来。盼复。"

12 月 13 日,斯坦利从纽约回了一封电报,内容如下:"刚收到周一的电报。万分感谢。一切顺利。将于周三上午八点乘坐埃德尔号(Eider)启程。如果天气良好,一切顺利的话,将于 12 月 22 日抵达南安普顿(Southampton)。毕竟,只耽搁了一个月。请告知当局安排霍姆伍德(Holmwood)、桑给巴尔和赛义德·巴加什(Barghash)做好准备工作。"就这样,营救埃明帕夏的行动就算正式拉开了序幕。

就在斯坦利先生抵达英国之后没多久,他就前去布鲁塞尔拜访了比利时国王,因为他当时还是在后者的手下为其效力的。经过了一番深思熟虑之后,他们决定还是选择经由刚果河前进,因为总的来说,这是最理想的一条线路,而斯坦利也完全有理由为自己作出如此的选择而感到庆幸。当然,和往常一样,当关于这次远征行动遇到灾难的谣言传来的时候,那些自作聪明的人会摇摇脑袋,假装很睿智地说:"我早就告诉过你了,这样的事情一定会发生。"他们之所以没有选择东海岸这条路线,原因之一就是担心在乌干达被阻挠。另一方面,比利时国王批准斯坦利可以任意调配位于刚果河上游的蒸汽舰队,它们可以把远征队伍运送到距离阿尔伯特湖大约三百二十英里远的位置。不过,后来人们发现,这一慷慨的表态并非真实的。

对于路线问题,斯坦利表示自己之所以选择了经由刚果河前进,原因是很简单的,那就是"为了确保获得成功"。在接手远征行动之始,他就认定刚果路线更优。对他来说,无论是从东海岸出发,还是从西海岸出发,自己对于全程的十分之九的路程都是非常熟悉的,原因就在于他曾经从桑给巴尔出发,深入到了距离阿尔伯特湖一百五十英里的地方;他也曾经从刚果这一侧出发,跋涉了三百二十英里的距离。不过,埃明援救委员会表示,他们还是倾向于选择从东海岸出发。于是,所有的准备工作就根据那一目标开始紧锣密鼓地进行起来。按照当局向桑给巴尔发出的指令,人们把重达几吨的大米向内陆地区运送了二百英里(约三百二十千米)的距离,还有六十头负责扛运行李的牲畜也一并运送了进去,还购置了价值四百英镑的马具,此外还有总价达到一千英镑的物品。最后,他们还订购了一艘铁船。

在桑给巴尔和伦敦,前往东海岸的远征准备工作已经一切就绪了。眼下,斯坦利收到了一张来自外交部的便条,内容是如果他选择的路线让他靠近维多利亚湖的话,那么法国大使就会表示反对,原因就在于一旦有一支远征队伍在那片地区出现的话,就会危及身处乌干达的法国传教士们。德国人也同样地迅速提高了警惕:普拉森(Plassen)男爵告诉索尔兹伯里勋爵,德国东非协会已经起草了一份请愿书,递交给了德国政府,在这封请愿书中,他们表达了自己的疑虑,即万一斯坦利率领远征队伍前去营救埃明帕夏的行动被人加以利用,那么就有可能在东非地区的德国势力范围的后方出现英国的保护领地。所以,即使他们没有选择刚果路线,那情况也并非绝对性的,也就是说当他们抵达桑给巴尔之后,如果有必要,任何时候都可能会产生变化。然而,根据斯坦利的说法,这一路线上的变化却带来了一个不利的后果。他们没有时间下令去组建一支蒸汽舰队,而这支船队本来完全可以把整支远征队伍从刚果一路往上游地区运送过去,一直送到距离阿尔伯特湖还剩下六十英里(约九十六千米)的地方。由于他手上只有一艘船,他不得不安排剩下的人员带着物资作为后续部队跟着一起前进。

与此同时,斯坦利忙着筹集物资,同时物色一批陪同他踏上征途的军官。他收到了来自英国各个角落的上百封申请信,包括一大批来自陆军和海军军官的申请。要作出选择的确是一项十分艰巨的任务,但是从后来的结果来看,无论从哪个角度来审视,他所作出的选择都是非常明智的。

被选中的人员名单如下:第七燧发枪兵团的埃德蒙顿·巴特洛特(Edmund Barttelot),他在阿富汗战役和尼罗河战役中的表现都相当突出;皇家机械师部队的 W. G. 斯泰尔斯(W. G. Stairs),他刚刚参与了新西兰调查项目;R. H. 纳尔逊(R. H. Nelson),他曾经在祖鲁兰(Zululand)服过役,也和巴苏陀人交过手;军队卫生部的 T. H. 帕克(T. H. Parke)医生,他曾经在赫伯特·斯图尔特(Herbert Stewart)爵士手下工作过,并参与了阿布科里(Abu Klea)战役;来自同一部门的 A. M. 博尼(A. M. Bonny)先生;约

第十八章

斯坦利营救埃明帕夏

翰·罗斯·特鲁普(John Rose Troup)先生,他是科林·特鲁普(Colin Troup)爵士的儿子,这位爵士是一位声名显赫的印度将军;赫伯特·沃德(Herbert Ward)先生,他是一位探险家,曾在婆罗洲和新西兰探索。还有两位绅士,即 A. J. 蒙特尼·杰弗森(A. J. Mounteney Jephson)和 J. S. 詹姆森(J. S. Jameson)。在这批人中,巴特洛特和詹姆森再也没有能够回来。

1887 年 1 月下旬,斯坦利先生离开了英国,并于 27 日抵达了亚历山大港,接着就从那里前往开罗,并在那里和谢赫以及杨克先生见了面,而后者在离开苏丹和赤道地区多时之后,刚刚回到那里。2 月 21 日,他抵达了桑给巴尔。由于一切准备工作都进展得相当顺利,所以到了 25 日,斯坦利就从桑给巴尔出发了,他登上蒸汽船马都拉号(Madura),然后绕过好望角朝着刚果进发了。

远征队伍一共包括了八百个人。其中有十一位英国军官、六百零五个桑给巴尔人和十二个桑给巴尔男仆、六十二个苏丹人以及十三个索马里人。除此之外,搭乘马都拉号的还有提普提布以及他的九十六名手下。我们有必要对这位杰出的阿拉伯首领特别提一下,因为他在非洲中部探险活动中扮演了一个相当重要的角色。当斯坦利还在布鲁塞尔的时候,比利时国王就曾经咨询过他,希望从他那里了解提普提布这个人以及刚果这个国家。他给出的建议是,国王应该雇佣他为刚果国的全权代表,因为这样做可以消除他的敌对情绪,与动用武力的昂贵代价相比,此举不仅代价低得多,而且更加人性化。就这样,国王就委托他前去与提普提布进行谈判。在桑给巴尔领事霍姆伍德先生的帮助之下,提普提布就被指定为斯坦利瀑布地区的总督,而且是领薪水的,他的职责是阻止阿拉伯人沿着刚果河顺流而下,同时保护该河沿岸的基地免遭破坏,这些基地都是自 1883 年后就已经在瀑布下方地区开始运作的。除此之外,斯坦利还获得了提普提布签字的一份正式合同,后者表示愿意向他提供一批由六百个马尼尤玛搬运工组成的队伍,他们的报酬是每人三十美金,他们将帮着一起搬运送给埃明帕夏队伍的物资和弹药。为此,他答应从桑给巴尔岛到斯坦利瀑布地区,提普提布和手下的九十六名随从将享有自主权,而且给养也是免费提供的。

马都拉号在行驶到好望角的时候,稍微靠了一下岸,补给了些煤炭,随后于 3 月 18 日抵达了位于刚果河河口地区的巴拿纳岬角(Banana Point)。

接着，经过了一番努力，阿尔伯格号（Albuguerque）、塞尔帕平托号以及赫伦号（Heron）三艘蒸汽船在一艘军舰的护送下，把这支远征队伍顺利送到了马塔迪（Matadi），那里就位于刚果河下游地区船只所能到达的最远处。超过这个地点之后，是一大片瀑布地区，远征队伍就必须经由陆地穿越那里了。

到了3月24日，远征队伍开始了陆地上的跋涉之旅，他们的目的地是距离马塔迪二百三十五英里之外的利奥波德维尔（Leopoldville），那里就在斯坦利湖。4月21日，他们到达了利奥波德维尔。过了三天，当发现队伍中减少了六十三个人，同时还少了二十八支来复枪的时候，斯坦利就把手下召集起来开始亲自进行管理，毕竟原来来复枪的数量要达到五百二十四支。这一损失的四分之三要归咎于有人弃队而逃，这对由桑给巴尔人组成的远征队伍来说是见怪不怪的现象了。斯坦利表示："这就是一个证明，如果需要的话，这就证明了如果我们在这次路途遥远的任务中选择了非洲东部的任何一条线路前进，这种灾难一定会把我们击垮的。"然而，这仅仅是他即将面临的一系列困难的序曲而已。从他踏上马塔迪开始陆地之旅之时起，弃队而逃现象就一直在持续，一直到他行进到距离桑给巴尔还有几天路程的时候才告一段落。

在斯坦利湖，他们发现比利时国王曾经答应提供给他们的蒸汽船队并没有准备好。不过斯坦利号在经过了一阵检修之后，总算还可以派上用场。另外还有浸礼会传教会的蒸汽船和平号（Peace）以及利文斯顿内陆传教会的亨利里德号（Henry Reed）。但是，传教士们对于出借这些蒸汽船却持反对的态度。与此同时，他们这支超过七百个人的小部队也面临着巨大的食物不足的危险，原因就在于他们在斯坦利湖这个地方连一天的食物都无法弄到。他们经过了一番商讨，可是毫无任何结果。由于情况非常紧急，他们必须立刻离开这片闹饥荒的地区。于是，斯坦利就采取高压手段迫使利文斯顿内陆传教会签下了一份租约，这一举动是完全有必要的；而浸礼会传教会很可能是担心自己也会面临同样的处境，就主动提出愿意把和平号提供给他们使用。就这样，依靠这些船只以及它们拖着的驳船，远征队伍终于能够沿着刚果河上游继续进发了。在和平号和它的两艘驳船上，一共有一百一十二个人以及他们的货物；亨利里德号以及它的两艘驳船则装载着一百三十一个人和他们的货物；此外，蒸汽船斯坦利号和弗罗

第十八章

斯坦利营救埃明帕夏

里达号(Florida)则装载着三百六十四个人——总计是六百零七个人。5月1日,这只船队从斯坦利湖出发了,并于12日抵达了博洛博(Bolobo)。斯坦利号蒸汽船随即就再次掉头沿着河道顺流而下,返回去接剩下的一部分人,当时他们正沿着刚果河的南岸从斯坦利湖一路跋涉。于是到了5月14日,这支远征队伍就在博洛博集合完毕了。接着,斯坦利就安排一百三十一个人继续留守在博洛博,并任命沃德先生和博尼先生担任指挥官。然后,船队就继续沿着河道向上游进发了。

到了6月16日这一天,远征队伍自从斯坦利湖出发,已经航行了整整一千零五十英里的距离。此时,船队就开始加足马力,一路向第一座瀑布下方的登陆点——下阿鲁韦米(Aruwhimi)的扬布亚(Yambuya)——行进。接着,他们在没有遇到任何阻挠、没有发生任何流血事件的情况下就占领了这里的村子。与此同时,亨利里德号和它的驳船则在提普提布以及他的手下的驾驶下奔赴斯坦利湖,而这些人就这样省下了整整一年的徒步旅程。

当船队各奔东西的时候,提普提布表示自己到达根据地九天之后,就会带上自己的六百个搬运工动身与斯坦利会合,再一同前往阿尔伯特湖。

在6月20日之前,这支远征队伍一直在忙着砍伐木材,以提供更多的燃料给蒸汽船队,每个人都参与到了这份工作上来。木头是如此地坚硬,以至于斧子都弄断了,而且锯子基本上都报废了。就在这一天,斯坦利号在装满了燃料之后,出发顺流而下朝着博洛博进发了,然后把沃德和博尼两位绅士所率领的一百三十一个人以及留在利奥波德维尔的六百担物资也一并带了回来。

两天之后,亨利里德号及其驳船载着巴特洛特和苏丹卫兵抵达。少校汇报说,提普提布所说的最后的话就是他会在九天之后带着预期的搬运工队伍跟随他的脚步而来。

斯坦利允许传教会的蒸汽船和平号以及亨利里德号离开大部队返回斯坦利湖去。与此同时,远征队伍中每一个有行动力的人都开始动手搭建起具备防御能力的营地。在营地的周围,他们挖了一道很宽的壕沟,然后在这道沟的两边用高高的柱子拦了起来。与此同时,他们在不同的高度搭建了一些平台,从而可以观察任何靠近他们的动静。斯坦利决定任命巴特洛特担任要塞的指挥官,同时指派詹姆森先生担任他的副手,接着再把驻守部队的力量固定在了八十个人。根据他的预测，到8月中旬之前，当所有的军官、特鲁普、沃德和博尼带着远征队伍的剩余人员都从斯坦利湖和博洛博抵达此地之后，这里的军事力量就可以达到二百七十一个人，而且各个级别的人员都齐全了。他派人给巴特洛特送去了一封信，在信中给出了一些说明供他参考，同时又口头上转达了大量的指令。不过，所有这些指令的核心就是少校需要待在营地，一直等到来自博洛博的纵队抵达，然后他再组织后翼部队沿着斯坦利的足迹一路前进，而且要尽可能以最快的速度赶路。如果提普提布带着他的搬运工抵达的话，巴特洛特就应该带着他的纵队沿着斯坦利的足迹前进，而只要后者穿越森林地区，就会留下一些醒目的标记，包括烧过的树木、营地以及带刺的围栅。但是，万一提普提布和他的搬运工并没有如约而至，他就应该以加倍的甚至是三倍的速度赶路，直到追上斯坦利所率领的先遣部队，后者将从阿尔伯特湖返回来去援助他。

1887年6月28日，所有的准备工作都已经就绪。于是，斯坦利就率领先遣部队出发，队伍组成人员包括纳尔逊上尉、斯泰尔斯中尉、R. E. 杰弗森先生、帕克医生以及三百八十九名随行人员，他们开始穿越森林，就此踏上了危机四伏的旅程。他们的目标是卡瓦利（Kavalli）。在这支远征队伍穿越此地之前，这片区域上还尚未有一位白人或者阿拉伯人进行过探险，甚至连踏足都还没发生过。他们随身带了一艘铁船，它有二十八英尺长，六英尺宽。除此之外，他们还带上了三吨弹药以及两吨供给品和杂物。在整支队伍中，有大约一百八十个人都是后备人员，其中有一半扮演了开路先锋的角色，他们除了扛着自己的温彻斯特来复枪之外，还带着斧子和钩镰，然后用它们在灌木丛中辟出一条通道，砍倒任何的障碍物。

当斯坦利开启这一长征的时候，他并没有意识到自己面前铺展开的森林到底有多宽。在1876年，当他们待在乌雷加（Ureyga）森林的时候，尼扬圭的阿拉伯人就已经在到处散布谣言，宣称走出森林之后，再跋涉几周的话，就会遇到一片草地，那里会有牲畜。对于斯坦利来说，这也就意味着只要再过两周，最多一个月的长征，他们就能够到达一片位于高地的草原，那里和他曾经在维多利亚湖和阿尔伯特湖之间发现的草原类似。然后，一旦他们可以发现一条便于行进的道路，就能够以每天十至十五英里的速度快速前进。

第十八章

斯坦利营救埃明帕夏

他就这样信心十足地踏入了森林,却发现在那令人不寒而栗的阴影之下,它此起彼伏地向远处无限延伸开去。虽然他们每天都期待着能够从当地土著那里了解到在他们的北部、南部或者东部就横亘着一片绿草茵茵的土地,但是一直到他们距离青草覆盖的地区还剩下七天路程的时候,他们才遇到了一些人,而这些人从来就没有听说过附近有什么草地。对于他们来说,整个世界就是一片无边无际生长着的森林而已。

在斯坦利踏上了他那危险重重的旅程之后的连续数天里,位于后方的营地还是一直能够收到有关他的一些消息。然而,当他越来越深入非洲森林的偏远之处时,一切有关他的动向的消息就戛然而止了。好几个月逝去了,没有传来任何有关这位富有探险精神的旅行家的一丝消息。当时,谣言四起,声称发生了一场巨大的灾难。不过,还是有一批人相信这位营救出了利文斯顿的杰出男子会想尽一切办法,再加上幸运之神对他也很眷顾,所以这所谓的灾难并不可信。在苏丹的街头巷尾,人们都在纷纷讨论着,并且还把这些谣言带到了苏瓦金,内容就是有关一个白人帕夏的,一些人认为这个人就是斯坦利。在人们的心目中,他是一个成功的战士,因为他已经驱散了马赫迪的军队,而且正跋涉在喀土穆的土地之上。但是,这所有的一切只是猜想而已,随着一个又一个月的逝去,对于成功所抱的期望,甚至就连斯坦利活着从那片荒野之地走出来的希望也变得愈加渺茫了。

来自这位旅行家的第一条确切的消息是通过一封信件,那是他写给提普提布的,写信的时间是 1888 年 8 月 17 日。他在这封信中表示自己一切安好,而且已经成功地完成了自己肩负的使命。这封信是由一位信使送到斯坦利瀑布地区的,随后就于 1889 年 1 月 15 日抵达了布鲁塞尔。这位男子带来的其余信件依然还留在斯坦利瀑布地区,一直到 3 月底的时候才抵达了欧洲。

现在,让我们跟随着斯坦利的步伐,缓慢而步步艰辛地朝着位于瓦德莱的埃明帕夏靠近,那里就在阿尔伯特湖的湖畔。

当在阿尔伯特厅(Albert Hall)向皇家地理学会发表演讲的时候,斯坦利先生描述了他所穿越的森林的范围和特质:"它最长的一段要从靠近马尼尤玛南侧的卡巴姆巴勒(Kabambarre)附近一直延伸到尼阿姆-尼阿姆西侧的韦莱-马库阿(Welle-Makua)河畔的巴戈波莫(Bagbomo),全长 621 英里,它的平均宽度达到了517英里,如此就形成了这片紧凑的方形区域,其面积达到了321 057平方英里。而我们的路线就是迂回曲折地穿越这片森林的中心地带。在这条漫长的路线上,到处都生长着各种各样的大树,它们挤挤挨挨着,有的高度只有20英尺,而有的高度则达到了200英尺。它们彼此靠得如此之近,以至于树枝都彼此纠缠在了一起,并由此形成了一顶多荫的巨大顶篷。因此,阳光连一丝都透不进来。当阳光火辣辣地照耀着大地的时候,当其他地方都明晃晃一片的时候,这片森林中却只有一小束微弱的白光不时地让置身其间的人们能够知道外面正艳阳高照呢。总的来说,这里始终笼罩在一片神秘的微光之中,但是一旦雾气很大,或者遇到下雨天,那么翻开书就很难看得清楚上面的字了。到了晚上,人们会幻想周遭的一片黑暗是可以感知得到的,而且是切切实实存在着的。我们几乎就从来没有看到过月亮和星星。那是因为在一整年中,有大约一百五十天的日子都是下着雨的,而且除了淅淅沥沥的小雨之外,几乎每一场雨降临之前,先登场的都会是狂风呼啸、暴风、暴雨或者是龙卷风,轰隆隆的雷鸣声响彻天际,明晃晃的闪电划破天空,这些都令人感到心惊肉跳。也许你可以想象得到,如果一个旅行者无遮无挡地置身于这样一片区域,那对他而言必须要经受的考验是多么让人浑身难受。"

在这片令人生畏的地区上所居住着的人也和他们身处的这片邪恶的环境十分相符,他们都十分原始,十分野蛮凶残,而且报复心很强。其中,有一个被称为姆布提(Wambutti)的俾格米族群尤其让人生厌。据说早在公元纪年开始之前,这些长得特别矮小的人就已经存在了。荷马描述过俾格米人的一场战争,而希罗多德也描绘过他们,并提到他们曾经抓住过五个旅行家。有两位地理学家,即赫克图斯(Hekateus)和希帕克(Hipparchus),他们认为这些俾格米人出没的范围就在赤道附近,靠近月亮山,而那里就是二千三百年以后斯坦利发现他们的地方。这位伟大的探险家在描述自己第一次和这些历史悠久的、有意思的种族见面的场景时是这样说的:"在一个靠近埃韦提库(Avetiko)的地方,也就是在伊图里河(Ituri River)的岸边,我们那些饥肠辘辘的人发现了第一个男俾格米人和女俾格米人,后者当时正蹲在一片野地里剥芭蕉皮。你完全可以想象到,当这些可怜的小个子突然发现自己被巨大无比的苏丹人所包围的时候是感到多么惊慌失措啊,毕竟后者的身高要达到六英尺四英寸,几乎是他们两倍的

第十八章
斯坦利营救埃明帕夏

身高和体重了,而且个个还长得黝黑黝黑的。但是我的桑给巴尔手下们,这些总是比苏丹人更加心肠软的人,阻止了那些手持来复枪和弯刀的苏丹人,让后者不要在那里杀害这些俾格米人。接下来,桑给巴尔人就把这两个人作为战利品带到了我的面前。那个男俾格米人的身高有四英尺,而那个女的则略微矮一些。前者的体重大概有八十五磅,他的肤色呈现出一种半烤过的砖红色,同时还有一种非常醒目的浅棕色。

"我们开始通过手势向他提问:'你知道我们去哪里可以弄到香蕉吗?'

"他一把圈住自己的小腿,以此来向我们展示尺寸,然后迅速点点头。通过这一系列动作,他告诉我们自己知道哪里可以找到像他的小腿一样粗的香蕉。

"我们将信将疑地指着指南针的四个方向。作为回应,他把手指点在了日出的方向。

"'那里远吗?'

"他做了一个动作,表示和一只手那么长。啊,如果不带行李,就是一整天的路程;如果带着行李,就是整整两天的路程。

"'你知道伊布鲁河(Iburu)吗?'他迅速地点了点头。

"'那里有多远?'他抬起右手,把它放在了肘关节的侧面。

"'哦,需要四天的路程。'

"我认为我们一定是已经穿过了超过一百个居住着俾格米人的村子了。然而,在我们来到他们的身边之前,有相当长的一段时间他们是被遗忘的,而且基本上都被杀掉了。我们的人已经抓住了大约五十个这样的俾格米人,其中只有一个人的身高达到了五十四英寸。总体上而言,他们的身高在三十九英寸至五十英寸(约 0.99 至 1.27 米)之间。

"在这片地区,我们发现农地之间相隔的距离要达到九或十英里之遥。我们每前进一小时,就会发现四到八个俾格米人的村落分布在一些小道的两侧,而这些小路都是通向农地的。

"绝大部分的原住民都是非常勤劳的,他们所开辟出来的空地面积要达到四百到一千英亩。在这片无法加以开发利用的森林里,他们种植了一些香蕉和芭蕉。然后在过了十二个月之后,这些树就变得枝繁叶茂了,上面挂满了沉甸甸的果实,它们不仅品质上乘,而且巨大无比,散发着浓浓的芳香。每一个森林的村子都由二十至一百个俾格米人的家庭组成,而且很有可能在伊布鲁河与伊图里河之间的地区,大约有多达两千户家庭过着这种自由自在的生活,他们的活动范围就是非洲赤道地区广袤无垠、郁郁葱葱的森林,那里自始至终都笼罩在一片微光之中。"

他们第一天穿行在森林中的时候,就遭到了攻击。那些人放火烧他们的营地,借着烟雾的掩护向他们的先遣部队发起了进攻。随后,一场小规模的战斗就打响了。远征队伍几乎还没有来得及开始穿越这片并不太友好的地区,就被卷入了当地居民之间爆发的大大小小的野蛮战争,而这些战争可谓都十分"精妙"。小路上往往都会有一些较浅的坑,里面戳满了顶端十分尖利的木头或者叉子,最上面覆盖着一层巨大的叶片。因此这就会给赤脚走路的人带来非常可怕的痛苦经历。那些叉子常常会插入脚掌,而且插得相当深。在另外一些情况下,这些叉子的顶端会陷在脚掌里,从而引起伤口处腐烂。一旦出现这种情况,受害者就会走路一瘸一拐,而且即使伤口恢复了之后,也很少有人能够完全回到原先的状态。

前往原始人居住的村庄的道路十分曲折蜿蜒,而且需要绕路,但是为了诱骗入侵者,他们往往会狡猾地开辟出一条笔直的道路,把沿途的杂草树木都清理干净,然后在这条道路上挖一些类似的浅沟。一旦村子里负责瞭望的人以敲鼓的形式发出了警告,居民们就会拿上他们的弓箭,然后随着弓箭和其他种类武器的陆续登场,伤员人数就会呈现不断增长的趋势,不过,并不会有人在交战中死去,因为虽然这些原始人异常勇猛,但并不意味着他们就同样地恶毒。在这片森林地区,动物的生命是如此原始而且珍贵,所以他们不会轻易夺人性命。

到了第二天,他们沿着一条小道向内陆进发,但是转向东方之后,他们在这条路上继续又跋涉了五天的时间,其间还经过了人口密集的地区。到了7月5日,他们偏离了路线,然后再一次回到了岸边。由于那里很明显是没有险滩的,斯坦利就把小船放下了水,因为船上不仅运载着瘸了腿的伤员,而且还帮搬运工们分担了两吨的货物。

从7月5日到10月18日,他们一直沿着一条河的左岸前进。他们之所以钟情于这条路线,是因为沿途可以保证获得足够的食物,但是它的弯道非常剧烈,而且一直向东北方向转过去,因此斯坦利时不时地会怀疑选择这条路线究竟是否明智。这条河流的"宽度范围在五百到九百码之间,时不时地会伸出一座小岛,有时候还会是一群岛屿聚集在一起,那里就是

第十八章
斯坦利营救埃明帕夏

贝类捕捞者大展拳脚的舞台了,他们的称号很明显是由堆积如山的贝壳所证明的"。斯坦利曾经量过其中一整堆贝壳的尺寸,这座贝壳山的长度要达到三十步,最底处的宽度达到十二英尺,而高度则有四英尺。

几乎在这条河流的每一个弯道处都会坐落着一个村庄,里面都是呈圆锥形的小屋子,这些村庄的居民数量则到了数千人。经过了十七天的连续赶路,他们停下脚步休整了一天。在七个月里,他们总共只停下来休息了四次。当月 17 日,他们抵达了马利利险滩(Mariri Rapids),随后于 25 日抵达了位于班德亚(Bandeya)的险滩。到了 8 月 1 日,他们中出现了第一个牺牲者。当他们进入一片荒野的时候,他们的路程越来越艰险,而且又有几个人先后死去了。此时的伊图里河可是帮了大忙,因为船只和几艘独木舟能够把那些精疲力竭的、生病体弱的搬运工身上的货物给分担掉。不过,虽然他们想尽了一切办法想要从当地土著那里交换回一些食物,可是所有的尝试都以失败而告终。他们口口声声地说自己什么食物都没有。即使他们的村子后面满是香蕉以及成片成片的玉米,他们也不愿意拿出哪怕是一小撮来交换旅行队的贝壳、珠子或者铜丝。到了最后,斯坦利和他的手下不得不自己动手去弄来所需要的物资,以此来维持生命,并且为即将踏入的荒野之地储备足够的食物,因为在那里他们可能无法弄到任何可以吃的东西。

在庞加(Panga)以北地区,瀑布变得越来越多了。除此之外,建筑的特征和语言的特点都已经发生了变化。

阿韦斯巴(Avisibba)大约位于庞加瀑布与内波科河(Nepoko)之间的中心位置。在那里,当地的土著们铁了心要攻击一艘载满了远征队员的船。有五个人被毒箭弄伤了,斯泰尔斯中尉也负了伤。幸运的是,三周之后,他就恢复了体力,不过伤口却在好几个月之后才愈合。可是有一个人,虽然只是在靠近手腕的地方被轻轻刺中了,却在五天之后就死于破伤风。另外一个人靠近肩膀的地方被毒箭刺中了,就在第一例死亡事件发生之后仅仅过了六天,这个人也由于破伤风而撒手人寰了。第三个人受伤的部位则是咽喉处,他是在第七天去世的。

后来在他们踏上回程前去援助后翼纵队的时候,斯坦利重访了这个地方。他发现了这种毒药的特性。他发现在屋子里有几包晒干的红蚁。首先,人们把这种形态的昆虫碾磨成粉末,再把它们放在棕榈油里烹制一番,最后再把它们涂抹在箭的木制尖头上面。

到了8月15日，负责统帅陆地队伍的杰弗森先生带着自己的手下向内陆地区进发。可是，由于迷路了，所以他一直到21日才与主力部队重新会合。四天之后，远征队伍集合完毕，随后就抵达了内波科河河口的对岸。一直到这个位置之前，这条河的两岸都布满了树木，而且无一例外都是长得比较低矮的树木。但是，我们可以不时地发现有一些树蹿到了四十英尺的高度。在支流的上方，屋子与屋子之间的间隔越来越短了，棕榈树也长得更为巨大。在内波科河上航行变得越来越困难，险滩越来越多，而且他们还遇到了两座规模相当庞大的瀑布。与此同时，这条河流越变越窄，最后形成了一条急速奔腾的溪流，宽度大约是一百码，河岸两旁都是陡峭的墙壁。但是不管风景发生了怎样的变化，每到一处，他们都会发现除了那些人类已经清除出来的空地，山峰和斜坡上到处都覆盖着密密的森林，无边无际一直延伸开去。过了一些天，他们发现再经由河流继续前进已经变得不太现实了。于是，独木舟和铁船就卸下了装载的货物，接着远征队伍就开始踏上了此行的第二个阶段。但是，饥荒、痢疾和溃疡却让绝大多数的队员都变得体力不支，所以他们在身上扛着货物的时候只能极度艰难地一步一步缓缓前进。

到了8月31日，远征队伍遇到了一队马尼尤玛人，他们隶属于乌加罗瓦（Ugarrowwa）或者被称为乌勒迪·巴尔于兹（Uledi Balyuz）的商队，这个人从前只是斯坦利的一个贴身侍从，如今已经摇身一变成为一个富有而地位显赫的大人物了。在这一天之前，斯坦利选择的是刚果路线，目的是躲开阿拉伯人。因为他心里清楚，这些阿拉伯人会鼓动自己的手下，诱使他们弃他而去。在这一会面结束之后的三天时间里，有不少于二十六个男人离开了队伍。到了9月16日，他们抵达了一处营地，那里正对着乌加罗瓦的基地。不过，由于他已经把附近的区域都扫荡一空，所以食物变得相当匮乏，斯坦利在仅仅停留了一天之后，又命令自己的队伍继续前进。所有的索马里人，总计五十一个人，再加上五个苏丹人，都宁愿继续留在这个基地里，而不愿意继续长途跋涉了。原因就在于他们这些人当时的健康状况都十分堪忧，继续前进就意味着他们一定会死在半路上的。于是，斯坦利就和乌加罗瓦商定好，自己出钱请后者负责每个留在后方人员的伙食，伙食费是每人每个月五美金。

第十八章

斯坦利营救埃明帕夏

在 9 月 18 日到 10 月 18 日之间,这支远征队伍仅仅在地面上跋涉了五十英里的距离,然后他们就抵达了一个定居点。这是整段旅程中最为可怕的一部分,因为阿拉伯人已经把整片地区都大肆加以破坏了,所以他们连一丁点的食物都无法找到。他们只能靠食用蘑菇,一种体形较大的、形状类似豆子的坚果以及野生水果为生。而那些无法得到足够食物的人则告别了人世,或者离开这支忍受着饥饿折磨的队伍去其他地方慢慢等死了。

当斯坦利在从非洲返回的时候,他受到了一位大亨的热情款待,他对着这位圆滑的、吃得油光满面的听众回忆起他本人以及自己手下的随行人员在这段行程中所遭受的种种折磨:

"在整整六周的时间里,他们连一点儿肉的影子都没有见到过;而且,他们已经整整十天都没有看到过一根香蕉或者一粒粮食了。因此,人们一个个看上去脸庞都变得越来越消瘦,他们的身体变得越来越单薄,与此同时,他们的力气也在一天天地减少下去。有一天,军官们问他是否在之前所开展的非洲远征探险行动中遇到过类似的情况。他回答说'没有',不过他还是记得之前曾经有一次他们连着九天滴水未进,最后是经过了一场搏斗才结束了忍饥挨饿的日子。然而,当时他们知道哪里可以找到粮食,所以他们所要做的全部就是快马加鞭地赶路。但是在最近的一次远征行动中,他们已经整整十天都没有吃一口食物了,而且他们还完全不知道哪里才能把他们从挨饿中解救出来。当时,他们一个个都坐在了地上,然后他表示自己相信奇迹一定还会发生的。摩西是从何烈山的岩石中凿出水的,而以色列人则依靠荒野之上的吗哪(manna)①为生。接着,他就告诉他们,如果他们身上也发生奇迹的话,完全就不需要感到惊讶。就在他话音未落之时,突然有一些珍珠鸡聚集到了他们的周围,于是他们立刻就把它们给抓住了。"

到了 10 月 18 日,他们进入了一个定居点,那里被基龙加-龙加(Kilonga-Longa)占领着。他是一个桑给巴尔奴隶,隶属于一位年迈的阿拉伯人萨利姆(Abed-ben Salim),这位阿拉伯人的残暴行径在斯坦利所著的书中有所提及。斯坦利说道:"无论他是黑人还是白人,只要曾经参加过这次远征

---

① 古以色列人在经过荒野时所得的天赐食粮。——译注

行动,就一定不会忘记那可怕的一个月。"当这支队伍离开乌加罗瓦的时候,只剩下了二百七十三个人,另外还有五十六个人留在了原地,其余的人不是弃队而逃就是死了。当他们一行抵达伊普托(Ipoto)即基龙加—龙加的基地的时候,队伍又损失了五十六个人,他们中有的死去了,有的则半路逃走了。

为了获得食物,这些饥肠辘辘的人卖掉了自己的弹药,这样一来三千发子弹就以这种方式被处理掉了。除此之外,他们还卖掉了三十支来复枪。还有一些人处理掉了自己的衣服和装备,甚至还在晚上进入欧洲军官的帐篷把后者的床上用品给偷走了,然后他们就把这些东西卖给了待在基龙加—龙加基地的奴隶。帕克医生带着的所有衣服一件不剩都不见了;纳尔逊上尉的毯子被偷了;斯坦利自己的一批刀叉和勺子也不见了踪影。随着他们所忍受的折磨在不断持续,对纪律的要求就变得越来越松懈了。整支队伍里人人都显得士气十分低落,同时还肆无忌惮地奚落他们的首领。斯坦利说道:"这的确需要一种极大的忍耐才能经受住他们的嘲笑和无礼的态度。但是,他们确实都在忍受着巨大的折磨。也许他们本来是可能走向极端,把那些欧洲军官给杀掉的,毕竟他们是在后者的蛊惑之下才走进了这片无休无止的森林,而等待他们的却只有死亡或者饥饿。不过,他们并没有这样付诸行动,所以这的确也令人庆幸。"

斯坦利意识到无论是好言相劝还是轻度的惩罚措施都无法产生任何的效果,就把两个闹得最凶的人给抓了起来,然后当着全体人员的面把他们吊死了。

当远征队伍从基龙加—龙加基地出发继续踏上征程的时候,人们显得个个衣衫褴褛,而且有些人甚至都浑身赤裸着。由于饥饿,他们的身体已经变得非常虚弱了,所以就被迫把他们的船以及大约七十担的货物留在了后方。负责看管这些货物的则是帕克医生和纳尔逊上尉,因为他们两个人的身体状况还无法承受旅行的颠簸。

他们行进了十二天,而且几乎是以一条直线向前进发的,然后他们就抵达了伊布韦里(Ibwiri),那里距离被阿拉伯人破坏殆尽的地区只相差不到数英里之遥了。从这个点到基龙加—龙加基地,他们没有发现一栋完好无损的小屋子。而且即使没有出现人为的破坏,大象也把周围的一切都毁了,如此一来这整片地区都沦为了一片废墟,只有狂风在不时地咆哮着。

第十八章

斯坦利营救埃明帕夏

不过,在伊布韦里,他们却发现当地物产丰富,人口密度也相当大。

他们是从8月31日这一天开始饿肚子的,一直到11月12日这段忍饥挨饿的经历才终于画上了句号。在这一天之前,斯坦利和他的手下都已经消瘦得只剩下一副骨架了,而且他们许多人都已经虚弱得只剩下最后一口气了。他们从扬布亚出发的时候,一共有三百八十九名队员。可是到此时,只剩下了一百七十四个人。在这片富饶的土地上,他们可以找到充足的给养,所以斯坦利就下令全体停下脚步,大家都好好恢复一下体力。

接着,他派出了一支救援小分队,前去把留在基地的纳尔逊上尉和病人们都带过来,而那个基地还有一个别称,即"饥饿营地"。负责率领这支小分队的是蒙特尼·杰弗森先生,斯坦利是这样描述这个人的:

"从饥饿营地中把纳尔逊上尉解救出来,这一过程很好地体现出了一种不屈不挠的精神、勇气和行动的敏捷性。可怜的纳尔逊上尉身处的境遇可谓相当孤立无援,他以及五十二个无力赶路的人只能眼巴巴地等着食物供给送到他们那里。在整整十八天的日子里,我们连一个搬运工都找不到。不过到了最后,杰弗森先生自告奋勇表示愿意折返回去,再跋涉五十英里的路去把食物带给那支留守队伍。远征队伍之前走完这段路程一共花了十二天的时间,而且个个都疲惫不堪,一路还遭受了种种艰难险阻,可是如今,这个人却只用了短短两天半的时间就走完了全程,最终赶到了留守人员的面前,此时,那批人只剩下纳尔逊上尉和另外五名手下了。只要再拖延几天的话,那么就没有人能够活着走出那座饥饿营地,也就没有人能够告诉我们发生的事情了。那些虚脱到极致的幸存者终于被营救了出来,他们安全地和我们会合了,然后我就把他们交由帕克医生来负责。"

纳尔逊上尉的处境当时可谓真的走投无路了,但是,他像远征队伍中其他的军官一样,展现出了一位英国人所具备的最优秀的品质。斯坦利这样写道:

"在1887年10月,纳尔逊上尉身处的位置可谓非常艰难,因为当时的环境对其非常不利,所以要激发周围人继续保持勇猛的斗志、继续发扬坚忍不拔的美德可以说是难上加难。当时,有五十二个人被各种各样的疾病击垮,而且附近找不到一点物资给养。当时的希望是相当渺茫的,人人都抑郁到了极致。当初,我们在离开他们的时候,曾经答应过只要我们一找到食物,就会送给他们一些。在整整十二天的日子里,远征队伍一直在艰难地跋涉着，一片河岸接着一片河岸地搜索过去，却徒劳无获。我们派出了六个最聪明的人，他们的身份是先锋。当这些人在这片很明显无边无际的森林深处到处游荡的时候，他们的内心也感到非常绝望，对未来也十分迷惘。与此同时，当远征队伍行进到第十二天的时候，他们偶然经过了一个阿拉伯人的定居点。虽然救援小队作出了种种努力，但是他们无法再支撑九天的时间了。于是，到了30日，就在离开了二十五天之后，杰弗森先生发现纳尔逊上尉依然还待在营地里，依然还守在那些已经死去的人身旁，而且在原先的五十二名手下中，只有五个人撑到了最后。那些并没有死去的人则不是弃队而逃，就是半路失踪了。

"到目前为止，我们的人开始对我们告诉他们的话产生怀疑了，因为大家所忍受的痛苦是如此之可怕，灾难是如此之多，森林很明显是看不到尽头的，所以他们拒绝相信自己很快就能够走出去、进入一片青青草地，上面还有许多头牛，随后再继续抵达尼安萨并且找到他们一路赶来营救的埃明帕夏等之类的话。他们认为那只不过是一个哄人开心的传说，他们看上去变得越来越没有信心了。"斯坦利就这样告诉他们："振作起来，孩子们！在这片森林的外面就是食物丰沛的地区了，而且你们会在那里忘记所有的不幸。坚强一点，再加快脚步往前继续进发。"但是，对于他们这位领队的恳求，他们却置若罔闻，因为他们根本就不相信他说的这番话。不过在伊布韦里，所有的一切都已经发生了变化。因此，在他们的眼中，斯坦利又成了备受敬仰的一位水平高出常人的英雄人物。

在伊布韦里，远征队伍停留了十三天的时间。在此期间，他们尽情地享用鸡肉、羊肉、香蕉、甘薯和玉米。如此一来，到了11月24日，当斯坦利率队再度启程，准备继续跋涉一百二十六英里到阿尔伯特湖的时候，这支队伍又变成了一支身强力壮、精力旺盛的队伍，他们能够忍受任何的艰难险阻，而且个个都信心十足。到了12月1日，他们站在一片山脊上时，终于眺望到了一片开阔的地区。接下来，他们又跋涉了几天，然后到了12月5日，他们终于从这片森林之中走了出来，终于来到了大草原上。

当斯坦利身在英国的时候，他认为自己只需要为穿越这片森林规划两周的时间，因为当时那只是比较随意的一种设想。可是如今，整整一百六十天过去了，他们还在那阴郁的、让人看不到任何希望的地区艰难而痛苦地跋涉着。任何一位远征队伍的成员只要能够活着走出这片可怕的森林都是非常了不起的，因为这里能够轻而易举地摧毁生命，而且能够压垮一个人的意志。任何话语都无法贴切地描绘出这位领导者在这片远离文明世界的环境中所体现出来的大无畏的英勇气概。当成功看上去十分渺茫的时候，他从来都不会轻易动摇，也不会失去信念。

不过现在，他们已经走出了那漆黑一片的森林，沐浴在了白天洒向开阔地带的光线之中，湛蓝的天空如穹顶一般笼罩在他们的头顶之上，神圣的太阳则发射出光芒，把温暖和欢乐注入他们的心田。斯坦利是这样描绘这一场景的："终于，我们从森林里走了出来，每一个人都变得欣喜若狂。我们就像摆脱了身上枷锁的囚犯，终于获得了自由。当我们看到眼前那蓝色的天堂之光时，禁不住满心欢喜，然后就尽情地沐浴在温暖的阳光下，与此同时，所有的疼痛和哀愁的想法都瞬间烟消云散了。在12月的这一天，我们突然之间就变得失去了理智。如果你当时看到我们的话，你一定会认为我们全部都已经疯了，我们扛着身上的行李一路狂奔，跨越了一片宽阔的、没有篱笆的田野——就像一座英国的公园，里面都是柔软的草地，我们看到了成群的水牛和旋角大羚羊，还有瞪羚在四处游荡，它们的蹄子随意地搭在地上，耳朵高高竖起，眼睛瞪得很大。它们对于眼前突然冒出来的一大批人感到十分好奇，纷纷欢喜地嘶叫着。"

在一阵简短的纵情享乐之后，队伍又再一次恢复了纪律，然后重新踏上了征途。他们进入了这片开阔地带上的一些村子，尽情享用西瓜、芭蕉、香蕉和大罐大罐的美酒。他们追着鸡到处跑，杀了它们再进行烹煮。至于那些山羊，"有的正在聚精会神地吃草，而有的正在咀嚼着反刍的食物"，突然之间，它们就被抓住并砍掉了脑袋。每一个村子都囤积了充沛的给养，所以这些人很快就恢复了体力，精神饱满地准备挑战任何事物。

幸运的是，他们当时已经恢复了体力，因为从森林到阿尔伯特湖的一路上，他们都遇到了当地居民的武装抵抗。眼下，他们即将穿越的地区上居住着部落的一些零散人员，他们都是从乌尼奥罗、伊托罗（Itoro）这些位于南部的地区或者是从其他部落一路向北迁徙至此地的。人数最多的是莱加人（Baregga，也被称为Balegga），他们主要分布在阿尔伯特湖西南侧的一小片山丘地区。

当地的村子都分布在这片地区，十分密集，所以要穿越这一地区只能是经过他们或者穿越田野。这些当地的土著从很远的地方就看到了这支远征队伍,于是就准备要阻止他们继续前进。斯坦利抵达那里的时候,即12月9日大约下午四点,就立刻爬上了一群村子中央耸立着的一座小山丘并占领了它,然后挥舞起钩镰以最快的速度砍伐矮灌木丛,随后搭起了一圈有刺的围栅。"战争的呐喊声听上去十分可怕,它们轰隆隆地跨越了连绵起伏的山谷从一座山丘传到了另一座山丘,人们从四面八方聚集过来,人数达到了数百人之多。阵阵鼓声宣告一场战斗即将打响。由于这些当地的土著过于胆大妄为,所以我们并没有费太大的力气就把他们给制服了。经过了一场小规模的战斗之后,他们抓住了一头奶牛,而这是自从我们离开海边之后,第一次尝到牛肉的滋味。当晚一切太平无事,双方都在为次日做着准备工作。"

到了10日的早晨,斯坦利尝试去进行一场谈判。当地的土著们都迫切地想要了解他们这些人究竟是谁。与此同时,这些闯入者也渴望了解这些挡在半路上的人的更多细节。好几个小时过去了,双方一直在交谈着,而且彼此都保持着适当的距离。那些人声称自己是臣服于乌干达的,但是卡巴雷加即乌尼奥罗的统治者才是他们真正意义上的国王,马扎姆波尼(Mazamboni)则代卡巴雷加掌控着这里。最后,他们总算是接受了布匹和黄铜,准备把这些东西展示给马扎姆波尼看,而后者要到第二天才给予他们答复。在此期间,所有的敌意都先暂时放到一边。

11日的早晨来临了,到了早上八点的时候,他们了解到马扎姆波尼的意思是应该把他们从这片土地上赶回去。这一宣告的传达方式是人们在他们周围的山谷中发出震耳欲聋的叫喊声。他们的单词"坎瓦纳"(Kanwana)意思是带来和平,而"库尔瓦纳"(Kurwana)则意味着要发动战争。因此,由于斯坦利还有些怀疑,或者更确切地说,他希望是自己听错了,于是就让一个翻译凑近自己,问道,那叫喊声究竟是"坎瓦纳"还是"库尔瓦纳"。他们回答道:"是库尔瓦纳。"为了进一步"诠释"这个术语,有两支箭朝他射了过来,这很明显然就把所有的疑问都打消了。

斯坦利当时站在一排高高的山丘和一列较低的山脉之间,他写道:"在一侧是一座狭窄的山谷,大约宽度为二百五十码;在另一侧,山谷则达到了三英里宽。在东侧和西侧,山谷逐渐变宽,直至变成了一片广袤无垠的大草原。在山丘的更高处,成百个人排列着,正准备冲下山来,而那更宽阔的山谷里已经聚集起了好几百号人了。事不宜迟。我派出了四十个人组成

第十八章
斯坦利营救埃明帕夏

的小分队,他们在斯泰尔斯中尉的率领下将向更宽阔的山谷发起进攻;与此同时,杰弗森先生将带着三十个人朝着东方挺进;而且,一支精挑细选的神枪手队伍则领命前去测试一下那些从更高处的山脉斜坡上冲下来的人究竟胆子有多大。于是,斯泰尔斯就率队挺进了,他们当着几百个土著人的面穿过了一条又深又窄的河流,然后袭击了第一个途经的村子并占领了它。那些神枪手们个个技艺精湛,很快就把那些正在下山的当地土著又赶回了山坡上,不久那些土著几乎是个个都在抱头鼠窜了。与此同时,杰弗森先生也并没有闲着。他径直朝着山谷的东侧挺进,把当地人赶了回去,然后把沿途经过的村子都占领了。到了下午三点的时候,他们就发现一个土著人都看不见了,只有在一座很小的山丘上还有一些,那里在我们西侧大约一英里半的地方。到了12日的早晨,我们再一次启程上路了。在当天的白天,我们一共经历了四次小型的战斗。到了13日,我们径直朝着东方挺进,每隔一个小时都会受到新的武装力量的攻击,就这样我们挨到了正午,然后才停下来吃点东西。

"对于那些没有经过训练的勇士来说,队员所使用的雷明顿步枪威力简直是太大了。眼下,我们已经穿越了五十英里的开阔地带。又过了十五分钟,我大声叫喊起来:'大家注意啦,马上就能看到湖了。'

"这些人窃窃私语,看上去有些不太相信的样子,然后说道:'为什么主人总是以这种方式来和我们说话呢?湖泊,真的吗!这难道不就是一片大草原吗,难道我们看不出来前方的山脉起码需要四天的时间才能跨越吗?'"

但是,事实的确如此,在下午一点半的时候,阿尔伯特湖就出现在了他们的脚下。现在,轮到他们的领队来嘲笑那些之前持怀疑态度的人了,但是正当他准备问他们都看见了什么的时候:"有那么多人走过来,亲吻我的手,同时乞求我原谅他们,所以我就一句话都说不出来了。这就是我得到的回报了。"

他们了解到,这些群山就是乌尼奥罗山脉,或者更确切地说,是它那高耸入云的高原之壁。卡瓦利,即远征队伍的目标地,距离此地还有六英里。他们站在海拔五千二百英尺的高度,在他们脚下两千九百英尺的地方,即北纬1度20分的位置,阿尔伯特湖最南端的湖水显得波光粼粼。跨过水流来到它的东侧,在它那地势较低、一片平坦的湖岸上,每一座帐篷都清晰可见。与此同时，它的支流塞姆利基河（Semliki River），就像一条银光闪闪的蛇那般在这片黑色的土地上一路蜿蜒前行，从阿尔伯特湖的西南侧汇入其中。

在斯坦利的一生中，这是一个难忘和值得骄傲的时刻。他们在此地稍稍停留了一会儿，尽情欣赏了一番周围的景致，然后就开始沿着崎岖不平、铺满石子的小路下山，前往一片平地，那里起始于高原的底部，然后一直延伸到湖边。就在后翼部队刚刚往下前进了一百英尺的时候，刚才那些位于后方的高原土著开始从他们的身后潮水般地追了上来。如果他们当初在大草原上的时候，也显示出和现在一样的顽强拼搏精神的话，这支队伍的进程也许已经受到相当大的影响了。因此，后翼部队就忙着对付这些敌人，双方一直纠缠到了距离湖区草原不到几百英尺的地方。

当天晚上，他们在一座高山的山脚下安营扎寨。根据他们的气压计所显示的数据，那里的海拔高度达到了两千五百英尺。当天晚上，他们的营地遭到了攻击，不过他们轻而易举地就把敌人给赶跑了。到了14日上午九点的时候，他们继续开始前进，然后队伍就逐渐靠近了卡孔戈（Ka-Kongo），那里位于阿尔伯特湖的西南角上。他们花了整整三个小时的时间，试图和当地人交上朋友，不过很显然他们失败了。一方面，那些当地土著并不愿意和这些陌生人"歃血为盟"，因为他们还从来没有听说过哪个从湖的最西端来到此地的人会是一个好人；另一方面，他们也不愿意接受任何的礼物。然而，他们却还算彬彬有礼，而且只希望没有人去打扰他们。他们给队伍指明了道路，然后队伍就沿着这条小路前进了数英里。最后，他们在距离湖泊大约半英里的地方驻扎了下来。

然而，经过一番仔细的盘问，斯坦利还是成功地从卡孔加的当地土著那里了解到在周边地区并没有白人男子出没。但他们之中流传着一则传闻，内容是有一个白人男子出现在了乌尼奥罗的某个地方，不过这种说法并不可靠；而在北侧更远处，也许还有另外一个白人男子，不过他们对于他却一无所知。斯坦利足足花了三个小时的时间才从村民们的口中掌握到了这些信息，经过一番仔细的盘问，他发现这些信息是有些价值的。

第十九章　斯坦利营救埃明帕夏(续)

在 12 月 14 日以及接下来的两天时间里,围绕着自己从卡孔加的村民那里所了解到的信息,斯坦利先生和手下的军官们碰头进行了一番商讨。他们得出的结论是:他们的唯一路线就是回到基龙加-龙加基地去弄来一艘船,然后他们就可以坐着船在阿尔伯特湖上航行,再与位于瓦德莱的埃明帕夏进行联系。为了储藏多余的物资,他们认为有必要在森林地区的某个安全的地点建造一座要塞,因为沿岸的当地土著都是比较有侵略性的,再加上也找不到合适的树木可以用来藏匿这些物资。

接着,远征队伍就把这个决议付诸实施了。12 月 17 日,他们从湖边出发,沿着来时的足迹掉头往回走。他们和当地土著发生了一些小规模的战斗,随后就再度穿越了伊图里河,并于 1888 年 1 月 8 日走进了森林地区。之后,他们抵达了选中的地点,那里是伊布韦里的一大片宽阔的空地处。接着,他们就在这里搭建起了一座要塞,周围还挖了一圈壕沟。他们把这座要塞命名为博多要塞(Fort Bodo)。他们还把这片土地上的灌木清除干净,种上了大约七英亩的玉米、豆角和烟草。斯坦利的第一步就是把一队人员送到位于基龙加-龙加的阿拉伯定居点,从那里再弄一艘船,这一段距离有八十英里。这艘船将装载着纳尔逊上尉、帕克医生和其他行动不便的人员离开那个地方。斯坦利叮嘱负责统帅这支队伍的斯泰尔斯中尉,让他在与阿拉伯人打交道时,要特别注意安抚后者的情绪,因为一旦说话的时候语气过重,或者言行举止流露出一丝傲慢,就很有可能会引起一场纷争。在接下来的二十五天的时间里,斯泰尔斯上尉跋涉了一百六十英里,随后解救出了帕克和纳尔逊先生,带回了船只,最后全体返回了,斯坦利说道:"他本人已经赢得了身边随行人员的爱戴,而且阿拉伯人都对他无比崇拜,对他做到了几乎有求必应。"在这些军官所负责带领的三十八个病人中,最后只有二十一个被带到了要塞,其余的人不是死了,就是弃队而逃了。

两天之后,斯坦利再一次派斯泰尔斯中尉跋涉一百八十四英里的距离去护送五十六个正处于恢复期的病人,把他们从乌加罗瓦的基地护送到博多要塞。在离开了六十九天之后,他从博多要塞返回了,而且他已经成功完成了自己领队的指示,护送了通信员们——后者随身携带着写给巴特洛特的信件,带回了那些身体正在慢慢康复的病人,而且他往返的路程都是选择了不同的路线。

在这位军官离开的这段日子里,斯坦利先生患上了一种胃病。除此之外,他左臂上的脓肿也让他痛苦不堪。在2月18日到3月26日期间,他几乎已经可以称得上命悬一线了。他无法进食任何东西,而且由于身体过于虚弱,所以自己什么都做不了。在他生病的这段日子里,帕克医生凭借自身精湛的医术对他悉心加以照料。

帕克医生提到,当斯坦利看上去几乎就只剩下最后一口气的时候,他说:"医生,请把星条旗升起来吧,让我可以看一眼,然后心里就会充满喜悦之情了。这样一来,我至少可以死在美国国旗的下方。"那是正式接受他的国家的国旗,而排在它后面的,则是他所出生的国家,那是最崇高的国家。

当帕克医生在申请加入埃明帕夏救援远征队伍时,他亲自提笔写下了自己愿意参加此次行动的理念,这些语句都清清楚楚地体现出了他内心的想法,其中有一条就是"忠诚地、全心全意地为大家服务"。他的领队怀着无比感激的心情承认他已经无比高尚地履行了自己信中作出的承诺,而且还感谢他所表现出的大爱精神,以及他在此次远征行动中自始至终都毫不松懈地奋斗着,凭借其无与伦比的医术来治愈他的病人们,而这些病人的数量每天都达到了二十至五十个人,有时一度甚至还达到了一百二十四个人,几乎已经是整支队伍总人数的三分之一了。

一直到4月2日,斯坦利才完全康复,可以躺在一个担架上被人抬着走。他们已经收到了船只,不过斯泰尔斯还没有把康复中的病人从乌加罗瓦基地带回来,于是斯坦利就下定决心不能再等下去了,而应该回到阿尔伯特湖去。就在那一天,这位躺在担架上的领队率领着自己的队伍,扛着船只,从博多要塞启程出发了。与此同时,纳尔逊上尉则留下来担任指挥

第十九章

斯坦利营救埃明帕夏（续）

官,而由杰弗森先生和帕克医生陪同斯坦利一起上路。

现在,他们并没有遇到当地土著的任何阻挠,而当他们第一次穿行在后者的土地上的时候,这些土著是千方百计想要置他们于死地的。至于沿途的酋长们,他们则积极响应斯坦利一行的跋涉,默默地达成了一致,也就是愿意向他无偿提供各种物资,同时向彼此共同的敌人尼奥罗人发动战争。如今,当地土著们每一天都会拿来形形色色的礼物,包括芭蕉、玉米、山羊和牛,而且他们为此分文不取。除此之外,他们对于远征队伍所提出的需求也是尽最大的能力加以满足。与此同时,他们还向远征队伍提供了向导,并帮助后者一起扛运弹药和物品。

当他们从湖边出发跋涉了一个小时之后,有一位酋长递给了斯坦利一些信件,它们都是来自埃明的。就在远征队伍第一次抵达这片湖泊的两个月之后,埃明就听说了他们的到访一事。

他们立刻就驾船驶入了湖泊,杰弗森则带着一队精兵强将前去与帕夏进行联络。到了第二天,杰弗森来到了姆斯瓦(Mswa)营地,那里就位于赤道省的最南端。到了5月1日,斯坦利和自己的手下开心地看到蒸汽船出现在了湖面上。很快,他们就在位于尼亚姆萨斯(Nyamsassi)的营地里迎接埃明帕夏的到来了。为了他这个人,他们经历了如此之多的磨难。同时抵达他们营地的还有埃明帕夏的同伴卡萨蒂上尉以及一大批埃及的官员们。不过现在,不可思议的一幕出现了。他们本来期望看到的是一个人在圆满完成了一项比登天还难的任务之后,应该会急不可耐地想要回到文明世界去,而且他们如果能够瞥一眼他所写的信件,也觉得应该能够感觉到这一点。可是,站在他们眼前的这个男人似乎对自己的处境还很满意,所以只向他们索要了一些弹药和物资。

斯坦利这样说道:"和我们预期的截然相反,我们发现帕夏并没有意向回到海岸去,卡萨蒂上尉的想法也和他差不多;而且,他们没有一个人在我们面前流露出急不可耐地想要回到文明世界去的念头。他们每一个人看上去都十分乐于继续待在那片土地上。他们对它那肥沃的土地和宜人的气候赞不绝口,他们热爱当地的土著,而且还不停地夸奖在那片区域凡是和生活有关联的一切都如何如何棒。帕夏和卡萨蒂似乎只对一件事情最关注,那就是一旦面对偶尔或意料之外发生的骚扰,应该采取什么样的措施去应对。他们似乎都没有考虑过一点,那就是当我们从森林中走出来之后,很少会有人再愿意去原路重走一次;有权有势的乌干达和乌尼奥罗的国王们将一直对他们与海岸地区开展联系构成障碍;商队永远都不会冒险尝试取道马赛兰,因为他们有可能会由于饥饿和缺水退缩,而且危机四伏的旅程也未必一定会为他们带来收益;没有哪个慈善家会愿意再一次花费巨资来为某个距离大海如此遥远的省——比如埃明帕夏所管辖的省——来出力,毕竟在靠近海岸的地区,还有同样肥沃的土地。"

这支队伍会合之后一直待到了5月25日。随后,斯坦利先生就决定回到博多基地去。在此之前,他一直在焦灼地期盼后翼部队在巴特洛特的率领下能够早日抵达,或者至少能够收到它的一些消息。如果他们在那里还收不到任何消息的话,他决定就掉头穿越那片令人毛骨悚然的森林地区,反正不管巴特洛特是死是活,他是一定要找到自己这位朋友的,或者要了解到有关他的消息。

斯坦利先生让杰弗森以及一些苏丹人留下来陪着埃明帕夏,自己在5月25日这一天带着手下的剩余人员一起向博多要塞进发,并于6月初抵达了目的地。可是,他们并没有在那里了解到有关后翼部队的任何消息,而且随着每一天的逝去,所有的人都变得越来越焦虑。他们准备了大量的食物,足以支撑他们穿越那片可怕的荒野之地。而在此之前,他们在那里几乎全军覆没了。到了6月15日,斯坦利启程开始去寻找巴特洛特的队伍。与此同时,他安排斯泰尔斯留在博多要塞坐镇指挥,留下的还有纳尔逊和帕克,以及五十九个人组成的驻守部队。

他说道,现在跟随他一起前进的纵队和之前进入基龙加-龙加以及乌加罗瓦基地的那些体弱多病的、忍饥挨饿的可怜人已经判若两人了。当时,他们由于饥寒交迫,个个意志消沉,因此当他们受到这些酋长以及他们手下的虐待时,并没有勇气去流露出自己内心的愤怒之情。不过现在,这位勇猛无比的领队说道,他们已经意识到自己了解从扬布亚一直到阿尔伯特的这片地区,他们已经目睹了这片荒野最可怕的一面,他们已经认识到自己在部落面前所体现出来的强大力量,而换作那些乌加罗瓦和基龙加-龙加的奴隶的话,他们一定会落荒而逃的。所有这些都令他们愈加坚信无论从哪一个方面来判断,他们都比那些要经过好几个月的讨好奉承才会流露出一丝微笑的人要好得多。当这支纵队进入基龙加-龙加居住地的时候,他们的举止引起了人们的注意。虽然并没有人对他们说出威胁性的话

第十九章

斯坦利营救埃明帕夏(续)

语,基龙加-龙加自己却把身边所有的雷明顿步枪都收集了起来,默默地摆放在了斯坦利的脚边,同时恳求说应该责怪他的奴隶们,是他们太无知了,还说他本人是不愿意忍受别人对自己怀有怨恨之心的。由于斯坦利并没有权利去惩罚桑给巴尔苏丹手下的臣民,所以他就面无表情地收下了枪支,同时向对方解释道,自己不会假装来评判对方的行为,因此,这件事情就交由对方的主人来负责处理。

从博多要塞出发,他们又跋涉了二十八天的时间,最后终于再一次抵达了乌加罗瓦营地。不过眼下,它已经被弃之不用了。奴隶贩子和他手下数百个亡命之徒已经带着六百根象牙踏上了返程之路。

斯坦利写道:"身处英国的人们对于目前那些居住在湖区西岸的阿拉伯人与桑给巴尔的混血后代所钟爱的收集象牙的活动的意义是一丁点儿概念都没有的。如果把奴隶贸易与象牙贸易放在一起进行比较的话,那么前者就变得十分正大光明了。至于后者,则基本上就意味着一场最为血腥的生意。一个个团伙,由三百到六百个马尼尤玛人组成,配备着埃菲尔德式卡宾枪,在桑给巴尔阿拉伯人和斯瓦希里人的统率之下,在刚果河上游地区以东那无边无际的森林地带肆意地为非作歹。凡是被他们发现的地区,都无一幸免地被破坏殆尽,同时居住在其中的土著为了躲避那突如其来的疯狂扫射,纷纷选择了逃入了森林的深处以求自保。在往每一个方向前进数天之后所形成的一个硕大无比的圆圈范围之内,这些象牙掠夺者会选择一个芭蕉树的数量十分丰富的地区,然后留出几英亩地用来种大米。当庄稼在生长的时候,他们就会二十个人或四十个人组成一队出发前去破坏这个圆圈内的每一个村子,同时把那些可怜的当地土著都给抓了起来,而后者之前曾经躲过了他们第一次令人猝不及防而迅疾的猛攻。

"他们心里很清楚,虽然森林能够提供他们密密的灌木丛,从而让他们不被轻易发现,但同时,由于它远离开阔地带的芭蕉林,所以在这片荒野之地是很难找到食物的。为了维持生计,妇女们就必须到处去寻觅莓子、野生水果和蘑菇。于是,这些象牙捕猎者就成群结队地拉开战线,然后向这些毫无抵抗力的妇女和儿童包抄过去。密集的枪声从森林的深处传出来的时候,听上去是如此令人震惊,这些可怜的人立刻就吓得动弹不得。就在他们还没有来得及从惊恐之中回过神来的时候,那些象牙捕猎者就冲上前去把他们都给制服了。一旦手上拥有了这些俘虏,他们就会强迫部落成员双手奉上所有值钱的东西,包括象牙和山羊。因为只有这样做,他们才能够赎回自己亲人的自由之身。

"眼下,乌加罗瓦人就扛着象牙朝着海岸进发了,而他们获得这些象牙的手段是通过肆意践踏人类的生命,是让部落成员中悲伤的幸存者经历更多的痛苦。在基龙加-龙加划定的圈内,凡是乌加罗瓦人所拥有的,他都相当彻底地全盘接收了过来,而且在这一过程中,在他的保护区范围内,他根本就不顾及人们的利益;与此同时,在其他几十个类似的范围圈内,他也推行了同样残忍而暴虐的政策,这一范围南至乌雷加(Uregga),北抵韦莱,东及经度29度30分,西侧则一直延伸到刚果。在这一范围内的所有事物几乎都被他们给扫荡一空了。"

在8月初的时候,这支队伍赶上了乌加罗瓦组成的庞大商队,他的五十七艘独木舟上装满了孤立无援的儿童、女孩和年轻妇女。与此同时,他还有一批象牙,总重量大约相当于十五吨,它们都囤在伊图里河岸边靠近瓦斯普险滩(Wasp Rapids)的一个村子的登陆点那里。

他们发现和这些乌加罗瓦人待在一起的还有2月16日曾经从博多派出去的联络员们,他们都是幸存下来的人,当初接受的任务是前去搜寻巴特洛特的队伍;除此之外,他们还发现了一封邮件,那是1887年9月18日递交给乌加罗瓦请他转交巴特洛特的。如今,这封信也被退了回来。这些联络员的遭遇尤其不幸:他们中有三个人惨遭杀害,只有五个人从令人痛苦不堪的箭伤中四肢健全地存活了下来。乌加罗瓦精挑细选出来的四十名手下在行至瓦斯普险滩下方的时候,也无法再前进一步了。

8月17日,他们开始沿着河道顺流而下。在此期间,他们发现了后翼部队留下的全部东西,它们就出现在了曾经属于巴纳尔亚(Banalya)的一个村庄里,那里周围都用栅栏围了起来。就在前一年的8月19日,巴特洛特曾经被他手下的一名马尼尤玛首领射伤,那个人的名字叫桑加(Sanga);四天之后,詹姆森先生就回到了斯坦利瀑布,向提普提布借调了一个阿拉伯助理,并让后者负责管理无组织无纪律的马尼尤玛搬运工们。在接下来的十一个月中,他对这些官员进行了一轮又一轮的游说,终于从他们之中得到了一名办事效率并不怎么高的首领。在前一年的5月,特鲁普先生由于行动不便已经被送回了家。而沃德先生则身处刚果河下游的某个地方,他是在扬布亚待了九个月之后被派到那里去的,他的任务是发电报给救援

第十九章
斯坦利营救埃明帕夏(续)

委员会,内容则是针对一些没有真凭实据的谣言,即所谓的先遣部队已经遭遇了种种不幸;除此之外,也希望委员会能够给予他们进一步的指示。救援委员会立即就向他作出了指示,即让他参考一下自己领队所写的信,因为其中就包含了指示。

在英勇无比的英国军官队伍之中,只有博尼先生幸存了下来。斯坦利正是从他那里,才了解到之前发生的灾难和他们遭遇的失败,整个故事听起来让人颇为动容。后来,他又了解到他抵达巴纳尔亚的那一天正是詹姆森告别这个世界的一天。詹姆森似乎是在 8 月 12 日开始动身的,当时他乘坐一艘独木舟从斯坦利瀑布沿着刚果河顺流而下。五天之后,他就因热病撒手人寰了。在那个人口稠密的村子里,也就是后翼部队的幸存者曾经居住的地方,斯坦利亲眼目睹了他们所遭受的一些不幸:村子里天花肆虐,有六具尸体没有下葬,它们就这么被放置在光天化日之下。如果有任何一位来自后翼部队的人来到自己的老战友面前相认,他们眼里所看到的就只有一具具尚且残留一丝呼吸的骷髅而已。

就这样,当初那个由二百七十一个人组建起来的纵队已经锐减到了一百零二个人,他们个个都看上去很可怜,而且都饿着肚子。从很大程度上来说,造成这一悲惨结局的罪魁祸首就是提普提布,因为他单方面违反了当初定下的合同,他通过反复承诺自己一定会提供搬运工来诱使巴特洛特推迟了追随先遣部队的足迹而挺进的计划。而实际上,提普提布并没有意向要实现自己的诺言。一直到承诺说出口好几个月之后,这批搬运工才姗姗来迟。但是到了此刻,营地里由桑给巴尔人和苏丹人组成的后翼部队已经损失了四分之三的人员,而死因就是疾病。所以从某种角度来说,造成这一后果的主因就是不作为。

但是,斯坦利却把一部分责任推到了后翼部队的指挥官身上,因为他认为正是由于后者的疏忽,所以后翼部队没有能够贯彻自己的指示。而且他认为,自己发出的指示是非常直接明了的。他说道:"虽然提普提布理应接受惩罚,因为他不仅忘恩负义,而且违背了合约。不过,如果能够按照我在指令信中详细列出的建议一条一条贯彻下来的话,巴特洛特的队伍所蒙遇的巨大灾祸也许是可以避免的。毕竟,我之所以写下那封指令信,就是因为预料到了提普提布可能会耍花招,人人都知道他的特点就是说一套做一套。"

眼下，斯坦利忙着把远征队伍重新组织起来。到了8月31日，他就启程返回阿尔伯特湖了，随行的还有后翼部队的残余，包括博尼先生以及一批马尼尤玛搬运工，后者都是自告奋勇表示愿意追随他前进的。他把所有的物资和病号都安置在了收集起来的一批独木舟上。

远征队伍受到了狂野的部落族人的拼命抵抗，而且一些最棒的手下都被杀害了。到了10月30日，在乌加罗瓦营地以北跋涉了四天之后，在距离巴纳尔亚大约三百英里的地方，斯坦利离开了独木舟，开始沿着伊图里河的北岸一路跋涉。两天之后，他们发现了一个芭蕉种植园，它是属于当地的俾格米土著的。于是，这些人就尽情地享用了一顿美味，又带走了足够支撑他们一周的芭蕉粉作为给养。又跋涉了十天之后，他们途经了另外一座种植园。在此期间，许多马尼尤玛搬运工都患上了天花，以至于体力大幅下降。不过那些桑给巴尔人则都逃过一劫，因为他们很幸运地在马都拉号上接受过疫苗注射。

他们继续沿着伊胡鲁河（Ihuru）的右岸向前跋涉，然后就发现了一个渡口。他们步履维艰地经过了一座大型的村子，它被称为安迪库马（Andikuma）。在它的周围，有一圈硕果累累的芭蕉种植园。于是，这些饿了好多天的人就在这里敞开肚皮饱餐了一顿。可是，他们实在是吃得太猛了，以至于很大一部分人都撑得连路都走不了了。接着，他们又前进了六天，来到了一个被称为因德曼（Indeman）的定居点，那里也是一个物产丰饶之地。他们四处搜寻，找到了一个地方，他们可以在那里架起一座桥然后跨过河去。博尼先生和桑给巴尔人的行动相当迅捷，所以几个小时之后，队伍就穿越了杜伊河（Dui）。接着，他们穿越了因德曼地区，进入了一个完全见不到一个野蛮人的地区。在这片土地上面，就在伊胡鲁河的左右两条支流之间，居住着数量众多的俾格米人，他们被称为姆布提人。这些人和远征队伍的后翼部队经常发生冲突。

他们朝着东南方向一路沿着大象和野生动物的足迹走，然后在12月9日这一天，当他们行进到一大片森林的中央时，被迫停下了脚步来寻找食物。斯坦利把一百五十名武装人员送回了一个定居点，那里远在十五英里开外，就在他们曾经走过的路线旁边。而且，许多马尼尤玛搬运工也跟着他们一起去觅食。

就在这个地方，远征队伍几乎被灾难给击垮了。我们可以从下面摘录

第十九章
斯坦利营救埃明帕夏(续)

自斯坦利的日记中的段落了解到当时发生的一切。这些语句写于12月14日,即那些负责觅食的人离开之后的第六天:"自从我们的觅食者离开我们之后,已经过去整整六天了。最初的四天过得还是很快的——也许我应该说过得甚至算是很愉快的,因为我完全沉浸于重新评估自己之前所作出的观察,范围是从乌加罗瓦到阿尔伯特湖,然后一直到目前为止的地方。由于不时地会发现一些不一致的地方,所以我第二次、第三次到访的时候就可以进行第二次、第三次的观察,而这些结果都能让我对之前的数据进行更正。当时,我的正事儿都忙完了,我开始思考为什么那一大批前去觅食的人还没有回来。到了第五天,我已经把剩下的所有面粉都分给营地里的人了,而且还把我们唯一拥有的那头山羊给宰杀了,于是我就被迫打开了军官们的给养盒,拿出了一磅黄油,然后从我的面粉中取了两杯倒在一起,就这样煮出了一种类似于稀粥的东西。除了这些东西,盒子里剩下的只有茶叶、咖啡、糖和一罐西米了。到了下午,有一个人死去了,剩下的人员中绝大多数都彻底失去了斗志;有些人连站都站不住了,经过一番努力还是倒了下来。这一幕场景经常出现,让我变得越来越焦虑。到了最后,我不仅开始感到从道义上很同情他们,而且是切切实实可怜他们的身体,就好像虚弱无力是具有传染性似的。还没到晚上的时候,有一个搬运工死去了,我们队伍中最后一个索马里人看上去也已经徘徊在了崩溃的边缘,而那些和我们待在一起的少数几个苏丹人则连走路都几乎很困难。"

到了第六天的早晨,队伍就像往常一样煮汤,配料有一罐黄油、一听浓缩牛奶、一杯面粉以及水,而这些就是一百三十个人的全部伙食了。眼下,情况已经变得令人绝望了,于是斯坦利就把博尼和其他的首领叫到跟前一起商讨对策。博尼提出,如果能够提供足以支撑十天的食物,那么他愿意继续留守在营地;与此同时,斯坦利可以继续前进,去搜寻失踪了的队伍。于是,斯坦利就交给了他一批黄油、牛奶、面粉和饼干。

到了第七天的下午,斯坦利把所有的队员都召集了起来,包括那些即将留下来看守营地的人。他对那四十三个身体虚弱的、忍饥挨饿的人说了一番话,这些人将被留在后方。他告诉他们,他希望能够在路上遇到那些觅食者们,然后带着食物迅速地赶回来,他百分百确信那些觅食者一定已经找到食物了。接着,他鼓励他们要继续保持斗志,不过他自己的内心却感到相当沉重,十分焦灼,还有一种不祥的预感。

当天下午，斯坦利往回跋涉了九英里，沿途看到有好几具尸体躺在路边。到了第二天一大早，也就是自觅食者离开营地之后的第八天，他终于遇到了他们，这些人正轻松愉快地赶着路。随后，他调整了步伐，全体加速向回赶去。就在离开饥饿的营地二十六个小时之后，他终于回来了，而且带回了一大批食物。很快，人们就开始煮起了稀粥和燕麦粥，烤起了芭蕉，而锅子里也开始慢慢炖起了肉汤。

斯坦利写道："这一次已经成为我所有非洲经历中最接近绝对挨饿的一次体验了。在这个可怕的营地里，二十一个人全体都屈服了。"

对于那个时期内心所感受到的焦虑，斯坦利曾经进行过描述。就在觅食队伍离开四天之后，即到了第五天，他说道，人们开始纷纷涌到他的跟前，看上去个个都已经快撑不下去了。而他能够拿给他们的却只有一磅黄油和一听浓缩牛奶，把这些东西和大量的水混合之后就做成了一大锅肉汤，然后分给了一百三十个人。当他们喝下肉汤之后，他们就出发去四处搜寻莓子，可是许多人却越走越远，到最后无影无踪了。如果远征队伍在这个地方全军覆没的话，那么全世界没有哪一个探险家能够找到他们。人们永远也无法找到他们的踪迹。六天过去了，还是没有那些觅食者的消息。于是，斯坦利就派了更多的手下往回赶。到了第八天，他把他们手头最后那些数量有限的给养收集到了一起，让一位军官负责看守它，同时叮嘱这位军官一定要千万小心看护住它，让它能够在接下来的十天里维持自己以及三十三个人的生命。到了第二天，他出发去寻找那一百五十个觅食者，一路上都在想象着可能发生的任何情况。到了早晨六点的时候，斯坦利带着六十六名男子开始上路了，随行的还有妇女和儿童。在他们前进的途中，他们遇到了一批自己的队伍，而这些人都是之前掉队的。到了傍晚六点的时候，他们又累又饿，就索性倒在了地上。虽然他们并不需要点火，因为他们什么吃的东西都没有，可是他们就连点火都无法做到。而且，他们也无法搭起一顶帐篷；于是，斯坦利就那样闷闷不乐地坐在暮色之中，一直到暮光渐渐地被浓浓的夜色所取代。整个营地被一片可怕的寂静所笼罩着。当时，他脑子里在想的是跟随自己的一批人也许就要陷入麻烦了。与此同时，他在心里默默发誓，一旦自己遇到了那些觅食者，就一定会把他们统统杀光。就在那时，他说道，他听到自己队伍中的一位穆斯林大声喊道："主太伟大了！"从他的说话方式中，大家感觉到了一种绝望之情。

第十九章

斯坦利营救埃明帕夏（续）

当时，这一幕让他觉得十分奇怪——当时的他并没有想到上帝——因为一个穆斯林教徒竟然教一个基督徒谦逊之道并且信任万能的主。到了第二天黎明时分，他们又艰难地上路了，然后看到有一队人经过了他们的身旁。接着，他们消除了与那些一直在寻找的人之间所发生的不快，他们之前觉得这些人如此轻易地就忘记了主人和朋友。所有的怒气都烟消云散了，接着，他们立即坐了下来，一起烹制食物，一起生起火堆，一起吃饭。过了没多久，他们就再一次回到了营地。

12月17日，他们启程开始了远征。到了第二天，他们穿越了伊胡鲁河，而斯坦利则继续朝着博多要塞以最快的速度推进。当他们大步穿越森林的时候，他们并没有选择小路。不过到了20日，他们还是很幸运地抵达了博多要塞西侧的种植园，而当天——正如斯坦利在七个月之前规划的那样——是距离他离开期限不到两天的日子。但是就在这里，正如后翼队伍的情况一样，他注定要再一次地经历一场失望。当他离开杰弗森和埃明帕夏的时候，他们两个人都承诺一定会在博多要塞等到8月中旬，或者差不多就是那段时间，因为按照他们的商定，他们届时将从要塞撤出，并在靠近卡瓦利的地方建造一座新的营地，那里就位于阿尔伯特湖的西南侧。但是，斯泰尔斯自从斯坦利离开之后，就没有收到来自埃明或者杰弗森的只字片语，而他一直和自己原先的驻守部队依然坚守在博多要塞。这一突发的意外事件让这位远征队伍的领队对杰弗森的描述感到十分焦虑，因为考虑到埃明，他十分坚信他热爱这片土地，热爱自己的人民，而且也热爱自己所过的生活，所以应该是不愿意跟着自己前往海岸去的。至于卡萨蒂，他则认为其应该和埃明持有类似的想法。

到了12月23日，斯坦利先一把火烧掉了要塞，而它在这么长的一段时间里一直都在为远征队伍中的病号和身体虚弱的人挡风遮雨。随后，他就再一次启程朝着阿尔伯特湖进发了。为了把要塞中所有的剩余物资以及后翼部队带来的物资统统搬走，他们不得不开展了一场接力，在博多要塞到草地的边缘处来回奔波了一趟，目的就是确保不要落下任何可能对埃明帕夏有用的东西。到了1889年1月9日，他们抵达了伊图里河的渡口，那里就是抵达开阔地带之前最后一个森林地区的停留点了。随后，斯坦利在河流的东岸挑选了一处理想的露营地，然后就安排斯泰尔斯留下统率一百二十四个手下，包括纳尔逊和帕克医生。两天之后，他自己就动身朝着阿尔伯特湖进发了。

他们受到了草原上居民的热烈欢迎,因为后者都担心1887年12月的那场争斗再度上演,所以就在他们首领的统率下纷纷涌到了营地里,表示愿意臣服于远征队伍,并且同意为他们提供粮食和芭蕉,同时还为这些陌生人送来一小群牛供他们补充体力。除此之外,他们还为营地人员搭建起了一批小屋子,而且每天都为他们送来燃料和水。直到1月16日,一个信使从位于卡瓦利的那位友好的酋长住处来到了此地,带来了一捆信件。其中一封是来自杰弗森的,是在七天的时间跨度内断断续续写的;还有两封是来自埃明,他证实了杰弗森提到的消息是真实的。斯坦利怀着无比惊讶的心情仔细阅读了他的中尉写来的信件,信件表明是写于1888年11月7日,写信的地点是达夫尔。在这封信中,杰弗森提到在8月18日,那里爆发了一场起义活动,背后主谋是一些埃及军官和官员。于是,他和埃明就被逮了起来并押入了监狱。不过,由于帕夏在士兵之中还是拥有很多追随者,所以这些人也并不敢对他造成任何人身伤害。

除此之外,那些人也企图在斯坦利返回之后,设计让他掉入陷阱之中,然后把远征队伍的物资和给养全部夺走。当事态发展到这一步的时候,他们收到消息,声称马赫迪人已经抵达了拉多,即另外一个军事基地,他们分别乘坐着三艘蒸汽船和九艘大驳船。这些马赫迪人袭击并占领了拉吉夫,把那里的物资和弹药也一并占为己有了。眼看事已至此,埃及人就离开了克里和穆杰这两个基地,而军官们则吓得毫无战斗力可言了,只有焦灼地等待着斯坦利早日到来。因为在他们的内心,是强烈希望能够追随他一起离开这个国家的。虽然在此之前他们一直拒绝相信喀土穆已经沦陷了,但是眼下他们不得不接受了这一事实。杰弗森还补充道:"我们就像掉入一个陷阱中的老鼠似的。他们既不会让我们有所行动,也不会让我们什么事儿都不干就那么闲着。所以,我很担心,除非你能够很快赶来,要不然一切就都太迟了,我们就会像苏丹驻守队伍的剩余人员那样全军覆没了。"在这封信的最后,还有两条信息,分别署着"瓦德莱,11月24日"和"图恩古鲁(Tunguru),12月18日"。在前面这条信息中,他宣布了埃及人在拉吉夫被马赫迪人给击败了,而且在这场战斗中,一部分埃明的敌人被杀死了。在这种情况下,他和帕夏就被带去了瓦德莱。在第二条信息中,他指出马赫迪人在达夫尔被击退了,然后他们就一路退回到了拉吉夫,然后在那里

第十九章
斯坦利营救埃明帕夏（续）

等候援军从喀土穆赶来。他补充道："由于还有一大批有权有势的人反对帕夏，所以他还是无法有所行动，不过军官们已经不再对马赫迪人心有余悸了。"

埃明帕夏在自己所写的信中，也对这一消息加以了证实。不过对于自己将要选择的道路，他并没有透露任何有关的信息。

斯坦利写了一封正式的信件，而且它是可以展示给任何一个人看的。在另外一张分开的纸上，则是让杰弗森仔细阅读的附言。这段附言是斯坦利写于1月18日的，当时他正身处卡瓦利。他在其中提到自己计划派出三十个自己的手下和三个卡瓦利的人带着自己所写的信件前往湖区，而且还说他（杰弗森）会被护送到他的营地来。除此之外，他还补充说他必须"学聪明点儿，快速行动，不要再浪费一分一秒了"。

到了2月6日，杰弗森先生抵达了卡瓦利的营地，那里就位于湖区的高原处。接着，他就三言两语把埃明以及他朋友卡萨蒂的想法告诉了斯坦利，他说道："情绪是帕夏最大的敌人，没有人能够阻挡埃明帕夏，只有埃明帕夏自己而已。"这句精辟的概括话语是杰弗森对于埃明性格的一种贴切的表述方式，因为他们从1888年5月25日结识以来，一直打交道到1889年2月6日，所以彼此都已经非常熟悉了。

卡萨蒂对于这个问题并没有任何意见，但是他和帕夏应该说是生死相依的关系。

斯坦利决定把这些问题进行一个了断，不管结局究竟会朝好的方向发展还是会让彼此陷入危机。于是，他就义正言辞地给埃明写了一封信，敦促他尽快作出决定。与此同时，他还给位于伊图里河畔营地里的斯泰尔斯中尉发去了指令，让他带着自己的纵队快马加鞭赶往卡瓦利，如此一来，远征队伍就可以集中做好所有的准备工作，从而应对任何的突发状况。埃明手下那些意图反叛的军官并没有停止反对他的阴谋行动，虽然他们对于马赫迪之前所取得的成功感到有点儿沮丧，但是当马赫迪人在达夫尔被击败之后，他们再一次拾起了信心。不过，为了消除斯坦利的怀疑，他们认为有必要让埃明帕夏在救援纵队的领导人面前露个脸。他们这些叛军在瓦德莱进行了一番大规模的商讨，然后推选出塞利姆·贝（Selim Bey）作为代表，再加上另外十二个高级别的官员，去恳求埃明，请他原谅过去所发生的一切，同时表示愿意让他重新担任行政长官。埃明二话不说就容忍了他们的冒犯之举，同时心甘情愿地表示自己愿意陪同他们一起去见斯坦利，去为他们说情。

就在2月13日这一天，斯坦利收到了帕夏的一封信。这封信是他当天早上写的，而且当时他本人就在他的营地下方的一座湖泊的停泊处。在这封信中，帕夏告诉斯坦利，就在前一天，他已经带着两艘自己的蒸汽船抵达了，船上"装载着一批为数众多的人，他们都迫切希望能够在您的护送下离开这个国家"。同时还补充道："一旦我为自己的人民安排好了庇护之所，蒸汽船就不得不启程前往姆斯瓦，去那里运输另外一大批等着被运走的人们。"于是，斯坦利就派出了一批搬运工和一个护卫队下山前往湖边。到了2月17日，埃明帕夏带着随行的大约六十五个人抵达了他的营地，其中就包括塞利姆以及另外七位官员，这些人就是赤道省的反叛者所派出的代表团。埃明身着便服，不过在这批官员中，有三个人是埃及人，其余的都是努比亚人，后者个个看上去都很勇猛，而且都身着制服。

到了第二天，斯泰尔斯就带着自己的队伍从伊图里河赶到了此地。而且就在同一天，双方就举行了正式的会晤，帕夏的角色就是为斯坦利和代表团进行翻译，后者向前者呈递上了一份文件，上面有该省首领们的签字，他们都表示对于罢免帕夏这一行为深感懊悔不已，同时表示愿意效忠，并希望他能够网开一面，给予官员足够的时间来召集部队以及他们的家人，然后把他们都带到他的营地来。当斯坦利从帕夏那里了解到对方认为二十天是比较理想的期限之后，就表示同意了。随后，他就按照会晤达成的结果写了一封同意函，并把他们送了回去，只是要求帕夏在这段时期留在自己的营地里。他们用两艘蒸汽船把新的几批难民带到了位于湖泊以上两千八百英尺高原上的营地里，包括他们的行李在内，总数不少于一千三百五十五个人。不过，在这些难民之中，并没有任何的战士。

斯坦利一直等到了3月16日，但是并没有看到部队有任何抵达的迹象，这支队伍由一千五百名正规军军人组成，另外还有三千名非正规军和他们的家属。在埃明的要求下，斯坦利把时间放宽到了4月10日。与此同时，埃明营地中的埃及人和他们身处瓦德莱的同胞们之间则保持着经常性的通讯联系。此时，斯坦利在自己的营地中觉得每一次会议都令他感到浑身不自在，在这些会议上，帕夏始终表示自己对下属的忠心是非常有信心的。到了4月5日，有人企图偷走几把雷明顿步枪。到了晚上，斯坦利

第十九章

斯坦利营救埃明帕夏（续）

收到消息，称叛军正在自己的营地中秘密会晤。于是，他就把这批逃命者召集起来，让他们明白一旦有人卷入了煽动性的阴谋，就会面临死刑的惩罚。

到了4月10日，埃及人以及他们的家属和随从人员——总计有五百七十人——在远征队伍以及三百五十个当地搬运工的护送下，启程朝着阿尔伯特湖的最南端进发了，他们此行的目的地是桑给巴尔。不过到了第二天，由于发生了一件意料之外的事情，他们的进程受到了阻挠。斯坦利之前曾经患过疟疾，此时又突然复发了。后来，他还是捡回了一条命，不过那全要仰仗帕克医生全心全意的悉心照料和精湛的医术。到了5月8日，他的身体恢复得差不多了，于是队伍就再度动身朝着海岸地区进发。

与此同时，这些叛军还在继续策划他们的阴谋。每天，斯坦利的步枪、装备和弹药都会被偷走一些。有四五个人擅自离队逃走了。到了最后，二十个人连带五支步枪一起消失不见了。在斯坦利的指示下，他手下的一队人马——他统率下的三百五十个人中的每一个人都对他绝对是忠心不二的——受到派遣前去追踪那些人。后来，他们找到了那伙人的头目和十二个手下，并且把他们统统带回了营地。就这样，一些原本计划送给瓦德莱的叛军的信件误打误撞地就落入了斯坦利的手中。在其中一封信中，一位埃及上尉写信给身处瓦德莱的塞利姆，他的措辞是这样的："看在真主的份上，赶紧带上五六十个士兵来支援我们吧。一旦获得了他们的帮助，我们也许至少可以把远征队伍的行程拖延一下，一直等到你带着军队赶到。如果我们能够得到二百个人的支援力量，那么我们就能立刻把彼此心里所希望的行动付诸实施了。"这封信已经把意思说得一清二楚了。于是，斯坦利就通过这封信和其他的一些信件，全面掌握了所有叛徒的名字和他们的计划。就连埃明都再也无法怀疑他们到底有没有残暴之心了，或者他们到底有没有意向竭尽所能去实现那一大胆的想法——也就是"逮捕远征队伍的所有成员，没收全部武器和财产，然后把他们悉数交给位于喀土穆的哈里发"。

斯坦利立刻就召集起了一个审判庭，组成人员是营地中的欧洲军官们。接着，他们就对叛军头目进行了审判，罪名就是上述内容。最后，这位头目被判有罪，并且执行了死刑。斯坦利说道："执行死刑的场景是相当庄严肃穆的，而我的想法正是让这一幕对那些意图反叛的人造成心理上最大的震慑，毕竟他们在赤道省服役的整段时间内，还没有通过一次执行死刑

413

的审判。眼下，他们看上去已经觉察到了还存在着另外一种政体，同时也明白了意图谋反和暴动是非常危险的行为。在接下来前往桑给巴尔的一路上，所有人都老老实实的没有引发任何事端，由此可以看出这次的教训已经起到效果了。"斯坦利最后一次听说塞利姆是在5月8日的时候。当天，他收到了一封信，指责他强迫那些埃及官员扛着货物，而这是毫无事实根据的一项指控。在信的结尾，他恳求斯坦利能够让他多逗留一阵子再离开，同时还宣称一些叛军长官和他们的亲信已经强行闯入了仓库，把预留的一批弹药和物资都偷走了。斯坦利回答道，他会以比较缓慢的速度向前推进，但是再也不能把远征延后了。

眼下，这场伟大远征的领袖关注的焦点是如何保障自己所统率的这一大批人的安全，而这些人又是来自各个地方的。他所选择的路线是沿着巴雷加山（Baregga Mountains）的边沿处前进，那里距离阿尔伯特湖大约有四十英里。到了第四天，他们抵达了这些山脉的最南端。此时，他们意识到眼下已经进入了乌尼奥罗的国王卡巴雷加的领地了，而这位国王企图阻挠他们前进。但是，他们不愿意转而穿越森林再绕一个大圈子了，因为那样对于大多数埃及人来说简直就将是致命的不归路。因此，他们别无选择，只能大着胆子向前穿越这片位于森林和塞姆利基河之间的开阔草地。

就在他们踏入乌尼奥罗领土的第一天，他们就遭到了拉苏拉人（Warasura）——或者被称为尼奥罗人——的士兵们的袭击，而且他们很多人还带着后膛枪——雷明顿式步枪、施耐德式枪和温彻斯特步枪，不过他们被击退了。这一胜利带来的结果就是远征队伍把这片土地上的拉苏拉人一直赶到了塞姆利基河那里。后来，正当远征队伍渡船过河的时候，又遭到了这些人的第二次攻击，不过结果还是一样。

当他们渡河抵达了塞姆利基河的东岸之后，就进入了阿瓦姆巴（Awamba）。在接下来的几天日子里，他们就在开阔的地带穿越了一片又一片的芭蕉种植园。随着他们前进的步伐，他们日渐靠近了一大片蔚为壮观的山脉，山顶白雪皑皑。他们是沿着这片山脉的西北侧边沿前进的，它的海拔高度达到了一万八千至一万九千英尺。就在前一年的5月，他们抵达阿尔伯特湖的时候，就已经第一次注意到这片山脉了。这片山被称为鲁文佐里山，也被称为"雪山"，从它那里流出来的数条溪流都汇入了塞姆利基河。而且，这片山脉很有可能就是远古时期所称的"月亮山"，也是传说

第十九章

斯坦利营救埃明帕夏（续）

中的尼罗河的源头。

斯坦利写信给皇家地理学会的秘书，把自己对于这片恢宏壮观的山脉的发现告诉了他，同时也指出自己把这片湖命名为"阿尔伯特爱德华湖"（Albert Edward Nyanza）。"1864 年，贝克曾经公开提出阿尔伯特湖从瓦科维亚而来，一路向西南方向而去，绵延'无穷无尽'。杰西帕夏是环测那座湖泊的第一人，梅森在 1877 年曾经对它进行过一次更加细致深入的调查，不过这两个人从来都没有表示过在那座湖泊的附近矗立着一座雪山，而且这最后的两位旅行家也丝毫没有留意到塞姆利基河。也许我还可以补充的一点就是，埃明帕夏数年来一直就居住在这里，或者说靠近阿尔伯特湖；还有卡萨蒂上尉，他在乌尼奥罗住了好几个月的时间，可是他们两个人也从来没有听说过在那片地区有类似于雪山的如此令人瞩目的东西存在。因此，我们也许最好还是称其为非洲大陆上的一片不明地区吧。当然了，我们的目的并不是去发现它。它只不过是恰好矗立在我们在回家的途中，而且它好像就一直坚持要我们沿着它的基线走似的，我们从各个侧面都可以看到它的身姿，不过并没有从它的东北侧观察过它。"

当远征队沿着这片壮丽恢宏的地区的边缘前进的时候，斯泰尔斯承担了测量这座雄伟高山的任务。在 6 月 6 日一大早，他在大约四十个桑给巴尔人的陪同下，从山脚下的营地出发，最后攀登至了海拔高度为一万零六百七十七英尺的地方。他收集了一大批植物标本，而埃明帕夏作为一个很有成就的植物学家，就按照它们的属性一一加以命名。斯坦利不是非常确信，这座宏伟的雪山是否就是他曾经在 1876 年 12 月发现的那座山。当时，他把那座山称为"戈登班内特山"。不过，由于后者并没有呈现出白雪皑皑的景象，而且根据它所处的位置更偏东一些，他就得出了一个结论，认为这是一个新的发现。在邻近地区的大致的等高线中，他写道："如果你从阿尔伯特湖即尼罗河的出水口处画一条长度为二百三十英里的直线，角度为接近西南方。那么，你就相当于已经测量出了一条宽宽的下陷处的宽度，那里的宽度为二十至五十英里，就位于北纬 3 度和南纬 1 度之间的范围，正好是坐落在非洲大陆的中心地带。这条下陷地带的北段，长度为九十英里，流淌着阿尔伯特湖；至于中段，也同样是九十英里，就是塞姆利基河谷了；最南段的部分，长度为五十英里，分布着平原和新发现的阿尔伯特爱德华湖，这是为了纪念第一位对非洲地理表示有强烈兴趣的英国王子。

接着,你就会注意到塞姆利基山谷是沿着鲁文佐里山的山脚一路延伸下去的,而且鲁文佐里山的北端和南端,或者被称为两侧,都各坐拥着一座湖泊;除此之外,塞姆利基河是以一条蜿蜒曲折的路线从这座湖泊的上游地区向下游地区流淌的。"在其他的场合,他曾经提到过这条河流的水量非常迅猛,水面宽度达到了八十至一百码,流量达到了三节,平均深度为九英尺。

在斯坦利所有的发现中,最有意思的就是这条河流了,它连接着阿尔伯特湖、阿尔伯特爱德华湖以及维多利亚湖的延伸段直至西南方向。塞姆利基河是在靠近阿尔伯特湖的河口处汇入其中的,随后在蜿蜒曲折地流淌了一百五十英里之后,从阿尔伯特爱德华湖流出,后者就位于阿尔伯特湖上方九百英尺的高度,相当于海拔三千三百零七英尺。斯坦利说道:"并没有一些水量惊人的河流为阿尔伯特爱德华湖注入水源,只有一些宽度在二十英尺至五十英尺、深度为两英尺的河流而已。正因为如此,来自南方的最重要的河流不可能蜿蜒曲折超过六十英里的距离,因此尼罗河的阿尔伯特湖源头的最远处也只可能延伸至南纬1度10分的地方。由于视线模糊不清,所以我们既不能界定距离、形式,也不能弄清楚或者估算出地面的高度、水面以上部分的山顶以及湖泊的深度。我们无法确切地描述这片地区的范围,也无法妄加断言,宣称它是一座岛屿、一片海洋抑或是一片浅浅的池塘。在它的上方始终笼罩着一团烟雾,或者更确切的说是一团云,看上去就像一团灰色的烟幕。"

塞姆利基河谷的起始处是阿尔伯特湖,它沿着西南方向一路延伸,而且高度是非常平均的,在三十英里的这段距离内,它只比湖泊高出了五十英尺而已。再往远处去,是一大片浓密的、层次分明的热带森林地区,而山谷则十分明显地逐渐升高,距离阿尔伯特湖大约七十五英里的地方,它就已经达到了高出水面大约九百英尺的高度。在这里,伴随着地形的变化,气候也发生了变化。成片的参天大树与巨大无比的爬藤类植物汇聚到了一起,在它的幽暗的阴影处密密麻麻地繁衍生长着,到处都弥漫着热带森林所特有的潮湿的水汽和雾气,然后渐渐让位于一长条草地,一直延伸至阿尔伯特爱德华湖为止。

他们在绕过鲁文佐里山最西南端两天之后,就进入了乌松戈拉(Usongora),随后就在新发现的湖泊的岸边安营扎寨,斯坦利在写给外交部的官

第十九章

斯坦利营救埃明帕夏（续）

方报告中这样说道："那里实际上就是白尼罗河西南支流的源头。"

远征队在进入了乌松戈拉之后就不断向前推进，他们的出现让那些好战的拉苏拉人从心底里感到非常恐慌，因为后者长期以来一直就压制着乌松戈拉人而在这片土地上作威作福，而乌松戈拉人在过去曾经就居住在这片土地上。他们把尼奥罗入侵者们从乌孔加（Ukonga）和乌松戈拉赶了出去，同时还把盐湖区（Salt Lakes）上的这些人都赶走了。一旦他们做到了这点，就等于是他们为这些地区以及周边各州，包括托罗（Toro）、乌哈伊亚纳（Uhaiyana）、乌尼亚姆帕卡（Unyampaka）以及安克里（Ankori）都做了好事，所以他们在穿越这些地区的时候简直就是一支凯旋而归的长征队伍。所有的人，无论来自社会哪个阶层的人，无论年龄大小，看上去对他们都非常敬重，因此他们收到了大量的物品和香蕉。与此同时，当地人还帮着他们扛行李，为他们提供向导。随着拉苏拉人即这些人共同的敌人的逃离，远征队伍立刻就得以享用珍贵的储藏起来的盐。除此之外，当远征队伍在陆地上缓缓前行的时候，居住在阿尔伯特爱德华湖周边的部落争先恐后地派出了成批的独木舟，船上都装满了来自当地的物资，而这对于拥有大批牛群的草原牧民来说是非常重要的。

他们离开了乌松戈拉之后，就进入了托罗，阿尔伯特爱德华湖始终在他们的右侧。他们一路朝着东北方向前进，在跋涉了二十英里之后，他们就转而朝着东方推进，随后就登上了乌哈伊亚纳的高地。从那里开始，他们的路线又转向了南方，后来他们就经过了乌尼亚姆帕卡，而斯坦利曾经在1876年的时候第一次到访过那里。在这片地区以南的地方就是安克里了，那是一片广袤无垠的地区，人口分布相当密集，这片平原的海拔高度达到了五千英尺。安克里的王室、酋长们和比较富裕的阶层是哈马人（Wahama），他们的体型和阿比西尼亚人比较接近，也和欧洲人中那些大众化的人一样长得比较纤细。他们除了战斗之外，唯一的职业就是饲养和照顾牛群。安克里的土地一直延伸到亚历山大尼罗河。他们继续向前推进，一路都沿着卢旺达的边缘走，这片区域就位于这条河与刚果河流域以西之间，是一片土地面积相当广阔的国家。眼下，他们就进入了更为人熟知的卡拉圭地区了，它就位于维多利亚湖的岸边。在这里，他们受到了当地人的热烈欢迎，后者对他们都表示十分感谢，因为他们把这些人从可怕的尼奥罗人手中拯救了出来，所以就相当于是这些人的大救星了。这些人主动双手奉上了牛、粮食和香蕉等供他们享用。斯坦利说道："一支远征队伍，比如我所率领的这支，由八百个人组成，在通常情况下，就需要四十捆布匹和二十袋珠子作为货币来购买食物。可是，他们却没有向我们索取一颗珠子或者一匹布料。至于我们送给酋长们的一些小礼物，比如布匹，则完全是我们自愿的一种行为。"

到了8月28日，远征队伍抵达了姆斯拉拉（Mslala），那是位于维多利亚湖最南端的英国海外传教会的营地。那里的负责人是麦凯先生，斯坦利称其为"当代的利文斯顿"。在麦凯的传教会营地以西大约1度的位置，他们发现了维多利亚湖最西南的部分。斯坦利说道："在我们的行程中，我们一直是沿着一条完全没有被世人所了解过的一部分前进的，那里一直延伸到南纬2度48分的位置。我们抵达那个点之后，就转向正东方向，朝着乌萨姆必罗（Usambiro）前进，那里就坐落在湖泊南岸长长的海湾线的终端。由于维多利亚湖延伸得如此之长，所以它的表面面积就从21 500增加到了26 900平方英里，而长度也随之增加到了270法定英里。"

在传教站的时候，埃明帕夏向位于伦敦的救援委员会去了一封感谢信，在这封信中，他说道："自斯坦利先生第一次启程之后，这里发生的事情简直就很难向你解释清楚了，他那生动形象的文字比我更加能够向你呈现出当时发生的每一个细节。同时，我也希望埃及政府能够允许我再多逗留一阵子，然后我再去见您。届时，我将当面向您表示衷心的感谢，而任何文字都无法表述清楚我内心的这份感激之情。在这一欢欣喜悦的时刻来临之前，我恳求您能够把我们的感谢转达给所有的捐款者，这是一小撮孤立无援的人所表达的最为真挚的感激之情。正是通过你们的举措，他们才得以从绝境中被拯救出来，而现在，他们所希望的就是能够拥抱自己的亲属。要在这里赞扬斯坦利先生以及他的官员们的美德还远远不够。如果我能够活着回来的话，我将会以实际行动来表达自己的感恩之心。"

当他们抵达位于姆斯拉拉的传教站时，这支远征队伍自离开阿尔伯特爱德华湖以来，就已经走过了"长达四百英里的彻底陌生的地区，还没有哪一位白人男子曾经到此旅游或者踏足过"。在这次旅程的四分之三段的行程中，他们都受到了热情友好的款待，而且每天都会有当地人慷慨相赠各种东西，在非洲旅行中是很难再找到第二次受到如此厚待的远征了。凭借那些从对他们怀有敌意的尼奥罗人那里抓来的牛羊，再加上当地人赠送给

第十九章

斯坦利营救埃明帕夏（续）

他们的礼物，斯坦利每周向所有队员分发的配给能够达到总重八千磅的肉。

这位伟大的探险家在穿越这些区域的时候，和当地的酋长们都达成了协议。这一举动毫无疑问对于英国保护领地的扩张以及大英帝国的商业起到了非常重要的推动作用。

远征队伍在传教站逗留了十九天的时间，随后就在麦凯先生的一位手下的带领下，动身朝着海岸地区进发。但是，上天注定要在他们完成旅行之前，遭遇到当地土著的激烈抵抗。队伍选择了穿越内拉（Nera）的道路，就在他们距离国王所在的村子越来越近的时候，突然遭到了乌苏库马（Usukuma）的居民的袭击。这些人个个骁勇好战，而且人数众多，他们认为赤道省的苏丹人肤色都太黝黑了，所以十分瞧不起他们。这些苏库马人（Wasukuma）已经习惯了随心所欲地拦截马商队伍进行勒索。就在不久之前，他们就对一整队阿拉伯人大开杀戒，原因就在于他们不愿意向这些张口勒索财物的人妥协。眼下，他们故伎重演，也恬不知耻地向这支远征队伍进行勒索。当远征队伍拒绝了他们的无礼要求之后，他们就把队伍在自己的地盘上整整拖了五天的时间。他们集结了大批人员进行攻击，斯坦利说道："在队伍的两侧，往往会有上百个敌人一路前进，不过我们那些上了膛的武器成功阻止了他们靠近我们不断在前行的队伍。"

他们离开了这片敌意重重的国家之后，就进入了友好的领地，随后就抵达了姆普瓦普瓦。他们一路上可谓畅通无阻，没有发生任何意外事件。在这段旅程中，斯坦利应法国传教会的要求安置了两个生病的传教士，这个传教会就坐落在维多利亚湖畔。为此，他缩短了自己每次赶路的距离，以确保这两位传教士能够有时间来与他会合。眼下，许多欧洲人再度出现在了他的营地中。除了德国人、法国人、意大利人、希腊人和埃及人之外，几乎位于乌苏库马和姆普瓦普瓦之间的每一个地区都会过来一批非洲人，后者都是无法单凭一己之力抵达海岸地区的人，或者都是担心在途中会遭到压迫的人。于是一路上这些新人就源源不断地加入到远征队伍之中，直到最后整支队伍的规模扩大到了一千人。

然而，当他们距离姆普瓦普瓦还有很长一段路的时候，人们就已经在四处散播关于海岸地区发生的事件了。他们听说传教士们惨遭杀害，传教站也被烧毁了，德国军官被杀害了，以及海岸线地区的城镇由于遭到报复而被夷为了平地。当他们抵达姆普瓦普瓦的时候，他们亲眼目睹了战争造成的后果：英国的传教站沦为了一片废墟，而德国东非公司的要塞也被拆毁了。

当远征队伍行进到辛姆巴鲁韦米（Simbaruwemi）附近的时候，他们收到了一批欧洲的物资。作为对他们的欢迎之物，这些东西着实令他们的内心感到非常慰藉。这些东西都是德意志帝国特派员魏斯曼派人送来的，他是一位考虑事情非常周全的人。自此以后的每一天，他们都能够收到桑给巴尔的英国朋友们发来的便条和礼物，因此内心充满了喜悦之情。在金加尼渡口的时候，他们有幸遇到了魏斯曼，然后就在后者的一路护送之下抵达了巴加莫约。就在他们刚刚抵达十分钟不到，军官们就已经坐下来开始享用一顿早餐了，其丰盛程度根本不亚于任何一家柏林餐馆所能献上的一席盛宴。

根据卡瓦利船员名册显示的记录，在4月5日从赤道省出发的难民数量为五百七十人，他们是希望能够在远征队伍的护送下抵达海岸地区。不过在12月4日，只有二百九十一人最终抵达了巴加莫约。因此，就有二百七十九人——或者说接近一半的人——没能走完这段总长为一千四百英里的行程。不过，这批人中的大部分——大约有两百个人——都在数位当地善良的酋长悉心照料之下。而剩下的人员——大约八十个人——则死于溃疡、热病或者体力不支。

至于远征队伍自身，人员的流失也是非常严重的。

巴特洛特在亚丁的时候曾经雇佣了十三个索马里人，可是只有一个人活着走到了旅程的终点。有三个人在掠夺当地人食物的时候，被后者杀死了；九个人则是死于热病和体力透支。在开罗的时候，曾经有六十个苏丹人加入了远征队伍，不过只有十二个人回到了海岸地区；之前，有七个人已经在扬布亚被送回了家；在剩下的四十一个流失人员中，有两个人由于反叛和谋杀罪，被判处了死刑，另外还有一个人弃队而逃了。在六百二十个桑给巴尔人中，只有二百二十五个人回到了他们之前一直生活着的岛屿；有五十五个人死于扬布亚和阿尔伯特湖之间一度爆发的小规模战斗中；有两个人由于擅自把他们的来复枪和弹药卖给敌军而被处死了；有二百零二个人死于饥饿和疾病；剩下的就是弃队而逃的人员。

至于欧洲人的情况，巴特洛特被谋杀了，詹姆森先生死于热病，而斯泰

第十九章

斯坦利营救埃明帕夏(续)

尔斯、纳尔逊、杰弗森、帕克、博尼、沃德、特鲁普以及霍夫曼(斯坦利先生的仆人)这一批人士则安全走了出来。

斯坦利对于斯泰尔斯中尉、纳尔逊上尉、蒙特尼—杰弗森先生和帕克医生所体现出的卓越品质大加赞赏,这些都是陪伴在他身边走完全程的伙伴们。1887年3月,远征队从刚果河下游经由陆路出发,一直跋涉到了1889年12月4日,就在这一天,他们抵达了位于印度洋沿岸的巴加莫约。他在写给外交部的急件中这样说道:"我真的感到三生有幸,能够拥有这么一批高尚的伙伴陪伴在左右,任何言语都无法表达出我内心最深切的感激之情。根据我们对人性的了解,我们永远不可能再发现能够与这四位绅士相提并论的人了,他们是如此地不屈不挠,全身心地扑在自己的事业上,为实现目标而全力以赴,而且坚决捍卫荣誉和职责。"

通过这次远征行动,斯坦利学会了欣赏英国人身上所具备的优秀品质。就在这次不同寻常的经历之后,他这样描述这些人:"要了解一个英国人,比了解我曾经遇到的任何一个基督徒或者异教徒都要花费更长久的时间。他不会像美国人那样主动走向你,也不会喋喋不休地缠着你问一些私人问题和夫妻生活。大多数情况下,他看上去似乎根本不在意你究竟是活着还是死了,是饿得前胸贴后背了甚至是腐烂了。然而,如果你仅仅是为他提供了一个很微不足道的帮助,他都会心怀感激而铭记于心。他并不像法国人那般善于表达感情,也不像德国人那样喜欢滔滔不绝。他不会像一个马德里人那样高高在上地傲视你,也不会按照希腊人的习惯像合法的猎物那样仰视你。但是,他却能够非常巧妙地做到对于真切存在的你装出一副完全漠不关心的样子。"

远征队伍除了实现最初设定的目标之外,还在它的领队的率领下,探索了一片跨度约为一千二百英里的未知区域,而且还取得了一些很有意思的发现。斯坦利先生证明了在刚果的东部、北部以及东北部地区,分布着一片面积约为二十五万平方英里的土地,上面覆盖的是一整片连绵不断的森林。除此之外,他还让我们了解到更多有关尼罗河源头这一长期令人们津津乐道的问题的一些信息。为了弄清楚尼罗河的源头究竟在哪里,如此众多的勇敢之人为之献出了宝贵的生命。斯坦利对于白尼罗河西南支流的源头的发现是最有意思的。他说道:"现在,我们知道了白尼罗河是由两座湖泊中多余的水共同构成的,这两座湖泊分别是维多利亚湖与阿尔伯特爱德华湖,前者位于白尼罗河的东南侧,后者位于其南侧以及西南侧的方位。在汇入阿尔伯特湖之后,它就一路往北朝着地中海方向而去。此时,它已经汇聚成了一条气势恢宏的河流,被称为'白尼罗河'。现在,我们也知道了阿尔伯特湖、维多利亚湖和阿尔伯特爱德华湖的确切界限了,而它们都被局限在尼罗河盆地的范围之内,而且都坐落在这条著名的河流的源头附近。我们已经发现了一片被早期的阿拉伯地理学家称为月亮山的山脉,也就是现代所指的鲁文佐里山,它们的山峰常年白雪皑皑,正是这些山峰把源源不断的水注入了塞姆利基河和阿尔伯特爱德华湖。"

在非洲内陆地区,斯坦利先生估计自己个人跨越的距离就达到了五千四百英里。在这全部的行程中,只有一千英里是靠步行完成的。远征行动一共耗去了三年的时间,而且它以不到三万英镑的代价挽救了将近三百个人的生命。因此,从单纯的经济角度来审视的话,这次行动取得的成功应该被视为相当令人瞩目。

为了表彰这位伟大的旅行家,皇家地理学会早在1873年就授予了他金质奖章。这枚特殊的奖章是由 E. 哈莉(E. Halle)亲自设计的,非常具有艺术感。与此同时,它的铜质复制品则被授予了他的军官们,包括斯泰尔斯、R. E. 帕克、纳尔逊、杰弗森和博尼。至于斯坦利先生的一批桑给巴尔随从人员,学会则设计了一枚银质五角星,上面印有皇家地理学会的字母组合,同时还印上了"埃明救援远征行动,1887-9"。1890年5月6日星期一,在阿尔伯特厅举行了皇家地理学会的成员会议。在这次会议上,斯坦利先生首先发表了演讲,随后威尔士王子颁发了金质奖章和铜质奖章的复制品。当时在场的每一个人都感觉到那一幕仿佛始终历历在目。与此同时,这位探险家用生动形象的语言向大批的听众描绘了一幅幅栩栩如生的场景,让他们仿佛身临其境一般跟随着他的讲话穿行在各个场景中:洪水、田野和森林,而他则在其中扮演了主角。所有这一切讲话令人久久难以忘却。也许他会说,我们在这盛事中扮演了重要的角色。

他完全无愧于如此特别的荣耀,而且既然我们已经跟随着他的脚步走完了他所有的旅程,所以我们可以对于他的发现进行一番总结并且摘取其中的一部分加以重述。在陪伴利文斯顿的过程中,他探索了坦噶尼喀湖的北部地区,并且找到了当时地理学家们始终喋喋不休在争论的问题的答案。在第二次远征行动中,他沿着施梅尤河(Shimeyu River)一路顺流而

第十九章

斯坦利营救埃明帕夏（续）

下。这条河流长约三百英里，是从南方汇入维多利亚湖的，因此就成了尼罗河最终的源泉。他环测了维多利亚湖，并且发现了阿尔伯特爱德华湖。除此之外，他还环测了坦噶尼喀湖，并且表示它的湖水最终是通过奥波科汇入卢阿拉巴河的。接着，他沿着卢阿拉巴河的河道一路追踪到底，最后证明了它就是刚果河，并且由此阐述清楚了利文斯顿生前最后数年中一直困扰着他的问题。最后，他沿着刚果河一路顺流而下直抵大海。"我经历了惊险不断的四处游荡，也经历了伊利亚特的战斗。"通过那些经历，他为欧洲的企业打开了这片领地。在他的全部旅行中，包括他最后的一场旅行，斯坦利都亲自担任测量员、天文观察员，同时也是自己行动的记录者。就像尤利西斯一样，他已经见过了许多人种，已经穿越了大片的陆地；他还有在阿比西尼亚和阿散蒂的旅程，还有搜寻利文斯顿，然后是沿着刚果河逆流而上，一直到最终解救出了埃明帕夏，行程达约两万四千英里。

营救埃明的远征行动除了让我们了解到更多有关地理的知识之外，从人性的角度来审视的话，所取得的成就也是相当令人瞩目的。在投入了三万英镑之后，有超过四百个男人、女人和儿童从奴隶制的压迫下被解救了出来，有二百九十个难民得以与他们的家人团聚到了一起，另外还有三个欧洲人和一个希腊商人也与亲人重逢了。除此之外，斯坦利也声称，"在即将到来的日子里，我们所穿越的每英里土地都会有助于英国商贸的扩张，同时也会刺激文明工业的诞生。最后，我们已经把英国的领地拓展到了刚果自由邦的最东边，已经从各位酋长那里争取到了数千平方英里的领地，而我们所给予他们的回报则是提供武器支持以及其他一些方面，比如辅助他们共同抵抗他们的敌人拉苏拉人。"

当斯坦利先生结束了他的最后一次旅程的时候，无数的荣誉和祝贺的话语从世界的许多角落向他纷涌过来，因为这也许是在整个探险历史上最令人注目的一次远征了。在埃及，谢赫和来自各个国家的人民于冬天都汇聚到了开罗，那个现代化的旅游度假胜地；在比利时，那位开明、有远见卓识的统治者与来自各个阶层的人员以及自己的臣民济济一堂；而在英国，人们则不无骄傲地宣称威尔士人就是英国的优秀儿子。英国人十分赞赏斯坦利的诸多发现，他在最后一次旅程中获得的巨大成就，而且他身上体现出来的各种优秀品质令其从当代的探险家队伍之中脱颖而出，以超越平凡的特质成了全世界注目的焦点。无论是在多佛，还是在伦敦，他都受到了热情洋溢的款待。而对于我们这些多少有点冷漠的民族来说，通常情况下，只有那些从一场大胜仗中凯旋而归的人才能够受到与之相媲美的厚待。在1890年的那段日子里，斯坦利简直就成了最赫赫有名的人物了，因此数不胜数的招待会、演讲会和盛宴上都少不了他的身影。作为一名英雄人物，他出席了无数类似的场合，不过与它们都不相同的是，斯坦利应邀出席在阿尔伯特厅为其举办的招待会时，感到荣幸之至。正如之前已经提到过的，他在那里发表了一场演讲，内容就是关于自己的数场旅行，威尔士王子也亲临了现场。当时，台下挤挤挨挨地坐满了八千位听众，包括那些在社会学、文学界和科学界都赫赫有名的重量级人物。他还受到了伦敦和爱丁堡企业联合会的热情招待，甚至就连女王本人也在温莎城堡亲自接见了他，而他就当着女王陛下的面发表了一场演讲，所有这些也是斯坦利先生事业中最令他念念不忘的片段了。

在斯坦利的身上，人们可以发现很多特征都会让他们联想到戈登。然而，在某些方面，没有人能像他们那样如此大相径庭了。这两个人都具备成为真正的伟人的基本品质。他们都为人真诚，勇敢无畏，有坚定的意志力，会全身心地去完成自身所肩负的职责——在某一方面是为了万能的上帝，而在另一方面则是为了自己的手下。而且，他们天生就具备了成为一名优秀管理人员的能力，同时也能够把那些处于比较低一层的种族团结到自己的周围，再加上还非常擅于激励下属，为他们注入源源不断的自信心。这两个人都是非常明显的行动派，不过在戈登的身上，还是有一些让人捉摸不透的东西，而正是这些特征让其成了一个非常与众不同的人物，这一点就和斯坦利截然不同。斯坦利是非常务实的一个人，关注的焦点是人们可能预期的经济层面的要求和结果。他常常思考的问题是，这件事情是否切实可行，此外它是否会带来回报，这些都是戈登根本就不会在乎的方面。

这两个人对于万能的上帝的指引都有很强烈的期望。一位对戈登非常熟悉的人曾经提到过，戈登最喜欢的一种表达方式就是"他为我和鸟儿指明了方向"，这句话是来自勃朗宁的诗。当斯坦利在开罗发表公开演讲的时候，曾经承认过这种指引。当时，他是这样说的："你可以把它称为机会、命运、天意，或者任何你认为恰当的描述，正是它保护着我，让我得以不断向前跋涉，让我成功脱离各种险境，让我克服各类艰难，而且让我今晚能够站在这里，向各位表达我内心的感激之情。"

第十九章

斯坦利营救埃明帕夏（续）

虽然斯坦利是一个宿命论者，就像那位被我们拿出来与他相比较的伟大人物一样，但是，他们两个人却又并不完全一样，因为斯坦利并不相信上帝会对世人进行直接的或私人的干涉。戈登说过："我常常对人处以死刑，但是每一个判决都是在上帝的直接授权下才给出的。我会把《圣经》放在我的双膝上面，然后我就会进行祷告：如果他认为有必要改变我的决定，他就会给我发出某种信号……可是，我的决定从来就没有被他更改过。"也许有人会认为这种摆脱人类可能犯错误的主张只是展示出了他的一种张狂，但是戈登却属于那种为人最谦卑的人了。

戈登认为自己的使命就是去终止奴隶贸易，因此他花费了整整十年的时间与那些人贩子进行抗争。在这从未停止过的冲突之中，他那自信乐观的天性曾经教导他去思考，即成功就在不远处，但是它就像一团鬼火，虽然每次他都几乎可以一把抓住它了，但它又从指缝中溜走消失不见了。就在他离开喀土穆的一两周之前，他应比利时国王之邀，担任斯坦利的副手前往刚果河。而且，他还写信给废奴协会的秘书 C. H. 艾伦，声称自己希望他们的第一次努力能够给予奴隶贩子一次致命的打击。与此同时，他还给斯坦利本人写了一封信，在这封信中，字里行间都流露出他对于这种"黑色象牙"交易的深仇大恨，他还谈到了要继续不断深入下去："上帝啊，让我们团结起来，我们就一定可以把奴隶贸易彻底铲除干净。"

斯坦利说道："我承认，现在我应该坦白了。在我收到的指令中，根本就没有提到过任何有关终止奴隶贸易的只言片语。"

在这些人的内心，他们都同样地把职责深深扎根于心底，却有着迥然不同的表现方式，这就是他们所体现出来的非常鲜明的特征：性格可谓具有天壤之别，但是同时具有如此之多的共同点。一个人属于绝对的务实型，处事冷静，会不断调整方式方法把事情贯彻到底；而另一个人则满怀隐士彼得一般的高尚的热情之心，坚信自己的使命就是去连根铲除可憎的事物。

凡是那些指控斯坦利行事残暴、草菅人命的论调都是毫无事实依据的。在他的最后一次旅程中，他从头至尾都体现出了最宽容的一面；而且，只有在当地土著拒绝远征队伍继续前进或者攻击他的时候，他才会出手进行抗争。当时，他的做法是把他们都赶到一侧去，但是不会进行无休止的杀戮。还有人谣传说他把许多自己的随从人员处死了，可是事实上他只不过对四个人处以了死刑。

　　戈登的身上具备一种无私的天性，而且它是非常独一无二的。实际上，在这个世纪，如果不把加里波第（Garibaldi）考虑在内的话，没有一个士兵或者探险家能够站出来与他在这方面一较高下。我们在承担这些很明显看上去与自己生活毫无利害关系的行动时，动机只有自己心里才最为清楚。就比如，有一些人在参与营救埃明的行动中只顾着追逐私利。但是那些竭力贬低斯坦利的人却不得不面对这一铁的事实，那就是他放弃了前往美国进行巡回演讲的大好良机，因此白白损失了八千英镑。他冒着生命危险，而且作为一个探险家，他还从来没有尝到过失败的滋味；因此，成功对早已功成名就的他而言也就没有太大的意义了。但是，他却把野心勃勃的人，或者说追逐名利的人珍视的全部都置于了危险之中。

　　斯坦利有一种与生俱来的禀赋，那就是非常善于表达。这一点完全可以从他呈现给读者的著作和信件中体现：通过他栩栩如生的描绘，读者的眼前仿佛徐徐展开了一幅幅生动形象的画面，那一幕幕场景和发生的一切几乎是呼之欲出了。这一在陈述现实方面所具备的天赋在他的口才方面也同样令人瞩目。当他详述自己在非洲丛林和可怖峡谷之中经历的种种惊心动魄的时刻时，他能够牢牢抓住观众的注意力，让后者在整整一个小时甚至更长的时间里跟着他一起感受那仿佛真实再现的忍饥挨饿的一幕，而远征队伍可是不止一次经历过这一折磨。

　　在斯坦利的身上，他集结了要成为一位成功的战士或者旅行家所必须具备的难能可贵的伟大品质。他拥有一种与生俱来的组织才华，而且天性就非常注重细节，这些对于他成为一名伟大的领袖人物，以及一位指挥官而言都是同样重要的必备条件。他会精确计算为了达到某个目标需要采取的方法和花费的时间。他所承担的任务，即探险旅程，其本质几乎可以和一场军事行动相提并论了，因为彼此的涉及面都是相当之广的。他率队探索了全新的领域，那里还从来没有前人踏足过，而且在那一望无垠的、没有丝毫道路可循的丛林之中，他不得不时常提高警惕，准备好与那些狡猾的、人数众多的敌人进行一番较量。考虑到远征队伍的目标是营救埃明帕夏，它就带有了一丝阿比西尼亚战役的特征，因为在现实中他们遭遇到的种种障碍就像阿散蒂战争一样。在这两场战斗之中，斯坦利的身份都是一位新闻记者。毫无疑问，他在加内特·沃尔斯利爵士曾经指挥过的那场堪

第十九章

斯坦利营救埃明帕夏(续)

称令人赞叹的战役之中掌握了很多丛林打仗的经验,而这恰恰有助于他耗时一百六十天穿越森林地区。

斯坦利在联邦军队中作为一名士兵时曾经受过训练。所以,当处理埃明帕夏手下的那批叛徒时,他需要快速给予反应并作出决定,那段训练期教会他的东西此时就派上了用处。除此之外,他曾经在联邦海军服过役,所以他随时可以发挥一名水手的作用,而这也具有同样重要的价值,因为他能够在远征的过程中处理任何意料之外的艰难险阻。

在整场远征行动中,斯坦利先生都展示出了一种极大的勇猛气概,以及积极乐观的精神面貌,即使面对任何不利的环境,他都没有丝毫的退缩之意。除此之外,在远征过程中一旦有需求诞生,他就有能力动用一切资源来满足这些需求。只要有他在场,胜利女神就会向远征队伍展露笑颜;但是,一旦他不在,那么失败就会接踵而至,而且只有在他亲临现场之后才会消除。当他面临几乎无法逾越的障碍之时,当他在自己的数场历险中走过了广袤无垠的大片区域时,他身上的这些品质、他所取得的成就完全让他当之无愧这一别人对他的称呼——那就是"非洲探险中的拿破仑"!

图书在版编目(CIP)数据

伟大的非洲探险者：从布鲁斯、蒙戈·帕克到利文斯顿、斯坦利／(英)威廉·H.G.金斯顿，(英)查尔斯·拉思伯恩·洛著；龚雅静译.—上海：上海社会科学院出版社，2020

书名原文：Great African Travellers：From Bruce and Mungo Park to Livingstone and Stanley

ISBN 978-7-5520-2847-8

Ⅰ.①伟…　Ⅱ.①威…②查…③龚…　Ⅲ.①探险者—生平事迹—世界　Ⅳ.①K815.89

中国版本图书馆 CIP 数据核字(2019)第 274785 号

伟大的非洲探险者：从布鲁斯、蒙戈·帕克到利文斯顿、斯坦利

著　　者：［英］威廉·H.G.金斯顿　［英］查尔斯·拉思伯恩·洛
译　　者：龚雅静
责任编辑：陈慧慧
封面设计：黄婧昉
出版发行：上海社会科学院出版社
　　　　　上海顺昌路 622 号　邮编 200025
　　　　　电话总机 021-63315947　销售热线 021-53063735
　　　　　http://www.sassp.cn　E-mail：sassp@sassp.cn
照　　排：南京理工出版信息技术有限公司
印　　刷：上海新文印刷厂有限公司
开　　本：720 毫米×1000 毫米　1/16
印　　张：27.5
插　　页：2
字　　数：419 千字
版　　次：2020 年 1 月第 1 版　2021 年 3 月第 2 次印刷

ISBN 978-7-5520-2847-8/K·538　　　　　　　　　定价：98.00 元

版权所有　翻印必究